Kurt Eisner

Texte wider die deutsche Kriegstüchtigkeit

edition pace | Band 30

*Regal: Pazifisten & Antimilitaristen
aus jüdischen Familien 6*

Herausgegeben von Peter Bürger

In Kooperation mit dem
Lebenshaus Schwäbische Alb

Kurt Eisner

Texte wider die deutsche Kriegstüchtigkeit

Zusammengestellt von Peter Bürger

Mit einem einleitenden Essay
von Volker Ullrich

edition pace

Diese Buchausgabe
folgt der schon erschienenen
Digitalversion des Online-Regals
www.schalom-bibliothek.org

© 2025

Kurt Eisner

TEXTE WIDER DIE DEUTSCHE KRIEGSTÜCHTIGKEIT
Zusammengestellt von Peter Bürger – mit
einem einleitenden Essay von Volker Ullrich

edition pace (Gründungsreihe) Band 30
Regal: Pazifisten & Antimilitaristen aus jüdischen Familien | 6

Umschlagmotiv: Kurt Eisner – Herbst 1918 nach Haftentlassung
(Aufnahme: Germaine Krull | Bearbeitung: Bernd Schaller)

Verlag: BoD · Books on Demand GmbH, In de Tarpen 42,
22848 Norderstedt, bod@bod.de | Druck: Libri Plureos GmbH,
Friedensallee 273, 22763 Hamburg

ISBN: 978-3-7693-5730-1

Inhalt

WIR TOTEN AUF URLAUB
Ausgewählte Texte 1914 – 1918 145

———

BIBLIOGRAPHISCHER ANHANG

Anmerkungen des Herausgebers

Dem exzellenten Porträt aus der Feder des Historikers Volker Ullrich, das alle Leserinnen und Leser mit der Person Kurt Eisners (1867-1919) vertraut macht, müssen wir an dieser Stelle nicht vorgreifen. Die als Trilogie konzipierten Eisner-Bände in unserem Regal *„Pazifisten & Antimilitaristinnen aus jüdischen Familien"* führen alle zentralen Texte des ersten bayerischen Ministerpräsidenten wider die deutsche Kriegstüchtigkeit zusammen. Der *Journalist, Dichter* und *Politiker* kommt zu Wort; die unterschiedlichen Textgattungen werden aber nicht in getrennten Abteilungen, sondern gemeinsam in *chronologischer* Folge dargeboten. Kontinuitäten, Entwicklungen (bzw. Zäsuren) und auch Widersprüche sollen sichtbar werden. Wer mitteilt, *was* dieser friedensbewegte – weder den ‚Revisionisten' noch den ‚Dogmatikern' anhängende – Internationalist über Militarismus, Heerwesen bzw. Volksarmee, zaristische Kriegsaggression, sog. Vaterlandsverteidigung, Kriegskredite, Kriegsschuld ... äußert, muss immer auch angeben, zu *welchem Zeitpunkt* er etwas gesagt oder geschrieben hat. – Im April 1915 bemerkte Kurt Eisner mit Blick auf den Weltkrieg: „Nur deshalb wirken bei uns alle Ereignisse als über uns hereinbrechende Plötzlichkeiten und Überraschungen, weil die allgemeine Öffentlichkeit sich für die Zirkel nicht interessiert, in denen die deutsche Politik tatsächlich organisiert wird." Seine hier dargebotenen Aufsätze, Reden und Dichtungen aus den Jahren 1893-1918/19 zeigen, dass Eisner selbst zu jenen gehörte, die schon früh vor dem Militarismus im Kaiserreich und einem bevorstehenden Weltkrieg gewarnt haben.

Die Auswahl erhellt jedoch andererseits Entwicklungen und Irrwege. Anfang August 1914 schrieb Eisner zunächst gar, „dass es den Vernichtungskrieg gegen den Zarismus gilt, den wir gepredigt, solange es eine deutsche Sozialdemokratie gibt. ... als Deutsche, als Demokraten, als Sozialisten ergreifen wir die Waffen für die gerechte Sache." Erstaunlich lange versuchte er später auch noch als Gegner des „Burgfriedens" und Aufklärer wider die regierungsamtliche Kriegslüge die Zustimmung der Sozialdemokratie zu den Kriegskrediten irgendwie zu rechtfertigen. Erst 1917 erfolgte ein endgültiger Bruch des beharrlichen Apologeten von „Vaterlandsverteidigung" mit jener SPD, die getreu der ihr von den Mächtigen zugewiesenen Aufgaben das Herrschafts- und Militärsystem weiterhin stützte. Als bayerischer Ministerpräsident wird Eisner am 30.11.1918 dann vor den bayerischen Soldatenräten kundtun: „Volkswehr ist eine Forderung von gestern" – und anregen: *„ob wir in Bayern nicht die Frage stellen wollen, daß überhaupt die Armee beseitigt wird,* *nicht nur bei uns in Deutschland, sondern in der ganzen Welt, und daß nur noch Polizeitruppen die Sicherheit im Lande gewährleisten"*.

Unsere Zusammenstellung ist zum Großteil an jener Textauswahl ausgerichtet, die Kurt Eisner selbst in seinem letzten Lebensjahr für eine zweibändige Ausgabe *„Gesammelter Schriften"* besorgt hat. Aus dieser – postum erschienenen – Edition sind auch die Überschriften der beiden ersten Abteilungen des vorliegenden Bandes übernommen worden, deren Inhalte freilich *nicht* identisch sind mit den gleichnamigen Abteilungen der 1919 erschienenen Werkedition: HEERSTRAßE ZUM ABGRUND (z. T. erstaunlich vorrausschauende Texte 1893 - 1914) und WIR TOTEN AUF URLAUB (Texte 1914 - 1918). – Der schon vorliegende Anschlussband[1] vervollständigt den Kreis der ‚Primärquellen' durch Aufsätze, Aufrufe und Reden der *Revolutionszeit* (bis Februar 1919). Ein abschließender Teil wird u. a. der ‚Erinnerungsgeschichte' gewidmet sein.

Unvergleichlich hat Kurt Eisner – als Journalist, Dichter, Zensuropfer und Politiker – die *Rolle der Medien* vor, in und nach dem Kriege beleuchtet. Dank des freundlichen Entgegenkommens von Prof. Dr. Dr. Frank Jacob und des Metropol Verlages können wir in unserer Darbietung der diesbezüglichen Arbeiten auch den trefflichen Einakter *„Der Fernschreiber"* (1918) mit einbeziehen.

Noch immer gelten jene, die (trotz der dramatischen Lage auf dem Planeten) Billionen in Todesindustrien investieren und sich bereit erklären zur Preisgabe von hunderttausenden oder Millionen Menschenleben, als ‚verantwortungsvolle Realpolitiker'. Wer aber wie ehedem Kurt Eisner Heiligkeit, Schutz und Förderung des Lebens als oberste Maßgabe des politischen Handelns betrachtet, wird von den Erdzerstörern als unverantwortlicher ‚Träumer' oder ‚Ideologe' beschimpft. Diesen Aberwitz einer Verkehrung von Vernunft und Wahnsinn im öffentlichen Raum zu demaskieren, das gehört zu den vordringlichsten Herausforderungen. Denn der ultimativ aggressive kapitalistische Komplex verhindert, *für den Aufbau neuer Kulturwerte, für produktive Zwecke, für Mehrung und Erhöhung des Lebens die notwendigen Mittel zu finden, er gibt aber unendliche, in der Tat unerschöpfliche Mittel her, um Kulturwerte zu zerstören, Leben zu verderben und zu vernichten. ... Läßt sich überhaupt ein System menschlicher Ordnung denken, das derart wider alle Vernunft, wider alle Zweckmäßigkeit ist ?* (→S. 257-258)

---

[1] *Kurt Eisner als Revolutionär und Ankläger des deutschen Militarismus.* Ein Lesebuch – eingeleitet durch die Darstellung des Weggefährten Felix Fechenbach. (= Pazifisten & Antimilitaristen aus jüdischen Familien, 7). Norderstedt 2025.

Vom Wort zur Tat

Ein Porträt des glänzenden Journalisten und streitbaren Sozialisten Kurt Eisner[1]

Volker Ullrich

Im Dezember 1918, während eines Besuchs in München, erlebte der Romanist Victor Klemperer einen öffentlichen Auftritt des bayerischen Ministerpräsidenten Kurt Eisner: „Eisner kommt dicht an mir vorbei ... Ein zartes gebrechliches winziges gebeugtes Männchen. Der Schädel kahl, nicht imposant groß. In den Backen hängen ihm schmutziggraue Haare. Der Vollbart ist rötlich ..., die schweren Augen sehen trübgrau durch Brillengläser, nichts Geniales, nichts Ehrwürdiges, nichts Heroisches ist an der ganzen Gestalt ... Wie kann dieser Feuilletonist, diese Wippchennatur ohne heroische, ohne dictatorische Geste auf das Volk u. und nun gar auf die Bayern wirken? Aber eines ist mir gewiß geworden: er herrscht in Bayern, er ist im Volke verankert, das ihn wie einen Gott verehrt. Vielleicht wird er bald fallen, aber zur Zeit stützt er sich gewiß auf das Volk." Eisner fiel bald. Am 21. Februar 1919 wurde er von einem Leutnant und Studenten der Rechte, Anton Graf Arco auf Valley, auf offener Straße erschossen.

Gerade hundert Tage war der bayerische Ministerpräsident im Amt, als ihn die Kugeln des Mörders trafen. Und doch ist der Mann, der in der Nacht vom 7. auf den 8. November 1918 die Dynastie der Wittelsbacher gestürzt hatte, bis heue eine Reizfigur geblieben, an der sich die Geister scheiden. Vor allem in Bayern erinnert man sich nur ungern an den Schöpfer des „Freistaats". Erst im November 1989 wurde am Ort seiner Ermordung eine Gedenktafel angebracht, und erst im Jahr 2017 widmete ihm das Münchner Stadtmuseum eine Ausstellung.

[1] Der Beitrag ist verfasst worden für das bislang unveröffentlichte Publikationsvorhaben „Kurt Eisner, *Lieben und Lehren – Ein Weihnacht-Bilderbuch für mein Lieb*". Hrsg. von Gerhard Eisner und Wolfram P. Kastner. Mit Beiträgen von Volker Ullrich und Helmut Donat. Wir danken dem Autor und dem Donat Verlag für die freundliche Abdruckgenehmigung.

Die meisten Historiker haben sein Leben vom Ende her gedeutet, als Biografie eines Scheiterns. Mehr oder weniger bewusst übernahmen sie dabei Stereotypen, die schon zu Eisners Lebzeiten über ihn in Umlauf waren – vor allem das des weltfremden Idealisten und Literaten, der eher durch Zufall in die Politik geraten sei und auf diesem ungewohnten Terrain nur Unheil habe stiften können. Seine äußere Erscheinung, wie sie Klemperer beschrieben (und Germaine Krull in ihrer berühmten Fotografie vom Februar 1918 festgehalten) hat, schien diesem Klischee nahezu perfekt zu entsprechen. Im Jahr 2001 hat Bernhard Grau, Mitarbeiter im Bayerischen Hauptstaatsarchiv in München, endlich eine große Biografie Eisners veröffentlicht, die das Bild des Vielgeschmähten von den zahlreichen Legenden und Verzerrungen befreite, die sich seit seinem gewaltsamen Tod hartnäckig gehalten haben.

Kurt Eisner, am 14. Mai 1867 als Sohn eines jüdischen Kaufmanns in Berlin geboren, verlebte eine behütete, von materiellen Sorgen freie Kindheit und Jugend. Nach dem Abitur am Askanischen Gymnasium 1886 begann er ein Studium der Philosophie und Literaturgeschichte an der Berliner Friedrich-Wilhelms-Universität. Offenbar schwebte ihm zunächst eine wissenschaftliche Laufbahn vor; doch die Doktorarbeit über den romantischen Dichter Achim von Arnim blieb unvollendet. Stattdessen entschied er sich für den Journalismus – eine glückliche Wahl, denn bereits die ersten poetischen Fingerübungen des Studenten aus den Jahren 1889/90 wie auch seine Artikel, die er seit 1890 für Michael Georg Conrads *Gesellschaft*, das führende Organ der literarischen Strömung des Naturalismus, schrieb, zeigen die Züge eines außergewöhnlichen Talents.

Eisner lernte das journalistische Handwerk von der Pike auf. Die erste Station war das Depeschenbüro *Herold*; es folgte eine Stelle als Nachrichtenredakteur bei der linksliberalen *Frankfurter Zeitung*. Sein Verhältnis zum bürgerlichen Pressewesen blieb durch eine Art Hassliebe geprägt. Auf der einen Seite verkannte Eisner nicht die publizistischen Wirkungsmöglichkeiten, die ihm die Mitarbeit an einem großen, renommierten Blatt bot; auf der anderen Seite litt er unter Abhängigkeit und Gesinnungsdruck. „Niemand hat", beklagte er einmal die „unwürdige Stellung" des bürgerlichen Journalisten, „so wenig Einfluß auf die Zeitung, wie die Leute, die sie schreiben und redigieren. Diese Redakteure sind Privatangestellte geschäftlicher Unternehmungen, nichts anderes wie Bankbeamte, Warenhausverkäufer oder Fabrikchemiker ... Die dürfen keine Charaktere sein, das wäre störend; man fordert nur fachliche Routine von ihnen." Nach Konflikten mit der Geschäftsleitung schied Eisner bereits 1893, nach nur eineinhalb Jahren, aus der Frankfurter Redaktion aus und wechselte zum *General-Anzeiger für Marburg und Umgebung*, der sich 1894 in *Hessische Landeszeitung* umbenannte.

Hier, an einem kleinen Provinzblatt, bot sich ihm unverhofft die Gelegenheit, seine Vorstellungen von einem engagierten, aufklärerischen Journalismus zu verwirklichen. Insbesondere widmete er sich dem Kampf gegen den organisierten Antisemitismus, der in den 1890er Jahren unter der Ägide Otto Böckels in Hessen kräftig ins Kraut schoss.

In die Marburger Jahre fiel auch die Begegnung mit dem Philosophen Hermann Cohen, dem Kopf des Marburger Neukantianismus, der Eisner stark beeinflusste und sein ethisches Sozialismus-Verständnis entscheidend prägte. Allerdings führte von hier aus kein gerader Weg zur Sozialdemokratie. Es bedurfte einer neunmonatigen Haft wegen „Majestätsbeleidigung", um Eisner endgültig für den Beitritt zur SPD reif zu machen.

Wilhelm Liebknecht, der Chefredakteur des *Vorwärts*, holte ihn 1898 ans Zentralorgan der Partei, und damit begann die fruchtbarste Schaffensperiode Eisners als Journalist. „Die blankeste Feder des deutschen Sozialismus ..., das vielleicht farbigste, in grazilem Schwung kräftigste Talent unserer Presse", so hat ihn Maximilian Harden, der prominente Herausgeber der *Zukunft* einmal genannt, und in der Tat wuchs Eisner nach Liebknechts Tod 1900 in die Rolle eines Primus inter Pares in der Redaktion hinein, der Kurs und Niveau des Blattes maßgeblich bestimmte.

Allerdings gab es gegenüber dem bürgerlichen Intellektuellen, der erst relativ spät zur Sozialdemokratie gestoßen war, also keinen „Stallgeruch" besaß, immer deutliche Vorbehalte. Sein Konzept, den *Vorwärts* durch inhaltliche Öffnung auch für Nichtparteimitglieder attraktiver zu machen, stieß keineswegs überall auf Gegenliebe – auch nicht beim Parteivorsitzenden August Bebel, mit dem Eisner auf dem Dresdner Parteitag 1903 heftig aneinandergeriet. Seitdem war sein Verhältnis zum einst bewunderten SPD-Patriarchen nachhaltig gestört.

Eisners Standort innerhalb der deutschen Sozialdemokratie vor 1914 war eigentümlich schillernd. Von seinen Gegnern wurde er revisionistischer Tendenzen à la Eduard Bernstein bezichtigt, doch er selbst hat sich immer entschieden gegen dieses Etikett verwahrt. Zwar trat er für eine pragmatische Reformpolitik auf dem Boden der bestehenden Ordnung des Kaiserreichs ein, ebenso entschieden aber hielt er an der Verwirklichung des sozialistischen „Endziels" fest. Und auch von einem orthodoxen Marxisten wie Karl Kautsky, dem Cheftheoretiker der Partei, trennte ihn viel, vor allem sein undogmatisches Sozialismusverständnis, das auf eine Synthese von Kant und Marx angelegt war. So konnte er es eigentlich niemanden Recht machen, und das erklärt auch, warum er zunehmend in die Kritik geriet.

Die Auseinandersetzungen eskalierten 1905 im Konflikt um den *Vorwärts*, in dem sich die von Parteivorstand und Presskommission geschürte Missstimmung gegen den unliebsamen Redakteur entlud. Eisner schied aus der Redaktion aus – eine schmerzliche Zäsur, denn mit der Verdrängung aus einer journalistischen Schlüsselposition verlor er auch einen erheblichen Teil seines politischen Einflusses in der Partei. Auf seinen späteren Stationen, zunächst als Chefredakteur der *Fränkischen Tagespost* in Nürnberg, seit 1910 mit seiner Übersiedelung nach München als Mitarbeiter der *Münchener Post* und aktiver sozialdemokratischer Bildungspolitiker in Bayern, eröffneten sich ihm keine vergleichbaren Wirkungsmöglichkeiten mehr.

Vor 1914 zählte Eisner zu den profiliertesten Kritikern der wilhelminischen Weltpolitik. So scharfsinnig wie kaum ein zweiter legte er 1906 in einer Broschüre *Der Sultan des Weltkriegs* die Hintergründe des deutschen Marokko-Abenteuers offen, das Europa an den Rand des Krieges geführt hatte. „Nachdem die Welt die wilden sinnlosen Kriegsdrohungen um Marokko willen erlebt hat, kann kein Vertrauen mehr werden. Geht Marokko vorüber, irgendwo taucht aufs Neue eine Frage auf, bis einmal doch die verheerende Katastrophe losbricht."

Dennoch war Eisner im Juli 1914 wie so viele andere nicht davor gefeit, ein Opfer der Desinformationspolitik der deutschen Reichsleitung zu werden, die es verstanden hatte, Russland in die Rolle des vermeintlichen Aggressors zu manövrieren und damit an die traditionellen antizaristischen Emotionen der deutschen Sozialdemokratie zu appellieren. Ausgerechnet in einem Gedenkartikel für Jean Jaurès, den am 31. Juli 1914 wegen seiner Kriegsgegnerschaft ermordeten französischen Sozialisten, schrieb Eisner: „Jetzt hat der Zarismus angegriffen, jetzt haben wir keine Wahl, jetzt gibt es kein Zurückblicken. Jetzt hat das deutsche Proletariat den Erbfeind der europäischen Gesittung zu vernichten, als Deutsche, als Demokraten, als Sozialisten ergreifen wir die Waffen für die gerechte Sache."

Zugutezuhalten ist Eisner freilich, dass er schon bald nach Kriegsbeginn seine Position korrigierte. Bereits im Frühjahr 1915 gelangte er zur Überzeugung, dass nicht Russland, sondern das Deutsche Reich den Krieg vom Zaun gebrochen hatte. In einem Brief an den SPD-Reichstagsabgeordneten Wolfgang Heine, der eine Broschüre gegen die „Quertreiber" in den Reihen der Sozialdemokratie veröffentlicht hatte, legte er seine neugewonnene Einsicht mit großer Klarheit dar: „Was aber hat die deutsche Sozialdemokratie mit dem preußischen Militarismus gemein, der sie seit 40 Jahren bekämpft und der sich am 4. August nicht durch ein plötzliches Verwandlungswunder von Grund auf gewandelt, sondern vielmehr sein furchtbares Gesicht gezeigt hat? ... Sie aber verbürgen sich dafür, dass wir einen Verteidigungskrieg führen. Das ist nicht nur nicht beweisbar, sondern das Gegenteil schon jetzt über alle Zweifel erwiesen ... Dieser Krieg ist ... ein deutscher Expansionskrieg."

Aufgrund seiner kompromisslosen Kriegsgegnerschaft wurde es für Eisner immer schwieriger, Artikel in der sozialdemokratischen Presse zu publizieren. Das von ihm selbst redigierte „Arbeiter-Feuilleton" stellte nur einen unzureichenden Ersatz dar. Hinzu kamen immer rigorosere Zensurmaßnahmen. Gegenüber dem Stellvertretenden Generalkommando des Ersten bayerischen Armeekorps, das eine Diskussion der Kriegsursachen mit allen Mitteln zu verhindern suchte, erklärte er im Februar 1917 in aller Offenheit: „Wo ein solches System doppelter Buchführung, ein solches Vertuschen, Verhehlen und Verdunkeln um sich greift, ist ... die nationale Katastrophe nahe."

Auch in München entwickelte sich der Widerstand gegen Krieg und „Burgfrieden" aus kleinsten Anfängen. Im Mai 1917 wurde ein Ortsverein der *Unabhängigen Sozialdemokratischen Partei Deutschlands*

(USPD) gegründet, in dem Eisner der unumstrittene Mittelpunkt war. Besonders jugendliche Pazifisten und Sozialisten, wie sein späterer Sekretär Felix Fechenbach oder der angehende expressionistische Schriftsteller Ernst Toller, fühlten sich zu seiner charismatischen Persönlichkeit hingezogen. Allerdings war die Zahl der unbedingten Kriegsgegner in der bayerischen Landeshauptstadt relativ klein. Anfang 1918 zählte die USPD hier nach polizeilichen Angaben gerade einmal 600 Mitglieder.

Dass Eisner dennoch willens war, seinen Worten Taten folgen zu lassen, bewies er Ende Januar 1918, als es ihm gelang, die Arbeiter und Arbeiterinnen der Münchner Rüstungsbetriebe für einen Streik zu gewinnen. In dem von ihm verfassten Aufruf hieß es: „Die streikenden Arbeiter Münchens, voran die Kruppwerke, entbieten brüderliche Grüße den belgischen, französischen, englischen, russischen, italienischen, amerikanischen, serbischen Arbeitern. Wir fühlen uns einig in dem feierlichen Entschluss, dem Kriege des Wahnsinns und der Wahnsinnigen sofort ein Ende zu setzen. Wir wollen nicht mehr morden. Vereint euch mit uns, den Völkerfrieden zu erzwingen, der im Aufbau einer neuen Welt allen Menschen Freiheit und Glück sichert." Für Eisner persönlich hatte der Streik schlimme Folgen: Er wurde in der Nacht vom 31. Januar auf den 1. Februar mit fünf anderen Streikführern verhaftet und musste achteinhalb Monate in Untersuchungshaft verbringen, den größten Teil in der Haftanstalt Stadelheim. Erst am 14. Oktober konnte er das Gefängnis verlassen.

„Das deutsche Proletariat ist wieder aus hoffnungsloser Starre erwacht", notierte Eisner in sein Gefängnistagebuch. „Die Bewegung, einmal bewußt geworden, kann nicht mehr aufhören; sie muß wachsen, sich steigern, endlich siegen." Anfang November 1918 war es soweit: Eisner setzte den Auftakt zur Revolution in München. Gemeinsam hatten die Unabhängigen und die Mehrheitssozialdemokraten am 7. November zu einer Friedenskundgebung auf der Theresienwiese aufgerufen. Während die Anhänger der MSPD danach auseinanderliefen, begann Eisner mit einer kleinen Schar seiner Mitstreiter und einer größeren Zahl von Soldaten am Nachmittag eine Kaserne nach der anderen zu agitieren. Die Münchner Garnisonen gingen mit fliegenden Fahnen zu den Revolutionären über.

Eisner hatte die Massenstimmung besser erfasst als sein erbitterter Gegner, der bayerische MSPD-Vorsitzende Erhard Auer. Noch am Abend wurde im Mathäserbräu, einem Bierlokal am Stachus, ein Arbeiter- und Soldatenrat gebildet, der Eisner zu seinem Vorsitzenden wählte. Widerstand von den Trägern des bisherigen Systems regte sich nirgends. Am Morgen des 8. November wurde auf Plakaten der „Freistaat Bayern" ausgerufen und die Dynastie der Wittelsbacher für abgesetzt erklärt. Der revolutionäre Bruch war damit vollzogen.

Realitätssinn bewies Eisner aber auch, als er eine Koalitionsregierung mit den Mehrheitssozialdemokraten bildete – in der richtigen Erkenntnis, dass mit den schwachen Kräften der USPD allein die riesigen Probleme des Übergangs vom Krieg zum Frieden nicht zu bewältigen waren. Allerdings kostete ihn die Entscheidung einige Überwindung, hatten sich doch die Vertreter der Mehrheitsrichtung in der SPD bis zuletzt der Revolution entgegengestemmt. Und Erhard Auer, als Innenminister Eisners mächtigster Gegenspieler im Kabinett, ließ vom ersten Tage an nichts unversucht, um das Ansehen des bayerischen Ministerpräsidenten herabzusetzen. Dabei scheute er auch nicht davor zurück, sich antisemitischer Klischees zu bedienen.

Hinter der stark persönlich gefärbten Rivalität zwischen Eisner und Auer verbargen sich freilich tiefgreifende politische Differenzen, was den weiteren Gang der Revolution betraf. Die Repräsentanten der MSPD betrachteten den Arbeiter- und Soldatenrat, die Basis von Eisners charismatischer Stellung, nur als Notbehelf für eine Übergangsfrist; alle grundlegenden Entscheidungen über die politische und gesellschaftliche Zukunft Bayerns sollten einer aus allgemeinen Wahlen hervorgegangenen Landesversammlung vorbehalten bleiben. Eisner hingegen wollte den Arbeiter- und Soldatenrat nicht verschwinden, sondern als Organ der direkten Demokratie fortbestehen lassen. Wie allerdings das Nebeneinander von Parlament und Rat praktisch funktionieren sollte, darüber war er sich selbst nicht recht schlüssig.

Anders als die Mehrheitssozialdemokraten sprach sich Eisner für ein rückhaltloses Bekenntnis zur deutschen Kriegsschuld aus – als unabdingbarer Voraussetzung für einen entschiedenen Neuanfang auch in der Außenpolitik und eine Aussöhnung mit den einstigen Kriegsgegnern. Und auch hier ließ er den Worten Taten folgen, indem er am 23. November 1918 amtliche Dokumente aus dem Archiv des bayerischen Außenministeriums veröffentlichte, die belegten, dass die deutsche Reichsleitung im Juli 1914 die österreichisch-ungarische Regierung gedrängt hatte, gegen Serbien loszuschlagen.

Auf der ersten Nachkriegskonferenz der Sozialistischen Internationale Anfang Februar 1919 im schweizerischen Bern warb Eisner in einer großen Rede für den Gedanken der Völkerverständigung. Nachdrücklich trat er dafür ein, die Wahrheit über die Kriegsursachen aufzudecken. Zugleich warf er den Mehrheitssozialdemokraten vor, in einem „Taumel von Irrungen" viereinhalb Jahre lang die kaiserliche Kriegspolitik mitgetragen zu haben. „Sie, Genossen der Mehrheitssozialisten, haben mitgeholfen, Deutschland in den Abgrund zu hetzen." Nach seiner Rede äußerte Eisner zu Friedrich Wilhelm Foerster, dem Philosophen und Pazifisten, den er mit der diplomatischen Vertretung Bayerns in Bern beauftragt hatte: „Heute habe ich mein Todesurteil gesprochen. Ich bin nur noch ein Toter auf Urlaub."

Eisners mutiges Insistieren auf die Verantwortung der Reichsleitung für die Auslösung des Weltkriegs verschärfte nicht nur die Konfrontation mit der MSPD; es trug ihm auch den unversöhnlichen Hass rechtsextremer und nationalkonservativer Kreise ein. Täglich liefen Schmäh- und Drohbriefe in der bayerischen Staatskanzlei ein. Gezielt wurden Gerüchte in Umlauf gesetzt, etwa dass Eisner ein galizischer Jude sei und eigentlich Kosmanowsky heiße. „Jedenfalls haben wir keine Lust, mit einem Mann Ihres Schlages, den wir zum Auswurf der Menschheit gehörig rechnen, viele Worte zu machen", hieß es in einem Schreiben „einiger Bayern" an Eisner von Ende November 1918. „Bestochen durch die Gelder der russischen Bolschewisten, stützen Sie Ihre Macht auf die Bajonette halbwüchsiger Buben, deren Benehmen nachgerade ekelerregend wirkt. Das Bayernvolk hat keine Lust, sich weder von Berlin noch von München aus von einer Bande russischer Judenschlawiner regieren zu lassen."

Ohne die so erzeugte Pogromstimmung wäre der Mord an Eisner am 21. Februar 1919 kaum zu erklären. In einer handschriftlichen Notiz, verfasst kurz vor dem Attentat, gab Graf Arco als sein Motiv an: „Eisner ist Bolschewist, er ist Jude, er ist kein Deutscher, er fühlt nicht Deutsch, untergräbt jedes vaterländische Denken und Fühlen, ist ein Landesverräter." Sozialist *und* Jude zu sein – das kam in dem aufgeheizten Klima der deutschen Gegenrevolution des Jahres 1919 einem Todesurteil gleich.

Eisner war auf dem Weg in den Landtag, als Arco ihn erschoss. Er wollte die Demission seines Kabinetts bekanntgeben – eine Konsequenz, die sich aus der verheerenden Niederlage der USPD bei den bayerischen Landtagswahlen vom 12. Januar 1919 ergab. Sie erhielt nur 2,5 Prozent (3 Sitze), die MSPD dagegen 33 Prozent (61 Sitze). Eisner legte nicht sofort das Amt nieder, weil er Zeit gewinnen wollte für die Sicherung der revolutionären Errungenschaften. Das trug ihm den Vorwurf ein, mit allen Mitteln an seinem Sessel „kleben" zu wollen.

Unter Münchens Bewohnern ist die Nachricht von Arcos Mordtat nicht nur mit klammheimlicher Freude aufgenommen worden. „Die Schulkameraden unserer Jungen haben bei der Nachricht applaudiert und getanzt", notierte der in München lebende Schriftsteller Thomas Mann. In der Arbeiterbevölkerung überwog hingegen das Entsetzen. Hier genoss Eisner große Sympathie. Beim Staatsbegräbnis am 26. Februar säumten Hunderttausende die Straßen.

Das Attentat auf Eisner beschleunigte eine Radikalisierung, die in den Münchner Räterepubliken vom April 1919 gipfelte. Nach dem Einmarsch von Freikorpstruppen Anfang Mai und ihren blutigen Exzessen gegen die die revolutionäre Linke schlug das Pendel zur anderen Seite aus. Bayern entwickelte sich zur rechten „Ordnungszelle" und zum Eldorado für Republikgegner aus dem ganzen Reich. Nicht zufällig begann hier die Karriere des Bierkellerdemagogen Adolf Hitler.

Sein Nachspiel fand der Mord an Eisner überdies in einem Justizskandal, der zu dem empörendsten in der Geschichte der Weimarer Republik zählt. In dem Prozess, der im Januar 1920 begann, bescheinigten die Richter dem Mörder, dass seine Tat „nicht niedriger Gesinnung, sondern der glühendsten Liebe zu seinem Volke und Vaterlande" entsprungen sei. Schon einen Tag nach der Verkündung des Todesurteils wandelte es der bayerische Ministerrat in lebenslange Haft um. In der Festung Landsberg genoss Arco dieselben Privilegien, die einige Zeit später noch einem anderen prominenten Gefangenen zuteil werden sollten – Hitler, dem gescheiterten Putschisten vom November 1923. Bereits im April 1924 kam Arco wieder auf freien Fuß. Seine Rechnung war aufgegangen.

Denn schon im ersten Verhör durch den Staatsanwalt wenige Tage nach seiner Tat hatte er zu Protokoll gegeben, er hoffe darauf, bald begnadigt zu werden.

„Das war ein Mann, der noch an Ideale glaubte / und tatkräftig war. In Deutschland ist das tödlich. Denn wir haben / entweder rohe Kraft, die wir missbrauchen, / die Gattung nennt man Patrioten – oder aber / wir haben feine Sinne und ein zart Gewissen / und richten gar nichts aus. Der aber, tatenfroh beflügelt, / hieb fest dazwischen – und daneben freilich! / Jedoch er hieb, dass faule Späne flogen. / Welch eine Wohltat war das, zu erleben, / dass einer überhaupt den Degen zog, / ein Tapferer war und doch kein General." So würdigte Kurt Tucholsky in einem Nachruf das Wirken Eisners.

In der Tat: Kurt Eisner, der glänzende Journalist und streitbare Sozialist, war einer der ganz Großen der deutschen Arbeiterbewegung und einer der wenigen hellsichtigen Politiker im späten Kaiserreich und in der revolutionären Umbruchperiode von 1918/19. Sich seiner ehrend zu erinnern und ihn neu zu entdecken, bleibt eine wichtige Aufgabe.

Zum Verfasser | Dr. Volker Ullrich, Jg. 1943, Historiker und Journalist, 1990-2009 Leiter des Ressorts „Politisches Buch" bei der Wochenzeitung DIE ZEIT, Veröffentlichungen: u. a. eine Geschichte des deutschen Kaiserreichs „Die nervöse Großmacht" (1997), eine zweibändige Hitler-Biographie (2013 und 2018), zuletzt „Deutschland 1923 – Geschichte eines extremen Jahres" (2022) sowie „Schicksalsstunden einer Demokratie" (2024), ausgezeichnet mit dem Alfred-Kerr-Preis und der Ehrendoktorwürde der Friedrich-Schiller-Universität Jena.

Heerstraße zum Abgrund

Ausgewählte Texte 1893 – 1914

Militarismus

(1893)[2]

Dieselbe Welle, die den Rector Ahlwardt nebst etlichem mißdufti-
gem Tang in den Reichstag geschwemmt, hat die *Militairvorlage* fort-
gespült und den Tag des Redens in die Nacht des Schweigens ge-
bannt. Unterwegs wurde noch einer Partei, der freisinnigen, das Ge-
nick gebrochen. Es ist dieselbe Welle, wenn auch der Heilige von
Friedeberg für die Vorlage seine arischarnswaldische Stimme abgegeben. Herr Böckel, der hessische Bauernführer, ist klüger; er schloß
sich den Neinsagern an, weil er seine Wähler kennt. Auch das Centrum, sonderlich das süddeutsche, kennt seine Leute, und darum ist
der Versuch des Freiherrn von Huene, mit einem coulanten Kun-
denrabatt an die verehrten, aber heuer eigensinnig geratenen Wähler das Geschäft zustande zu bringen, elend gescheitert. In Süddeutschland hält man überhaupt den ganzen Militarismus für eine
preußische Erfindung, und man kann an Biertischen Äußerungen
hören, wie: „Wenn's wieder losgeht, die Bayern gehen nicht mit",
Äußerungen, die darum nicht an Wert verlieren, weil sie gar so naiv
sind. Und wie schreibt gar der „Vaterlands"Sigl? „Ein siegreicher
Krieg wäre für Bayern das Ende." Das Ende, nämlich eine „könig-
lich-preußische Provinz".

Dieselbe schmerzhaft eingewachsene Unzufriedenheit hat Ahlwardt gewählt und den Reichstag gesprengt. Man ist in der That
über alle Maßen unzufrieden – wenn es auch vielleicht eine „unbe-
rufene" Unzufriedenheit ist, man ist mürrisch und verdrossen und

---

[2] Textquelle | Kurt EISNER: *Taggeist. Culturglossen.* Berlin: Dr. John Edelheim Ver-
lag 1901, S. 13-21. – Hier wird 1893 noch *nicht* jeglicher ‚Militarismus' verworfen!

21

hat das Gefühl, als ob irgend so ein Probegastspiel des jüngsten Tages in Sicht sei. Herr von Bennigsen, der staatsmännische, hat nicht ohne Grund von dem wachsenden Pessimismus gesprochen, nur ist es nicht der Pessimismus Schopenhauers, noch weniger der Nietzsches (denn Friedrich Nietzsche ist trotz seines parlamentarischen Impresarios ein enthusiastischer Optimist), es ist der Pessimismus der Verhungernden, der Pessimismus der geplünderten Leiber und gemarterten Seelen. Und zu dem Pessimismus der schweren Not gesellt sich der Pessimismus des Übermuts, die Unzufriedenheit der politischen Gourmands und Gourmets, der Vielesser und Feinschmecker, der Interessenwucherer und Feueranbeter. Diese Pessimisten aus wirtschaftlicher und ästhetischer Luxusgier scharen sich um Bismarck: Bismarck soll die Börse bessern, Bismarck soll die Industrie heben, die Landwirtschaft schützen, Bismarck soll die Blasiertheit der psychischen Lebemänner mit den aufregenden Emanationen genialer Großnatur aufgeißeln – ein politischer Braunscheidtist. Hätten sich nicht die Pessimisten des Übermuts vor der Gewalt des Massenpessimismus gefürchtet, sie hatten sicherlich nichts dagegen gehabt, wenn der derzeitige Administrator der Reichsgeschichte, wenn Graf Caprivi mit seiner Vorlage zugleich explodiert wäre.

Die politische Bewegung wächst sich immer mehr zum politischen Banksturm aus, seitdem nicht mehr Ehrfurcht vor greiser Majestät Schweigen, die Übermacht beglückten Thatmenschentums Bewunderung oder Unterwerfung gebietet. Die öffentliche Meinung, die keine fromme Scheu, keine Schwärmerei und keine gewaltsame Niederhaltung mehr bindet, wird zur Gegenregierung. Man will etwas anderes, etwas Neues, Heilendes und Lösendes. Nur heraus aus dieser Qual drückender Ratlosigkeit, nur heraus, um jeden Preis! Wir sind müde eures ewigen Begehrens, wir geben nichts mehr, macht was ihr wollt, aber laßt uns in Ruhe! Ihr schickt unsere Vertretung nach Hause? Gut! Wir waren schon so mit den Herren unzufrieden, und wir werden euch einen neuen Reichstag fabricieren, der euch zeigen wird, daß wir mehr sind als misera plebs contribuens. Das Opfer dieser verbitterten Stimmung ist die Militairvorlage geworden. Auch die innerlich widerstrebenden Volksvertreter haben nicht gewagt, dem Willen ihrer Wähler zuwider für die Heeresreform einzutreten. Die schönste Militairmusik vom starken, wehrhaften Vaterland vermochte nicht, die Leute in Tritt zu bringen. Nur eine Partei hat (von den kleineren Gruppen abgesehen) geschlossen gegen die Vorlage gestimmt, die Socialdemokratie; sie negiert die heutige Weltordnung, sie negiert vor allem das Hauptstück der „capitalistischen Schreckenskammer", den „Moloch Militarismus". Dieser Partei ist ein doppeltes Glück beschieden, das Glück des unermeßlichen Hoffens und das Glück des Wartenkönnens; denn sie ist die Partei der Jugendkraft. Sie sieht in religiöser Hoffnungsseligkeit ihren Tag kommen, nur sie darf sich bescheiden, nein zu sagen. Ebenso verständlich und folgerichtig ist es, wenn die Vertreter von Besitz und Bildung, die Rechte und die Nationalliberalen, für die Militairvorlage oder für den Antrag Huene sich entschieden haben; ist doch für sie das Heer die Garantie der neugermanischen Zwillingsformel „Besitz und Bildung", wenigstens ihres ersten Bestandteils. Uneinig sind die großen bürgerlichen Reformparteien gewesen, Centrum und Freisinn; sie ergaben sich schließlich in ihrer Majorität dem Willen ihrer Wähler. Ein Teil der Freisinnigen benutzte aber die gute Gelegenheit, sich von ihrem Fractionstyrannen Eugen Richter zu trennen, und man verdankt der neuen „Freisinnigen Vereinigung" einen Wahlruf, der sich auch stilistisch von dem Einfluß des Poeten der „Zukunftsbilder" löblich emancipiert. Herr Eugen Richter aber pactierte mit den süddeutschen Demokraten; der seit einem Menschenalter unbekehrte Manchestermann trank Brüderschaft mit den Leuten, die in wirtschaftlicher Beziehung einem *möglichen* Socialismus, einer Art von positivistischem Socialismus huldigen. Über diese Schwierigkeit half ihnen der unersättliche Haß gegen den Militarismus hinweg. Der Soldat ist eben der Jude dieser Volksmänner, er trägt die Schuld an allem Unheil; der Militarismus ist der Feind! Wer's nicht glaubt, ist ein Volksverräter und speculiert zum mindesten auf einen Lotteriecollecteurposten.

Keinen Augenblick zweifle ich, daß die Agitation der antimilitaristischen bürgerlichen Reformparteien den schönsten Erfolg haben wird, aber ebensowenig kann ich mir verhehlen, daß dieser Kampf gegen die Heeresreform demagogisch ist, weil er unfruchtbar ist. Eine Partei, welche die gegenwärtige Ordnung der europäischen Verhältnisse kennt und anerkennt, *muß* sich dem Militarismus beugen. Keine parlamentarischen Carpenterbremsen werden diese Entwickelung Europas hemmen. Die Haltung der Socialdemokratie

heischt Achtung und Beachtung, weil sie consequent ist. Der Anti-
militarismus der Reformparteien ist eine unnütze Halbheit. Mehr
noch: In ihrer wilden Soldatenscheu vergessen sie ihrer eigentlichen
Aufgabe, zu reformieren. Gerade jetzt hatten sie die Gelegenheit,
eine Culturthat ersten Ranges zu verrichten. Sie hatten die Gelegenheit (da nun einmal Regierung und Volksvertretung nach dem Mer-
cantilsystem mit einander verhandeln), der quantitativen Heerre-
form der Regierung die Forderung einer qualitativen Neuordnung
des Armeewesens gegenüberzustellen und so eine Veredelung des
Militarismus zu versuchen, die diese Institution dem wirklichen
Fortschritt dienstbar gemacht hätte. Denn nicht der Militarismus an
sich ist der Feind, sondern der falsche Militarismus, wie er gegenwärtig auf Deutschland, auf Europa lastet. Möglich, wahrscheinlich
sogar, daß jener Veredelungsversuch gescheitert wäre; dann hätte
sich eben die Unmöglichkeit erwiesen, eine Reformation der europäischen Lage herbeizuführen. Es wäre aber ein heldenhafter Versuch gewesen, würdig wahrer Freiheitsmänner. Kann es denn ein
schöneres Unternehmen geben, als einen Weg zu zeigen, wie diese
übergewaltigen Summen an Kraft und Gut, die Europa dem Militarismus anscheinend zu keinem anderen Zwecke wie zur Selbstvernichtung geopfert, sich in fruchtbare Culturenergie verwandeln?

Es ist unbillig, einer Regierung zu verbieten, was jede Partei, sofern sie ans Ruder käme, – immer abgesehen von der Socialdemokratie – selber thun müßte. Es lastet auf Europa die Bannangst des
Traums; man will ein Geleise übersteigen, strauchelt, und während
man den Blitzzug grausend näher und näher kommen sieht, haftet
man wie festgekettet am Boden, beraubt der Muskelkraft in ohn-
mächtigem Trotz; nur das Hirn gebiert in brennender, jagender Hast
Rettungspläne, Fluchtgedanken, verzweifelndes Gehenlassen. Etwas von dieser Angststimmung lauert stets auf der Schwelle des europäischen Bewußtseins. Frankreich vergißt keinen Augenblick
seine Revanche, und den furchtbaren russischen Bergsturz erwartet
das bebende Europa als sein unvermeidliches Schicksal. Der große
Weltkrieg der Zukunft reckt in seiner Höhle die Tatzen. Niemand,
auch nicht die reichste Phantasie, vermag diese ungeheure Katastrophe, wenn nur in schattenhaften Umrissen, im voraus zu erkennen.
Auch für den Krieg ist das patriarchalische Zeitalter vorbei. Er ist
nicht mehr das unfreundschaftliche Abkommen zweier Fürsten,

Dynastien. Man schickt nicht mehr ein paar bezahlte Leute hinaus, um die Sache zu erledigen. Der Krieg ist ein unübersehbares Riesenunternehmen geworden, von gewaltigen Dimensionen, das die Völker zerfleischt. Selbst der genialste Seherblick vermag nicht zu ahnen, wie sich der Zukunftskrieg gestalten wird. Nur Eines weiß man: Wir müssen alles an Soldaten aufbieten, was wir vermögen. Aus dieser einen Gewißheit entsteht das Rüstungsfieber, und diese sich gegenseitig in die Höhe treibenden Heeressteigerungen kennen nur eine Grenze, die physische Leistungsfähigkeit der Nationen. Erst mit dem Versiegen des Menschenmaterials ist der Vermehrung des Heeres ein Ziel gesetzt. Dieser Entwickelung an einem willkürlichen Puncte Halt zu gebieten, heißt einen Capitalisten auffordern, bei der ersten Million mit seiner Capitalsteigerung aufzuhören. Die Dinge müssen das Maximum ihrer Kraft erreichen, sie müssen sich erschöpfen, ihr Wesen verbrauchen.

Wie? So etwas vermag einer kalten Blutes hinzuschreiben? Diese Völker in Waffen sollen dann gegen einander anstürmen, sich zermalmen, daß nur Weiber, Kinder, Greise, Krüppel zurückbleiben?

Es ist nicht nötig, daß die Dinge diesen Gang nehmen, vorausgesetzt, daß der Militarismus sich seiner humanen Mission bewußt wird.

Der Militarismus, wie er sich heute darstellt, ist die radicalste Form des Communismus, die gedacht werden kann: eine casernierte Gleichheit, die bis zum ekelhaften Communismus der Leiber geht. Die Massenuntersuchung in einen Raum zusammengepferchter entkleideter Menschen, die das stimmungsvolle Vorbild zum soldatischen Patriotendrill bildet, ist wohl nur aus Versehen von den schamhaften Urhebern der lex Heintze nicht paragraphiert worden. Dieser Communismus aber ist durchsetzt mit rudimentären Überbleibseln einer absterbenden Feudalzeit. Der Bürger wird zum willenlosen, oft mißhandelten Sclaven einer Kriegercaste, die sich streng von den Civilisten scheidet. Das Heer beugt seinen eigentlichen Zweck, es wird aus einer Volkswehr zur Leibgarde privilegierter Mächte und Stände. Aus einem Hort nationaler Unabhängigkeit wird eine Schutzgruppe der unabhängigen Nationalen, d. h. der Mächtigen und Besitzenden. Soldatenspielerei und Soldatenschinderei schädigen die financielle, physische und ethische Gesundheit. Die militärische Pädagogik hat sich noch immer nicht losgelöst von der Überlieferung einer Zeit, da es galt, eine zusammengelaufene Horde von Söldlingen fürs Sichtotschießenlassen zu präparieren. Ein unöffentliches Gerichtsverfahren raubt dem widerwillig Soldat gewordenen Manne den letzten Rest von Rechtsglauben und Berufsfreude, von Selbstbewußtsein und Stolz.

Trotzdem der Militarismus heute noch aus der untersten Stufe seiner qualitativen, culturellen Entwickelung steht, darf man heute schon seine Vorteile nicht verkennen. Für eine hohe Zahl von Menschen bedeutet der Militairdienst eine sociale Erlösung (für sie wäre es freilich auch der Krieg, der den ewigen Kampf um das Sattsein beseitigt – ein Gewinn, der mit dem Leben nicht zu teuer erkauft ist). Die in äußerstem Elend isolierten, eingekerkerten Menschen zieht der Militarismus in eine von höheren Interessen als der primitivsten Notdurft beseelte Gemeinschaft. Der communistische Grundzug des Militarismus hebt die Niedrigen und zwingt die Bevorzugten zu einiger gerechten Demut. Der zu Übungen eingezogene Großkaufmann, der seinem Hausdiener als seinem Vorgesetzten parieren muß – das ist kein ungewöhnliches Beispiel für die demokratisierende Tendenz des Militarismus. Dazu kommt die körperliche Selbständigmachung, die physisches Selbstvertrauen und entschlossene Gewandtheit schafft – ein spartanisches Element, das keinem Staatswesen fehlen darf, das nicht einer allgemeinen Gewebeerschlaffung und Herzverfettung verfallen will. Überdies liegt im Militarismus, je weiter er seine Fangnetze ausspannt, ein desto ernsterer, dringenderer Anreiz für die Regierenden, durch sociale Fürsorge die körperlichen Verheerungen, die der Industrialismus anrichtet, zu bekämpfen. Das Wehrinteresse verlangt Männer, während das capitalistische System Krüppel züchtet; der Egoismus des Militairstaats hemmt die Verwüstungen der wirtschaftlichen Anarchie. All das und noch mehr ließe sich schon jetzt zu Gunsten des gelästerten Militarismus einwenden.

Wie aber, wenn jene Humanisierung des Heerwesens eintreten würde, wenn ein volkstümlicher Militarismus unter fachmännischer, nicht aber ständisch-exclusiver Leitung erstehen würde, wenn die Armee wahrhaft das freie Volk in Waffen wäre, das keinen anderen Zweck mehr hätte, als die nationale Unabhängigkeit zu schützen? Dann könnte getrost jeder Wehrhafte ausgebildet werden, dann würde jeder Wehrhafte freudig sich den gewissenhaften und humanen Heerbeamten anvertrauen, dann wäre der Militarismus nichts als eine Hochschule für die körperlich-wehrtüchtige Ausbildung des gesamten Volkes. Damit wäre der Fluch von dem Militarismus genommen, er wäre eine Institution, so segensreich, so fördernd für den culturellen Aufstieg, wie keine zweite. Zieht man die Consequenzen der allgemeinen Wehrpflicht, scheidet man alle rudimentären, entwickelungshemmenden Überbleibsel aus einer toten Epoche des Wehrsystems aus, so muß man zu diesem humanen Militarismus gelangen. Die Regierung hat in richtigem Instinct begonnen, den Gedanken eines pandemischen Militarismus auszuführen. Sie hat sich mit *einem* Factor der Idee begnügt, der *Zahl*. Es ist Aufgabe des Volks, zu zeigen, daß auch eine neue *Art* notwendig ist. Den reinen Militarismus wider den unreinen auszuspielen – auch das wäre eine Wahlparole, und nicht die schlechteste.

Natürlich würde man die Zeit der Ausbildung so kurz wie möglich bemessen müssen, damit die persönliche und staatliche Belastung auf das denkbar niedrigste Maß herabgedrückt wird. Damit ist die wirtschaftliche Seite der Frage berührt. Hier erheben sich die gewichtigsten Einwände gegen jede Vermehrung der Armeen; die Idee eines gesamten Volks in Waffen erscheint vollends wie heller Wahnsinn. Soll denn diese tolle Schuldenwirtschaft, die ja eigentlich eine geheime Enteignung des capitalistischen Besitzes bedeutet, ins Ungemessene wachsen? Sollen alle culturellen Aufgaben vernachlässigt werden, zu Gunsten des Militarismus? Soll das Volk in unerträglichster Weise mit Bluts- und Gutssteuer bedrückt werden? Sollen wir ein Haufen von Soldatenbettlern werden? Nun, ich glaube, daß die Nationen jenen veredelten Militarismus tragen könnten, daß sie in ihm eine höchst productive Anlage haben würden. Von Grund aus geändert aber müßte die Verteilung der Lasten werden. Daß die Lasten des Militarismus heut vorzugsweise von den Unbemittelten getragen werden, ist keine Wahlphrase, sondern das Ergebnis mathematischer Operationen, und kann ebensowenig bezweifelt werden, wie daß es keine conservative und keine liberale Mathematik, sondern eben nur eine objective und allgemein giltige Mathematik giebt. Den privilegierten Classen ist der Militarismus eine Versorgungsanstalt, und von den vielen Millionen, die die Masse für den Militarismus aufbringt, fließt ein erklecklicher Teil schließlich in die Geldschränke der bevorzugten Minderheit, denn der Bedarf des

Heeres, der die Millionen verschlingt, wird zumeist von den Großindustriellen, den Großhändlern gedeckt. Daß diese nackte Ungerechtigkeit beseitigt wird, das müßte eine Hauptaufgabe jeder Reformpartei sein. Eine allgemeine Reichssteuer, die in bisher unerhörter Progression nach oben wüchse, könnte etwa die Mittel liefern. Werden die patriotischen Hüter von Besitz und Bildung dadurch unzufrieden – nun, so beweisen sie, daß es keine Verleumdung mehr ist, wenn ihre Gegner und Neider ihren Patriotismus Ziffernmäßig begrenzen. Der Freiherr von Stumm hat das gefühlt und sich für seine Person zu allen Opfern bereit erklärt – zu allen? nun er wird nicht auf die Probe gestellt werden.

Nicht feilschen um die Zahl, nicht vergeblich kämpfen gegen eine Entwickelung, die nun einmal da ist, sondern umbilden, umschaffen, das scheinbar Verderbliche dem Fortschritt tributpflichtig machen – das wäre ein Ziel!

„Scheinbar? Wirklich *scheinbar* verderblich? Und was wird, mit Verlaub, dieser gereinigte, zu sich selbst gekommene Militarismus denn mit sich anfangen, wenn der letzte brauchbare Mann, vielleicht auch das letzte brauchbare Weib der Segnungen der humanen Leibes und Willenspädagogik teilhaftig geworden? dann werden vermutlich die diversen gereinigten Militarismen übereinander herfallen und dann – Finis Europae." So höre ich die Leute höhnen über den hoffenden Thoren. Nun, ich weiß, die Dinge werden einen anderen Gang nehmen, wie dieser Versuch sie gehen läßt, dieser Versuch, gewisse optimistische Folgerungen aus trüben, ängstigenden Erscheinungen zu ziehen. Indessen warum soll man nicht glauben dürfen, daß jene Zeit des idealen Militarismus den bewaffneten Frieden zur ewigen Wahrheit machen wird ?

Niemand wird sich auch gegen die Bemühungen stemmen, die einen Rechtszustand zwischen den Nationen schaffen wollen, der den Krieg als Criminalverbrechen ächtet. Und warum soll man denn nicht glauben dürfen, daß eines Morgens dieser soldatische Militarismus als socialer Militarismus aufsteht, der nur noch einen Feind kennen wird – das menschliche Elend?

Immerhin, wenn man selbst den Weg zum humanen Militarismus, den ich anzudeuten versuchte, nicht so weit gehen mag, daß man die Grenznebel Utopiens bereits verspürt, eine gute Strecke des Weges wird man gehen können, gehen müssen, sofern man nicht überhaupt an der fördersamen Weiterbildung der europäischen Verhältnisse nach den geltenden Principien verzweifelt.

Das gelbe Zeichen

(September 1893)[3]

„Glücklicherweise hängt das Wohl Deutschlands nicht von seinen Fürsten allein ab." (Herzog Ernst II an den Prinzgemahl Albert am 26. März 1850.)

„Unsere Fürsten kommen mir wie die egyptischen Pharaonen vor, die nach jeder Plage, die über sie und Egypten gebracht worden, sogleich wieder verstockten Herzens wurden. Leider hat Deutschland noch nicht den rechten Moses gefunden." (Aus der Antwort des Prinzgemahls.)

Als die Juden noch ihre separierten Stadtviertel besaßen, da war ihnen vergönnt, als Symbol ihres gesonderten Menschentums ein gelbes Zeichen am Haupte zu tragen, das den heiligen Orden der Ausgestoßenen in sich einte und schied gegen die Träger des gemeinen Glücks. Mit den Ghettos ist das gelbe Zeichen geschwunden; es gibt keine Orden mehr, die von Geburt an sichtbarlich getragen werden. Nur ein Rest noch jener Weltanschauung ist geblieben, die in der Geburt das ganze Dasein fixiert; nur ein gelbes Zeichen noch wird in die Wiege als unveräußerliches Patengeschenk gelegt. Das Zeichen ist nicht von grobem Zeug, es ist von dem edelsten gelben Metall, von Gold, und die Träger sind die höheren Ausgestoßenen, die Kultusgemeinde des Herrschertums: es ist die ummauerte Welt des Fürstenghettos und der gelben Königskronen.

Gleichartig ist das Schicksal der Fürsten und Juden; ihre Geburt ist ihr Fatum: abgesperrte Kontrollmenschen, die vom ersten bis zum letzten Tage der unermüdlichen Neugier der freien Mischlinge

---

[3] Textquelle I Kurt EISNER: *Gesammelte Schriften. Erster Band.* Berlin: Paul Cassirer 1919, S. 243-256.

geopfert sind. Durch Inzucht pflanzen sie sich fort, und enge, nicht erwählte Beschäftigung prägt ihren Geist. Auch die Fürsten sind von Geburt an auf das politische Gewerbe gedrängt, auch sie haben sich einen äußerst lebhaften Geschäftssinn erworben, der von nichts anderem erfüllt ist als von Vorteilen und von Nachteilen, von feinen und faulen Abschlüssen. Die fortgesetzte Inzucht züchtet extreme Geschöpfe im guten und schlimmen, Genies der Tugenden und Laster, der Kraft und der Schwäche. Freilich bleibt stets zu erwägen, ob die grellen Kontraste die Folgen der scharfen Beleuchtung oder der intensiven Leuchtkraft sind. Aber selbst physiognomisch ähneln sich die beiden Gattungen von Ghettomenschen. Die Fabel von dem jüdischen Blut, das in den Fürstengeschlechtern fließt, ist entstanden aus dem „jüdischen" Äußeren; und diese physiognomische Ähnlichkeit entspringt den verwandten Entwicklungsbedingungen. Das Jüdische ist nicht die Rasse der Juden, sondern des Ghettos, die Dekadence der Abgesperrten, der Inzuchtmenschen, der Berufsbeschränkung.

Das Fürstenghetto hat das Judenghetto überdauert. Die jüdische Emanzipation steht hart vor der Vollendung, die fürstliche beginnt schüchtern und ratlos tastend. Und doch dürfte die Öffnung des Fürstenghettos weniger Schwierigkeiten zur Folge haben, als die Judenemanzipation. Während durch diese die Judenfrage sich entzündet hat, dürfte die Fürstenemanzipation die Fürstenfrage lösen.

Herzog *Ernst* II. von Sachsen Koburg-Gotha, dessen Hinscheiden jüngst die Zeitungen zu beklagen verstanden, gehört zu den, noch seltenen, Fürsten, die, unbewußt zwar, begannen, sich auf ihre Menschenrechte zu besinnen und den Weg aus dem Ghetto zu suchen. Er hat weite Exkursionen in die Freiheit unternommen; aber er kehrte stets und – gern in die Absperrung zurück, und das gelbe Zeichen löste sich nicht von seiner Stirn. Wer dereinst die Geschichte der Fürstenemanzipation schreibt, wird mit Fug Ernst den Zweiten unter den Vorkämpfern nennen; und in dieser Geschichte wird sein Platz länger belegt sein, als in der Historie der deutschen Einheit, obwohl er sich in den krausen Irrgängen dieser Entwicklung als unermüdlicher Kavalier rüstig getummelt hat.

Herzog Ernsts Glanzzeit fiel in die dunkelste Epoche Deutschlands; so ward es leicht, eine Leuchte zu scheinen. Er war ein Liberaler in Politik und Kirche, und er war stolz auf diesen aufgeklärten

Liberalismus, der ihn emporhob über die politischen Nekrophilen, die auf den Thronen Deutschlands saßen. Bei allen Schützen, Sängern und Turnern war er ein Radikaler, und dieses Lob des Radikalismus machte ihm Spaß, da es ja so ganz und gar nicht berechtigt war. Es bedurfte gar nicht englischen Einflusses, daß sich der Herzog für Konstitutionalismus begeisterte; politische Unterhaltungen gehörten zu seinen Lieblingsbeschäftigungen und so förderte er ehrlich die Schaffung eines Instituts, das derartiger Tätigkeit ausschließlich gewidmet war. Aber der Herzog war ein Idealist; nicht umsonst war der Mörder einer „Klytämnestra", Herr *Tempeltey*, sein *Vertrauter*. Die Forderung konstitutioneller Freiheit durfte nicht durch plump materielle Wünsche entweiht, hinabgezogen werden in das Gemeine, das uns alle bändigt. Sein Liberalismus schwelgte in reiner Freiheit und Humanität, er trug eine Rose im Knopfloch, lächelte liebenswürdig und glitt geräuschlos und aufgeklärt in zierlichen Lackschuhen auf wohlgeglättetem Parkett. Und dieser Gentleman-Liberalismus, diese Nektar- und Ambrosiahumanität erschrak mit Fug und Recht vor dem Ansturm der 48er Revolution, die sich nicht mit dem enterdigten Begriff Freiheit begnügte, sondern durch nichtsnutzig praktische Interessen die selbstlose Begeisterung befleckte. „Allein wenn in den ersten Tagen des März dieser – man möchte sagen ideale – Zug noch vorherrschte, so stellten sich doch auch in den kleinen thüringischen Ländern alsbald Einflüsse von ganz anderer Art hervor, und antimonarchische, sozialistische und anarchistische Bestrebungen traten an die Oberfläche ... Schon kamen die bedenklichsten Dinge zum Vorschein: man verlangte alsbald die Ablösung aller Feudallasten in bezug auf die Hütgerechtsame, Beseitigung der Ständeunterschiede und des erblichen Rechts bei der Landesvertretung, Einverleibung des Domanialvermögens in das Staatsgut, Besetzung aller Staatsämter mit „volkstümlichen Männern", Durchführung der Öffentlichkeit und Mündlichkeit in der gesamten Verwaltung, Sicherstellung der Holzbedürfnisse des Volks, Aufhebung der Verbrauchssteuern, Ermäßigung der Stolgebühren, Abschaffung des Jagdrechts usw." So schreibt Herzog Ernst (oder läßt es durch seinen Professor U. Lorenz schreiben) schmerzlich in seinen Memoiren: „Aus meinem Leben und aus meiner Zeit". Und gewiß, es war zum mindesten unhöflich und undankbar, dergleichen zu fordern von einem Fürsten, der stets bürgerlich gesonnen war und die Freiheit in freigebigster Weise dem Volke zur Verfügung stellte. Besonders rücksichtslos war die Forderung der Abschaffung des Jagdrechts, kannte man doch die Jagdleidenschaft des hochherzigen Fürsten, die so gedieh, daß sein Nachfolger nichts Eiligeres zu tun hatte, als eine Amnestie für Forstvergehen zu erlassen.

Die erwähnten Memoiren sind in gewisser Beziehung das Widerspiel zu den Büchern Julius Cäsars, in denen Cäsar in der dritten Person eingeführt wird, obwohl er selbst der Autor der Taten und ihrer Schilderungen ist; Herzog Ernst bedient sich in seinen Darlegungen der *ersten* Person. Seine Erinnerungen haben den ausgesprochenen Zweck, seine Bedeutung richtig einzuschätzen, und seine Deklaration ist nicht die eines Hinterziehers. „In den Erzählungen der Nachgeborenen wird nur derjenige hoffen können, einen sicheren Platz zu behaupten, welcher dafür Sorge getragen hat, daß von seinen Bestrebungen schriftliche Kunde bestehe" – heißt es in der Einleitung. Und weiterhin: „Ich kann mich nicht bestimmt finden, mir mein Recht verkümmern zu lassen, die Dinge darzustellen, wie ich dieselben erlebt, empfunden und mitbewirkt habe. Mir war ein halbes Jahrhundert hindurch Gelegenheit geboten, im Vordertreffen zu stehen, ich habe vieles erfahren, die Ereignisse scharf beobachtet, und kein wirklicher Kenner der Zeit dürfte meinen bescheidenen Anteil an den Gestaltungen unseres Vaterlandes in Zweifel ziehen wollen." Historische Forschungen haben manches von seinen mit der Feder erworbenen Verdiensten korrigiert. Der Sieg bei Eckernförde zum Exempel ist nicht sein Werk, er kam zu spät an, sonst wäre er gewiß der Sieger geworden. Er war aber immerhin in der Nachbarschaft des bedeutenden Kampfes, wie er überhaupt stets der Nachbar des Bedeutenden war. Er hospitiert in allen Wissenschaften und Künsten, auch in der Kunst, verheiratet und doch glücklich zu sein. Er ist Meister in allen Arten des Sports, sein Gemütsleben ist reich an den edelsten Ausflüssen zärtlicher Liebe und Freundschaft, zwischen ihm und dem Prinzgemahl Albert ist ein geradezu klassischer Herzensbund, er ist ein tapferer Soldat, ein großer Gelehrter, ein vollendeter Weltmann, ein humaner Volksfreund von aristokratischen Manieren, ein freier Geist und heller Kopf und alles das nicht etwa von Gottes Gnaden, sondern nach koburg-gothaischem Hausgebrauch aus eigener Kraft. Er betätigte sich in allen hochherrschaftlichen Bestrebungen selbst im Bauernlegen, und ist doch zugleich ein echter Bürgerherzog, der einen Gustav Freytag den höchsten Trägern des gelben Zeichens vorzieht.

Trotz aller Einwendungen der Historiker haben seine Memoiren eine merkwürdige Akustik, welche die falschen Töne dem feinen Ohr in richtige verwandeln. Wir lernen den Wert jener Zeit nach 1848 kennen, welche die deutsche Einheit ausbrüten half, jene verlorene Zeit der diplomatischen Belustigungen des Verstandes und Witzes – der Zuschauer.

Den einzelnen befällt in Gespensterstunden das Grauen der verlorenen Zeit: Wie viel hätte man tun können und wie wenig hat man getan! Schon tropft das Leben ab, in furchtbarer Stetigkeit, Tropfen auf Tropfen, und bald ist's vorüber, unwiederbringlich die Zeit der Kraft vergeudet! Gibt es auch für die Verantwortlichen der Weltgeschichte solche Gespensterstunden? Wohl kaum! Wahnsinnig müßten sie insgesamt werden, wenn sie sich der nutzlos verstrichenen Zeit bewußt würden. Die Weltgeschichte kennt nicht nur vertrödelte Stunden, sie kennt vertrödelte Jahrhunderte. Aber die Verantwortlichen kennen nicht die wilde Pflicht peinlicher Zeitausbeutung. Sie sind stolz, wenn sie die Zeit ausfüllen.

Wir Jüngeren haben leicht die Anschauung, als sei das Werk der Blut- und Eisenmänner die Erfüllung der Sehnsucht gewesen, die die Deutschen seit dem Anfang unseres Jahrhunderts, seit den Heidelberger Tagen der jungen Romantik erfüllte. Das ist mehr sedantesk als historisch gedacht. Die offiziellen Machtleute haben dem wachsenden Drängen dreier Generationen nachgegeben, haben eine Abschlagszahlung dem Volke geleistet und zugleich den Ruhm dieser Abschlagszahlung für sich in Anspruch genommen. Auch die deutsche Einheit bedeutet nichts als ein Entgegenkommen „berechtigten" Wünschen gegenüber.

Etwas Ähnliches hat sich bei der späteren Sozialreform ergeben. Die Urheber dieser Sozialreform gaben, gedrängt, ein paar Prozent dessen, was man von ihnen begehrte. Nichtsdestoweniger ließen sie sich für diese Initiative preisen. Wir wissen alle, daß das Arbeiterschutzgesetz z. B. nicht dem gleich ist, das die Schutzbedürftigen forderten.

Nicht aus tiefstem Herzensdrange haben die Fürsten die Einheitsbestrebungen poussiert, die „deutschen Angelegenheiten" gefördert. In ihren Köpfen nistete die Furcht vor den neuen Gedanken, die aus Frankreich kamen. „Deutschland muß vor der neuen Republik gerettet werden," schrieb der Prinzgemahl Albert an seinen Bruder. Von dem „kommunistischen Aufruhr und den drohenden Aufständen" sprach Friedrich Wilhelm IV. in seiner Schlußrede auf dem Berliner Fürstentag. Der Parallelismus mit gegenwärtigen Strömungen ist augenfällig. Die aus der Begeisterung des deutsch-französischen Krieges geborene Einheit ist kein Abschluß gewesen, und die Volksstrebungen von 1870 sind nach den kriegerischen Lorbeeren ruhig weitergesponnen worden, als hätte es nie die pompöse Einigung gegeben. Die Memoiren des Herzogs zeigen, wie es manche hohe Persönlichkeiten gab, die die deutsche Einheit lediglich auffaßten als Präservativ gegen die „kommunistische" Seuche gleichwie später die Sozialreform. Der Berliner Fürstentag von 1850 ist in der Tendenz durchaus verwandt dem vierzig Jahre später vom deutschen Kaiser zusammenberufenen Sozialkongreß. Eine geheime Befürchtung saß den fürstlichen Schwärmern für [ein] einiges Deutschland im Nacken und trieb sie vorwärts. Wie deutlich spricht dies unruhige Gewissen aus den zornigen Worten des Herzogs von Braunschweig, der dem widerhaarigen Kurfürsten von Hessen auf dem Berliner Fürstenparlament zurief: „Sie sind schon einmal daran gewesen, aus dem Lande hinausgejagt zu werden, Sie wünschen dies Verhängnis auf alle deutschen Fürsten auszudehnen."

Die Überwindung des Radikalismus durch Entgegenkommen, dieses liberale Lieblingsdogma, beseelte auch Ernst II. „Auch die dunkle Macht der Demokratie habe ich bei Licht gesehen und meine Ansicht bestätigt gefunden, daß sie an sich nur eine negative, daß sie aber eine gewaltige ist, wenn es zur positiven Wahrheit wird, daß die Völker falsch regiert werden. Die Demokratie als Partei hat sich selbst vernichtet; ihr schwaches Glimmen wird durch die fehlerhaften Bemühungen der extremen Gegenpartei erhalten." Also schrieb Herzog Ernst an Friedrich Wilhelm IV. in dem denkwürdigen Memorandum, in dem er Friedrich Wilhelm IV. vom Osten gen Westen, von Rußland nach England ziehen wollte. Ebenso bezweckte der Verein, der 1853 unter G. Freytags entscheidender Mitwirkung zur Hebung des konstitutionellen Sinnes gegründet war, „sowohl der herrschenden Reaktion als auch den fortdauernden demokratischen

Bewegungen entgegenzuwirken." Noch bemerkenswerter ist in dem erwähnten Memorandum der folgende Passus: „Wenn auch von so vielen, die ich nicht näher bezeichnen will, versucht werden wird, Ew. Majestät den Glauben beizubringen, daß ein Abwenden von dem Osten Ew. Majestät dem Lager jener imaginierten Macht der Demokraten näherführen würde, so mögen Sie mir glauben, daß es geradezu die entgegengesetzte Richtung haben wird. Die Demokratie ist besiegt, sobald jener ausländische, von allen gefühlte und gehaßte Druck vom Volke und den Regierungen genommen wird." Also auch hier die Erscheinung: bestimmend für die Bündnispolitik der Diplomaten bleibt einzig und allein die Furcht vor der Demokratie. Die Real- und Gewaltpolitiker schließen sich an Rußland an, nicht aus irgendwelchen patriotischen, geschichtsphilosophischen oder machtstatischen Erwägungen, nicht aus staatsmännischem Tiefsinn und weltweiser Hellseherei, sondern einfach deshalb, weil man im Osten den Hort gegen die Revolution erblickt. Umgekehrt suchen die Liberalen des Ungeheuers Herr zu werden, indem sie aus dem Westen konstitutionelle Freiheit importieren. Jene wollen die Bestie mit der Knute bändigen, diese sie in der Freiheit dressieren. Dort arbeitet man mit dem Totschläger, hier mit milden Purganzen. Es ist derselbe Gegensatz, der die Geister beim Sozialistengesetz schied. Die Junker suchen die Gefahr durch Knebelung zu ersticken, die Liberalen durch liebenswürdige Unterredung fortzudisputieren. Die gleiche Erscheinung in der äußereren wie in der inneren Politik: Bestimmend wirkt nicht die Phrase vom europäischen Gleichgewicht, sondern im Grunde die Sympathie und Antipathie der Weltanschauungen. Kein Zweifel, daß sich die Anhänger des Ostens lieber eine Eroberung durch den Zarismus als eine freie Etablierung, eine demokratische Republik hätten gefallen lassen. Ein östlicher Buonaparte hätte gewiß den Enthusiasmus der preußischen Reaktionäre zu derselben Leidenschaft entflammt, wie der westliche seiner Zeit die Liberalen begeistert hatte. Die äußere Politik ist nur eine Konsequenz der inneren. Gegen die demokratische Seuche sollten – nach der Sehnsucht der Reaktion – innerlich Soldaten und Polizei, äußerlich Rußland angewendet werden, während die Liberalen innerlich Konstitutionalismus und äußerlich England verordneten. So lösen sich die Inspirationen schöpferischen Tiefblicks auf in gewöhnliche Emanationen des Willens, der Begierde, – wenn man will

– der Sehnsucht. Wer mag ermessen, welchen Weg die Entwicklung Europas genommen hätte, wenn der Herzog Ernst einmal das Vergnügen gehabt hätte, Preußen für sein Denken, das immer über Vlissingen ging, zu gewinnen, wenn er Friedrich Wilhelm IV. in der Tat zum Westen hinübergezogen, wenn Europa Rußland isoliert hätte. Wenn 1854 ein westeuropäischer Staatenbund zustande gekommen wäre, ob wohl dann heute noch das bei der Einigung *vergessene* Fürstentum Lichtenstein das glücklichste deutsche Land wäre, schwelgend in dem dreifachen Genuß der Steuerfreiheit, der Soldatenlosigkeit und eines dauernd abwesenden Fürsten? Das, was damals Demokratie genannt wurde, wäre weder auf die eine noch die andere Weise bewilligt worden, die rein politische Verfassung Europas aber hätte vielleicht ein freundlicheres Aussehen. Mag sein, daß englisches Geld durch Koburg floß, die Tatsache, daß Bestechungen verübt wurden, diskreditiert nicht die Sache eines westeuropäischen, Bundes. Auch die gute Sache bedarf der Bestechungen, die Pessimisten sagen: mehr noch als die schlechte. Es ist anders gekommen, als Ernst II. plante. Rußland und die Reaktion hat gesiegt. Die deutsche Einheit ist mit dem Osten gegen den Westen zustande gebracht. Der gegenwärtige politische Zustand Europas ist die Folge davon, daß in der deutsch-demokratischen Frage die östlich-reaktionäre Gewalttheorie die Oberhand gewonnen hat. Der Eindruck von 1848, als das entscheidende Jugenderlebnis, hat die Gründer der deutschen Einheit stets geleitet. Die zweite Hälfte des 19. Jahrhunderts ist nichts als die siegreiche Reaktion gegen 1848, eine Reaktion, die größtenteils die konservative Repressionstheorie, zum kleinen Teil das liberale Prinzip des Entgegenkommens handhabe.

Die Zeit vor Bismarcks intensiver Einheitsschweißung ist die Epoche der westeuropäisch geträumten Einheitsuche: die Verkörperung ihrer emsigen Ratlosigkeit ist Herzog Ernst. Unruhig geschäftig ist Ernst wie der Causeur und Moralist des französischen Dramas, überall und immer zugegen. In jeder Türe, die sich öffnet, erscheint dieser internationale Unterhändler, er ist in London, Wien, Paris, Berlin schier zu gleicher Zeit, wenn zwei Unterhaltungen, Unterhandlungen pflegen, der Herzog ist stets der eine Partner, er regiert dabei noch unentwegt volkstümlich sein Sachsen-Koburg-Gotha, hält Schützenreden, komponiert, schriftstellert, leitet den Nationalverein, und fährt gelegentlich nach Afrika hinüber. Selbst die

Orsinibombe darf nicht platzen, ohne daß der Herzog Zeuge der Schreckenstat gewesen wäre. Sein Geist weht panspermistisch über Europa, aber – seltsam – sei es, daß Europa einem schnöden Malthusianismus huldigte, oder ob das Geistessperma der zureichenden Kraft entbehrte – gewiß ist, daß nirgends süße Pfänder dieser feurigen Aktionsliebe zu spüren sind. Alle seine Erfolge haben keine Folgen, all seine Anstrengungen, Ausstreuungen, Anregungen blieben ohne greifbaren Effekt. Er war kinderlos auch in der Politik, zum Glück sagen die einen, zum Schaden glauben die andern. So versandete der Fürstentag in Berlin, so zerwehte das westeuropäische Bündnis. Freilich betrieb er die verschiedenartigsten Geschäfte mit gleichem Eifer zu gleicher Zeit. Wenn er 1854 zu Paris Napoleon III. für seine politischen Zwecke zu gewinnen sucht, so vergißt er nicht, nebenher seine Oper „Santa Chiara" der Großen Oper anzuhängen, und freudig konstatiert er die sechzigmalige Aufführung.

Es war im Jahre 1866, als Herzog Ernst mit der osteuropäischen Einheitsbewegung seinen Frieden schloß. Die Kriegskosten wurden ihm vergütet. Herzog Ernst, der Mann der deutschen Einheit und des Liberalismus, blieb seitdem verschollen.

In den letzten Jahrzehnten führte Herzog Ernst das Dasein eines Rentiers, der sich von den Geschäften zurückzieht und nur noch seinen Liebhabereien lebt. Aus einem unverantwortlichen Regenten wurde er – ohne Not! – verantwortlicher Autor. Trotz der eigenen Produktion förderte er Kunst und Wissenschaft – natürlich mit Auswahl. Daneben entwickelte sich in dem kleinen Ländchen die Blaufärberei zu bedeutender Blüte. Gar mancher, dessen Vater, noch bürgerlich und produktenbörslich gesinnt, den „Börsenkurier" las, wurde durch die Koburger Veredelungsindustrie ein staatsmännischer Abonnent der „Post" und ein hochadliges Mitglied des Unionklubs. Mit dem Tode des veredelnden Fürsten sind die Freiherren und Barone in die Hausse[4] gekommen; sie standen vorher infolge der Koburger Überproduktion unter *pari*.

Politisch hörte man allerlei Seltsamkeiten aus dem thüringischen Ländchen. Die Gefängniszustände in Ichtershausen konnten den ausschweifendsten Ansprüchen verwöhnter Sibirier genügen. In Koburg-Gotha war der Kriegsschauplatz des Streits um die vielbe-

---

[4] [in einen *Aufschwung* (des Ansehens, der Bedeutung …)]

rufene Broschüre: *„Auch ein Programm aus den 99 Tagen."* Man hat heute das Gefühl, daß der Verfasser dieses Pamphlets, das den Freisinn einer Konspiration gegen Bismarck unter Kaiser Friedrich beschuldigte, jemand war, der den Sturz Bismarcks bereits ahnte und ihn verhindern wollte, indem er angebliche Verschwörungen einer dem Kanzler verhaßten Partei gegen Bismarck ausheckte. Wilhelm II. würde, so nahm man etwa an, das Odium scheuen, Intrigen zu erfüllen, die an seines Vaters Totenbett von der Opposition gesponnen wurden. Die Broschüre trägt das Kennzeichen der meisten politischen Fehdeschriften: Die Wirtschaft mit weitverzweigten dunklen Verschwörungen. Ist Herzog Ernst wirklich der Verfasser gewesen – und die Behauptung ist unwiderlegt geblieben – so muß sich der alte Herr aus einem zahmen Liberalen zu einem sehr ungebärdigen Reaktionär entwickelt haben. Es muß hinter dieser Broschüre eine sehr seltsame Geheimgeschichte stecken, deren Aufklärung noch heute interessieren würde.

Auch der schmerzlichen Enttäuschungen barg sein Lebensabend. Er, der doch allezeit das Beste des Volks in freiheitlichem Geist erstrebt, mußte es erleben, daß Gotha durch einen Sozialdemokraten im Reichstag vertreten wurde. Kein Wunder, daß er sich lieber auf die Kunst zurückzog, die er allezeit zu kommandieren verstand, wenn auch nicht ganz im Goethischen Sinn. Zuletzt lockten ihn die Erfolge Sonzognos und er veranstaltete Opernpreisausschreiben und Mustervorstellungen. Bei einer dieser Aufführungen erlitt er einen Unfall, der die Ursache seines Todes geworden sein soll. So ist er gleichsam auf dem Felde der Kunst gestorben.

An seine Stelle ist ein englischer Fürst getreten. Gegen diese englische Einfuhr hatte man in manchen Kreisen Bedenken. Bisher ist aber kein Unglück geschehen, auch keine Annexion. Die Anglophoben trösten sich wohl mit der Aussicht, daß demnächst ein Russe in Oldenburg thronen und so der englische Einfluß paralysiert wird. Inzwischen scheint die *finanzielle* Zerrüttung des Herzogtums dringlicher der Heilung zu bedürfen als die *nationale.*

Die Gefahr, daß die thüringischen Fürsten ausstürben, ist wieder in die Ferne gerückt, und damit auch die Gefahr, daß es statt der thüringischen Fürstentümer eine Provinz Thüringen mit einem Regierungspräsidenten in Erfurt gäbe. Fürwahr, es wäre ein unermeßlicher Schaden. Verloren auf einmal der Duft jahrhundertelanger

Lebensüppigkeit, zerronnen das Gedächtnis kunstvoller Filigranintrigen, schwül verknoteter Liebesgeschichten. Statt märchenschöner Frauengestalten von geheimnisvollem Reiz und unergründlicher Tugend, von abenteuerlichem Heißblut und herrschfroher Hingebung, eine biedere, brave, deutsch-keusche Hausfrau, eine Geborene, welche die Küchenbücher der Mägde kontrolliert, deren Lebenszenith erreicht ist bei der Verheiratung der letzten Tochter und deren höchste Tragik die Übergehung des geliebten großen Mannes beim Ordensfest bedeutet; statt einer *chronique scandaleuse* aus rosafarbenen parfümierten kokett gekritzelten Blättchen blaue steife Aktendeckel mit starkem Kanzleipapier in Folio gefüllt und in der Mitte gescheitelt wie das Haupt des Chefs; vorbei all die teilnahmsvollen Erkundigungen nach der *libido* und *potentia* der Durchlauchtigen, kurz: preußische legitime Prosa für prickelnde Poesie mit einem Stich ins Konfiszierte. Fern noch möge die Zeit mitleidsvoller Humanität sein, welche die Emanzipation des Menschengeschlechts auch diesen letzten Abgesperrten bringt, die Tore öffnet und das gelbe Zeichen liebevoll von der gedrückten Stirne nimmt.

Wir haben genug!

(Februar 1894)[5]

„Aber seine (Börnes) Worte: ‚Kein europäischer Fürst ist so verblendet, daß er glaubt, seine Enkel werden seinen Thron besteigen', diese Worte muß ich leider bezweifeln. *Es muß ärger werden, ehe es besser wird.*" (Der fünfzehnjährige Lassalle.)

„Man muß sich hüten, den Notstand öffentlich anzuerkennen, weil dadurch nur die Arbeitsscheu und die Begehrlichkeit gesteigert wird. Das Niveau der Menschen im allgemeinen und der Arbeiter im besonderen sinkt herab, wenn sich eine übermäßige Hilfsbereitschaft gegenüber Arbeitslosigkeit zeigt." (Herr Stadtbaurat Hobrecht-Berlin.)

Am 23. Januar 1894 war's im Sprechsaal des allgemeinen, gleichen, direkten, geheimen und deutschen Volkes, genannt Reichstag, recht langweilig. Es roch förmlich nach Wärmehallen, drei-Pfennig-Kaffee und zehn-Pfennig-Diners, und der schweißige Dunst der Vielzuvielen, der von irgendwoher sich eingeschlichen hatte, wurde nur mäßig aromatisiert durch den urkräftigen Duft polizeilicher Gummiartikel, dieser fürtrefflichen schlauchförmigen Präservative gegen die üblen Folgen des Hungers.

Es war, wie gesagt, sehr langweilig: der zweite Tag der allwinterlich wiederkehrenden Notstandsdebatten. Ich bitte, kann man wirklich von einem seit Jahren verhungernden Agrarier verlangen, daß er sich in anderer Leute private Angelegenheiten mischt, wo ihm selbst das Dach unter der Last der Hypotheken zusammenzustürzen droht? Nein, das wäre sträflicher Fürwitz, ein unberechtigter Eingriff in fremde Familienverhältnisse. Und überdies ist der Notstand genau das, was Frühling und Liebe in der Lyrik ist. Es läßt sich nichts Neues über diesen Gegenstand sagen, und deshalb wird ein gebildeter und intelligenter Mensch das Thema vermeiden. Höchstens den Auserwählten des Himmels beschert fromme Spezialerleuchtung ein neues Sprüchlein, wie das des braven Zentrums-

---

[5] Textquelle I Kurt EISNER: *Gesammelte Schriften. Erster Band.* Berlin: Paul Cassirer 1919, S. 256-263.

mannes Fuchs, der da sehr richtig und originell bemerkte: „Die Geschichte lehrt, daß, solange es Menschen gegeben hat, auch Notstände existieren. In der Tat, die Menschheit liegt krank und elend am Wege aller Zeiten, auch der unserigen, – und daran werden auch Sie nichts ändern; denn es ist eben Gottes Wille, daß dem so sei. Die Erde ist eben kein Paradies, und wir können uns auch selbst hienieden keins schaffen. Not und Elend füllen das Dasein des Menschen aus; indem wir sie mit Ergebung in Gottes Willen ertragen, sollen wir uns den Himmel verdienen." Womit freilich das Sträuben gegen den – nach der Ansicht des Herrn – teuflischen Zukunftsstaat unerklärlich wird, dessen verbessertes, d. h. vergrößertes Elend doch eine um so tüchtigere Vorbereitungsschule zur Erlangung des Reifezeugnisses für die himmlische Karriere sein dürfte.

Während so böse Umstürzler um ein bißchen Hunger und Frost mit der Vorsehung und der Ordnung des Diesseits haderten, schritt draußen in gewaltigem Gang die Weltgeschichte und rüttelte an den Morseapparaten und an den Redaktionshirnen, und nachdem sie sich genistet in der dämmerigen Einsamkeit eines edlen Weingewölbes, türmte sie aus Briefen und Lokomotiven, aus Empfangsentwürfen, Ernennungen, Diners, Wacht am Rhein, Flaggen, gebildeter und besitzender Begeisterung, Gruppenbildern, Leitartikeln und Telegrammen ein Riesenwerk des Reinmenschlichen: *Versöhnung zwischen Bismarck und Wilhelm II.*! Und die Menschen gingen hin in den hehren Kartendom der Versöhnung, in dem die Legende die Festpredigt hielt, und lauschten andächtig den Worten des Friedens, und es war alles wie ein historischer Aktschluß mit schöner bedeutender Gruppenbildung und gutem Notausgang.

Selbst die gerecht verbitterten Agrarier, auf deren Existenz – ich weiß es nicht recht, ist es durch das alte Rom oder durch die französische Revolution historisch erwiesen – das Dasein der Welt beruht, entdeckten, nachdem sie sich zuvor fürsorglich vergewissert, daß das Ganze nicht etwa eine Intrige zugunsten des russischen Handelsvertrages sei, ihre jauchzende vom Alp befreite Volksseele …

Im Sprechsaal des allgemeinen, gleichen, direkten, geheimen und deutschen Volkes sprach der Sozialdemokrat Kühn gerade über das sogenannte Weberelend in Schlesien. Es wohnen dort nämlich jene unangenehmen Leute, die zu faul sind, um sich ordentlich satt zu essen, denen deshalb die Haut – und noch dazu eine schmutzige, fleckige Haut – direkt ohne jeden Zwischenhandel von Fleisch und Fett über das Knochengerüst gespannt scheint, das sich überdies noch in wunderlichen Windungen und Wendungen gefällt; nirgends sieht man die Köpfe in so mannigfacher Weise an den Rumpf genietet wie in jener unangenehmen Gegend. „Also eine Familie von zwei Erwachsenen und einem arbeitsfähigen Kinde verdient bei voller Arbeit die Riesensumme von 6 ½ M. pro Woche im günstigsten Fall – sagt dieses Zentrumsblatt ... Die Häuser sind so, daß vorne und hinten so viele Risse in der Lehmwand sind, daß, wenn man gegen die Vorderwand einen Stein wirft, er hinten wieder hinausfliegt ... Das Stückchen Land, das einzelne haben, ist an den Berglehnen und Steinrücken so herumgelegen, und von den mühseligen paar Halmen, die sich da mit unendlich vieler Mühe die Arbeiter früh morgens und abends nach ihrer regelmäßigen Erwerbsarbeit erzeugen, müssen sie nicht etwa den zehnten Teil, sondern oft die Hälfte und in einzelnen Fällen das Ganze wieder opfern, und zwar für die gräflichen Hirsche, Rehe und Hasen, die in den angrenzenden Forsten ihren Sitz haben, und die natürlich nicht erst um Erlaubnis fragen, ob sie etwas abfressen oder zertrampeln dürfen ..." Derlei abgedroschene Dinge führte Herr Kühn in eintöniger Breite vor, in dem welthistorischer Moment, da das hochgespannte Empfinden der Nation die Chamade umjubelte, die aus der Fanfare: „Le roi me reverra!" [Der König wird mich wiedersehen] gezähmt worden war, wie es schien; solche triste Sentimentalitäten wagte Herr Kühn auszuspinnen, obwohl Herr v. Kardorff – einer von denen, ohne die der Staat nicht leben kann! – bereits seine jauchzende Volksseele entdeckt und in stolzem Mut offen bekannt hatte. Da ließ sich die mißhandelte Volksseele nicht länger bändigen. Hatte Herr Kropatscheck zuerst in höflicher Verwarnung die Volksstimme eines Bekannten vorgeführt, der zu ihm geäußert: „Heute wird es wohl große Radaureden hier im Reichstag geben!", so mußte jetzt etwas deutlicher gegen die die Feierstimmung der Nation schnöde entweihenden Radaureden protestiert werden und mit einem kräftigen: „Wir haben genug!" verließ ein Teil der Rechten demonstrativ das Haus. Das parlamentarische Elendsschauspiel schloß mit grellem, höhnischem Klang, während das hochpoetische, großzügige Historiendrama, das sich gleichzeitig abspielte, schön und befriedigend endete, in vollendeter Technik und mit meisterhafter Wahrung der

Einheit der Zeit. Ein schneidendes: „Wir haben genug!" dort, ein sehnsüchtiges: „O, währte es ewig!" hier, ungemilderte, unveredelte Wahrheit im ersten, glänzende Stilisierung, Glättung, Beleuchtung im anderen Fall. Aus den Tiefen der Volksseele stammt nur die Bewunderung, die weiß, daß eigentlich alles nicht wahr ist, was sie bewundert. Das Unwahre allein ist das Befriedigende, das Begeisternde, man betet das Unwahre an, indem man das Unmögliche möglich denkt. Selbst historische Familiendramen sind nur dann wirksam, wenn sie nicht von Menschenkennern geschrieben sind und keine Menschenkenner als Publikum verlangen. Vor einigen Jahren ereignete sich einmal im Berliner Residenztheater ein seltsamer Vorfall. Herrn Daudets *„Kampf ums Dasein"* wurde aufgeführt. Auf dem Zettel standen vier Akte vermerkt, aber der dritte Akt war hinterlistigerweise durch eine Verwandlung halbiert. Als nun am Schlusse des dritten Aktes der Held, der bis dahin ein roher, gemütloser, vor keinem Verbrechen zurückscheuender Streber war, in einer reinmenschlichen Aufwallung vor einer edelmütigen Dame auf die Knie stürzte, da war das Publikum hocherbaut und tiefergriffen und – eilte nach der Garderobe. Es kostete einige Mühe, die Leute zu überreden, sich noch den vierten Akt zu beschauen, der minder versöhnlich war. Es geschieht öfters, daß wir das zweite Bild des dritten Aktes mit dem vierten Akte verwechseln, weil wir alles Menschliche für möglich zu halten wünschen, ausgenommen das Menschenmögliche, was zumeist das Unversöhnliche und Unbefriedigende ist.

Wir haben auch keine Lust, das Wahre, das Wesentliche würdig zu bewältigen, aber die Anekdote in Galauniform wissen wir zu feiern und zu genießen. Ergreifend ist es zu lesen, wie ein blonder Mann aus der Provinz unlängst, beim Einzug des Fürsten Bismarck in Berlin, zwei Leute von peinlich gekrümmtem Äußeren barsch zurechtwies, weil sie, anstatt „Deutschland, Deutschland über alles" mitzusingen, von Kreditaktien sich unterhielten. Welch feiner Takt für das in geweihten Höhenzeiten Schickliche spricht aus dieser national-blonden Zurechtweisung. Und nun vergleiche man dieses vielleicht übertriebene zarte Taktgefühl mit der Art, wie man die reichstäglichen Notstandsdebatten erledigte. Wenn man bei Notstandsdebatten, anstatt in feierlicher Ergriffenheit unserer Regierung, unseren Ersten, unseren Verhältnissen, unserer Zeit ein Vertrauensvotum auszustellen, die Herrlichkeit des Erworbenen preisend, von Arbeitslosigkeit, Elend und so weiter spricht, so ist das genau so, wie wenn ein Hebräer am deutsch-nationalen Versöhnungstag von Kreditaktien spricht. Selbst Herr v. Boetticher hat etwas von seinem alten schönen Pathos eingebüßt, auch er sprach gelegentlich von Kreditaktien – will sagen von Arbeitslosigkeit, und es kostete ihm einige Mühe, an statistischen Rettungsseilen auf den Boden der idealen Zustände zu klettern. Doch besaß er wenigstens so viel Ritterlichkeit, sich auf banausischen Abhilfgedanken nicht einzulassen. Mehr Lob verdient Herr v. Stumm. Sein sehnsüchtiges Ringen nach einem neuen Sozialistengesetz zeigt, daß es immer noch Männer gibt, die eine schönere, von der Misere des kleinen erbärmlichen Alltagslebens unbefleckte Zeit heraufzuführen beflissen sind. Und in welch hochherziger Weise wehrte er die Würde germanischer Standesart, als er die Hetzer und Volksbeglücker auf die Schmach hinwies, daß sie sich für ihre Tätigkeit bezahlen ließen. Bisher haben die Führer der deutschen Nation von Industrie-, Landwirtschafts- und Gottesgnaden, die Minister, Staatssekretäre, Landräte, Regierungspräsidenten niemals sich für die Leistung ihrer Ehrenpflicht besolden lassen, und selbst die Landbriefträger, Weichensteller und Volksschullehrer, die in ihrem Pöbelsinn von Haus aus soldgieriger sind, werden durch die weise Einwirkung einer ethischen Regierung zur Abgewöhnung dieses schmutzigen Triebes erzogen. Es gab dann wohl noch einige Lichtpunkte: die herrlichen Worte, die man dem Christentum gewidmet hat, der freisinnige Gedanke, daß nur wenn die Menschen Engel wären, sie für das *Zuchthaus* des Zukunftsstaates befähigt sein würden; doch kann dieser Lichtpunkt auch eine optische Täuschung sein. Aber immerhin war das Herrenwort: „Wir haben genug!" wie eine Erlösung.

Sonderbar ist es nur, daß selbst die Herren Sozialdemokraten, trotzdem man ihnen zuliebe das schöne Thema in die Niedrigkeit verkommenen Menschentums gezogen hat, so ganz und gar nicht zufrieden mit dem Verlauf der Verhandlungen sind. Es ist immer der alte Jammer, daß sie sich, statt einfach begeistert zu *fühlen*, in allerlei grauen Abstraktionen rationalistisch *denken*. So erreichte mich, während ich gerade die großen Begebnisse der letzten Tage berauscht – ich hoffe, daß ein wenig von dieser Stimmung noch in diesen Zeilen zu spüren ist – auf dem Sofa nachträumte, ein bitterböser Brief aus der Provinz, der u. a. folgende Stelle enthielt: „Während die guten Leute die Regierung für unfähig halten, auch nur einem Hungernden ein Stückchen Brot, einem Frierenden einen Rock, einem Obdachlosen eine Stube zu verschaffen, glauben sie mit fanatischer Inbrunst an die gewaltige Kraftwirkung, die eine rein menschliche Impression eines Fürsten, der Frieden schließen will – oder zu schließen scheint – mit einem entlassenen Diener (die Schulgeschichte wird das einst unter die schönen Züge buchen!) auf die Gestaltung der Dinge zu üben vermag. Nie ist mir so klar geworden, wie klein doch eigentlich der Größenkultus ist: niederige politische Sinnlichkeit, die kläglich absticht gegen die reine Geistigkeit, die an Gedanken glaubt, die Ideen in Taten zu verwandeln strebt. Wehe denen, die all ihre Leidenschaft für politisches Operngepränge vergeuden, und nichts übrig haben für das Wesentliche der modernen Kultur, für die eigentliche Mission der Zeit!"

Pfui, sind diese Provinzialen nüchtern, abstrakt, gemein!

Ich aber schwärme, und mein Kopf tanzt wie ein lachender Löwe.

Deutschland, Deutschland über alles!

Das ewige Friedensmanifest
(Weihnachten 1899)[6]

Kraft der Allmacht des Kalenders wird wieder unter den 500 Millionen Menschen, die sich – ein Drittel der Gesamtmenschheit – Christen nennen, das Friedensmanifest des himmlischen Gebieters verkündet, das den „Frieden auf Erden" in weithallenden Akkorden spendet. Die Botschaft ist fällig.

Wirre Weihnachten! Mehr ein Spottlied auf den Sinn der Feier als ein heiliger Festchoral.

Das Fest des Friedens beschließt das Jahr, in dessen Mitte die vom russischen Zaren veranlaßte Diplomatenposse, unter dem lieb-

---

[6] Textquelle | Kurt EISNER: *Gesammelte Schriften. Zweiter Band.* Berlin: Paul Cassirer 1919, S. 5-9.

lichen Harfengetön der Abrüstung, die Idee des Völkerfriedens höhnend geißelte. Über dem Christbaum lastet der blutige Nebel eines verbrecherischen Raubkrieges, auf dem Weihnachtstische der Welt ächzen zerstückelte Leiber und modert verrucht gemordetes Leben, glanzlos brechende Augen starren aus dem grünen Geäst, das mit Granatsplittern und Hautfetzen, als wär' es Buntpapier und Flittergold, übersät ist.

Und wo nicht in Wirklichkeit der Krieg wütet, da sind doch die Gemüter erfüllt von den Vorstellungen der Vernichtung. Der Menschenwitz erschöpft sich in neuen Mitteln, um das Dasein der Kreatur zu zerstören. Die Parlamente vergeuden die Mittel der Völker für den Bau von Kasernen und Panzerschiffen. Die Lehre von dem Recht des Stärkeren ist zur Pflicht des Stärkeren gesteigert, die da gebietet zu herrschen und zu knechten. Das Evangelium des Hammers kündet am Vorabend des Weihnachtsfestes der Minister des christgermanischen Reiches. Und selbst den Kindern schenkt man zur Weltfeier des Friedens Säbel, Flinten und Helme.

Das himmlische Friedensmanifest, das seit fast zwei Jahrtausenden alljährlich in die Erinnerung gerufen wird, ist noch wirkungsloser als das des irdischen Herrschers über ein Volk von Sklaven – ein leerer Klang, ein toter Schall. Es hat keinen anderen Erfolg, als daß es von Jahr zu Jahr in leidenschaftlicherer Form den Krieg in der Wirtschaft entfacht. Weihnachten ist ein Jahrmarkt, auf dem sich der Umsatz der Waren fieberhaft steigert. Der Konkurrenzkampf der großen und kleinen Händler wird in diesen Tagen zum grausamen Gemetzel, und die letzten Hoffnungen der Kleinen brechen verzweifelnd zusammen. Ein Heer von Handelsangestellten, Frauen und Männern, wird vom dämmernden Morgen bis in die Nacht hinein gehetzt, um die zahllosen Hände der Käufer zu füllen; sie peitschen die Nerven, um aufrecht zu bleiben, und, wenn die Friedensbotschaft über die Lande fliegt, haben sie nur das Gefühl teilnahmsloser Erschöpfung.

Auch nicht für einen Augenblick schweigt das Keuchen der Arbeitssklaven, verstummt das Wimmern der Zertretenen und Versinkenden. Hinein in die stille heilige Nacht tobt die wilde Jagd, und das Friedensmanifest ist nur eine flache Hürde, die niemanden hemmt, nicht Jäger, nicht Wild.

Aber was tut's. Sie sind einmal Christen und darum schuldig, das alte Mirakel wie eine ernste Wirklichkeit zu verehren. Tags zuvor brüllen sie nach dem starken Mann, der das Freiheit suchende Volk der Bedrückten würgen möchte, und 24 Stunden später haben sie an allen Menschen ein Wohlgefallen. Sie weiden sich unablässig an der Wollust des Verfolgens, und plötzlich bekennen sie sich zu der aufrichtenden Wahrheit des Evangelisten: Selig sind, die Verfolgung leiden! Sie scharren Schätze, plündern wuchernd die Arbeit der Armen, um in üppigem Überfluß zu genießen, und kehren nun andächtig ein in den Stall, da die Not den Heiland gebar. Jedes Wort, das in diesen Tagen die Christen sprechen, ist ein Pfeil wider sie selbst.

Es ist eine der seltsamsten Wandlungen der Geschichte, wie das Christentum, das im Ursprung eine Erlösungsreligion der Ärmsten war, zu dem eitlen Schaustück und gefährlichen Machtmittel der Herrschenden ward. Das Demütigende und Entsagende, das die Lehre in sich barg, die nur den Heldenmut des Leidens kannte, ermöglichte diese Umkehrung des Sinnes des Christentums. Von Haus aus ein seelisches Befreiungsmittel der Unterdrückten, ward es, wegen seiner passiven Tendenz, zu einer Waffe der Herrschenden im Klassenkampf, zu einem Instrument der Zähmung und Bändigung der Massen. Die Geschichte des wahren Christentums ging schon in den ersten Jahrhunderten zu Ende – was hernach kam, war nur die Erhaltung des Namens, dessen Inhalt von allem Christlichen gereinigt war.

In den ersten Jahrhunderten unserer Zeitrechnung, in den Zeiten des Urchristentums, ward es als ein Widerspruch empfunden, daß ein Christ zu den Edlen und Mächtigen gehörte. Tertullian, der um die Wende des zweiten und dritten Jahrhunderts die reine Lehre Christi erläuterte und verbreitete, erklärte, daß alle Gewalten und Würden dieser Welt nicht nur Gott fremd, sondern feindlich sind. Die Verwalter der höchsten Staatsämter durften während ihrer Amtsdauer keine christliche Kirche betreten – es galt als eine Entweihung des christlichen Gottesdienstes, wenn staatliche Würdenträger an ihm teilnahmen. Heute ist von dieser Sitte des reinen Christentums nichts mehr übrig; im Gegenteil, der Gottesdienst wird geadelt durch die Gegenwart der hohen Würdenträger, die ihrerseits aus ihrer Christlichkeit ein Mittel gestalten, auf der Stufenleiter der Gott feindlichen Herrschaftsämter empor zu klimmen.

In unserem scheinchristlichen Zeitalter wird selbst der Krieg verchristlicht, und es wird gesagt, daß ein guter Soldat ein guter Christ sein müsse. Jener Lehrer des Urchristentums aber schrieb, daß ein Christ überhaupt nicht Soldat werden dürfe: „Glauben wir etwa, daß es erlaubt sei, einen menschlichen Fahneneid auf den göttlichen zu setzen, von einem anderen Herrn nach Christus uns den Eid abnehmen zu lassen und sich von Vater und Mutter und jedem Verwandten loszusagen, die das Gesetz denn doch zu ehren und nächst Gott zu lieben vorschreibt, und welche auch das Evangelium, sie bloß nicht höher stellend als Christum, so geehrt hat? ... Wird der Sohn des Friedens wohl in der Schlacht mitwirken, er, für den sich nicht einmal das Prozessieren geziemt? Wird er Gefangennehmungen, Kerker, Foltern und Todesstrafen anordnen, er, der nicht einmal die ihm selber zugefügten Beleidigungen rächt? ... Dann wird er die, welche er am Tage durch Exorzismen vertreibt, bei Nacht beschützen, gestützt oder ruhend auf der Lanze, womit die Seite Christi durchbohrt wurde."

Wer Krieg führt, der wird dem Christentum fahnenflüchtig, so schreibt der Bekenner des Urchristentums. Seitdem ward die Lehre ins Gegenteil gewendet, und das „Frieden auf Erden" ward darum zur leeren Formel, die alljährlich einmal in den Rauschstunden eines lärmenden Festes verhallt.

Und dennoch ist der Gedanke des wahren Christentums nicht ganz erstorben, nur hat er sich von den Christen zu denen geflüchtet, die als die Bekenner des Antichrist verleumdet und verfolgt werden, und die aus der duldenden, mystisch schwärmenden Gefühlsseligkeit ein zielklares Programm vernünftigen Handelns gestaltet haben. Ihnen ist „der Frieden auf Erden" keine im Widerhall sich selbst verspottende Phrase, sondern das Streben ernster Kulturarbeit. Das Proletariat ist der redliche Träger und Kämpfer für jenes Weihnachtsfest der Zukunft, in dem *das* ewige Friedensmanifest nicht mehr vonnöten ist, um den Kultus der brutalen Gewalt heuchlerisch zu umflittern, sondern wo es eine Erinnerungsfeier sein wird an jene Zeit, da der Friedensschluß unter den Völkern beschlossen ward. Es wird das Weihnachtsfest sein, von dem Ada Negri singt:

Es fließt kein Blut mehr, das in roten Fluten
Die Erde oft so schmerzensreich getränkt,
Die Kriegsgöttin dämpft des Streites Gluten
Und hat die Waffen friedlich jetzt gesenkt.

Es schweigt der Mitrailleusen tolles Knallen,
Kein Donner von Kanonen mehr erkracht,
Und Kriegslieder hört man nicht mehr schallen
Durch das Getümmel und den Lärm der Schlacht.

Die Welt ist jetzt ein Vaterland, die Seelen
Von heiliger Begeisterung durchbebt,
Und sanft ein Friedenssang aus tausend Kehlen
Von einem Ufer an das andre schwebt.

Der goldene Magnetberg
(August 1900)[7]

Karl *Kautsky* hat unlängst einmal die Bemerkung gemacht, das unterscheidende Merkmal der Sozialdemokratie gegenüber *allen* bürgerlichen Parteien sei gar nicht mehr die Auffassung über den Kapitalismus, sondern das Verhältnis zum Militarismus. Der Ausspruch wirkte beim ersten Aufnehmen überraschend wie eine unerhörte und dazu unbegründete Ketzerei. Überlegte man sich aber das Paradoxon näher, so entdeckte man nicht ohne Erstaunen, daß Kautsky, wenigstens soweit die Entwickelung der *deutschen* Parteien und Richtungen in Betracht kommt, ein kluges Wort der Selbstbesinnung über den gegenwärtigen politischen Tatbestand gefunden hat.

In Wahrheit, wir sehen heute innerhalb der bürgerlichen Parteien das ganze Spektrum antikapitalistischer und sozialistelnder Nuancen vertreten. Das reine Manchestertum, das als solches gegenüber dem grundsatzlosen, erweichten Eklektizismus den nicht verächtlichen Wert einer zwar falschen, aber wissenschaftlich stre-

[7] Textquelle | Kurt EISNER: *Gesammelte Schriften. Erster Band.* Berlin: Paul Cassirer 1919, S. 264-284.

benden Lehrmeinung beanspruchen darf, hat die gewaltige Geltung, die es noch vor dreißig Jahren als Erkenntnislehre wirtschaftlicher Gesetzmäßigkeit besessen, bis auf den letzten Rest eingebüßt. Auch die paar Azteken des großen Irrtums wagen nur noch verstohlen von dem wundertätigen Spiel der freien Kräfte zu schwärmen, und der durch die Gesetzgebung überall eingeschnürte Kapitalismus – ohne daß diese bemühte Oberaufsicht des Staates imstande wäre, irgendwelche ernstliche Schranken seiner Entfaltung entgegenzusetzen – wird nirgends und von niemandem mehr für eine ewige, unantastbare Einrichtung menschlicher Organisation gehalten. Der bürgerliche Staat hat das Prinzip des Manchester-Kapitalismus längst preisgegeben. Er selbst stümpert in sozialistischer Pfuscherei. Die bürgerliche Gelehrsamkeit liefert im systemlosen Kathedersozialismus Viertel-, Halb- und Dreiviertelfabrikate des Sozialismus. Es gibt keine Partei mehr, die sozialistische Argumente verschmäht, und kleinere bürgerliche Richtungen sind bereit, sogar den Klassenkampf des sozialistischen Proletariats zu unterstützen. Die gewaltige Arbeiterbewegung hat eben alle zu Konzessionen gezwungen. In dem vor ein paar Jahren zum agrarischen Feldgeschrei erhobenen Antrag Kanitz, der eine Art Verstaatlichung des Getreidehandels und eine fixierte Rente für die Großgrundbesitzer anstrebte, versuchte sich endlich selbst der Feudalismus in einer Fratze sozialistischer Gedanken.

So ist allerdings kaum zu leugnen, daß die Grenzen zwischen der Sozialdemokratie und den bürgerlichen Richtungen, namentlich wenn man die Bemühungen radikaler Eingänger mit berücksichtigt, einigermaßen zu verschwimmen beginnen, wenn auch das eigentliche sozialistische Ziel, die Vergesellschaftung der Produktionsmittel, noch ausschließlich von der Sozialdemokratie erstrebt wird. Die Kluft der Anschauungen, die vor einem Menschenalter unüberbrückbar war, hat sich, vornehmlich in der theoretischen Meinung, minder in der praktischen Übung, unzweifelhaft verringert.

Genau den entgegengesetzten Weg haben die Auffassungen über den Militarismus genommen. Die deutsche liberale Bourgeoisie ist im Kampfe gegen den Militärstaat erwachsen, der ihre Entwickelung hemmte. Bismarck überwand die Abneigung der liberalen Doktrin und des liberalen Interesses gegen den Militarismus, indem er Gegenbeweise der Tat provozierte, und da diese Gegenbeweise –

die drei Bismarckschen Kriege – erfolgreich waren, ging ein großer Teil des Bürgertums, der noch eben im wilden Konflikt gegen den feudal gerüsteten Militärstaat gekämpft, mit stramm durchgedrückten Knien zur Religion des Säbels über: Beethoven wurde durch Militärmusik überwunden. Immerhin blieben auch nach 1870 bedeutende Parteien Gegner der Gewalt- und Rüstungspolitik. Das durch den Kulturkampf gestählte Zentrum blieb in leidenschaftlicher Opposition, Freisinnige und Demokraten stritten, immer noch ein bißchen *grundsätzlich*, gegen das gefährlichste Machtmittel der nationalen und internationalen Reaktion.

Dies Verhältnis hat sich nun im letzten Jahrfünft von Grund aus geändert. Das Zentrum ward regierende Partei und verfolgte jetzt die Taktik, ein paar Monate unwirsch über die unersättlichen Opfer des bewaffneten Friedens zu schimpfen, um sie dann zu bewilligen. 1893 gab es die letzte Reichstagsauflösung wegen der Ablehnung einer Militärvorlage; seitdem sorgten die Klerikalen dafür, daß jede Forderung der Art – wenn auch mit einigen Anstandsabstrichen – durchgesetzt wurde. Den gleichen Weg ging der Freisinn, der hinfort entweder gar keine oder doch nur finanzielle oder konstitutionelle Bedenken geltend machte. 1898 begann dann auch mit der ersten großen Marinevorlage der gleichmütige Verzicht auf das jährliche Budgetrecht, und es ist ein offenes Geheimnis, daß bei der Fünf-Milliarden-Marinevorlage dieses Jahres die beiden demokratischen Fraktionen der äußersten Linken, die zwar gegen diese konstitutionelle Monstrosität stimmten, ihre Wähler nicht hinter sich hatten; *prinzipielle* Gegnerschaft gegen die Zumutungen des Militarismus und Marinismus wurde von bürgerlichen Vertretern überhaupt nicht mehr geltend gemacht.

So ist es denn in Wirklichkeit allein die Sozialdemokratie, die in altem Trotz gegen den kulturwidrigen Militarismus der staubigen und der wässrigen Spielart verharrt. Die grundsätzliche Gegnerschaft gegen den Militarismus ist, wie Kautsky richtig erkannte, das Trennende zwischen dem Proletariat und der gesamten Bourgeoisie.

In dieser Gegnerschaft aber steckt zugleich die Differenz der sittlichen Weltanschauung, für die der Militarismus den Prüfstein bildet.

Wenn die Sozialdemokratie den Militarismus prinzipiell bekämpft und die Bourgeoisie ihn hätschelt, so heißt das mit anderen Worten: Das Proletariat hat von der liberalen Bourgeoisie die von ihr verratene und verlassene kulturelle Weltanschauung weltbürgerlicher Humanität übernommen, die sonst nirgends mehr eine Stätte findet. Die Stellung zum Militarismus ist in erster Linie das Bekenntnis einer sittlichen Weltanschauung, in ihr scheiden sich die Wege der Barbarei und der Sittlichkeit; die Sozialdemokratie geht den Weg menschheitlicher Sittlichkeit.

Die militaristische Frage ist im tiefsten Gehalt ein ethisches Problem. Ethisch denken und handeln aber heißt nicht ins Blaue schwärmen, heißt nicht nach rauhem Werkeltag für ein paar Feststunden mit glitzerndem Flitter sich aufputzen, sondern Ethik bedeutet die wissenschaftliche Erkenntnis der *einzigen* Lebens- und Entwickelungsmöglichkeit der Völker und der Menschheit. Die humane Weltanschauung ist in Wahrheit die wirkliche Realpolitik, weil sie die kulturelle *Notwendigkeit* möglich macht – die Aufgabe allen menschlichen Handelns ist, nicht das Mögliche notwendig, sondern das Notwendige möglich zu machen – weil sie in tiefschauendem Verständnis den Weg und das Mittel weist zu dem, was notwendig ist. Der überpfiffige Realpolitiker aber, der über das humane Narrentum höhnt, ist, weltgeschichtlich betrachtet, der eigentliche Utopist, der in verbrecherischem Aberwitz sich gegen die Notwendigkeit auflehnt und die Bedingungen des Daseins zu würgen sucht. Der Realpolitiker der landläufigen Maulwurfsgattung ist der geprellte Preller, der gemeingefährliche Geisteskranke.

Hat man aber diese Bedeutung des Militarismus erkannt, so wird die Lächerlichkeit derer offenbar, die der Sozialdemokratie den Rat geben, doch auch „national" zu werden. Das würde nichts weniger als die Selbstentmündigung und den Selbstmord des Proletariats bedeuten, und die ganze Menschheit verlöre darüber die Vernunft.

In dem Problem des Militarismus erscheint überdies auch in anderer Form wieder das alte kapitalistische Manchestertum, das, aus den nationalen Verbänden vertrieben, sich auf den Weltmarkt geflüchtet hat: Weltpolitik, Kolonialpolitik ist die roheste, verderblichste und zweckwidrigste Entartung des kapitalistischen Manchestertums, es ist das vom Kapital ausgehaltene freie Kraftspiel der See- und Landräuberei, das alle Schranken kultureller Satzungen mißachtet, die fessellos tobende Barbarei. Weil aber humane Sittlichkeit, zweckmäßige Vernunft und notwendige Entwickelung identische Begriffe sind, darum bedeutet die sittliche Verurteilung dieser Politik zugleich ein Urteil über ihre Möglichkeit überhaupt. Der Ethiker ist nicht ein müßiger Phantaist, der die realen Verhältnisse nicht berücksichtigt, sondern er ist im Gegenteil der Mann der wissenschaftlichen Erkenntnis der Realitäten, er ist der prophetische Mahner, der weiß, daß der Weg der kurzsichtigen „Weltkenner" in den Abgrund führt. Alles politische Geschehen an den Grundsätzen sittlicher Weltanschauung messen heißt nicht spielen und träumen, sondern die Zukunft schaffen, die werden muß, wenn anders die Menschheit nicht in krystallinischer Erstarrung an ihrem Wahn zersplittern soll.

*

Weltpolitik ist Weltmanchestertum. Sie bedeutet den ungeheuerlichen Versuch des Kapitalismus, auf einem Umwege wieder die Schranken zu zerstören, die von der Macht der Arbeiterbewegung und, unter ihrem Zwange, von den nationalen Gesetzgebungen in den modernen Industriestaaten seinem ungezügelten Ausleben gesetzt wurden. Das Kapital will wieder mit freier Willkür über die ganze Kraft von Arbeitermassen verfügen. So erklärt sich die tiefe Sehnsucht nach China, nach seinen Millionen willfähriger, fleißiger bedürfnisloser Kulis. Darum drängt das europäische Kapital nach diesem Paradies der unerschlossenen Bodenschätze und der unerwachten Sklaven. Das Kapital bringt nicht die Kulis nach Europa, wo sie leicht politisch infiziert werden könnten, es geht vielmehr selbst zu ihnen – in der Sache aber bleibt es derselbe Versuch, durch die Konkurrenz der Kulimassen der Begehrlichkeit der zum Kraftbewußtsein erwachten Arbeiter der modernen Industriestaaten Schach zu bieten; es ist der Kuliimport in anderer, wirksamerer Form, es ist das Unterfangen, moderne Industrie ohne moderne Arbeiter zu produzieren, es ist – in der Tendenz – *eine Generalaussperrung des gesamten organisierten Proletariats.*

Aber indem das kapitalistische Weltmanchestertum sich mit der rohen Rückständigkeit des feudalen Militarismus verbündete, wurde es utopisch. Als der weltpolitische Flottenwahn die Köpfe, namentlich der „Intellektuellen", benebelte, wies die Sozialdemokratie auf den Widersinn, die innere Unmöglichkeit *dieses* Weltmanchestertums hin. Gerade vom Interessenstandpunkt des Kapitalismus war diese Weltpolitik mit Panzerschiffen und Kanonen utopisch, ein Taumeln zur Katastrophe. Die Nomaden des Kapitalismus bedürfen des Friedens, um die Weideplätze des Erdballs abzugrasen. Der Kapitalismus kann nur als *stiller Einschleicher* kommen, der sanfte Goldregen eröffnet den Schoß, den die brutale Vergewaltigung zum *Widerstand* reizt.

Unerwartet schnell haben die Tatsachen diesem Urteil recht gegeben. Die reichsdeutsche, imperialistische Weltpolitik, der deutsche Bonapartismus, „in dem" – um mit Marx zu reden – „der Staat zu seiner ältesten Form zurückgekehrt ist, zur unverschämt einfachen Form von Säbel und Kutte", ist bei ihrer ersten Ausfahrt furchtbar gescheitert, sie ist in einem blutigen Abenteuer zusammengebrochen, von dem sie sich – bei allen äußeren militärischen Erfolgen – so leicht nicht erholen wird. Und nicht nur das Deutsche Reich, die ganze europäische Politik des Wettrüstens, der gepanzerten Faust, der Völkerausraubung ist vom Krach erfaßt, der dadurch noch verschärft wird, daß er zusammentrifft mit einer jähen wirtschaftlichen Krisis nach dem ungeheuren Aufschwung, den man für endlos halten wollte: die chinesischen Boxerfäuste haben in wunderbarer Fernwirkung die Denkerstirnen der europäisch-amerikanischen Börsianer mit Beulen geschmückt, die Kugeln der Krieger Tuans sind in den papiernen Eiffelturm der Aktienkurse gefahren – der ganze Bau ist geborsten, und die Marktverweser der internationalen Spekulation haben in besinnungsloser Panik die Trümmer im Stich gelassen.

Hat der Burenkrieg gelehrt, wie ohnmächtig innerlich die englische Weltmacht gegenüber einem Volk ist, das an Zahl von deutschen Großstädten um das Vielfache übertroffen wird, so hat der Aufstand der Boxer unbarmherzig die Fäulnis des ganzen herrschenden Systems, des militärisch-marinistisch bewehrten Raubkapitalismus bloßgelegt.

Europa hat seit 1870 etwa 40 Milliarden für den Kultus des bewaffneten Friedens ausgegeben. Gegenwärtig werden in schnell steigender Progression alljährlich 4 ½ Milliarden von den Staaten Europas für Heer und Flotte ausgegeben – ungerechnet die Kriegsmittel der Vereinigten Staaten und Japans. Jedes neue Dutzend Panzerschiffe, das die deutschen Regierungen fordern, wird mit der

Notwendigkeit begründet, den deutschen Handel und die Deutschen im Auslande zu schützen. Deutschland allein begehrte nach einem Kaiserwort, stark genug zu sein, um der ganzen Welt den Frieden zu gebieten – und jetzt sind die vereinigte[n] Militärstaaten der ganzen Erde wochenlang nicht imstande gewesen, 150 km von der chinesischen Küste entfernt wohnende Fremde vor der Wut eines lange mißhandelten Volkes zu schützen, jetzt vermochte dies Riesenaufgebot von Machtmitteln nicht die Vernichtung des Handels, die Zerstörung von Eisenbahnen zu hemmen. Die Kanonen haben sich nicht als Agitatoren des Welthandels und der Großindustrie erwiesen, sondern als deren Zerstörer. Und dieser innere Bankerott bleibt bestehen, wenn sich auch die chinesische Affäre vielleicht minder gefährlich gestalten sollte als es zuerst schien. Europa hat seine Ohnmacht erwiesen, Europäer im Auslande zu schützen, und es ist den Chinesen, nicht Europa zu verdanken, wenn die Fremden nicht den Untergang gefunden haben. Endigt das weltpolitische Abenteuer für Europa noch einigermaßen glimpflich, so ist das nicht das Verdienst Europas, sondern der Erfolg chinesischer Zerrissenheit und Unschlüssigkeit, es ist die zufällige Wirkung militärischer Minderwertigkeit, die kulturelle Überlegenheit ist.

In dieser, an grauenhaft humoristischen Zügen reichen chinesischen Blutfarce, die aus keinerlei staatsmännischen Berechnungen geschaffen und geleitet, sondern aus lauter Überraschungen zusammengesetzt ist, war der plötzliche glorreiche Vormarsch der vereinigten Truppen nach Peking ein abenteuerlicher Witz. Ruhig blieben die tapferen Krieger in Tientsin, obwohl Tag für Tag die schlimmsten Nachrichten über die Lage der Fremden in Peking verbreitet wurden. Die militärischen Fachleute bewiesen die Unmöglichkeit eines Vormarsches. Als dann aber Deutschland seine rasselnden Prahlereien in alle Winde schrie – da war das Unmögliche plötzlich ausführbar. Deutschland sollte nicht dabei sein, wenn die flatternden Kulturfahnen in Peking den Frieden diktierten. Man rückte vor, und die Rettung gelang ohne erhebliche Anstrengung.

Vielleicht ist auch das plötzliche Erlöschen des militärischen Widerstandes der Chinesen, deren heldenmütige Wehr zuerst das Erstaunen und die sinnlose Angst der vereinigten „Kultur" erregt hat, nicht auf ganz natürliche Ursachen zurückzuführen. Es ist nicht unwahrscheinlich, daß von Anfang an russisch-amerikanische Geheimverhandlungen mit China gesponnen wurden, und daß diese in dem Augenblick zum Ziele führten, als Deutschland seine Weltverblüffungsmission – Marke: Uns kann keiner! – proklamierte. Das schöne Fastnachtsspiel vom Weltgeneralissimus Grafen Waldersee mit dem transportablen Asbesthaus, den delikaten Konservenbüchsen und dem Pränumerando-Triumphzug sollte dann den gesalzenen Hohn noch mehren, der Deutschland auf dem Weltmarkt des bestialischen Ulks zum unüberwindlichen Konkurrenten gemacht hat.

*

Als im November 1897 Kiautschou den ahnungslosen Chinesen mitten im tiefsten Frieden fortgenommen worden war, träumte der deutsche Kapitalismus von ungemessenen, zauberhaften Herrlichkeiten endloser Beute. Welche weitschauenden Pläne die deutschen Staatsmänner mit diesem Welttheatercoup verfolgten, ist bis zur Stunde unaufgeklärt. Des Grafen Bülow, des Heißgeliebten der Journalisten beider Welten, tieferes Gedankenleben ist ja bisher nicht von seinen zahlreichen Zeitungsgönnern entschleiert worden, und seine eigenen Kundgebungen sind plumpe Variationen über ein fehlendes Thema. Aber der Verdacht ist nicht abzuweisen, daß hinter der ganzen großen Aktion nichts steckte, wie ein Bedürfnis der inneren Politik; man wollte Beweismaterial für die Notwendigkeit jenes ersten Marineplanes beibringen, der damals den guten Deutschen noch sehr wenig einleuchtete; man hielt sich zu jener Zeit noch für ein Landvolk. Das ist der ewige Kreislauf der Dinge: Man braucht Schiffe, um Kolonien zu schützen, dann braucht man wieder Kolonien, um Schiffe fordern zu können. Kiautschou war notwendig, sonst hätten die deutschen Regierungen ihre Flottenvorlage nicht durchgebracht.

Und dies gefällige Unternehmen war ja äußerst erfolgreich. Die Chinesen liefen davon und verstanden sich freudig zu der Pachtung auf 99 Jahre. Oberhaupt wußte man von den Chinesen nichts anderes, als daß sie davonlaufen – so im chinesisch-japanischen Kriege, so bei dem Einbruch in Kiautschou. Merkwürdigerweise hatte man ganz vergessen, welche blutigen Opfer Jules Ferry in den achtziger Jahren unter dem Fluch des französischen Volkes brachte, als er den

Bankerott seiner Politik durch die Ablenkung des Gloire-Bedürfnisses im Tonking-Abenteuer zu verschleiern suchte. Niemand freute sich so sehr über diese Vergeudung französischer Kraft, wie Bismarck, und noch heute erfordert Tongking, weit entfernt, die ungeheuren Opfer der Erwerbung zu verzinsen, bei lächerlich geringem Handelsverkehr fortgesetzte Aufwendungen seitens Frankreichs. Daran dachte man in Deutschland in den Flitterwochen der Weltpolitik nicht. Kiautschou ward beliebt. Die schnelle, glückliche Pachtung imponierte auch außerhalb der jugendlichen Kreise, die ihre Phantasie an Piratenromanen erziehen. Man bewunderte die Durchschlagskraft der europäisch-deutschen Kultur und erwartete allerlei märchenhafte Profite. Und damals vollzog sich auch zum erstenmal in aller Schroffheit jene Scheidung sozialdemokratisch-proletarischer Weltpolitik und bourgeoiser Weltmachtpolitik. Einzig und allein die Sozialdemokratie verurteilte entschieden den völkerrechtswidrigen Gewaltakt, der in unübersehbare Abenteuer führen und dessen erhoffter Nutzen sich leicht in eine schwere wirtschaftliche Gefahr für Deutschland verwandeln könnte, wenn erst das erschlossene China als unterbietender Konkurrent auf dem Weltmarkt erscheinen würde. Die bürgerlichen Parteien lachten ob der doktrinären Bedenken und gingen freudestrahlend und hoffnungsselig nach Kiautschou.

Seitdem hörte man allerdings wenig Erfreuliches von der Pachtung. Kurz nach dem Einbruch ermordete ein Chinese einen deutschen Wachtposten – ein früher Beweis, wie irrig die Annahme war, daß die scheinbare Ruhe, mit der die Chinesen die Eroberung hinnahmen, eine wirkliche Ruhe war. Der Übeltäter wurde ergriffen, gefoltert, enthauptet, und der Kopf an das Tor befestigt. Unsere europäischen Kulturpioniere besitzen ja die erstaunliche Fähigkeit, wenn sie wirklich einmal im fremden Land auf eine Barbarei stoßen, die man in der Heimat nicht mehr kennt, sich sofort solchen Sitten anzupassen; sie bringen alles Barbarische vom Vaterlande mit und mehren diesen Schatz dann durch die Grausamkeiten, die sie in dem Lande vorfinden, das sie zivilisieren wollen.

Weiter erfuhr man, daß die nach Kiautschou deportierten deutschen Soldaten durch klimatische Krankheiten in erschreckender Zahl dahingerafft wurden. Endlich legte in neuester Zeit eine in einer Wochenschrift verbreitete photographische Aufnahme Zeugnis ab von der raschen Ausbreitung deutscher Kultur: auf ödem Felde in gleichen Abständen sechs Pfähle, an jedem Pfahl ein Chinese angebunden, und zwanzig deutsche Soldaten zielend auf die der Hinrichtung Verfallenen. Ich weiß nicht, was die Chinesen verbrochen hatten, das aber weiß ich, daß wir damit einen erhebenden Kulturfortschritt nach China gebracht haben; denn bisher war es dort nicht üblich, solche Szenen der höheren Zivilisation zu – photographieren! ... Die bürgerlichen Parteien äußerten ihre Freude an der gedeihlichen Entwickelung der Pachtung, und die letzte Denkschrift der Regierung veranschaulichte in Lichtbildern die Reize des Bülowschen Platzes an der Sonne.

*

Es kann heute keinem Zweifel mehr unterliegen, daß der Boxeraufstand, wie immer er mit sozialen und anti-dynastischen Beweggründen kompliziert sein mag, im entscheidend erregenden Motiv nach Kiautschou zurückführt. Die weiteren Pachtungen, Port Arthur und Weihaiwei, das schneidige Gerede der Weltmachtpolitiker von der Aufteilung Chinas, das Evangelium der gepanzerten Faust, das Wilhelm II. seinen Bruder in China zu verkünden hieß, mußten den nationalen Widerstand herausfordern. Die christlichen Missionare, deren Lehren den wißbegierigen Chinesen früher vielfach als interessante Spekulationen des menschlichen Intellekts nicht unwillkommen waren, mußten jetzt als hinterlistige Spione der europäischen Eroberungsgier erscheinen; denn welch normaler Kopf hätte sich anders den Widerspruch erklären können, daß die Verkündung christlicher Nächstenliebe sich mit Raub und Gewalt paarte. Und die Chinesen erfüllten die christliche Lehre, daß, wer das Schwert ziehe, durch das Schwert umkomme – europäische Waffenfabrikanten und militärische Instruktoren lieferten das Schwert und erwiesen in seinem zweckdienlichen Gebrauch. Der nationale Freiheitskrieg der Chinesen brach aus – in einer plötzlichen Explosion, die allem Anschein nach in seiner akuten Phase, durch den Einbruch in Taku veranlaßt wurde.

Abermals vollzog sich in der öffentlichen Meinung Deutschlands jene schroffe Scheidung. Alle bürgerlichen Parteien rasten in chauvinistischen Schmähungen der verruchten gelben Teufel, die sich die Segnungen der europäischen Kultur nicht gefallen lassen wollten – niemals hat die deutsche Presse einen solchen Grad sittlicher und intellektueller Verwahrlosung erreicht, wie in diesen Wochen. Dabei verbarg sich *hinter* dem sinnlosen Toben nur die schlotternde Angst des schlechten Gewissens vor ungeheuerlichen Konsequenzen, die man nicht zu übersehen vermochte.

Der europäische Kannibalismus der Kulturbestien nahm in Deutschland eine unsagbar verrucht-groteske Form an. Deutschland schrieb, redete und handelte nach der Moral und der Intelligenz eines blutrünstigen Hintertreppenromans. Das erhebende Bewußtsein, daß man unerschöpflich viele totschlagsfähige Soldaten und unzählige Kanonen habe, hat die Intelligenz des herrschenden Deutschland zerstört. Was hat man nötig, den Kopf, das Denken zu bemühen, wenn man die Fäuste für sich hat! Die ausschweifendste Räuberromantik wurde zum leitenden Prinzip. Die epileptische innere Politik erschien – zum Erstaunen und boshaften Gelächter der Welt – auf der internationalen Diplomatenmesse, und wenn ein Kulturhistoriker einmal über den „Sadismus in der Politik" schreiben sollte, so wird er in dem Studium des Khaki-Sommers 1900 reiche Anregung finden. Dieses Chaos von Kinderei, Roheit, Mordsucht, Ruhmredigkeit, Kulturheuchelei, Verlogenheit und frömmelnder Mystik, das in der deutschen Presse orgiastisch tollte, stellte die tiefste sittliche und intellektuelle Erniedrigung Deutschlands dar – fast hätte man Sehnsucht nach einem neuen gründlichen Jena, aus dem die Möglichkeit einer humanen Wiedergeburt erwüchse.

Wir dürfen den Boxern dankbar sein, daß ihre vielleicht heroischen, vielleicht nur unbesonnenen Auflehnungsversuche mit einem grausamen Griff den schimmernden Schleier zerrissen, der über der politischen Barbarei Deutschlands liegt. Wir kennen jetzt – dank den Boxern – die unsägliche Gemeinheit und Dummheit dieses kapitalistischen Parvenustaats, der die verwegenen Roheiten des militärischen Feudalismus und die Unbarmherzigkeiten der Kapitalmagnaten mit der Stupidität eines um seine Ersparnisse zitternden Kleinkrämers und der Narrheit einer wild schweifenden unbehausten Romantik zu vereinigen weiß.

Die Panik eines Bankruns, Gebeteleiern und Flüchelallen, blindwütiges Umherfahren mit geballter Hand, völlige Besinnungslosigkeit und Unfähigkeit politischen Denkens, grauenhaft lächerlicher

Mangel an grundsätzlicher und kritischer Überlegung – so stellte sich der Gemütszustand der bürgerlichen Presse dar. Wir haben Äußerungen abgrundtiefer Infamie gehört, wie man sie in deutscher Sprache bisher für unmöglich hielt. Der Vorschlag, eine Verbrecherarmee gegen China zu entsenden, war weder der niedrigste noch der dümmste Gehirnexzeß aus dieser Zeit. Man hat noch weit schlimmere Äußerungen gehört, ohne daß man sich auch nur groß verwundert hätte.

Es ergab sich, daß sich die Bourgeoisie, namentlich die liberale, überhaupt jeden politischen Urteils entledigt hat. Die Angst um die in China angelegten Millionen deutschen Kapitals und die Gier nach neuen Profiten beherrschte ausschließlich die Christenmenschen der weißen Rasse. Im übrigen blökten sie als verängstigte Schafe geduldig, wie die liberalen, freisinnigen und demokratischen Hammel des Grafen Bülow blökten. Man vertraute in rührender Unschuld dem Geistreichtum des ministeriellen Hofbeamten, der durch eine blasse Programmlosigkeit die leidenschaftlichen Impressionen der Krone zu wässern und zu meistern bemüht war. Aber man vertraute auch zugleich der Energie des preußischen Bundesfürsten – man ließ sich bewundernd von jeglichem Licht erleuchten, sofern es nur von oben kam.

Dabei äußerte sich das politische Denken der bürgerlichen Presse im grellen Spielzeugstil kindischer Naivetät. Man wirtschaftete mit den primitivsten Instinkten und trieb den psychologischen Aufwand eines Küchenromanziers. Die Heerscharen der Engel kämpften gegen die dunklen teuflischen Mächte. Das Khakitum wurde mit einem schön vergoldeten Heiligenschein ausgestattet. Man spielte Räuber und Prinzessin, mimte den Kampf mit dem Drachen, schwärmte für Blutrache, den Kreuzzug der Hunnen zu einer Vendetta-Ausstattungsburleske gestaltend. Der deutsche Michel wurde zum Kasperle der Puppenkomödie, der den leibhaftigen Gottseibeiuns tot drischt und selbst den Tod tapfer und keilefreudig über das Knie legt. Aus Neu-Ruppin bezog man die historisch-geographischen Anschauungsbilder, und Ammenmärchen wurden zur Bibel der Staatsweisheit. Dem deutschen Volk wurde tatsächlich von der bürgerlichen Presse angesonnen [sic], in Heldenpossen Lauffschen Stils ernsthaft mitzuspielen – nur daß das Spiel, das die blöde Phantasie der Presse ausgeheckt, auf Tod und Leben ging.

Darum konnte der spottende Beobachter keine reine Freude an der Mobilisierung des Narrentums haben; die Narren wateten in echtem Menschenblut, und ein ekelhafter Ludergeruch sentimentaler Bestialität, die sich als Patriotismus deklarierte – ließ das Lachen verstummen.

Zugleich aber hat das deutsche Zeitungsgebaren das Ausland ermuntert, seinen unverschämten Spott mit Deutschland zu treiben. Was anderes ist es als Spott, wenn die englische Presse fortwährend die absurdesten Chinatelegramme erfindet, um durch eine pfiffige Mischung von haarsträubenden Greueln und rohen Schmeicheleien die in Deutschland herrschende psychologische Stimmung zu beeinflussen, um für England, das durch den Transvaalkrieg militärisch geknebelt ist, in China einen zu allem willigen tölpelhaften Bravo kostenfrei zu gewinnen!

Die deutsche öffentliche Meinung hat Ruchlosigkeiten das Wort geredet, denen gegenüber die Raubzüge eines Louis XIV., in deren Verabscheuung unsere Jugend erzogen wird, leuchtende Kulturtaten darstellen. Und zugleich hat die Bourgeoisie in ihrer jämmerlichen Angst um die bedrohten, in China angelegten Millionen wider ihre eigenen Interessen gewütet, indem sie sich bedingungslos der Lorbeersucht der militärischen Streber ausliefert, denn die besondere fratzenhafte Form der China-Weltpolitik ist nicht sowohl aus den wohlverstandenen Interessen der Bourgeoisie zu erklären, als vielmehr aus den absolutistischen Tendenzen des modernen christlichen Ritters à la Waldersee und dem Ruhmbedürfnis des friedensüberdrüssigen Offiziers.

Die im System des Militarismus angehäufte Zerstörungskraft sucht einen Ausweg. Aber dieser internationale Militarismus ist nicht nur brutal und grausam, sondern auch feig, und so tobt er seine Begierde, praktische Experimente zu versuchen, möglichst an Wehrlosen aus: die allzu stark gerüsteten Völker Europas scheinen ihm zu gefährliche Gegner, darum wählt er sich China zum Exerzierplatz für seine Scharfschießübungen und veranstaltet mörderische Menschenjagden auf ein von Haus aus friedfertiges Kulturvolk. Der chinesische Raubzug ist nicht einmal ein Krieg, er ist eine Treibjagd auf ohnmächtige Menschen.

*

Die Kulturehre Europas inmitten dieses wüsten Tobens zu wahren, übernahm die Sozialdemokratie, das organisierte Proletariat, nicht minder beschimpft als die Boxer. Mit schneidender Schärfe wies sie auf die Folgen einer abenteuerlichen Politik hin, die sie stets bekämpft hat und deren Verantwortung sie allein daher ablehnen darf. Sie höhnte über die groteske Heuchelei, daß Europa nichts wolle, als mit seiner vereinigten russisch-galizisch-ostelbisch-abruzzisch-spanischen Zivilisation die – einer tollen Zeitungslegende zufolge – „erstarrte" chinesische Kultur flüssig machen. Sie erkannte das Recht der Chinesen an, sich gegen die Vergewaltigung ihrer nationalen Selbständigkeit mit allen Mitteln zu wehren, und sie wies auf die völlige Sinnlosigkeit eines Krieges hin, den untereinander todfeindlich zerklüftete Staaten gegen ein Volk von 400 Millionen unternehmen.

Dabei führten die bürgerlichen Blätter des Inlands, sowie die Korrespondenten, die die ausländische Presse bedienten, über die wirkliche Stimmung der Massen des Volkes völlig irre. Die Wahrheit ist, daß das Volk keinerlei Begeisterung für den Krieg der Rache und des Christentums hegt. Ebensowenig hat man sonderliches Vertrauen zu der Geschicklichkeit und der Weisheit unserer Staatsmänner. Wenn sich herausgestellt hat, daß die kostspieligen Diplomaten in Peking selbst keine Ahnung von den wirklichen Verhältnissen hatten, warum soll man da annehmen, daß der durch eine sechswöchentliche Seereise von China entfernte glatte Graf Bülow über die dortigen Zustände wohl erleuchtet sei. Talleyrand hat die Diplomaten gewaltig überschätzt, deren Sprache doch nur dazu dient, die *Gedankenlosigkeit zu verbergen.*

Gleichermaßen ist das Ausland über die Aufnahme getäuscht worden, die den verschiedenen Reden Wilhelms II. beschieden gewesen ist. Sie haben in Deutschland weder so überraschend, noch so stimulierend gewirkt, wie man draußen annimmt. Wir wissen, daß der Kaiser sich in allen Fragen als der leidenschaftliche Held eines heroischen Schauspiels fühlt, der mit seiner überlegenen Kraft die Widerstände der Kleinlichen und Engherzigen überwindet. In dem gleichen energischen Stil seiner Chinareden hat er einst der Bismarckschen Fronde die Zerschmetterung angekündigt, hat er die Sozialdemokratie auszurotten versprochen, denen, die zum Streike anreizen, das Zuchthaus in Aussicht gestellt, und den kanalfeind-

lichen Agrariern seinen unbeugsamen Willen erklärt, den Mittellandkanal zu bauen. Mit so impulsiver Wucht hat der Kaiser auch
im Januar 1896 den durch den Jameson-Einfall belästigten Buren
seine Sympathien ausgesprochen. Gleichwohl existiert die Bis-
marcksche Fronde noch heute, die Sozialdemokratie ist stärker als
je, die Zuchthausvorlage ist schroff abgelehnt worden, ohne daß
Weiterungen erfolgt wären, der Mittellandkanal ist immer noch
nicht gebaut, und im Burenkrieg hat der Kaiser England seine Sympathie geliehen.

Freilich findet die Politik des Kaisers in den *internationalen* Fragen nicht den gleichen organisierten Widerstand, wie im Innern,
und darin liegt die schwere Gefahr, die verstärkt wird durch die listigen, zielbewußten Provokationen des Auslandes, den byzantini-
schen spekulativen Kretinismus einer gewissen Presse und die geistige Bedeutungslosigkeit der verantwortlichen Beamten. Wenn der
Kaiser den Chinesen eine Rache ankündigt, wie sie die Welt noch
nicht gesehen, wenn er wünscht, daß für jeden ermordeten Deutschen eine chinesische Stadt zu bombardieren sei, wenn er den deutschen Soldaten als oberster Kriegsherr verbietet, Pardon zu geben
und Gefangene zu machen, wenn er für unser Volk den Weltruhm
der Hunnen heischt und zugleich die Erfolge christgläubiger Kreuz-
fahrer vom Himmel erfleht – so sind das für den Kenner deutscher
Zustände keinerlei überraschende Erscheinungen, haben doch solche Grundanschauungen – in der notwendigen formalen Modulie-
rung – auch die innere Politik bestimmend beeinflußt. Aber in der
inneren Politik hat die Rhetorik des Kaisers, diese in Kontrasten
stürmende dramatische Auffassung der Vorgänge, niemals Anspruch auf *buchstäbliche* Umsetzung in Handlungen erhoben. Der
Kaiser will immer nur der große Anreger und Ansporner sein, mag
dann die Politik der verantwortlichen Regierung die nötige Abschwächung vornehmen.

Anders in der auswärtigen Politik. Hier wagt die verantwortliche Regierung nicht den *ausreichenden* Widerstand gegen die wörtliche Auslegung der kaiserlichen Anregungen, wie sehr immer der
Salontragikomiker der Weltpolitik, Graf Bülow, seine ratlose Verle-
genheit in diplomatischen Kundgebungen abschwächend stilisieren
mag. Die deutsche Regierung hat weder die kriegerischen Racheak-
tionen, noch die umfangreichen Truppensendungen, die das Völ-

kerrecht und die Verfassung in die Luft sprengten, zu verhindern gewußt. Deutschland hat durch seine Chinapolitik sein europäisches Prestige schwer erschüttert, blind unübersehbare Konflikte heraufbeschworen, die wirtschaftlichen Hoffnungen, die man auf den Handelsverkehr mit China setzen durfte, für Jahre hinaus vernichtet – ganz abgesehen von den demoralisierenden Wirkungen des Hunnenkults der Presse und dem Staatsstreich wider die verfassungsmäßigen Rechte der Volksvertretung.

*

Die gewalttätige Weltmachtpolitik des Kapitalismus ist bei ihrem ersten Ausflug furchtbar gestrandet. Die in Interessengegensätzen hadernden Militärstaaten haben ihre Unfähigkeit zu gemeinsamer Aktion bewiesen.

Der Raubkrieg in China, zu dem die Weltpolitik der gepanzerten Faust geführt hat, verschlingt Ströme von Menschenblut und opfert nutzlos die Ernte der wirtschaftlichen Völkerarbeit. An seinem Horizont droht der Weltbrand.

Bei alledem wird der Kapitalismus, gleichgültig, wie die chinesische Wirrnis ausgehen möge, um die erhofften Früchte geprellt werden. Die Sehnsucht der europäisch-amerikanischen Kapitalisten wird sich nicht erfüllen, daß sie in China mit den billigen und willigen Arbeitskräften und den reichen unerschlossenen Schätzen des Bodens Waren produzieren. Wird China der modernen Industrieentwicklung erschlossen, so wird der *Chinese selbst* als gefährlicher Konkurrent auf dem Weltmarkt erscheinen. Als hervorragend begabter Kaufmann hat er sich längst erwiesen. Daß er eine dem Japaner ähnliche Gelehrigkeit besitzt, haben die neuesten Ereignisse gezeigt. Mit behender Schnelligkeit hat er sich die Geheimnisse der europäischen Mordtechnik, wenn auch noch nicht vollkommen, angeeignet, und wir wissen, daß in den großen Waffenfabriken, die in China bereits bestehen, nicht nur chinesische Arbeiter, sondern auch ausschließlich chinesische Ingenieure beschäftigt werden. Der Chinese wird sich den Profit, den die industrielle Entwicklung mit sich bringt, nicht von den Fremden aus der Hand nehmen lassen. Die grauenvollen Opfer der Weltpolitik werden sich nicht bezahlt machen.

Zwar nicht in allen Ländern ist die Chinapolitik so sinnlos, wie in Deutschland. Von Anfang an behandelten Rußland und die Vereinigten Staaten Amerikas die chinesische Frage mit ausgesuchter Behutsamkeit und Höflichkeit. Man erbittert nicht Leute, mit denen man handeln will; man mißhandelt nicht Menschen, an deren Beeinflussung man interessiert ist. Gerade Amerika und Rußland haben aber auch ein besonderes Zukunftsinteresse: Entwickelt sich China industriell im modernen Sinne, so wird das dichtbevölkerte Reich, wenn nicht alles trügt, zu einem Industrieartikel exportierenden und Lebensmittel importierenden Land. So hat Rußland und Amerika Anlaß, ihrer überschüssigen Lebensmittelproduktion den neuen großen Markt zu gewinnen, und dieser Umstand dürfte die Beflissenheit hinlänglich erklären, mit der die beiden Staaten sich als Freunde und Retter Chinas empfehlen.

Müßte man aber ganz im allgemeinen zugeben, daß die Weltpolitik in weiser Zweckmäßigkeit, wenn auch mit abscheulichen Mitteln, den Notwendigkeiten der kapitalistischen Entwicklung, ja dem Augenblicksinteresse einzelner oder auch der gesamten Arbeiter diene, so würde aus solchem Zugeständnis für die Sozialdemokraten nur die Aufgabe folgen, um so eifriger und konsequenter diese Politik der kapitalistischen Exzesse zu bekämpfen; man scheint sich hier und da noch immer nicht ganz klar darüber zu sein, daß der Sozialismus nicht der Agent, sondern der Feind des Kapitalismus ist, daß er ihn also unter allen Umständen und in jeder Entwicklungsform zu bekämpfen hat, wie immer er als weltgeschichtliche „Notwendigkeit" anerkannt werden mag.

*

Im alten deutschen Volksbuch vom Herzog Ernst wird das orientalische Märchen vom Magnetberg erzählt, der die eisernen Teile der Schiffe unwiderstehlich anzieht, daß sie zerschellen. Schiffstrümmer, verwesende Leichname und gebleichte Knochen umkreisen den Berg des Schreckens.

Ein goldner Magnetberg – das ist die Weltpolitik des Kapitalismus, die militärisches Ruhmbedürfnis und abenteuernde Romantik in Blut, Grauen und Gelächter taucht.

Sittenbilder des Kapitalismus

(Vorwärts 1900 | Auszug)[8]

Man kann unserer Zeit und unserem Deutschland jeden Vorwurf anheften, nur den einen nicht, daß man sich übermäßiger Gefühlsweichheit hingebe. Im Gegenteil: Die Anklage, wir seien ein Volk von Dichtern und Denkern, wird als die schwerste Beleidigung empfunden. Energie ist alles, und die Gewalt der stärkeren Muskeln – seien sie von Fleisch, Stahl oder Gold – regiert, den humanitätsduseligen Schlappiers zum Trotz. Wir achten nicht das Selbstbestimmungsrecht fremder Völker, sondern wir kultivieren sie mit Schnaps, Blei, Strick und Bibel. Wir vernichten unzähliges Leben, zertreten es in Not und Siechtum. Wir legen den freien Geist an die würgenden Ketten wirtschaftlicher Abhängigkeit. Wir beten zum Kleinkalibrigen und Panzerschiff und erstreben nur ein Ziel: so stark zu sein, um völlig rücksichtslos sein zu dürfen. Das tun wir alles und schämen uns nicht. Lachend schreiten wir über die Leiber und Seelen derer, die man im veralteten Deutsch der Heiligen Schrift Nächste nennt, während sie für die realpolitische Betrachtung Konkurrenten, Feinde sind.

Die Verletzung der Person, die Beeinträchtigung, Schädigung und Zerstörung fremden Daseins erscheint inmitten unseres Kulturlebens in mannigfachen Arten. Dabei ist das Maß der Schädlichkeit durchaus nicht das Maß der Beurteilung. Der im Krieg organisierte Massentotschlag erscheint wie ein furchtbares, unentrinnbares, in seiner erbarmungslosen Gewalttätigkeit zugleich heroisches Schicksal; und wenn die Kraft und Blüte eines Volks sinnlos geopfert wird – was gilts, die Geschichtsfabulisten weisen uns die historische Notwendigkeit des glorreichen Ereignisses nach […]

---

[8] Textquelle | *Vorwärts*, Jahrgang 1900: Auszug unter www.mlwerke.de/ke/ke_0 02.htm (dort nach der Eisner-Edition *„Zwischen Kapitalismus und Kommunismus, Frankfurt a. M. 1996")*.

Der Sultan des Weltkrieges

(1906 | 1918)⁹

I. Auswärtige Politik in der deutschen Sozialdemokratie. Persönliche Erfahrungen

Am 30. Mai 1905 wurde der Reichstag plötzlich in die Ferien geschickt. Der deutsche Sommerschlaf begann, der von der Fortsetzung im gewohnten Winterschlaf sich dadurch unterscheidet, daß man in jenem schweigend träumt, in diesem aber sehr redselig aus dem Schlafe spricht.

Bald darauf erhielt ich von französischen Parteifreunden einen angstvoll beschwörenden Brief, der mir erklärte, warum der Reichstag vom Grafen Bülow beseitigt worden war: Der Kanzler wünschte ungestört mit dem Weltkrieg zu spielen. In solchen Zeiten kann man das Parlament nicht brauchen (auch 1914 nicht!). In Berlin wußte niemand – außerhalb des engen Zirkels der Pangermanisten, der hohen militärischen „Domköpfe", der führenden Rüstungs- und Schwerindustriellen –, daß sich irgend etwas Besonderes auf der Weltbühne vorbereitete. Der Pariser Brief, der mir die unmittelbare Gefahr des Ausbruchs eines Weltkrieges bewies und aus dem schaudernden Gewissen der Humanität das deutsche Proletariat um Hilfe anflehte, war für mich eine furchtbare Erschütterung. So also kam für uns der Weltkrieg, wie der Einbrecher in der Nacht, während wir ahnungslos uns im Bette streckten. In jenem Augenblick stand es für mich fest, daß die deutsche Weltpolitik nicht nur rhetorische Romantik sei, nicht nur schwärmende Ägirlogik und dilettierendes Nibelungen-Ästhetentum, auch nicht nur unerschöpfliches Lieferungsgeschäft.

Auf meine Anregung luden die Berliner Parteigenossen Jaurès zu einer Versammlung ein. Jaurès sagte sofort zu. Aber Bülows Ausweisungsdrohung sperrte dem Sendboten des Völkerfriedens die deutsche Grenze. Die gleichzeitig geplante Reise August Bebels nach Paris scheiterte an dem Widerstand des deutschen Parteifüh-

⁹ Textquelle | Kurt EISNER: *Gesammelte Schriften. Erster Band*. Berlin: Paul Cassirer 1919, S. 326-341. – Die Einleitung/Kommentierung stammt vom September 1918.

rers; er war Aktionen abgeneigt, die ohne sein Zutun unternommen waren: er rebellierte zwar gern gegen „Instanzen", vorausgesetzt, daß er nicht selber diese Instanz war, in der ihm die Identität von Person und Sache mehr und mehr unlösbar verkörpert schien. Im *Vorwärts* erschien dann Jaurès' ungehaltene, aber auch im gedruckten Wort überwältigende Berliner Rede.

Seit jenen erregenden Wochen wußte ich, daß der Weltkrieg wie ein unentrinnbares Verhängnis sich heranwälzte, ungeschlacht, unbemerkt, unaufhaltsam. Ich war mir klar, daß das im eigenen Lande insgeheim gemästete Ungeheuer ein völlig ahnungsloses Volk eines Tages überfallen würde. Ich bemühte mich, die Gleichgültigkeit der deutschen Arbeiterschaft gegen die auswärtige Politik, soviel an mir lag, zu überwinden. Das war ein hoffnungsloses Beginnen. Das ganze deutsche Volk wußte nichts von auswärtiger Politik, wollte nichts wissen. Die Presse verarbeitete und verbreitete lediglich das Vorzimmergewäsch des auswärtigen Amtes wie Theaterreklamen der Direktorenbureaus; diese Dramaturgen der auswärtigen Politik und ihre gefälligen Preßhelfer sitzen zu oberst auf der Bank der Verantwortlichen. Im deutschen Reichstag wurde niemals eine Rede über Probleme der internationalen Politik gehalten, die von selbständigem Studium der Probleme zeugte. Als bester Kenner galt grundloserweise Herr v. Hertling, der es freilich verstand, nicht ohne elegante Bosheit den Herrn v. Bülow kasuistisch in seiner Marokko-Blöße zu demonstrieren, aber gerade in dieser wirksamen Rede bewies, daß ihm die Kenntnis elementarer Dinge abging. Als einmal ein Parteijournalist in fremden Parlamentsakten las und einiges übersetzte als Material für die Etatsrede eines sozialdemokratischen Vertreters, erschien dieser Redner den Regierungskommissaren als ein unheimlicher Kenner und unterirdischer Inspirister, den sie fortan staunend und beklommen schätzten und fürchteten; diese zwar leicht beschaffte, aber unerhörte Aktenkenntnis wurde der Beginn seines späteren Aufstiegs.

Mit dem November 1905 verlor ich den *Vorwärts* als Tribüne für meine Bestrebungen; die bekannten Vorgänge veranlaßten mich, die Redaktion niederzulegen. Das französische Gelbbuch über die Marokkoaffäre war erschienen und enthüllte die possenhaften Teufeleien der deutschen Diplomatie. In Berlin kannte und besaß niemand das Heft; auch die Parlamentarier nicht. Ich bemühte mich umsonst, mir das Gelbbuch zu verschaffen. Schließlich nahm ich die Dienste des französischen Botschafters Bihourd in Anspruch, der mir dann aus Paris ein Exemplar beschaffte. Anfangs des Jahres 1906 veröffentlichte ich die Geschichte der Marokkokrisis unter dem Titel: „Der Sultan des Weltkrieges. Ein marokkanisches Sittenbild deutscher Diplomatenpolitik." Es war wohl, in der neueren Zeit der deutschen Sozialdemokratie die erste Broschüre, die sich mit den *konkreten* Vorgängen der auswärtigen Politik beschäftigte. Jaurès interessierte sich für die Arbeit, in Deutschland blieb sie gänzlich unbeachtet. Der Vorwärtskonflikt ward Anlaß, daß mein Name und meine Sache wochenlang durch die gesamte Presse geschleift wurde; mein Bemühen, zu gleicher Zeit die Hirne und Gewissen zu den katastrophalen Weltfragen der Gegenwart aufzuraffen, zerrann spurlos – innerhalb und außerhalb der Partei. Der Broschürenballen blieb in ungestörter Ruhe beim Verleger liegen. *Zehn Jahre später*, im Weltkrieg, begann man das Pamphlet zu lesen; es brachte manchem jähe Aufklärung. Heute ist es vergriffen.

Mir genügte aber nicht das gedruckte Wort. Als ich sah, daß sich niemand um diesen düster drohenden Verhängnisprozeß kümmerte, entschloß ich mich, meine Scheu vor öffentlichem Zurschaustellen zu überwinden. So kam es, daß ich mit vierzig Jahren meine erste Volksversammlungsrede hielt. Ich sprach über die Marokkopolitik. Vom ersten Wort fühlte ich den passiven Widerstand der Hörer. Das waren alles Dinge, die weit außerhalb ihres Interesses lagen. Und daß es mal Krieg geben würde, nun das wußte man ja ohnehin längst; übrigens hatte das noch Zeit, sich damit zu beschäftigen: der Krieg gehört zu den vielen Glaubensartikeln, an die man – *nicht* glaubte, oder vielleicht richtiger: an die man sich so als Versammlungs- und Zeitungsphrasen gewöhnt hatte, daß sie wesenlos geworden waren. In den Jahrzehnten der sozialdemokratischen Agitation war auch der Krieg, wie vieles andere in unserer Parteitätigkeit, zum bloßen dekorativen Wort verblaßt, das die Phantasie und den Willen nicht mit seiner Realität erfüllte. Man nahm nichts mehr ernst außer die allernächsten und allergröbsten Sorgen. Das radikal-ideale Bedürfnis befriedigte man in der Schwärmerei für Revolutionen, die andere Völker machten. Dafür bezahlte man auch begeistert und saß auch mit leidenschaftlicher Hingabe im Theater, um sich Revolutionsstücke vorspielen zu lassen. Ich gab gelegentlich das Rezept für eine deutsche Revolution: Man solle einige Zehntausend ausländischer Proletarier beschaffen und sie bei uns gegen anständige Diäten – unsere Kassen waren ja immer in Ordnung und Fülle – Revolution machen lassen. Es ist doch ein sehr merkwürdiges Kapitel der Völkerpsychologie, wie ähnlich die geistige Entwicklung des deutschen Proletariats der des deutschen Bürgertums in seiner idealistischen Periode war.

Als ich dann die Leitung des Nürnberger Parteiblattes übernahm, ging ich mit zäher Konsequenz daran, es zu einem Organ weltpolitischer Aufklärung zu machen. Das ging eine Weile ganz gut. Eines Tages aber gab es eine – sehr wohlwollende und freundschaftliche – Auseinandersetzung in der Preßkommission: Man sei doch ein deutsches, insbesondere ein bayrisches und ganz speziell ein Nürnberger Blatt, was sollten da die ewigen Artikel über auswärtige Politik. Es war die allgemeine Meinung. Ich antwortete, ich könnte keine Besserung versprechen, ich würde so fortfahren. Bald darauf trat die bosnische Annexionskrisis ein. Die Weltkriegsgefahr reckte sich blutig und nah empor. Jetzt fühlten auch die Massen seine Schauer. In der Preßkommission gab es für mich eine Überraschung. Es erhob sich einer und stattete mir den einmütigen Dank der Parteigenossen ab. Man habe eingesehen, daß die frühere Kritik an meiner Redaktionsführung falsch gewesen sei, sie hätte einen weiteren Blick bewiesen als sie selbst gehabt hätten. Diese ehrliche Bekehrung und ihr offenes Geständnis gehört zu meinen liebsten Parteierinnerungen, wenn auch mit dem Vorübergehen der Katastrophe das Interesse an der auswärtigen Politik wieder erlosch. Auf dem Leipziger Parteitag der Sozialdemokratie aber wurde ein Ulkblatt verbreitet, in dem die Nürnberger diplomatische Weltpolitikasterei und Kriegsprophetie verspottet wurde; der leitende Redakteur der Leipziger Volkszeitung war damals Herr Lensch!

Ich erzähle diese persönlichen Erfahrungen nicht, um mich zu rühmen, als ob ich in diesen Dingen eine besondere Leistung vollbracht hätte, sondern um aus der Kenntnis der inneren Vorgänge und Verhältnisse begreiflich zu machen, wie die Partei dann, als die Katastrophe eintrat, jene Politik trieb, die zum Weltverhängnis wurde. Der Krieg überraschte sie, traf sie unvorbereitet, geistig völlig ungerüstet. Schließlich konnte es gar nicht anders sein. Die deutsche Verfassung ist eine Fiktion. In ihr leben, sie dulden, heißt auch die Massenpolitik zur Fiktion werden lassen. Erst wenn das Volk über sich selbst bestimmt und verantwortlich über sich entscheidet, können die Probleme der Politik zum triebkräftig bestimmenden Inhalt des wirklichen Lebens werden, des lebendigen Wirkens der Köpfe, Willen und – Arme.

Als urkundlicher Beleg für diese persönlichen Erinnerungen seien aus meiner Marokko-Broschüre von 1906 das Vorwort und das Schlußkapitel wiedergegeben.

[September 1918.]

II. Vorwort

Diese Flugschrift ist bestimmt, dem deutschen Proletariat und der deutschen Öffentlichkeit den Inhalt des französischen Gelbbuchs über Marokko zugänglich zu machen. Ich kenne keine Sammlung von diplomatischen Aktenstücken, die auf so erbarmungslose Weise das gemeingefährliche Wesen aller Weltpolitik bloßlegt, einer Weltpolitik, die aber zugleich in der deutschen Fassung den Schrecken mit dem Unsinn vereinigt. Keine Regierung eines zivilisierten Staates, in dem das Volk sein Geschick leitet, wäre nach derartigen Enthüllungen nur eine Stunde möglich. Bei uns hat es die durchweg von Galopins des Auswärtigen Amtes korrumpierte bürgerliche Presse erreicht, daß man in Deutschland nicht einmal ahnt, was geschehen ist; nur in der „Zukunft" wurden etliche Notwendigkeiten scharf gesagt. Die Lächerlichkeit des deutschen Weißbuchs hat vollends die Ungeheuerlichkeiten dieser Politik der Wirrnis und des Verderbens entblößt. Wenn es nicht mehr zu bezweifeln ist, daß Europa in den letzten zwölf Monaten zweimal, vielleicht dreimal, vor der unmittelbaren Gefahr eines Krieges stand, in den die Proletarier gegeneinander gehetzt werden sollten, ohne daß sie wußten, aus welchem Grunde und zu welchem Zweck, so ist es wahrlich Zeit, daß die Sozialdemokratie hüben und drüben rücksichtslos die Tollheiten einer frevelhaften und dabei zwecklosen Politik brandmarkt, die die inneren Tendenzen des Kapitalismus in blinden und perversen Leidenschaften ausprägt. Wir wollen uns endlich ein Vaterland erobern, indem wir es von der Tyrannei des blutigen Zufalls erlösen.

Die internationale Politik ist in Deutschland der Beeinflussung, ja selbst der Kontrolle und Kritik der Nation entzogen, die auf dem Proletariat ruht. Der Bundesrat versagt stets gegenüber der preußischen Barbarei, die Einzelstaaten, insonderheit Preußen und Sachsen, schließen das Volk von der politischen Mitarbeit aus, auch die Reichsverfassung ist immer noch nur eine Verkleidung des Absolutismus, in der man ein wenig das Recht hat, die eigene Ohnmacht zu kritisieren. So ist auch der Marokko-Skandal letztes Endes für Deutschland eine *Wahlrechtsfrage*, und es erhebt sich immer bedrohlicher die Entscheidung: Freie demokratische Selbstbestimmung oder Völkerkrieg.

Unsere Parteigenossen in Frankreich halten mit bewunderungswürdiger Selbstentsagung und großem Erfolg *ihre* Diplomatie, als die Sachwalter des republikanischen Kapitalismus und Militarismus, am Zügel. Es ist *unsere* Pflicht, im Deutschen Reiche endlich die Hand zu legen auf die Entscheidung über unser Leben.

[Am preußischen Wahlrechtssonntage, 21. Januar 1906.]

III. Ergebnis

Wie eine läppische Phantasie aus Grauen und Gelächter ist dieser Marokkohandel in nüchternen Aktenstücken an dem Leser vorübergezogen, und er wird des öfteren den Zweifel nicht haben zurückdrängen können, ob denn das wirklich alles wahr sei.

Drohte wirklich der blutigste Völkerkrieg, den Europa jemals gesehen? Und warum? Wegen Marokko! Ja, nicht eigentlich einmal wegen Marokko, sondern wegen – ja, das ist nicht so einfach zu sagen.

Die deutsche Marokkopolitik hätte vom Standpunkt eines abenteuernden und brutalen Imperialismus wenigstens noch Zweck und Sinn, wenn Deutschland wirklich beabsichtigte, auf irgendeine Weise über Marokko in den Kreis der Mittelmeerstaaten einzudringen, wenn der Admiral des atlantischen Ozeans ein realer Begriff zu werden begehrte, nachdem freilich der Admiral des stillen Ozeans ganz still geworden ist. Eine solche Politik würde eine internationale Revolution bedeuten, wäre aber dann wenigstens aus den Tendenzen der kapitalistischen Weltraubpolitik zu begreifen. Aber Deutschland denkt ja, so schwört es, an nichts dergleichen, es tut auch nichts, um solche Pläne zu verwirklichen.

Warum also hat die deutsche Regierung nun das Schwert aus der Scheide ziehen wollen? Erinnern wir uns:

Erstens: Weil sie den französisch-englischen Vertrag nicht in einem besonderen an sie adressierten Briefe erhalten hatte. Aber sie kannte ihn schon vor der Veröffentlichung.

Zweitens: Weil die Souveränität des Sultans von Marokko auf alle Fälle geschützt werden muß. Aber der Sultan ist niemals Souverän im Vollbegriff des Wortes gewesen, sein Rest von Souveränität dient nur zum Verderben des Landes, und Deutschland selbst wollte, wenn es sein müßte, durch einen Krieg, den Sultan unter die Vormundschaft einer – internationalen Konferenz stellen.

Drittens: Weil Herr Taillandier ein europäisches Mandat behauptet habe. Aber er hat es bestritten und maurische Despoten sind schlechte Zeugen.

Viertens: Weil die Handelsfreiheit und die deutschen Interessen in Marokko geschützt werden müssen. Aber diese Handelsfreiheit ist garantiert, und diese Interessen existieren nicht.

Fünftens: Weil dem Sultan von Deutschland Versprechungen gemacht worden sind. Aber diese Versprechungen, wenn sie wirklich erfolgt sein sollen, sind von keinem verantwortlichen Vertreter der Reichsgewalt gegeben worden. Die Nation haftet nicht für persönliche Zusicherungen eines einzelnen.

Sechstens: Weil nicht geduldet werden könne, daß Frankreich in Marokko eine singuläre Stellung beanspruche. Aber die deutsche Regierung hat schließlich wiederholt dieses Recht anerkannt.

Siebentens: Weil Frankreich erst die Konferenz annehmen und dann über ihr Programm verhandeln sollte, während Frankreich meinte, sie müsse erst den Zweck der Konferenz kennen lernen, ehe es für die Konferenz sich erklären könnte. Aber auch hier hat Deutschland schließlich durch die Tat den französischen Anspruch anerkannt.

Achtens: Weil Deutschland für Gleichberechtigung aller Nationen, für die Integrität in Marokko und gegen alle Annexionspolitik ist. Aber was liegt ihm dann überhaupt an Marokko? ...

* * *

Das sind die Gründe, die von der Regierung des Fürsten Bülow öffentlich und amtlich als einzige Motive und einzige Zwecke ihres, selbst zum Kriege entschlossenen Vorgehens bezeichnet wurden. Kann man sich vorstellen, daß irgendein Ausländer an solche Art zu regieren glaubt? So niedrig mag auch der Feindseligste nicht von der Regierung eines großen Kulturvolkes denken. Weltkriege provozieren, fortwährend mit den Waffen drohen, ohne irgendein Machtziel – nein, das ist selbst der Regierung des Fürsten Bülow nicht zuzutrauen. Nein, die reichlich albern ersonnenen deutschen Vorwände müssen nur machiavellistische Kniffe sein – so ist man überall überzeugt. Wozu baut sich Deutschland denn auch sonst seine Riesenflotte! Und man studiert die alldeutschen Marokkopläne, und diesen Text legt man den friedlichen Flötenliedern der deutschen Regierung unter, um zu erklären, warum die harmlosen und idyllischen Hirtengesänge auf einmal ohne sichtbaren Grund in wildem Schlachtenlärm endigen.

„Marokko verloren?" – so betitelt sich im Sommer 1904 „ein Mahnwort in letzter Stunde" von einem alldeutschen Rechtsanwalt Claß.

„Wir sehen uns übergangen, „ schrie der Germane schmerzbewegt. „Auf eine Stufe mit Spanien gestellt, sehen wir uns betrogen um einen Besitz, auf den wir ebenso viel Anspruch hatten wie Frankreich – dies alles, obgleich dereinst verkündet wurde, keine große Entscheidung darf mehr fallen in der Welt, ohne daß der deutsche Kaiser mitredet."

Was ist das Ziel?

„Die deutsche Staatsleitung ist verpflichtet, von sich aus sofort die marokkanische Frage dadurch für uns zur Erledigung zu bringen, daß sie alles südwestlich der Wasserscheide liegende Land einschließlich der ganzen atlantischen Küste Marokkos für das Deutsche Reich in Besitz nimmt." Das sei unbedingt zu verlangen, „kraft des sittlichen, Rechtes der Notwendigkeit, die am letzten Ende allein der richtige Maßstab im Völkerleben ist und bleiben wird."

Und das Mittel?

Auf die Frage des im Frühjahr 1904 noch harmlos friedfertigen Bülow, ob wir denn um Marokko einen Krieg führen sollten, antwortete der Alldeutsche mit der Gegenfrage, „ob er den Frieden haben wolle, koste es, was es koste":

„Wenn die Ehre des Reiches angetastet wird, sollen wir dann vor einem Krieg zurückschrecken? Wir werden behandelt wie Spanien, greift das nicht an unsere Ehre? Das letzte Volksansiedelungsgebiet wird uns entrissen – verstößt das nicht gegen ein Lebensinteresse? Für was geben wir ungeheuere Summen jahraus jahrein für unser Heer, für unsere Flotte aus, wenn man von vornherein entschlossen ist, keinen Krieg zu führen? Dazu sind wir nicht reich genug, um beide für Paradezwecke zu unterhalten."

Schluß: Wir sollen unverzüglich den Südwesten Marokkos besetzen; um aber den Franzosen zu zeigen, daß wir auch noch da sind und daß man uns doch nicht ungestraft auf der Nase herumtanzen darf, heben wir auch gleich noch die Meistbegünstigungsklausel des Frankfurter Friedens auf.

Noch lauter forderte der Graf Pfeil zum Kriege auf, dem wir nebst Karl Peters durch eigenmächtige Flaggenhissung die erste deutsche Kolonie und damit den Anfang unserer Kolonialpolitik verdanken. „Warum brauchen wir Marokko?" fragte dieser immer noch frei umherlaufende, die Sicherheit nicht von ein paar Straßen, sondern von ganz Europa bedrohende Pizzarro in einer gleichfalls alldeutschen Flugschrift. Wir brauchen Marokko: was soll sonst uns eine Marine ohne Flottenstationen nützen! Wir brauchen es, weil es das Idealland zur Besiedelung mit Deutschen sei. Wir brauchen es, weil – man höre den grausamen Schwärmer für Steuergerechtigkeit in – – Marokko! – „die Bevölkerung durch ein rücksichtsloses Steuersystem ausgebeutet (wird), so daß ihre Kaufkraft sich jährlich mindert statt zu steigen". Weil wir Marokko aber brauchen, müssen wir es haben, und erhalten wir es nicht gutwillig, dann „tausendmal ja": Krieg! „Wir sind von Hammergottes-Geschlecht und es ziemt uns, mit dem Hammer Land zu erwerben." Unter dem Hammer meint der Wotangläubige aber nicht die produktiv schmiedende Arbeit, sondern Granaten, Maschinengewehre, Kavallerieattacken! Ohne kriegerische Unternehmungen würde es nun einmal nicht gehen: „Aber was schadet das?" Alles ist „seit langem vorbereitet" – also los!

Krieg! Krieg! Krieg! Während das offizielle Deutschland für die Souveränität des Sultans die Menschen und Kanonen übers Meer fahren lassen will, heischen die Kolonialpolitiker den blutigen Hammer-Gottesdienst, um die Herrschaft Abd-el-Aziz durch die des befreundeten Wilhelm II. zu ersetzen, wobei freilich dann die neuen Untertanen ein nicht sehr viel besseres Steuersystem eintauschen, dafür aber nach südwestafrikanischem Vorbild Gelegenheit erhalten könnten, ausgerottet, und mit Prämien auf ihre Köpfe (auch nach sultanischer Sitte) beschenkt zu werden.

Wenn nun das Ausland sieht, daß die Regierung des Fürsten Bülow tatsächlich im Laufe eines Jahres wiederholt mit dem Hammer politisiert hat, kann irgend jemand noch glauben, das Wort: Deutschland steht hinter Marokko, bedeute nur, daß wir für Abd-el-Aziz und für die 2 bis 3 Millionen deutschen Export sterben wollen? Oder wird man nicht vielmehr folgern, daß, wo die vom großen Pfeil angekündigten Mittel offenkundig angedroht werden, auch die Pfeilschen Zwecke vorhanden sein müssen!

Daher vermutet man blutigen Ernst hinter den wirren Kreuz- und Querzügen der deutschen Diplomatie. Man glaubt, daß Deutschland nach Marokko, nach Kleinasien, ja nach Brasilien und Indien die Hände ausstreckt!

Und das ist der drohende Quell steter Katastrophen. Wir haben gesehen, wie aufmerksam der französische Vertreter in Berlin die russische Krisis in die weltpolitische Rechnung setzt.

Der ostasiatische Krieg und die russische Revolution hat das europäische Gleichgewicht gestört. Solange die ungeheure russische Masse scheinbar unbeweglich durch die Gravitation des Kosakentums die Staaten Europas im Bann hielt, fühlt sich Deutschland und Frankreich sicher zugleich und gefesselt. Seitdem die russische Militärmacht ausgeschaltet ward, geriet alles in eine tolle Bewegung lüsterner Begierden und banger Furcht. Das Deutsche Reich hat so lange mit dem Dreizack drohend gefuchtelt, daß England ernstlich für seine Weltherrschaft bangt. Soll es ruhig zusehen, wie Deutschlands Flotte üppig wächst? Oder ist es nicht billiger, dem Spuk mit einem Male ein Ende zu machen? Auf dem Grunde des Meeres haben ebensoviel, wie auf seinem Spiegel wenige Panzerschiffe Platz! Nur der Tod kennt keine Konkurrenz.

Die französische Demokratie hat ihren Delcassé davongejagt. Der deutsche bürgerliche Scheinparlamentarismus sprach zu Beginn der Reichstagssession seinem Bülow das vollste Vertrauen der Nation aus, nachdem ihre schreibenden, telegraphierenden und telephonierenden Zeitungsritter vorher einen vergnügten parlamentarischen Abend bei ihrem Kanzlerfürsten angeregt verschwatzt und in gesegnetem Appetit verschmatzt hatten!

Nachdem die Welt die wilden sinnlosen Kriegsdrohungen um Marokko willen erlebt hat, kann kein Vertrauen und Frieden mehr werden. Geht Marokko vorüber, irgendwo taucht aufs neue eine Frage auf, bis einmal doch die verheerende Katastrophe losbricht. Der Hunnenzug und Südwestafrika, das waren schon Erdbeben der Weltpolitik. Marokko wäre beinahe ein Weltbrand geworden. Was birgt nun das Morgen und welche Macht haben wir, um dem wahnwitzig schaltenden Ungefähr entgegenzuwirken?

Die Sphinx der Weltpolitik gibt uns nur das ungelöste Rätsel der inneren Politik dräuend auf. Lösen wir dies Rätsel, so stürzt jene sich in das Nichts.

Die französische Demokratie, die unter dem befruchtenden Einfluß der Sozialisten sich in der Geschichte wieder einmal als stärkste Kulturmacht behauptete, hat gegenwärtig den Kampf gegen die Maffia der Diplomatie aufgenommen. Auch die Volksvertretung der Republik hat bisher gar keinen oder doch nur sehr geringen Einfluß auf die auswärtige Diplomatenpolitik nehmen können, für welche der kriminelle Begriff der Verschleierung höchstes Gesetz und Wurzel ihrer Existenz ist.

Die bürgerliche Öffentlichkeit Deutschlands hat vollends den ganzen Marokkokonflikt tatenlos und unwissend verschlafen. Von irgendeinem obskuren Geheimrat läßt sich die ganze Presse der Bourgeoisie narren, der ihnen selbst die Traumtexte für den Schlaf fertig liefert. Aber das ist schließlich nur eine jammervolle Teilerscheinung der einen großen Tatsache, daß es in Deutschland überhaupt noch kein öffentliches, kein aktives politisches Volksleben gegeben hat. Deutschland ist noch lange kein Verfassungsstaat, und was die Bourgeoisie versäumt hat, wird erst das Proletariat erobern müssen. Die Marokkoaffäre hat gezeigt, was wir von einer in Klassen-Inzucht entarteten Bureaukratie zu erwarten haben, die nicht einmal fähig ist, das niedrige Handwerk einer kapitalistischen Geschäftspolitik mit leidlichem Anstand und rechnender Voraussicht zu bewältigen. Selbst mit dem rohen Appell an die Gewalt der Zerstörung hat sie nichts erreicht und viel verloren! Indem das deutsche Proletariat um die politischen Elementarrechte, um die Eroberung des Parlaments, um das demokratische Wahlsystem in allen gesetzgebenden Körperschaften ringt, arbeitet es zugleich für den Frieden und die Kultur Europas!

* * *

Und – schon genug deutsches Blut hat dieses Land der Ruinen und des Schutts, der versandenden Häfen und verfallenden Mauern, der Verwesung und des Kots getrunken. Mit dem Gestank menschlicher und tierischer Ausscheidungen, den jeder Regen wie aus den Tiefen und Anlagerungen von Jahrtausenden aufwühlt, scheint sich der Ludergeruch des nutzlos vergossenen Menschenbluts zu mengen. Alles, was eine unbewegte tausendjährige Herrschaft des weltlichen und geistlichen Despotismus an Entartung und Greueln hervorbringen kann, ist in diesem verfluchten Boden erstanden und versunken. Bei Alcazar brach 1578 Portugals Weltmacht zusammen; an diesem von der Dichtung versponnenen Kreuzzug Dom Sebastians nahmen auch 3000 Deutsche teil; sie verwesten unbeerdigt auf dem Felde der Dreikönigsschlacht von Alcazar. Deutsche wurden ja immer für fremde Zwecke als Kriegstiere verkauft; auch die Weltpolitik von heute ist fremder Zweck! Hier sind ungezählte Deutsche in den Jahrhunderten marokkanischer Seeräuberherrschaft als Sklaven verreckt; Sultan Ismael, der Bluthund, hat allein in den ersten Jahren seiner Regierung 20.000 seiner Sklaven – welch herrliche Strecke! – mit eigner Hand erlegt. Von den Zinnen dieser westlichen Veste des Islam grinsen gerade deutsche Häupter! …

Von dem bei Tanger[10] kraft des ersten internationalen Marokkovertrags – von einem Franzosen – erbauten Leuchtturm bei Kap Spartel erzählt ein Marokkoforscher, wie die Vögelzüge, die im Herbst Europa verlassen, an ihm zugrunde gehen. In dichten Massen richten sie ihren Flug auf jenen hellen Punkt, und werfen sich in voller Wucht gegen den Turm, den sie umkreisen, einhüllen und an dessen starkem, die Laterne schützenden Drahtgitter die Vögel zerschellen, geblendet von dem großen und ungewohnten Lichte. Das Geschrei und die dumpfen Töne des Massenanpralls, die das Toben des Meeres selbst übertönen, hält stundenlang an, bis zuletzt die erschöpften Tiere weiterziehen. Ein furchtbares Schauspiel, am näch-

---

[10] Beiläufig: Sprich „Tandscha".

sten Morgen die entsetzliche Verheerung anzusehen; zu hunderten liegen die Vögel mit zerstoßenen Köpfen, gebrochenen Flügeln und zersplitterten Schnäbeln überall umher, oder hängen noch in den Drahtgittern …

Im Laufe dieses Marokkohandels hat es wiederholt geschienen, als ob es wirklich das Los europäischer Völker sei, an dem die Weltmeerstraßen des Kapitalismus lockend bestrahlenden Leuchtturm von Cap Spartel das Leben zu zerschellen! Schon glaubte man das Unheil zu sehen, wie diese wirren, ins Licht des fernen Gewinns treibenden, flatternden, taumelnden Zugvögel heranstürmen, nur daß es nicht freie Vögel waren, die den Sommer suchen und an Lichtgittern zerschellen, sondern wehrlose Schwärme, die blindlings hinausgestoßen –, gegen den Turm geschleudert werden sollten …

Proletarier Europas,
schützt die heiligsten Güter der Völker!

„Patriotismus"
nach sozialistischem Verständnis
Aus einer Rede Kurt Eisners auf dem Parteitag der SPD in Essen, 17.9.1907[11]

Die internationalen Verhältnisse waren damals [im Marokko-Konflikt, Anm.] gar nicht so ungefährlich, wie sie der Genosse Bebel hält, der meinte, daß es in nächster Zeit nicht zu internationalen Konflikten kommen könnte. Ich teile diesen Optimismus nicht. Ich bin in diesen Dingen pessimistisch. Die Situation war aufs äußerste gespannt. Und wenn in jenem Augenblicke, da man versuchte, den

---

[11] Textquelle I Institut für Marxismus-Leninismus, Berlin (DDR) – Abteilung Zentrales Parteiarchiv: IML – ZPA NL 60/29 [heute Bundesarchiv Berlin-Lichterfelde: Nachlass Kurt Eisner. SAPMO-BArch NY/4060]; Textfassung hier nach Kurt EISNER: *Die halbe Macht den Räten. Ausgewählte Aufsätze und Reden.* Köln 1969, S. 218-219.

nationalen Furor zu entfesseln, Noske die patriotischen Gefühle in den Vordergrund gestellt hat, so milderte das nicht die internationale Spannung, sondern es verschärfte sie. Wenn ich mich nicht sehr irre, hat der Kriegsminister damals großen Wert darauf gelegt, daß gerade auch aus unserem Lager eine Stimmung zum Ausdruck gebracht wurde, wie es geschehen ist. Wenn die Bourgeoisie dem Auslande gegenüber sagen kann: Auch das Proletariat ist auf unserer Seite, so liegt darin eine Kriegsgefahr. Es ist ganz gleichgültig, was das „Berliner Tageblatt" oder die „Post" sagt, ob man uns lobt oder tadelt. Aber nicht gleichgültig ist die Stimmung im Auslande. Ich bedauere, daß unserer Bruderpartei in Frankreich ihre Stellung aufs äußerste erschwert worden ist. Diese Stimmung ist auf dem Stuttgarter Kongreß zutage getreten. Wer die bürgerliche Presse Frankreichs verfolgt, weiß, daß auf den Kampf unserer französischen Genossen mehr Rücksicht genommen werden muß. Wir hätten in jenem Augenblick schärfer als sonst sagen müssen, was uns in der Militärfrage von den bürgerlichen Klassen trennt.

Ich bestreite entschieden, daß es verschiedene Arten von Patriotismus gibt. Es gibt nur eine einzige Art von Patriotismus, nämlich den, der die ganze Volksgemeinschaft umfaßt, und diese Art von Patriotismus haben wir Sozialdemokraten ...

Deswegen war es nicht notwendig, durch die Hervorhebung des Wortes Patriotismus den Schein zu erwecken, als ob wir unter Patriotismus dasselbe verständen wie unsere Gegner. Es ist nicht zu bestreiten, daß im sozialistischen Auslande eine Mißstimmung gegen uns geherrscht hat. Unsere nationale Haltung und unsere Vaterlandsliebe brauchen wir nicht zu bekennen. Es wäre programmwidrig, wenn wir nicht patriotisch wären in dem Sinne, wie man es aber nicht bei den Militärdebatten äußern sollte, sondern bei Wahlrechtsfragen. Dabei müssen wir unsere Auffassung von Patriotismus grundsätzlich erörtern. Wir verlangen nationale Autonomie. Unser Patriotismus besteht nicht darin, daß wir fremde Länder erobern wollen, sondern wir wollen das eigene Vaterland für uns erobern ...

Ein Friedhof der Lebenden
(September 1907)[12]

Wer die Straße, an der der schmucklose, fast dörfliche Saal des Essener Parteitages lag, weiter verfolgte, der kam nach kurzem Spaziergang zu einer idyllischen Ansiedelung, die unwillkürlich zum Verweilen einlud. Bunte, zierliche Giebelhäuschen, einfach und anmutig, mit freundlichen Erkern, mitten in kleinen Gärten versteckt, die voll glühender Herbstblumen prangten; fast wuchsen die üppigen Blüten über die Giebel der Häuser empor. Jede dieser traulichen Heimstätten ist ein kleines Reich für sich. An einer Stelle breiten sich zu beiden Seiten eines grünen Platzes auch zierlich gegliederte Reihenhäuser.

Es ist feierlich still in der ganzen Ansiedelung. Man sieht keine spielenden und lärmenden Kinder. Zwei Kirchlein, eine protestantische und eine katholische, erheben sich in ihrer gefälligen Holzarchitektur nicht allzu stolz über die Wohnhäuser; auch der liebe Gott haust, so scheint es, in diesem Gefild schlicht und bescheiden, nur ein wenig die Menschen überragend. Ein größeres Gebäude trägt den Vermerk, daß der Eintritt verboten sei; im Hofraum liegen hohe Haufen von Weidenruten aufgeschichtet, es ist wohl eine Werkstatt, in der Körbe geflochten werden. Im Vorgarten eines Hauses sieht man die Kirchen und die Häuser der Kolonie sauber in kleinen Holzmodellen nachgeschnitzt; der Inhaber zeigte sie eben nicht ohne Selbstbewußtsein einer Dame, die vielleicht als Spielzeug eines oder das andere kaufen will. Am Ende der Kolonie treffen wir einige größere Gebäude, Krankenhäuser, Erholungsheime, Altersasyle. Alles atmet beschaulichen Frieden, künstlerisch verfeinertes Behagen, eine Insel der Ruhe. Selbst die Essener Luft, die immer mit Kohlenstaub und Schmieröl gesättigt ist, scheint diese Oase zu verschonen; würzige, natürliche Luft läßt endlich wieder einmal die Lungen freier atmen. Eine Hölle ist dieser westfälische Industriebezirk. Es ist ein unerträglicher Gedanke, daß hier Hunderttausende, Millionen Menschen leben müssen, in einer Welt, wo die dürftigen Gras-

---

[12] Textquelle | Kurt EISNER: *Gesammelte Schriften. Zweiter Band.* Berlin: Paul Cassirer 1919, S. 10-14. – Eisner besichtigt die ‚sozialen Wohltaten' des Rüstungsproduzenten K r u p p.

halme und die Kohlblätter der Eisenbahnböschungen schon land-
schaftliche Schönheit darstellen. Wie kam das Paradies plötzlich
mitten in das Reich gigantischer Unholde, die sich vom Blut des Lebens nähren und alle Schönheit verschlingen?

Wenn man in Essen sich erkundigt, was irgendein Gebäude, eine
Ansiedelung, ein Werk sei, so hört man fast immer das Zauberwort:
Krupp. Keine absolute Monarchie hat jemals in allen ihren Teilen so
uniform den Stempel des Herrschers getragen, als Essen die Marke
Krupps. Es ist eine Stadt, die um einen Industriethron herum gebaut
ist. Auch dieses Eiland gehört Krupp, ist eine Kruppsche Schöpfung.
Mitten in der Kolonie gewahrt man jetzt auch ein Denkmal – einen
Granitblock, in dem das Medaillon des jungen Krupp eingefügt ist,
und eine Inschrift belehrt uns, daß dankbare Arbeiter aus ihren Groschen den Stein ihrem teuren Wohltäter errichtet haben.

Es ist Altenhof, der soziale Stolz Essens, der Triumph der großindustriellen Wohlfahrt, die Altersstätte der Kruppschen Invaliden,
wo sie geruhig den Rest ihrer Tage zubringen können, ohne Arbeit,
sofern sie nicht etwa noch fähig sind, sich mit Flechtarbeit einen letzten Nebenverdienst zu schaffen. Dieser Rest der Tage muß nicht
eben groß sein, sonst müßte die Kolonie viel umfangreicher sein. Die
alten Ehepaare, die hier hausen, beeilen sich offenbar, das Paradies
zu verlassen. Stirbt einer der Gatten und kann sich der Überlebende
allein nicht mehr helfen, so verläßt er das Einzelhaus und wird in
das Massenquartier, das Altersheim, gebracht, bis er von dem Friedhof der Lebenden in den Friedhof der Toten übersiedelt, auf dem es
keine Kindergräber gibt.

Altenhof – müssen hier nicht endlich die Lästerer des Kapitalismus verstummen und die zornigsten Ankläger des Unternehmer-
tums schamvoll die giftige Zunge hemmen? Wie herrlich ist doch
die Entwickelung! Nichts mehr davon, daß sich die Alten, Invaliden,
Siechen mit der wimmernden Drehorgel an die Landstraße setzen
müssen. Sorglos wohnen sie im eigenen Heim. Und diese Häuser
haben auch nichts mehr von der grauenhaften Öde der Arbeiterhäu-
ser, dieser geschwärzten Backsteingräber ohne Farbe, ohne Form,
wie sie die Kruppsche Wohlfahrt der älteren Periode noch massenhaft als Zeugnisse der barbarischen kapitalistischen Vorzeit hinge-
stellt hat. Hier vermählte sich die Kunst mit der Arbeit und dem
weisen sozialen Herzen eines Wohltäters …

Aber wo ist die glückselige Bevölkerung dieses sozialen Paradieses? Es scheint wie ausgestorben. Oder sollten etwa diese bleichen greisen Gestalten, die erloschenen Blickes, müde und interesselos die sauberen Straßen entlang schleichen, die Einwohner sein? Wozu dann der bunte Tand, der dann doch nicht mehr wäre, als ein bunter Sarg? Aber jetzt sehe ich diese Gestalten auch in den Erkern, an den Fenstern, zwischen dem lustigen Blumengestrüpp der Gärten. Haben sie alle die Sprache verloren, daß sie nicht plaudern, scherzen, lachen? Wie Gespenster wandeln sie und stehen sie. Verlorene, versonnene Seelen, fast wie man sie in jenen unheimlichen Totenhainen der Irrenhäuser sieht, wo die melancholisch Irren stumm beieinander stehen, nur nach Einem unverwandt schauend, dem Tode.

An einem Gartenzaun sehe ich ein altes Ehepaar, das freundlich blickt und in deren bleichen Gesichtern doch noch einiges Leben sich regt. Ich bitte um die Erlaubnis, die Wohnung besichtigen zu dürfen. Bereitwillig, fast mit etwas eitler Genugtuung, führen mich die freundlichen Alten. Wie ich in die Türe trete, nehme ich den Hut ab. Der Alte, dem ein Arm fehlt, wehrt energisch ab. Ich soll den Hut aufbehalten, er sei nur ein einfacher Arbeitsmann. Er wird böse, als ich dennoch barhäuptig bleibe. Und ich muß mit dem Hut auf dem Kopf das kleine Anwesen besichtigen, zwei Zimmer, und oben unter dem Dach, wie er sagt, noch eine Kammer. Alles ist sauber und hell, aber innen ist nichts mehr von der künstlerischen Kultur des Äußeren. Der Essener Spaziergänger, der Wohlfahrtsbummler, geht ja nur vorbei. Da genügt die Fassade. Die innere Ausstattung haben die Invaliden selbst zu besorgen. Also sind die billigsten, geschmacklosesten Tapeten angeklebt. Der Hausrat ist armselige Bazarware. Das lohnt sich für den Wohltäter nicht, sich auch darum zu sorgen, was niemand sieht. Künstlerischer Hausrat – das geht über die Kraft und die – Lust. Aber nein, man soll nicht ungerecht sein. Es ist zu gestehen, daß Krupp auch für die Kunst im Leben der Invaliden sorgt. Die Wände und Schränke sind behangen und bestellt mit Kruppbildern in Steindruck und Photographie und Gips. Dutzendfach ist der alte und der junge Herr zu sehen, sehr geschmacklos und sehr billig. Aber der Hausbewohner weist auf sie mit nicht geringerer Andacht hin, als der russische Bauer seine Heiligenbilder verehrt.

Nichts anderes kennt der alte Mann. Seine ganze Seele ist ausgefüllt mit dem Bilde seines Herrn. Das hat der Kapitalismus aus dem freien Menschen, dem Ebenbild Gottes, gemacht: Unterwürfige, demütige Geschöpfe, die noch dankbar sind, daß sie für ihren Herrn Millionen erarbeiten durften, die in Rührung vergehen, weil sie in Frieden wohnen können, nachdem ihnen die Arbeit das Mark des Lebens bis zum letzten Atom ausgeschürft hat.

Denn kaum einer kommt in dieses Paradies, der noch wahrhaft lebt. Es ist das Ruheland der Abgeschiedenen. Altenhof ist ein Totenhof von Menschen, die sich noch bewegen. Aber das Lebensfeuer ist ausgeglüht. Wer zwanzig Jahre Feuerarbeiter gewesen, der ist kein Mensch mehr, der seines Daseins sich bewußt ist. Keinen Tag früher läßt ihn die Arbeit los, ehe denn alle Kraft bis zum Letzten versiecht ist. Hat er aber aufgehört, zu denken, zu fühlen, zu wollen, zu genießen, versagen Muskeln und Nerven völlig, nun dann geht er ein in diese geschminkten Gräber als tottraurige Staffage für die stolze Augenweide kapitalistischer Wohlfahrt.

So weit bringt es das christliche Unternehmertum in seiner unermeßlichen Liebe also doch – bis zum heiteren, bunten, leuchtenden Friedhof von Lebenden, die zwischen ihren eigenen Gräbern wandeln und die lustigen Blumen auf ihnen selber begießen ...

Anekdoten vom Tage
(Februar 1910)[13]

I. | *DER SCHWINDLER.*

Es war einmal ein frommer Knabe, der lernte fleißig Bibelsprüche, und sonst nichts. Gott liebte ihn und er bestand viele Prüfungen, wurde Professor, Geheimrat, Exzellenz. Da entdeckte man eines Tages zufällig, daß die Leuchte des Landes ein Einfaltspinsel war, gar nichts wußte und nicht fähig war, zwei Gedanken logisch zu entwickeln. Als man das sah, berief man ihn als erbliches Mitglied in die Erste Kammer und alle Welt bewunderte ihn: Wie groß muß doch ein Mann sein, der nichts weiß, und es doch so weit gebracht hat.

Und es war ein anderer Knabe, ein gottloser Bube, der immer nur hinter den Büchern saß und es deshalb nur zum Hausdiener brachte. Nicht einmal das verstand er. Er lief davon, durchwanderte die Welt, lernte viele Sprachen und mancherlei Wissenschaft. Schließlich kehrte er in die Heimat zurück, voll Tücke und Bosheit. Und er benutzte eine schwache Stunde seiner Mitmenschen, nistete sich unbemerkt als Lehrer ein, gab Sprachunterricht und schrieb Bücher, die die Welt lobte. Die Schüler verehrten ihn, und eine Schülerin heiratete ihn sogar. Der Frau aber offenbarte er sich, daß er nicht das kleinste Examen bestanden habe. Die fiel erst in Ohnmacht, verweigerte dann die eheliche Pflicht und denunzierte schließlich den Unhold. So erfuhr man, daß der treffliche Gelehrte ein ganz gemeiner Hausdiener gewesen sei, und alle Welt fluchte dem Schwindler, der sich in die gebildeten Kreise eingeschlichen, und er ward ausgestoßen. Jetzt ist er Kohlengräber!

II. | *DER MORD.*

Der Richter: Gestehe, Scheusal, du hast dein Kind in der Geburt erstickt.

Die Mutter: Ich gestehe. Ich war bettelarm und einsam auf eisiger Landstraße. Da erbarmte ich mich des Wurms.

Der Richter: Auf das Schaffot, Verruchte!

---

[13] Textquelle | Kurt EISNER: *Gesammelte Schriften. Erster Band.* Berlin: Paul Cassirer 1919, S. 406–410.

Der Richter: Du hast deinen Feind getötet. Weißt du nicht, daß geschrieben steht: Liebe deinen Nächsten.

Der Mörder: Er hat mich aber nicht geliebt. Er hat mich mit Wucherzinsen verfolgt, mir mein Letztes geraubt und mich in Elend und Verzweiflung gestoßen. So zertrat ich ihn.

Der Richter: Du verhöhnst noch das Gericht, und kennst keine Reue! Du erhältst einen Tag Haft wegen Ungebühr und verfällst dem Henker, weil du aus Eigennutz, um einen Vermögensvorteil zu haben, einen unbemakelten Bürger grausam hingeschlachtet hast.

Der Richter: In deiner Fabrik stirbt jährlich ein Viertel deiner Arbeiter an Schwindsucht?

Der Unternehmer: Jawohl, ich habe es zu einem großen Betrieb gebracht.

Der Richter: Der scharfe Staub zerfetzt ihre Lungen? Das weißt du?

Der Unternehmer: Jawohl, wo eine große Produktion ist, gibt es viel Staub.

Der Richter: Und das läßt sich nicht vermeiden?

Der Unternehmer: Nein, denn es würde die Unkosten steigern.

Der Richter: Dein Geschäft geht aber?

Der Unternehmer: Ich kann nicht klagen. Wir verteilten im letzten Jahre zwanzig Prozent Dividende und gaben außerdem ein halb Prozent in die Waisenkasse.

Der Richter: O du wohltätiger Mann, würdest du wohl die Gnade haben, mir zwei bis drei Aktien zu verkaufen?

III. | *DAS FREIE OPFER.*

Der Strom schwoll. Er brach ein in alle Winkel, Höhlen des Bodens, sprengte alle Wölbungen, zerbrach die sichere Decke der Erde, stürzte tausendjährige Heiligtümer der Kunst, warf die Behausungen der Menschen ein, tötete Menschen, Tiere, schwemmte Brot und Früchte fort, löschte das Licht und zernagte den Verkehr, und trug auf seinen tückischen Wogen Hunger und Seuchen.

Die Menschen traf das Ungeheure über Nacht. Sie hatten sich alle so geborgen gefühlt, und waren nun hilfloser als Robinson auf der Insel. Aber schnell erwachte in ihnen der Mut und Stolz der gemeinsamen Tat der opfernden Solidarität. Sie verzweifelten nicht und wichen nicht vor dem Unheil. Sie waren eins geworden durch das

Unglück, halfen einander, verrichteten Wunder an Tapferkeit und Selbstpreisgabe. Niemand sicherte das eigene Leben und das eigene Gut, um das der anderen zu schützen. Der Strom hatte die Menschen zu Brüdern und Helden getauft ...

Längst floß der Strom in ruhigem, seichtem Bett. Aber über den Wassern verwehten ohne Unterlaß ungestört die Seufzer der Leidenden, die Schreie der Verzweifelnden, das Keuchen der Verfolgten und Bedrohten.

Da rief einer das Volk zum Strom und sagte zu ihm: Sehet, dort unten auf dem Grunde liegt ein goldner Schlüssel. Wer ihn bringt, der kann endlich dieser armen Menschheit die versiegelte Pforte zum Paradies eröffnen, und alle Not ist vorüber.

Das Volk richtete die Köpfe in jäher Hoffnung begehrend empor und wartete.

Und die Stimme erscholl wieder: „Wer holt uns den goldnen Schlüssel der Erlösung?"

Einer trat kühn an den Rand des Stroms, beugte sich hinab, netzte die Fingerspitze und sagte:

„Nein, die Temperatur ist noch zu niedrig. Ich könnte mich doch erkälten."

Ein zweiter lief zum Ufer. Im Spiegel des Wassers sah er sich und sagte dann:

„Wie schade, gerade heut habe ich meinen Sonntagsanzug an. Ich würde ihn verderben."

Und ein dritter drängte sich vor, lief mit einem Ansatz und blieb stehen, versuchte es nochmals und noch einmal, und immer kam ihm im letzten Augenblick ein Gedanke, der ihn lähmte. Endlich kehrte er zurück, senkte den Kopf und lachte bitter:

„Wer weiß, ob's denn was hilft, ob's auch kein Schwindel mit dem Schlüssel und dem Paradies ist. Dazu ist mir schließlich mein Leben zu wertvoll ..."

IV. | *EIN LEUTNANT UND ZEHN MANN.*
Dreimal hatte der Landtag das allgemeine, gleiche, direkte und geheime Wahlrecht abgelehnt. Dreimal war der Landtag aufgelöst. Aber am Ende ward es den Abgeordneten zu dumm und sie ließen sich nicht mehr auflösen.

Da kam ein Leutnant und zehn Mann!

Am Tor empfing sie freundlich der Präsident: „Ah, welche Ehre, Kameraden. Grüßen Sie Ihren Herrn von uns und bestellen Sie ihm, daß wir Kröchers *früher* in der Mark waren als die Hohenzollern. Wir werden also auch *später* in der Mark sein, wenn Ihr Herr durchaus nicht lange leben will. Im übrigen haben Sie sich in der Adresse geirrt. Drüben im Reichstag haben sie sich erfrecht, eine Erbschaftssteuer anzunehmen. Bitte, meine Herren, es wird mir ein Vergnügen sein, Sie zu führen."

Und der Präsident geleitet den Leutnant und die zehn Mann *in den Reichstag.*

Als die kleine Schar rasch ihre Aufgabe erledigt hatte, fand man beim Aufkehren zwei Papierblätter im leeren Saal. Auf dem einen stand:

Resolution.

„Indem wir erneut unser unverbrüchliches Bekenntnis zur monarchischen Staatsordnung ablegen und im Heer die Grundlage nationaler Sicherheit bis zum letzten Blutstropfen verteidigen, bedauern wir ebenso lebhaft und entrüstet, daß durch den Übergriff eines Leutnants der Reichstag an weiterer gedeihlicher Arbeit gehindert worden ist. Wir vertrauen aber auf den gesunden Sinn des Volkes und behalten uns weitere Schritte vor."

Auf dem anderen Zettel war zu lesen:

Resolution.

„In Erwägung, daß die Schließung des Reichstags durch die bewaffnete Macht geeignet ist, das monarchische Bewußtsein im Volke auf das schwerste zu schädigen, fordern wir den verantwortlichen Herrn Reichskanzler auf, den tiefgekränkten Gefühlen der Nation und ihrer berechtigten Vertreter Genugtuung zu verschaffen und beim Monarchen alle geeigneten Schritte zu tun, um mit möglichster Beschleunigung eine Wiedereröffnung des so schwer geschädigten Parlaments zu ermöglichen."

Unter dem ersten Zettel stand der Name Bassermann, unter dem zweiten v. Payer …

Chefredakteur Wilhelm
(August 1910)[14]

Die *Indépendance Beige* meldet: Kaiser Wilhelm werde eine eigene große Zeitung gründen, deren Besitzer, Direktor und Redakteur er selbst sein werde, während der Fürst von Fürstenberg das Geld hergibt. Die Tendenz des Blattes ist Kampf gegen den Sozialismus.

Der Präsident der Vereinigten Staaten Roosevelt ist nach dem Ablauf seines Amtes der Redakteur irgendeines Blattes geworden, nicht einmal der leitende, sondern nur einer für selbsterlebte Reiseabenteuer und weltgeschichtliche Auszüge aus dem Konversationslexikon. Immerhin ist er nur Redakteur und nicht auch Präsident. Die überlegene europäische Erbkultur vermag natürlich höhere Leistungen hervorzubringen. Hier vermag ein Monarch zugleich ein großes Reich zu regieren und eine große Zeitung zu redigieren, deren Eigentum und geschäftliche Direktion ihm selbstverständlich auch noch zufällt.

Feinfühlige Propheten haben diese Entwicklung kommen sehen. Seitdem Wilhelm II. dem Fürsten Bülow den Revers unterschrieben hat, daß er nicht mehr reden und telegraphieren werde, war ihm seine geistige Betätigung nahezu unterbunden, und mehr und mehr fühlte er sich von seinem Volke abgesperrt, bis zur Entfremdung losgelöst. In jenen Tagen des November beschlich Wilhelm II. ein Gefühl, als ob er vielleicht doch seinen Beruf verfehlt habe, und dieses Gefühl bestätigte ihm seine journalistische Begabung; denn ein Journalist ist ja ein berufsmäßiger Berufsverfehler. Dazu kamen die materiellen Sorgen, die durch die Teuerung aller Lebensmittel und die große Familie hervorgerufen waren, und die ihm den Gedanken an die Laufbahn eines Hungerkandidaten besonders nahelegten. Endlich hatte der Kaiser so viele Jahre hindurch mit Zeitungsausschnitten zu tun gehabt, daß ihm auch die notwendige technische Vorbildung nicht ermangelte, zumal er auf dem Casseler Gymnasium mit der Schulbildung gründlich zerfallen, mithin für den journalisti-

---

[14] Textquelle | Kurt EISNER: *Gesammelte Schriften. Erster Band*. Berlin: Paul Cassirer 1919, S. 425-431.

schen Beruf geradezu berufen war. Und da Freund Egon das Geld hergeben wollte, stand der Ausführung des Unternehmens nichts mehr im Weg.

Als August Scherl von der furchtbaren Konkurrenz hörte, bot er sofort unter fabelhaften Bedingungen die Chefredaktion des Lokalanzeigers an, aber Wilhelm II. lehnte dankend ab: er wolle endlich einmal sein eigener Herr sein. August Scherl gedachte einen Augenblick sein Haupt unter seine Einschienenbahn zu legen, dann aber fiel ihm rechtzeitig ein, daß Wilhelm II. ein politisches Tendenzblatt herausgeben wollte, daß er mit seinem Zeitungspapier die Sozialdemokratie zu vernichten gedenke. Sofort wurde seine Seele ruhig, er lächelte fein, beschloß zu warten und sich zwei neue Redakteure für Mordprozesse anzuwerben.

Die zu erwartende Konkurrenz bedroht auch unser Blatt. Wir haben deshalb erhöhte Aufwendungen gemacht und es ist uns gelungen, dank unseren vorzüglichen Verbindungen schon heute mitteilen zu können, was das Kaiserblatt künftig bringen wird, und welche Schicksale ihm beschieden sein werden. Wir greifen in unsere Aktenmappe und geben zur Probe aus unserem geschwollenen Schatz vorläufig nur ein paar Häppchen wieder, mit dem Versprechen, unsere Leser weiter vorzeitig über das Kaiserblatt auf dem Laufenden zu erhalten.

AUS DER ABONNEMENTSEINLADUNG ... und so fällt denn das gefährliche Steigen der roten Flut zusammen mit jenem unglückseligen Versprechen, das ich dem gewesenen Reichskanzler Fürsten Bülow gegeben habe. Nichts ist begreiflicher, als daß mein Volk, das seinen Kaiser nicht mehr reden hört, den Verführungen von Narren, Schurken und Verbrechern zum Opfer fällt. Ich aber werde meine Feder so führen, daß für tausend Jahre kein vaterlandsloser Geselle einen Deutschen scheel anzusehen wagen wird. Das Blatt Papier, das jetzt täglich dreimal zwischen mir und meinem Volke stehen wird, beseitigt die Schranken zwischen dem Thron und der Nation. Ein Gott, ein König, eine Zeitung – das ist die Losung meines Blattes.

Ich werde die Welt von dem Irrwahn des Sozialismus befreien, ich werde der Kunst und der Wissenschaft die richtigen Wege weisen, Religion und Sitte erhalten, sowie auf allen Gebieten mein Volk herrlichen Tagen entgegenführen ... Inserate finden in allen Kreisen der Gesellschaft die größte Verbreitung, Wirkung, deshalb garantiert ...

Aus einem Artikel „Das Wesen des Sozialismus" ... Der Sozialismus besteht also darin, daß eine Rotte von Menschen, die nicht wert ist, den Namen Deutscher zu tragen, den armen Mann aus der Werkstatt um seine mühsam erarbeiteten Groschen bringt, mit denen die sogenannten Führer sich dann im Sumpfe aller Laster wälzen. Zu jeder Arbeit unlustig und unfähig, wollen sie auch die berufenen Führer der gesitteten Menschheit am Arbeiten hindern: die Fürsten am Regieren, die Offiziere am Kriegführen, die Priester Gottes an der religiösen Propaganda, die Kapitalisten an der Unternehmerintelligenz, die Familie an der ehelichen Liebe. Auf den Trümmern unserer tausendjährigen Kultur werden sie, wenn das verblendete Volk ihnen weiter Vertrauen schenkt, dann die wüsten Orgien der freien Liebe feiern. Ich aber werde das hindern ...

Parlamentarisches ... Wie wir aus zuverlässiger Quelle vernehmen, hat die sozialdemokratische Reichstagsfraktion sich als eine Bande organisiert, die planmäßig jene Einbruchsdiebstähle und Raubmorde veranstaltet hat, die unsere treue Bevölkerung von Berlin in letzter Zeit mit Angst und Schrecken erfüllt hat. Die Verhaftung steht unmittelbar bevor ...

Eine Berichtigung ... Die sozialdemokratische Reichstagsfraktion sendet uns eine Berichtigung, in der sie behauptet, wir seien einer Verwechslung der Sozialdemokratie mit den bürgerlichen Parteien zum Opfer gefallen, deren Raubzüge sich aber nicht auf den Stadtkreis Berlin beschränkten. Die sozialdemokratische Fraktion will Gesetzgeber spielen und kennt noch nicht einmal den wichtigsten Satz der Reichsverfassung, sonst müßte sie doch wissen, daß unser Blatt es nicht notwendig hat, eine Berichtigung aufzunehmen, da unser verantwortlicher Redakteur immun ist und überhaupt über den Gesetzen steht. Aus demselben Grunde sehen wir auch der angedrohten Beleidigungsklage mit Fassung entgegen. Wir sind nur Gott und unserem Gewissen verantwortlich.

Das größere Deutschland ... Die englische Regierung will uns lächerlicherweise unsere wohlbegründeten Rechte auf Schottland streitig machen. Wir werden in der nächsten Nummer die geheimen Aktenstücke veröffentlichen, die den sonnenklaren Beweis für unsere Rechte führen werden. Außerdem marschieren binnen zwei Tagen, wenn es sein muß, zwei Millionen Soldaten, stechen 500 Panzerschiffe erster Ordnung in die See und fliegt eine Zeppelinbrigade in die Luft. Die *Times* möchten wir also dringend ermahnen, eine ruhigere Sprache zu führen.

In eigener Sache ... Unsere gestrige Nummer, welche die geheimen Aktenstücke veröffentlichte, ist nicht in die Hände unserer Leser gelangt, weil die Staatsanwaltschaft die ganze Auflage angeblich wegen Verrats von Staatsgeheimnissen hat konfiszieren lassen. Der schuldige Staatsanwalt wurde sofort verhaftet.

Aus dem Briefkasten. – Nörgler. Sie haben sich erdreistet, unser Blatt abzubestellen, weil Sie solchen Quatsch nicht länger lesen mögen; wenn Sie nicht sofort auf ein Jahrzehnt weiter abonnieren, so hängen wir Ihnen eine Klage wegen Majestätsbeleidigung an. – *Inserent.* Sie haben ganz recht, auch uns ist schon wiederholt aufgefallen, daß unsere geschätzten Inserenten bald Kommerzienräte wurden. – *Amtsrichter in Bomst.* Wie können Sie Beförderung erwarten, wenn Sie nicht einmal unser Blatt abonnieren.

Krieg in Sicht ... Neuseeland hat, wie uns soeben gekabelt wird, den Fünfstundentag eingeführt. Da wir nicht gesonnen sind zu dulden, daß irgendwo in der Welt sich der Zukunftsstaat einnistet, haben wir Neuseeland ein Ultimatum gestellt. Auch unser Verhältnis zu Belgien nimmt eine bedrohliche Wendung an, da die belgische Regierung sich hartnäckig weigert, die Karl-Marx-Straße in Brüssel in einer den zivilisierten Anforderungen entsprechenden Weise umzubenennen; die Berufung auf die völkerrechtlich gewährleistete Neutralität können wir bei solchen Verletzungen des Völkerrechts nicht anerkennen. Leider sind auch unsere Beziehungen zu unserem österreichischen Bruderstaat getrübt, da Kaiser Franz Josef sich geweigert hat, vorgeblich aus Gesundheitsrücksichten, anläßlich seines hundertsten Geburtstages unsern Chefredakteur an der Spitze sämtlicher deutscher Bundesfürsten zu empfangen und ihm ein Interview zu gewähren. So ballen sich Wolken ringsum zusammen, und um so wichtiger ist es, unser Blatt zu abonnieren, das allein in der Lage sein wird, sämtliche Kriegspläne vorher zu veröffentlichen.

KUNST UND WISSENSCHAFT ... Unser Chefredakteur hat soeben mit Hermann Sudermann eine monatfüllende Oper vollendet, zu der er auch das eigens zu erbauende Festspielhaus, die Dekoration, die Instrumente und die Kritik entworfen hat. Die Titelrolle wird der Verfasser selbst kreieren. – Gegenüber den vielfach geübten Angriffen auf die Marmorstatuen der Siegesallee und am Brandenburger Tor haben wir nunmehr festgestellt, daß sie sämtlich von Leonardo da Vinci stammen. Welche Blamage für gewisse Rinnsteinverehrer! ...

AN DEN CHEFREDAKTEUR WILHELM ... Lieber Freund! Hierdurch muß ich Dir leider zum ersten Oktober kündigen. Kein Mensch will das Blatt lesen. So viele Millionen besitze auch ich nicht, wie so eine Zeitung frißt. Du bist nicht schuld, sondern das stupide deutsche Publikum. Komm mal bald zur Jagd, das ist billiger.
In alter Treue

Dein Freund Egon.

AN UNSERE LESER ... Der erfreuliche Aufschwung unseres Blattes legt uns die Pflicht ob, unseren Lesern immer neue Verbesserungen zu bieten. Zu diesem Zwecke wird vom 1. Oktober ab unser Blatt mit dem rühmlichst bekannten Lokalanzeiger des Herrn August Scherl verschmolzen werden, und bitten wir unsere geschätzten Abonnenten, ihr Wohlwollen auch dem verschmolzenen Unternehmen zu erhalten.

Dynastische Geschichtsauffassung
(März 1911)[15]

Soll nicht irgend einmal in grauer Vorzeit ein deutscher Kaiser seinem Kanzler in die Hand geschworen haben, nicht mehr zu telegraphieren? Der römische Flüchtling des deutschen Kanzleramts hat dergleichen einmal behauptet. Aber es muß wohl nicht wahr sein. Denn es wird weiter telegraphiert, und von all den kaiserlichen Telegrammen, die unablässig fließen, scheint uns keines so irrig wie jenes, das er am 27. März 1911 nach Rom schickte:

> Die Kaiserin und ich sind glücklich, Dir vom gastlichen Boden Deines schönen Landes unsere aufrichtigsten und herzlichsten Wünsche auszudrücken, die wir mit ganz Deutschland für Dich und für die befreundete Nation zu der heutigen Feier des 50. Jahrestages hegen. Wir nehmen den lebhaftesten Anteil an der Erinnerungsfeier, die dem Werke Deines erlauchten Großvaters, des Schöpfers des Königreichs und der Einheit Italiens, gilt. Wir bitten Gott, daß er all seinen Segen auf Dich, Dein Haus und Deine Regierung ausbreite und daß er stets seine mächtige Hilfe leihe zum wachsenden Gedeihen und zum Ruhme Italiens. Unsere herzlichen Grüße der Königin.

Das Telegramm wird nicht gerade die Dreibundsliebe Italiens stärken; denn es macht aus der wirklichen italienischen Volksgeschichte eine preußische Familienhistorie, wie sie die unglücklichen deutschen Schüler auswendig lernen müssen. Zugegeben, daß das Telegramm schwierig war, da man an das Auskunftsmittel offenbar nicht gedacht hat, gleichzeitig ein Trosttelegramm an den Leidtragenden des 27. März in den Vatikan zu senden. (Man hat doch einst sowohl den russischen Hochverräter und den japanischen Sieger gleichermaßen schwarz beadlert!) Indessen, die Stilschwierigkeit des Glückwunsches war noch kein Grund, das italienische Volk durch das Telegramm seiner ureigenen Nationalfeier für verlustig zu erklären und zugleich den beglückwünschten König um seinen höchsten Stolz zu bringen, daß er ein echter König der Revolution ist.

---

[15] Textquelle | Kurt EISNER: *Gesammelte Schriften. Erster Band.* Berlin: Paul Cassirer 1919, S. 463-466.

Aus welchen Quellen beziehen preußische Könige ihre geschichtlichen Kenntnisse? Der erlauchte Großvater Wilhelms II. hat vor fünfzig Jahren keineswegs dem erlauchten Großvater Humberts II. gehuldigt; und Preußen entschloß sich durchaus nicht so bald, das neue Königreich Italien anzuerkennen. Der alte Wilhelm wünschte als Prinzregent in der Krisis von 1859 die Herrschaft Österreichs in Italien durchaus unversehrt zu erhalten, das Vorgehen Viktor Emanuels war für ihn die leibhaftige Revolution, und er dachte im Grunde über die Art der italienischen Einigung so, wie der zentrümliche Verfasser eines unlängst in München erschienenen weltgeschichtlichen Bilderbuches: „Früher als Deutschland errang Italien seine Einheit, weil hier von jeher der allgemeine Drang stärker als die Stimme des Einzelrechts war, die Scheu des Gewissens geringer als die Stärke des Willens." (Der Mann sieht übrigens als die wichtigste Wirkung dieser gewissenlosen nationalen Einigung die dräuende Erscheinung an, daß es heute außer in Rußland nirgends so viele Anarchisten gebe wie in Italien!) Wenn schließlich Preußen doch die italienische Revolution gelten ließ und sie indirekt sogar förderte, so geschah es aus dem Interesse der hohenzollerischen Macht – Vergrößerung. Auch solche Begünstigungen des Umsturzes – im Ausland – gehören ja seit jeher zu den Gepflogenheiten preußischer Politik. Ein anderer erlauchter Ahn Wilhelms II. hat sogar einst mit den Jakobinern seinen Frieden geschlossen, ihnen das linke Rheinufer überlassen und die gemeinsame Sache der europäischen Legitimität verraten, um Polen schlucken zu können. Aber wegen dieser preußischen Begünstigung der Revolution bleibt die italienische Einigung doch das Werk der Revolution, die Schöpfung eines umstürzenden Volkes, dessen Gesinnungsgenossen in Deutschland, die Märzgefallenen, noch heute, auf Befehl des Königs, kein Portal vor ihrer Ruhestätte haben dürfen.

Ein preußischer Geschichtsschreiber, der nach Bismarcks Äußerung zu den Geschichtstrübern gehörte und dem der alte Zyniker deshalb eine für die Trübung der geschichtlichen Vorgänge besonders geeignete Auswahl der geheimen preußischen Staatsakten unter die Nase schieben ließ, durfte – ohne dem allgemeinen Hohn zu verfallen – seine vielbändige Klitterung betiteln: Die Begründung des Deutschen Reiches durch Wilhelm I., so nach dem Beispiel: Die Erschaffung der Welt durch den lieben Gott. Kein italienischer

Gelehrter würde sich erniedrigen, eine Geschichte zu schreiben: Die Begründung des Königreichs Italien durch Viktor Emanuel, obwohl dieser Mann, im Gegensatz zu Wilhelm I., der die deutsche Einigung nur gestört und verkümmert hat, wirkliche Verdienste um das nationale Werk erworben hat. Am wenigsten aber ist der Enkel Viktor Emanuels selbst, der unmittelbar vor der Nationalfeier einen Sozialisten zum Eintritt in sein Ministerium zu bewegen suchte, geneigt, die Einigung Italiens als seine Familienleistung aufzufassen.

Es hätte dies doch Wilhelm II. stutzig machen sollen, ob seine telegraphische Geschichtsauffassung richtig sei, daß nicht der Tag, da Viktor Emanuel zum König Italiens gewählt wurde, gefeiert wird, sondern der andere, da Rom in einem revolutionären, ein Jahrtausend der Weltgeschichte aufhebenden Akt als Hauptstadt des neuen Nationalstaats beschlossen wurde. So hat denn auch der Empfänger des kaiserlichen Telegramms in seiner rein und feierlich klingenden Ansprache auf dem Kapitol mit keiner Silbe die Einigung Italiens als das Verdienst seines Hauses in Anspruch genommen, wie er denn an keiner Stelle den Namen Gottes im Munde führte, sondern nur eines alten heidnischen Kaisers gedachte. Vielmehr hat Humbert II. in Ehrfurcht sich vor dem revolutionären Volk gebeugt, vor der „titanischen Anstrengung der Nationalseele", die sich fähig zeigte, *das Los des erniedrigten Pöbels in das eines freien, auf seine Rechte eifersüchtigen Volkes umzuwandeln."*

Wie von einem fremden Erdteil und aus einer fernen Vergangenheit dringen in diese Worte die Wünsche und Meinungen Wilhelms II. Die Worte Humberts sprechen die Sprache der demokratischen Zivilisation des westlichen Europa, das Telegramm Wilhelms II. wählt den Stil des östlichen Zarismus. In der Geschichte der Auflösung des Dreibunds wird einmal der kaiserliche Glückwunsch eine gewisse Bedeutung finden. Die europäische Demokratie schließt sich zusammen. Das herrschende Deutschland sucht sich dieser Entwicklung zu entziehen. Die Geschichtsauffassung Wilhelms II. ist ein Ausdruck dieser Strömung. Sie macht den deutschen Kaiser aber deshalb auch vielleicht geeignet, Leo X. Trost und Ermunterung zu telegraphieren, aber höchst ungeeignet, die Gefühle eines republikanischen Königs und eines die siegreiche Revolution feiernden Volkes zu verstehen und zu – gewinnen.

Die Steuerlampe

Plan einer Zeitschrift.
(August 1911)[16]

Höchst vertraulich!

Ort und Datum des Poststempels.

Euer Hochwohlgeboren

beehren wir uns ganz ergebenst die Aufmerksamkeit auf unser neues Unternehmen zu lenken, das schon im bevorstehenden Wahlkampf der Sache der Ordnung wertvolle Dienste leisten wird.

Die peinliche Feststellung, daß eine der hervorragendsten Persönlichkeiten des Landes, in dem Übermaß seiner gemeinnützigen Tätigkeit, vergaß, einige kleine Steuerirrungen richtigzustellen, hat den roten Hetzern den willkommenen Anlaß geboten, nun alle führenden Heroen der Nation in ihrem Patriotismus zu verdächtigen und das tiefste Mißtrauen gegen alles zu erregen, was Rang, Stand, Besitz, Bildung und vornehme Gesinnung in unserem Vaterlande hat. Diese subversiven Elemente sagen, und man glaubt ihnen jetzt, wenn sie den giftigen Samen aussäen: Uns wirft man vor, daß wir den Privatbesitz zugunsten des Staates der Allgemeinheit enteignen wollen, ihr aber enteignet den Staat zugunsten des Privatbesitzes.

Es ist nicht zu leugnen, daß diese allgemeine Verdächtigung aller Besitzenden seit jener bedauerlichen Steuerirrung einen gewissen Schein von Recht erhalten hat. Wenn also die gegenwärtige Ordnung noch vor dem immer ungestümer andrängenden Umsturz sich behaupten will, so müssen die oberen Stände der Gesellschaft Sorge tragen, sich gegen die Verdächtigung und Verleumdung zu verteidigen.

Unsere Zeitschrift *Die Steuerlampe* soll diesem erhabenen, ja eminent nützlichen Zweck dienen. Während aus dem Mißtrauen und dem Haß des Pöbels jene schmutzige Revolverpresse aufgewuchert ist, die durch ihre schamlosen Angriffe gegen alle bevorzugten Persönlichkeiten des Landes gemeinen erpresserischen Verdienst zu raffen versucht, wird *Die Steuerlampe* das Vertrauen und die Ver-

---

[16] Textquelle | Kurt EISNER: *Gesammelte Schriften. Erster Band*. Berlin: Paul Cassirer 1919, S. 432-436.

ehrung für die gute und beste Gesellschaft, für den Adel der Geburt und des Besitzes fördern. Wir wollen den Optimismus gegenüber dem beklemmenden Mißtrauen und die nationale Lebensfreude wieder stärken. *Die Steuerlampe* ist lediglich zu dem Zweck gegründet, um den Verdienst und die Verdienste der leitenden Gesellschaftskreise nicht nur ins Licht zu rücken, sondern auch unwiderleglich zu beweisen.

Durch die Steuerlampe erhält jeder zu den höheren Einkommensstufen emporgestiegene Mitbürger das Mittel, um offen vor aller Welt zu beweisen, daß er nicht nur entsprechend seinem Einkommen und Vermögen dem Staate Steuern entrichtet, sondern daß er aus lauterer Vaterlandsliebe auch über das Maß seiner Verhältnisse hinaus dem Staate zu opfern bereit ist.

In dieser Absicht wird *Die Steuerlampe* alljährlich die genauen Steuerdeklarationen aller wohlhabenden Personen veröffentlichen. Und zwar soll das in folgender Weise geschehen:

In wöchentlichem Erscheinen beginnen wir nach dem Alphabet mit dem Buchstaben A, um mit dem Schluß des Jahrganges bei Z zu endigen. Im folgenden Jahre wiederholt sich, auf Grund der neuen Ergebnisse, das Verfahren.

Die Steuerdeklarationen beruhen auf den direkten Erkundigungen bei den Steuerzahlern. Aber wir werden zugleich das Beweismaterial für die Richtigkeit dieser Deklarationen veröffentlichen. Der Inseratenteil wird für die Veröffentlichung der privatwirtschaftlichen Bilanzen zur Verfügung stehen. Im redaktionellen Teil erfolgt dann die Besprechung dieser Bilanzen.

Die Steuerlampe wird sich nicht damit begnügen, nur die Einkommens- und Besitzverhältnisse im einzelnen nachzuweisen und sie mit den Steuerzahlungen zu vergleichen, sondern alle finanziellen Beziehungen sollen ausführlich dargestellt werden. Die Steuerlampe wird die Einkünfte aus Tantiemen, Dividenden, Provisionen beleuchten. Sie wird bis ins kleinste zeigen, was für Aktienbesitz der einzelne hat, damit die betörte Öffentlichkeit einsieht, in welch hochherziger Weise unsere begüterten Volkskreise die Industrie fördern, zu welchen Unternehmungen sie Beziehungen unterhalten. Damit erhalten zugleich die in der Öffentlichkeit wirkenden Politiker, Staatsmänner, Parlamentarier, Parteiführer (einschließlich der deutschen Monarchen) die Möglichkeit, nicht nur zu zeigen, daß sie steuerehrlich sind, sondern auch, daß sie ihre öffentliche und beamtete Tätigkeit niemals zu ihrem persönlichen Vorteil ausüben.

Die Steuerlampe begnügt sich aber nicht nur mit dem Nachweis der Einnahmen, sondern sie wird auch der Darlegung der Ausgaben gewidmet sein. Dadurch wird sie das aufrührerische Gerede zum Schweigen bringen, daß nur die Armen indirekte Steuern zahlen. Und indem *Die Steuerlampe* selbst in die intimen und intimsten Ausgaben eindringt, wird endlich einmal festgestellt werden, welches ungeheure Maß von Lebenskraft, Schönheitssinn und Opfermut in der Klasse deutscher Herrenmenschen und Damenmenschen noch pulst. Um jede Ungenauigkeit auszuschalten, werden diese Ausgaben mit genauer Mitteilung der Namen, Datum und Adressen spezifiziert.

Wir sagten schon, daß alle Informationen auf den direkten Angaben der Betroffenen beruhen werden. Wir haben das felsenfeste Vertrauen zu unseren führenden Gesellschaftskreisen, daß sie unser Bemühen, ihre Steuerreinheit nachzuweisen, nicht durch falsche Mitteilungen durchkreuzen.

Gleichwohl aber übernehmen wir natürlich vor dem Publikum die Pflicht, auch unsererseits durch selbstständige und unabhängige Nachprüfung die Mitteilungen der Interessenten zu verifizieren. Zu diesem Zweck steht uns ein über ganz Deutschland verzweigter Stab von wohlunterrichteten Mitarbeitern und Vertrauensleuten zur Verfügung. Dieser Dienst ist so eingerichtet, daß niemand sich mehr dem Licht *Der Steuerlampe* zu entziehen vermag.

Ebenso selbstverständlich ist es, daß wir, wenn doch gelegentlich eine Differenz zwischen den Informationen der Beteiligten und unseren eigenen Erkundigungen sich herausstellen sollte, wir – vor der Veröffentlichung – zunächst den betreffenden Steuerzahlern Gelegenheit geben werden, sich zu äußern.

Die Steuerlampe will nur die Wahrheit ans Licht bringen.

Da unser Unternehmen nur gemeinnützige Zwecke verfolgt und da wir unter keinen Umständen daran verdienen wollen – wir haben das nicht nötig – , so wird *Die Steuerlampe* gratis verteilt. Nur für Liebhaber einzelner Nummern stellen wir eine Bibliophilen-Ausgabe her (kaiserliches Japanpapier, eigens geschnittene Kunsttype, mit der Hand gesetzt, gedruckt, gefalzt und gebunden!), deren Preis besonderer Vereinbarung vorbehalten bleibt. Wegen des Insertionspreises erhalten Interessenten den Tarif auf Verlangen zugesandt.

Unser Lohn liegt allein in der Förderung des öffentlichen Wohles und in der moralischen Rechtfertigung der besitzenden Klassen der Nation. Sollten infolge unserer Veröffentlichung dann doch gelegentlich einige Steuerirrungen hervorgezogen werden, so erwarten wir allerdings, daß die Finanzminister uns einen kleinen Anteil an den durch unsere Bemühungen gewonnenen Mehreinnahmen zukommen lassen.

Indem wir Euer Hochwohlgeboren, in Ihrem und Ihrer Standesgenossen eigenem Interesse, ersuchen, *Die Steuerlampe* auf alle Weise zu fördern,

zeichnen wir hochachtungsvoll ergebenst

Verlag, Expedition und Redaktion der Steuerlampe.

(Gemeinnützige Zeitschrift.)

Meinungsbetrieb
(August 1911)[17]

Glücklich der Mann, der noch imstande ist, gegen seine Überzeugung zu schreiben ! Er würde beweisen, daß er im tiefsten Innern eine eigene Überzeugung verborgen hält, während er vor der Welt seiner Auftraggeber erzählt, was sie zu hören wünschen. Er hat eine Moral, wenn er sie auch nicht ausübt. Er wahrt die Distance zwischen seinem Selbst und den Bedürfnissen seiner Existenz.

Ein tapferer Gentleman, der sich für seine Artikel von den Gebrüdern Mannesmann in bar bezahlen läßt! Es ist ein glattes und verantwortliches Geschäft; denn kommt es heraus, so ist er geliefert; er wird der öffentlichen, höchst öffentlichen Sittlichkeit geopfert.

Ein Kerl, der gegen seine Überzeugung schreibt, ist ein Lump. Also ist jedermann von dem überzeugt, was er schreibt.

Ein Kerl, der gegen Bezahlung schreibt, ist abermals ein Lump, also schreibt er gratis, was man von ihm wünscht, aus nationalem

---

[17] Textquelle | Kurt EISNER: *Gesammelte Schriften. Erster Band.* Berlin: Paul Cassirer 1919, S. 437-443. [Zuerst in: Pan, 16.8.1911; dann: Arbeiter-Feuilleton, 20.9.1916.]

oder sonstigem Idealismus, sogar mit Herzblut und Überzeugung. In Deutschland hat nur der Verleger das Recht, reich zu werden, nicht der Journalist. Im Falle des Journalisten wäre solch wirtschaftlicher Aufschwung unanständig, sogar ehrlos.

Ich ziehe den Mann vor, der gegen seine Überzeugung schreibt und schätze den Ritter vom Geist, dessen Geist direkt und lohnend bestechlich ist. Die Uneigennützigen, die alles kostenlos tun – gegen ein ärmliches Verlegerfixum – schänden den Stand. Darum spielt der deutsche Journalist eine so untergeordnete Rolle, weil er kostenlos leistet, was man von ihm verlangt. Würde er auf feste, aber hohe Preise halten, käme er in der bürgerlichen Gesellschaft schnell zu Ansehen, wie alles, was hoch bezahlt wird. Es wäre eine dankbare Aufgabe einer betriebsamen Standesorganisation, das Bestechungshonorar zur Pflicht zu machen.

*

Die deutsche Presse ist gegenwärtig in einem „Reichsverband" beruflich vereinigt. Er tagte neulich in Eisenach, und in einer Begrüßungsrede fand der Vorsitzende die feierlichen Töne eines intellektuellen Kriegervereins: „Der Reichsverband tritt in erster Linie ein und muß immer eintreten für die Ehre und Würde des Standes. Diese Arbeit ist die erste. Wir haben dafür zu sorgen, daß der blanke Ehrenschild der deutschen Presse rein gehalten und hoch gehalten wird ... Die Hauptsache für uns ist die sittliche Grundlage der deutschen Presse ... Dieses, die Reinheit, Ehrlichkeit und Lauterkeit der deutschen Presse festzuhalten, wird und muß die erste Aufgabe der deutschen Presse sein."

Das war der ethische Heldentrotz der Leute, die sich gegen die Bestrebungen empören, die niemand ihnen zumutet; die unkäuflich sind, weil keine Käufer da sind. Es ist allgemein bekannt, daß der deutsche Journalist nichts nimmt, daß er entschlossen ist, ausschließlich von seinem Verleger zu leben. (Kleine Vorfälle im Handelsteil und im Polizeibereich ausgenommen!) Die Kapitalisten und ihre regierenden Agenten treiben einen abscheulichen Mißbrauch mit dieser Billigkeit im öffentlichen Meinungsbetrieb. Man sollte anfangen, sich höher einzuschätzen und seine wertvollen Überzeugungen nur an den Höchstbietenden loszuschlagen.

Was man jetzt den blanken Ehrenschild nennt, ist nicht nur eine wirtschaftliche Schädigung der Journalisten, sondern auch eine schwere Kulturgefahr. Durch solche sträfliche Verbilligung der öffentlichen Meinung sind alle Hemmungen ausgeschaltet. Jeder nationale Sturm ist sofort lieferbar! Ich würde keinen Artikel für Herrn Kiderlen unter tausend Mark, und keinen für die Herren Mannesmann unter 5000 Mark schreiben. Und ich würde ausdrücklich mir dabei den Vorbehalt ausbedingen, daß die Artikel gegen meine Überzeugung verfertigt sind.

*

Friedlich spann die deutsche Presse Ferienträume, keine Sorge bedrängte das Herz des Patrioten. Höchstens hielt man den blanken Ehrenschild über Herrn Jatho. Der Reichstag war mit seinen Schlußprämien nach Hause gegangen, ohne am internationalen Horizont das bescheidenste Wölkchen geahnt zu haben.

Kaum aber war die Kunde von Agadir in den Redaktionen, und schon explodierten gewaltig die all die Jahre mühsam aber erfolgreich gebändigten Überzeugungen. Die blanken Ehrenschilde stürmten in klirrendem Wettlauf zur Wilhelmstraße, und nachdem sie ein Weilchen im Vorzimmer den alten Sauhatzgobelin begafft, drang einer nach dem andern zu dem Geheimrat der deutschen öffentlichen Meinung vor und nötigte ihm die Überzeugung der unbestechlichen Presse auf; kostenlos.

Weil die Deutschen im Sustal von möglichen Gefahren bedroht waren, haben wir den Panther nach Agadir geschickt, – die Auskunft genügte. Was sind das für Deutsche, wie heißen sie? Was treiben sie? Was besitzen sie? Seit wann besteht die deutsche Herrlichkeit im Sustal? Und was sind das für Gefahren?

Die neue Überzeugung von der Notwendigkeit, Agadir zu besetzen, hinderte nicht die Beibehaltung der altbewährten Unwissenheit über dieses ersehnte Bewährungsgebiet deutscher Expansionskraft. Niemand kennt das verschlossene Gebiet. Man spricht von märchenhaften Kupfer- und Eisenschätzen. Kein Geologe hat sie jemals erforscht. Der letzte deutsche Reisende, der in Südmarokko gewesen, hat vor mehr als 25 Jahren seine höchst eilfertigen Beobachtungen drucken lassen. Er war froh, wie er aus dem Sustal herauskam, ohne als Zielscheibe für die erregten berberischen Kunstschützen erprobt worden zu sein. Aber diese fliehende Wissenschaft ist seitdem immer wieder ausgeschrieben worden. Sie bot auch jetzt das einzige Material für die Ehrenschildpresse. Hier entstammte – durch Verkürzung des Zitats – die Sage vom idealen Hafen Agadir. Das andere holte man aus der bewährten Schatzkammer marokkanischer Wissenschaft, aus Tanger, dem nordafrikanischen Bernau.

Ein leidenschaftlicher Marokkaner, der jüngst in die ewigen Jagdgründe eingegangene alldeutsche Geographieprofessor Theobald Fischer, urteilte anders über Agadir und sein Hinterland. Er, der wohl als erster die Erwerbung Marokkos durch Deutschland gefordert hat, war zwar auf Grund seiner dreißigjährigen Beschäftigung und seiner (nicht sonderlich tief eindringenden) drei Reisen in dem Land schließlich zu der Überzeugung gelangt, daß derjenige Staat, dem es gelingt, sich dieses Land ganz zu eigen zu machen, daraus einen so gewaltigen Machtzuwachs erlangen wird, „daß dies alle anderen Staaten, vor allem England, Spanien und das Deutsche Reich als einen unerträglichen Druck empfinden werde". Aber er fügte der 1908 ausgesprochenen Bemerkung hinzu: niemals habe in der Geschichte ein marokkanischer Hafen südlich von Mogador Bedeutung gehabt, und die Franzosen haben soeben nachgewiesen, daß auch Agadir n'Iri, das Seetor des Sus, keineswegs irgendwelchen Schutz bietet.

Die lautere Presse ließ es bei der einzigen erschöpfenden Information bewenden, daß das deutsche Volk seine nationalen Interessen gegen Frankreich und England zu verteidigen wissen werde, und wäre es durch einen Krieg, den der zum Hüter der deutschen Interessen berufene Schwabe aus Bukarest nicht fürchte, gleichwohl zu vermeiden streben werde. Mit weiteren informatorischen Einzelheiten wurde das beneidenswerte deutsche Volk verschont. Die Verhandlungen verlaufen glücklich, sie stocken, sie sind abgebrochen, die Lage ist ernst, drohend, gewitterschwül, hoffnungsvoll, glänzend. Das deutsche Volk ist entschlossen, seine Würde und sein Recht zu wahren. Was es will, wird ihm schon im gegebenen Augenblick gesagt werden, Kiderlen ist stumm und Wilhelm II. hält keine Reden mehr.

*

Übrigens hat man auch im Sommer 1870 erst etwas erfahren, als man schon marschierte. Ein oder zwei Tage, bevor Bismarck in die friedliche Emser Depesche den Krieg hineinredigierte, reisten der König von Sachsen und sein leitender Minister geruhig ins Bad, weil alle deutsch-französischen Wirrnisse aufs schönste erledigt schienen. Das deutsche Volk ist *Objekt* der deutschen Politik geblieben.

Jetzt aber wollte man durch das Parlament den Kaiser wie einen Jagowschen Schutzmann ermuntern: bei Strafe gleich zu schießen. Bei dieser Gelegenheit gab es dann eine hübsche staatsrechtliche Offenbarung. Der Geheimrat in der Wilhelmstraße wurde witzig. In Kolonialdingen, soweit es nicht Geldsorgen seien, habe kein Reichstag, kein Bundesrat dem Kaiser dreinzureden: Er kann alle Kolonien verschenken, wenn er will, er ist unumschränkter Herr über sie. Man hat bisher keine Zeit in der deutschen Politik gefunden, um diese kleine Sonderbarkeit auszumerzen.

Nun teilten sich die Überzeugungen der Presse. Die alldeutschen Absolutisten wurden parlamentarisch, Liberale und fortschrittliche Geister absolutistisch. Dieser in afrikanischem Fieber geborene Reichstag wäre in der Tat fähig, marokkanisch zu enden.

*

An allen Dingen der Welt läßt sich verdienen, außer an Lyrik, Philosophie und Streichquartetten. Auch in Marokko gibt es zu verdienen, recht viel sogar, und ein Krieg vollends ist für die, welche verkaufen statt Krieg zu führen, ein ganz außerordentliches Geschäft. Wenn die Gebrüder Mannesmann mit Aufbietung der deutschen Weltmacht, es durchsetzen würden, daß ihnen in Marokko Eisenerzgruben erschlossen werden, für sie ist das ganz gewiß ein unermeßlicher Gewinn, sie können dann billig produzieren. Aber welches Interesse hat der deutsche Journalist an den Bezugsinteressen einer Firma? Für die deutsche Gesamtwirtschaft ist die ganze Kolonialpolitik günstigenfalls kein Gewinn. Wir haben seit 1901 für unsere Kolonien über eine halbe Milliarde mehr ausgegeben, als aus ihnen eingenommen. Diese halbe Milliarde ist die aus der Besteuerung der deutschen Lebensführung geschürfte Subvention für die kolonialkapitalistischen Interessen einzelner Firmen. Im Welthandel bildet der Kolonialhandel ein verschwindendes Nichts. Auch wenn wir den Kongo und Marokko erwürben, würde sich das Verhältnis nicht ändern. Aber verdient wird auch am kolonialen Bankerott. Wenn wir im Jahre 1910 für 21.200 Mark Bier in Fässern und für 644 Mark Bier in Flaschen nach Südwestafrika ausführten, so haben einige Personen beträchtlichen Gewinn aus diesem Handel gezogen, aber bezahlt wurde er aus den deutschen Lohnpfennigen.

*

Im Marokkohandel hat sich die Presse als eine Weltgefahr erwiesen. Die Heilung kann nur kommen, wenn man aufhört, die kapitalistischen Begierden durch journalistische Selbstlosigkeit zu verwöhnen. Ich sehe kein rascheres und wirksameres Mittel, als daß die Presse endlich aufhört, ihre Überzeugung zu verschenken, und daß sie sich recht schnell organisiert, sich so hoch wie möglich zu verkaufen. Wenn dann noch in die deutsche Verfassung der Artikel aufgenommen wird, daß mit dem Augenblick der Mobilmachung eine ausreichende Kriegssteuer auf Einkommen, Vermögen und Erbe des Besitzenden in Kraft tritt, so sind die Weltfriedenskongresse überflüssig geworden, und den Haager Schiedsgerichtshof darf man in eine Spielbank, ein Kino oder einen Eispalast umbauen.

Aus der Panther-Zeit
(1911)[18]

I. Sus – die deutsche Existenzfrage

Ein sich als Marokkokenner aufspielender Schriftsteller, Herr Albrecht Wirth, stellt den demnächstigen Untergang der deutschen Industrie in sichere Aussicht, falls Deutschland nicht Marokko erwürbe. Das „ganze Krämchen" – nämlich die deutsche Industrie – sei futsch, und Millionen Arbeiter lägen auf der Straße, wenn Deutschland keine Eisenerze mehr hätte. Die Vorräte an Eisenerzen sollen aber nur noch für dreißig Jahre reichen. Da können nur die

---

[18] Textquelle | Kurt Eisner: Gesammelte Schriften. Erster Band. Berlin: Paul Cassirer 1919, S. 467-480.

ungeheuren Eisenschätze Marokkos retten, die nicht nur 60-100 Millionen Mark, wie bisher angenommen, sondern eine volle Milliarde betrügen.

Die Schätzung der marokkanischen Eisenvorräte ist zwar nicht aus den dortigen Eisenerzen selbst, sondern aus den Fingern des Schätzers geschürft. Aber wir wollen die Milliarde glauben. Was hülfe sie, um das ganze Krämchen und die Millionen deutscher Arbeiter vor dem Untergange zu bewahren!

Wenn dieser Weltwirtschaftspolitiker sich in die Statistik des deutschen Eisenverbrauches statt in die Geheimnisse von Marokko versenkt hätte, so würde er bemerkt haben, daß Deutschland schon heute nur die *kleinere Hälfte* des Eisenbedarfs im Inlande gewinnt, dagegen für *125 und mehr Millionen Mark* alljährlich aus dem Auslande einführt.

Die Rechnung ist demnach klar, die ebenso imponierende wie aus der Phantasie bezogene marokkanische Eisenmilliarde wäre weniger als nichts. Selbst unter der Annahme, daß der ganze Vorrat vorhanden wäre, daß er gefördert werden könnte und bis auf den letzten Rest, dank der Erwerbung Marokkos, nach Deutschland käme, so würde ja auch dieser marokkanische Zuschuß in *weniger als einem Jahrzehnt,* und unter der Voraussetzung, daß die deutschen Eisenvorräte erschöpft wären, in weniger als einem *Jahrfünft* verbraucht sein.

Der Bankerott des Krämchens würde mithin durch Marokko im günstigsten und märchenhaftesten Falle, wenn man nämlich alle Behauptungen der Marokkowippchen für bare Münze nähme, nur um ein paar Jahre hinausgeschoben werden.

Es scheint uns unter diesen Umständen denn doch das Risiko eines Weltkrieges in keinem Verhältnis zu der möglicherweise zu erzielenden *winzigen Fristverlängerung für die deutsche Industrie* zu stehen. Dann leben wir lieber im Frieden, und wenn nach dreißig Jahren das Krämchen der deutschen Industrie aus Mangel an Eisenerzen zu Ende sein sollte, dann wird Herr Albrecht Wirth auf alle Fälle bereit sein, aus seinen Fingern den weiter notwendigen Bedarf an Eisenerzen zur Verfügung zu stellen, sogar in Deutschland, wenn er sich nur einige Mühe gibt.

[30. Juli 1911.]

In einer kleinen politischen Satire nahm ich kürzlich die „diplomatische Verständigung" in der Marokkofrage vorweg; ich empfahl die Formel: *„wirtschaftliche* Aufteilung Marokkos", Südmarokko als deutsches Interessengebiet. Das sei, meinte ich, das günstigste diplomatische Kompromiß, weil es der Quell unendlicher neuer gefährlicher Verwickelungen werden müßte.

Fast scheint es, als ob die Satire Wahrheit werden wollte. Aus Furcht vor der goldströmenden Agitation der Gebrüder Mannesmann besteht Deutschland auf der Überweisung des „souverän" bleibenden Südens Marokkos als eines wirtschaftlichen Ausbeutungsgebiets für deutsche Kapitalisten. Für die Anerkennung der wirtschaftlichen Gleichberechtigung Deutschlands in Marokko tritt selbstverständlich auch die Sozialdemokratie ein. Ebenso könnte an sich Frankreich, wenn es Bosheitspolitik treiben wollte, nichts lieber sein, als wenn es Deutschland versuchen ließe, den marokkanischen Alpenvölkern, diesem „unzähmbarsten Volk" der Erde, die vermuteten (niemals bewiesenen) Erzschätze zu rauben; es wäre ein furchtbares Verbluten deutscher Kraft. Wenn gleichwohl Frankreich und England dieser deutschen Forderung Widerstand leisten, so nur deshalb, weil eine solche wirtschaftliche Aufteilung nur ein lächerliches Vorspiel einer wirklichen Eroberung des Landes wäre. Wenn heute irgendein Agent eines beutelustigen deutschen Kapitalisten im Sustal lungert und dabei zu Schaden kommt, weil die Eingeborenen den Eindringling zu ihrem Glück nicht für notwendig halten, so hat Deutschland heute gerade auf Grund der internationalen Verträge nicht nur keine Pflicht, sondern gar kein Recht, für das Opfer seiner Spekulation einzutreten. Das Sus-Gebiet ist vertragsmäßig für Fremde gesperrtes Land, und wenn diese trotzdem sich hineinwagen, so müssen sie das auf ihre eigene Rechnung und Gefahr tun, und die deutsche Großmacht wäre ebensowenig genötigt, sich hinter einen solchen Abenteurer zu stellen, wie sie „aus nationaler Ehre" verpflichtet wäre, ihre Flotte nach dem Nordpol gegen die Eisbären zu senden, die einen deutschen Reisenden gefressen.

Anders aber liegt die Sache, wenn sich Deutschland mit Frankreich vertragsmäßig verständigt, daß der Süden Marokkos deutscher Ausbeutung vorbehalten bleibt. Wenn auf Grund dieser Abmachung dann deutsche Freibeuter in das Sustal eindringen, dann trifft in kurzer Zeit der Fall tatsächlich ein, den Deutschland bei der Pantherfahrt nur plump vorgetäuscht hat: Diese Deutschen riefen nach Schutz gegen die aufrührerische Bevölkerung. Sicher werden bald ein paar Deutsche von den berberischen Kunstschützen niedergeknallt, die keinerlei Verständnis für die Aufgaben der kapitalistischen Sendboten Europas haben. Und der Rachezug ist fertig. Ein Kriegsgeschwader schwimmt nach Agadir oder auch Mogador. Deutsche Soldaten werden gelandet. Das Gebiet wird von und für Deutschland militärisch besetzt. Damit ist nicht nur ein trotz ungeheurer Opfer aussichtsloses Unternehmen auf das deutsche Volk geladen, sondern die Gefahr eines kriegerisch-weltpolitischen Zusammenstoßes mit den europäischen Westmächten in unmittelbare Nähe gerückt.

Darum müssen auch die deutschen Sozialdemokraten sich gegen die wirtschaftliche Aufteilung wenden, die nur ein vorläufiger Humbug ist, und allein für die im Vertrag von Algeciras zugesicherte wirtschaftliche Gleichberechtigung eintreten. Darum aber müssen auch die europäischen Mächte, die den Marokko-Konflikt lösen, nicht verschärfen wollen, diesen deutschen Vorschlag ablehnen, der kein Ausgleich, sondern eine Täuschung, keine Erledigung alter, sondern ein Anfang neuer Händel ist.

Das deutsche Volk hat nicht das mindeste Interesse, sich mit den Bezugs- und Profitsorgen von ein paar deutschen Kapitalisten solidarisch zu erklären. Zudem ist es mehr als fraglich, ob auch nur diese Spekulanten auf ihre Rechnung kommen würden, wenn selbst das ganze Volk für sie zu bluten bereit wäre.

Freilich sagt man uns nicht, wir sollen unsere Söhne auf dem goldenen Altar der Gebrüder Mannesmann opfern, sondern man malt uns ungeheure Kulturaufgaben vor, die geradeswegs aus dem windigen Gehirn des seligen Barons Münchhausen stammen. In einer alldeutschen Broschüre wurde es für die dringlichste Aufgabe des deutschen Volkes erklärt, die Sus-Wüste zu bewässern; denn wenn auch der Sus zumeist unterirdisch flösse, so sei doch nichts leichter, als das Wasser emporzupumpen. Ein anderer Alldeutscher, der kürzlich Sachsen unsicher gemacht hat, empfahl in einem von ihm verfaßten hirnverbrannten Wisch aus einem anderen Grunde die Besiedelung Marokkos: weil dort die Menschen sich wie die Blattläuse vermehren. Der hochselige Massinissa habe es in Nordafrika fertig gebracht, mit 94 Jahren noch einen echten Sohn zu zeugen; Mulay Ismail, habe 1200 Kinder gehabt. Die Geschichte vom Greisensäugling des Massinissa ist zwar 2100 Jahre und mehr alt; immerhin, wes Lebensideal ist, noch mit 94 Jahren einen echten Sohn zu zeugen, der mag ruhig ins Sustal pilgern, aber einen Krieg brauchen wir doch wegen dieser Lendensehnsucht nicht gerade zu führen; eine fröhliche Berberin wird schon aus Neugier bereit sein, in friedlicher Verständigung sich für ein solch alldeutsches Experiment herzugeben. Die 1200 Kinder des Mulay Ismail würden uns erst dann imponieren, wenn behauptet würde, daß sie von *Einer Mutter* stammen; denn daß ein Vater so fruchtbar sein kann, das lehrt uns nicht erst Marokko, so etwas ist auch auf *sächsischen* Thronen schon vorgekommen.

Bis zu solchen Narrenspossen sinken unsere Kolonisationswüteriche. Je weniger es wirklich zu kolonisieren gibt, um so toller delirieren die bezahlten und unzurechnungsfähigen Agenten kapitalistischer Erzsucher, die – auf Kosten des deutschen Volkes –Erz billiger holen wollen, als sie es aus Deutschland, Schweden oder Spanien bisher beziehen. (Übrigens verlangt man doch auch nicht die Eroberung Schwedens und Spaniens, obwohl die deutsche Eisenindustrie auf deren Erzgruben angewiesen ist!) In Südmarokko aber ist überhaupt nichts zu holen, außer etwa berberische Flintenschüsse. Eines der am gierigsten nach Südmarokko lechzenden Blätter, das Organ der bayerischen Regierung, die „Augsburger Abendzeitung", mußte sich kürzlich dazu verstehen, sich von einem Sachkenner über das „Märchen vom Sus" belehren zu lassen. Der Gelehrte höhnte über den Schrei nach Marokko, der von den „Bramarbassen und Bratenbarden" täglich ausgestoßen werde. Es sei schleierhaft, wo in den Wüsten Marokkos das Heidengeld stecken solle. Die Kaufkraft der Eingeborenen sei lächerlich gering; unsere Kaufleute mußten allenfalls für ihre Waren Wüstensand in Zahlung nehmen. Der Erzreichtum sei ganz und gar problematisch. Bisher beziehe man in Südmarokko das nötige Erz – aus dem Auslande:

„Aber selbst den Erzreichtum des Hinterlandes von Agadir als

Tatsache angenommen, vermöchte dies uns besonders zu locken? Wohl kaum !

Die Franzosen haben für ihren Blumenkohl, den sie in Zukunft in Nordmarokko bauen werden, natürlich nur wenig die räuberischen Gelüste der Berber zu fürchten; Blumenkohl ist nun einmal kein Tauschobjekt für Halbwilde. Mit Erzen ist dies aber eine andere Sache. Jeder Kenner Marokkos versichert, daß Erztransporte im Sustale alle dreihunderttausend Berberkrieger zum ,heiligen Krieg' gegen die Eindringlinge anlocken würden. Am besten wissen dies natürlich aber die Herren Mannesmann, denen es recht gelegen käme, wenn sie unter der Obhut des Reiches ihre jetzt sehr problematischen Schürfrechte ausüben dürften. Doch für das Reich wäre dies ein teurer Spaß; denn durch eine ständige ,Schutzwache' von mindestens 20.000 Mann würden sich die fanatischen Atlasstämme wohl kaum dauernd zurückhalten lassen."

Diese Darlegungen in dem sonst Marokkofanatischen bayerischen Regierungsblatt genügen allein, um die ganze Gefahr der „wirtschaftlichen" Aufteilung erkennen zu lassen. Es gibt nur eine für das deutsche Volk gedeihliche Losung: Weg vom Sus!

Alle Kolonialpolitik ist günstigsten falls ein Bereicherungswerkzeug für einige Kapitalisten und Abenteurer. Die bisherigen deutschen Kolonien haben uns im letzten Jahrzehnt 500 Millionen mehr gekostet als eingebracht. Damit einige Kolonialspekulanten verdienen, wurde der Hunger der Massen furchtbar besteuert, wurde die *innere* Kolonisation in Deutschland gelähmt.

Man rät uns, ferne Wüsten aus unterirdischen Flüssen zu bewässern und um dieses Zieles willen einen Weltkrieg zu wagen. Derweilen gehört Deutschland selbst noch zu den dürftig kolonisierten Ländern. Jeder Wolkenbruch schafft ungeheure Verheerungen, weil unser Wasserverteilungssystem noch in den Anfängen steht. Jeder regenlose Sommermonat verbrennt die Felder, weil die Bewässerung noch nicht durchgeführt ist. Wir könnten für ungezählte Menschen fruchtbaren Ackerboden dem Wattenmeere abgewinnen; dazu haben wir kein Geld! Wir haben in Deutschland 500 Quadratmeilen Moor, deren Kultur erst zum kleinen Teile durchgeführt ist. Wie traurig und armselig steht es um die deutsche Obstbaumzucht! Welche gewaltigen Flächen liegen brach und öde! Deutschland hat bei einer Bodenfläche von 54 Millionen Hektar 6,2 Millionen Brache und Ödland; Frankreich bei der gleichen landwirtschaftlichen Fläche nur 3,8 Millionen. Die weltpolitischen Milliarden für Deutschland selbst aufgewandt, und unser Vaterland könnte ein blühender Garten werden.

So sind unsere Alldeutschen in Wahrheit nicht die Mehrer, sondern die Zerstörer deutschen Volkstums. Damit einige Kolonialräuber die Welt für ihre schmutzigen Privatinteressen abgrasen können, wird deutsche Arbeit sinnlos vergeudet. Indem die internationale Sozialdemokratie aber diese „Weltpolitik" bekämpft, treibt sie echte Heimatpolitik.

[4. September 1911.]

III. FRANKREICHS FRIEDENSBÜRGSCHAFT

Am Ausgang der Marokkokrisis veröffentlicht *Camille Pelletan* im Matin Betrachtungen, die in Deutschland gehört und beherzigt zu werden verdienen. Um so mehr, als die deutsche Presse ihr skandalöses Sommertreiben eben damit beschließt, daß nach der Franzosenhetze jetzt Frankreich gegen England auszuspielen sucht, und die übereinstimmenden, der Auslassung Pelletans durchaus verwandten Urteile der englischen Zeitungen und Revuen als boshafte und gehässige, lediglich englische Verleumdungen denunziert.

Lange Zeit hindurch, schreibt Pelletan, hatte der deutsche Kaiser die Gewohnheit geübt, in recht nahen Zwischenräumen irgendein Drohwort auszusprechen, dessen Explosion die Welt alarmierte. Man hörte hin; unterrichtete sich; die Journale der ganzen Welt waren voll von Erläuterungen über die Redewendung, oder von mehr oder minder richtigen Informationen über ihre möglichen Folgen. Dann legten sich die Beängstigungen des ersten Augenblicks, und Europa wurde wieder ruhig.

Auch in Deutschland war man über diese lärmenden Überraschungen wenig erfreut, und die öffentliche Meinung wünschte, daß der Kaiser auf solche Kundgebungen verzichte. Jetzt sei es nicht mehr der Kaiser, sondern sein Kanzler, der durch solche heftige Tamtam-Schläge die Welt störe. „Diesmal war der Lärm ernster, länger; er scheint jetzt fast vorüber; aber er hat lange genug gedauert, und was noch ärgerlicher, er droht zukünftig sieht zu erneuern."

Beunruhigt fragt Pelletan, wie lange die jetzige Verständigung dauern werde. Man verspricht uns, fährt Pelletan fort (der übrigens ein Gegner der Expansionspolitik ist), die Vorherrschaft in Marokko. Ich fürchte ein wenig dies gefährliche Geschenk, wenn wir's haben werden, wird unsere Grenze nicht weniger offen sein; das kaiserliche Militärreich, das unser furchtbarer Nachbar ist, wird nicht weniger bewaffnet sein; und seine Regierung wird wahrscheinlich nicht auf die Tamtam-Schläge verzichtet haben. Nach Erwerbung eines Teiles des Kongo wird man nur um so mehr Lust haben, wieder anzufangen. In den wirtschaftlichen Zugeständnissen in Marokko, d. h. in den Konzessionen an einflußreiche Kapitalisten, wird Deutschland so viel Vorwände zur Klage und zum Konflikt finden, wie es wünscht.

Pelletan ist nichts weniger als ein Chauvinist. Aber er stellt doch fest, daß Frankreich in den letzten gefährlichen Monaten durchaus kaltes Blut bewahrt hat. Es ließ sich weder nationalistisch erhitzen, noch durch die Schrecken und Verwüstungen eines möglichen Krieges in Angst jagen. Selbst die Geschäftswelt blieb völlig ruhig. Das Kapital, das furchtsamste Ding der Welt, hat nicht das leiseste Symptom einer Panik gezeigt. Aber in Deutschland wurden Sparkassen gestürmt, aus den Banken die Gelder zurückgezogen, eine wirtschaftliche Deroute hervorgerufen. Und Pelletan weist sehr zutreffend auf die Ursachen dieses Unterschiedes hin:

„Es scheint mir schwer, unseren republikanischen Einrichtungen ihr Verdienst an dieser verschiedenen Lage zu verweigern. *Frankreich weiß sich Herr über sein Geschick; es braucht nicht zu fürchten, daß eine Regierung, die es in seiner Hand hält, es in das Ungefähr eines Krieges stürzen könnte, gegen seinen Willen.*

Frankreich wäre wahrscheinlich weniger ruhig gewesen, wenn es noch einen Kaiser gehabt hätte, wie den, der unsere Heere nach Sedan geführt hat. Und man begreift, daß *Deutschland nicht eben so viel Vertrauen gehabt hat, weil es nicht dieselben verfassungsmäßigen Garantien hat.* Auf jeden Fall bezahlt Deutschland heute auf dem finanziellen und wirtschaftlichen Gebiete die Kosten der Krisis, die seine Regierung geschaffen hat. Ein solches Ergebnis ist ohne Zweifel nicht geeignet, Deutschland die Politik der Tamtam-Schläge lieben zu lassen."

[5. Oktober 1911.]

IV. Was nun?

Bis in die Reihen der Nationalliberalen hinein ist jetzt zugegeben worden, daß die Entsendung des „Panthers" nach Agadir ein Fehler gewesen ist. Das ist ein gefährlich *verspätetes* Zugeständnis, das erst unter dem Gefühle sich hervorwagte, daß die lärmende Aktion zu Anfang in keinem Verhältnis zu dem dürftigen Ertrag am Ausgange stehe. Aber erinnern wir uns: In jenen ersten Julitagen, da Europa bewußtlos am Abgrund des furchtbarsten aller Weltkriege taumelte, jauchzte die gesamte bürgerliche Presse, ohne Ausnahme, nur in verschiedenen Abtönungen über die befreiende Tat des Herrn v. Kiderlen. Für eine befreiende Tat konnte das Geschehnis doch nur deshalb angesehen werden, weil man von ihr den Anfang weltpolitischer Besitzergreifungen erwartete. In jenen Tagen hatte alles tripolitanische Stimmungen, und alles Preßgesinde erklärte heldenmütig, daß das deutsche Volk zu den äußersten Konsequenzen entschlossen sei. Die Sozialdemokratie war in jenen Sommertagen mit ihren Protesten, ihren Warnungen, ihren Hinweisen auf die drohenden Katastrophen völlig einsam.

All die deutschen „geheimen" Aufklärungen haben bisher keine Aufklärung über Grund und Absicht des Unternehmens gegeben. Herr v. Kiderlen hat immer wieder behauptet, niemals sei an eine Besitzergreifung in Marokko gedacht worden. Er hat jene unerhörte Aktion nur als so etwas wie einen ein wenig energischeren offiziösen Zeitungsartikel erklären wollen. Das ist natürlich eine so kindische Begründung , daß sie kein ernsthafter Mensch glaubt. Dennoch hat Herr v. Kiderlen wirklich vielleicht nicht mehr gewollt als eine schöne Geste. Die einzige Erklärung ist immer noch, daß sich die Berliner Regierung durch die falschen Berichte des unfähigen deutschen Botschafters in London, Wolff-Metternich, hat in den Wahn locken lassen, England sei unzufrieden mit der französischen Marokkopolitik und würde ein hemmendes Eingreifen Deutschlands nicht ungern sehen.

Indessen, es hat keinen Zweck mehr, über die fatalen Ursachen beispielloser Fehler zu grübeln. Das Unheil ist geschehen, es kann durch gar nichts mehr in seinen Wirkungen abgeschwächt werden.

Mag man jetzt Verträge schließen, Friedensreden halten und sich in Beteuerungen internationaler Loyalität überbieten, der „Panthersprung" wird niemals mehr vergessen und er wird überall in der Welt als ein erster, mißglückter Versuch aufgefaßt, die *deutsche Weltherrschaft* zu beginnen.

Wir debattieren nicht über das *Recht*, daß auch Deutschland sich eine Weltherrschaft gründe. Recht oder Unrecht – so viel ist sicher, daß unter den heutigen geschichtlichen Bedingungen eine solche Politik nicht durchgesetzt werden kann, ohne daß die Völker Europas in einen Krieg gestürzt werden, der einen Weltuntergang bedeutet. *Deshalb* ist jede imperialistische Politik für die Sozialdemokratie undiskutabel.

Das internationale Proletariat aber hat Eile, einen entscheidenden Einfluß auf das Schicksal der Völker geltend zu machen. Die Katastrophe lauert an der Schwelle. Die Gefahr ist größer denn je. Die Sozialdemokratie allein ist der Friede.

Der neue Reichstag wird sich bald nach seinem Zusammentritt mit einer neuen *Flottenvorlage* zu beschäftigen haben. Eine Flottenvorlage aber bedeutet mehr als eine neue schwere Belastung der Volksmassen. Eine neue deutsche Flottenvorlage wirkt als ein neuer, stärkerer Panthersprung, als eine abermalige Bekräftigung der internationalen Überzeugung, daß Deutschland sich heute noch nicht stark genug fühlt, den Kampf um die Weltherrschaft mit England zu beginnen, daß es aber morgen, übermorgen losschlagen wird. Diese allgemeine, und immer wieder durch die deutsche Politik genährte Überzeugung ist die furchtbare Gefahr, unter der wir leben. Denn dadurch muß bei den anderen Mächten der politische Gedanke die unheimliche Gewalt einer nie rastenden Zwangsvorstellung gewinnen, ob man so lange warten soll, bis die deutsche Rüstung vollendet ist, ob man nicht zuvorkommen kann.

Über diese Gefahr dürfen wir uns keinen Augenblick täuschen und beruhigen.

Ein französischer Offizier und Militärschriftsteller, Pierre Felix, veröffentlicht soeben in Paris eine Schrift, die für jene verruchten, aber nun einmal vorhandenen Stimmungen eine aufklärende Urkunde ist. Unter dem Titel: „Et maintenant ?" – „Und nun?" – veröffentlicht er Betrachtungen über die durch den französisch-deutschen Vertrag geschaffene Lage und er setzt bereits auf das Titelblatt die drohende Losung und Lösung:

„Le Désarmement ou la guerre" – Abrüstung oder Krieg.

Es hilft nicht, daß man den Verfasser als einen Nationalisten (klerikaler Färbung) abtut (der Sozialismus wird von ihm wie eine einfältige Utopie behandelt) – die Gedanken, die er entwickelt, haben ihre Logik, und was er schreibt ist trotzdem herrschende Meinung.

Pierre Felix geht von der Vorstellung aus, daß Deutschland die Weltherrschaft erstrebt: „Was Deutschland noch zügelt, ist die englische Flotte ..., aber in zehn Jahren wird sich die deutsche mit der englischen Flotte messen können." Dann ist Deutschland eine schlechthin unüberwindliche Macht. Also darf man nicht warten, also muß man heute handeln. Es gibt nur noch zwei Möglichkeiten: die gleichzeitige, allgemeine und vollständige Abrüstung oder den Weltkrieg mit all seinen unermeßlichen und unausdenkbaren Folgen. Man muß Deutschland zur Abrüstung zwingen, mit allen Mitteln politischen, wirtschaftlichen, militärischen Zwanges. Die Abrüstung aller Mächte muß vollständig sein. Zur Aufrechterhaltung der europäischen Sicherheit gegen plötzliche Störungen soll nur noch eine Art *internationaler Gendarmerie* gestattet sein: höchstens 100.000 Berufssoldaten und vier Kreuzer, Macht genug, um Friedensstörungen abzuwehren, nicht stark genug, um zu erobern. Weigert sich Deutschland, sich diesen Abrüstung anzuschließen, so muß sofort die Entscheidung durch einen Krieg herbeigeführt werden, in dem Deutschland unterliegen muß, da es England, Frankreich und Rußland gegen sich, nur Österreich für sich haben würde. England soll alsbald diese Entscheidung herbeiführen:

Abrüstung oder Krieg ! ...

Weltfriedlich-blutrünstige Hirngespinste! Gewiß! Wenn sie nur nicht zugleich bis zum Ende durchdachte tatsächliche Erscheinungen wären! Zum Glück hat die Beweisführung dieser (im doppelten Sinne!) Gewaltabrüstung doch eine Lücke; und der Verfasser fühlt sie. Darum schaltet er das *Proletariat*, die Sozialdemokratie, aus seiner Berechnung aus, wenn er auch Bebels Jenaer Kriegsschilderung ausdrücklich bekräftigt. Er will die proletarische Weltmacht nicht sehen, weil seinem reaktionären Kopf vor ihr graut.

Zum Heil der Welt ist diese Macht dennoch vorhanden. Pierre Felix hätte recht, wenn das Proletariat nicht vorhanden wäre. Gewinnt bei den nächsten Wahlen die deutsche Sozialdemokratie entscheidenden Einfluß auf die deutsche Politik, so wird sie ebenso sehr für die Entfaltung aller nationalen Kulturkraft im friedlichen

Wettbewerb sorgen, wie sie – durch ihre unbezweifelbare Friedens-entschlossenheit – das Weltmißtrauen gegen die finsteren Pläne des deutschen Imperialismus beseitigen wird nicht zum wenigsten dadurch, daß sie durch Sicherung der Volksrechte und durch ein Budget von Besitzsteuern den Friedenswillen des Proletariats betä-tigen, den Rüstungswahn der Herrschenden beugen wird.

Anmerkung 1918. Das ward am 28. November 1911 veröffentlicht. Die „nächsten Wahlen" ließ man noch zu; es kamen 110 Sozialde-mokraten. Auf 200 Sozialdemokraten aber wollte man nicht mehr warten. Man wußte noch nicht, daß man auch mit 200 Sozialdemo-kraten im Reichsparlament ohne innere Schwierigkeiten einen Welt-krieg führen könnte.

Vom unheiligen Wortgeist
Eine Pfingstlegende
(Mai 1912)[19]

Sokrates, der weiseste aller Menschen, fühlte, daß der Schierlings-trank in seinem Leibe seinem Erfolge nahe war; seine Glieder waren starr und schwer.

Da überflog er sein Leben. Er hatte die Kunst geübt, aus den Menschen die Vernunft herauszulocken. Er stellte so listig allerlei Fragen an sie, daß alle schließlich den Weg zur eigenen Menschen-vernunft fanden; alle Griechen kamen zu sich selbst.

Niemand hatte sich dieser Macht entzogen. Alles dachte mit dem Verstande des Meisters. Nur sein Eheweib nicht. Aber das kam nur daher, weil ihn seine Frau gar nicht erst zum Fragen kommen ließ.

Um so besser hatten die griechischen Bürger seine Kunst begrif-fen; und die *Gefahr* seiner Kunst. Wie, wenn er auch begann, die *Skla-ven* die sokratische Vernunft zu lehren, indem sie an sich die einfa-che Frage richteten: Warum bin ich Sklave? Das war offenbar gegen die Ordnung der *Götter*. Also wurde Sokrates wegen Götterlosigkeit

---

[19] Textquelle | Kurt EISNER: *Gesammelte Schriften. Zweiter Band.* Berlin: Paul Cassi-rer 1919, S. 105–109.

zum Tode verurteilt. Und heiteren Gemütes trank er den Giftbecher. Wie aber nun seine Freunde sahen, daß ihr Meister alsbald von hinnen gehen würde, weinten sie. Da lächelte Sokrates und sprach: „Weinet nicht, o meine Freunde. Denn jetzt werde ich in den Olymp meiner Seele eingehen. Meine rastlos fragende Seele wird fortan nicht gehemmt und beschwert durch die Häßlichkeit und Gebrechlichkeit des Leibes, und meine Seele wird künftig die Menschen befragend zu reiner Antwort läutern. Kein Schierlingsbecher vermag den ewigen Flug meiner Seele zu senken. Niemand vermag mich mehr zu verfolgen, und, glaubet mir, des Sokrates Geist wird nun in allen Menschen leben und in ihnen die Wahrheit erfragen. Dann werden selbst die Böotier menschlich weiser werden als die Gebildeten des Volks von Athen. Mein unsterblicher Geist wird in allen Köpfen fragen, und die unreinen Schlammbäche wilder Triebe werden klar und leuchtend über die geglätteten, geschliffenen hellen Kiesel vernünftiger Begriffe tanzen. Lachet darum, o meine Freunde, daß mich der Schierling sinnlos einfältiger Verfolgung nun ganz befreite. Jetzt beginnt mein unsterbliches Leben."

Mit diesen Worten auf den bläulich geschwollenen Lippen starb Sokrates. Seine Freunde aber gingen hinaus und verbreiteten die frohe Botschaft: Des Sokrates heiliger Geist ist, aus der Gebundenheit des Leibes befreit, zur Erde niedergefahren, und sein Heim und Herd ist fürderhin in aller Menschen Denken und Wollen! Befraget nur ernstlich eure Seelen, lauschet in eure Herzen, und Sokrates wird aus euch zu euch antworten!

So kündeten die Freunde. Und wahrhaftig, es begann ein mächtiges Fragen und Reden unter den Menschen. Sie stellten die Worte so künstlich wie Vogelfallen, daß sich auch der stumpfeste Geist in ihnen verfing und nicht mehr vermochte herauszufinden. Alles ward vernünftig. Man tat nichts, was nicht auf einem gesetzlichen Grunde beruhte und auf einer Einheit des Denkens; und alles, was die Menschen verrichteten, leiteten sie von obersten Sätzen ab, die man ewige Wahrheiten nannte.

Aber ein finsterer Dämon schien sein Spiel mit den Worten zu treiben. Denn die Vernunft rechtfertigte den grauenvollen Wahnsinn, das Denken erdachte gaukelnden Aberglauben, und aus all den sinnreich gereihten Worten entsprang schließlich schamlos schmutzige Lüge.

Immer finsterer wurde die Welt und gequälter die Menschheit, der dann die Herrschenden die weise Notwendigkeit so zwingend sokratisch bewiesen, daß die Unseligen es selber glaubten und sich gar brüsteten mit solcher Wissenschaft.

Die echten Jünger des Sokrates aber begannen dem Meister zu fluchen, der alle betrogen hatte. Da erschien eines Nachts der Geist des Sokrates leibhaftig vor ihnen und verteidigte sich, unter Tränen: „O meine armen Freunde! Das Volk von Athen hat nicht nur meinen Leib vergiftet. *Der verfluchte Schierlingssaft ist auch in meine Seele gedrungen!* Und dieser Schwindelgeist ist seitdem in alle Hirne geflossen. Die Worte, die Diener und Werkzeuge vernünftiger Dinge sein sollten, sind selbstherrlich geworden und taumeln toll und trunken durch die Gassen, losgelöst von der inneren Zucht des Gedankens, und doch sich spreizend in den befleckten Lumpen der Vernunft. Ihr aber, meine Freunde, sollt mich erlösen, mich und die ganze Menschheit. Wohlan, treibt den Schierlingsgeist aus den Seelen!"

Da gelobten sich die Freunde, den Meister zu erlösen, und die ganze Menschheit.

Jedoch das Schierlingsgift rann unzerstörbar in den Adern der Jahrhunderte, ließ sie taumeln und wollte sich nicht erschöpfen.

Verbrecher raubten den Menschen ihr Land und nannten sich die Edlen, daß alle vor ihnen knieten in Ehrfurcht. Damit sie aber Hehler und Helfer ihrer Verbrechen hätten, erfanden sie die Treue und nannten sie die höchste Tugend. Sie trieben die Völker widereinander, daß sie sich mordeten, und heiligten die *Untat* als *Tapferkeit und Kampf für das Vaterland.* Verwilderte Herrschsucht legte die Hirne in Fesseln und sie sprachen von *Gott, Religion, Liebe, Demut, Glauben, Frömmigkeit.* Der Aberwitz ward Gesetz und hieß sich *Autorität.* Die Freuden des Daseins wurden verleumdet: *Sinnenlust* ward ein Brandmal. Wehe denen, die sich auflehnten gegen die Finsternis! Das Wort erhob sich gegen sie: *Ketzer!* und war tödlich. Oder ein anderes Wort klirrte: *Aufrührer!* und erwürgte. Wehe dem Weibe, das einen Feind hatte: Viele Zehntausende starben unter Martern an dem *einen* Worte: *Hexe!* Immer aber ward alles bewiesen, nach rechten Regeln des Verstandes. Man unterdrückte und nannte es Recht, man vergewaltigte und sprach von Ordnung. Man sog den Armen ihre Arbeit aus den Leibern und verschlang sie ruchlos, sagte aber: *Ich gebe dir Brot!* …

Fast begannen die Jünger des Sokrates am Kampfe zu verzagen. Dennoch blieben sie aufrecht und rangen um die Reinigung der Vernunft. Und siehe da! Auf einmal fingen die Worte an, sich zu den Dingen zurückzufinden, und wurden zu Waffen wider den Erbfeind des Menschengeschlechts. Man sprach aus, *was ist.* Fortan aber wandelte sich das Spiel der Irrgeister. Alles Elend und jede Gemeinheit ertrugen sie gelassen; keine Wirklichkeit, und mochte sie noch so schimpflich sein, störte ihr Behagen. Nannte man aber das Ding beim *Namen,* so fielen sie rasend über die Worte her und über die Menschen, die sie aussprachen. Was sie im Leben sahen, nahmen sie still und feig hin, so es aber in den *Abbildern* des Wortes oder der Linie vor ihnen erschien, trieb es sie zur Wut. Solches Tun aber nannte man *Entrüstung.*

Und eines Tages geschah es, daß ein Fürst einem Stamm gedrohet hatte, ihn in Scherben zu schlagen und die Scherben ins Preußenland zu verhandeln. In einem großen Hause, darinnen man viel Worte verlor, erhob sich aber ein Schüler des Sokrates und holte behaglich, getreu der Kunst seines Meisters, aus der Drohung des Fürsten alles das heraus, was in ihr eingewickelt verborgen war. Niemals hat der Erdkreis solche Entrüstung erlebt, wie sie damals ausbrach! Und unzählige Fäuste erhoben sich gegen den Missetäter: *„Bube, du hast Preußen beschimpft! Pfui !!"*

In diesem Augenblick aber erscholl aus den Lüften ein ungeheures Lachen.

Der Geist des Sokrates war erlöst und lachte, befreit endlich von aller Qual.

Mit jenem Riesenkonsum von Entrüstung war das alte Schierlingsgift auf einmal – *aufgebraucht !* ...

Die Kabinettsorder von 1820
Ein deutsches Sittenbild aus dem 20. Jahrhundert
(Januar 1914)[20]

I. |

Im Innern der Staaten selbst, wo die Menschen zur Gleichheit
unter dem Gesetze vereinigt zu sein scheinen, ist es großen-
teils noch immer Gewalt und List, was unter dem ehrwürdi-
gen Namen des Gesetzes herrscht; hier wird der Krieg um so
schändlicher geführt, weil er sich nicht als Krieg ankündigt,
und dem Befehdeten sogar den Vorsatz raubt, sich gegen un-
gerechte Gewalt zu verteidigen ...
Die Befreiung des ersten Volks, das da wahrhaftig frei wird,
erfolgt notwendig aus dem stets wachsenden Drucke der
herrschenden Stände auf die beherrschten, so lange, bis er un-
leidlich wird; – ein Fortschritt, welchen man den Leidenschaften und der Verblendung jener Stände, auch wenn sie
gewarnt werden, sehr ruhig überlassen kann.
J. G. FICHTE, *Die Bestimmung des Menschen*. 1800.

Der deutsche Bürger hegt seit jeher eine verhängnisvolle Bewunderung für die Charakterfestigkeit der – *andern*. Je unterwürfiger er
selbst ist, um so mehr bestaunt er die Rücksichtslosigkeit der Eisen-
kerle. Das ist das Glück der Junker gewesen und der von ihren Klas-
seninteressen geformten preußischen Soldateska. Der deutsche Bürger verfällt gar nicht auf den Gedanken, daß gerade dann, wenn sich
die ihm feindselige politische Macht männlich ehrenhaft schlägt, er
dann um so unerbittlicher sein eigenes Recht durchsetzen müßte:
Mann gegen Mann! Es ist das Geheimnis des Erfolgs des feudalen
Militarismus, der so gespenstisch in die aufgehellte Erde von heute
hineingrinst, daß er jede schimpfliche Handlung mit schmetternden
Fanfaren zu verwegenem Angriff führt; daß er, ertappt, sich nicht
ergibt, sondern seine Ankläger angreifend zu Paaren treibt.
So wird jetzt dem bürgerlichen Liberalismus sogar der kernige

---

[20] Textquelle | Kurt EISNER: *Gesammelte Schriften. Erster Band*. Berlin: Paul Cassirer
1919, S. 509–520.

Oberst v. Reutter zum Helden, der zwar nicht einmal in der eigenen Truppe Zucht zu halten vermochte – trotz strengen Verbots durfte der ihm untergebene Leutnant die Bevölkerung beschimpfen und Soldaten durch Belohnungen zur Tötung von Zivilisten aufreizen – der aber, in strammer Bewußtlosigkeit der rechtlichen Grundlagen des Staats die bürgerliche Ordnung über den Haufen zu werfen und kaltblütig Maschinengewehre gegen neckende Kinder bereit zu stellen wagte. [‚*Zabern-Affäre' Ende 1913*, Anm. pb.] Ein ehrlicher Haudegen – sicher; meinetwegen auch ein sympathischer Fanatiker aus militaristischer Inzucht. Aber dürfen die Verteidiger der bürgerlichen Freiheit *deshalb* ihm mildernde Umstände bewilligen? Müßten sie nun nicht erst recht *selber* Kerle sein und die widerspenstige Gewalttätigkeit zur Fügigkeit zwingen? Nein, reizend so ein kerniger Schlagododro, so ein schneidiger Draufgänger ohne alberne juristische Hemmungen! Und wenn die Zivilverwaltung so schlapp versagt – nämlich die Ehre provozierender Jünglinge im Leutnantsrock nicht dadurch schützt, daß sie die Straßen mit Bürgerblut färbt – so konnte der prachtvolle alte Herr doch gar nicht anders handeln, als einfach selbst in das Bürgerpack hineinzufahren. Denn schließlich, der liberale Bürger ist doch selbst Leutnant der Reserve, und sein Sohn vielleicht gar schon Fahnenjunker!

In seinem ehrfürchtigen Staunen vor dem bewaffneten Charakter erkennt er nur noch wie durch Nebelschleier, daß bei diesem Vorfall der ganze bürgerliche Rechtsstaat in die Luft gesprengt wurde. Und in Andacht versunken vor den ragenden Beinen eines herrlichen Verächters des zivilen Paragraphenplunders gewinnt er selbst nicht das Bewußtsein, daß dieses Jahr 1914 mit einer der *wichtigsten Entdeckungen begonnen hat, mit der Entdeckung des Geheimnisses des letzten Jahrhunderts preußisch-deutscher Geschichte, mit dem Verrat der geheimen Kabinettsorder* vom 17. Oktober 1820.

In der Tat, jetzt endlich kennen wir das Ergebnis eines hundertjährigen Kampfes um die staatsbürgerliche Freiheit und Rechtssicherheit. Das öffentliche Recht ist in Preußen-Deutschland ein wüster Trümmerhaufen unfertiger Gesetze. Die Elementarrechte des Deutschen sind lediglich interessante Streitfragen für die Professoren des Staatsrechts. Die Lebensbedingungen unseres staatlichen Daseins sind durch unbestimmte, widerspruchsvolle, jeder Deutung fähige oder jedem ernsten Gebrauch sich entziehende Bruchstücke rechtlicher Normen geregelt. Aber hinter dieser Mannigfaltigkeit des Dunklen und Schweifenden ahnten wir längst das eine einheitliche herrschende Gesetz, das sich aber bisher vor unseren tastenden Händen und spähenden Augen verbarg: Die Kabinettsorder von 1820. Sie ist – ganz ohne übertreibende Ironie gesprochen! – *die wirkliche preußische und mithin die wahre deutsche Verfassung.*

Dieses staatliche Grundgesetz aber des preußischen Wesens war schon zur Zeit seiner Emanation geheim, zur Kenntnis nur bestimmt für die herrschenden Gewalten, nicht für die ihm unterworfenen Untertanen. Selbst im Jahre 1820, in der Zeit der tiefsten Erniedrigung Deutschlands, wagte man jene hohenzollernsche Kabinettsorder nicht in die „Gesetzessammlung für die preußischen Staaten" aufzunehmen, die doch wahrlich damals vor der Kundgabe blutiger Gewaltverordnungen nicht zurückschreckte, sondern in jenen Jahren vollgepfropft ist mit den Exzessen reaktionären Wahnsinns. *Das* wagte man selbst damals nicht der Öffentlichkeit zu bieten. Es wußte nur darum, wer berufen war, im Ernstfall danach zu handeln. Diese geheime Kabinettsorder aber ist die „Rechtsgrundlage", mit der jede preußische Gewalttat in Deutschland sich seitdem begründen kann; wenn man sich erst nach fast 100 Jahren auf sie beruft, so nur deshalb, weil man sich trotz allem nicht mehr stark genug fühlt, ohne jede rechtsartige Begründung Gewalt zu üben.

Selbstverständlich, diese Kabinettsorder hat keine *Rechts*geltung mehr, hat sie überhaupt niemals gehabt, da sie geheim geblieben ist. Und wenn sie jemals den Schein eines Rechts besessen haben sollte, so ist sie durch die preußische Verfassung vom 31. Januar 1850 aufgehoben, deren Bestimmungen über die Eingriffe der bewaffneten Macht in das bürgerliche Leben durch das preußische Gesetz über den Belagerungszustand vom 4. Juni 1851 im einzelnen näher umgrenzt und so in das deutsche Reichsrecht übergegangen sind, da wir es in den mehr als vier Jahrzehnten gesetzgeberischer Arbeit im Reichstag immer noch nicht zu dem angekündigten neuen Gesetz gebracht haben. Mit diesen Vorschriften der Verfassung von 1850 und des Gesetzes von 1851 steht die Kabinettsorder von 1820 in unvereinbarem Widerspruch, und kein preußisches Staatsrechtswerk, auch das ausführlichste und maßgebende von Rönne nicht, hat bisher von jener Kabinettsorder etwas gewußt, die zwar keinerlei Rechtskraft, aber eine um so entschiedenere Machtgeltung hat. Wir haben ja auch inzwischen erfahren, daß wieder als geheime Instruktion, obzwar unter ministerieller Gegenzeichnung – die alte Kabinettsorder am 23. März 1899 vom gegenwärtigen König von Preußen den militärischen Kommandostellen aufs neue eingeschärft worden ist.

Es ist ein Irrtum militärischer Schriftsteller, wenn sie jetzt behaupten, diese königliche Aufforderung zur militärischen Aufhebung der bürgerlichen Verfassung sei in der Armee unbekannt. Die Kabinettsorder ist in der Tat Dienstbefehl der obersten Kommandogewalt und durchaus nicht nur auf die preußischen Truppenteile beschränkt.

„Findet der Militär-Befehlshaber, bei Beobachtung des Auftritts nach Pflicht und Gewissen, daß die Zivil-Behörde mit der Requisition um Militärbeistand zu lange zögert, indem ihre Kräfte nicht mehr zureichen, die Ruhe herzustellen, so ist er befugt und verpflichtet, auch *ohne* Requisition der Zivilbehörde einzugreifen, und den Befehl, dem diese sich zu fügen hat, zu übernehmen." Diese Verfügung der alten Kabinettsorder, die jedem militärischen Befehlshaber gestattet, auch ohne Verhängung des Belagerungszustandes die Zivilverwaltung durch das militärische Standrecht außer Kraft zu setzen, ist in der Tat bis zur Stunde die allgemeine militärische Instruktion. Die Wendung der 1899 aufgefrischten Kabinettsorder kehrt z. B., fast wörtlich wieder in dem Handbuch des bayerischen Kriegsgerichtsrats Endres: „Der militärische Waffengebrauch". Da heißt es kurz und bündig: „*Ohne Requisition* einer Zivilbehörde sind die Militärbefehlshaber behufs Erhaltung der öffentlichen Ruhe, Ordnung und Sicherheit zum Einschreiten mittels Waffengewalt zur Unterdrückung innerer Unruhen und zur Ausführung von Gesetzen selbständig befugt: a) *wenn der Militärbefehlshaber nach Pflicht und Gewissen findet, daß die Zivilbehörde zu lange zögert.*["]

Der tapfere Held von Zabern wußte also ganz genau, daß ihm gar nichts geschehen könnte; er brauchte nur nach Pflicht und Gewissen zu finden, daß die Zivilbehörde zu lange zögere. Diesen Nachweis aber konnte er auch jederzeit – dank uralter militärischer Rechtsbelehrung – führen. Denn ein anderes preußisches „Gesetz" erklärt hinlänglich, warum der Zaberner Oberst im voraus wissen konnte, daß das Militärgericht alle unbequemen Aussagen von Zivilisten „gesetzlich" mißachten durfte. In Übernahme gewisser Bestimmungen des Allgemeinen Preußischen Landrechts (aus dem 18. Jahrhundert!) über die unterschiedliche Wertung von Zeugenaussagen, verfügte nämlich das preußische Gesetz über den Waffengebrauch vom 20. März 1837: „Daß beim Gebrauch der Waffen das Militär innerhalb der Schranken seiner Befugnisse gehandelt habe, wird *vermutet* bis das Gegenteil *erwiesen* ist. *Die Angaben derjenigen Personen, welche irgendeiner Teilnahme an dem, was das Einschreiten der Militärgewalt herbeigeführt hat, schuldig oder verdächtig* (!!!) sind, geben für sich allein keinen zur Anwendung einer Strafe hinreichenden Beweis für den Mißbrauch der Waffengewalt."

Dem braven Oberst konnte wirklich nichts passieren. Er war völlig gedeckt (wenn auch nicht durch das Recht). Er brauchte nur nach Pflicht und Gewissen zu finden, daß die Zivilbehörde zu lange zögere, und das Gegenteil pflichtmäßigen und gewissenhaften Handelns konnte ihm niemals nachgewiesen werden, da ja alle bürgerlichen Zeugen als der Teilnahme schuldig oder verdächtig *„gesetzlich"* unglaubwürdig waren! Der Oberst hatte nicht mehr Entschlossenheit aufzuwenden, als Rekruten, die blindlings irgendeiner zwar ungesetzlichen aber durch den Befehl des Vorgesetzten eben gedeckten Weisung eines Unteroffiziers folgen.

Bei dieser Sachlage erblaßt nun doch der Strahlenkranz des Heldentums so sehr, daß selbst die liberalen zivilen Charaktere von der Erhabenheit des militärischen Charakters sich nicht mehr begeistern zu lassen brauchen. Der sonst bewußtlose Oberst war sich ja darüber klar bewußt, daß er nicht stürzen würde, es müßte denn zuvor das ganze preußische System stürzen, das seit jeher nichts ist wie eine geheime feudal-militaristische Verschwörung gegen bürgerliche Freiheit und Sicherheit.

Nun aber wissen wir auch, was in Wahrheit der Januschauer damals meinte, als er den Reichstag mit dem Leutnant und den zehn Mann bedrohte. Er dachte an die Kabinettsorder von 1820 ...

II. |

Die Ausgrabung der unter der Erde höchst lebendig gebliebenen Kabinettsorder ist der witzigste und würdigste Abschluß des Jahres der Feier der Freiheitskriege. Dem schlichten und ach! so kernigen Obersten von Zabern war es vorbehalten, uns mit *einer* klirrenden

Tat zu zeigen, was in Wahrheit die Regierenden mit der Jahrhundertfeier beabsichtigten. Sie dachten nicht daran, den Volksaufstand von 1813, die Befreiung von Napoleon, zu verherrlichen; ihre Inbrunst galt den heiligen Errungenschaften, die *nach* den Kriegen für das preußische System gewonnen wurden.

Der frechste Spötter würde nicht die phantastische Erfindung gewagt haben, daß am Ende des Jubeljahres eine Verordnung als die Rechtsgrundlage des deutschen Reiches produziert werden würde, die man sogar im Jahre 1820 nicht zu veröffentlichen wagte.

Man muß sich nur einmal anschaulich vorstellen, was es heißt, auch nur zu *behaupten*, daß ein absolutistisches Erzeugnis aus dem Preußen von 1820 im zweiten Jahrzehnt des 20. Jahrhunderts Rechtskraft haben könnte.

Die Kabinettsorder ist eine der Maßnahmen, und zwar die tollste, die bestimmt war, die Durchführung der Karlsbader Beschlüsse zu sichern. Man traut den Bürgern nicht mehr, nachdem sie mit ihrem Blut den *Fürsten* die Freiheit erobert. Der deutsche Bund ist begründet zu dem Zwecke, daß sich seine Mitglieder gegenseitig im Kampfe gegen widersetzliche Untertanen Soldaten und Waffen leihen. Jede politische Bewegung gilt als „gefährliche Verbindung", die mit Zuchthaus, Schafott, Waffengewalt zu unterdrücken ist. Jede geistige Regung, Wissenschaft und Kunst wird unter Polizeiaufsicht gestellt. Es ist die Zeit, da eine Kabinettsorder Friedrich Wilhelms III. von Preußen bestimmt: „Da seit einiger Zeit auf mehreren Universitäten Spuren von Verbindungen und anderen Umtrieben unter den Studierenden sich abermals gezeigt haben, die Untersuchung derselben aber darüber die *juristischen* Beweise *nicht immer zu ermitteln* vermag; so will ich, daß von nun an die bei meinen Universitäten angestellten außerordentlichen Regierungsbevollmächtigten gehalten und befugt sein sollen, diejenigen Studenten, welche nach ihrer Überzeugung *verdächtig* sind, auf der Universität förmliche oder formlose Verbindungen zu stiften, einzuleiten oder zu befördern, oder welche in solchen Verbindungen auf anderen Universitäten stehen, sowie diejenigen, welche Verbindungen zwischen den verschiedenen Universitäten unterhalten oder irgendeiner Gattung von darauf gerichteten oder anderen Umtrieben sich schuldig machen, *ohne weitere gerichtliche Untersuchung und ohne Mitwirkung des Universitätsrichters oder des akademischen Senats sofort von der Universität zu entfernen.* (Man erkennt die Ähnlichkeit mit der Kabinettsorder über die militärische Diktatur.) Es ist die Zeit, da der tote Fichte als der verfluchte Urheber des Umsturzes gilt, und die Mainzer Zentral-Untersuchungskommission die Demagogenjagd organisiert – gegen alle, die den Geist der eben beendigten Feldzüge als Freiheitskriege mißverstanden hatten.

Nicht nur Studenten und Professoren werden verfolgt und zu Tode gehetzt. Die ersten Führer der nationalen Erhebung sind jetzt verdächtig. Selbst Freiherr vom Stein wird von der Bundeskommission als einer von den Männern genannt, welche „die demagogischen Umtriebe besonders angeregt" hätten, ein Urteil, das der Kanzler des preußischen Königs, Hardenberg – sogar gegen Bedenken Metternichs – verteidigte. Ein konservativer Militär wie Gneisenau – damals Gouverneur von Berlin –, der sich nicht genug tun konnte, über das „jakobinische Gesindel" und über die damals radikalen Theologen und Priester von der Art de Wettes zu schimpfen, „die mit ihrer verpesteten Moral ganze Geschlechter vergiften, und Bibelstellen zum Beweis ihrer verbrecherischen Meinungen zusammenlesen", wird als Organisator der jetzt verfolgten Landwehr von 1813 geheimer Umtriebe bezichtigt. In dem Jahre der Kabinettsorder fand man bei der Verhaftung des mittelalterlich teutsch schwärmenden Görres in Koblenz folgenden Zettel:

„Ich muß schon Verräter am Vaterlande werden, indem ich bekenne, daß man heute einen Überfall gegen Sie projektiert. Coblenz, den 9. Mai 1816. Ihr Carl Gröben."

Das war die scherzhafte Ankündigung, daß Görres, der nur einen kleinen Haushalt führte, von einer Anzahl unerwarteter Gäste zum Abendessen „überfallen" werden würde. Jetzt nach vier Jahren – Graf Gröben war *Chef des Generalstabes* in *Breslau* – wurde dieser Zettel für das Anzeichen eines hochverräterischen Unternehmens gehalten, und sogar der alte Offizier in Untersuchung gezogen.

In diesem Jahre 1820 schreibt Jahn, der Turnvater, seine Klagebriefe aus Kolberg, wo ihm ein Zwangswohnsitz unter steter Polizeiaufsicht angewiesen ist, nachdem er aus langer willkürlicher Untersuchungshaft entlassen war. Am 16. Oktober 1820, also gleichzeitig mit der Kabinettsorder, schmuggelt er an Reimer in Berlin einen Brief durch, in dem er seinen Zorn ausströmt: „Freiwillig bin ich nicht in diesen Bannort gegangen. Gleich bei der ersten Ankündigung habe ich mir diese Gnade von Scheinfreiheit verbeten ... Mein Schicksal kümmert mich gar nicht, nur will ich mich nicht selbst eigenhändig geißeln. Mögen meine Feinde immerhin ihr Jagdnetz noch enger spannen. Je ungerechter, je besser. Schlimmer ist nichts als der vorgespiegelte Gnadenschein von Menschlichkeit, unter dessen Blendlicht jede Willkür verübt wird. Das macht unbefestigte Gemüter wandelbar und verwirrt die öffentliche Meinung ... Wer sich bei ungerechtem Anfall zufrieden gibt, wird Selbstmörder seiner eigenen gerechten Sache. Das kann das verhagelte und verhegelte Gesindel nicht begreifen. Von den Heuchellippen tönen in einem fort: Demut, Geduld, Ergebung und innerer Frieden. Diese hohlen Klänge sollen denn Kriechfertigkeit, Faulheit, Feilheit und Feigheit beschönigen. Das ist jenes aberwitzige Gezücht, für das Dante in seiner Hölle selbst nur Gräber hat."

Im Sommer 1818 war Ernst Moritz Arndts „Geist der Zeit, Vierter Teil" erschienen. Da hatte der leidenschaftlichste und beredteste Propagandist der Freiheitskriege in der Schaffung einer Volkswehr, oder wie er sagte, einer deutschen Wehrmannschaft, die einzige Sicherung nationaler Freiheit erkannt und gefordert:

„Die französische Umwälzung hat die verlorene Idee des wahren Krieges wieder in die Welt gebracht, sie hat gezeigt, wie fürchterlich und unüberwindlich Heere sein können, die von einer Idee oder nur von einem dunkeln, gemeinsamen Triebe beseelt werden, selbst wenn dieser Trieb einer der untersten und schlechtesten wäre. Alle Mächte, alle Heere, die durch Rüstigkeit und Fertigkeit und Übung und Glanz auf den Paradeplätzen für die ersten Heere Europas gehalten wurden, haben der Gewalt nicht widerstehen können, welche eine Volksgewalt war."

„Was soll man hieraus lernen? Und was haben die Völker daraus gelernt? Daß ein stehendes Heer, wenn es auch aus lauter Eingeborenen besteht, weder die leibliche noch geistige Kraft hat, ein Land allein zu beschirmen, sobald die Zeiten irgend gefährlich werden. Denn jedes stehende Heer, auch das beste, wird leicht etwas vom Volke Abgesondertes, Insichgeschlossenes, Sichvornehmer- und Besserdünkendes und entbehrt also nur zu bald aller gewaltigsten und größten Belebung der wahren Liebe und des wahren Mutes ..."

„Jedes stehende Heer wird im Frieden gar leicht etwas Abgestandenes und Totes, etwas Geistloses, Eingebildetes, woran sich Tand und Eitelkeit genug hängt. Die stehenden Heere sind seit hundert-fünfzig Jahren die Plage und Not der Völker Europas gewesen, für ihre fortgehende Vermehrung und Unterhaltung haben alle Kräfte der Länder über das Maß gespannt und angestrengt werden müs-sen, für sie müssen die meisten Völker noch seufzen."

„Mit den leeren Bildern des Kriegs soll im Frieden am wenigsten gespielt werden, die sind so voll Gaukeleien, des Tandes und Wah-nes, daß die besten Männer darüber eitel und leer werden können, und das zuletzt in einzelnen Tritten und Schwenkungen zu haben meinen, wozu ein ganz anderes Streben und ein ganz anderes Schwingen und Schwenken gehört, wenn es einmal Sieg und Ruhm anlocken soll. Die zu viele Quälerei und Ziererei der Paradeplätze und der blanke und leere Prunk, welcher Eitelkeit und Aufgeblasen-heit gebiert, macht ungeschickter für den erhabenen Ernst des Schlachtfeldes, als derjenige ist, der vielleicht nur sechs Wochen Rechts! Links! gehört hat."

Solche Worte trafen das preußische System ins Herz. „Hochver-rat!" war die Antwort der gegeißelten Soldateska. Und der stürmi-sche Patriot, der die Freiheitskriege mit der Macht seines Wortes an erster Stelle rüsten half, wurde seiner Bonner Professur entsetzt und durch endlose Kriminaluntersuchungen gequält, hinreichend ver-dächtig, „der Teilnahme an revolutionären Umtrieben und der Mit-wirkung zur Erregung der Unzufriedenheit mit den Regierungen und der Unruhen im Volke im allgemeinen und in speziell gewalt-samen Revolutionen".

Aus solcher Zeit quoll als ärgstes Erzeugnis, lichtscheu in seiner Schamlosigkeit, die geheime Kabinettsorder vom 17. Oktober 1820 hervor, wie eine direkte königliche Erwiderung auf jene Volkswehr-schwärmereien der Patrioten der Freiheitskriege: jeder Offizier des stehenden Heeres erhielt nun das Recht, die Schwärmer für deut-sche Freiheit, Einheit und Verfassung niederzukartätschen, wenn er fand, daß die Zivilverwaltung zu lange zögere.

Während das Volk niemals von diesem obersten Gesetz, das über ihm waltete, erfuhr, blieb es als letzte entscheidende Triebkraft gewalttätigen Willens lebendig in den Schädeln der Herrschenden, die kein Bürgertrotz hemmte. Das ewige geheime, immer dunkel ge-fühlte, aber niemals in reiner aktenmäßigen Formulierung gekannte Recht des deutschen Volkes ist seine – militärische Zerstörung.

Die Nationalen und Liberalen von heute, die sich mit den Namen der Stein, Fichte, Gneisenau, Arndt, Jahn die Blässe entarteter Feigheit zu überschminken gewohnt sind, knien vor den unveränderten Nachkommen der Schergen von 1820 und ihrem herrlich männlichen Charakter!

Preßprobleme
(April 1914)[21]

Die folgende Kritik an der sozialdemokratischen Presse wurde unmittelbar vor Ausbruch des Krieges veröffentlicht. Wesen und Wirksamkeit der Arbeiterpresse ist und bleibt eine allererste politische und kulturelle Angelegenheit. Sie bedeutet für die Presseverhältnisse im allgemeinen, was die Freien Volksbühnen für das Theater. Deshalb seien jene Erörterungen – gekürzt – hier aufgenommen.

Die Kriegserfahrungen haben mich gelehrt, daß Parteien, um ihrer Aktionsfähigkeit willen, sich nicht unmittelbar mit geschäftlichen Unternehmungen belasten dürfen. Diese und andere Gründe lassen ein neues wichtiges und dringendes Preßproblem erscheinen; ob es nicht ratsam ist, daß künftig die sozialdemokratische Presse als freie, aber der Partei verantwortliche, von kapitalistischen Rücksichten und Privatinteressen gesicherte unabhängige Privatunternehmung entwickelt werde.

I. Das bürgerliche Preßgeschäft

Die sozialdemokratische Presse ist das einzige Mittel, das dauernd die große Erziehungsarbeit des Proletariats zu bewältigen vermag; das einzige auch, was die Kraft hat, die Arbeiterbewegung nicht nur vor Rückschlägen zu bewahren, sondern sie auch sicher zur end-

---

[21] Textquelle | Kurt EISNER: *Gesammelte Schriften. Erster Band.* Berlin: Paul Cassirer 1919, S. 444-462.

lichen Herrschaft zu fördern. Unsere Presse hat innerlich und äußerlich einen großen Aufschwung genommen. Aber die Zahl unserer Blätter und die Ziffer unserer Abonnenten verschwindet immer noch in der unübersehbaren Menge der bürgerlichen Preßpapiere. Daher kommt es, daß die Parteipresse gerade in entscheidend schweren Zeiten immer noch von dem zahllosen Chor der bürgerlichen Presse überschrien wird, und gerade dann nicht die Macht über die öffentliche Meinung zu erringen vermag, die „öffentliche Meinung", die, so unbestimmt und beinahe mystisch unheimlich sie ist, dennoch eine unermeßliche Kraft in der weltgeschichtlichen Entwicklung ist.

Das aber ist unsere Aufgabe: die sozialdemokratische Presse muß, dem Umfange ihrer Verbreitung wie dem inneren Gehalt nach, die unbedingte Führung in der deutschen Presse erhalten. Das ist das Ziel, das erreichbare Ziel. Was kann und muß geschehen, um dieses Ziel zu gewinnen? Wie muß unsere Presse überall werden, damit sie zu herrschen vermag?

Unsere inneren Unterhaltungen über die Parteipresse erschöpften sich in den letzten Jahren meist in Klagen über wachsende Uniformität. Man sah die Uniformität aber gerade da nicht, wo sie wirklich bisweilen steckt. Es scheint mir sehr gleichgültig, ob ein guter, lebendiger, sachkundiger und persönlicher Artikel in einem oder in drei Dutzend Blättern zugleich veröffentlicht wird. Durch die Zahl der Abdrücke wird ein individuelles geistiges Erzeugnis nicht uniform, ebensowenig, wie ein hervorragendes wissenschaftliches Werk durch die Zahl der Auflagen. Es ist nicht einzusehen, warum ein Artikel in einem einzigen Blatt, das über 150.000 Exemplare verbreitet, wo ein jedes denselben Artikel enthält, nicht uniform ist, wohl aber, wenn er in zehn Blättern von je 15.000 Auflage erscheint. Die Uniformität hängt nicht an dem Umfang des Verbreitungsgebiets. Wohl aber kann ein Blatt außerordentlich uniform sein, das bis auf die letzte Zeile lauter Originalbeiträge bringt, nur für sich allein, sogar sämtlich im Hause gearbeitet – sofern nämlich die Verfasser der Beiträge selbst Uniformseelen, Klischeegehirne sind. Ich glaube sogar, daß wir in der Zentralisierung – da wir mit den vorhandenen menschlichen Kräften uns einrichten müssen – sogar noch weitergehen werden müssen, wenn wir das Ziel erreichen wollen: Die bürgerliche Presse auch technisch-journalistisch zu schlagen. Betrachtungen über allgemeine Politik – beim politischen Nachrichtendienst ist das ja selbstverständlich – werden am besten in den Zentralen dieser Politik verfaßt, wo die unmittelbare politische Anschauung möglich ist; wie viel Journalisten sich in diese Arbeit teilen, das hängt ganz von der Zahl fähiger Parteigenossen ab, die zur Verfügung stehen. Dasselbe gilt von dem allgemeinen Teil des Feuilletons. Die Besonderheit des einzelnen Blattes muß sich in der allseitigen Spiegelung und führenden Durchdringung des Lebens im engeren Verbreitungsgebiet entfalten. Nicht nötig zu sagen, daß auch die Diskussion innerer Parteifragen nicht zentralisiert werden kann.

Das Grundproblem, das zu erörtern ist, wird von den Uniformdebatten nicht einmal gestreift: welche Aufgabe, welches Ziel stellen wir überhaupt unserer Presse? Was wollen wir mit ihr? Dieses Problem löst sich in die Entscheidung auf: Was soll werden, Propagandaorgane (mit Vereinscharakter) oder Zeitungen? Unsere Presse ist durchweg aus vereinsmäßigen Propagandaorganen hervorgegangen. Heute ist sie das nicht mehr, aber das Wesen haftet ihr noch an. Wir haben uns noch nicht ganz entschlossen, *Zeitungen* zu schaffen, die allein durch sich selbst wirken. Bruno Schönlank hat diese Notwendigkeiten zuerst erkannt, er hat auch sofort die Möglichkeit sozialdemokratischer *Zeitungen* gegen alle Zweifel durch die Tat bewiesen; die Kraft dieses genialen Pressereformers ist zu früh gebrochen worden.

Gerade die Entwicklung der deutschen Presse zeigt, wie lose, ja fast wie gegensätzlich die Beziehungen zwischen Presseverbreitung, Parteistärke und Parteieinfluß sind. Wir haben besonders hervorragende bürgerliche Blätter, die sich die Weltstellung erworben haben, obwohl die Partei, der sie dienen, zu einem Häuflein letzter und allerletzter Mohikaner entschwindet. Umgekehrt verfügt die herrschende Partei Deutschlands, die konservative, fast nur über wenig verbreitete und journalistisch wertlose Organe. Nicht viel besser steht es mit der Zentrumspresse, von der nur ein paar Blätter durch sich selbst Bedeutung haben. In Bayern, wo das Zentrum parlamentarisch wie organisatorisch gebietet, verfügt diese Partei zwar über eine Anzahl kleiner Blätter, aber über kein einziges, das größere Verbreitung und Einfluß auf die öffentliche Meinung hätte.

Die Bedeutung der Presse hängt sonach lediglich von ihren journalistischen Qualitäten ab. Sie wird genau soviel gelesen, als sie gelesen zu werden verdient. Auf Erfüllung einer Parteipflicht allein kann man keine Zeitung gründen.

Aber in dieser selbständigen Entwicklung der bürgerlichen Presse, abseits des Parteiwesens und im Gegensatz zu ihm, verbirgt sich zugleich jene gemeingefährliche Abhängigkeit gerade ihrer verbreitetsten Organe – von anonymen Gewalten. Sie machen die Politik von offiziellen und privaten Pressebureaus. Die Wilhelmstraße in Berlin dirigiert die ganze auswärtige Politik der bürgerlichen deutschen Presse und teilt ihre Herrschaft nur gelegentlich mit dem Pressebureau Krupps und sonstiger Rüstungsindustrieller, die mit Hilfe gewisser Journalistenkonzerne in den Agadirzeiten – entgegen den Bemühungen der Regierung – das Feuer eines Weltkrieges schürten. Der „ideologische Überbau" dieser Presse heißt liberal oder national oder parteilos, die solide Basis ist die Börse, die Großreederei, das Getreidegeschäft, die Aktiengesellschaft, der Unternehmerverband, der Inserent, die Brauerei, der Schnapsbrenner. Am harmlosesten ist fast noch die Presse, die nur den Profitrücksichten des Verlegers dient; aber in der Regel wird auch sie die eine große Abhängigkeit mit zahlreichen kleineren Abhängigkeiten von allerlei wirtschaftlichen Interessenten teilen. Die bürgerliche Presse dient jeder Sache, nur nicht der, für die sie zu wirken vorgibt.

Die unwürdige Stellung des bürgerlichen Journalisten in Deutschland verschärft die innere Unwahrheit der bürgerlichen Presse. Niemand hat so wenig Einfluß auf die Zeitung, wie die Leute, die sie schreiben und redigieren. Diese Redakteure sind Privatangestellte geschäftlicher Unternehmungen, nichts anderes, wie Bankbeamte, Warenhausverkäufer oder Fabrikchemiker. Sie sind nicht Vorkämpfer einer Sache, der sie leidenschaftlich ergeben sind, sondern unlustige müde Techniker für die Erzeugung des geistigen Teils der Zeitungen, deren beste Vertreter höchstens ein gewisser literarischer Ehrgeiz beseelt. Sie dürfen keine Charaktere sein, das wäre störend; man fordert nur fachliche Routine von ihnen. Sie sind allenfalls geduldete, nun einmal notwendige Werkzeuge für die Ausstattung des Zeitungsgeschäfts. In Deutschland ist nicht die Vorbedingung der Laufbahn von Parlamentariern und Staatsmännern, wie in Frankreich, Italien, England, Amerika, daß sie als Publizisten sich zuvor bewährt haben. In den letzten Jahren haben wir wiederholt gesehen, wie große Zeitungsunternehmungen mitsamt allen Redakteuren und Mitarbeitern verkauft wurden, genau so wie in den Zeiten der Erbuntertänigkeit die Güter mit totem und lebendem Inventar verkauft wurden, wobei dann unter dem lebenden Inventar neben der Zahl des Viehes auch die der zugehörigen Bauern angegeben wurde.

Und diese innerlich entwürdigte Presse beherrscht dennoch den Markt der öffentlichen Meinung, weil es – Zeitungen sind, vor denen die Lehre Karl Marx' von der Überlegenheit des Großbetriebs am allerwenigsten halt macht.

Welche Entwicklungsmöglichkeiten stecken da erst in der sozialdemokratischen Presse, die allein in tapferer Freiheit und unabhängiger Wahrheit, um der Sache willen, nicht des Geschäfts und dunkler Hintermänner wegen, geschrieben, gedruckt, verbreitet wird –, welche Möglichkeiten, wenn wir uns nur entschließen wollen, journalistische Großbetriebe zu schaffen.

II. Die Grundlegung der Größe der Parteipresse

Die sozialdemokratische Presse ist die freieste der Welt. Unsere Zeitungen sind keine Geschäftsunternehmungen zur Erzeugung direkter oder – durch Beeinflussung der öffentlichen Meinung – indirekter Profite, sondern sie sind Organe politischer und wirtschaftlicher Aufklärung. Demgemäß ist die Stellung des sozialdemokratischen Journalisten durchaus verschieden von der bürgerlicher Redakteure und Schriftsteller. Er wirkt als Vertrauensmann der proletarischen Organisation, die ihn berief; er ist kein Verlagsangestellter, sondern ein politischer Führer. Weil unsere Presse kein Werkzeug für Profitinteressen ist, darum ist sie ein um so reineres Werkzeug idealer Bestrebungen. Nur der sozialdemokratische Journalist kann jene Lebensluft geistigen Schaffens atmen: die Betätigung freier Gesinnung innerhalb der frei gewählten Parteiüberzeugung. In den vielen Jahren meiner sozialdemokratischen Redakteurtätigkeit habe ich wohl manchen, und nicht ganz angenehmen Konflikt zu bestehen gehabt, aber niemals haben die Parteigenossen, deren Vertrauen ich genoß, auch nur den leisesten Versuch gemacht, meine Überzeugungen zu beeinflussen. Das ist notwendig, öffentlich zu erklären, weil die Gegner häufig, aus gänzlich mißverstandenen Fällen, einen Gesinnungsterrorismus sozialdemokratischer Arbeitgeber behaupten. Hier und da mögen vielleicht bureaukratische Neigungen ein wenig beengend wirken. Aber auch das ist nicht gar so schlimm und wirkt nur deshalb bisweilen verdrießlich, weil nichts so wenig bureaukratischen Zwang irgendeiner Art verträgt, wie die Presse. Die Weltgeschichte, deren Spiegel und Webstuhl die Presse ist, kennt keine Bureaustunden. Gerade die Preßkommissionen scheinen mir eine durchaus notwendige und nützliche Einrichtung, sofern sie sich auf ihren natürlichen Beruf beschränken und ihn erfüllen, Mittler zwischen der Redaktion und den Lesern zu sein. Sie sollten auch ihre eigentliche und wesentliche Aufgabe nicht sowohl darin sehen, eine zumeist überflüssige „Aufsicht" zu üben oder „Beschwerden" vorzubringen, die in 99 Fällen von 100 bedeutungslos sind, als vielmehr Propagandaorgane zu sein, die an die Redaktion die Bedürfnisse der Leser vermitteln und andererseits nach außen hin auf die Verbreitung und geschäftliche Unterstützung des Blattes hinwirken. Vielleicht werden wir einmal dazu kommen, daß die Parteigenossen zum Vorsitzenden der Preßkommission eine redaktionell und kaufmännisch zugleich geschulte Kraft wählen, der sein Amt, gegen angemessene Bezahlung, ausschließlich dieser doppelten Propaganda widmet und es nicht nur nebenbei versieht.

Im großen und ganzen ist die Organisation der sozialdemokratischen Presse vorbildlich, und gerade in ihr liegen die Vorbedingungen für die Erweiterung unserer Presse zur beherrschenden Macht der öffentlichen Meinung. Man hat letzthin des öfteren diskutiert, ob eine Chefredaktion oder eine kollegiale Redaktion vorzuziehen sei. Auch dies scheint mir eine nebensächliche Frage. Hat eine Redaktion einen wirklich leitenden Kopf, so ist es ganz gleichgültig, ob er Chefredakteur oder sonstwie genannt wird. Jeder verständige Kollege wird, bei aller Selbständigkeit, sich von selbst dem Einfluß seiner größeren Erfahrung, reicheren Wissens und höherer Begabung freiwillig unterwerfen. Eines sollte allerdings geändert werden: man sollte diesem leitenden Kopf einen entscheidenden Einfluß auf die Zusammensetzung der Redaktion geben. Redaktionen müssen, wenn sie schaffensfreudig bleiben sollen, eine harmonische Arbeitsgemeinschaft bilden, die durchaus nicht in einer Gleichförmigkeit der Ansichten und Richtungen zu bestehen braucht, wohl aber in einer Verträglichkeit der Charaktere und Intelligenzen.

In dieser idealen Unabhängigkeit, in dieser nur von der sachlichen Überzeugung geleiteten Freiheit der sozialdemokratischen Presse liegt ihre reichste Entwicklungsmöglichkeit. Die sozialdemokratische Presse wird von selbst, über die eigentlichen proletarischen Organisationen hinaus, zum natürlichen Organ für alle, die unter der kapitalistischen Gewaltherrschaft leiden, für alle Unterdrückten, Vergewaltigten und nicht zuletzt für alle – Idealisten. Nichts wäre so töricht, als unsere Presse zu engen Vereinsorganen zu machen; und die Redaktionen sollten keiner Beeinflussung so entschieden Widerstand leisten, als den immer einseitigen Wünschen einzelner in den verschiedenen proletarischen Körperschaften tätigen Persönlichkeiten. Unsere Blätter sind nicht für Reichstags- und Landtagsabgeordnete, auch nicht für Gemeindevertreter, Vereinsvorsitzende, Gewerkschaftsführer, Agitatoren da, sondern sie müssen alle Interessen der breiten Massen berücksichtigen, das Weltleben einfangen und immer von dem Bewußtsein sich erfüllen lassen, daß sie eine geschichtliche Mission haben. Je weiter der Kreis der Aufgaben gespannt ist, um so größer ist auch der Kreis der Interessenten, denen das Blatt zur Lebensnotwendigkeit wird. Die unbestechliche Kritik aller öffentlichen Erscheinungen, zu der nur die sozialdemokratische Presse fähig ist, gewinnt dadurch noch eine ganz besondere schöpferische Bedeutung, daß diese Kritik eben sozialistisch ist. Diese sozialistische „Parteilichkeit" wirkt an sich nicht abschreckend und verengend, sondern im Gegenteil: sie erhöht die geistige Bedeutung der Presse über alles hinaus, was das bestredigierte bürgerliche Blatt zu leisten vermöchte. Denn wie auch immer die Gegner den Sozialismus bekämpfen mögen, *eines* müssen sie alle zugeben: der sozialistische und der demokratische Gedanke sind die einzigen konstruktiven Ideen, die es in der heutigen Welt gibt. Auch der bornierteste Klopffechter der herrschenden Klassen muß, wenn er irgend etwas Fruchtbares, Emporführendes leisten will, auf irgendeine Art in irgendeiner Verdünnung aus dem Quell der sozialistischen und demokratischen Weltrichtungsgedanken schöpfen.

So sind in der sozialdemokratischen Presse alle Vorbedingungen gegeben, sie zu den schlechthin leitenden Organen der öffentlichen Meinungen auszugestalten. Wie aber wird diese Möglichkeit, ja diese innere Notwendigkeit eine Wirklichkeit? Wir müssen einfach wagen, uns das Ziel einer in jeder Hinsicht der bürgerlichen Presse technisch ebenbürtigen, ja überlegenen Presse zu stellen. Das kann selbstverständlich nicht auf einmal erreicht werden, und nicht von allen Blättern zugleich. Aber wir müssen unermüdlich auf dieses Ziel hinarbeiten und keinen Tag verstreichen lassen, ohne uns ihm zu nähern.

Die Vollendung der Zeitungstechnik beginnt mit dem Bau, in dem der Zeitungsbetrieb untergebracht ist. Wir müssen die leistungsfähigsten Maschinen aufstellen, jeden Fortschritt der Technik einführen. So sind zum Beispiel auf dem Gebiete der Stereotypie Neuerungen vorhanden, deren Einführung die bürgerliche Presse zu außerordentlich beschleunigter Herstellung des Blattes und damit zu größerer Aktualität befähigt. Wir bedürfen geschäftlicher Leiter, die sich nicht damit begnügen, ein ordentlich und mit genügendem Erfolg arbeitendes Geschäft so eben nur zu verwalten, sondern die unermüdlich in organisatorischen Maßnahmen sind um das Unternehmen zu vergrößern. Hierher gehört auch die zweckmäßige Organisation eines Filialbetriebes und der raschen Zustellung des Blattes. Vor allem aber muß die Inseratenpropaganda durchaus über das Zufällige hinaus systematisch ausgestaltet werden.

Im Inseratenteil liegen die finanziellen Möglichkeiten, journalistische Großbetriebe zu schaffen. Die Höhe des Abonnementspreises hat ihre natürlichen, durch die proletarische Leistungsfähigkeit gesetzten Grenzen. Aber es kommt, nach den deutschen Verhältnissen, auch gar nicht auf die Höhe des Abonnementspreises an. Es gibt große, über die höchsten Auflageziffern sozialdemokratischer Blätter weit hinaus verbreitete bürgerliche Blätter, die billiger sind als unsere Parteipresse, in anderen Fällen vielleicht um zehn oder zwanzig Pfennige mehr kosten, dabei zweimal täglich erscheinen und technisch-journalistisch erheblich mehr leisten. Der Inseratenteil ist durchaus nicht bloß ein lästiges Zubehör des redaktionellen Stoffes. Im Gegenteil, die Inseratenseiten dienen dem Austauschverkehr und dem Publikationsbedürfnis der großen Masse. Die Inserate bilden insofern eine Ergänzung und Bereicherung des redaktionellen Stoffes.

Man wird natürlich sofort den Einwand erheben , daß dem unbegrenzten Ausbau des Inseratenteils sich der unüberwindliche Widerstand entgegensetzt, daß sozialdemokratische Blätter eben in erster Linie Organe für das Proletariat sind, daß wir also von vornherein auf die Inserate verzichten müssen, die nur auf die besitzenden Klassen berechnet sind. Das ist ein verhängnisvoller Irrtum. Es wäre eine sehr nützliche Aufgabe der Geschäftsleitungen unserer Presse, statistisch zu ermitteln, welcher Prozentsatz der Anzeigen in den örtlichen Inseratenblättern entweder von Proletariern ausgehen oder für Proletarier berechnet sind. Man wird das überraschende Ergebnis finden, daß auch diese bürgerlichen Inseratenplantagen zum größten Teil von Proletariern bestellt werden, zum mindesten von kleinen Leuten. Die Millionen-Masse der Besitzlosen verfügt in der Tat über jene entscheidende Kaufkraft, die den Inseratenteil bestimmt. Man versuche durch systematische Organisation – durch besondere Propagandastellen – die proletarischen und halbproletarischen Inserenten für unsere Parteipresse zu gewinnen, man gewöhne die kapitalistischen Inserenten daran, wenn sie proletarische Kauf- oder Arbeitskraft suchen, sich unserer Presse zu bedienen (weil sie nämlich in der bürgerlichen Presse keine proletarischen Leser mehr finden) und die finanziellen Grundlagen für eine sozialistische Großpresse sind gegeben.

Sind alle diese technisch geschäftlichen Maßnahmen getroffen, dann gilt es, die inhaltliche Ausgestaltung des Blattes zu vollenden und damit die unbezwingliche Anziehungskraft der sozialistischen Presse zu entfalten. Ich meine durchaus nicht, daß wir die Verbreitung unserer Presse auf Kosten ihres geistigen Ernstes fördern sollen. Wir sollen nicht nur keine Zugeständnisse an den niedrigen und widrigen Typ der bürgerlichen Massenpresse machen, sondern umgekehrt: Durch die technisch-journalistische Bereicherung, Vergrößerung und Verbreiterung unserer Presse die Möglichkeit gewinnen, die geistigen Anforderungen unserer Presse noch erheblich anzuspannen und zu vertiefen.

III. DIE NOTWENDIGEN REFORMEN

Ein Parteiblatt erzählte kürzlich von den Erfahrungen der „Roten Woche", wieviele Frauen der Arbeiterklasse noch von spießbürgerlichen Anschauungen erfüllt seien und die merkwürdigsten Einwendungen gegen das sozialdemokratische Blatt geltend gemacht haben. Einer Frau waren zu wenig Wohnungsanzeigen im Parteiblatt, einer anderen zu wenig Traueranzeigen, einer dritten zu wenig Käufe und Verkäufe. Anstatt auf diese Einwendungen sorgfältig zu hören, nennt man sie spießbürgerlich, rückständig. Aber jeder Blick in ein bürgerliches Inseratenblatt beweist doch gerade durch die Unzahl proletarischer Inserate der Art, daß dies Bedürfnis vorhanden ist. Und da die Befriedigung dieses Bedürfnisses obendrein die finanzielle Leistungsfähigkeit des Blattes erhöht und damit die redaktionelle Ausgestaltung ermöglicht, ist es wirklich bei einigem Nachdenken unerfindlich, warum man auf das Bedürfnis schilt, anstatt es zu befriedigen. Auch das schärfst entwickelte Klassenbewußtsein hindert nicht, daß ein Proletarier gelegentlich ein altes Kanapee zu kaufen oder zu verkaufen wünscht; und jenes Parteiblatt hat sich den Beweis der Philisterhaftigkeit der inseratenbegehrlichen Frauen sehr leicht gemacht, wenn es behauptete, gerade die befragten Frauen hätten kein persönliches Bedürfnis nach solchen Inseraten gehabt. Dieses kleine Bild aus dem proletarischen Familienleben von Nichtabonnenten der Parteipresse unterstützt meine Ausführungen, daß auch der Inseratenteil zum textlichen Inhalt des Blattes gehört.

Genau so wie es mir sehr nützlich scheint, die Inseratenseiten der bürgerlichen Presse auf ihren proletarischen Inhalt zu studieren, genau so wäre es die Aufgabe der in irgendeiner Form jedem Blatte notwendigen Propagandakommission, auch den redaktionellen Teil der weitverbreiteten billigen bürgerlichen Presse ständig daraufhin durchzusehen, welche Stoffgebiete sie pflegt, um den Forderungen ihrer Leser zu genügen. Solche tatsächlichen Bedürfnisse aber werden dadurch nicht aus der Welt geschafft, daß man sie als kleinlich und unwürdig bespöttelt. Es kann für diese Gebiete der kleinen alltäglichen, persönlichen Publizität Raum geschaffen werden, wenn wir eben mehr Papier zur Verfügung stellen.

Im Gegensatz zu meiner Auffassung, daß unsere Blätter räumlich noch zu klein sind, hört man in Kollegenkreisen nicht selten die umgekehrte Meinung, daß unsere Presse viel zu umfangreich ist, daß niemand mehr sich durch sie hindurchzufinden vermag. Diese Ansicht verkennt völlig die Aufgabe eines Zeitungsblattes, das nicht dazu da ist, von Anfang bis zu Ende durchbuchstabiert zu werden, sondern das jedem Interesse irgend etwas bieten soll. Der Redakteur darf das Blatt nicht nach seinem Interesse zusammenstellen, freilich auch nicht – was öfter als man denkt geschieht – gerade über das nicht berichten, was ihn selber zwar lebhaft interessiert, was er aber nicht ernst und großartig genug findet, um nun auch vor den Lesern erörtert zu werden.

Die Mannigfaltigkeit der Zusammensetzung der Lesermasse bedingt schon die Mannigfaltigkeit des Inhalts Die Schwierigkeit der Parteipresse liegt nicht darin, daß sie zu hohe Ansprüche an die Aufnahmefähigkeit ihrer Leser stellt, daß ihre Ideen nicht leicht faßlich genug, ihre Sprache zu wenig volkstümlich, zu beladen mit Fremdwörtern ist. Die Empfänglichkeit gerade für abstrakte schwere Gedanken, für dialektische Untersuchungen, für wissenschaftliche Theorien, weltgeschichtliche Perspektiven, ist durchaus menschliches Allgemeingut, das – wenn anders der Verfasser solcher Betrachtungen überhaupt zu seinem Amt berufen ist – jedem natürlichen Verstande zugänglich ist. Die „Schwerfaßlichkeit" liegt durchaus nur in der Fülle des Rohstoffes, in der unübersehbaren Menge der als bekannt vorauszusetzenden Tatsachen, Namen, Ereignisse, Gesetze, die zu begreifen (und nur was man begreift, interessiert) eine regelmäßige, langjährige, ununterbrochene Zeitungslektüre erfordert. Nur diese Unmenge als bekannt notwendig vorauszusetzender stofflicher Einzeltatsachen, die der Leser nicht beherrscht, lassen namentlich das Politische als langweilig erscheinen. Die Parteipresse in ihrer heutigen Entwicklung kommt nicht mehr mit ein paar großen feurigen und befeuernden Formeln der Aufklärung aus. Sie muß eindringen in die Unermeßlichkeit der Erscheinungen unseres Lebens.

Jede Woche aber bringt junge Leute in den Kreis unserer Leser, die nichts oder wenig von den Tatsachen der Gegenwart wissen. Vom Lande strömen in die Industriezentren Massen von Proletariern, die ebenfalls nur sehr dunkle Vorstellungen von den stofflichen Einzelheiten des öffentlichen Lebens haben. Eine Zeitung kann aber nicht jeden Tag von vorn beginnen, und so muß ein großer Teil des Stoffes den Neulingen anfangs fremd und tot bleiben. Auf diese Tatsache baute die unpolitische Presse ihre Berechnung und ihren Erfolg. Sie fütterte die Leser mit den ewigen Alltäglichkeiten, die durch sich selbst verständlich sind und nichts voraussetzen. Auf der andern Seite hat die Parteipresse Leser, die die höchsten geistigen Ansprüche stellen, die weiter gebildet werden wollen, die den Stoff des politisch-sozialen Lebens beherrschen, die durstig nach neuer Erkenntnis, nach lebendiger Anregung sind, und die auch durch die Form der Zeitung ästhetisch befriedigt zu werden wünschen. Für diese Leser schmeckt das Zeug schal, an dem die andern ihre Freude haben. Es gibt für diese Gegensätze innerhalb des Leserpublikums nur eine Lösung: umfassende Erweiterung des Stoffes.

In jedem Zeitungsblatt sollte sich das Nebeneinander der Entwicklungsphasen der Leser spiegeln. Aber keine Zeile sollte in der Zeitung stehen, die nicht fähig wäre, den Leser jeder Entwicklungsstufe über sich selbst hinauszuheben.

Erweiterung des Stofflichen ist das erste, was not tut. Das zweite wäre die Vervollkommnung des Nachrichtendienstes. Auf diesem Gebiet müssen wir in der Schnelligkeit und der Allseitigkeit des Dienstes mit der großen bürgerlichen Presse konkurrieren können. Und wir werden sie durch die Gunst unserer unabhängigen Stellung an Zuverlässigkeit und Bedeutung des Nachrichtendienstes überflügeln können. Um diese unerläßliche Aufgabe zu erfüllen, müssen wir freilich loskommen von der Zufälligkeit der in- und ausländischen telegraphischen, telephonischen und brieflichen Korrespondenz. Eine zweckmäßige Organisation würde ohne unerschwinglichen Aufwand an Kosten und Personen diese Aufgabe für die Gesamtheit unserer Parteipresse leisten.

Eine Entwicklung dieses internationalen Nachrichtendienstes wäre nicht nur zeitungstechnisch ein gewaltiger Fortschritt, sondern erhielte auch eine internationale politische Bedeutung, die gar nicht groß genug zu werten ist. Gerade die auswärtige Politik ist in der deutschen bürgerlichen Presse jämmerliches Reptilienelend. Nirgends eine unabhängige Meinung, und was sich als offiziöse Information aufspielt, ist in Wirklichkeit nur ein Kniff, die Wahrheit zu verhehlen. Wer sich über die deutsche auswärtige Politik unterrichten will, muß sich seine Kenntnisse aus der großen ausländischen Presse holen. Durch rasche Information, durch sachverständige Urteile in der internationalen Politik könnte die sozialdemokratische Presse Deutschlands zu einer unüberwindlichen politischen Macht werden.

Allerdings dürfte sich weder der sozialdemokratische Redakteur noch der sozialdemokratische Korrespondent und Mitarbeiter von dem Leben der Allgemeinheit absperren und sich in seine engeren

Aufgaben einspinnen. Er muß Beziehungen zu allen Institutionen des öffentlichen Lebens unterhalten, und die Lauterkeit seiner Gesinnung und die Fähigkeit seiner journalistischen Auffassung werden ihm die Autorität verschaffen, daß er gar nicht Beziehungen zu suchen braucht, daß man sie vielmehr mit ihm sucht. Zeitungsblätter sollten nicht am Schreibtisch entstehen, sondern mitten heraus aus dem flutenden Leben gestaltet werden.

Wie wir die journalistisch-technischen Vorzüge der bürgerlichen Presse uns aneignen müssen, so sollten wir uns bewußt und schroff von ihrem geistigen Typ abheben. Hier und da scheint bei uns aber gerade die Neigung zu bestehen, nachzuahmen, was vom Übel ist. Die bürgerliche Geschäftspresse strebt immer mehr zum reinen, kurzgehackten Nachrichtenblatt. Der Sensation vom Tage wird möglichst viel Raum gewährt; man reckt und dehnt, um ja nur die Konkurrenz zu schlagen. (Am ekelhaftesten ist dieses Strecksystem in der Wiener Presse entwickelt.) Aller andere Stoff aber wird möglichst kurz und flach zusammengedrängt. Man hat da ganz bestimmte, zeilenmäßig begrenzte Tarife. Das Feuilleton darf immer nur höchstens 150 Zeilen haben, ob darin nun die schwierigsten Weltfragen erörtert werden oder über irgendeine Nichtigkeit geschwatzt wird. Die Theaterkritik über Novitäten wird streng auf 80 Zeilen abgezirkelt, die der Rezensent erreichen muß, wenn er über die ödeste Geschäftsware berichtet, die er nicht überschreiten darf, wenn er ein ewiges Meisterwerk würdigen soll. Die sozialdemokratische Presse sollte sich dieser blöden Mechanisierung verschließen und den Raum nach der Bedeutung des Stoffes, nach seiner Schwierigkeit und Wichtigkeit, ohne Schablone und Zeilenmaß zur Verfügung stellen. Das Publikum der sozialdemokratischen Presse soll mit Recht den Anspruch erheben, die Zeit, die es der Zeitungslektüre widmet, zu seiner geistigen Bereicherung auszunutzen. Die Zeiten sind ja wohl vorüber, als Engels mit seinem Anti-Dühring eine Zeitung monatelang füllen durfte; aber es ist durchaus nicht verwerflich, wenn der Leser der sozialdemokratischen Presse gelegentlich eine Woche sich mit demselben Problem beschäftigt.

Der Unterhaltungsteil unserer Presse wird von bürgerlichen Sozialethikern wegen seines Ernstes, seines künstlerischen und wissenschaftlichen Ehrgeizes gerühmt. Wer zu Proletariern redet, hat in der Tat die Pflicht, nur den Ertrag gewissenhafter Arbeit und erle-

sener geistiger Kraft zu produzieren. Die leichtherzige und darm-
flüssige Art, am Abend wieder zu lehren, was man am Morgen hastig gelernt hat, darf in unserer Presse keine Stätte finden. Schmock
mag nach allen Richtungen schreiben, für die Sozialdemokratie ist
er ungeeignet. Unser Feuilleton (im weitesten Sinne) aber sollte noch
mehr wie bisher von dem Zufall der Stofflese befreit werden und
auch mehr durchweg von der sozialistischen Weltanschauung
durchdrungen sein. Von der Erziehung durch eine sozialistische,
künstlerisch und wissenschaftlich vollendete Unterhaltungsbeilage
dringt der Neuling am ehesten zum politischen Teil vor. Hierfür
brauchen wir besonders auch darstellungsbegabte parteigenössi-
sche Fachschriftsteller. Wir sollten auch in der Akzentuierung der
Interessen uns von dem bürgerlichen Vorbild befreien. Ich finde,
daß man dem Theater eine allzu große Bedeutung beimißt, – die kapitalistischen Blätter bevorzugen das Theater, weil eben die Theater
provozierend kapitalistische Unternehmungen sind –, während wir
der wissenschaftlichen und künstlerischen Buchliteratur, in der die
Kultur unserer Zeit weit mehr lebt als in der Bühnenfabrikation, viel
zu wenig Aufmerksamkeit widmen. Auch die mit lebendiger An-
schaulichkeit und gründlicher Sachkenntnis geschriebene soziale
Zustandsschilderung mangelt uns noch. Hierfür müßten wir junge,
begabte, drängend unruhige Schriftsteller gewinnen, die wandern
und reisen, die mit hellen Augen Leben sehen und mit knappem
Wort es festzuhalten verstehen.

Die Befreiung der Zeitung von allem aktenhaften Rohstoff ist
eine weitere wesentliche Aufgabe. Wir haben eine gründlich ver-
kehrte Rangordnung in der Wertung der Kräfte, die an einer Zeitung mitarbeiten. Voran marschiert feierlich der politische Redakteur, und dann kommen nach und nach die Bearbeiter der anderen
Ressorts. Den Redakteuren schließen sich die Mitarbeiter an, und
ganz zuletzt folgt bescheiden der Berichterstatter. Ich halte umgekehrt den technisch leistungsfähigen, gebildeten, künstlerisch begabten Berichterstatter für die Seele der Zeitung. Er ist berufen, die
Fülle des Lebens in der Zeitung auferstehen zu lassen. Wie wenig
wird bis jetzt noch das Gericht ausgenutzt. Die Vorgänge in den Ge-
richtssälen der kleineren Orte stehen fast nirgends unter Kontrolle,
und selbst bei Sensationsprozessen in den Großstädten vernehmen
wir höchstens das Gestammel der Worte, anstatt daß wir den sozia-

len und juristischen Gehalt der kriminellen Vorgänge unmittelbar erfahren. Auch die parlamentarische Berichterstattung, die heute unseren Raum verschlingt, scheint mir sehr wenig glücklich, wie es auch barbarisch ist, Versammlungsvorträge in ein paar Fetzen in die Zeitung zu schleifen. Ich glaube, daß wir dahin kommen müßten, Stimmungsbild und stenographischen Bericht insofern zu verbinden, als wir im allgemeinen die Rede nur frei nachzeichnen, wichtige Stellen und Zwischenfälle dann aber auch mit aller stenographischen und photographischen Genauigkeit wiedergeben. Nur so wird die lebendige Rede nicht ausgedörrt, sondern lebendig wiedergegeben.

Noch ein, allerdings fast unbegreiflicher Mangel der sozialdemokratischen Presse sei kurz erwähnt: daß sie zwar den Kapitalismus bekämpft in seinen Formeln, Tendenzen, sozialen Wirkungen, daß sie ihn aber nicht verfolgt in seinem realen inneren Getriebe. Unsere Parteipresse hat nur bescheidene Spuren eines Handelsteils. Und doch wäre gerade die unabhängige sozialistische Kritik der Erscheinungen des kapitalistischen Lebens der ungeheuerste Zuwachs an Einfluß und Ansehen unserer Zeitung. Und hier wäre Dezentralisation am Platze. Es sollte kein Parteiblatt geben, das nicht einen Redakteur oder Mitarbeiter hat, der alle finanziellen, industriellen, kaufmännischen, landwirtschaftlichen Unternehmungen des Verbreitungsbezirkes seiner sachkundigen Beobachtung unterstellt. Dieser Mitarbeiter des Blattes wäre dann auch zugleich der berufene Berater der Gewerkschaften in ihren Kämpfen gegen das Unternehmertum.

Ich habe keine Phantasien vorgetragen, sondern ganz nüchtern Möglichkeiten und Notwendigkeiten aufgezeigt, die verwirklicht werden müssen, wenn anders wir die Schranken in der bisherigen Entwicklung unserer Presse überschreiten wollen.

Fritz Schaeffler: „Kurt Eisner", Holzschnitt 1919
(„Süddeutsche Freiheit – Zeitung für das neue Deutschland",
1. Jahrgang – Nr. 17 vom 10. März 1919)

Wir Toten auf Urlaub

Ausgewählte Texte 1914-1918

Krieg!

Drei Szenen von Kurt Eisner
(Juli 1914)[1]

I.

Eine Sommernacht. Die Restauration eines großen Hotels. Fremde, Studenten, Kleinbürger, Kommis, Frauen, kleine Mädchen. Die Musikkapelle spielt: Puppchen, du bist mein Augenstern. Das Publikum singt mit. Lachen, Trinken, Essen, Rauchen, Schwatzen. An einem Tisch diskutiert man lebhaft.

Der Student: Es geht los. Endlich!

Der Kleinbürger: Sie werden mächtig verdroschen!

Frau Lehmann: Wenn der Lump doch bloß den Thronfolger ermordet hätte, aber auch die Frau Gemahlin! (Gerührt.) Die armen Kinder, die armen ...

Herr Lehmann: Damischer Hund! So eine Gemeinheit!

Der Student: Jetzt wird man die Kanaille Mores lehren.

Ein anderer Kleinbürger: Ich habe gelesen, Belgrad hat nachgegeben. Es kommt nicht zum Kriege.

Der Student (heiter, selbstbewußt): Selbstredend kommt es zum Kriege! Wetten, daß?

Der andere Kleinbürger (eigensinnig): Ich habe doch gelesen, Belgrad ...

Ein Kommis (angetrunken): Unsinn ... Morjen is Kriech. Frieden ist Unsinn (will sich mit dem Glas Bier in der Hand erheben, verschüttet es) ... janz Deutschland steht – hupp! – mit Bejeisterung bei

---

[1] Textquelle | Kurt EISNER: *Gesammelte Schriften. Erster Band*. Berlin: Paul Cassirer 1919, S. 9-14. [Zuerst in: Arbeiter-Feuilleton, 27. Juli 1914.]

Bundesjenossen. (Lacht laut und gröhlt: Puppchen, du bist mein Au ... Au ... Augenstern).

Ein Fremder (düster): Es ist schrecklich ...

Der Student: Pardon, sind Sie etwa Serb, – dann – (klemmt das Monokel ein).

Ein kleines Mädchen (blickt interessiert zärtlich auf den Fremden): Das wäre reizend, ein wirklicher Serbe! (Zum Fremden): Müssen Sie auch in den Krieg?

Der Fremde (erregt): Aber haben Sie alle denn gar kein Gefühl für die Furchtbarkeit, für den Ernst ... Ein Zeitungsjunge bringt Extrablätter, Rufe von Tisch zu Tisch: Der Krieg ist erklärt. Einen Augenblick die Stille einer längst erwarteten Entscheidung, die dennoch erschüttert, indem sie wirklich wird. Die Musik bricht plötzlich ab. Dann johlendes Geschrei: Musik! Deutschland, Deutschland über alles! Die Kapelle spielt, alles singt ‚Deutschland, Deutschland über alles'.

Der Fremde (nicht mitsingend, seufzt): Ach!

Der Student (drohend): Warum singen Sie nicht mit?

Der Kommis: Hallo – Marsch, mitjesungen!

Der zweite Kleinbürger: Ich habe doch gelesen, in Belgrad ...

Frau Lehmann: Erhebend, daß man bei so was dabei sein kann.

Der Student: Singen oder raus!

Das kleine Mädchen: Lassen Sie ihn doch!

Der Student: Maul halten! (Packt den Fremden am Rock.)

Der Hoteldirektor (herbeieilend): Halt, hier wird nicht gehauen.

Der Student: Das werden wir sehen.

Der Kommis: Sie ham heut jarnischt zu sagen.

Der Direktor: Wenn Sie nicht Ruhe geben, spielt die Musik nicht mehr.

Der Student: Die wird spielen. (Der Direktor läuft zum Kapellmeister und bedeutet ihm, aufzuhören.)

Der Kapellmeister: Das geht nicht, das Publikum verlangt heute patriotische Nummern.

Der Direktor (schreiend): Ich befehle Ihnen ...

(Die Gäste werden aufmerksam auf den Streit zwischen Direktor und Kapellmeister und sammeln sich um das Podium.)

Der Kapellmeister (weiter dirigierend): Scheren Sie sich ... !

Der Direktor (in heller Wut, brüllt): Aufhören, aufhören!

(Ein Bierglas fliegt dicht an dem Kopf des Direktors vorüber. Das ist das Signal zu einem allgemeinen Aufstand. Man schlägt mit den Stühlen auf die Tische, schleudert sie auf den Boden, bis die Marmorplatten zerbrechen, zertrümmert mit den Marmorstücken, mit Biergläsern, Stöcken die elektrischen Lampen und Kronen. Die Frauen kreischen und lachen. Die Kapelle spielt weiter: Deutschland, Deutschland. Während die Menge das Lied mitbrüllt, vollendet sie im Takt das Zerstörungswerk. Der Direktor flüchtet und ruft telephonisch nach der Polizei. Die Marmortrümmer werden jetzt durch die Scheiben auf die Straße geworfen und auf demselben Wege zurückgeschleudert. Die Lorbeerbäume, die die Hotelfront säumen, werden aus den Kübeln gerissen, und nun spielt man so lange durch die Fensterscheiben mit den schweren Kübeln Fangball, bis alles kurz und klein geschlagen ist. Eine wilde Horde stürzt sich auf die Garderobenständer und schleppt Mäntel und Hüte auf die Straße, die bald mit Fetzen bedeckt ist. Das Licht in der Restauration erlischt. Die Kapelle spielt im Dunkeln weiter. Polizei rückt an. Alles läuft davon.

Die Kellner jammern um die Zeche, da niemand gezahlt hat. In dem verwüsteten Saal ist niemand mehr außer der Polizei, dem Direktor und den Kellnern. Nur der Kommis liegt hilflos am Boden und rülpst: Hoch der Kriech!)

II. |

STRAßE EINER GROßEN STADT

Der Zeitungsjunge: Neuestes Extrablatt – neuestes Extrablatt – großer Sieg – 5.000 Tote – 12.000 Verwundete …

Der Kleinbürger: Ich mag gar nicht mehr lesen. Kein Mensch zahlt mehr. Das Geld ist aus der Welt verschwunden. Wir müssen alle krepieren. Ganz egal, ob die andern siegen oder wir, nich mal ein Glas Bier kann man sich mehr leisten. Was gingen uns die Serben an …

Ein Arbeiter: Seit acht Tagen haben wir kein Stück Brot im Hause. Die Kinder verhungern.

Der zweite Arbeiter: Um so besser, dann brauchen sie nicht zu warten, bis Granaten sie zerreißen.

Ein alter Arbeiter: Zwei Söhne haben sie mir gemordet, den dritten zum Krüppel geschossen und alle haben sie Frau und Kinder.

Ein Student (zum Kleinbürger): Darf ich um Feuer bitten?
Der Kleinbürger: Verfluchter Hund! Hat noch Zigaretten! (Schlägt ihn nieder.)
Ein Arzt: Ich habe Pestbazillen gezüchtet. Ich will sie den Leuten einimpfen. Es wäre eine Erlösung – für die Besiegten und die Sieger.
Ein Mädchen (hohlwangig, geschminkt): Komm mit, Schatz!
Der Arzt: Sie soll den Anfang machen.

III. |

Weites Feld. Nacht. Ein dunkelroter Himmel liegt schwer über der Erde. Es regnet Blut. Ein nacktes, totes Kind liegt einsam in der leeren Öde. Der Hals ist ihm herausgeschnitten und das Köpfchen liegt auf der Schulter. Vom Blutregen rot gefärbt schleicht sich ein menschenähnliches Gerippe heran, benagt das Händchen des Kindes und verschlingt es. Durch die steigende rote Flut, die den Leichnam des Kindes sacht hebt, watet ein Zug Gespenster, Gestalten aus allen Zeiten und Völkern, Kronen auf den Schädeln, Zepter und Schwert in den Händen, glitzernde Orden an den Rippen aufgereiht, Fürsten, Kriegshelden, Staatsmänner, Größen der Kirche und des Geldes. Sie waten gebeugt und schleppen, alle zusammen in dieselbe eiserne Kette eingeschirrt, hinter sich eine ungeheuere, den Weltraum ausfüllende, schattenhaft getürmte Last. Durch die Nacht stöhnt, während die Blutstropfen unablässig rieseln, ein Gesang, der alle Sprachen zu einer neuen Sprache ewiger Qual und Klage vereinigt.

Der Zug der Verantwortlichen:
Durch blutende Nacht
Wir schleppen und schleifen
Wir Unerlösten
Gemordet Leben,
Zerstörtes Glück,
Zerstückte Leiber.
Es türmt sich die Last
Mit steigender Schuld
Am Wehe der Welt.

Eine Stimme:
Und niemals wird der Fluch von euch genommen,
Bis ihr, die göttlich Leben ruchlos rafftet,

Das Wunder lernt, die Augen eines Kindes,
Vom Krieg geschlossen, neuem Licht zu öffnen.

Der Zug sinkt in die Kniee, daß das Blutmeer fast über ihm zusammenschlägt, und betet beschwörend zu dem toten Kinde. Aber dessen Augen bleiben geschlossen und der Zug wiederholt, weiterwandelnd, das ewige Lied:

Durch blutende Nacht
Wir schleppen und schleifen
Wir Unerlösten
Gemordet Leben,
Zerstörtes Glück
Zerstückte Leiber,
Es türmt sich die Last
Mit steigender Schuld
Am Wehe der Welt.   (27. Juli 1914)

Jaurès
(2. August 1914 –
mit einem Nachtrag von 1918)[2]

Als Märtyrer des Weltfriedens ist Jean Jaurès gefallen. Die Kugeln eines Meuchelmörders fällten ihn, als sein Lebenswerk zusammenbrach. Er bekämpfte seit jeher mit leidenschaftlichem Heldentum den widernatürlichen Bund der revolutionären Demokratie Frankreichs mit dem zaristischen Kosakentum. Er war mit derselben feurigen Begeisterung ein Prophet der Versöhnung zwischen Frankreich und Deutschland.

Die wilde Wut, die dieser unbeugsame Apostel der Humanität im Angesicht des Todes durch die Kraft seines gefährlichen Bekennens erregte, lenkte die Geschosse eines Besessenen gegen diese edle, heroische Brust.

---

[2] Textquelle I Kurt EISNER: *Gesammelte Schriften. Erster Band.* Berlin: Paul Cassirer 1919, S. 15-20.

Die unlösbare Tragik des einzelnen ist die Tragik aller französischen Sozialisten. So furchtbar klar und einfach die Haltung der deutschen Sozialisten in dieser europäischen Katastrophe ist, so grauenvoll schwer ist sie für unsere französischen Genossen. Das deutsche Proletariat weiß, daß es den Vernichtungskrieg gegen den Zarismus gilt, den wir gepredigt, solange es eine deutsche Sozialdemokratie gibt. Wir wissen freilich auch, daß das unentwirrbare Verhängnis Europas die Schuld einer Politik ist, deren Wurzeln tief in die Vergangenheit reichen, vor der zu warnen, die zu bekämpfen wir niemals müde wurden. Aber es ist jetzt nicht die Zeit, daran zu erinnern, wie schrecklich sich die hellseherischen Worte erfüllt haben, die vor 44 Jahren Karl Marx gesprochen. *Jetzt* hat der Zarismus Deutschland angegriffen, *jetzt* haben wir keine Wahl, jetzt gibt es kein Zurückblicken. *Jetzt* hat das deutsche Proletariat den Erbfeind der europäischen Gesittung zu vernichten, als Deutsche, als Demokraten, als Sozialisten ergreifen wir die Waffen für die gerechte Sache.

Die französischen Sozialisten aber sollen an der Seite der Kosaken gegen ihre deutschen Freunde kämpfen. Das ist die grauenschwerste Stunde des französischen Proletariats, ein durch die Verkettung der europäischen Politik der herrschenden Klassen herbeigeführter Konflikt, aus dem es keinen Ausweg gibt. Unter der Qual dieses Schicksals stehen alle französischen Sozialisten, aber mehr als alle anderen mußte diese Tragik Jean Jaurès erschüttern, den glühenden Künder des Weltfriedens, ihn, der Deutschland liebte, so heiß wie sein eigenes Vaterland, der im Reiche deutscher Gedanken erwachsen – der Philosophie Kants war sein erstes wissenschaftliches Werk gewidmet –, der für deutsche Kunst entflammt war.

So war für ihn der Tod Erlösung im rechten Augenblick. Aber für sein Land, für Europa, für die Menschheit ist sein Tod ein Unglück. Seine mächtige Stimme, die Kolosse von Widerständen niederzuzwingen vermochte, wird in den kommenden Zeiten fehlen, wenn es die Menschen, ermattet von Blut und Qual, nach dem Worte des beschwörenden Führers verlangt ...

Jean Jaurès gehört zu jenen weltpatriotischen Bekennernaturen, an denen sein Volk reich ist. Immer wenn blinder Wahn in unaufhaltsamer Zerstörung alles zu überfluten drohte, stellte er sich, mit der ganzen Gewalt seiner enthusiastischen Seele, der unbeirrbaren

Sicherheit seiner Vernunft (im Geiste der Humanität) und der herrlichen Todesverachtung des einzelnen Helden, dem trüb gärenden Toben entgegen. Als die klerikal-militaristische Pest des Dreyfushandels Frankreich verwüstete, war seine unerschrockene Kraft es vor allem, die das Land reinigen und das Verbrechen sühnen half. Und wie es ihm gelang, die streitenden französischen Sekten des Sozialismus zu einer großen Partei zu einigen, so war er auch in der Internationale der kluge Mittler und Versöhner, dessen Einfluß auf das Proletariat der Welt von Jahr zu Jahr stieg.

Das aber wurde ihm immer mehr zur Lebensaufgabe: die Versöhnung Deutschlands und Frankreichs. In den deutsch-französischen Kriegskrisen, die seit Beginn des Jahrhunderts wiederholt den Frieden bedrohten, hat er – wie immer beschimpft von seinen Landsleuten und schroff abgewiesen von den Herrschenden Deutschlands – einen weit größeren Einfluß auf Erhaltung des Friedens geübt, als bisher bekannt geworden ist. Als Grundlage des dauernden Friedens zwischen Frankreich und Deutschland und damit des europäischen Friedens überhaupt erkannte er die Schaffung von Volksheeren. In seinem Buche *Die neue Armee* (Deutsch bei Eugen Diederichs in Jena 1913 erschienen) hat Jaurès die Organisation solchen Volksheerwesens entworfen und begründet: „Die Mobilisierung der Armee zur Mobilisierung der Nation selbst machen, das heißt den Regierungen den Gedanken an Abenteuer erschweren. Und wenn Frankreich dies alles ins Werk gesetzt hat, wenn es den anderen Völkern auf einem Weg vorangeschritten ist, den es ohne Gefahr zuerst betreten kann, weil es sich dadurch stärkt, statt sich zu schwächen, dann werden die anderen Nationen, dann wird vor allem Deutschland ihm folgen müssen ... Damit wird für Europa ein neues Zeitalter anbrechen, und diese hehre Hoffnung auf Frieden und Gerechtigkeit wird der Arbeiterklasse Frankreichs helfen, den Sinn, die Bedeutung, die Notwendigkeit der Institution zu begreifen, die wir in Vorschlag bringen und an deren Verwirklichung wir leidenschaftlichen Herzens und mit beharrlichem Willen arbeiten werden, als an einem Teile des umfassenden Planes der sozialen Erneuerung, der sich heute allen guten Bürgern, allen guten Franzosen aufzwingt." Das sind die Schlußsätze des Buches. Und in dem Gesetzentwurf, den er in Ausführung seiner Gedanken dem Buche beifügt, lauten die beiden letzten Artikel:

Artikel 17: Jede Regierung, die einen Krieg unternimmt, ohne vorher öffentlich und loyal die schiedsgerichtliche Lösung des Konfliktes vorgeschlagen zu haben, ist als Verräter an Frankreich und den Menschen, als öffentlicher Feind des Vaterlandes und der Menschheit zu betrachten. Jedes Parlament, das seine Zustimmung gibt, ist des Hochverrats schuldig und von Rechts wegen aufgelöst. Es ist die verfassungsmäßige und nationale Pflicht der Bürger, jene Regierung zu stürzen und sie durch eine gutgesinnte Regierung zu ersetzen, die, indem sie den Schutz der internationalen Unabhängigkeit sichert, dem Gegner das Anerbieten macht, durch einen Schiedsspruch die Feindseligkeiten zu verhüten oder einzustellen.

Artikel 18: Die Regierung Frankreichs wird aufgefordert, von nun an mit sämtlichen am Haager Schiedsgerichtshofe vertretenen Staaten über vollständige (bedingungslose) Schiedsgerichtsverträge einzutreten und im Einvernehmen mit ihm das Schiedsgerichtsverfahren zu regeln.

Man begreift, daß der Schöpfer dieses Gesetzentwurfs sein Volk in dem Augenblicke nicht an Rußlands Seite finden wollte, da der „Friedenszar" das ungeheuerlichste Verbrechen der Menschheitsgeschichte verübte, da er die Welt in Brand setzte.

Es ist heute nicht die Ruhe, um die wissenschaftliche Bedeutung Jean Jaurès zu würdigen. Daß er der größte Redner unserer Zeit gewesen, wissen alle, die ihn jemals gehört haben, die er bezwang, auch wenn sie seine Sprache nicht verstanden. Es war nicht eigentliche Beredsamkeit. Es war eine willensstarke, grenzenlose Begeisterung und Gläubigkeit in ihm, für die das Wort nur ein Mittel war, um die Welt, die er in seinem Geiste sah, im voraus zu verwirklichen.

Wir werden seine Stimme nicht mehr hören. Aber eines glauben wir, gläubig im Geiste des unsterblichen Toten: Wenn denn aus dieser Zeit des Grauens eine neue Erde aufersteht, die neue Menschheit wird Jean Jaurès segnen und sein Grab wird ihr heilig sein …

––––––

Nachtrag, Stadelheim 1918. Die vorstehenden Zeilen wurden am Sonntag, den 2. August 1914 geschrieben und tags darauf in München veröffentlicht, an demselben Tage, da ein Münchener Blatt die

Nachricht durch Anschlag verbreitete, daß die Münchener Quell-wasserleitung vergiftet, das Ergebnis der magistratlichen Untersuchung aber noch nicht abgeschlossen sei; dabei lief das Wasser fröhlich aus der Leitung, man folgte der Warnung und trank es nicht – man kam nicht auf die Überlegung, daß der Magistrat doch wohl, statt vor vergiftetem Wasser zu warnen, zuerst die Leitung absperren würde.

Ich gebe die kleine Betrachtung über Jaurès, dem ich in meiner politischen Gesamtauffassung näher stand als irgendeinem anderen Haupt der sozialistischen Internationale, *unverändert* wieder – als Urkunde jener Tage. Im gleichen Sinne sprach ich eine Woche vorher zu einer gewaltigen Volksversammlung im Münchener Kindlkeller; ich beschwor die westlichen Völker, dem Zarismus Frieden zu gebieten ... Dann las ich das deutsche Weißbuch. Seitdem hätte ich weder über die Ermordung Jaurès, so schreiben noch jene Rede wieder halten können, obwohl ich am 4. August erst unsicher geworden war, noch nicht völlig klar sehen konnte. Auf den Internationalen Kongressen bestand nie ein Zweifel darüber, wie sich die Sozialisten bei einem Kriege zu den nationalen Regierungen stellen müßten: Kampf mit allen Mitteln gegen die Regierung, die den Krieg verschuldet. In Amsterdam hatte Jaurès auch das sichere Kriterium angegeben, wie die Kriegsschuld festzustellen sei: sie laste auf der Regierung, die eine schiedsgerichtliche Untersuchung des Konflikts zurückweise oder sonst verhindere.

Wie ich zu der Auffassung kam, an der ich bis zu den ersten Augusttagen 1914 keinen Zweifel hegte?

Die Beantwortung dieser Frage würde einen nicht unwichtigen Beitrag zur Vorgeschichte des Krieges bilden.

Ich begnüge mich mit der Andeutung, daß die bayrische Regierung die leitenden Männer der bayrischen Sozialdemokratie seit dem *November 1912* dahin instruierte, daß Deutschland von einem russischen Überfall bedroht sei; es wurden sogar Einzelheiten des vermuteten russischen Feldzugsplans mitgeteilt. Schon im November 1912 versuchte ich die Parteipresse zu alarmieren – ohne Erfolg.

Die bayrische Regierung war es auch, die seit der Mitte Juli 1914 die Parlamentarier von dem unmittelbar bevorstehenden Ausbruch der Weltkatastrophe unterrichtete und die am Dienstag, den 28. Juli 1914, die deutsche Mobilmachung als bis zum Schluß der Woche bestimmt erfolgend ankündigte. Da sich diese Information als furchtbar zuverlässig erwies, war es psychologisch begreiflich, daß auch die seit Jahr und Tag suggerierte kriegspolitische Auffassung *zunächst* Vertrauen finden konnte, zumal sie der traditionellen, seit Menschenaltern dogmatisch gehegten Anschauung der deutschen Sozialdemokratie von der zaristischen Kriegsweltgefahr durchaus entsprach.

Völkerrecht
Einige Anmerkungen
(Herbst 1914)[3]

„Ich kann mich in keiner Weise einverstanden erklären mit der Déclaration de St. Petersbourg, daß die ‚Schwächung der feindlichen Streitmacht' das allein berechtigte Vorgehen im Kriege sei. Nein, alle Hilfsquellen der feindlichen Regierung müssen in Anspruch genommen werden, ihre Finanzen, Eisenbahnen, Lebensmittel, selbst ihr Prestige."
Graf Moltke an J. C. Bluntschli 1880.

Sofern es auch während eines Krieges die Aufgabe wissenschaftlichen Denkens und Forschens bleiben sollte, die *Wahrheit* zu ermitteln, kann ich mich nicht zu der Methode des Münchner Historikers Hans Prutz bekennen, daß ohne umfassende Kenntnisse aller Tatsachen und Urkunden schon auf Grund einseitiger Parteibehauptungen ein Urteil über Recht oder Unrecht dieser und jener Erscheinungen ausgesprochen werden darf. Ebensowenig vermag ich in Wettbewerb mit jenen in allen Ländern zahlreich auftretenden Völkerrechtsgelehrten zu treten, die es jetzt für ihre Pflicht halten, je nach ihrer staatlichen Zugehörigkeit die Völkerrechtsverletzungen des eigenen Landes entweder zu leugnen oder zu beschönigen, die der feindlichen Länder zu behaupten und anzuklagen. Mir scheint es

---

[3] Textquelle I Kurt EISNER: *Gesammelte Schriften. Erster Band.* Berlin: Paul Cassirer 1919, S. 21-51. – Zuerst anonym in *Der Neue Merkur*, Dezember 1914 / Januar 1915.

ebensowenig die Aufgabe eines Völkerrechtslehrers zu sein, das
Völkerrecht als polemische Waffe gegen den Feind zu mißbrauchen
und damit wissenschaftlich und praktisch zu entwerten, wie es mir
nicht die Herzensangelegenheit gerade von Künstlern zu sein
scheint, Zerstörungen von Kunstwerken zu verteidigen und uner-
setzlichen Kulturbesitz für minder wertvoll zu erklären als ein einziges Menschenleben, das *vermeintlich* durch die Zerstörung eines
Kunstwerks gerettet werden könnte. (Ich wenigstens werte m e i n
Menschenleben nicht so hoch wie eine Schöpfung ewiger Kunst,
und schätze die Kunst nicht so niedrig ein, daß sie weniger sei als
lebendige Wesen, deren völlige Wertlosigkeit ja gerade gegenwärtig
dadurch bewiesen wird, daß sie millionenfältig verstümmelt und
vernichtet werden.)

Die üble Phrase von der „Voraussetzungslosigkeit" der Wissenschaft hat den guten Sinn, daß ihre Forschungsergebnisse nur abhängig sein dürfen von den immanenten Methoden der Wissenschaft, niemals aber von irgendeiner äußeren Autorität, nicht von
einem religiösen Dogma, noch weniger gar von dem Zufall der
Staatsangehörigkeit. Wer diese Unbefangenheit heute nicht aufzu-
bringen vermag, soll schweigen, nicht aber unter dem Schutz eines
Titels oder Amts, was ihm an wissenschaftlichem Ernst abgeht,
durch das Feuer seiner unbezweifelten heiligen Überzeugungen ersetzen.

Die nachfolgenden völkerrechtlichen Betrachtungen liegen abseits von allen apologetischen und polemischen Absichten. Sie wollen verdunkelte Tatsachen ans Licht stellen, trübe Erscheinungen erklären, Probleme – an ein paar zufällig gewählten Einzelbeispielen
– dem Nachdenken vorstellen. Und wenn diesen Anmerkungen
dennoch auch die Absicht einer Wirkung zugrunde liegen sollte,
dann ist es nur die: die völlige Zerstörung des Völkerrechts, als des
Rechts einer Völkergemeinschaft, nicht dadurch herbeizuführen,
daß man es unnützlich im Munde führt.

I. RECHTSMÄSSIGE VÖLKERRECHTSVERLETZUNGEN

Zu den niederdrückendsten Erscheinungen dieses Weltkrieges gehört die Mißhandlung des Völkerrechts. Alle kriegführenden Partei-

en werfen sich unablässig gegenseitig Verletzungen des Völkerrechts vor. So ist nach den beiden Haager Weltfriedenskonferenzen von 1899 und 1907, von denen manche Schwärmer den Beginn eines modernen Völkerbundes des Rechts und des Friedens, den Anfang einer „Organisation der Welt" datieren wollten, gerade in der Zeit, wo ein dritter Haager Kongreß hätte stattfinden sollen, die Idee der Schiedsgerichte durch den Ausbruch des ersten Weltkrieges seit einem Jahrhundert gegeißelt worden; und auch die Bemühungen um völkerrechtliche Bindung der „Humanisierung" des Krieges sind zerstört worden. Wer die diplomatischen Akten der Vereinigten Staaten kennt, deren Pariser Gesandten 1870/71 der Schutz der Deutschen anvertraut war, der weiß, mit welcher Menschlichkeit, Kraft und Unparteilichkeit damals dieser Vertreter Amerikas gegen beide kriegführenden Parteien das Völkerrecht gegen jede Antastung – im strengsten und weitesten Sinne – verteidigte; und wie man damals mit Ernst und Würde Ausschreitungen bekämpfte, die heute viel zu harmlos erscheinen würden, als daß man ihnen nur die gespielte Empörung von fünf Druckzeilen widmen möchte. Heute gehört die Völkerrechtsverletzung zum alltäglichen Betrieb, und dies, nachdem zum erstenmal 1907 im Haag sogar etwas wie eine Schadenersatzpflicht (in allerdings sehr unbestimmten und unklaren Wendungen) für Völkerrechtsverletzungen beschlossen worden ist.

Schlimmer noch: Gerade die völkerrechtliche Bindung, die im Haag versucht wurde, ist zum Quell einer furchtbaren Kriegsverschärfung geworden. Das verbesserte Völkerrecht hat insofern die Völkerrechts-Verletzungen *gesteigert*, als die gegenseitigen Beschuldigungen des Völkerrechtsbruchs zu Repressalien führten, die natürlich wiederum weit außerhalb des Völkerrechts ihre verheerenden Mittel der Abschreckung, Strafe oder Rache wählten. Dabei ist es in der *Wirkung* ganz gleichgültig, ob etwa die *Deutschen* sich zu solchen Abwehrmitteln *genötigt* sahen, weil vom Feinde das Völkerrecht wirklich verletzt war, oder ob Kosaken erlogene Verletzungen nur zum Vorwand nahmen, um sich nach Herzenslust außerhalb des Völkerrechts ausrasen zu können – auf „rechtmäßige" Weise.

Die *Berufung* auf das Völkerrecht wirkte auf zweierlei Weise schädlich und schürend. Man behauptete völkerrechtswidrige Vorkommnisse, die tatsächlich nicht geschehen oder mindestens nicht erweislich waren. Oder man berief sich auf Erscheinungen, die freilich an sich Tatsachen waren, die aber zu Unrecht als mit dem Völkerrecht unvereinbar gekennzeichnet wurden. Gerade solche Beschuldigung aber kann dann zu wirklichen schwersten völkerrechtsverletzenden Repressalien führen, ohne daß sie im Geiste des Völkerrechts begründet wären.

Wenn es nun die beiden wichtigsten Aufgaben des Völkerrechts sind, Kriege zu verhindern oder, wenn das nicht möglich, ihre Leiden nicht über das Maß des Notwendigen zu steigern, so hat die Presse die völkerrechtlich gebotene Pflicht, nicht ihrerseits die Kriegsleiden über den Grad des Unvermeidlichen hinaus dadurch zu erhöhen, daß sie jenes mißbräuchliche, nur der Verhetzung und Verrohung dienende Völkerrechtsgeschrei erhebt, anstatt sowohl die Tatsachen gewissenhaft zu prüfen als auch die wahren völkerrechtlichen Bestimmungen in Wortlaut und Sinn festzustellen. Statt dessen haben wir schaudernd erlebt, um ein *deutsches* Beispiel zu erwähnen, wie ein großes Blatt monatelang fast täglich in immer neuen Wendungen als „Repressalie" die Abschießung von Gefangenen verlangte, bis es in dem schauerlichen Aberwitz der Forderung strandete, daß englische gefangene Offiziere in den vordersten deutschen Schützengräben festgebunden werden müßten, um dort von den Dum-Dum-Geschossen der eigenen Landsleute niedergemacht zu werden!

Aber die Organe der öffentlichen Meinung in *allen* Ländern haben noch eine höhere Pflicht. Gerade *während* eines Krieges, wo das Völkerrecht unmittelbar in das Dasein aller positiv oder negativ eingreift, ist es eine nationale Aufgabe, die Anschauungen über das Wesen und die Bedingungen des Völkerrechts, aus der lebendigen Erfahrung heraus, zu klären und so seine vernünftige Entwickelung zu fördern; nach dem Kriege ist Gefahr, ja Gewißheit, daß sich diese Probleme in die engen Zirkel gelehrter Spezialisten zurückziehen. Und diese tragen gerade die Schuld, daß sie das Völkerrecht als wissenschaftliches System in den erbarmungswürdigen Zustand gebracht haben, der jetzt die praktische Durchbrechung und die gedankliche Verwirrung so verhängnisvoll erleichtert.

Man redet heute von dem *Bankerott* des Völkerrechts, weil die zahlreichen schweren Verletzungen offenkundig sind. Aber die Verletzungen eines Rechts machen nicht das Recht selbst zuschanden. Das Verbot des Mordes im Kriminalrecht hebt das Gesetz nicht selbst auf und macht es keineswegs unwirksam. Alles Recht kann verletzt werden und wird unzählige Male verletzt; damit wird das Recht selbst nicht aufgehoben. So würden die Völkerrechtsverletzungen im Krieg 1914 so wenig die Sinnlosigkeit oder auch nur die Ohnmacht des Völkerrechts erweisen, daß sie im Gegenteil erst recht seine Notwendigkeit und Bedeutung klarstellen.

Der Bankerott des Völkerrechts ist längst im Frieden und zwar von den seinem Dienst gewidmeten Juristen herbeigeführt worden. Sie haben das Völkerrecht dynamitiert, indem sie es mit dem Begriff der *rechtmäßigen Völkerrechtsverletzung* beluden. Das Völkerrecht aber ist in seinem innersten Wesen, seiner ganzen Natur nach *absolut*, allgemeingültig und ausnahmslos unverletzlich, *oder es ist überhaupt nicht*. Selbstverständlich, die Möglichkeit der Rechtsverletzung bleibt gegeben, aber den Rechtsverletzer hat dann die volle Verantwortung für seinen Rechtsbruch zu treffen, und mit dieser *Verantwortlichkeit unter allen Umständen* wird das Recht selbst bejaht und erhalten. Wer aber die Anschauung verteidigt, daß es auch eine *rechtmäßige, gesetzliche* Völkerrechtsverletzung geben kann, der macht das ganze Völkerrecht zum Hohn und Spott; mehr noch: zu einer völkerrechtswidrigen vergifteten Waffe.

Zwei kleine, harmlose Worte haben diese Selbstauflösung des Völkerrechts in Wissenschaft und Praxis verursacht. Man übernahm aus dem Kriminal- und Zivilrecht die Begriffe der *Notwehr und des Notstandes*, die an sich rechtswidrige Handlungen gesetzlich und schuldfrei machen. Wer in der Notwehr einen Räuber tötet, handelt rechtmäßig. Und wer im äußersten Notstand, wo es sich um seine Selbsterhaltung handelt, ein an sich unzulässiges Mittel anwendet, darf diese Lebensgefahr zu seinen Gunsten geltend machen. Es ist nun die herrschende Ansicht der Völkerrechtsgelehrten, daß Notwehr und Notstand auch für das Gebiet des Völkerrechts gelten, und hier sogar im weitesten Umfang. Zwar ist einigen Völkerrechtlern sichtlich bei ihren wunderbaren Konstruktionen und Beweisführungen nicht recht wohl, aber je unbehaglicher und schwieriger ihnen das Werk dünkt, um so gebieterischer stellen sie – auch eine Art von Notwehr und Notstand! – die brüchige Behauptung unter den Schutz einer allgemeinen, übereinstimmenden Anschauung.

v. Liszt, um einen der Neueren und Angeseheneren zu nennen, dekretiert in seinem „Völkerrecht" (6. Aufl. 1910): „Die strafrechtlich und privatrechtlich anerkannten Begriffe der Notwehr und des Notstandes schließen auch für das Gebiet des Völkerrechts die Rechtswidrigkeit der begangenen Verletzung aus." Warum? Statt der Begründung vernehmen wir ein Beispiel: „Auch der dauernd neutralisierte Staat darf mithin den feindlichen Überfall mit Waffengewalt abwehren. Er handelt in Notwehr." Sollte das nicht doch ein wenig gedankenlos sein? Notwehr macht eine an sich *rechtswidrige* Handlung zulässig. Aber die Abwehr eines Angriffs auf die Neutralität ist so wenig eine rechtswidrige Handlung, daß vielmehr ihre Unterlassung rechtswidrig wäre. Der *Schutz* der Neutralität gehört zum Begriff der Neutralität. Die fünfte Haager Konvention von 1907 bestimmt im 4. Artikel ausdrücklich, daß der neutrale Staat auf seinem Gebiet keine Neutralitätsverletzungen dulden darf; und im 10. Artikel wird sogar gesagt, daß der Kriegführende auch aus der *gewaltsamen* Zurückweisung seines Angriffs auf neutrales Gebiet keinen casus belli machen darf. So wenig handelt es sich hier um einen Akt der Notwehr; der Widerstand ist das gesetzliche Recht und die Pflicht des Neutralen. Um dieses Beispiels willen bedarf es also nicht der Einführung der Notwehr ins Völkerrecht. In dem praktischen Beispiel, das wir jetzt erlebt haben, war es auch nicht die Abwehr einer Neutralitätsverletzung, sondern die Neutralitätsverletzung selbst, die als Notwehr gerechtfertigt wurde. Bei dieser Gelegenheit wurde auch gleich der Begriff der *Putativ*notwehr ins Völkerrecht übernommen; die Notwehr gegen einen bloß (mit Recht oder Unrecht) *vermuteten* Angriff. Im weiteren bestreitet – gemäß den Haager Beschlüssen – Liszt, daß in dem besonderen Völkerrechtsgebiet des Kriegsrechts das bindende Gesetz durch die „Kriegsräson", die freie Entscheidung der militärischen Befehlshaber, eingeschränkt werden dürfte. Und erschreckend rigoros fügt er hinzu:

„Eine offene Stadt darf auch dann nicht beschossen werden, wenn von ihrer Vernichtung der Ausgang des Krieges abhängen sollte."

Doch fährt er beruhigend fort: „Wohl aber greift auch im Kriege der Begriff der Notwehr Platz: gegen rechtswidrigen Angriff ist Verteidigung stets gestattet." Das ist es: Auch wenn das ganze Schicksal eines Krieges davon abhängt – es ist *verboten*, eine unverteidigte Stadt zu bombardieren. Aber wenn ein Bürger der Stadt auf einen Soldaten schießt, dann kann aus Notwehr als Repressalie die Stadt in Brand geschossen werden, auch wenn's für die Entscheidung des

Krieges ganz gleichgültig ist. Berliner Völkerrechtswissenschaft in 6. Auflage!

Ein anderer! *v. Martitz* lehrt in dem Bande des Sammelwerks *Kultur der Gegenwart*, der die Systematische Rechtswissenschaft behandelt (1913):

„Die Regeln, nach denen gekämpft wird, bilden die Kriegsmanier (Kriegsgebrauch, loi de guerre). Sie sind weit genug, um der militärischen Notwendigkeit den erforderten Spielraum zu lassen. Nur im Falle des *Notstandes* würde es, schon nach *allgemeinen Rechtsgrundsätzen*, nicht unzulässig sein, sich über sie hinwegzusetzen, was man mit dem einer Mißdeutung fähigen Ausdruck Kriegsräson bezeichnet. Und Repressalienverfahren kommen auch im Kriege zur Anwendung."

Warum? Wer mag's wissen! Der Professor sagt's so. Die Wirkung aber sehen wir tagtäglich. Das Völkerrecht wird verletzt – folglich muß man es noch mehr verletzen – als Repressalie, aus Notwehr, aus Notstand. So entmenschlicht das Völkerrecht den Krieg in steigender Progression!

Ein Dritter! *Heilborn* benachrichtigt uns in seinem System des Völkerrechts: „Die Begriffe Notwehr und Notstand sind allgemeiner Natur und dürfen als bekannt vorausgesetzt werden." Diese bekannte Voraussetzung scheint nun einem Vierten, *Fleischmann*, doch nicht so ganz einwandfrei, und er erinnert daran, daß der Begriff des Notstandes schon im nationalen Recht durchaus nicht feststehend sei, und daß die Juristen von einer „ungesunden und lückenhaften Entwickelung", von einer „hilflosen Entwickelung" des Begriffs reden.

Eine Begründung dieser Aushöhlung des Völkerrechts durch Notwehr und Notstand wird in dem vierbändigen *Handbuch des Völkerrechts F. v. Holtzendorffs* versucht; der Abschnitt über Kriegsrecht ist von Prof. Lueder bearbeitet. Zunächst wird der Krieg selbst als „Recht" deduziert:

Der kriegführende Staat und seine Organe befinden sich in der Lage des in einem Kampf um Leben und Tod verwickelten Einzelnen, den in diesem Kampfe nur das Eine leitet: um jeden Preis den Gegner niederzuwerfen, um das eigene Leben zu retten. Das ist nicht nur natürlich, so daß es nicht anders sein könnte, sondern es ist auch rechtlich. Das Recht gestattet, wie die *Beispiele der Notwehr und des Notstandes* zeigen, ihm dazu die Anwendung der äußersten Gewaltmittel, die er zur Erreichung seines Zweckes braucht.

Damit wird der *rechtliche* Charakter des *Krieges selbst* aus Notwehr und Notstand begründet. In der Tat, das ist bereits Besitzgut des allgemeinen Kulturbewußtseins geworden, daß die Gemeinschaft der Völker nur in der Notwehr oder im Zustande äußerster Not durch einen Krieg zerrissen werden darf. Daher das Bemühen aller Kriegsparteien, für sich zu beweisen, daß sie sich nur gegen einen Überfall wehren. So weit ist das Gewissen der Zivilisation dennoch vorgedrungen, daß niemand mehr wagt, sich als Angreifer zu bekennen.

Wenn nun der „rechtliche" Charakter des Krieges nur aus Notwehr und Notstand begründet werden kann, welche rechtliche Bedeutung haben dann die völkerrechtlichen Einschränkungen der Kriegführung? Die Antwort liegt so nahe, drängt sich so unmittelbar auf, daß sie ein Völkerrechtsprofessor unmöglich sehen kann. *Holtzendorff-Lueder* erklären sich zunächst für die völkerrechtliche, gesetzliche Bindung der Kriegführung:

Es hat sich ergeben, daß die Beschränkung *weiterer*, d. h. über den Kriegszweck hinausgehender Gewalt mit der Natur des Krieges vereinbar ist. Hier, wo die dort nötige Gewalt zur brutalen Grausamkeit oder Zerstörung werden würde, beginnt deshalb die Möglichkeit und damit die Pflicht und Notwendigkeit kriegsrechtlicher Beschränkung, bzw. Untersagung.

Mit allem Nachdruck wird hier die Aufstellung eines bindenden Kriegs*rechts* gefordert – entgegen der Anschauung, daß es ausschließlich Sache der kriegführenden Militärs sei, die Art der Kriegführung – innerhalb gewisser humaner Gewohnheiten – zu bestimmen: Die Kriegsmanier (Kriegsgesetz), nicht die Kriegsräson hat über die Sitten und Mittel der Kriegführung zu entscheiden. Dann aber folgt auch bei diesen Handbüchlern die Einschränkung: In zwei Fällen könne durch die Kriegsräson die Kriegsmanier aufgehoben werden:

„einmal im Falle der äußersten Not, wenn der Zweck des Krieges nur durch die Nichtbeachtung erreicht werden kann und durch die Beachtung vereitelt werden würde; sodann im Wege der Retorsion, also als Erwiderung unberechtigten Nichtbeachtens der Kriegsmanier von der Gegenseite."

Diese Zulässigkeit der Ausnahme wird mit der Erwägung gerechtfertigt, man könne

„durch ein unerwidertes Hingehenlassen der von der Gegenseite begangenen Verletzungen der Kriegsmanier in Nachteil und in eine ungünstigere Lage als der verletzende Gegner versetzt werden hinsichtlich des mit allen Mitteln zu erstrebenden Zieles: Brechen des gegnerischen Willens und Erlangen des Sieges".

Indem der Professor diese Begründung niederschrieb, hatte er bereits wieder vergessen, wie er vorher die *Möglichkeit* einer völkerrechtlichen Regelung nachgewiesen hatte. Sie beschränkte sich auf die Sphäre, wo der Kriegszweck selbst in seinen Notwendigkeiten nicht berührt werde; das Völkerrecht wolle nur die unnützen, durch den Kriegszweck nicht gebotenen Grausamkeiten verbieten. Danach kann es überhaupt keine völkerrechtliche Bindung geben, die die Erreichung des Kriegszwecks vereitelt. Also kann auch die *absolute* Unterwerfung unter das Kriegsrecht niemals die strategische oder taktische Lage ungünstiger gestalten, im Verhältnis zu dem, der das Kriegsrecht mißachtet. Die beiden Begründungen des Völkerrechts selbst und seiner rechtmäßigen Ausnahmen heben sich, wie man sieht, gegenseitig glatt auf. Weil das Kriegs*recht* nichts enthalten darf und nichts enthält, was mit dem Kriegs*zweck* unvereinbar ist, so kann es nur, seinem inneren Wesen nach, *ausnahmslos* gelten, oder es hört auf, ein Kriegsrecht zu geben. Ein Konflikt ist unter dieser Annahme gar nicht möglich. Natürlich kann das Kriegsrecht immer gebrochen werden, aber dann eben als *Rechtsbruch*, nicht als *Recht*; es kann gar keine Gefahr sein, daß durch die Unterwerfung unter die völkerrechtlichen Bestimmungen die eigene Sache gefährdet werden könnte, weil das Völkerrecht ja nur die für den Kriegszweck *unnötigen* Maßnahmen auszuscheiden sucht. Wenn man übrigens die Hinwegsetzung über die Völkerrechtsbestimmungen nur für den *äußersten* Notfall gestatten will, so vernehmen wir jetzt fast täglich die andere Meinung, daß es Pflicht des militärischen Kommandos sei, jedes Mittel anzuwenden, wenn dadurch auch nur ein Soldat gerettet werden könne.

Das ist denn die einzige denkbare rechtliche Bestimmung des Kriegsrechts (um uns auf diesen Teil des Völkerrechts zu beschränken): *Ist der Krieg rechtlich aus Notwehr oder aus Notstand zu begründen, so bezeichnet das Völkerrecht eben die Schranken in der Ausübung der Notwehr und des Notstandes, und diese Schranken können daher logisch nicht wieder durch Notwehr und Notstand zertrümmert werden; sie müssen ihrem Begriff nach ausnahmslos verbindlich sein.*

Nach dieser Einsicht ist die andere, meine Auffassung stützende Erwägung unerheblich, daß im Völkerrecht der Rechtsbrecher aus Notwehr nicht nur Richter in eigener Sache ist, sondern daß es auch keinen Richter gibt, der darüber entscheiden könnte, ob wirklich Notwehr und Notstand vorliegen.

Denn die zuletzt im Haag beschlossene Haftpflicht für Völkerrechtsverletzungen ist papieren und unvollziehbar. Philipp Zorn hat diese, übrigens von Deutschland beantragte, Bestimmung in erregten Ausführungen für ein „Unglück", für unerträglich erklärt, und hält es für höchste Zeit, diesen „formal-juristischen Exzessen" ein Ende zu machen. Aber da es keinen internationalen Gerichtshof gibt, der darüber entscheidet, ist die prinzipiell allerdings *revolutionäre* Bestimmung von 1907 wesenlos. Um so mehr aber ist es erforderlich, daß man wenigstens den *moralischen* Wert der völkerrechtlichen Bindungen nicht durch die „formal-juristischen Exzesse" der Notwehr und des Notstandes völlig vernichtet.

Läßt man im Kriegs*recht* Ausnahmen zu, so gelangt man wieder zur Kriegs*räson*, die in jedem Falle die Wahl der Mittel dem Ermessen der Heerführer überläßt. Das war aber gerade die Absicht der Haager Beschlüsse, die nichts von Notwehr und Notstand wissen, die allgemeine Rechtsverbindlichkeit der aufgestellten Regeln der Entscheidung der Heerführer zu entziehen; und ausdrücklich ist im Haag bestimmt worden, daß auch selbst in den durch die Konvention nicht geregelten Fällen nicht das militärische Kommando freie Hand haben solle, sondern daß „Völker und Kriegführende unter dem Schutz und der Herrschaft der Grundsätze des Völkerrechts bleiben, so wie sie aus den zwischen den zivilisierten Nationen bestehenden Gebräuchen, Gesetzen der Menschlichkeit und Forderungen des öffentlichen Gewissens folgen".

In dieser Auffassung kommt der unausgeglichene Konflikt zwischen dem Völkerrecht und der militärischen Anschauung zum Ausbruch. Daß die Völkerrechtsprofessoren ihre eigenen Kartenhäuser wieder umblasen, daß sich die doch offenbar *geprüft* scharfsinnigen Herren in einem kläglichen System von krassen Widersprüchen eingraben, ist nicht einem Mangel des Verstandes zuzuschreiben, sondern aus dem Notstand zu erklären, daß sie ihre Wissenschaft vor dem gebietenden Veto des Militärs zu retten suchen, indem die Universität den Generalstab durch ein Kompromiß zu beschwichtigen beflissen ist. Die Wahrheit ist, daß die Militärs jeder völkerrechtlichen Bindung mit Zwangsgewalt durchaus entgegen sind.

Am klarsten und schärfsten hat diesen Gegensatz *Graf Moltke* (der Ältere) 1880 in einem Brief an den Heidelberger Völkerrechtslehrer Bluntschli ausgesprochen. Aus dem Schreiben wird gern der Satz angeführt: „Der ewige Friede ist ein Traum, und nicht einmal ein schöner, und der Krieg ein Glied in Gottes Weltordnung." Aber dieser Satz ist als Bekenntnis eines persönlichen Dogmas nur für den verbindlich, der es glaubt, und deshalb ohne allgemeine Bedeutung.

Dagegen ist der weitere Inhalt des Briefes von entscheidender Wichtigkeit. Bluntschli hatte dem Generalfeldmarschall das von dem Institut für internationales Recht veröffentlichte Handbuch des Kriegsrechts zugesandt. In seiner Erwiderung lehnt Moltke sehr höflich, aber auch sehr entschieden jedes „kodifizierte Kriegsrecht" ab. Eine Humanisierung der Kriegführung sei nur zu erwarten „von der religiösen und sittlichen Erziehung der einzelnen, von dem *Ehrgefühl und dem Rechtssinne der Führer, welche sich selbst das Gesetz geben und danach handeln,* soweit die abnormen Zustände des Krieges es überhaupt möglich machen". Das Handbuch enthielt die völkerrechtliche Bestimmung – die Brüsseler Konferenz von 1874 war vorausgegangen –, daß Requisitionen nur „im Verhältnis zu den Hilfsmitteln des Landes" erfolgen dürfen. Moltke entgegnet: „Der Soldat, welcher Leiden und Entbehrungen, Anstrengung und Gefahr erduldet, … muß alles nehmen, was zu seiner Existenz nötig ist. Das Übermenschliche darf man von ihm nicht fordern." Im Interesse der schnellen Beendigung des Kriegs „müssen alle, nicht geradezu *verwerflichen* Mittel" frei stehen. Mit der Petersburger Deklaration, daß nur die Schwächung der feindlichen *Streitmacht* berechtigt sei, kann

Moltke sich in keiner Weise einverstanden erklären; alle Hilfsquellen der Regierung, d. h. des Landes müßten in Anspruch genommen werden. Im Handbuch waren die völkerrechtlichen Bestimmungen über die Teilnahme der Bevölkerung am Krieg schon so formuliert worden, wie jetzt in der Haager Konvention. Moltke spottet: „Kein auswendig gelernter Paragraph wird den Soldaten überzeugen, daß er in der nichtorganisierten Bevölkerung, welche (spontanément, also aus eigenem Antrieb) die Waffen ergreift und durch welche er bei Tag und bei Nacht nicht einen Augenblick seines Lebens sicher ist, einen regelrechten Feind zu erblicken hat." Der Militär stellt also nicht nur den Heerführer, sondern auch jeden Soldaten als Richter über das Völkerrecht. Schließlich rät Moltke, hinter den einzelnen Bestimmungen einzufügen: wenn es die Umstände erlauben, wenn es sein kann, wenn es möglich, wenn es notwendig ist. Das Völkerrecht der Professoren folgte dem Rat und schob hinter jede Bestimmung die aufhebende Notwehr- und Notstandsklausel ein!

Das ist der unausgleichbare Gegensatz: Das Völkerrecht will die Sicherheit der Bevölkerung schützen, der Militär seine Truppen; das Völkerrecht steht dem Schwachen und Wehrlosen zur Seite, der Militär, seiner Aufgabe gemäß, dem Starken; das Völkerrecht will Menschlichkeit, der Militär Sieg; das Völkerrecht will dem Verteidiger helfen, der Militär den Angreifer sichern; das Völkerrecht stellt über den Krieg und den Heerführer das zwingende, unantastbare Gesetz, der Militär will durch nichts gebunden sein wie durch sein, wie immer humanes, Gewissen; das Völkerrecht proklamiert Kriegs*recht*, der Militär handelt nach Kriegs*räson*.

In diesem Widerspruch mußte das Völkerrecht um so nachdrücklicher seine Sache behaupten. Statt dessen zersetzte es sich in einem Kompromiß. Und während alle Vertreter der Kriegswissenschaft ausnahmslos Moltkes Anschauung teilen, bekehrte sich 1914 ein Marburger Völkerrechtslehrer im Felde zu dem Satz:

„Der deutsche Militarismus ist doch wertvoller als das ganze Völkerrecht."

Die Arbeit *Der Völkerrechtler* hätte einen anderen Weg gehen müssen, um fruchtbar zu werden. Indem sie auf der Ausnahmslosigkeit der völkerrechtlichen Beschlüsse streng beharrten, hätten sie aus dem Völkerrecht alles entfernen sollen, was seiner Natur nach doch gebrochen werden wird. Hierher gehört das Gebilde neutralisierter Staaten. In einem jüngst gehaltenen Vortrag des Leipziger Völkerrechtsdozenten Herbert Kraus, der sonst zu den anfangs gekennzeichneten Erzeugnissen des flüchtig und hitzig beratenen Augenblicks gehört, wurde über den deutschen Einbruch in Belgien *strategisch* ganz richtig gesagt:

„Kein Gebot der Welt könnte einer Nation solche selbstmörderischen Schranken auferlegen, uns die Zähne an dem riesigen französischen Panzergürtel an unserer Grenze auszubeißen ..., statt eine schnelle Parade gegen die einzige schwächere Stelle zu schlagen." Also mit anderen Worten: die Neutralität eines Staates kann nur so lange geschont werden, als sie nicht die strategischen Notwendigkeiten der Kriegführung anderer Staaten gegen einen dritten hindert. Daraus aber folgt nicht, daß in diesem Falle keine Völkerrechtsverletzung begangen wurde, sondern vielmehr, daß man längst den völkerrechtlichen Vertrag, auf dem die Neutralität beruhte, von allen Seiten hätte auflösen sollen; nicht zuletzt auf Betreiben des neutralisierten Staates selbst. Es wäre kein Nachteil für den Frieden der Welt, wenn es keine dauernd neutralisierten Staaten mehr geben würde. Die Folge wäre, daß alle kleineren Staaten sich vermutlich nach Schweizer Muster eine Volkswehr schaffen würden und daß vor jedem Ausbruch eines Kriegs die Länder, die neutral zu bleiben wünschen, sich gemeinschaftlich zur Verteidigung ihrer Neutralität organisieren. Der Kriegsanreiz würde dann wesentlich schwächer werden.

Das ist das eine Ergebnis meiner Untersuchung:

Das Völkerrecht duldet keine Einschränkung durch Notwehr und Notstand. Was aber unvereinbar mit den Lebensinteressen des einen oder anderen Landes ist oder aller Wahrscheinlichkeit einmal werden kann, darf nicht unter die besondere Sanktion des Völkerrechts gestellt werden. Man sichert das Völkerrecht, indem man es entlastet.

II. Volkswehr im Völkerrecht

In einem preußischen militärischen Aktenstück, in der Landsturmverordnung vom 21. April 1813, befahl der König dem Volk: „Jeder Staatsbürger ist verpflichtet, sich dem andringenden Feinde mit

Waffen aller Art zu widersetzen, seinen Befehlen und Ausschreibungen nicht zu gehorchen, und wenn der Feind solche mit Gewalt beitreiben will, ihm durch alle nur aufzubietenden Mittel zu schaden ... Ist der Fall des Aufgebots eingetreten, so ist der Kampf, wozu der Landsturm berufen wird, ein Kampf der Notwehr, der alle Mittel heiligt. Die schneidendsten sind die vorzüglichsten, denn sie beenden die gerechte Sache am siegreichsten und schnellsten. Es ist daher die Bestimmung des Landsturms, dem Feinde den Einbruch wie den Rückzug zu versperren, ihn beständig außer Atem zu halten; seine Munition, Lebensmittel, Kuriere und Rekruten aufzufangen; seine Hospitäler aufzuheben; nächtliche Überfälle auszuführen, kurz, ihn zu beunruhigen, zu peinigen, schlaflos zu machen, einzeln und in Trupps zu vernichten, wo es nur möglich ist ... Eigen für den Landsturm verfertigte Uniformen oder Trachten werden nicht verstattet, weil sie den Landstürmer kenntlich machen und der Verfolgung des Feindes leichter preisgeben können... Die Waffen sind: alle Arten von Flinten, mit oder ohne Bajonett, Spieße, Piken, Heugabeln, Morgensterne, Säbel, Beile, gerade gezogene Sensen, Eisen... Wie bei einer Fußpost sind täglich von Meile zu Meile Boten abzuschicken, auch Weiber und Kinder von 12 bis 15 Jahren sind hierzu brauchbar... Späherei, weit entfernt verächtlich zu sein, ist Pflicht gegen den Feind... Dem Feinde das Leben möglichst zu erschweren, sich allen seinen Anordnungen mit Gewalt zu widersetzen, alle Leistungen und Lieferungen für ihn zu versagen, ihn einzeln zu vernichten und Abbruch zu tun, ist Pflicht ... Die Städte, die sich darin besonders hervortun, sollen belohnt werden. Die Bildung der National- oder Bürgergarden unter Einfluß und Aufsicht des Feindes ist bei Strafe schimpflicher Landesverweisung verboten. Diese scheinbaren Ordnungsmittel haben dem Feinde zu oft schon Garnisonen in den eroberten Städten erspart. Es ist weniger schädlich, daß einige Ausschweifungen zügellosen Gesindels stattfinden, als daß der Feind frei im Schlachtfelde über alle seine Truppen gebietet."

Aus gleichem Geist sind auch militärwissenschaftliche Ausführungen über das Wesen des Volkskrieges geboren: „Ist von Verderbung der Wege, Versperrung enger Straßen die Rede, so verhalten sich die Mittel, welche Vorposten oder Streifkorps des Heeres anwenden, zu denjenigen, welche eine aufgebrachte Bauernmasse herbeischafft, ungefähr wie die Bewegungen eines Automats zu den Bewegungen eines Menschen ... Nach unserer Vorstellung vom Volkskriege muß er, wie ein nebel- und wolkenartiges Wesen, sich nirgends zu einem widerstehenden Körper konkreszieren, sonst richtet der Feind eine angemessene Kraft auf diesen Kern, zerstört ihn und macht eine große Menge Gefangene; dann sinkt der Mut ... Kein Staat sollte sein Schicksal, nämlich sein ganzes Dasein, von einer Schlacht, sei sie auch die entscheidendste abhängig glauben. Zum Sterben ist es immer noch Zeit, und wie es ein Naturtrieb ist, daß der Untergehende nach dem Strohhalm greift, so ist es in der natürlichen Ordnung der menschlichen Welt, daß ein Volk die letzten Mittel seiner Rettung versucht, wenn es sich auf den Rand des Abgrunds geschleudert sieht. Wie klein und schwach ein Staat in Beziehung auf seinen Feind auch sei, er soll sich diese letzte Kraftanstrengung nicht ersparen, oder man müßte sagen, es ist keine Seele mehr in ihm." Es ist nicht bedeutungslos, zu erwähnen, daß diese und noch mehr Sätze über den Volkskrieg der Klassiker deutscher Kriegswissenschaft, *Carl von Clausewitz*, in seinem großen Werk *Vom Kriege* niedergeschrieben hat!

Die Landsturmverordnung von 1813 und die Darlegungen des preußischen Generals von Clausewitz über die Volksbewaffnung entstammen den furchtbaren Erlebnissen eines Staates, dessen weltbewundertes Söldner- und Leibeigenenheer unter dem Anprall eines genial geführten Volksheeres zusammengebrochen war; und die weitere Erfahrung, daß dieser größte aller Feldherren dann selbst wieder durch die aufständischen Volksmassen in Spanien und Tirol in schwere Bedrängnis geriet, ließ erst recht die Bedeutung eines ganzen Volkes, das sich verteidigt, in seiner Unüberwindlichkeit erscheinen.

Seitdem sind die großen Militärstaaten zur allgemeinen Wehrpflicht übergegangen. Damit vollzog sich auch eine Wandlung der militärischen Auffassung. Obwohl alle Heerführer in Deutschland unter dem Einfluß der Lehren Carls von Clausewitz erzogen sind, wird heute niemand seine Propaganda für den Volkskrieg billigen. Der Krieg soll, das ist die militärische Überzeugung der Gegenwart, wenigstens in den rein militärischen Weltmächten ausschließlich zwischen den organisierten Streitkräften geführt werden. Aber dieser in aller seiner Konsequenz mit äußerster Härte bis zu einem

Punkte, wo die Kriegführung zur Kriminaljustiz wird, behauptete und durchgeführte Grundsatz ist keine *völkerrechtliche* Lösung des Problems. Hier blutet die düsterste Tragik des Krieges: der schreckliche Unterschied des Schicksals zwischen der Bevölkerung eines vom Feinde besetzten und eines vom Feinde freien Landes. Zwar greifen die persönlich-wirtschaftlichen Wirkungen des Krieges auch in das letzte Dorf der vom Feinde nie erblickten Gebiete. Aber welch Gegensatz zwischen dem Los der Bevölkerung in Galizien und Wien, in Ostpreußen und Berlin, in Polen und Petersburg, in Nordfrankreich oder Belgien und München! Was vermag das Völkerrecht, was will es vermögen, um die waffenlose Bevölkerung des Kriegsschauplatzes tatsächlich den unmittelbaren Angriffen des Krieges zu entziehen, der doch nicht gegen die Bürger geführt werden soll? Mit anderen Worten: welchen Schutz verheißt das Völkerrecht wider den *Eindringling*?

Das Völkerrecht ist seinem Begriff nach schlechthin international, die Armeen ebenso ausschließlich national. Kann es da überhaupt einen Ausgleich geben zwischen dem Recht, das alle Völker verbindet, und der Gewalt, die zwischen den einzelnen Völkern in uneingeschränkter Einseitigkeit für oder wider entscheidet? Für das Völkerrecht sind alle Völker von gleicher Qualität, und mithin gleichen Rechts, der Krieg hingegen macht aus dem Nebeneinander der Völker insofern eine einzige große Antinomie, als jedes Volk auf gleiche Weise, zumeist sogar mit den gleichen Worten, sich den Besitz der höheren Moral und des besseren Rechts zubilligt.

Gleichwohl hat sich das Völkerrecht nicht enthalten, Regeln für die Teilnahme der Bevölkerung am Kriege aufzustellen.

Gerade die Haager Verhandlungen von 1899 standen unter dem Eindruck, daß dies Problem die eigentliche Lebensfrage des Völkerrechts umschließe. Jene Debatten zeigten aber sofort das andere: Daß auch auf den Friedenskonferenzen und bei der Kodifizierung des Kriegsrechts unausgeglichen der Gegensatz zwischen der heutigen völkerrechtlichen und der heutigen militärischen Anschauung klaffte, und daß über die entscheidenden Bestimmungen nur aus internationaler diplomatischer Höflichkeit eine formelle Verständigung erzielt wurde, während sich jede der Parteien dabei etwas anderes dachte. So erkennt jeder, der das amtliche Protokoll der Konferenz von 1899 einmal gelesen hat, daß eine innere Verständigung über den Volkskrieg nicht einheitlich gewonnen wurde und gar nicht gewonnen werden konnte, weil das Problem völkerrechtlich und militärisch gegenwärtig durchaus verschieden behandelt werden muß.

Die Fragen der Teilnahme der Bevölkerung am Kriege sind völkerrechtlich schon auf der Brüsseler Konferenz von 1874 in Paragraphen gebracht worden, und die damaligen (nicht ratifizierten) Beschlüsse sind dann im Haag übernommen und bestätigt worden. In Brüssel versuchte ein ursprünglicher Entwurf eine mehr ins einzelne gehende Ordnung. Man hatte auch die Pflichten der Bevölkerung eines vom Feinde angegriffenen Landes gegen den Feind geregelt. Ein Spezialparagraph war dem Fall der Erhebung der Bevölkerung in einem bereits *besetzten* Lande gewidmet und unterwarf sie der Strenge der Justiz. Ein anderer Paragraph verbot die isolierten feindseligen Handlungen. Aber bei der Brüsseler Schlußredaktion ergaben sich so viele Schwierigkeiten, daß man alle Fragen der Volkserhebung in einem *besetzten* Gebiet und der *individuellen* Kriegshandlungen ungeregelt ließ. Man begnügte sich mit der Feststellung, wer völkerrechtlich den Schutz von Kriegführenden genießen solle: die Armeen, die Milizen, die organisierten Verbände und auch die Bevölkerung, die, selbst ohne Organisation, spontan die Waffen in einem noch nicht vom Feinde besetzten Gebiet ergreift. Die so zustande gekommenen, eingeschränkten Brüsseler Beschlüsse wurden in den beiden Artikeln des Haager Landkriegsreglements von 1899 wiederholt:

Art. 1. Die Gesetze, Rechte und Pflichten des Krieges gelten nicht allein für die Armeen, sondern auch für die Milizen und Freischaren, die folgende Bedingungen erfüllen:
1.   Sie müssen an ihrer Spitze eine für die Untergeordneten verantwortliche Person haben;
2.   sie müssen ein festes und auch in der Entfernung erkennbares Unterscheidungszeichen tragen;
3.   sie haben die Waffen offen zu tragen und
4.   in ihren Handlungen sich den Gesetzen und Gebräuchen des Krieges zu unterwerfen.

Art. 2. *Die Bevölkerung eines nicht besetzten Gebietes, die beim Herannahen des Feindes aus eigenem Antriebe zu den Waffen greift, um*

die eindringenden Truppen zu bekämpfen, ohne Zeit gehabt zu haben,
sich nach Art. 1 *zu organisieren, wird als Kriegspartei betrachtet, so-*
fern sie die Gesetze und Gebräuche des Krieges beobachtet.

Als am 20. Juni 1899 die II. Subkommission der II. Kommission diese
Anträge beriet, war die Stimmung der großen Mehrheit offenbar,
daß die alten Brüsseler Vorschläge das absolute Recht der Volksverteidigung unzulässig einengten. Um einer Ablehnung vorzubeugen,
erläuterte deshalb der Präsident der Kommission, *v. Martens*, der
russische Delegierte, sofort zu Beginn in einem längeren Vortrag
Sinn und Absicht der beiden Artikel: Es handelt sich nicht darum,
der Bevölkerung das Recht der Verteidigung zu bestreiten. Dies
Recht ist heilig. Die Brüsseler Konferenz hatte (ich übersetze das
französische Protokoll gekürzt. Der Verf.) keineswegs die Absicht,
das Recht der Verteidigung abzuschaffen oder einen Kodex aufzustellen, der dies Recht abschaffen sollte. Sie war im Gegenteil von
dem Gedanken durchdrungen, daß die Helden nicht durch Gesetz-
zesparagraphen geschaffen werden, sondern daß das einzige Ge-
setzbuch, das die Helden haben, ihre Aufopferung, ihr Wille und ihr
Patriotismus ist. Früher waren die Bedingungen, denen die Bevölkerung genügen mußte, gegenüber den Kriegführenden viel schwerer zu erfüllen als die in den Artikeln aufgestellten. Das muß man
nicht aus den Augen verlieren und sich erinnern, daß diese Bestimmungen nicht zum Gegenstand haben, alle Fälle zu regeln, die sich
ereignen könnten. Wir haben die Türe offen gehalten für die heroischen Opfer, die die Nationen bereit wären für ihre Verteidigung zu
bringen; eine heldenhafte Nation steht, wie die Helden, jenseits der
Gesetzbücher, der Regeln, der Tatsachen. Es ist nicht unsere Aufgabe, dem Patriotismus Grenzen zu setzen; unser Versuch geht allein dahin, durch ein gemeinsames Abkommen zwischen den Staaten die Rechte der Bevölkerung und die Bedingungen aufzustellen,
die diejenigen zu erfüllen haben, die sich rechtmäßig für ihr Vaterland zu schlagen wünschen.

Seine Ausführungen faßte *v. Martens* in einer Deklaration zusammen: daß es die Absicht der Konferenz sei, die Übel des Krieges,
soweit es die militärischen Notwendigkeiten zulassen, zu mildern.
Es sei nicht möglich, alle denkbaren Fälle zu regeln, es sei aber auch
nicht die Meinung, daß in den nichtgeregelten Fällen die Entschei-

dung dem Ermessen derer überlassen bleibe, die die Armeen führen; auch sie müßten vielmehr unter dem Gebot des Völkerrechts bleiben.

Der belgische Delegierte *Beernaert*, der frühere Minister, stimmte den Artikeln zu, unter der Voraussetzung, daß die Deklaration des Herrn v. Martens bindend sei. Er verstand die Bedeutung der Regelung dahin: Nach wie vor werden die Rechte des Siegers, weit entfernt, daß sie unbegrenzt seien, eingeschränkt sein durch die Gesetze des allgemeinen Gewissens, und kein Land, kein General würde wagen, sie zu brechen, weil er sich damit außerhalb der Gemeinschaft der zivilisierten Völker stellen würde.

Ein holländischer Vertreter, General und ehemaliger Kriegsminister, schloß sich Martens und Beernaert an. Er hob das Interesse der *kleineren* Staaten an der Mitwirkung der Bevölkerung im Kriege hervor.

Danach wurde der 1. Artikel einstimmig angenommen, ebenso der zweite, mit dem Vorbehalt des Schweizer Delegierten Oberst Künzli, daß seine Abstimmung von dem Schicksal des englischen Zusatzantrages abhänge.

Dieser englische Antrag des Generals Sir *John Ardagh* wünschte die Hinzufügung folgenden Artikels:

,Nichts in diesem Kapitel darf als Versuch betrachtet werden, das Recht, das der Bevölkerung das besetzten Landes gebührt, zu vermindern oder zu unterdrücken, weil sie offen die Waffen gegen den Eindringling ergriffen hatte.'

Ein Schweizer Antrag hatte den Wortlaut:

,Es dürfen keine Repressalien an einer Bevölkerung eines besetzten Gebietes geübt werden, weil sie offen die Waffen gegen den Eindringling erhoben hat.'

Der Präsident versuchte zunächst den englischen Delegierten zur Zurückziehung seines Antrages zu bewegen, indem er in Aussicht stellte, daß seine und die Beernaertsche Deklaration in das Protokoll aufgenommen würde.

Sir *John Ardagh* bestand auf der Abstimmung über seinen Antrag. Der Schweizer Delegierte Oberst Künzli zieht seinen Antrag zugunsten des englischen zurück: ,Die Deklaration des Präsidenten ist sicher von großer Bedeutung, aber sie gibt nicht die notwendigen Garantien, weil schließlich der *Text* der Konvention entscheidend ist. Ich erkenne an, daß der Krieg seine Bedürfnisse, seine Notwendigkeiten und selbst seine unvermeidlichen Grausamkeiten hat. Ich bitte Sie nur um eine einzige Änderung: Bestrafen Sie nicht die Liebe zum Vaterlande, ergreifen Sie keine harten Maßnahmen gegen die Völker, die sich zur Verteidigung ihres Bodens erheben! Am Anfang dieses Jahrhunderts haben wir in unserem Lande mehrere Erhebungen des Volkes in gewissen Gebirgsgegenden gehabt, und eine noch bedeutsamere Aktion hat sich in einem uns benachbarten Gebirgsland vollzogen. Man schlug sich in offenem Kampf, man mordete nicht die Nachzügler und man tötete nicht die Kranken und die Verwundeten. Nicht allein die Männer in der Blüte der Jahre, sondern auch die Greise, Kinder und Frauen nahmen an den Kämpfen teil. Sie werden sagen, daß das Ausschreitungen des Patriotismus waren. Mag sein, aber Ausschreitungen, die das Herz erfreuen und die sich von neuem ereignen können. Sie begreifen, daß wir nicht eine Konvention unterschreiben könnten, die einen Teil der Bevölkerung dem Standrecht und dem Kriegsgericht überantworten würde.'

Der Präsident erwidert, daß niemals in Frage gewesen sei, den patriotischen Tugenden der Völker Grenzen zu setzen:

,Wir wollen das Leben und das Eigentum der Schwachen, der Entwaffneten und der Unbeteiligten schützen, aber wir wollen keineswegs den Helden Gesetze vorschreiben, noch dem Elan der Patrioten Zügel anlegen.'

Der deutsche Delegierte Oberst *Groß von Schwarzhoff* hatte bei den Erörterungen über die Artikel I und II geschwiegen und ihnen zugestimmt. Der englische Antrag veranlaßt ihn jetzt, seine Meinung über die ganze Frage zu äußern. Die Rede Künzlis habe ihm gezeigt, daß man mit dem anscheinend harmlosen Antrag mehr beabsichtige, als in ihm zu stehen scheint. Die Beschlüsse der Konferenz hätten den Zweck, die Leiden der Invasion für die Bevölkerung zu mildern. Eine Voraussetzung aber, so fährt der deutsche Delegierte fort, ist allen Beschlüssen gemeinsam: daß die *Bevölkerung friedlich* bleibt; wenn diese Bedingung nicht erfüllt ist, dann verlieren die meisten der zugunsten der Bevölkerung geschaffenen Sicherheiten ihre Daseinsberechtigung. Heißt das den Patriotismus beschränken oder den tapferen Leuten verbieten, an der Verteidigung ihrer Heimat teilzunehmen? Keineswegs! Nichts hindert die Patrioten, in die Reihen der Armee zu treten, oder wenn die Friedensstärke zu beschränkt ist, sich untereinander zu organisieren, unabhängig von der eigentlichen Armee. Ist es so schwer, einen Menschen zu finden, der sich an die Spitze der Bewegung stellt, einen Bürgermeister, einen Beamten, einen ehemaligen Soldaten? Ist es so schwer, ein Unterscheidungszeichen sich anzustecken? Der I. Artikel sollte vollkommen genügen, denn er engt den Patriotismus in keiner Weise ein. Aber man ist weiter gegangen, indem man den II. Artikel beschloß, der der Bevölkerung eines nicht besetzten Gebiets die Rechte von Kriegführenden unter der einzigen Bedingung verleiht, daß sie die Kriegsgesetze anerkennt. Es wäre vorzuziehen, unter allen Umständen auch hier ein Kennzeichen und das offene Tragen der Waffen zu fordern. Ohnehin befinden sich die regulären Truppen in einer ungünstigen Lage, weil sie nicht sehen können, ob sie friedliche Bauern oder kampfbereite Feinde vor sich haben. Der deutsche Delegierte gesteht offen, daß er schwere Bedenken gegen diesen Artikel habe; aber aus versöhnlichem Geiste und um keine unüberwindlichen Schwierigkeiten zu schaffen, habe er geglaubt, Schweigen bewahren zu können und von einem Antrag auf Streichung abzusehen. Aber jetzt, wo man die Grundsätze noch erweitern will, sieht er sich genötigt, zu sagen, daß die Konzessionen hier aufhören müssen. Wenn man so viel von Menschlichkeit spricht, glaubt er, es sei Zeit sich zu erinnern, daß die Soldaten auch Menschen sind und das Recht haben, mit Menschlichkeit behandelt zu werden. Die Soldaten, die erschöpft, nach langen Märschen oder nach Kämpfen sich in einem Dorf ausruhen wollen, müssen sicher sein, daß die friedlichen Einwohner sich nicht plötzlich in erbitterte Feinde verwandeln.

Der französische Delegierte *Leon Burgeois* vermittelt. Er stellt fest, daß die Subkommission im Grunde mit Sir John Ardagh einer Meinung sei. Nichts darf die Sicherheiten einschränken, die das Menschenrecht den Völkern gibt, wenn sie dem Eindringling Widerstand leisten. Die Frage sei, ob man diesen Gedanken in einen besonderen Artikel des Textes aufnehmen oder sich mit der Aufnahme der Erklärung des Präsidenten ins Schlußprotokoll begnügen werde. Wenn das letztere geschehe, wäre es für ihn genügend.

Die Subkommission beschließt darauf, die Deklaration des Präsidenten ins Schlußprotokoll aufzunehmen. Aber erst als der italienische Delegierte Graf *Nigra* den Vorschlag macht, auch den englischen Antrag dem Schlußprotokoll einzuverleiben, „neben und als

Bestätigung der Deklaration des Präsidenten", zieht *John Ardagh* versöhnlich den Antrag zurück, da er die einmütige Billigung gefunden habe. Nochmals widerspricht Oberst *Groß von Schwarzhoff*: Es handle sich um keine bloße Formsache, sondern um eine Prinzipienfrage. Die Beharrlichkeit, mit der man den englischen Antrag durchzusetzen suche, beweise in der Tat, daß eine Schlange unterm Felsen liege und daß man die Leichtigkeit der gewährten Volksverteidigung noch erweitern wolle.

Schließlich kam man überein, den englischen Antrag sowie alle dazugehörigen Bemerkungen und Einschränkungen dem Protokoll einzuverleiben.

Als in der Plenarsitzung der Haager Konferenz vom 5. Juni über die Beschlüsse der Kommission Bericht erstattet wurde, gab man den Protest des deutschen Delegierten in noch schärferer Form wieder, als er in dem Protokoll der Kommission verzeichnet ist. Der Berichterstatter teilte mit, „Aber hier – hat sehr kategorisch der deutsche Delegierte gesagt – hören meine Zugeständnisse auf; es ist mir völlig unmöglich, einen Schritt weiter zu gehen und denen zu folgen die eine absolute Freiheit für die Verteidigung proklamieren."

Auf der zweiten Haager Konferenz von 1907 setzte Deutschland insofern ein weitere Einschränkung durch, als in den zweiten Artikel auch die Bedingung des offenen Waffentragens aufgenommen wurde; ein fernerer deutscher Antrag, daß die Erkennungszeichen der Freikorps im voraus der Gegenpartei bekanntgegeben werden müßten, wurde zurückgezogen.

Die Haltung des deutschen Delegierten entsprach durchaus jener Auffassung Moltkes, der es für völlig aussichtslos erklärte, einem Soldaten den Unterschied zwischen einem berechtigten und einem unberechtigten Freischärler in der Bevölkerung begreiflich zu machen. In der Tat ergibt sich aus den Ausführungen des deutschen Offiziers im Haag, daß die rein militärische Anschauung die Teilnahme der Bevölkerung am Krieg auch innerhalb der Haager Bedingungen nicht billigt, und es nicht für möglich hält, die völkerrechtlich konzessionierten Freischärler anders zu behandeln wie die unzweifelhaften Verletzer der Haager Klauseln. Umgekehrt war die große Mehrheit der Konferenz der Ansicht, daß das oberste Recht, die *Selbstverteidigung des Volks*, durch nichts eingeschränkt werden dürfe, daß es also in der Anwendung dieses höchsten Grundsatzes überhaupt keine Völkerrechtsverletzungen geben könne. Es ist somit erwiesen, daß im Grunde auf den Haager Konferenzen *keine* völkerrechtliche Regelung der Volkswehr im Kriege gefunden worden ist. Der völkerrechtlich interessierten Mehrheit gingen die Formeln, auf die man sich höflich verständigte, lange nicht weit genug. Und sie faßte deren Bedeutung in geradem Gegensatz zu der militärischen Gruppe auf, die nach ihrer eigentlichen Überzeugung jede Einmischung der Bevölkerung ablehnt, zum mindesten des Urteil über ihre Berechtigung dem Ermessen der Heerführer überlassen will.

Über diesen Gegensatz hilft den beiden Parteien keine Diskussion und keine Konzession hinweg. Lassen wir kurz die Vertreter beider Anschauungen ihre Gründe gegeneinander messen:

Der *Militär* sagt: Ich habe meine Soldaten zu schützen.

Der *Völkerrechtler* erwidert: Wir haben des Volk gegen die Eindringlinge zu schützen.

Der *Militär*: Aber die Aufgabe der Heeresleitung ist ja gerade, des eigene Land nicht zum Kriegsschauplatz werden zu lassen: darum müssen wir angreifen, um es nicht zum Angriff auf uns kommen zu lassen. So sind wir es, die in Wahrheit unsere Bevölkerung schützen.

Der *Völkerrechtler*: Das Völkerrecht gilt nicht für ein Volk, sondern für alle Völker gleichermaßen. Darum muß es unter solchen Umständen auf der Seite derer stehen, die ihr Land gegen den Eindringling verteidigen.

Der *Militär*: Und des Heer muß auf seiten des eigenen Volkes stehen.

Der *Völkerrechtler*: Damit wäre die Unvereinbarkeit des Völkerrechts mit dem militärischen Interesse behauptet.

Der *Militär*: Nur dann, wenn des Völkerrecht Anforderungen stellt, die mit der Kriegführung unvereinbar sind. Es ist ja gerade, um bei unserem Beispiel zu bleiben, Humanität, daß wir mit aller Härte den Krieg auf die Auseinandersetzung zwischen den Streitkräften beschränken wollen. Wir wollen nicht gegen das Land, das Volk Krieg führen, sondern nur gegen das Heer.

Der *Völkerrechtler*: So sagt ihr, wenn es die Beteiligung des Volkes am Kampfe zu bestreiten gilt.

Aber sonst lehnt ihr es ab, nur gegen das feindliche Heer Krieg zu führen. Euer Moltke hat es unzweideutig ausgesprochen, daß man auch die Regierung, das Land in Anspruch nehmen müsse. Und entsprechen dem nicht die Tatsachen? Wird nicht heute mehr denn je die friedliche Bevölkerung in den Strudel des Krieges gerissen: werden nicht ganze Dörfer, Städte, Provinzen zerstört; die schuldlosen Einwohner dem Hunger, der Obdachlosigkeit, der Flucht, selbst dem Tode ausgeliefert? Und sie soll sich nicht einmal wehren dürfen? Ihr wollt nicht die Teilnahme der Bevölkerung am Kampfe; der Krieg soll nur zwischen Armeen geführt werden. Aber gleichzeitig laßt ihr alle Wirkungen des Krieges mit gesteigerter Wucht auf die Wehrlosen fallen. So wird die Bevölkerung zum passiven Objekt der Kriegführung. Ihre bewaffnete Selbsthilfe wird verboten, weil nur die Armeen miteinander kämpfen sollen. Ihr erbarmungsloses Leiden aber wird erfordert, weil der Kriegszweck über die Niederwerfung der Armee hinausgeht. Man begrenzt human die Kriegessphäre, wenn es den Schutz des eigenen Heeres gilt, man erweitert sie bis ins Unbegrenzte, wenn die Opfer des Landes rücksichtslos eingefordert werden. Eure humane Kriegsräson heißt: alles für das Heer, alles gegen die Bevölkerung.

Der *Militär*: Würde man der Bevölkerung auch noch die Teilnahme am Kampf verstatten, so wäre die einzige Folge, daß die Kriegführung eben noch strenger und mutiger würde. Wir haben die Verantwortung für unsere Soldaten und für die Erreichung des Siegs. Diesem Zweck müssen wir alles andere unterordnen. Und ihr werdet uns zugestehen, daß unsere Kriegsgebräuche so human wie irgend möglich sind. Wir tun nicht mehr Schlimmes, als unbedingt notwendig ist. Wir verfahren ritterlich mit dem feindlichen Heere...

Der *Völkerrechtler*: Aber sehr unritterlich mit der Bevölkerung, deren Heldenmut ...

Der *Militär*: Heldenmut ? Ich sehe nur Verbrechen. Und selbst wenn es nicht Verbrechen wäre, so ist es günstigstenfalls aussichtsloser heroischer Wahnsinn, der ausgerottet werden muß, gerade damit wir unsere humane Kriegsräson durchführen können, die mehr Wert hat als eure papiernen Gesetze.

Der *Völkerrechtler*: Und über die Mittel der Kriegsräson entscheidet der, der Krieg führt. Das wollen wir gerade verhindern ...

Der *Militär*: Und könnt es doch nicht ...

Die Unterhaltung der beiden Gegner ließe sich bis ins Unendliche mit den schlagendsten Gründen weiterführen. Sie wird nie zu einem Ziel führen, weil der Widerspruch zwischen der militärischen und der völkerrechtlichen Grundanschauung in diesem Falle unlösbar ist.

So dürfen meine Anmerkungen eine weitere Einsicht gefordert haben, daß bis heute zwischen der völkerrechtlichen und der militärischen Anschauung unvereinbare Gegensätze bestehen. Es ist gegenwärtig nicht die Zeit, in diesem Konflikt Partei zu nehmen, so fest ich auch überzeugt bin, daß die praktische Entscheidung nach der einen oder der anderen Seite hin jetzt nicht nur von den ernstesten Wirkungen für die unmittelbar am Kriege beteiligten Völker ist, sondern darüber hinaus auch einen großen allgemeinen politischen Einfluß hat. Aber für eine Folgerung möchte ich vielleicht doch manchen gewonnen haben: Daß es einstweilen am besten ist, *vom Völkerrecht nicht zu reden* und sich nicht auf seine Artikel zu berufen – es geschieht doch immer nur um einer aufpeitschenden Entrüstung willen –, *sondern es dem gesitteten Geist der Heeresleitungen und der Bürger im Waffenrock zu überlassen, den Krieg menschlich zu führen, – ohne Appell an das Völkerrecht!*

[Herbst 1914.
Veröffentlicht: Der Neue Merkur, Dezember 1914 / Januar 1915.]

Theorien und Phantasien vom ewigen Frieden
(Weihnachten 1914)[4]

... da dann durch Vermischung der Geschlechter im ganzen das Leben unserer mit Vernunft begabten Gattung *fortschreitend* erhalten wird, unerachtet diese absichtlich an ihrer eigenen Zerstörung (durch Kriege) arbeitet; welche doch die immer an Kultur wachsenden vernünftigen Geschöpfe selbst mitten im Kriege nicht hindert, dem Menschengeschlecht in kommenden Jahrhunderten einen Glückseligkeitszustand, der nicht mehr rückgängig sein wird, im Prospekt unzweideutig vorzustellen. (Kant, Anthropologie 1789.)

Träume vom ewigen Frieden begleiten die Menschheit durch die Wirklichkeiten ewigen Krieges. Dichter, Propheten, Philosophen singen, weissagen, lehren durch die Jahrtausende von dem goldenen Zeitalter, das die einen, die sentimental Rückwärtsgewandten, in den Anfang der Dinge als das für immer verlorene Paradies setzen, die anderen, die tätig Revolutionären, als Idee, als menschliche Aufgabe, als Kampfziel in die Zukunft verlegen.

Als im 18. Jahrhundert die mächtige Kritik der Aufklärung, die alle Dinge und Erscheinungen unter das unbestechliche Urteil der menschlichen Vernunft stellten, die Schichten europäischer Bildung erfaßte; war niemand von den bedeutenden Geistern, der nicht mit allen Waffen beweisenden Verstandes und erleuchtender Sittlichkeit den Aberwitz des Krieges bekämpft hätte. Vor dem Hohn eines Voltaire zerrannen alle Gründe, mit denen die Notwendigkeit und Gottgewolltheit der Kriege gerechtfertigt wurde; und wenn er aus der Heiligen patriotischen Heldentums, der Jungfrau von Orleans, die ausgelassene Abenteuertravestie eines auf *anderem* Felde der Ehre von der Gefahr des Fallens bedrängten derben Bauernmädchens machte, so war das wiederum nur eine Polemik gegen Krieg und Kriegsromantik. Aber wie wenig diese Gegenbeweise der ernst lehrenden Vernunft und des dreist entblößenden Gelächters das Geschehen der Welt beeinflußte, wird grell durch die Tatsache veran-

[4] Textquelle | Kurt EISNER: *Gesammelte Schriften. Erster Band*. Berlin: Paul Cassirer 1919, S. 52-58.

schaulicht, daß Voltaires *Pucelle* nirgendwo so entzückte, wie im Kreise Friedrichs II. von Preußen. Wie dann dieser gekrönte Schüler Voltaires die härtesten und boshaftesten Worte gegen den Krieg stilisiert hat, ohne dadurch gehindert zu werden, seine Regierung mit einem Angriffskrieg zu beginnen, der dann Europa in Flammen setzte. Und wiederum im Alter, da er nach den Verwüstungen des Siebenjährigen Krieges einsam und verbittert, in düstrem Menschenhaß, auf seinem Ruhme hockte, bekannte er sich als echter Schüler der französischen Enzyklopädisten, predigt, wenn auch mit wenig Zuversicht, wie ein Apostel des Abts St. Pierre (der ein Paradies des Menschenglücks gedichtet hatte) den ewigen Frieden, und spricht von Fürsten als von Anführern von Taugenichtsen, die nur aus Not gedungene Henker werden, um das ehrbare Handwerk der Straßenräuber zu treiben.

Aber seit dem amerikanischen Unabhängigkeitskrieg, der die Vereinigten Staaten als neue demokratische Republik von England loslöste, bemächtigt sich das Problem mit steigender Kraft der Köpfe. Der Universalgeist des 17. Jahrhunderts, Leibniz, hatte noch gemeint: „Der ewige Friede paßt als Aufschrift über Kirchhofspforten, denn nur die Toten schlagen sich nicht mehr." Jetzt erlebte die Welt, im Tiefsten erschüttert, zum erstenmal wieder das Schauspiel, daß der Krieg als revolutionärer Freiheitskampf eines ganzen Volkes geführt wurde, während er von der andern Seite als ein durch gedungene, überallher zusammengeraffte, von ihren Landesvätern gewaltsam gegen Säcke Goldes verkaufte Söldner verübtes Massenverbrechen erschien. Durfte ein solcher Krieg roher Gewalt gegen ein Volk, das frei sein wollte, noch fürderhin in der Menschheit geduldet werden? Und war es nicht undenkbar, daß freie Völker selbst Eroberungs- und Unterdrückungskriege in Zukunft führen würden? Indem Klopstock die Humanität der Kriegsführung der Amerikaner feiert, sieht er in ihr zugleich die Ahnung des ewigen Friedens:

O dann ist, was jetzo beginnt, der Morgenröten schönste:
Denn sie verkündiget
Einen seligen, nie noch von Menschen erlebten Tag,
Der Jahrhunderte strahlt
Auf uns, die noch nicht wußten, der Krieg sei
Das zischendste, tiefste Brandmal der Menschheit.

Wie dann der von England geführte und besoldete Krieg des alten Europa gegen die französische Revolution ausbrach, vertiefte sich jener Abscheu gegen einen Krieg, in dem die Freiheit erdrosselt werden sollte. Und wenn am Ausgang des 18. Jahrhunderts die Idee des ewigen Friedens zum erstenmal zu einem ernsten wissenschaftlichen System erhoben wurde, so stand hinter den fast nur juristischen Formeln der leidenschaftliche Mensch, der schützend die Flügel seines Geistes über die Sache der französischen Revolution breiten wollte.

Es ist ein selten mit hinreichender Klarheit erkannter Zusammenhang, daß Kant seinen philosophischen Entwurf zum *Ewigen Frieden,* mit dem er seinen ungeheuren Menschheitsbau der Vernunft krönte, unmittelbar nach dem Baseler Frieden vom April 1795 niederschrieb. Der Philosoph war unendlich beglückt über diesen Frieden, den Preußen mit den Jakobinern abschloß; und zum *Schutze der Republik* – an die Preußen das rechte Rheinufer bedenkenlos ausgeliefert hatte – spann er den, geschichtlich beurteilt, für Kants Vaterland äußerst *schimpflichen* Frieden zu dem Völkervertrag eines *ewigen* Friedens aus. Wie sehr die Schrift die Stimmung der Zeit traf, beweist ihr großer buchhändlerischer Erfolg. In Deutschland waren zwei Auflagen sofort vergriffen, französische, englische, dänische Übersetzungen erschienen alsbald.

Schon zuvor, im Jahre 1793, hatte Kant in einer Abhandlung, in der er sich gegen den „Gemeinspruch" wandte: „Das mag in der Theorie richtig sein, taugt aber nicht für die Praxis" – die Entwicklung der Menschheit zu einem Völkerbund gezeichnet. Er hatte Moses Mendelssohn widersprochen, der den Fortschritt der Menschheit leugnete und seines Freundes Lessing Gedanken von einer Erziehung des Menschengeschlechts zu immer höheren Entwicklungen als Hirngespinste verwarf („Wir sehen", schrieb Mendelssohn, „das Menschengeschlecht im ganzen betrachtet, kleine Schwingungen machen; und es tat nie einige Schritte vorwärts, ohne bald nachher mit gedoppelter Geschwindigkeit in seinen vorigen Zustand zurückzuleiten"). Kant aber stimmt Lessing zu. Gerade die Not der beständigen Kriege werde die Menschheit selbst wider Willen dahin bringen, in die weltbürgerliche Verfassung eines allgemeinen Friedens zu treten, zumal die wachsenden Heere immer höhere Kosten verursachten.

In seiner Schrift *Zum ewigen Frieden*, deren ironische Vorbemerkung nur eine vorsichtige Schutzmaßnahme ist, um den revolutionären Charakter der Gedanken zu verdecken, entwirft Kant den ausgearbeiteten Vertrag eines ewigen Friedens. „Stehende Heere sollen mit der Zeit ganz aufhören" – lautet eine der ersten Bestimmungen des Vertrags: „Denn sie bedrohen andere Staaten unaufhörlich mit Krieg durch die Bereitschaft, immer dazu gerüstet zu erscheinen; ... und indem durch die darauf verwandten Kosten der Frieden endlich noch drückender wird als ein kurzer Krieg, so sind sie selbst Ursache von Angriffskriegen, um diese Last loszuwerden." Nur eine Volkswehr soll verstattet sein: „Ganz anders ist es mit der freiwilligen periodisch vorgenommenen Übung der Staatsbürger in Waffen bewandt, sich und ihr Vaterland dadurch gegen Angriffe von außen zu sichern." Der Friedenszustand zwischen den Staaten setzt die Freiheit in ihrem Innern voraus: „Die bürgerliche Verfassung in jedem Staate soll republikanisch sein." Da in solcher Verfassung das Volk selbst über Krieg und Frieden zu entscheiden hat, „so ist nichts natürlicher, als daß, da sie alle Drangsale des Krieges über sich selbst beschließen müßten ... sie sich bedenken werden, ein so schlimmes Spiel anzufangen".

Die erste Stufe der Entwicklung wäre ein Völkerbund, aus dem dann allmählich eine *Weltrepublik* hervorwächst.

„Bei dem Begriffe des Völkerrechts, als eines Rechts zum Kriege, läßt sich eigentlich gar nichts denken (weil es ein Recht sein soll, nicht nach allgemeingültigen äußern, die Freiheit jedes einzelnen einschränkenden Gesetzen, sondern nach einseitigen Maximen durch Gewalt, was Recht sei, zu bestimmen), es müßte denn darunter verstanden werden: daß Menschen, die so gesinnt sind, ganz recht geschieht, wenn sie sich untereinander aufreiben und also den ewigen Frieden in dem weiten Grabe finden, das alle Greuel der Gewalttätigkeit samt ihren Urhebern bedeckt."

Kants Schrift fand ein tief hallendes Echo in *Herder*; der leidenschaftlicher als Kant und auch Fichte, mit diesen beiden die drei revolutionärsten deutschen Geister der Zeit darstellt. Herder – sein wahres Wesen erkennt man erst aus den, dem Zwang der politischen und persönlichen Verhältnisse zum Opfer gefallenen und im *Nachlaß* vergrabenen Stellen seiner Schriften – entwirft die Phantasie einer „irokesischen Anstalt", die unter Indianerstämmen den ewigen Frieden verwirklichen wollte. „Eine Geschichte vom wahren Ursprunge der Kriege in Europa seit den Kreuzzügen, schreibt er, wäre … das niedrigste Spottgedicht, das geschrieben werden könnte." Er will zum Abscheu gegen den Krieg erziehen: „Der Krieg, wo er nicht erzwungene Selbstverteidigung, sondern ein toller Angriff auf eine ruhige, benachbarte Nation ist, ist ein unmenschliches, ärger als tierisches. Beginnen, indem er nicht nur der Nation, die er angreift, unschuldigerweise Mord und Verwüstung drohet, sondern auch die Nation, die ihn führet, ebenso unverdient als schrecklich hinopfert. Kann es einen abscheulicheren Anblick für ein höheres Wesen geben, als zwei einander gegenüberstehende Menschenheere, die unbehelligt einander morden?" „Alle edlen Menschen sollten diese Gesinnung mit warmem Menschengefühl ausbreiten, Väter und Mütter ihre Erfahrungen darüber den Kindern einflößen, damit das fürchterliche Wort Krieg, das man so leicht ausspricht, den Menschen nicht nur verhaßt werde, sondern daß man es mit gleichem Schauder als den St. Veitstanz, Pest, Hungersnot, Erdbeben, den schwarzen Tod zu nennen oder zu schreiben, kaum wage." Herder fordert, daß man die Achtung gegen den Heldenruhm vermindert. Der Heldengeist sei nicht nur ein Würgengel der Menschheit, sondern verdiene auch in seinen Talenten lange nicht die Achtung und den Ruhm, die man ihm aus Tradition von Griechen, Römern und Barbaren her zolle. Man solle die falsche Staatskunst, die Diplomatie verabscheuen. In geläutertem Patriotismus müsse jede Nation nur *in sich selbst* groß, schön, edel, reich, wohlgeordnet, tätig und glücklich werden. Jede Nation müsse es unangenehm empfinden, wenn eine andere Nation beschimpft und beleidigt wird. „Wächst dies Gefühl, so wird unvermutet *eine Allianz aller gebildeten Nationen gegen jede einzelne anmaßende Macht.*" Freier Handel für alle Völker. „Dazu ist das Weltmeer da; dazu wehen die Winde; dazu fließen die Ströme. Sobald eine Nation allen andern das Meer verschließen, den Wind nehmen will, ihrer stolzen Habsucht wegen, so muß … der Unmut aller Nationen gegen eine Unterjocherin des freiesten Elements, gegen die Räuberin jedes höchsten Gewinnes, die anmaßende Besitzerin *aller* Schätze und Früchte der Erde erwachsen."

So ist für Herder der ewige Frieden letzten Endes eine Aufgabe menschlicher Erziehung im Geiste der Humanität. Sind aber solche

Träumereien nicht heute ganz wesenlos geworden? Sind sie nicht lediglich geschichtliche Urkunden aus der *klassischen* Zeit des staatlosen deutschen Gedankenlebens?

Vielleicht sind wir den Kant und Herder viel näher, als es scheinen will. Die damaligen Theorien und Phantasien vom ewigen Frieden wuchsen unmittelbar aus der Not eines Weltkrieges auf, der über ein Jahrzehnt die Erde verwüstete. Ist es nicht schließlich doch der Gedanke, der uns den Weltkrieg von heute nicht nur ertragen, sondern selbst mit begeisterter Hingabe uns ihm opfern läßt, – der Gedanke, die Hoffnung, die Zuversicht und dazu das Bewußtsein organisierter Macht: Daß es der *letzte* Krieg sei!

Die Theorie des großen Kriegs
(Januar 1915)[5]

Der Offensivgeist, der die militärische Anschauung in Deutschland bedingungslos beherrschte, übte auch auf die Heeresleitungen des Auslandes Einfluß, wenn auch dort, wie es scheint, man zumeist im Kampf der Meinungen nicht zu einer einheitlichen Anschauung gelangt ist. Übrigens verrät während des jetzigen Krieges selbst die Tagespresse des Auslands eine bemerkenswerte intime Kenntnis der deutschen Militärliteratur, während die deutsche Presse es bisher nicht für notwendig erachtete, in Deutschland Kenntnisse für die fachliche Arbeit der fremden Militärs zu verbreiten.

Gerade in den letzten Jahren vor dem Weltkrieg hat man in Deutschland wiederholt in aller Ausführlichkeit und mit militärischer Sachlichkeit die Bedingungen des großen Krieges erörtert. Im Jahre 1909 erschien in dem bekannten Militärverlag von Mittler & Sohn ein umfangreiches, mit genauen Plänen ausgestattetes Werk des Generals Freiherrn v. Falkenhausen: „Der große Krieg der Jetztzeit. Eine Studie über Bewegungskampf der Massenheere des 20.

---

[5] Textquelle | Kurt EISNER: *Gesammelte Schriften. Erster Band.* Berlin: Paul Cassirer 1919, S. 59-68. [Zuerst in: Arbeiter-Feuilleton, Jg. 1914.]

Jahrhunderts", ein Buch, das – nach dem russisch-japanischen Krieg erschienen – unmittelbar in die herrschenden Auffassungen einführt.

Falkenhausen beginnt zunächst in üblicher Weise mit der Verteidigung des Krieges überhaupt. Er wendet sich gegen die Versuche, den Krieg abzuschaffen: „In der Jetztzeit braucht der Krieg den letzten Mann, und was ebenso einschneidend wirkt, den letzten Groschen. Dabei ist die Opferfreudigkeit des jetzigen Geschlechts für allgemeine Zwecke nicht gewachsen. Vermehrtes Wohlleben bis in die breiten untersten Volksschichten hinein haben die Liebe zum Leben und Besitz gesteigert. Selbstliebe und Eigennutz sind mächtig geworden. Ideale gelten nicht mehr viel. Die Treue zum Herrscher und die Liebe zum Vaterlande werden von bei den Massen einflußreichen Vertretern der zersetzenden Richtung unserer Zeit geflissentlich untergraben. Alles dies schafft einen trefflichen Nährboden für die Bestrebungen derer, die den Krieg beseitigt haben wollen … Dichterische und wissenschaftliche, schriftstellerische und bildliche Erzeugnisse wetteifern mit Versammlungen, ja Ausstellungen der Friedensfreunde, um durch lebhafte Schilderung der Greuel des Krieges auf die geschwächten Nerven unseres Geschlechts zu wirken." Aber auch trotz der sogar wiederholten Friedenskonferenzen im Haag werde der „erfahrene und besonnene Kriegsmann den Glauben an die Notwendigkeit seines Berufs nicht verlieren. Der Gedanke eines ewigen Friedens sei eine Utopie," „er entspricht unklarem Denken und schwächlichem Fühlen". Die ernste Pflicht für jeden, der mit der Kriegsführung zu schaffen hat, sei es, „mit allen Mitteln anzukämpfen gegen die Gefahren und Hindernisse, welche aus der Abwendung vom kriegerischen Sinn und Denken entstehen. Dagegen wird alle Kraft des Nachdenkens darauf hinzulenken sein, wie man imstande ist, sich gründlich vorzubereiten auf kriegerische Ereignisse, welche die Zukunft, vielleicht die nächste bringen kann."

Diesem Zweck dient das genannte Werk. „Grundlegend" für die Strategie des zukünftigen großen Krieges, so meint Falkenhausen, sei noch immer der deutsch-französische Krieg von 1870/71. „Ergänzend" sei der russisch-türkische Krieg von 1877/78, der Burenkrieg und der russisch-japanische Krieg von 1904/5 zu berücksichtigen. „Die Bedeutung für die große Kriegsführung wie der deutsch-französische Krieg haben alle diese, auch der letzte nicht, aber sie sind von Wichtigkeit wegen der bei ihnen zutage tretenden fortschreitenden Wirkung der Feuerwaffen und Sprengmittel." Aber das Studium der Kriegsgeschichte genügt nicht, man müsse eine klare Vorstellung von dem Zukünftigen gewinnen. Der Krieg der Zukunft sei bestimmt durch die Millionenheere, durch die Masse. „Die selbstverständliche Folge der Massenaufgebote und der kürzeren aktiven Dienstzeit ist eine Verringerung des inneren Gehalts der aufgestellten Truppenkörper. Nicht nur der früher nicht in diesem Maße bekannten, zur Verwendung in zweiter und dritter Linie bestimmten, sondern infolge der für diese notwendigen Abgaben auch derjenigen der vordersten Linie." Falkenhausen empfindet im Grunde das Massenheer als ungesunde Entwicklung. Die Zahl im Kriege sei nicht ausschlaggebend. Aber einstweilen müsse man nun einmal mit dem Massenheer rechnen.

Der kommende Krieg ist nicht nur durch die Massen gekennzeichnet, durch die mehr und mehr sich durchsetzende Ausgleichung in der Beschaffenheit der verschiedenen Heere, sondern auch durch die Politik der Bündnisse – die mehrere Völker zugleich in den Krieg ziehen – und durch die Verbindung von Land- und Seekrieg. Schließlich wirkt die Vervollkommnung der Technik bestimmend, wenn man deren Einwirkungen auch nicht überschätzen dürfte: „Die letzten Erfolge der Kriegsführung werden immer auf dem Gebiete der lebendigen Kraft liegen."

Falkenhausen legt nun folgende Kriegslage zugrunde:

Zu dem verbündeten *blauen* Heere gehören Deutschland und Österreich; zu dem verbündeten *roten* Heere Frankreich, England und Italien. Die Schweiz, Belgien, Luxemburg und Holland sind neutral. Die Neutralität der Schweiz wird gewahrt, die der übrigen genannten Staaten von dem roten Heer durchbrochen. Frankreich hat unter Verletzung der Neutralität von Belgien und Luxemburg überraschend mit Truppen des Friedensstandes seine Nord- und Ostgrenze überschritten, England [ist] unter dem Schutze einer englischfranzösischen Flotte Truppen in Holland gelandet. Die Zerstörung der deutsch-linksrheinischen Eisenbahnen ist an mehrfachen entscheidenden Stellen in nachhaltiger Weise gelungen. Italien hat das Trentino überraschend besetzt und vereinigt seine übrigen Streitkräfte bei Verona, Venedig, Udine. Deutschland ist infolge der geschilderten Verhältnisse gezwungen, seine Heere am Rhein und in Süddeutschland zu versammeln. Seine Flotte verhält sich abwartend in Nord- und Ostsee. Österreich wendet sich mit seinen Hauptkräften gegen Italien und verstärkt die deutschen Truppen in Süddeutschland.

Der Verfasser fügt hinzu, daß er für sein Schulbeispiel ebenso gut eine gegen Osten gerichtete Lage hätte annehmen können.

Der Krieg beginnt im April. Die deutschen Streitkräfte gliedern sich in vier Armeen, zu denen als fünfte die österreichischen Hilfstruppen (sechs Armeekorps und 2 Kavalleriedivisionen) kommen. Außerdem stellt Deutschland drei Reservearmeen auf. Die vier deutschen Armeen versammeln sich am Rhein zwischen Wesel und Rastatt, die drei Reservearmeen in zweiter Linie dahinter. Die österreichische Hilfsarmee wird bei Ulm zusammengezogen. Das große Hauptquartier ist in Frankfurt a. M.

Ein Aufmarsch von 1 ¼ Millionen auf deutscher Seite ist angenommen. Die von Blau besetzte Rheinlinie hat eine Breite von 400 Kilometern. Nach den bis zum 14. April früh eingegangenen Nachrichten sind die roten Truppen inzwischen in das südliche Oberelsaß eingedrungen, haben den Rhein bei Müllheim und Hüningen überschritten; sie haben Neustadt, Freiburg, Breisach, Lahr erreicht. Im nördlichen Oberelsaß wird Schlettstadt besetzt, ebenso Zabern und Saarburg. In Lothringen werden Metz und Diedenhofen eingeschlossen. Andere feindliche Truppen dringen durch Luxemburg vor und durch Belgien; sie besetzen Namur, Lüttich, Brüssel. Belgien hat gegen den Einmarsch der roten Truppen Verwahrung eingelegt und seine Truppen bei Antwerpen zusammengezogen, wo sie von Rot beobachtet werden. Die englischen Truppen besetzen Holland, die rote Flotte beherrscht die Nordsee und ist auch in die Ostsee vorgedrungen."

Dieses Kriegsbild beginnt also mit einer recht ungünstigen Lage der deutsch-österreichischen Truppen. Der Einfall des Feindes geschah so plötzlich, rasch und infolge der Neutralitätsverletzungen so umfassend, daß man, um die Versammlung der blauen Truppen zu sichern, den Aufmarsch nicht mehr an die Grenze verlegen kann, sondern zunächst am Rhein Stellung nehmen muß. Ein Widerstand der belgischen Truppen ist nicht erfolgt. „Es war der großen Überlegenheit gegenüber auch nicht zu erwarten." Über die politischen

Wirkungen der Neutralitätsverletzung wird gesagt: „Der Gedanke, infolge des roten Einmarsches die Selbstständigkeit zu verlieren, kann eine Rot-freundliche Haltung Belgiens erschweren. Dann wird Rot auch weiter einen Teil seiner in Belgien eingedrungenen Kräfte gebrauchen, um die belgischen Truppen und Festungen in Schach zu halten und sie zu verhindern, im Laufe der Ereignisse feindlich aufzutreten. Das unter dem Drucke des roten Einmarsches stehende Belgien günstig für sich zu stimmen, wird eine hauptsächliche Aufgabe der blauen Politik sein. Da die Neutralität aber einmal gebrochen ist, kann auch von Blau auf diese keine Rücksicht mehr genommen werden, soweit die jetzt unbedingt an der Spitze stehenden Bedingungen der Kriegsführung dies erfordern. Hieraus wird sich bei günstigem Verlauf der blauen Vorbewegung in weiterem Verfolg der bedeutende Vorteil ziehen lassen, daß die starken Befestigungsanlagen an der französischen Grenze wirksam umgangen werden können. Dieser Umstand wird auf die Maßnahmen von Blau von Anfang an bestimmend wirken." Auch die Truppenlandung in Holland findet keinen Widerstand. Blau hat nun die Aufgabe, sich aus der Zwangslage zu befreien. Es gilt, den Rhein zu überschreiten und nicht in der Verteidigungsstellung zu beharren. Man muß zum Angriff schreiten, durch Lothringen und durch Belgien vordringen. Am 14. April ist die Versammlung der blauen Truppen bei Saarbrücken, Trier, Aachen, Rottweil.

Der erste Zusammenstoß der dritten, durch die zweite Reservearmee verstärkten blauen Armee mit dem Feind erfolgt an der Blies, bei St. Wendel. Die rote Armee hat eine Front von 40 km. Das blaue Hauptquartier, das inzwischen nach Landstuhl verlegt ist, befiehlt für den 20. April früh den Angriff. Die Schlacht an der Blies beginnt pünktlich zur festgesetzten Zeit am 20. April. Von 8 – 10 Uhr vorm. Artilleriekampf auf der ganzen Linie – ohne Entscheidung. Dann überschreiten die Blauen den Blies. Am frühen Nachmittag droht beiden Flügeln der roten Armee Umfassung, infolgedessen Rückzug nach der Saar. Der zurückweichende Feind wird unverzüglich von den Blauen verfolgt. Am Abend des 20. April versammelt sich unter großen Schwierigkeiten die rote Armee am linken Saarufer. Es ist ein voller Erfolg der Blauen, wenn auch keine Vernichtung der Roten. „Als Ursache des Erfolges fällt die blaue Überlegenheit an Zahl (um 100.000 Mann) schwer ins Gewicht. Es ist von jeher als die hauptsächliche Aufgabe der Kriegskunst, zu der auch das sogenannte Glück gerechnet werden muß, angesehen worden, auf dem entscheidenden Punkte der Stärkere zu sein." Diese Überlegenheit der Zahl ermöglicht die Offensive. „Daß … die Verteidigung nicht die stärkere Form der Kriegsführung ist, kann … aus inneren seelischen Gründen und nach den Tatsachen der Kriegsgeschichte bis in die neueste Zeit hinein unzweifelhaft behauptet werden." Der Mißerfolg der Roten wird, abgesehen von der geringeren Zahl, den Fehlern und Mängeln einer nicht genügend beweglichen Verteidigung zugeschrieben, „welche sich vom Angreifer fesseln und von diesem das Gesetz vorschreiben läßt". Dagegen ist der Sieg von Blau dem ungestümen Angriff zu danken: „Der Schlachterfolg der blauen Truppen ist bei schwerem Ringen schließlich doch im Lauf eines Schlachttages erzielt worden. Es wird jetzt vielfach behauptet, die Schwierigkeiten des Angriffs wären nicht an einem Tage zu besiegen … Mehrtägige Kämpfe werden auch in Zukunft nicht ausbleiben. Sie zu vermeiden, wird das Bestreben jeder kräftig und geschickt eingeleiteten Angriffsbewegung sein. Ein wiederholter Angriff gegen starke Stellungen erfolgt immer unter herabgestimmten seelischen Zuständen des Angreifers. Gerade die unaufhörliche Bedrängnis ist es, welche schließlich zum Verlassen der Verteidigungsstellung zwingt."

Die vierte blaue Armee trifft bei Hagenau bereits am 18. April mit dem Feind zusammen und schlägt sie bis zum Eintritt der Dunkelheit zurück. Am 20. April siegt die vierte blaue Armee über Rot an der Saar. Dagegen wird die zweite blaue Armee am 20. April bei Trier zum Rückzug gezwungen. Die durch Belgien vordringende zweite Armee erkämpft – nachdem die belgische Besatzung von Lüttich ihre Neutralität erklärt – am 20. April bei Verviers einen entscheidenden Sieg; der größte Teil der roten Truppen wird gefangen genommen. So ist – mit Ausnahme der zweiten Armee – bis zum 20. April Blau überall siegreich. Der rote Mißerfolg wird dem Verzicht auf eine kräftige Durchführung des Angriffsverfahrens zugeschrieben. „Es fehlt im großen ganzen der unerschütterliche Wille, dessen der Erfolg im Kriege bedarf."

Wie zu Lande, so ist auch zur See Blau zunächst durch den überraschenden Überfall in eine Zwangslage gebracht worden. Trotzdem siegt schon am 17. April bei Neuwerk die blaue Flotte über rote

Geschwader. In der Nacht vom 16. zum 17. April hatte Rot bei Emden Truppen gelandet, schifft sie aber – nach dem Bekanntwerden von der Niederlage bei Neuwerk wieder ein. Auch in der Ostsee waren am 17. in der Lübecker Bucht rote Seetruppen wirkungslos gelandet. Am 18. April nachmittags gelingt es aber der blauen Flotte in der Gegend der Doggerbank die rote zum Kampfe zu stellen, der günstig für Blau ausfällt und mit dem Rückzug des roten Geschwaders nach der Ostküste von England endet. Falkenhausen nennt den Angriffsplan der roten Flotte großzügig. „Er umfaßt aber, auf die etwa doppelte Überlegenheit vertrauend, zu viel auf einmal." Dem stand auf blauer Seite „eine kräftige, entschlossene und geschickte Ausnutzung der Lage" gegenüber: „Ein Wagnis blieb der Entschluß zum Kampfe immer noch, aber er führte, wie so oft im Kriege, zum Erfolg."

Dabei war die Lage von Blau noch durch politische Rücksichten ungünstig beeinflußt worden. Die blaue 1. Kavallerie-Division hatte infolge der Weisungen der obersten Heeresleitung das Betreten holländischen Gebietes vermieden. Diese Weisungen „wurden augenscheinlich schärfer aufgefaßt, als sie beabsichtigt waren. Denn eine Hintansetzung kriegerischer Zwecke kann die blaue oberste Heeresleitung nicht im Sinne gehabt haben, wenn sie aus politischen Rücksichten die Forderung stellte, das Betreten holländischen Gebiets möglichst zu vermeiden". Nach der roten Neutralitätsverletzung bewegten sich blaue Streifpatrouillen „mit großer Zurückhaltung auf blauem Gebiet".

Nach den unerwarteten Seesiegen vom 17. und 18. April ist die Lage der roten Hilfstruppen so schwierig geworden, daß deren Regierung in Friedensverhandlungen eintritt, zumal Holland, von der blauen Diplomatie gewonnen, seine Zurückhaltung gegen Rot aufzugeben droht. Schon am 20. April wird der Kriegszustand zwischen Blau und den roten Hilfstruppen aufgehoben. Holland verbündet sich mit Blau und gestattet den Durchmarsch von blauen Truppen sowie seiner Bahnen und Häfen gegen Entschädigung; ähnliche Verhandlungen werden auch mit Belgien eingeleitet.

In der Nacht vom 20. zum 21. April beschließt die oberste blaue Heeresleitung, den von Anfang an gehegten Gedanken einer nördlichen Umgehung der ausgedehnten roten Befestigungstruppen von Verdun bis Nancy mit allen verfügbaren Kräften ungesäumt in

Angriff zu nehmen. Aus dem großen Hauptquartier in Homburg ergeht also am 21. April vormittags an die Oberkommandos der Befehl: „Auf allen Punkten ist sofort Vormarsch fortzusetzen." Für die erste Armee ist der Weg durch Belgien frei. Demgemäß rücken auch die anderen blauen Armeen vor. Rot weicht hinter die schützende Maaslinie in der Richtung Verdun zurück. Am 25. April muß die oberste blaue Heeresleitung infolge veränderter Verhältnisse den ursprünglichen Plan abändern. Es darf keine Zeit verlor en werden, um die Entscheidung herbeizuführen. Den blauen Truppen werden die größten Anstrengungen Zugemutet. Am 28. April wird an beiden Maasufern die Entscheidungsschlacht geschlagen, die das Große Hauptquartier von Stenay aus leitet. Die Roten werden zum Rückzug gezwungen, die teilweise in aufgelöste Flucht ausartet. Der leitende Gedanke von Blau, Umgehung des roten linken Flügels mit starken Massen, „war mit Anwendung äußerster Kraft folgerichtig und einheitlich bis zu den letzten Zielen durchgeführt worden".

So ist binnen 13 Tagen, nach Beginn der blauen Offensive, der Weltkrieg entschieden, ohne einen einzigen – Spatenstich!

Brief an Wolfgang Heine
(11. Februar 1915)[6]

Verehrter Genosse Heine!

Eben las ich ihre Broschüre gegen die Quertreiber. Gerade weil ich es für schädlich halte, jetzt öffentlich über die Haltung der Partei zu polemisieren – mich hat sie (die Haltung der Mehrheit) mit immer wachsender Empörung erfüllt –, ist es mir eine Gewissenspflicht, wenigstens persönlich mein Bekenntnis abzulegen.

Ich schicke voraus: Ich stehe auf dem Standpunkt der Erklärung der Partei vom 4. August [1914]. Ich bin der erste in der Partei gewesen, der vor dem Kriege als Redner der Münchner Protestver-

---

[6] Textquelle | *Der Zwiebelfisch*. Zeitschrift über Bücher und andere Dinge. Herausgegeben von Hans von Weber. München, Juli 1919, S. 77-85. (Textfassung hier nach Kurt EISNER: *Die halbe Macht den Räten*. Köln 1969, S. 253-259.)

sammlung unsere Haltung genau so präzisierte, wie sie in jener Erklärung zum Ausdruck kam. Der Krieg war und ist für mich eine Katastrophe, in der niemand neutral sein kann; irgendwo müssen wir kämpfen, und da wir nun einmal dem deutschen Reich angehören, ist hier unser Platz. Wir haben unsere Pflicht zu tun – unabhängig von jeder Stimmung und Einsicht – und uns unserer Haut zu wehren. Das war auch der Gehalt der Erklärung vom 4. August. Sie enthielt zweierlei: Die Bereitwilligkeit der Sozialdemokratie, das Vaterland zu verteidigen, und die Ablehnung der Verantwortung. Statt der Ablehnung der Verantwortung aber kam vom ersten Tage an die Solidarität mit den Verantwortlichen des Kriegs. Diese Solidarität, die uns zu einem proletarischen Anhängsel der nationalliberalen Partei macht, tritt auch, trotz aller Vorbehalte, in Ihrer Broschüre zutage; sie ist sogar das Wesentliche.

Was aber hat die deutsche Sozialdemokratie mit dem preußischen Militarismus gemein, den sie seit 40 Jahren bekämpft und der sich am 4. August nicht durch ein plötzliches Verwandlungswunder von Grund aus gewandelt, sondern vielmehr sein furchtbares Gesicht gezeigt hat? Welchen Grund haben wir, die Politik einer Regierung zu verteidigen, das Weltabenteuer herrschender Klassen, die bis zum August 1914 die Sozialdemokraten als minderen Rechts behandelten? Wo lehrt der Sozialismus, daß es die Aufgabe des Proletariats sei, die kapitalistischen Bedürfnisse zu fördern? Was ist das für eine Internationalität, die nicht genauso die Invasionsleiden der belgischen und französischen wie der ostpreußischen und galizischen Bevölkerung empfindet, und für die es deshalb gar keine Genugtuung ist, daß wir die Kriegsgreuel ins Ausland getragen haben, anstatt sie selber im Lande zu haben? (Die Verteidigung, die wir am 4. August uns zur Pflicht machten, wäre die Errichtung einer ehernen Mauer an den Grenzen nach Schweizer Vorbild! Das ist gerade heute keine strategische Utopie, wie die Erfahrungen der letzten Monate bewiesen haben.)

Sie aber verbürgen sich dafür, daß wir einen Verteidigungskrieg führen. Das ist nicht nur nicht beweisbar, sondern das Gegenteil ist schon jetzt über allen Zweifel erwiesen, sowohl was den politisch-wirtschaftlichen wie den diplomatischen Ursprung dieses Krieges anlangt. Dieser Krieg ist – wenn ich den österreichisch-russischen Gegensatz beiseitelasse, dessen „Lösung" die Opferung Österreichs sein wird – ein deutscher Expansionskrieg und zugleich ein gewaltsamer Durchbruchsversuch durch die einkreisende Politik der Ententemächte. Ja, diese Ursache und dieses Ziel des Krieges geben ihm (bürgerlich betrachtet) erst einen Sinn; sonst wäre dieser Krieg verbrecherischer Aberwitz. Man kann einen solchen Krieg bekämpfen (das war bisher sozialdemokratische Meinung), aber man darf seinen Charakter nicht leugnen.

Wer die deutsche Politik seit dem Krüger-Telegramm verfolgt hat, wer die Urkunden der beiden Marokkokrisen kennt, wer die politische und namentlich die militärische Literatur vor dem Kriege gelesen und endlich die diplomatischen Aktensammlungen dieses Krieges – ich habe sie alle, außer der russischen „studiert" – mit kritischem Urteil in sich verarbeitet hat, für den gibt es gar keine Diskussion mehr, daß es sich um einen deutschen Weltkrieg handelt. Man kann ihn verwerfen oder verherrlichen, nur bestreiten kann man ihn nicht.

Der deutsche Kapitalismus jagt seit Jahrzehnten nach dem „sicheren Markt" der zugleich Absatzgebiet für deutsche Industrieerzeugnisse und Ursprungsquelle für Rohprodukte ist. Aber die Welt ist verteilt. Also muß man den Kampf mit England aufnehmen. Das ist die deutsche Weltpolitik. Aber in Deutschland hat sich die Politik seit jeher den militärisch-strategisch-technischen Erwägungen untergeordnet. Die militärische Doktrin aber lehrt: es sei vorläufig für absehbare Zeit unmöglich, uns mit England zu messen. Man muß einen Zwischenweg wählen: Frankreich vernichten, d. h. Frankreich militärisch so demütigen, daß es uns Kolonien abtreten muß. Damit gewinnen wir dann die nötigen Stützpunkte für unsere Flotte, die uns ermöglichen, den Endkampf mit England vorzubereiten. Die Zerschmetterung Frankreichs ist geradezu die fixe Idee der deutschen Militärs, sie wird wie ein Spiel betrachtet. Ich bin überzeugt, wenn der deutsche Kriegsplan im September gelungen wäre – wir haben ja unsere Waffen gegen Westen geworfen und den Osten den Kosaken preisgegeben –, wenn wir damals Frankreich niedergeworfen hätten, wir hätten sofort versucht, mit Rußland Frieden zu schließen.

Der Krieg mit Frankreich war unser Ziel. Das geht selbst aus den Bruchstücken des deutschen Weißbuches hervor, die Sie zitieren. Wir haben von Anfang bis zu Ende in den kritischen Tagen keine größere Sorge gehabt, als zu verhindern, daß der Frieden doch noch erhalten bliebe – allerdings in dem idiotischen Wahn, der die deutsche Regierung bis zum letzten Augenblick gefangen hielt, daß England neutral bleiben würde. Darum begannen wir gleich damit, das Ultimatum Österreichs an Serbien – die dumm-frechste Provokation seit den Tagen des Manifestes des Herzogs von Braunschweig – den Mächten als maßvoll und gerecht anzupreisen.

Als man zuerst in Petersburg – zwischen den russischen, französischen und englischen Diplomaten – über den bevorstehenden Krieg verhandelte und Frankreich Rußland seine Unterstützung zusagte, wurde England gebeten, formell die gleiche Verpflichtung einzugehen. Das lehnte England, seiner Tradition gemäß, ab. Also das ist der Weltkrieg, sagte man; denn unglücklicherweise glaubt Deutschland fest daran, daß England nicht mitgehen werde, und nur darum riskiert es den Krieg. England macht diesem Einwurf Zugeständnisse; es wird der deutschen Regierung erklären, daß sie nicht glauben solle, England könne, wenn es zum europäischen Kriege käme, unbeteiligt bleiben. Aber Deutschland glaubt es noch immer nicht. Da mobilisiert England, um uns von dem Ernst seiner Absichten zu überzeugen, seine Flotte. Auch das überzeugt Deutschland nicht. Es ist wie hypnotisiert durch den Gedanken, Frankreich zu zermalmen. Die italienische (!) Regierung sogar läßt am 29. Juli die englische dringend wissen, es sei nach ihrer Ansicht „von großer Wirkung auf Deutschland (Frieden zu halten), wenn es glaubte, daß England mit Rußland und Frankreich gemeinsam handeln würde". Aber Deutschland will es nicht glauben, weil es vor Begierde brennt, in Frankreich einzufallen. So nimmt das Schicksal seinen Gang.

Der Kern des Konflikts findet sich in der Unterhaltung, die der englische Botschafter in Berlin mit Bethmann am 29. Juli hatte (Engl. Blaubuch Nr. 85). Bethmann macht das Angebot, im Falle der Neutralität Englands werde Deutschland keine Gebietsabtretungen von Frankreich verlangen, da Deutschland begreife, daß Großbritannien die Vernichtung Frankreichs nicht mit ansehen könne. Sir Goschen fährt in seinem Bericht fort: „Ich berührte die Frage der französischen Kolonien, und Se. Exz. sagte, daß er in dieser Hinsicht kein ähnliches Versprechen geben könne."

Damit war der Weltkrieg erklärt.

Ich weiß, daß es gegenwärtig unmöglich ist, Parteigenossen mit abweichenden Anschauungen zu überzeugen. Aber ich schreibe diese Andeutungen, um Ihnen zu zeigen, daß es auch Leute gibt, die die Haltung der Fraktion billigen, aber die Art der Verteidigung dieser Haltung für eine schwere Gefährdung der proletarischen, ja auch der deutsch-nationalen Sache halten.

Was wirft uns denn die Internationale in Wirklichkeit vor? Ich verfolge die Publikationen sehr genau und finde, daß man uns durchaus nicht unsere Abstimmung zum Vorwurf macht. Für deren Notwendigkeit hat man Verständnis (z. B. auch Trotzki in seiner sehr beachtenswerten Streitschrift und Vandervelde). Aber man klagt uns an, daß wir uns wie Agenten von *„le* Kaiser" betragen. Wir hätten z. B. keinen Protest gegen die Ungeheuerlichkeiten der deutschen Kriegsführung gewagt. Dieser Vorwurf brennt auf uns. Wir haben sogar noch Schlimmeres getan. Unsere Parteibehörde hat sich für die Humanität des preußischen Militarismus verbürgt nach der zum Weltgespött gewordenen wissenschaftlichen Methode der deutschen Intellektuellen: „Es ist nicht wahr!" Ich bin nicht sentimental, ich glaube nicht an einen humanen Krieg. Aber dies deutsche System (nicht die Barbareien Einzelner) hat einen Kriegsterrorismus geschaffen, wie er noch nicht dagewesen, der nicht einmal den militärischen Kriegszweck fördert, wohl aber uns politisch ruiniert. Das ist es vor allem, diese positive Übernahme der Mitschuld, die uns in der ganzen Internationale isoliert. Wir fühlen uns eben solidarisch mit unseren inneren „Todfeinden" von gestern und entwickeln den ganzen preußischen Machtdünkel gegen die, welche bisher uns Freunde und Kameraden waren.

Daß wir uns zudem jede Kritik der deutschen Politik versagen, daß wir uns willenlos der Zensur von 1851 unterwerfen, wird sich bitter rächen. Wir hätten allen Anlaß, das unverantwortliche Treiben gewissenloser Kriegsscharfmacher zu zügeln; dann wäre der Blockaden-Irrsinn nicht möglich gewesen. Durch diese Solidarität oder stummes Sichfügen helfen wir, Deutschland der Niederlage auszuliefern.

Damit habe ich schon auf die nationale Gefahr unseres Verhaltens hingedeutet. Aber noch eine andere nationale Erwägung macht mich zum Warner. Ich urteile von Anbeginn sehr pessimistisch über den Ausgang des Krieges. Man mag diese Meinung teilen oder nicht, niemand wird die Möglichkeit leugnen, daß es für uns schlimm endigen kann. Wenn aber auch nur diese Möglichkeit anerkannt werden muß, nun wohl, dann hätten wir allen Anlaß, unseren moralischen Einfluß auf die Internationale zu behalten, um ihn, wenn es zur Katastrophe kommen sollte, zugunsten Deutschlands in die Waagschale zu werfen. Es wäre doch immerhin denkbar, daß man mit dem deutschen Proletariat einen günstigeren Frieden schließen würde als mit *le* Kaiser.

Mein Brief ist lang geworden, und ich weiß nicht einmal, ob ich meine Anschauung klar genug entwickelt habe. Ich will sie in einem Wort zusammenfassen: Wir müssen in dem tragischen Konflikt, in den wir hineingerissen sind, ernst, ehrlich und entschlossen für die Verteidigung des Vaterlandes kämpfen. Aber gerade deshalb müssen wir mehr denn je internationale Sozialisten, Demokraten, Republikaner sein. Ich fordere natürlich nicht, daß wir jetzt eine lärmende Agitation für unsere Ideale entfesseln, wir sollten überhaupt jede negative und positive Parteipolitik lassen, aber unsere ganze Haltung sollte von einer würdigen Verschlossenheit sein, die gar keinen Verdacht aufkommen läßt, daß wir uns selbst untreu geworden seien, daß wir umgelernt hätten, daß wir innere Solidarität mit unseren Unterdrückern üben.

Verzeihen Sie, daß meine Schreiberei Ihnen die Zeit stiehlt. Aber in der jämmerlichen Überflüssigkeit, zu der ich verurteilt bin, empfinde ich um so schärfer die Pflicht, nicht durch Schweigen am Unheil noch mitzuhelfen.

In alter Wertschätzung
Ihr Kurt Eisner

Vielleicht interessieren Sie meine völkerrechtlichen Betrachtungen, die das Dezember- und Januarheft der Münchner Monatsschrift *„Der neue Merkur"* bringt.

Das Kursbuch als Weltgeschichte
(März 1915)[7]

[Rezension:] *Die Genesis der Emser Depesche.*
Von Richard Fester. Berlin 1915.

Der *diplomatische* Ursprung eines Krieges ist nicht der, durch die politischen und wirtschaftlichen Triebkräfte bestimmte *geschichtliche* Ursprung des Krieges. Die Akten der Diplomaten, die Briefe der Staatsoberhäupter verhalten sich zu der tatsächlichen Verursachung der Ereignisse wie die *Ausführung* einer Dichtung zu dem im voraus bestimmten, in seinem Schluß feststehenden Plan. Es wird nachträglich die Motivierung, die Fortführung im einzelnen der Handlung bis zu dem von vornherein gewollten Endergebnis ausgearbeitet. Dabei konstruiert der Dichter nicht etwa alles in logischer Folge, Schritt für Schritt, er läßt sich durch Zufälle treiben, gestattet seinen Eingebungen einen weiten Spielraum, er wählt Ab- und Umwege, bis er endlich zu seinem Ziel gelangt.

Für die großen Jahrtausend-Zusammenhänge der geschichtlichen Entwickelung ist die Kenntnis der diplomatischen Akten fast ganz belanglos. Der mäßige Witz der Staatsmänner, die die Dinge zu schieben glauben, ist doch nur schließlich das bewußtlose Werkzeug geschichtlicher Notwendigkeiten. Aber durchaus nicht alles, was geschieht, ist im Sinne einer vernünftigen Fortentwicklung der Menschheit „notwendig". Tatsachen lassen sich zwar weder bestreiten noch ungeschehen machen, deshalb sind jedoch Tatsachen durchaus nicht immer weltgeschichtliche Notwendigkeiten. Die *Kriege* sind solche Tatsachen, die häufigsten und wirksamsten, deren „Notwendigkeit" oder, was in geschichtlicher Bedeutung dasselbe ist, deren Recht nachzuweisen in jedem einzelnen Falle eine schwierige Aufgabe ist. Dieses schlechte Gewissen der Menschen, ob es denn wirklich die ihnen zugewiesene gewaltige Aufgabe durch Kriege zu fördern vermöchte, wird schon durch die durchgängige Bemühung bewiesen, die Verantwortung für einen Krieg immer den andern zuzuschieben.

---

[7] Textquelle I Kurt EISNER: *Gesammelte Schriften. Erster Band.* Berlin: Paul Cassirer 1919, S. 81-87.

Kriege müssen, wie sehr sie in den großen geschichtlichen Gegensätzen wurzeln, letzten Endes von irgendwelchen Persönlichkeiten herbeigeführt werden. Sie werden in der Tat auch immer „gemacht", in demselben Grade *willkürlich* gemacht, als die kriegerische Exekution auf die engsten Zirkel herrschender Klassen und Mächte beschränkt ist. So ist es für die Entstehungsgeschichte von Kriegen die Kenntnis der diplomatischen und auch dynastischen Urkunden nicht zu entbehren.

Natürlich sind diese schriftlichen Zeugnisse staatsmännischer Betriebsamkeit niemals wörtlich zu nehmen. Sie sind vielfach schon in Hinblick auf künftige Veröffentlichung, zur Gewinnung der öffentlichen Meinung stilisiert. Dennoch wäre es falsch, den Wert solcher Urkunden nun völlig zu leugnen. Es ist ja nicht eine einzige Partei, die redet; auch der Gegner arbeitet und er hat das entgegengesetzte Interesse, den anderen zu kompromittieren. So verrät für den kritisch begabten und nur auf die Erkenntnis der Wahrheit gerichteten Geschichtsforscher doch der Dialog der gegeneinander spielenden Parteien die wirklichen Tatsachen. Außerdem hat das Kriegsspiel der Diplomaten, bevor es in den Ernst der militärischen Waffen übergeht, ja auch den Zweck, unmittelbar auf den Gang der Ereignisse einzuwirken; damit werden die Noten der Diplomaten in einem gewissen Maaße selbst Triebkräfte des Geschehens.

Nach 44 Jahren, nach Anhäufung einer kaum noch übersehbaren Menge gelehrter Forschungen, herrscht über den diplomatischen Ursprung des deutsch-französischen Krieges noch nicht die mindeste Übereinstimmung. Wer hat diesen Krieg herbeigeführt: Frankreich oder der Norddeutsche Bund, Napoleon III. oder Wilhelm I., die Ollivier und Gramont oder Bismarck und Roon? Ein *deutscher* Historiker, der es ernst mit der Wahrheitsforschung nimmt, müßte noch heute darauf verzichten, eine Geschichte des diplomatischen Ursprungs des Krieges von 1870 zu schreiben. Aus einem sehr einfachen Grunde: England hat zwar früh sein Urkundenmaterial herausgegeben. Ebenso Frankreich, dessen Regierung in den letzten Jahren sogar eine vollständige, bis jetzt auf acht Bände gediehene Sammlung aller diplomatischen Aktenstücke der Vorgeschichte des Krieges begonnen hat. Dagegen sind die preußischen und sonstigen deutschen Archivschränke der Öffentlichkeit bis zur Stunde gesperrt. Bismarck erlaubte zwar, mit boshaftem Vergnügen, Herrn von Sybel und anderen einige wohlarrangierte Urkunden zu benutzen; er hatte dann seinen Spaß, zu sehen, wie die Professoren auf solche ihnen vorgelegte irreführende Auslese kindlich harmlos hereinfielen. Eine freie Benutzung der geheimen Papiere ist der Wissenschaft versagt. Nur einmal wurde eine Aktenmappe ein wenig gelüftet: damals als Caprivi nachzuweisen unternahm, daß Bismarck die Emser Depesche durch seine Redaktion nicht gefälscht, sondern im Gegenteil sie ganz nach der Absicht seines königlichen Herrn verwendet habe. Auch die Briefe fürstlicher und eingeweihter politischer Personen sind nur in vorsichtiger Auswahl bisher veröffentlicht und zeigen gerade dort Lücken, wo die Aufklärung am dringendsten benötigt wird. So ist es bis jetzt schlechterdings unmöglich, die deutschen diplomatischen Bemühungen und Verantwortlichkeiten aktenmäßig darzustellen.

Trotzdem oder richtiger: *deshalb* wird es immer wieder unternommen, die diplomatische Vorgeschichte des deutsch-französischen Krieges zu schreiben. Den neuesten Versuch liefert eben der Hallenser Geschichtsprofessor *Richard Fester*, der über die Genesis der Emser Depesche ein ebenso umfangreiches wie unfaßbares ödes Buch zusammengeschrieben hat. Fester fühlt sich zu dieser Arbeit einmal deshalb berufen, weil er einen Teil der Sigmaringer Familienpapiere über die Hohenzollerische Kandidatur für den spanischen Königsthron durchwühlen konnte; dann aber hauptsächlich deshalb, weil ihm der unermeßliche Glücksfund beschieden gewesen ist, ein – *Eisenbahnkursbuch* aus dem Sommer 1870 zu ermitteln. Mit Hilfe dieses Kursbuchs rechnet er Abgang und Ankunft jeden Briefes, jeden Kuriers, jeder an der Handlung beteiligten Persönlichkeit auf die Minute nach. Und siehe da, alle Schleier fallen, alle Rätsel lösen sich! Die Weltgeschichte entblößt sich in ihrem innersten Getriebe. Diese Festersche Weltgeschichte ist das große unselige und doch wieder – dank der Genialität deutscher Staatsmannskunst – wunderherrlich gewendete Mißverständnis von Briefen, die sich kreuzen, von Boten, die den Anschluß versäumen, von Fürsten, die nicht rechtzeitig unterrichtet werden. Wenn man zwischen Ems und Sigmaringen im Juli 1870 statt auf langem Eisenbahnwege Briefe zu schreiben, telegraphische Verständigung versucht hätte, wer weiß, ob die finstere Geschichte Europas nicht einen andern Weg genommen hätte! Das geht aus dem Kursbuch unwiderleglich hervor.

Fester konstruiert den Gang der Handlung statt aus der Einsicht in die verschlossenen Berliner Aktenschränke aus der Einsicht in Henschels Fahrpläne. Irgendein neues Ergebnis wird zwar dadurch nicht gewonnen, aber diese mit Hilfe der Eisenbahnzeiten nachgeprüfte Entlastung und Verherrlichung der Bismarckschen Politik wirkt schließlich aufreizender als das brutalste Pamphlet. So also kommt Weltgeschichte zustande! Das Endergebnis der mühseligen Sekundenstudien ist schließlich doch nur das längst bekannte, daß der Krieg in dem Augenblicke ausbrach, als der eigentliche Anlaß des Konflikts – die Hohenzollerische Thronkandidatur – durch die Verzichtleistung aus dem Wege geräumt war und König Wilhelm in Ems in dem erleichterten Gefühl seinen Brunnen trank, daß die Gefahr jetzt beseitigt sei. Auch die Zumutung Benedettis, des vertrauten Freundes Wilhelms und besonders der Königin Augusta, daß der König von Preußen sich *verbürgen* sollte, der Sigmaringer würde niemals, nach nicht unbekannten Mustern, die Kandidatur wieder aufnehmen, kann gerade heute nicht mehr besonders aufregend wirken, da wir durch die Sprache und die Forderung des österreichischen Ultimatums an Serbien abgehärtet sind.

Merkwürdigerweise beginnt Fester die größte Zeit seines Helden mit der Behauptung eines schweren diplomatischen Fehlers. Bismarck habe den König durch folgende Erwägungen für die Zulassung der Hohenzollerischen Kandidatur gewonnen: „Man rechnete mit der Macht der vollendeten Tatsache. Napoleon hatte so oft erklären lassen, daß er sich in die Ordnung der inneren Verhältnisse Spaniens nicht einmischen wolle, daß er gegen den Erwählten der Cortes nicht protestieren konnte, ohne sich vor ganz Europa ins Unrecht zu setzen. Tat er es dennoch, so reizte er die spanische Empfindlichkeit und verstrickte sich in Händel, die seine europäische Aktionskraft noch empfindlicher lahmlegten, als es 1866 sein mexikanisches Abenteuer getan hatte. Ließ er Spanien aus dem Spiele und trieb die Dinge zum Bruche mit dem Norddeutschen Bunde, so war man gerüstet und befand sich in der unangreifbaren Position, daß er den Willensakt der spanischen Nation nicht zum Kriegsgrunde gegen Preußen machen konnte. Für wahrscheinlicher aber hielt man doch, daß die kaiserliche Regierung in ohnmächtiger Wut sich wohl oder übel mit der vollendeten Tatsache abfinden werde und die Folgen der nationalen Erregung allein zu tragen habe."

In dieser Berechnung habe, urteilt Fester, der Kardinalfehler gesteckt, daß Bismarck nur die Folgen der Wahl ins Auge gefaßt habe, aber nicht die Folgen der Wahlansage. Er hätte nicht bedacht, was geschehen würde, wenn – wie es tatsächlich dann kam – Spanien die Kandidatur fallen ließe und sie selbst zugleich vorzeitig bekannt würde.

Auch der Gegner Bismarcks wäre geneigt, den Staatsmann gegen diesen Vorwurf beispielloser Kurzsichtigkeit zu verteidigen und lieber zu seinen Gunsten anzunehmen, daß Bismarck die Kandidatur befürwortete, weil er die Verwicklungen voraussah und sie für seine Politik gegen Frankreich zu benutzen gedachte. Aber Fester läßt seinen Helden lieber einen schweren Fehler begehen, der alle Ungeschicklichkeiten der Ollivier und Gramont übersteigt, als ihn einer weit gesponnenen Intrige für schuldig zu erklären. Nur scheint mir der beneidenswerte Entdecker des Kursbuchs vom Juli 1870 das Wesen der diplomatischen Intrige völlig zu verkennen. Sie besteht nicht darin, daß man sich irgendeinen listigen Entwurf der Aktion in allen Einzelheiten ausarbeitet, sondern vielmehr in dem ganz gewöhnlichen Sichtreibenlassen; man folgt dem Spiel der Ereignisse und Zufälle, um im entscheidenden Augenblicke einzugreifen und auch, wenn es notwendig ist, ein wenig zur höheren Ehre der gestellten Aufgabe nachzuhelfen. Die Anlässe sind immer recht gleichgültig. Ein geschickter Staatsmann wird nie so verfahren, daß er Politik wie ein künstlich durchgerechnetes Exempel treibt und alle Fäden eigenhändig webt. Er wird auch nie das Bedürfnis haben, auf weißem Gaule allsichtbar voranzureiten und seine verantwortliche Leistung zu zeigen, schon deshalb nicht, weil man ja nie weiß, welchen Ausgang politisch-kriegerische Abenteuer nehmen. Mißlingen sie, ist es immerhin vorteilhaft, wenn der Verantwortliche seine Unschuld glaubhaft machen kann.

Das Buch Festers verdient trotz allem gelesen zu werden. Es liefert wider Willen die schärfsten Waffen gegen das Diplomatenmonopol der auswärtigen Politik; gegen alle dynastische und überhaupt persönliche Politik. Wenn man sich durch all die Minutenangaben durchgewürgt hat, erwacht die Sehnsucht nach einem andern Kursbuch, das die Züge anzeigt, die aus dieser ganzen geschichtlichen Welt der Gegenwart *herauszuführen* vermöchten.

Bismarck über Kriegsführung und Kriegsziele
(Ostern 1915)[8]

Auch im deutsch-französischen Kriege von 1870/71 wurden im Ausland, besonders in der englischen Presse, heftige Anklagen gegen die deutsche Kriegsführung erhoben. Es waren hauptsächlich drei Maßnahmen, die gegen Deutschland – oder damals noch richtiger: gegen Preußen – ausgebeutet wurden: Die Niederbrennung von Bazeilles nach Sedan, die Aushungerung und das Bombardement von Paris.

Bismarck war „Sentimentalitäten" in der Kriegsführung abhold. Es ist bekannt, daß er jeder völkerrechtlichen Zwangsbindung der Kriegsgebräuche widerstrebte und jedes Mittel für erlaubt hielt, das geeignet schien, die Niederwerfung des Feindes herbeizuführen. Aber als der deutsche Botschafter in London, Bernstorff, bei Bismarck im September 1870 um Hilfe bat gegen die von hervorragenden Männern in der englischen Presse erhobenen Anklagen, entschloß er sich doch einmal, seinem Leibjournalisten Moritz Busch einen Abwehrartikel für die deutschfreundlichen englischen Blätter zu diktieren. Der begann:

„Wie in jedem Kriege, so sind auch in diesem eine große Anzahl von Dörfern niedergebrannt, meist infolge von Artilleriefeuer, deutschem und französischem. Dabei sind Weiber und Kinder, die sich in Keller geflüchtet und sich nicht rechtzeitig gerettet hatten, in den Flammen umgekommen. Das gilt auch von Bazeilles." Dann werden für die Vernichtung von Bazeilles die Franktireurs verantwortlich gemacht. Es sei durch amtliche Meldung festgestellt, daß die Einwohner von Bazeilles nicht etwa in Uniform, sondern in Blusen und Hemdärmeln, aus den Fenstern auf die verwundeten und unverwundeten deutschen Truppen in den Straßen geschossen und die Verwundeten zu ganzen Zimmern voll in den Häusern ermordet haben. Auch Weiber hätten, mit Messern und Flinten, gegen totwunde Soldaten die größten Grausamkeiten verübt, „andere Frauen, gewiß nicht in Nationalgardenuniform, sich in Gemeinschaft mit den männlichen Einwohnern ladend und selbst schießend an dem

---

[8] Textquelle | Kurt EISNER: *Gesammelte Schriften. Erster Band.* Berlin: Paul Cassirer 1919, S. 88-95. – Zur Datierung: Ostern wurde 1915 am 4. April gefeiert.

Gefechte beteiligt". Übrigens war diese Polemik Bismarck verdrießlich, und als er den Artikel zu Ende diktiert hatte, meinte er, künftig solle sich aber Bernstorff selber helfen.

Gegen die Teilnahme der Zivilbevölkerung am Kriege hielt Bismarck das rücksichtsloseste Mittel für das beste. In dieser Hinsicht rühmte er die guten bayrischen Kriegssitten. Ihm gefiel, wie Busch erzählt, daß die Bayern mit dem Totschießen der Franktireurs rasch bei der Hand seien. „Unsere Norddeutschen", äußerte Bismarck, „halten sich zu sehr an den Befehl. Wenn so ein Buschklepper auf einen holsteinischen Dragoner schießt, so steigt der erst vom Pferde und läuft mit seinem schweren Säbel dem Kerle nach und fängt ihn. Dann bringt er ihn seinem Leutnant, und der läßt ihn laufen oder er liefert ihn ab, und dann ist's dasselbe, man läßt ihn auch laufen. Der Bayer macht's anders, der weiß, daß Krieg ist, der hält noch auf alte gute Sitten. Er wartet nicht ab, bis auf ihn von hinten geschossen wird, sondern schießt zuerst."

Als die Angriffe gegen die Absicht einer Beschießung von Paris begannen, erhielt Busch von Bismarck den Auftrag, das Bombardement in der Presse zu rechtfertigen. Es solle ein Verbrechen gegen die Zivilisation sein, Paris mit seinen Sammlungen, Kunstbauten und Denkmälern zu beschießen! Warum nicht gar? Paris sei eine Festung. Eine Festung sei ein Kriegsapparat, der ohne Rücksicht auf das, was sonst mit ihm verbunden ist, unschädlich gemacht werden müsse. „Wenn die Franzosen ihre Monumente, ihre Bücher- und Gemäldesammlungen durch Krieg nicht gefährdet wissen wollten, so durften sie diese nur nicht mit Befestigungen umgeben."

Wiederholt, so am 4. Dezember, beklagte sich Bismarck über die Bemühungen der Kronprinzenpartei, Paris zu schonen. Wenn er freie Hand hätte, würde er mit den Parisern schon fertig werden: „Nun wollte ich sie aber schon zwingen, die Pariser. Ich würde sagen: Ihr zwei Millionen Menschen seid mit verantwortlich mit euren Leibern. Ich lasse euch noch 24 Stunden hungern, bis wir von euch haben, was wir wollen. Und noch einmal 24 Stunden, einerlei, was daraus wird. Das halte ich aus, aber der König, der Kronprinz, die Damen, die ihnen ihre sentimentalen Ansichten aufdringen, und gewisse geheime europäischen Verbindungen! ... Das sind Leute, für die die deutsche Sache, die Siegesfrage nicht in erster Linie steht, sondern der Wunsch, in englischen Zeitungen gelobt zu werden. Ja, wenn man Landgraf wäre. Das Hartsein traue ich mir zu. Aber Landgraf ist man nicht."

Anfang November unterhandelte *Thiers* mit Bismarck über einen Waffenstillstand. Thiers hatte zuvor eine diplomatische Reise nach England, Italien, Österreich und Rußland unternommen. Von diesen vier neutralen Mächten war der Vorschlag eines Waffenstillstandes ausgegangen. Der Waffenstillstand sollte ermöglichen, daß in Frankreich Wahlen zu einer Nationalversammlung stattfänden, mit der dann über den Frieden verhandelt werden könnte. Unerläßliche Bedingung des Waffenstillstands sollte sein – es ist völkerrechtlicher Grundsatz, daß sich während eines Waffenstillstandes die Verhältnisse der Kriegsführenden nicht verschlechtern dürfen –, daß Paris mit Nahrungsmitteln versorgt würde, die für die Zeit des Waffenstillstandes ausreichten. Über diese sehr interessanten Verhandlungen, die sich durch mehrere Tage hinzogen und schließlich ergebnislos abgebrochen wurden, hat Thiers wörtliche Aufzeichnungen hinterlassen, die im Jahre 1903 veröffentlicht worden sind.

Am ersten Tage – am 2. November – wehrte Bismarck zunächst jede Einmischung der Neutralen ab; der englische Vorschlag, dem sich die anderen Neutralen angeschlossen, lasse sich lang und breit über Menschlichkeitserwägungen aus, komme aber zu keinem präzisen Schluß. Nach dieser Verwahrung geht Bismarck auf die Waffenstillstandsbedingung ein. Er bemerkt sofort: Da der Waffenstillstand nur für die Franzosen Vorteile bringe, müßten militärische Kompensationen verlangt werden, z. B. die Übergabe eines Pariser Forts.

Thiers antwortete, daß eine solche Bedingung unzulässig sei, das hieße Paris übergeben; weitere Besprechungen seien völlig nutzlos, wenn Bismarck auf dieser Bedingung beharrte. Bismarck meint, man könne dann vielleicht etwas anderes fordern. Mit der Einberufung einer Nationalversammlung sympathisiert Bismarck, aber nicht ohne allerlei merkwürdige Andeutungen zu machen, daß vielleicht Napoleon mit Hilfe des in deutscher Gefangenschaft befindlichen Heeres, also mit Unterstützung Deutschlands, zurückkehren und die neue Republik beseitigen könnte. Zu ernsten Schwierigkeiten kommt es bei der Verhandlung der Lebensmittelfrage:

Bismarck: Sie werden zweifellos auch fordern, daß man während des Waffenstillstandes Paris mit Lebensmitteln versorge.

Thiers: Zweifellos, es ist ständiger Kriegsgebrauch und die Regel des Waffenstillstandes, die Dinge so zu ordnen, daß die Kriegsführenden beim Ende des Waffenstillstandes in nichts in ihren Verhältnissen sich verschlechtert haben.

Bismarck: Einverstanden, aber Paris für einen Monat oder auch nur für 14 Tage mit Lebensmitteln zu versorgen, wird ungeheuer schwierig sein.

Über diese Schwierigkeiten, die Thiers nicht anerkennt, wird des längeren gesprochen. Dann fragt Bismarck, wie lange der Waffenstillstand dauern solle. *Thiers*: mindestens 15 Tage. *Bismarck*: 48 Stunden genügen für die Wahlen. Thiers weist auf die notwendigen Vorbereitungen hin. Schließlich erklärt Bismarck, er müsse sich über einzelne Punkte noch mit den Militärs verständigen. Er wünscht dann noch, daß die Wahlen sich nicht auf Elsaß-Lothringen erstrecken sollen.

Thiers (sehr lebhaft): Ah, das – nein, nein! Der Waffenstillstand ist nicht der Friedensvertrag; niemals werden wir zulassen, daß ein Waffenstillstand eine Gebietsfrage im voraus entscheide.

Bismarck erwidert, es solle weder gegen Frankreich noch gegen Deutschland solch ein Präjudiz geschaffen werden.

Man spricht weiter über die Annexionsfragen. Thiers meint, was könne Deutschland daran liegen, einige Quadratmeilen französischen Landes zu erwerben, und so im Herzen Frankreichs eine Wunde zurücklassen, die es nie verzeihen würde.

Bismarck antwortet, daß für die Deutschen die Erwerbung eines Stücks französischen Gebiets eine Frage des deutschen Selbstbewußtseins und der Sicherung sei. Die Deutschen hätten nicht die Eroberungen Ludwigs XIV. vergessen und wollten sich gegen zukünftige Einfälle Frankreichs sichern.

Thiers: Preußen hat weniger als jede andere Macht das Recht, Frankreich seine Eroberungen vorzuwerfen. Frankreich, einst Gallien, ist immer ein großes Reich gewesen. Es erhält sein Gebiet von der Natur selbst, nicht vom Krieg, nicht von der Politik; und die notwendige und rechtmäßige Eroberung seiner natürlichen Grenzen hat niemals als Grund den Ehrgeiz, sich zu vergrößern, gehabt. Aber im Gegensatz, Ihr Preußen habt vom Großen Kurfürsten bis zum gegenwärtigen König niemals gelebt, ohne daß ihr irgend etwas nahmt, was einem andern gehörte. Ihr wäret 1 ½ Millionen zur Zeit des Großen Kurfürsten. Ein halbes Jahrhundert später wurdet Ihr durch Friedrich den Großen auf 10 oder 12 Millionen Untertanen gebracht; ihr erreichtet 15 Millionen durch die Teilung Polens, 18 bis 19 im Jahre 1815, in den letzten 6 Jahren seid ihr von 20 auf 30 Millionen gestiegen, und heute von 30 auf 40 Millionen, denn der Norddeutsche Bund wird nur ein Verband von Verwaltungsbezirken unter eurem König sein! Ihr wagt uns unsere Eroberungssucht und unseren Ehrgeiz vorzuwerfen. Wahrhaftig, Herr Graf, man glaubt zu träumen, wenn man solche Anklage in Ihrem Munde hört.

Bismarck: Mag sein! Aber alles dies würde verschwinden, wenn wir nicht territoriale Sicherheiten hätten, wenn nicht in unseren Händen die Festungen Metz und Straßburg wären, als unsere Bedeckungsmittel.

Auf diese schneidend ironische Antwort bemerkt Thiers, daß solche strategischen Vorteile für Deutschland doch in keinem Verhältnis stünden zu dem unversöhnlichen Groll, der in den französischen Herzen zurückbleiben würde.

Am 3. November werden die Verhandlungen fortgesetzt. Bismarck erklärt, daß sich Schwierigkeiten ergeben hätten, besonders in der Lebensmittelfrage:

„Sie verlangen von uns zu viel. Wenn wir Ihnen zugestehen, was Sie von uns verlangen, werden Sie zwei Monate länger zu leben haben, und wir müßten den Winter hier bleiben, denn wir wollen Paris nicht zerstören. Wir wollen das Ende eurer Lebensmittel abwarten. Wenn Sie mir ein Fort geben wollen, werde ich Ihnen Lebensmittel geben, aber Sie werden noch sagen, daß ich von Ihnen den Mont-Valérien verlange!"

Thiers: Nein, kein Fort und Lebensmittel, oder kein Waffenstillstand.

Man spricht von allerlei völkerrechtlichen Beschwerden. Bismarck beklagt sich, daß die Besatzungen deutscher Handelsschiffe gefangen genommen worden seien; man werde als Repressalie 40 Bürger besetzter französischer Städte festnehmen. Thiers wendet ein, die französische Maßnahme entspreche dem Völkerrecht, die deutsche Drohung aber nicht. Sehr heftig wendet sich Bismarck gegen die Franktireurs, die ihm auch einen geliebten Verwandten umgebracht hätten. Thiers verurteilt alle Grausamkeiten und Ausschreitungen, aber er fügt hinzu: Wenn Gewalttaten vorgefallen seien, so seien sie immer noch entschuldbarer, wenn sie von der überfallenen Bevölkerung, als wenn sie von den Eindringlingen verübt würden. Guerillakriege seien immer zugelassen worden, und um sein Vaterland zu verteidigen, sei jedes Mittel erlaubt.

Die Verhandlungen gehen in dieser Weise hin und her. Am 4. November fragt Thiers, was Bismarck fordern würde, wenn man gleich Frieden schlösse.

Bismarck: Viel, und noch mehr, wenn Sie warten, bis der Hunger Paris zur Übergabe zwingt wie Metz. Die 200.000 Mann, die Metz besetzten, rücken an; Sie werden Ihr Land bis zum Meer besetzt sehen, und Frankreich wird bis zur Loire ruiniert werden. Es empfiehlt sich also, ohne Verzug zu handeln. Heute fordern wir Elsaß, hinsichtlich Lothringens ein Stück um Metz.

Thiers: Und Metz ?

Bismarck: Wenn Sie sofort verhandeln, verspreche ich Ihnen, mich beim König zu bemühen, daß Metz zurückgegeben wird …

Allmählich gewinnt Thiers den Eindruck, daß Bismarck die Waffenstillstandsverhandlungen nur zu dem Zwecke geführt habe, um die Neutralen, die die Sache angeregt, nicht vor den Kopf zu stoßen. Am 6. November teilt Thiers dem Grafen Bismarck mit, daß er von der Pariser Regierung den Auftrag erhalten habe, die Verhandlungen abzubrechen.

Treibende Kräfte

(23. April 1915)[9]

Der Aufsatz „Treibende Kräfte" erschien zuerst in Nr. 4, Bd. 2,
33. Jahrgang der Wochenschrift der deutschen Sozialdemokratie
„Neue Zeit" [vom 23.04.1915, S. 97-106]. Mit Erlaubnis des Verfassers und der Redaktion bringen wir die ausgezeichnete Arbeit
zum Abdruck, die hoffentlich in manchen den Willen erweckt,
mit der gleichen Energie zu arbeiten wie der alldeutsche Verband.   Bund *„Neues Vaterland"*.

I. |

Seit einem Jahrzehnt etwa bemühe ich mich um die bisher durchaus
unbelohnte Aufklärung über die politische Bedeutung jener Vereinigung, die unter der Firma des *Alldeutschen Verbandes* für ein *grösseres Deutschland* wirbt. Selbst heute noch werden in unserer Parteipresse und auch in weitverbreiteten bürgerlichen Blättern die Alldeutschen fast immer nur im Tonfall des Spottes genannt. Ein kleines Häuflein! Leute, die keinerlei Rolle im öffentlichen Leben
Deutschlands spielen! Überspannte, kaum ernst zu nehmende Weltmachtphantasten! So etwa ist die Meinung.

Die bürgerliche Opposition von ehemals besass ein feineres Verständnis für die rastlose Wirksamkeit der „kleinen, aber mächtigen
Partei", die 1848 verschüttete. Der deutsche Parlamentarismus führt
auch darin irre, dass man in den alltäglich wegen ihrer rednerischen
Tätigkeit genannten und bekannten Persönlichkeiten diejenigen zu
sehen glaubt, die neben den Regierungen die Dinge lenken. Das ist
ebenso wenig richtig wie der Glaube, dass unsere grosse Presse, die
„Weltblätter", die Wirklichkeiten der deutschen Politik spiegeln.
Nur deshalb wirken bei uns alle Ereignisse als über uns hereinbrechende Plötzlichkeiten und Überraschungen, weil die allgemeine
Öffentlichkeit sich für die Zirkel nicht interessiert, in denen die deutsche Politik tatsächlich organisiert wird. Was gar die auswärtige Politik anlangt, so hat bei uns die innere Teilnahme an den Weltproblemen erst genau in dem Augenblick begonnen, da der Weltkrieg

---

[9] Textquelle | Kurt EISNER: *Treibende Kräfte.* (= Flugschriften des Bundes „Neues
Vaterland", Nr. 4). Zweite, unveränderte Auflage. Berlin: Verlag „Neues Vaterland" 1915. [16 Seiten]

die denkbar *ungünstigste* Stimmung wob, um die Zusammenhänge der internationalen Politik zu erkennen.

Wer übt – das Spiel der wirtschaftlichen Triebkräfte *persönlich* verlebendigt – in Deutschland den entscheidenden Einfluss auf den Gang der auswärtigen Politik? Niemand anders seit einem Vierteljahrhundert als eben die Alldeutschen. Sie haben einen grösseren Einfluss auf die Richtung der Politik gewonnen als selbst die mächtigsten Interessenverbände des grossen Grundbesitzes und des Kapitals. Sie haben im Laufe der Zeit mehr durchgesetzt als alle politischen Parteien und sämtliche parlamentarischen Fraktionen Deutschlands zusammengenommen. Immer in schroffster und rücksichtslosester Opposition gegen die Regierungen, von den Offiziösen bekämpft, von der Massenpresse totgeschwiegen, haben sie schliesslich sicher, wenn auch nicht sofort in vollem Umfang, ihre Pläne durchgesetzt. In steter Abwehr ihrer „uferlosen Politik" ist die Politik der Verantwortlichen selbst mehr und mehr alldeutsch geworden, indem sie sich immer hinterher dem unterwarf, was sie erst im Einklang mit der gesamten von Berlin aus zentralistisch bearbeiteten öffentlichen Meinung ablehnte. Von der ersten Flottenvorlage bis zum letzten Wehrgesetz sind alle Rüstungspläne aus den Kreisen der Alldeutschen hervorgegangen. Sie waren der Vortrupp. Sie haben zweimal die Marokkofrage bis zum Abgrund des Weltkrieges vorwärtsgetrieben. Schliesslich ist ja der Sultan Abd el Aziz, den ich anfangs 1906 zum Helden einer leider nicht beachteten Schrift machte, soweit die westeuropäischen Fragen die Katastrophe herbeigeführt haben, doch der *„Sultan des Weltkrieges"* geworden.

Als im Sommer 1911 plötzlich der Panther vor Agadir auftauchte, war die deutsche Öffentlichkeit gänzlich unvorbereitet. Wer sich aber die Mühe genommen hatte, die Propaganda und die Veröffentlichungen des Alldeutschen Verbandes zu verfolgen, der konnte schon Monate zuvor mit unbedingter Sicherheit voraussehen, dass eines Tages mit der fälligen Pünktlichkeit einer Nummer des Wochenblatts des Verbandes, der *„Alldeutschen Blätter"*, eine Weltkrisis erscheinen würde. Für die Leser der *„Alldeutschen Blätter"* kam in der Tat der Panther genauso selbstverständlich, gleichsam im voraus auf ein halbes Jahr abonniert, wie ihr Leiborgan. Wir erinnern uns auch: Plötzlich ein ungeheurer Jubel in der ganzen bürgerlichen Presse, besonders in der Provinz über die „erlösende Tat" des Panthersprungs! Was bisher nur die „Alldeutschen Blätter" in ihrer verborgenen Existenz propagiert hatten, nahm jetzt die grosse Presse auf. Man suchte mit allen Mitteln die Angelegenheit zu den letzten Konsequenzen zu treiben. Vergebens bemühten sich damals die Offiziösen zu beruhigen. Monate hindurch waren die Pressagenten des Alldeutschen Verbandes die Stärkeren. Der Herausgeber der „Grenzboten", Cleinow, ein Vertrauensmann des Auswärtigen Amtes, sprach damals von der Betriebsamkeit eines Kruppschen Pressbureaus. Und als es der verantwortlichen Regierung noch einmal gelang, den Sturm zu beschwören, setzte sofort eine neue leidenschaftliche Agitation der Alldeutschen ein. Unter dem unmittelbaren Druck des unwillkommenen deutsch-französischen Ausgleichs schrieb General von Bernhardi sein verhängnisvolles Buch „Deutschland und der nächste Krieg".

Das Programm des Alldeutschen Verbandes ist einfach und klar. Die „völkischen", allgermanischen Phantasien sind nur eine nebensächliche Ideologie zum Vergnügen der dem Verband anhängenden Oberlehrer und Professoren. Das wirkliche Ziel ist die Erwerbung deutscher Siedelungskolonien, in denen deutsche Bauern ackern können; die uns Rohprodukte für die Industrie hergeben und im Austausch deutsche Fabrikate brauchen; das ist der „sichere Markt", der Traum der deutschen Exportindustrie. Erreicht werden kann, nach der Anschauung der Alldeutschen, dieses Kolonialreich nur durch Verstärkung der Machtstellung Deutschlands in Europa. Dazu bedarf es einmal der Durchführung der allgemeinen Wehrpflicht bis zum letzten Mann und eines ungehemmten Ausbaues der Flotte, für deren Gebrauchstüchtigkeit wieder der Erwerb von Kohlenstationen und Flottenstützpunkten unerlässlich ist. Hinter diesem Programm des Alldeutschen Verbandes aber und seinen mannigfachen Verzweigungen und Tochtergesellschaften stehen der Bund der Landwirte, der Zentralverband der Industriellen und andere Unternehmerverbände, ein Teil des Finanzkapitals, vornehmlich das Reederkapital und zuletzt – und das ist die Besonderheit dieses Verbandes – als Exekutive ehemalige Generale und Admirale. Daneben verfügen sie über einen überall ausgebreiteten Stab von „Intellektuellen". Da diese zumeist durch Reisen im Ausland gewisse Kenntnisse und Erfahrungen gewonnen haben, sind sie der Presse als sachkundige Mitarbeiter jedesmal dann willkommen, wenn über irgendeine Frage der Weltpolitik ein Konflikt ausbricht; dann tauchen die alldeutschen Propagandisten als Mitarbeiter und Informatoren der Presse massenhaft auf wie Schnecken nach einem Gewitterregen; und die öffentliche Meinung ist nahezu wehrlos ihrer Agitation preiszugeben. Das Geheimnis und die Gefahr ihres Einflusses aber liegt gerade darin, dass, während die Öffentlichkeit von den Ereignissen allemal überrumpelt wird, die Alldeutschen sie in zäher Energie, durch Jahre hindurch, vorbereitet haben.

Als im Sommer 1914 der Weltkrieg ausbrach, wirkte er für die grosse Masse des deutschen Volkes wie ein betäubender Schlag. Noch wenige Tage vorher konnten Leute, die wussten, was bevorstand und die zu warnen und vorzubereiten suchten, von „führenden" Männern der Öffentlichkeit hören, sie seien verrückt. Aber wer sich daran gewöhnt hatte, in den bescheidenen *„Alldeutschen Blättern"* eine reichere Quelle der Aufklärung zu finden, als in den grossen Papieren von Frankfurt oder Köln, für den war das Herannahen des Weltgewitters längst kein Geheimnis. Seit der zweiten Marokkokrisis war in dem Organ des Alldeutschen Verbandes der Weltkrieg das immer wiederkehrende Stichwort und die deutschen Welt-„Belange" – das völkische Wort für Interessen – das herrschende Thema. Seit Beginn des Jahres 1914 reiste der Leiter des Alldeutschen Vortrags- und Werbewesens, Dr. Ritter, der kurz vor dem Ausbruch des Krieges entlassen wurde, mit Weltkriegsreden umher, in denen nach bekannter Schablone die Herrlichkeiten des Krieges und die Unsittlichkeit des Friedens nachgewiesen, dann aber die unbedingte Notwendigkeit des Krieges für die Durchsetzung der deutschen Weltbelange dargelegt wurden.

II. |

Schon in der ersten Nummer der „Alldeutschen Blätter" des Jahres 1914 wird in einer Rückbetrachtung auf die Jahrhundertfeiern von 1813 bedeutungsvoll gemahnt: „Vergessen wir nicht, was die Träger und Urheber jener Zeit in sich getragen, mit sich durchkämpft haben, und bewahren wir uns den reinen Willen, den unverzagten Mut und den steten Eifer im Dienst für unser Volk."

Am 10. Januar wird die Frage untersucht: „Sind wir Schowinisten?" (Die Rechtschreibung ist völkisch.) Sie wird natürlich verneint.

Aber Deutschland braucht Neuland. Da nun die Engländer eine Ausdehnung des Deutschen Reiches nicht dulden, so folgt: „Wenn sie bei dieser Ansicht beharren, dann ist allerdings das deutsche *Hochziel ohne Krieg nicht zu erreichen.*"

In Nr. 3 wird in einem Leitartikel: „Die Augen auf" heftig gegen die Kammeräusserung des bayerischen Kriegsministers geschrieben, der in Übereinstimmung mit dem Ministerpräsidenten von Hertling von den Umtrieben der alldeutschen Militärfanatiker gesprochen habe. Diesen Protest des Kriegsministers bezeichnen die „Alldeutschen Blätter" als eine Einmischung in militärische Angelegenheiten des Reichs, die dem Geist und dem Wortlaut der Reichsverfassung widerspreche. Die alldeutschen Fanatiker hätten zuerst die Lücken in der deutschen Rüstung hervorgehoben und seien deshalb bekämpft worden. Dann aber habe man schliesslich eine Wehrvorlage eingebracht, „die genau den Wünschen der alldeutschen Militärfanatiker entsprach". Und stolz schliesst der Artikel, in der Frage der Heeresverstärkung sollten diejenigen, die an den Sünden der Vergangenheit beteiligt seien, „ganz besonders vorsichtig mit Angriffen gegen die *treibenden Kräfte unseres völkischen Lebens verfahren*".

In den folgenden Nummern werden neben Sympathiekundgebungen für den Oberst von Reuter mit wachsender Heftigkeit neue Rüstungen gefordert. Es wird auf die Rüstungen Russlands hingewiesen und ausgerechnet, dass der Dreibund 90.000 Mann schwächer sei als der Zweibund. In Nr. 5 wird die Politik des Auswärtigen Amts mit bitterem Hohn kritisiert: „Verkriechen wir uns lieber in ein Mauseloch, als dass wir weiter von Misserfolg zu Misserfolg taumeln."

Am 14. März [1914] erfolgt der S p e r r d r u c k dieser Mahnung:

„Wir hielten und halten heute mehr denn je dafür, dass Deutschland und Oesterreich-Ungarn eine kriegerische Auseinandersetzung mit ihren ostwestlichen Nachbarn auch bei ehrlichstem Friedenswillen nicht werden vermeiden können, dass ihnen vielmehr ein furchtbarer Entscheidungskampf aufgezwungen werden wird ... Wer den hohen Ernst einer nicht fernen Zukunft absichtlich verschleiern will, weil er davon ‚Abschwächung der Konjunktur' befürchtet, der versündigt sich namenlos schwer am deutschen Volke, der ist des Hochverrats am deutschen Volke zu zeihen."

Am 4. April werden die Bemühungen der deutsch-englischen Verständigungsvereine verhöhnt:

> „So wird ein nicht unwichtiger Teil unseres Volkes über den Ernst der Lage hinweggetäuscht und fortwährend in einem politischen Wolkenkuckucksheim spazieren geführt. Wird dann einmal zur Wirklichkeit, was uns von Jahr zu Jahr, man kann beinahe schon sagen, *von Monat zu Monat* näherrückt, dann haben wir ein Volk, das zum sieghaften Überstehen schwerer Zeiten so geeignet ist, wie eine Gesellschaft Berliner Teeästheten zum Ackerbau."

Schon die nächste Nummer – vom 11. April – bringt Betrachtungen des Generals Freiherrn *von Gebsattel* (der zurzeit in gewissen Kreisen Süddeutschlands einen höchst beachtenswerten Einfluss ausübt) über unsere äusseren Feinde. Er knüpft an den Satz eines kriegsbegeisterten Schriftstellers an: das deutsche Volk habe die Folgen auch des Dreissigjährigen Krieges verhältnismässig leicht überwunden, fraglich aber erscheine, ob es die Folgen eines weiteren 40- bis 50jährigen Friedens überleben würde. Gebsattel meint, das deutsche Volk werde nicht in „Gefahr" kommen, die Richtigkeit dieses Satzes zu erproben. Er weist dann auf den Hass von Frankreich und Russland hin und nennt unser Verhältnis zu England geradezu tragisch:

> „Nirgends ein stichhaltiger Grund für eine ernsthafte Feindschaft mit diesem unserem nächsten Verwandten. *Wir verlangen nichts, als dass es sich nicht in unseren Weg stellt beim Erwerb einer Kolonie, die wir mit dem Überschuss unserer Bevölkerung besiedeln können.* Einigt es sich hierüber mit uns, so könnte eine verlässige und dauernde Freundschaft entstehen, die auch durch den Wettbewerb unserer aufstrebenden erstarkenden Industrie nicht gefährdet zu werden braucht. Sind wir aber verbündet, so beherrschen wir die Welt. … Umgekehrt: gerät England mit uns in einen Krieg, so ist seine Weltstellung ernstlich bedroht."

Über *Belgien*:

„Belgien … nimmt eine durchaus unfreundliche Miene gegen uns an."

Oesterreich:

> „Es wird wohl so kommen, dass Oesterreich ein starkes Heer gegen den Balkan beziehungsweise gegen Serbien[10] verwenden muss und dann noch etwa der Hälfte der russischen Armee gewachsen bleibt. Russland wird also gegen das Deutsche Reich immer noch Kräfte verwenden können, die zahlreicher sind als die gesamte Streitmacht, die Deutschland 1870 gegen Frankreich zur Verfügung gestanden hat. Aus allen diesen Erörterungen geht hervor, dass wir seinerzeit – *und diese Zeit kann sehr nahe sein* – den Hauptstoss der feindlichen Massen werden aushalten müssen."

Mitte April findet in Stuttgart eine *Vorstandssitzung* des *Alldeutschen Verbandes* statt, über die am 25. April berichtet wird. Schon in einer vorausgehenden Begrüssungsversammlung verkündet der Münchener Professor *Graf du Moulin-Eckart*:

> „Der Schicksalstag naht … Und wäre über uns Ragnarök, die Götterdämmerung, verhängt, dann lieber in tobender Schlacht, als in schleichendem Siechtum."

Über die auswärtige politische Lage erstattete Admiral z. D. *Breusing*-Berlin Bericht. Die im Sommer 1911 aufs äusserste getriebene Spannung zwischen Deutschland und England habe ein wenig nachgelassen, nicht weil man freundlichere Gefühle gegen uns habe, noch weniger, weil die deutsche Diplomatie mit Glück und Geschick gearbeitet habe, „sondern allein, weil die deutsche Flotte so stark geworden ist, dass England vor ihr Achtung hat. Die tatsächliche Macht, die unsere Flotte darstellt, hat fertig gebracht, was die Unzulänglichkeit der Diplomatie nicht erreicht hat … das heisst aber nicht, dass England nun nicht mehr unser Gegner sei oder dass es nicht mehr bereit sei, an feindlichen Machenschaften oder Unter-

---

[10] Das ist *vor Serajewo* geschrieben!

nehmungen anderer Staaten gegen unser Vaterland teilzunehmen".
An Englands Stelle habe Russland jetzt die vorderste Kampfreihe
gegen uns bezogen. Dann heisst es:

> „Wir sind seit langem der Überzeugung, dass die *unnatürlichen*
> Zustände in Europa, der Wille unserer Gegner uns auszuschal-
> ten in jeder grösseren weltpolitischen Betätigung – dass dies zu
> kriegerischen Auseinandersetzungen führen muss, dass es sich
> für uns nicht mehr um *Biegen* handelt, sondern um *Brechen*. Wir
> machen es unseren Verantwortlichen zum Vorwurf, dass sie die
> *Entscheidung* über den Beginn dieser Auseinandersetzung *un-
> serm Gegner überlassen* – wir haben das mit dem Schlagwort ge-
> kennzeichnet, dass wir aufgehört haben, Subjekt der grossen Po-
> litik zu sein, dass wir Objekt, schlechthin Objekt geworden sind.
> Wir *verlangen*, dass mit dieser Politik des fehlenden Willens und
> Entschlusses *gebrochen* wird; *wir wollen die Herren unserer Ent-
> schlüsse werden, sie uns nicht von aussen aufzwingen lassen.* (Es wird
> dann weiter gegen die Politik geeifert, dass durch internationale
> Verständigungen dem deutschen Kapital die Möglichkeit er-
> leichtert werde, in den portugiesischen Kolonien Afrikas zu ar-
> beiten.) Kein Pfennig deutsches Geld für solches fremde Gebiet!
> Was wir brauchen, sind eigene Siedlungsländer."

Die weiteren Ausführungen deuten auf die nicht mehr unbekannte
Tatsache hin, dass gerade damals gewisse Verständigungen auf ko-
lonialpolitischem Gebiet reiften, und gerade gegen diese Verständigung wendet sich Breusing:

> „In bezug auf alle Grundfragen der europäischen und der Welt-
> politik ist das Entgegenkommen Englands in Afrika, Englands,
> Russlands und Frankreichs in der asiatischen Türkei belanglos
> und darf uns nicht irreführen. Unser Schicksal entscheidet sich
> in Europa – wie hier die Dinge zur Entscheidung drängen, wis-
> sen wir, und wir lassen uns über die Notwendigkeit dieser Ent-
> scheidung nicht dadurch hinwegtäuschen, wenn man notge-
> drungen ausserhalb Europas mit uns verhandelt."

Nachdem der Generalmajor *Keim* über die wehrpolitische Lage gesprochen und eine sofortige neue Rüstungsvorlage gefordert hatte,
wurde eine Entschliessung angenommen, in der gesagt wird:

„Der Gesamtvorstand des Alldeutschen Verbandes stellt fest, dass die nach der Beendigung der Balkankriege erwartete Entspannung der auswärtigen politischen Lage in Europa nicht eingetreten ist, dass diese im Gegenteil durch die ausserordentlichen Rüstungen Frankreichs und Russlands, durch die deutschfeindliche Stimmung massgebender Schichten in beiden Nachbarstaaten und durch unfreundliche Handlungen ihrer Regierungen verschärft worden ist. Der Vorstand zieht aus allen diesen Vorgängen den Schluss, dass Frankreich und Russland den entscheidenden Kampf gegen das Deutsche Reich und Oesterreich-Ungarn vorbereiten, und dass beide loszuschlagen beabsichtigen, sobald sie die Gelegenheit für günstig halten. Der Vorstand ist weiterhin überzeugt, dass dieser Kampf für eine weite Zukunft, vielleicht für immer, über das Schicksal des deutschen Volkes entscheiden wird, und dass das Geschick der anderen germanischen Völker Europas damit aufs engste verknüpft sein wird. In dieser Erkenntnis hält es der Alldeutsche Verband für seine Pflicht: unser Volk zu mahnen, der grossen Zeit wachsam und entschlossen entgegenzugehen."

III. |

All das war *vor* dem Mord von Serajewo. Man beschäftigte sich natürlich auch mit den österreichischen Fragen, aber zumeist nur in kritischen Bemerkungen gegen die slawenfreundliche Politik der österreichischen Regierung. Der „vorzeitige Tod" Franz Ferdinands wird zwar als „das wichtigste Ereignis seit Bismarcks Entlassung, vielleicht sogar seit dem Tage von Versailles", bezeichnet; aber eine besondere Bedeutung für die alldeutsche Agitation gewinnt jenes Attentat um so weniger, als man der österreichischen Politik nicht ganz sicher scheint und die Notwendigkeit des Weltkrieges ja von Anfang an als eine *westeuropäische* Frage deutschen Kolonialerwerbs behandelt hatte.

Man fährt also einstweilen fort, sich gegen die offiziellen Flaumacher zu wenden. Beim Stapellauf des Dampfers „Bismarck" hatte der Kaiser seine Rede mit dem Bismarckwort geschlossen: „Wir Deutschen fürchten Gott und sonst nichts auf der Welt". Im Anschluss an dieses Wort hatte sich die „*Norddeutsche Allgemeine Zei-*

tung" gegen die „Entgleisungen" in einer zu Basel gehaltenen Rede des Admirals *Breusing* gewendet, der „strategische Theorien für einen deutsch-englischen Zukunftskrieg entwickelt zu haben" scheine. Spitzig bemerken dazu die „Alldeutschen Blätter" am 4. Juli:

> „Die Offiziösen sind von besonderer Art; sie haben offenbar das Fürchten gründlich gelernt und deshalb halten sie es für sicherer, dem Ausland zu sagen, dass die Kaiserrede in ihrem hochgemuten Schlüsse für die mit uns im politischen Wettbewerb stehenden Mächte nichts Bedenkliches enthält."

Immer schriller klingen nun die Anklagen gegen die auswärtige Politik der Regierung. Hätte man im Marokkohandel nicht nachgegeben, so wird am 11. Juli ausgeführt, so hätten wir alles erreicht, was wir wollten:

> „Denn das wussten sie an der Themse so gut wie an der Spree, dass sie, *allein* auf sich gestellt, einen Krieg gegen das Deutsche Reich mit der Aussicht auf Vernichtung der deutschen Flotte und damit des deutschen Weltmachtstrebens führen konnten, aber *nicht im Bunde mit Frankreich!* Und die Franzosen sind trotz allen ‚Elans' doch noch der logischen Folgerung fähig, dass ihnen, den Geschlagenen von 1870, dasselbe wieder passieren kann, und *dann*, weil das Deutsche Reich sich für die durch England bewirkte Vernichtung seiner Flotte, Sperrung seiner Häfen und Wegnahme seiner Kolonien an *Frankreich* schadlos halten muss, *in einer Weise und mit einer Gründlichkeit, dass an ein Aufstehen sobald nicht mehr zu denken ist.*"

Am 4. Juli finden in Berlin eine Sitzung des geschäftsführenden Ausschusses statt, der den Bericht herausgibt: „Von allen Seiten wurde anerkannt, dass die Lage unseres Volkes seit Gründung des Reiches noch niemals so furchtbar ernst war wie eben jetzt." Am 1. August jubeln die „Alldeutschen Blätter" – nach dem Ultimatum an Serbien –, dass Oesterreich sich „aufgerafft" habe und die Welt durch politische Massnahmen überraschte, „die ebenso kaltblütig und klug vorbereitet waren, wie sie eindrucksvoll, ja mit prachtvoller Entschlossenheit durchgeführt worden sind". Aber es ginge noch um Grösseres als bloss um eine Auseinandersetzung zwischen Oesterreich und Serbien: „Wir hören den Schritt der Weltgeschichte. ... Es wird ein Kampf werden auf Leben und Tod! ... Es ist eine Lust zu leben ..."

Endlich ist es soweit. Am 3. August kommt eine Sondernummer heraus. Unter der Überschrift „Waffensegen" finden sich die merkwürdigen Sätze:

„Es ist eine Lust zu leben ... Die Stunde haben wir ersehnt ... Nun ist sie da, die heilige Stunde ... Die Russen tückisch und falsch bis zum letzten Augenblick, die Franzosen – vor die überraschende Wirklichkeit gestellt – schlotternd und plötzlich die Rachelust vergessend – England kalt erwägend und zaudernd – das deutsche Volk aber jubelt."

In derselben Sondernummer wird bereits das *Kriegsziel* entwickelt. Man hat seitdem keine Stunde vorübergehen lassen, um für dieses Kriegsziel zu werben, und es ist bis heute immer wieder gelungen, trotz aller Zensur, die alldeutschen Gedanken auch in weitverbreitete Tagesblätter zu bringen. *„Um was es geht"*, wird am 3. August sehr klar auseinandergesetzt:

„Seit Algeciras, erst recht seit den Monaten nach dem Panthersprung von Agadir, wissen wir, dass die Mächte des Dreiverbandes uns die Luft zum Atmen nicht gönnen, dass wir ersticken sollen in drangvoller Enge, während sie die Welt unter sich verteilen. Das war ein unhaltbarer Zustand ... Jetzt geht es aufs Ganze! *Die Daseinsmöglichkeit des deutschen Volkes in Europa und Übersee muss für alle Zukunft gesichert werden.* Das bis zur Selbstvernichtung verblendete Russland zwang uns das Schwert in die Hand – Heil uns, dass es das tat! Nachdem unser Schwert heraus ist, darf es erst wieder in die Scheide, wenn das Ziel erreicht ist, das dieser Krieg mit Naturnotwendigkeit uns sagt:
‚Abschütteln wollen und müssen wir die politische Vormundschaft der Mächte des Dreiverbandes;
das selbstherrliche Recht unseres Volkes muss festgestellt werden, sein Geschick zu bestimmen, sein Gebiet auszudehnen, wie es der Notwendigkeit entspricht;

jeden Einspruch zurückzuweisen, der sich der wirtschaftlichen Sicherung unserer Zukunft widersetzt'."

England wird zunächst gut zugeredet. Die Alldeutschen würden zu Unrecht des Englandhasses beschuldigt: „Um der germanischen Zukunft willen wünschen wir, dass wir in diesem Kampfe uns nicht gegenüberstehen: Wer diesmal unser Feind ist, ist es für immer! Gemeinsames Blut, gemeinsame Ehrbegriffe, gemeinsame Gegner in Gestalt der Slawen: was will die eingebildete Feindschaft der Deutschen dagegen besagen? Es käme dem verruchten Brudermord nahe, wenn England sich zum Bundesgenossen Serbiens, Russlands und Frankreichs hergäbe."

Rasch schlägt die Liebe in Hass um. Nachdem am 15. August in „Alldeutschen Feststellungen zur Zeitgeschichte" der Nachweis geführt wurde, dass die Alldeutschen alles vorausgesagt hätten, wird in der Nummer vom 5. September das *„Germanenrecht"* proklamiert:

„Und darum steht es nun auch um uns wie einst in Rom. Wie auch der Ausgang dieses Kampfes sei, ein Kato muss auch uns aus unserem Volke erstehen, der immer wieder die harte Mahnung dem deutschen Volke einhämmert: *Britannien muss vernichtet werden!* – Wir müssen alles sammeln, was deutscher Zunge ist zu einem Reich und Volk … Ein ewig dauernd Herrnvolk wird dann der Menschheit Aufstieg leiten."

Schon am 28. August hatte sich die Leitung des Alldeutschen Verbandes mit dem Kriegsziel beschäftigt und seinen Vorsitzenden, den Rechtsanwalt Class in Mainz, beauftragt, eine Denkschrift auszuarbeiten. Diese Denkschrift wurde anfangs September an die Mitglieder versandt und zugleich eine lebhafte Werbetätigkeit darüber hinaus entfaltet.

In der Nummer vom 12. September gibt der Admiral *Breusing*, der bald darauf gestorben ist, interessante Ratschläge, wie Englands Weltherrschaft zu zerstören sei. Deutschland müsse zunächst eine der englischen ebenbürtige Flotte schaffen:

„Das zweite Notwendige ist, dass wir uns für die Abrechnung mit England Ruhe vor unseren Nachbarn schaffen. *Frankreich,*

Russland und Belgien müssen in einen Zustand der Ohnmacht versetzt werden, dass sie uns dabei nicht stören können. Das ist unter keinen Umständen zu erreichen, wenn wir diesen Gegnern nicht entsprechende Friedensbedingungen auferlegen, wenn wir sie nach dem Wunsche der Freunde sogenannter ‚Kulturpolitik‘ ohne Gebietsverlust mit einer mässigen Kriegsentschädigung davonkommen lassen … Das dritte Notwendige ist die Entsendung von Diplomaten ins Ausland, die imstande sind, uns Bundesgenossen für die Zerstörung der englischen Weltherrschaft zu gewinnen.“

Ähnliche Gedanken hatte schon vorher der Generalmajor Keim in einem als Flugblatt weitverbreiteten Artikel der *„Täglichen Rundschau“* entwickelt. Die *„Alldeutschen Blätter“* fassen ihre Meinung am 26. September in dem Satz zusammen: „Nicht nur auf die Knie muss auch der letzte Feind, sondern glatt auf den Boden.“ Am 3. Oktober wird unter der Überschrift *„Durchhalten“* gesagt:

„Es gibt nur einen Willen, eine Meinung: wir dürfen das Schwert nicht aus der Hand legen, bevor unsere Gegner soweit niedergerungen sind, dass sie nicht nur unser Daseinsrecht anerkennen, sondern uns auch die äusseren Bedingungen zugestehen, die unser Dasein endgültig sichern. Ohne dies hätte der ganze Krieg keinen Sinn, hätten wir uns der Herrschergeste des Zaren *fügen* können.“

In der Nummer vom 14. Oktober wird ein kleiner Ausflug in die innere Parteipolitik unternommen, um das „Loblied“ des Prof. *Delbrück* auf die *Sozialdemokratie* zurückzuweisen. Es gäbe wohl noch einige Leute in Deutschland,

„die es für nicht ganz richtig halten und sogar ernste Folgen in der Zukunft davon befürchten, wenn in einem Staat die einfache Erfüllung der vaterländischen Pflicht und des Nichtbegehens hochverräterischer mit Erschiessen bestrafter Handlungen bei einer bestimmten politischen Partei für ein grosses Verdienst erklärt wird … Sollte man, nachdem es nun doch angeblich keine Parteien mehr gibt, es nicht auch vermeiden, derartiges als

Verdienst einer *Partei* auszuposaunen ... Musste die (sozialdemo-kratische) Parteileitung nicht aus *eigenstem* Eigennutz heraus von vornherein Himmel und Hölle aufbieten, um der Gefahr zu be-gegnen, die Russen, auch nur einige, nach Berlin hineinzulassen, trotz der freundlichen Erlasse, die der Zar an die polnischen und russischen Juden ausgegeben hat?"

„Grosse Zeiten – kleine Geister", unter diesem merkwürdigen Stich-wort werden am 21. November die *Oncken, Rohrbach* und andere ab-getan, die statt für das greifbare Ziel eines grösseren Deutschland für allgemeine Kulturinteressen Feder und Wort führen. Der Hass der ganzen Welt gegen uns sei „der Hass der minderwertigen gegen die höherstehende Rasse":

„Zum Teufel endlich mit dem ganzen Kulturgeschwätz ... Und nur, um uns nicht die Möglichkeit zu verschütten, mit diesem – wie Rudolf Presber es nannte: ‚Lumpenpack auf Erden' wieder kulturell zusammenzuarbeiten, nur deshalb wollen wir auf den Preis unserer Opfer verzichten? Als ob auch nur ein einziger Gre-nadier seine Knochen für diese Art ‚Kulturbestrebungen' zu Markte trüge. Wofür unsere Heere, unsere Brüder und Söhne draussen kämpfen, das ist das *grössere* Deutschland, das einem neuen Geschlechte Siedlungs- und Arbeitsmöglichkeit auf lange Zeit hinaus gewährt, und das sind Grenzen, die uns vor einem ähnlichen Überfall durch Wegelagerer, wie wir ihn eben jetzt er-lebt haben, Sicherheit verheissen!"

Mit wachsender Energie, mit der das grössere Deutschland verkün-det wird – auch in alldeutschen Versammlungen und auf alldeut-schen Gautagen – wächst auch die Abwehr gegen die Sozialdemo-kratie. Professor *v. Liszt* hatte geschrieben: „Das Heldengrab des geistig bedeutendsten Führers der Sozialdemokratie (Frank) als ei-nes der ersten für das deutsche Vaterland Gefallenen soll immer ein besonderes Heiligtum der Nation bleiben." „Unsere Heiligtümer sollen wir Deutsche also zukünftig auch in dieser Richtung suchen", bemerkten dazu die *„Alldeutschen Blätter"*.

Sehr deutlich wird in einer Kritik einer Schrift des Professors *Os-terrieth,* der statt weitergehender Annexionen geraten hatte, sich mit französischen Grenzberichtigungen in Mittelafrika und dem Erwerb des belgischen Kongo zu begnügen, um so zu einem Bündnis mit England und Frankreich zu kommen –, der letzte geheimste Gedanke ausgesprochen:

> „Kommt es nicht fast einer Schmähung des deutschen Auswärtigen Amtes gleich, ihm zuzutrauen, es habe um solcher Ziele willen das deutsche Volk in den Krieg geführt!"

Später, in der Nummer vom 12. Dezember, wird auch eindringlich davor gewarnt, die verschiedenen Feinde rein gefühlsmässig verschieden zu bewerten. Man dürfe über England Frankreich nicht vergessen. Und ganz in Übereinstimmung mit der schon des öfteren hervorgehobenen alldeutschen Strategie, dass der Weg zum grösseren Deutschland über die Vernichtung Frankreichs führe, wird ausgeführt:

> „Gewiss sind zwischen Frankreich und uns einmal friedliche Beziehungen von Dauer möglich, jedoch erst von dem Augenblicke an, in dem wir Frankreich so niedergeworfen haben, dass ihm eine neue Erhebung gegen uns zur Unmöglichkeit geworden ist."

Zur Verstärkung dieser Losung: nieder mit Frankreich – wird dann noch hinzugefügt:

> „Schliesslich liegt aber in dem einseitigen Hasse gegen England zweifellos auch insofern eine Ungerechtigkeit, als England den Krieg gegen uns sicher nicht zu seinem Privatvergnügen, sondern nach Überzeugung der englischen Staatsmänner in Wahrung und Verteidigung seiner bestehenden und von uns vermeintlich bedrohten Rechte und Belange begonnen hat. Kein Einsichtiger hat in Deutschland ernstlich an der Notwendigkeit einer englisch-deutschen Auseinandersetzung gezweifelt."

Als Weihnachtsbotschaft wird schliesslich ein Aufruf im Dezember verbreitet, um alle Deutsche zu sammeln, die bereit sind, den Kampf bis zur Erstreitung des alldeutschen Zieles durchzuführen. Und selbst bewusst wird festgestellt:

„Der vielbefehdete Alldeutsche Verband hat in allen seinen Voraussagungen, Mahnungen, Warnungen, Recht behalten, er hat sich in Wahrheit als das ‚Gewissen des deutschen Volkes' erwiesen." …

———

Wer auch in Kriegszeiten nicht unterlässt, zu fordern, dass die *Worte*, mit denen man bombardiert wird, einen *Sinn* haben sollen, muss erkennen, dass jener Aufruf zum *Durchhalten* nur dann aufhört, ein leeres Wort zu sein, wenn zugleich klar gesagt wird, welches das Kriegsziel sei, bis zu dem man durchhalten müsse. Auch welchen militärischen Zustand man als „Sieg" aufzufassen sich entschliesse, hängt von dem Kriegsziel ab. Ebenso steht es mit den Redewendungen vom „*ehrenvollen*" oder vom „*faulen*" *Frieden*. Ehrenvoll ist eben der Friede, in dem das von dieser oder jener Richtung aufgestellte Kriegsziel erreicht wird; faul, wo man weniger zu erreichen sucht oder zu erreichen vermag. Es folgt daraus, dass die Dauer des Krieges nicht nur von dem Grad der militärischen und wirtschaftlichen Zurückdrängung und Erschöpfung der einen oder der anderen Partei abhängt, sondern insbesondere von der Art des Kriegszieles, das, je höher es vom Standpunkt *einer* Kriegspartei gesteckt ist, um so mehr *beide* Kriegsparteien zwingt, bis zum letzten Mann und bis zum letzten Stückchen Brot – „durchzuhalten". Und auch die andere Erwägung ist ohne weiteres einleuchtend: Je grössere Opfer der Krieg fordert, um so mehr wird auf allen Seiten die Stimmung sich durchsetzen, dass man diesen Krieg doch nicht „umsonst" geführt haben dürfe.

Darin liegt die Kraft der alldeutschen Propaganda, dass sie ein solches *positives* Kriegsziel fordert. Ich glaube, dass die Sozialdemokratie, wenn sie auf den weiteren Verlauf der Dinge Einfluss gewinnen will, ihrerseits gleichfalls ein grosses *positives* Kriegsziel mit aller Kraft propagieren müsse, ein Ziel, das in der Richtung unserer Auffassungen der deutschen und der *europäischen* Entwickelung, im *gemeinsamen* Interesse aller Völker, *vorwärts* führt. Über dieses sozialdemokratische Kriegsziel heute deutlicher zu reden, ist freilich nicht möglich. Aber rüsten wir uns rechtzeitig auf die kommende verhängnisvolle Stunde!

Karl Spitteler
Ein Merkblatt zum siebzigsten Geburtstag
(24. April 1915)[11]

Ein gnadenvolles Schicksal hat es gefügt, daß Karl Spitteler, der einzige lebende Dichter deutscher Sprache, am Vorabend seines siebzigsten Geburtstages zum deutschen Volksfeind ward. So verkriecht sich der Jubiläumslärm – die Datumbegeisterung, über die er selbst in dem journalistischen Sammelband der Lachenden Wahrheiten gespottet – vor seiner gebannten Türe. Kein kühneres Gleichnis hat Spittelers fessellos über der Erde schwebender Humor ersonnen, als diesen deutschen Dienstbefehl, den gehorsam ausgeführten, daß man jetzt über Karl Spitteler nur schweigen oder schimpfen dürfe. Selbst die kleine Gemeinde seiner Verehrer im Deutschen Reiche rückte ängstlich von diesem Züricher Vortrag ab, in dem der Schweizer über den Weltkrieg sprach; dem Vortrag, von dem der Wahrhaftige bekennen muß, auch wenn er als Bürger des Deutschen Reiches durch manche Bemerkung verwundet sein mag, daß er zudem wenigen Menschenwürdigen gehört, das in diesen entgeistigten und – außerhalb der Soldatentapferkeit da draußen – feigen Zeiten gesagt worden ist. Der trotzige Erderschauende, der Spitteler, der Dichter, immer gewesen, konnte als freier Bürger nicht anders sprechen, als das Gewissen seines unbeirrbaren Hirns und Herzens gebot; mag's uns behagen oder nicht.

Schon einmal gedieh Spitteler zum Volksfeind; vor fünfzehn Jahren, als er im Dreyfushandel den Kultus für den Unglücklichen auf der Teufelsinsel schroff ablehnte; gewiß eine Irrung, aber wohl aus derselben gesund eigenwilligen Empfindung erwachsen, die unseren Wilhelm Liebknecht zu ähnlichem Proteste trieb, aus Widerwillen gegen jene papierne öffentliche Meinung, die über Unrecht jenseits der Grenzen wehleidig in gespieltem Zorne greint, während sie daheim die Frevel der Macht hehlt und heiligt. Ein Mann aber, der aus unbestechlicher Menschenliebe niemals die Krone des Volksfeindes erwarb, der gehört gewiß nicht zu den berufenen Führern

---

[11] Textquelle | Der Bibliothekar. Monatsschrift für Arbeiterbibliotheken. Leipzig, Mai 1915, S. 829-830. (Textfassung hier nach Kurt EISNER: Die halbe Macht den Räten. Ausgewählte Aufsätze und Reden. Köln 1969, S. 246-252.)

des Lebens. Ein Volksfeind ist Karl Spitteler auch die längste Zeit seines Daseins als Dichter gewesen, nur daß man ihn nicht, wie den in Fragen der Politik Bekennenden, schreiend öffentlich steinigte, sondern ihn in sicherem Schweigen lebendig begrub. Wie war er auch als Dichter so sonderbar unbequem! In dieser Gegenwart der hastigen Eisenbahnlektüre und der täglichen Zeitungsromanfortsetzung trug er dreizehn volle Jahre ein Epos in sich aus, daß vorweltliche Mythen in dunkel brennenden Gleichnissen rätselschwer aneinanderreihte, das gar nichts Stoffliches unserer Zeit zu enthalten schien. Und als er sechzig Jahre geworden, schrieb er wieder ein Epos, an zwanzigtausend Verse, und alte Griechengötter gingen darin um, erlebten sonderbare Dinge und sprachen in fremden Zungen. Während die flinken Schreibhelden der Mode ihre Namen in alle Mäuler gossen, zog Karl Spitteler einsam seines Weges, und es gab Jahre, da sich in seinem Schrein Dichtungen aller Art häuften, die verschollen blieben, weil kein Verleger ihn geschäftlicher Beziehungen würdigte. Freilich, man muß um Spitteler ringen, wie er selbst um seine Kunst gerungen. Dann aber, wenn man sich den Weg zu ihm erkämpft, dann weicht der Aberglauben, daß Spitteler „schwer" und „unverständlich" sei, und man erkennt vielmehr die anfangs befremdende Schwierigkeit darin, daß hier eine aus dem Ursprünglichen schaffende Phantasie Gebilde in die Wirklichkeit unserer künstlerischen Welt erhob, die jedem Willigen unmittelbar zugänglich sind. Ich habe unlängst vor jungen Arbeitern große Stücke aus dem *Olympischen Frühling* gelesen und ich war überrascht von dem natürlich starken Eindruck, den die Dichtung übte. Wenn Kunst bedeutet, ein größeres, reicheres, tieferes Leben von innen erleben, so heißt es, uns zu gewaltsamer Armut verdammen, wenn wir uns vor den Schätzen Spittelers versperren. Freilich soll man ihn nicht lesen wie einen flüchtigen Roman, man soll ihn überhaupt nicht *lesen*, sondern *hören*, um die klingende Fülle seiner Formgewalt, die sinnliche Leuchtkraft seiner Gesichte im Tiefsten zu vernehmen und mitzuschauen. In den Spittelerbänden strömt ein unerschöpflicher Quell für die Kunstabende unseres Proletariats; in ihnen blühen bisher ungenossene Feierstunden voll verschwenderischem Glanz und unverlierbarer Erhebung. Deshalb schreibe ich dieses dürre Merkblatt, das nicht das Unmögliche versuchen will, in ein paar eiligen Zeilen eine Anschauung von dem Wesen des Dichters zu geben, sondern nur ein bescheidener Wegweiser sein will, zu ihm zu pilgern.

Karl Spitteler ist am 24. April 1845 zu Liestal im Basel-Land geboren – aus einem Bauerngeschlecht. Sein Vater aber war ein höherer Beamter der Schweizer Demokratie. Künstlerische Neigungen erwachten früh in dem Jüngling, aber sie galten der Musik und der Malerei. Erst als Student begann er zu dichten – auf Spittelersche Sonderart. Er schrieb biblische Dramen und weltdurchlebende Epen – aber nicht auf Papier, sondern in den unendlichen Himmelsraum. Er sah seine Dichtungen, spann sie in der Phantasie, ließ sie wachsen und sich wandeln, und wartete, daß sie auf diese Weise fertig würden. Aber sie wuchsen ins Unendliche, und der schauende Dichter, der nie sich selbst genügte, versank in den Eingebungen seiner rastlosen Schöpferkraft. So entstanden schon in seinen Zwanzigerjahren die großen Werke, ohne daß sie feste Gestalt auf dem Papier gewannen. Bis er endlich begriff, daß Dichtungen nicht wüchsen wie die Pflanzen, sondern mit bewußtem Kunstverstand eingefangen werden müßten; daß sie sich nicht selbst schrieben, sondern zu schreiben seien.

So kam es, daß Spitteler als Heidelberger Student im Jahre 1865 sein Epos *Prometheus und Epimetheus* im Geiste zum ersten Male sah, daß es aber erst nach fünfzehn Jahren ringender Arbeit für Buch und Markt fertig war. Der Fünfunddreißigjährige sah sein frühestes Buch fertig. Inzwischen war er in der Heimat gescheitert. Er hatte allerlei studiert: Philosophie, Philologie, auch Theologie. Wollte Pfarrer werden. Aber das Liestaler Pfarrerkollegium zweifelte – mit Recht – an seiner Gläubigkeit und – mit Unrecht an seinen Kenntnissen. Es stand ziemlich hoffnungslos um den mittellosen Studenten. Da ging er in die Fremde. Er wurde Hauslehrer in Rußland, in Petersburg und in Finnland. Acht Jahre lang. Dichtete unablässig an seinem *Prometheus*, von dem aber nur einzelne Stücke niedergeschrieben wurden. In die Schweiz zurückgekehrt, als Lehrer an einer Schule, überfällt ihn die Angst, die Jahre seiner Kraft könnten entschwinden, ohne daß irgend etwas von seiner Kunst lebendig würde, und da entschließt er sich, den ersten Teil des *Prometheus* niederzuschreiben. Er wird auch gedruckt, aber niemand kümmert sich um das Werk. Nur der alte Gottfried Keller erkennt seine Größe und schreibt dem Dichter einen Brief, in dem man fühlt, wie überwältigt er war. Im ganzen Bereiche des deutschen Pressewesens fand sich nur eine einzige Rezension, des treuen Freundes Widmann Würdigung im Berner „ Bund". Ein Jahr aber nach dem *Prometheus* erschien Nietzsches *Zarathustra*, so verwandt in Form und Gehalt, daß es schwer ist, zu glauben, Nietzsche sei nicht durch Spitteler inspiriert worden.

Trotz des Mißerfolges schuf Spitteler, in allen Formen, auf allen Gebieten der Dichtung, Werk auf Werk. Er verschaffte sich einige Geltung, als er Journalist und Redakteur großer Schweizer Blätter wurde. Aber als Dichter blieb er im Dunkel. Endlich brachte 1891 der Zufall einer Erbschaft seine wirtschaftliche Befreiung; seitdem lebt er in seinem geliebten Gartenheim zu Luzern. Auch ein verständnisvoller Verleger fand sich zu guter Letzt; Eugen Diederichs in Jena, bei dem fast alles von Spitteler Veröffentlichte erschienen ist.

Das ist das Äußere. Eine Vorstellung von dem Wesen seiner Dichtungen zu geben – ohne daß man sie selber vorträgt – versage ich mir. Nur einige Bemerkungen möchte ich anfügen, wie sich am leichtesten der Zugang zu seinem Reiche der Schönheit und Kraft erschließt. Man sollte mit seinen wunderholden Kindererinnerungen beginnen, die im Vorjahre erschienen sind. Hier verlebendigt er die Erlebnisse seiner ersten vier Jahre, wie sie in ihm haften geblieben sind, und eine Welt baut sich auf aus den helläugigen Erfahrungen frühester Menschendämmerung; nichts ist „geschildert", alles strömt im Fluß des Erlebens. Dann lese man die herbe, strenge „Darstellung" aus dem Schweizer Volksleben, die Geschichte vom „Leutnant Conrad" – acht erfüllte Sonntagsstunden, in denen ein starkes Leben zerbricht. Nun soll man aufhören, mit den Augen zu lesen, und nur noch Spitteler sprechen, hören, schauen. Zunächst die kürzeren Gedichte, seine Balladen, Glocken- und Graslieder, seine „Schmetterlinge" und seine „Literarischen Gleichnisse" – auf jedem Blatt eine neuerschaffene Welt des Gefühls, der Anschauung: von der leicht beschwingten Heiterkeit, dem bildgewaltigen Hohn bis zu den letzten Finsternissen menschlicher Qual. So ist man reif geworden für den eigentlichen Spitteler, für den Epiker, den Mythenbildner, der unserer Welt von heute das urewige Gleichnis fand. Nun ziemt es sich, sich zu vertiefen, wie man sich etwa in die Bibel eingräbt: nur ein paar Blätter auf einmal; so grenzenlos ist der Reichtum dieser Schöpfungen, daß die Phantasie des Nachempfindens erlahmt, wenn man sie zu rasch und zu begierig verzehrt. Die Einzelschönheiten müssen jede für sich erlebt werden. Das Epos des Sechzigers, die Gesänge vom *Olympischen Frühling*, hätten den Beginn zu bilden, und erst ganz zuletzt ist die Reife auch für sein erstes Werk gewonnen, den Prometheus, in dessen Entstehungszeit anmutig sein Bekenntnisroman *Imago* einführt.

Niemals ist Spitteler weltfremd, abseits. In seiner Sprache schafft er unsere Zeit; er sieht unser Leben in uns hinein, weil jedes Geschehen ihm zum ewigen Gesicht und Gleichnis wird. Oder hört ihr nicht den Nachtschrei gerade unserer Tage, wenn euch in der dunkelsten Finsternis des *Olympischen Frühlings* die Erscheinung des Automaten erstarrend anglotzt?

Auf einem ungeschlachten Eisenriesenroß
Hockte der Automat, ein eherner Koloß.
Von Kiesel war die Maske seines Angesichts,
Aus deren Löchern, statt belebten Augenlichts
Und statt des Atems, während er das stahlbeschiente
Geleis der Reitbahn, das dem Roß zur Straße diente,
In stößigem Holpertrabe stolperstocks durchstrauchte,
Von Zeit zu Zeit ein Pfiff erscholl, ein Feuer rauchte.
Des Rosses Hufe aber sprangen nicht; sie rollten,
Gleich Rädern laufend, willenlos die ewigen Volten.
Auf dem Geleise vor dem Rosse, sieh, was hupfen
Denn dort für abertausende Millionen Tupfen?
Sinds Stäubchen oder sandige Körner? Nein, sie heben
Und regen sich von selber: Würmlein sinds, die leben.
Mit Aug' und Ohren; zweckvoll wenden sie die Köpfe.
Sie schwingen Fähnlein über ihnen, rufen „Recht"
Und „Unrecht", sagen: „das ist gut" und „dies ist schlecht",
Und lehren: „Weisheit", warnen: „jenes ist ein Wahn" –
Da poltert auf dem Tier der Automat heran.
Jetzt Notgezeter; dann erreicht, zermalmt; ein Schrei,
Ein Brei, ein Räuchlein Stank und Stickstoff – hui, vorbei !

Preußen – Italien – Österreich
Ein halbes Jahrhundert früher.
(Mai 1915)[12]

Zur Naturgeschichte diplomatischer Verhandlungen und Verträge

Bismarck rüstete die entscheidende Erweiterung Preußens und damit dessen endgültige Sicherung als deutsche Vormacht. Der Krieg mit Österreich war das Mittel. Bismarck sah sich nach Bundesgenossen für das immerhin unsichere Unternehmen um. Sie waren durch gemeinsame Interessen gegen Österreich gegeben. Frankreich und Italien, Napoleon III. und Viktor Emanuel.

Die diplomatische Aktion Bismarcks war politisch, rechtlich und persönlich ebenso heikel wie schwierig. Preußen war mit Österreich nicht durch einen bloßen Bündnisvertrag verknüpft, beide waren vielmehr Glieder desselben Staatenbundes. Nun war das eine Glied entschlossen, gegen das andere das Ausland zu Hilfe zu rufen. Für dieses waghalsige und bedenkliche Unternehmen hatte Bismarck den Gegner im eigenen Lager: Wilhelm I. Die Staatskunst des preußischen Ministerpräsidenten mußte nicht nur insgeheim gefährliche Bündnisse schaffen, nicht nur durch alle Mittel diplomatischer Regie die öffentliche Meinung Europas zu gewinnen suchen, nicht nur einen Angriffskrieg gegen starke Widerstände erzwingen, und ihn zugleich als Verteidigungskrieg für das populäre Gemüt umdeuten, – es galt auch durch zähe geduldige und kluge Bearbeitung den König für einen Krieg zu gewinnen, dem er im Innersten widerstrebte.

Im preußischen Kronrat vom 28. Februar 1866 hatte Bismarck dargelegt, daß die Voraussetzung für einen günstigen Erfolg der Auseinandersetzung mit Österreich das gleichzeitige Eingreifen Italiens gegen Österreich sei. Er hatte angeregt, daß der General Moltke nach Florenz, der damaligen Hauptstadt Italiens, geschickt werden sollte, um in Italien einen Vertrag auf der Grundlage abzuschließen, daß Italien sich verpflichte, Österreich anzugreifen, sobald Preußen losschlage und daß beide Teile keinen Separatfrieden schließen sollten. Moltke selbst entwarf den Vertrag, der für Italien den Erwerb

---

[12] Textquelle | Kurt EISNER: *Gesammelte Schriften. Erster Band.* Berlin: Paul Cassirer 1919, S. 96-105.

des damaligen noch österreichischen Venetien, für Preußen die Annektionsfreiheit im deutschen Bundesgebiet verhieß. In dem Entwurf Moltkes werden die Grundzüge eines preußisch-italienischen Bündnisses skizziert: „Die Schritte, die wir zwecks Zentralisation der Gewalt in Deutschland übernehmen werden, führen nahezu unfehlbar einen Bruch mit dem Wiener Kabinett herbei. Die gegenwärtigen Umstände erscheinen günstig genug, um es darauf ankommen zu lassen. Frankreich wird durch den absoluten Willen eines Herrschers regiert, der sich für die Sache der Nationalitäten interessiert, wie er das in Italien bewiesen hat. Er wird mit den in demselben Sinne gemachten Anstrengungen Preußens sympathisieren ... Es liegt ebenso im Interesse Italiens wie in dem unsrigen, daß wir darüber einig sind, alles zu tun, was zum Kriege führen kann." Über den Inhalt des Vertrages heißt es in Moltkes Entwurf: „1. Die beiden Regierungen verständigen sich über den Zeitpunkt, wann sie gleichzeitig den Krieg an Österreich erklären. 2. Von diesem Zeitpunkte an verpflichten sie sich[,] weder Frieden zu schließen noch die Feindseligkeiten einzustellen, bevor der Zweck des Krieges von beiden kriegführenden Parteien erreicht wird. 3. Was Italien betrifft, so ist dieser Zweck die Besitznahme Venetiens. Wenn sich Italien im Laufe des Krieges noch anderer am Adriatischen Meere gelegener Provinzen bemächtigt, so wird dagegen nichts einzuwenden sein; Preußen kann jedoch nicht in die endgültige Abtretung eines zum Deutschen Bunde gehörigen Gebietes willigen. Der Zweck Preußens ist, gewisse Rechte im Norden Deutschlands zu erwerben und Österreich zu zwingen, sie anzuerkennen." Von preußischer Seite wurden also auch Erwerbungen Italiens an der dalmatinischen Küste gutgeheißen, dagegen Trient und Triest nicht zugestanden.

In den weiteren Vertragsbestimmungen des Entwurfs wird Italien verpflichtet, 220.000 Mann gegen Österreich zu versammeln, während Preußen 200.000 bis 250.000 Mann gegen die böhmische Grenze führen will. „*Unsere Entschließung, die Ereignisse so zu führen, daß sie einen Krieg hervorrufen* (so wird weiterhin ausgeführt) hängt, von der Frage ab, ob wir uns auf die italienische Mitwirkung durchaus verlassen können. Noch steht es uns frei, den Krieg in friedliche Bahnen einzulenken, und auf kriegerische Politik zu verzichten." Der Entwurf rechnet auch mit der Wahrscheinlichkeit, daß Österreich im Notfall freiwillig Venetien an Italien abtreten würde und er bemüht sich, nachzuweisen, daß eine solche Abtretung auf friedliche Weise für Italien keinen dauernden Erfolg verspräche. „Allerdings könnte Italien noch ein Mittel finden, um sich in friedlicher Weise mit Österreich über Venetien zu verständigen. Aber der Preis, den man zahlen müßte, wird wahrscheinlich größer sein als die Kosten eines Krieges, und zugleich wird man auf diese Weise Österreich die Mittel liefern, um seine traditionelle Politik in Italien wieder anzufangen. Man wird nicht vergessen dürfen, daß Österreich in der Zeit von 1809 bis 1813 sich eines weit beträchtlicheren Teiles seines italienischen Gebietes beraubt gesehen hat als jetzt, und doch ist es ihm unter der Gunst eines Glücksumschlags gelungen, dort von neuem Fuß zu fassen."

Die Mission Moltkes wurde dann unterlassen. Man hielt es für zweckmäßig, den Vertrag in Berlin, nicht in Florenz abzuschließen, und so ersuchte man den italienischen Ministerpräsidenten La Marmora, einen Unterhändler nach Berlin zu entsenden. Italien schickte den General Govone. Die folgenden Unterhandlungen wurden im Einverständnis und mit Kenntnis Napoleons geführt. Am 8. April 1866 wurde bereits der „offensive und defensive Bündnisvertrag" zwischen Preußen und Italien unterzeichnet. Im zweiten Artikel des Vertrags wird bestimmt: „Falls die Verhandlungen die Seine Majestät der König von Preußen mit den anderen deutschen Regierungen in Absicht auf eine den Bedürfnissen der deutschen Nation entsprechende Reform der Bundesverfassung kürzlich eröffnet hat, scheitern sollten, und Seine Majestät sich infolgedessen genötigt sähe, die Waffen zu ergreifen, um seine Vorschläge durchzusetzen, so wird Seine italienische Majestät nach der von Preußen ergriffenen Initiative, sobald sie davon benachrichtigt sein wird, kraft des jetzigen Vertrags Österreich den Krieg erklären." Artikel 3 bestimmt: „Von diesem Augenblick an wird der Krieg von Ihren Majestäten mit allen Kräften geführt werden, die die *Vorsehung* ihnen zu ihrer Verfügung gestellt hat, und weder Italien noch Preußen werden Frieden oder Waffenstillstand ohne gegenseitige Zustimmung schließen."

Der Vertrag wurde streng geheim gehalten. Selbst der König von Preußen scheint sich über ihn und seine Bedeutung nicht klar geworden zu sein, denn er bestreitet persönlich, wie die diplomatischen Berichte aus Berlin übereinstimmend berichten, noch im Mai gegenüber dem Kaiser von Rußland, ja sogar noch im Juni gegenüber dem Kaiser von Österreich, daß er mit Italien ein Bündnis abgeschlossen habe. So ist von einem Schreiben der Königin von Preußen an den Kaiser von Österreich die Rede, in dem versichert wird, der *König von Preußen habe ihr sein Ehrenwort* gegeben, es bestehe zwischen Preußen und Italien kein wirklicher Vertrag, und wenn Italien Österreich angreife, sei Preußen nicht verpflichtet, ihm zu folgen. Übrigens war das Ehrenwort ja vollkommen in Ordnung: Preußen hatte sich nicht verpflichtet, wenn Italien angriffe, zu folgen, sondern Italien hatte Hilfe bei einem Angriff Preußens zugesagt.

Dennoch scheint Österreich alsbald über den Vertrag unterrichtet gewesen zu sein. Jedenfalls trat ein, was der Moltkesche Entwurf vorausgesehen. Österreich bot Italien Venetien durch Vermittlung des Kaisers Napoleon an. Wie der italienische Gesandte in Paris, Nigra, in einem Geheimbericht vom Juni seiner Regierung mitteilt, habe ihm Napoleon am 4. Mai den österreichischen Vorschlag mitgeteilt, Venetien unter der Bedingung abzutreten, daß Italien und Frankreich neutral blieben, und Österreich kein Hindernis in den Weg legten, sich durch die Eroberung Schlesiens an Preußen schadlos zu halten. Der italienische Gesandte begründet wie folgt seine Meinung: daß es unzulässig sei, jetzt nach Abschluß des Vertrages das Angebot Österreichs anzunehmen.

„Der Kaiser (Napoleon) erklärte mir, daß der Vorschlag in aller Form gemacht wäre, und fragte mich, ob die Regierung des Königs in der Lage sei, sich von den Preußen gegenüber eingegangenen Verpflichtungen loszumachen. Indem ich diesen Vorschlag im tiefsten Geheimnis dem General La Marmora mitteilte, verhehlte ich ihm in einem Brief vom 5. Mai nicht, daß wir, trotz der zweideutigen Auslegung, welche die preußische Regierung damals dem Vertrage gab, unmöglich den österreichischen Vorschlag annehmen könnten, ohne uns dem Vorwurfe der Wortbrüchigkeit auszusetzen. Ich fügte hinzu, daß es mir der Würde des Königs und eines Staates von 22 Millionen Einwohnern wenig zu entsprechen scheine, wenn wir uns der Abtretung Venetiens wegen mit einer neuen Dankesschuld gegen Frankreich belasten."

Inzwischen hatte Preußen seine Rüstungen vollendet. Die Aufgabe war jetzt, den Kriegsfall, für den der preußisch-italienische Vertrag abgeschlossen war, herbeizuführen. Die diplomatischen Bemühungen Bismarcks in dieser Richtung schildern uns sehr anschaulich die Berichte des italienischen Unterhändlers in Berlin Govone. Bismarck suchte Italien zu veranlassen, anzufangen. Anfang Juni schreibt Govone dem Ministerpräsidenten La Marmora über seine letzte Unterredung mit Bismarck:

„Nun, wer wird die Lunte ans Pulverfaß bringen, Preußen oder Italien?" habe ihn Bismarck gefragt. Man sprach weiter über die Aufnahme, die der in letzter Stunde von Napoleon angeregte Friedenskongreß in Österreich gefunden habe. Bismarck glaubt schon zu wissen, daß Österreich jedem Kongreß entgegen sei, der Gebietsabtretung innerhalb des Deutschen Bundes zum Gegenstand habe. Bismarck äußert sich über die Zugeständnisse, die Frankreich verlange und von Preußen erhalten könne. Govone fragt, ob es nicht möglich sei, wenn man nicht das ganze linke Rheinufer an Frankreich abtreten wolle, wenigstens einen Teil zu überlassen. Bismarck antwortet: *„Ja, es wäre die Mosel. Ich bin viel weniger Deutscher als Preuße* und würde kein Bedenken tragen, die Abtretung des ganzen Landes zwischen dem Rhein und der Mosel an Frankreich zu unterschreiben … Der König jedoch, unter Einfluß der Königin, die *keine Preußin* ist, würde die schwersten Skrupel empfinden und sich zu einer solchen Maßnahme nur im alleräußersten Falle entschließen, wenn er auf dem Punkte stände, alles zu verlieren oder alles zu gewinnen." Unter diesen Umständen, meint Bismarck, bliebe nur übrig, Frankreich durch die französischen Teile *Belgiens* und der *Schweiz* zu entschädigen. Dann kommt Bismarck auf die Frage zurück, wer – Italien oder Preußen – die Feindseligkeiten eröffnen solle. „Er sagte, daß es ihm äußerst schwer fallen würde, den König zu bestimmen, die Offensive zu ergreifen; der König habe religiöse Bedenken, ja eine abergläubische Scheu, die Verantwortung für einen europäischen Krieg auf sich zu nehmen; inzwischen würde man aber Zeit verlieren und Österreich und die Staaten zweiten Ranges könnten ihre Rüstungen vollenden und die Aussichten des Erfolges für Preußen verringerten sich. Auch die Interessen Italiens würden auf diese Weise gefährdet werden, wenn der Sieg Österreich zufalle. Italien", fuhr er fort,

„kann leicht den Krieg eröffnen, auch *im Notfall selbst seine Maß-nahmen treffen, um von irgendeiner kroatischen Heeresabteilung pro-voziert zu werden.* Und es kann sicher sein, daß am Tage darauf wir die Grenze überschreiten würden." Ich antwortete hierauf, daß Italien sich in einer höchst verfänglichen Lage befände. Es habe zu Paris in der Sitzung der gesetzgebenden Versammlung erklären lassen, daß der Angriff keineswegs von ihm ausgehen werde und habe diese Erklärung in jeder Weise wiederholt. Ita-lien müsse stark mit der öffentlichen Meinung in Frankreich rechnen.

In der Tat mußte sich Preußen entschließen, voranzugehen. Es er-klärte am 18. Juni [1866], Italien am 20. Juli den Krieg. Die italieni-sche Kriegserklärung war ziemlich nüchtern und geschäftsmäßig:

„Der österreichische Kaiserstaat hat mehr als jeder andere Staat dazu beigetragen, Italien geteilt und unterdrückt zu erhalten, und ist die Ursache unberechenbarer materieller wie moralischer Verluste gewesen, die Italien seit vielen Jahrhunderten hat leiden müssen. Noch gegenwärtig, wo 22 Millionen Italiener sich als Nation konstituiert haben, weigert sich als einziger unter den Großstaaten der gebildeten Welt Österreich, diese anzuerkennen … Vergeblich blieben in den letzten Jahren die Versuche und Ratschläge befreundeter Mächte, dieser unerträglichen Gestal-tung der Dinge ein Ende zu machen. So wurde es unvermeidlich, daß Italien und Österreich sich bei der ersten europäischen Ver-wicklung als Feinde gegenüberträten. Der kürzlich erfolgte *Vo-rangang Österreichs* im Rüsten und die Weigerung, die es den friedlichen Vorschlägen von drei Großmächten entgegensetzte, haben der Welt *seine kriegerischen Pläne verraten* und Italien von einem Ende zum andern in Erregung versetzt. Aus diesem Grunde sieht sich Seine Majestät der König, als eifersüchtiger Wahrer der Rechte seines Volkes und Verteidiger der Unver-sehrtheit der Nation, genötigt, dem österreichischen Kaiserstaat den Krieg zu erklären."

Voller und merkwürdig unvergänglich tönte es aus dem *Kriegsma-nifest* König Wilhelms von Preußen:

„… *Preußen soll geschwächt, vernichtet, entehrt werden.* Ihm gegenüber gelten keine Verträge mehr. Gegen Preußen werden deutsche Bundesfürsten nicht bloß aufgerufen, sondern zum Bundesbruch verleitet. Wohin wir in Deutschland schauen, sind wir von *Feinden umgeben,* deren Kampfgeschrei ist: *Erniedrigung Preußens!* … Unsere Gegner irren sich, wenn sie meinen, Preußen sei durch innere Streitigkeiten gelähmt. *Dem Feinde gegenüber ist es einig* und stark; dem Feinde gegenüber gleicht sich aus, was sich entgegenstand, um demnächst im Glück und Unglück vereint zu bleiben. *Ich habe alles getan, um Preußen die Leiden und Opfer eines Krieges zu ersparen, das weiß mein Volk, das weiß Gott, der die Herzen prüft. Bis zum letzten Augenblicke habe ich, in Gemeinschaft mit Frankreich, England und Rußland,* die Wege für eine gütliche Ausgleichung gesucht und offen gehalten. Österreich hat nicht gewollt, und andere deutsche Staaten haben sich auf seine Seite gestellt. So sei es denn. *Nicht mein ist die Schuld,* wenn mein Volk schweren Kampf kämpfen und vielleicht harte Bedrängnis wird erdulden müssen: aber es ist uns keine Wahl mehr geblieben! *Wir müssen fechten um unsere Existenz* … Flehen wir den Allmächtigen, den Lenker der Geschicke der Völker, den Lenker der Schlachten an, daß er unsere Waffen segne!"

Im gleichen Stile sind auch die österreichischen Kriegsurkunden abgefaßt. Der Armeebefehl des Erzherzogs Albrecht vom 21. Juni lautet:

„Von neuem streckt der *räuberische Nachbar* die Hand nach diesem schönen Juwel in der Krone unseres Monarchen aus, welches Eurem Schutze anvertraut ist … Verblendet durch leichte Erfolge, die unser Gegner im Bunde mit Verrat, Treubruch und Bestechung anderwärts gefunden, kennt er in seiner Anmaßung, seiner Raubsucht keine Grenzen, vermeint er seine Fahne auf dem Brenner und auf den Höhen des Karstes aufpflanzen zu können; doch diesmal gilt es offenen Kampf mit einer Macht, welche fühlt, daß es sich jetzt um *Sein oder Nichtsein* handelt, welche entschlossen ist zu siegen oder ruhmvoll zu fallen, wenn es sein muß. Mögt Ihr den Feind erneut daran erinnern, wie oft er schon vor Euch geflohen."

Die italienische Kriegsführung war zu Lande und zur See unglücklich. Schon am 24. Juni ließ sich die italienische Armee bei Custozza völlig überraschen und wurde von den Österreichern entscheidend geschlagen.

Aber der Erfolg Preußens über Österreich bei Königgrätz (3. Juli) nötigte Österreich gleichwohl unter allen Umständen den Krieg im Süden zu beendigen. Napoleon, für den Preußen zu sehr gesiegt hatte, vermittelte. Österreich war bereit, Venetien zunächst an Frankreich abzutreten, das es dann Italien übergeben würde. Aber Italien lehnte dies Angebot eines Separatfriedens ab. Es fühlte sich durch den Vertrag mit Preußen gebunden, weiterzukämpfen, bis zum gemeinsamen Erfolg. Überdies glaubte Italien, daß es in seinem Interesse geboten sei, seine militärische Niederlage auszuwetzen. Es setzte also den Krieg fort. Als jedoch dann Preußen einen raschen Friedensschluß mit Österreich für zweckmäßig hielt, glaubte es sich seinerseits an den Widerspruch Italiens nicht kehren zu müssen und verständigte sich schon am 26. Juli über die Präliminarien eines Separatfriedens mit Österreich. Jetzt war Italien isoliert und mußte am 12. August in einen Waffenstillstand mit Österreich einwilligen; durchaus widerstrebend, wie Theodor von Bernhardi, der als Vertreter Preußens im italienischen Hauptquartier weilte, bezeugt. Ende Juli schreibt Bernhardi in sein Tagebuch:

„Victor Emanuel war in einer gereizten Stimmung. Er zeigte sich dadurch verletzt, daß Preußen ohne ihn Frieden schließt und selbst ohne ihn sonderlich zu fragen; … gerade jetzt, wo er in der besten Verfassung sei, entscheidend einzugreifen … Gewähre man ihm, was er verlangt, nämlich in Italien den Isonzo als Grenze und Welschtirol, dann werde er Frieden schließen; wenn nicht, dann setze er den Krieg allein fort, ohne Preußen."

Viktor Emanuel mußte sich fügen, Italien erhielt durch den Wiener Frieden vom 3. Oktober auf dem Umweg über Frankreich Venetien.

Die Presse im Kriege
(Mai 1915)[13]

[Rezension] *Karl Büchner*, Unsere Sache und die
Tagespresse. Tübingen 1915.

Unmittelbar nach dem 18. Februar lief ein Telegramm durch die
deutsche Presse, des Inhalts: Wegen des Beginns des Unterseeboots-
krieges stocke der Verkehr zwischen England und Holland fast völlig. Die englischen Zeitungen träfen nur mit großer Verspätung ein,
und auch nur in wenigen Exemplaren.

Ich las jedem, der mir gerade in den Weg lief, das Telegramm vor
und fragte: Ist das nicht zum Lachen? Die Antworten, die ich erhielt,
waren durchweg unliebenswürdig. Natürlich, ich wollte auch an
diesem Erfolge nörgeln. Ich glaubte an den Erfolg des Unterwelt-
krieges nicht, als geborener Schwarzseher. Einige schalten mich –
mit dem beliebtesten Teutonenwort – einen Miesmacher. Ein paar
vorsichtige Leute meinten, nun ja, die Meldung sei vielleicht etwas
übertrieben, aber immerhin doch möglich. Jedem aber mußte ich geduldig auseinandersetzen, daß ich gar nicht über den Unterseekrieg
urteilen wolle, sondern nur über den Erzeuger des Telegramms la-
che, der in der Hitze, raschen Erfolg dem begierigen Zeitungsleser
zu verkünden, die Fabrikmarke „Schwindel!" versehentlich seiner
Erfindung gleich mit aufgedruckt habe. Dem Mann sei es nicht genug gewesen, die Störungen des Verkehrs dadurch zu veranschaulichen, daß die Zeitungen mit Verspätung einträfen, nein die Verwüstung des Verkehrs muß so groß sein, daß diese Zeitungen sogar
nur in wenigen Exemplaren einzutreffen vermögen. Da es nun kein
wesentlicher Unterschied der Leistung ist, ob ein Schiff, wenn es
überhaupt eintrifft, zwei oder Hunderttausende Zeitungsnummern
mitführt, so erweise sich jener Versuch, die Steigerung aufs höchste
zu treiben, als die ganz besonders einfältige Erfindung eines hirnlo-
sen Journalisten. Das Unheimliche sei dabei, daß offenbar niemand
so krassen Unsinn merke. Wenn man also über die heutige Entar-

---

[13] Textquelle | Kurt EISNER: *Gesammelte Schriften. Erster Band*. Berlin: Paul Cassirer
1919, S. 106-115. (Zuerst in der ‚Esser Arbeiterzeitung' Jg. 1915, Nr. 140.)

tung der Presse schelte, so trage die Schuld zunächst der Zeitungsleser, der völlig kritiklos alles Gedruckte in sich hineinfresse. Die geistige Verwirrung der Presse spiegelt doch nur die geistige Zerrüttung ihres Publikums. Wenn der Zeitungsleser keine Vernunft, keine Wahrheit hören will, warum sollen die Hersteller der Zeitungen die Unannehmlichkeiten auf sich nehmen, die die Stimme der Vernunft und der Wahrheit gegenwärtig für ihre Bekenner zur Folge hat! Das Publikum verlange anständige, kluge, ernste und unterrichtete Blätter – und es wird sie erhalten!

Daß die Presse die Schrecken des Weltkrieges vermehrt, daß sie die Katastrophe der Menschheit in ihrem Schrecken verschärft, erweist jeder Tag aufs neue. Der greise Leipziger Nationalökonom Karl Bücher hat kürzlich einige Kriegsarbeiten in einer Broschüre zusammengefaßt. Daß er die ausländische Presse verurteilte, ließ man sich natürlich bei uns gefallen. Daß er aber von seinem Verdammungsurteil die deutsche bürgerliche Presse nicht ausschloß, hat ihm empfindlichen Tadel eingetragen. Es waren vor allem Sätze wie die folgenden: „Man sollte nun glauben, daß die Presse gerade in solchen Zeiten ein lebhaftes Bewußtsein ihrer Aufgabe betätigen und von dem Gefühle ihrer Verantwortlichkeit durchdrungen sein würde, die ihr gebieten müßte, über den kämpfenden Parteien zu stehen, der Wahrheit und nur der Wahrheit zu dienen und mäßigend auf die entflammten Volksleidenschaften einzuwirken. Leider bestätigt die Erfahrung diese Erwartung nicht. Ein großer Teil der Tagespresse pflegt vielmehr in der leidenschaftlichsten Weise Partei zu ergreifen; alle Haltung geht ihr verloren, und mit einer Art satanischer Freude verschärft und vertieft sie die Gegensätze, die im Kampfe der Waffen aufeinanderstoßen. Die Zeitungsblätter, die seit dem Kriegsbeginn in unsere Hände kommen, wissen täglich von neuen Greueltaten zu berichten, die man den Unsern andichtet; ausgestunkene Lügen, die durch Anwendung der einfachsten kritischen Hilfsmittel als solche erkannt werden könnten, werden in die Welt gesetzt; eine ganze trübe Flut des Hasses, der Verleumdung und Verletzung geht durch ihre Spalten, und wir legen tief zerknirscht Nummer auf Nummer zur Seite, um verzweifelt zu fragen, ob dies denn das Ende aller Kultur sei und ob nicht eine allgemeine Rückkehr zu den Urzuständen der Wilden über die Menschheit gekommen sei."

Das ist nun zunächst gegen die feindliche Presse gemünzt. Aber Bücher nimmt doch auch nicht die deutsche Presse ganz von dem allgemeinen Verdammungsurteil aus. Er will zugeben, daß die deutsche Presse „verglichen mit England, Frankreich, Belgien und Rußland, im ganzen sich würdig hält und daß ihre eigenen Leistungen turmhoch emporragen über die des feindlichen Blätterwaldes. Aber es ziemt sich, daß wir über dem Balken in des Bruders Auge nicht den Splitter im eigenen übersehen.["] „Es gibt Blätter, die an Verhetzung und Herabsetzung unserer Gegner so Unglaubliches geleistet haben, daß unsere Krieger in der Front sich gegen diesen Ton ernstlich verwahrt haben." Dagegen sei es eine der erfreulichsten Erscheinungen „dieser großen Zeit", daß die sozialdemokratische Presse, „die früher so oft durch ihren Ton unser Mißfallen erregt hat, in ihrer Mehrzahl durch die kritische Ruhe und Objektivität, mit denen sie die Kriegsereignisse behandelt, sich auszeichnet."

Die Auszeichnung der deutschen bürgerlichen Presse gegen die ausländische ist durchaus nicht verdient. Wer es sich zur Aufgabe gesetzt hat, die Roheiten, Lügen, Dummheiten der internationalen Kriegspresse systematisch zu sammeln, ist durchaus von der vaterlandslosen Ebenbürtigkeit und der Gleichheit aller kapitalistischen Preßmoral überzeugt. Ein weit verbreitetes deutsches Blatt schrieb, um nur ein Beispiel aus jüngster Zeit zu nennen, über die Torpedierung der Lusitania: „Nicht maßloses Entsetzen hat uns erfüllt, als wir die Kunde von Lusitania bekamen. So etwas ist altes Weibergeschwätz. Sondern *laute Freude*"! Das las man in *München*. In Leipzig jubelte und höhnte man: „Die *Freude* an der Vernichtung der Lusitania wird noch durch allerlei Dinge *gesteigert* ..., das letzte sentimentale Mitleid mit den ‚armen Opfern', die hübsch hätten ‚auf ihren Hadern' bleiben sollen, dürfte die (falsche!) Feststellung *vernichten*, daß die Lusitania mit Geschützen armiert, also ein Hilfskreuzer, ein Kriegsschiff war." Zwei Tage darauf bezeichnete es das selbe sehr einflußreiche Leipziger Organ als eine „der üblichen *englischen Fälschungen*", daß man in Deutschland eine unbändige Freude über den Untergang von 1400 Nichtkämpfenden empfunden habe. In Wien sekundierte man glänzend: „Wir freuen uns über diesen neuen Erfolg der deutschen Marine." Endlich in Berlin dichtete ein deutscher Mensch:

Ein Schiff versenkt, Ladung und Passagier,
Hurra! – und tausend Feldgraue gerettet,
Für jeden uns'rer Braven hätten wir
Zehn Lusitanien gern zu Grund gebettet!

Dergleichen findet sich kaum im *Matin* oder *Daily Mail*. Zu nationalem Stolz ist also nicht der mindeste Anlaß, wie auch das Urteil Bü-
chers national befangen scheint, wenn er von den Kriegsberichten
sagt: „Wenn man die systematische Unterdrückung von Schiffsver-
lusten durch die englische Admiralität ... die ganze Verschwei-
gungspolitik der britischen Regierung oder die redselige Vertu-
schungsweise französischer und russischer Schlachtberichte in Erwägung zieht, so wird man unsere Preßzustände immer noch bei
weitem als die besseren erkennen." Gerade auf diesem Gebiete ist ja
bereits die historische Kritik möglich. Auch hier erzielt die verglei-
chende Prüfung eine merkwürdige *Gleichheit* des Verfahrens. Die
Technik der amtlichen Berichte ist in den verschiedenen Ländern im
einzelnen abweichend, alle aber sind durch die Tendenz bestimmt:
Zwischen der Informierung des Volks, der Sorge, es bei guter Stimmung zu erhalten und der Rücksicht auf die Beeinflussung der öffentlichen Meinung der Welt einen billigen Ausgleich zu finden. Die
Spannung zwischen der Wahrheit und dem Interesse wird natürlich
in demselben Maaße größer, als es Mißerfolge zu verschleiern oder
allzu bescheidene Erfolge zu übertreiben gilt.

Trotz der unberechtigten Lobsprüche für die deutsche Presse hat
Bücher durch seine Abhandlung es mit ihr gründlich verdorben. Seine Aufforderung, über den kämpfenden Parteien zu stehen, wurde
laut und energisch zurückgewiesen, obwohl kein Zweifel war, daß
mit dieser Überparteilichkeit lediglich die Aufgabe gemeint war:
„der Wahrheit, und nur der Wahrheit zu dienen". Die *Frankfurter
Zeitung* verspottete ihren ehemaligen Redakteur: in ihrem Betriebe
säßen nicht nur Siebzigjährige, und solche jugendlichen Tempera-
mente gestatteten es nicht, in dieser Zeit so abgeklärt und parteilos
über den Dingen zu schweben. Und in der Landesversammlung der
sächsischen Presse wurde gegen Bücher betont:

Die deutsche Presse könne nicht aufhören, deutsch zu sein und
müsse es ablehnen , sich inmitten des Schlachtendonners als eine Art
internationalen Schiedsgerichts aufzuwerfen.

So sehr verstimmte die gutmütige professorale Mahnung, bei der Wahrheit zu bleiben. Damit hat aber die deutsche Presse selbst auf ihr Existenzrecht und ihre kulturelle Geltung verzichtet. Hört die Presse auf, die Künderin der Wahrheit zu sein, so ist sie nur noch die feile Reklame für irgend etwas; und Reklame ist immer würdelos und verderblich, wäre es selbst patriotische Reklame. Kritik ist die große Helferin des Lebensechten. Eine Sache, die keine Kritik erträgt, die Wahrheit scheut, ist verloren. Nach diesem offenen Bekenntnis der deutschen bürgerlichen Presse aber fällt dem Publikum erst recht die Aufgabe zu, sich selbst zu helfen und von dem verwüstenden Einfluß der Preßmache sich zu befreien: die Kritik, den Wahrheitssinn zu üben, die seine Blätter mit den nationalen Pflichten für unvereinbar halten. Diese Emanzipation von dem gedruckten Wort ist durchaus nicht leicht. Bücher selbst beweist auf jedem Blatt seiner Broschüre, wie sehr gerade er das Opfer seiner deutschen Zeitungslektüre geworden ist. Er nimmt jede Mitteilung gläubig hin, und wenn sie gar amtlich ist, so erstickt auch der leiseste Versuch der Kritik. So gibt er in seinem Heft den Aufsatz wieder, den er in einer norwegischen Zeitschrift über „unsere Sache", d. h. über die Ursachen des Krieges veröffentlicht hat: eine völlig kritiklose Wiederholung der üblichen Argumente, die er täglich im Blättchen gelesen hat. Kein Wunder, daß seine Darlegungen den norwegischen Herausgeber nicht überzeugten, wie Bücher selbst angibt.

Unser Professor sucht nach allerlei Mitteln, die Presse zu heben. Was er über die kapitalistisch-offiziöse Abhängigkeit der großen Nachrichtenagitatoren sagt, ist richtig, aber nicht entscheidend. Noch weniger ist mit einer besonderen Vorbereitung der Journalisten, mit einer „akademischen Berufsbildung für Zeitungskunde" getan. Bücher streift nicht einmal die eigentliche Ursache des spezifischen deutschen Presseelends:

Die Abhängigkeit der Journalisten von den kapitalistischen Verlegern. Der deutsche Journalist ist nur der Angestellte eines Zeitungsgeschäfts, der Hilfsarbeiter, das Werkzeug für Verlegerinteressen. Die Richtung des Verlegers ist durch dreierlei Rücksichten bestimmt: die Rücksicht auf den Abonnenten, den Inserenten und die Information. Diesem also gelenkten Verlegergeist ist jede Überzeugung der angestellten Schreiber unterzuordnen. Durch den Wettbewerb der Information ist die ganze deutsche bürgerliche Presse, zumal in Fragen der auswärtigen Politik, offiziös geworden; nur die von den bekannten Interessengruppen dirigierten Alldeutschen Organe haben sich auf dem Gebiet der auswärtigen Politik eine von der Regierung unabhängige Freiheit des Urteils bewahrt. Deswegen hat die kapitalistische Presse, deren Hersteller längst keine Freiheit zu verlieren hatten, jetzt auch die formelle Beseitigung der Meinungsfreiheit durch die Militärzensur schmerzlos ertragen. Ihre Beschwerden gegen die Zensur richteten sich nicht gegen die Unterdrückung der Kritik, sondern nur gegen einen gewissen schneidigen Verkehrston, gegen technische Betriebserschwerungen und gegen die ungleiche Behandlung der Konkurrenz, soweit sie mit Nachrichten bevorzugt schien.

In dieser Hinsicht aber steht die ausländische Presse – trotz aller Korruption – „turmhoch" über der deutschen. Dort ist der Publizist Herr über die Presse. Und immer gibt es unabhängige, sittlich und geistig bedeutende Persönlichkeiten, die auch in den verworfensten Zeiten den Mut der Kritik, der Wahrheit, der Menschlichkeit bekennen und bewähren. Auch in diesem Kriege vernimmt man dort immer kühne kritische Stimmen. Bei uns ist alles stumm, unterworfen und unterwürfig, kein bürgerlicher Journalist fühlt sich dabei als „gefesselter Mensch", wenigstens bäumt sich keiner auf, von etlichen Alldeutschen abgesehen.

Hier ist die Wurzel des deutschen Preßübels, und hier die große Zukunftsaufgabe der sozialdemokratischen Presse, die, kapitalistisch unbeeinflußt, eine Mission, kein Geschäft ist. Nach dem Kriege wird es eine der dringlichsten Unternehmungen sein, unsere Presse technisch-journalistisch so auszugestalten, daß sie den Wettbewerb der Geschäftsblätter überwindet.

Inzwischen haben wir eine andere, im reinsten Sinne nationale Aufgabe zu erfüllen. Auch Professor Bücher richtet einige Bemerkungen gegen die Zensur, spärliche Ausführungen , die höchst anschaulich durch klaffende Zensurlücken verstärkt werden. Niemals darf die Presse sich die Freiheit der Meinungsäußerung nehmen lassen; und je entscheidender die Schicksalzeiten der Völker andrängen, um so mehr bedürfen wir der Sicherung, Klärung und Leitung durch den unbestechlichen Ehrgeiz der Wahrheit. Auch in Kriegszeiten und gerade in ihnen muß jede Maßnahme der Regierung, jede Handlung der Parteien, auch die Einzelheiten der Kriegsführung, soweit sie einem sachlich begründeten Urteile zugänglich sind, vor dem Gericht der Wahrheit sich rechtfertigen. Eine Zensur, welche die zweckdienliche Aufsicht über den militärischen Nachrichtendienst überschreitet, ist nichts weiter als die organisierte Neubelebung des alten Untertanenlandrechts: Jetzt ist Ruhe die erste Bürgerpflicht! Was bei dieser Ausschaltung der politischen Mitarbeit des gesamten Volkes herauskommt, lehrt die Geschichte. In der Tat ist es doch wohl dem recht begriffenen nationalen Interesse förderlicher, wenn die freie, sorgsam bedachte und mutige Überzeugung des eigenen Volkes die Erscheinungen der Zeit kritisiert, als zu warten, bis das Ausland uns die Wirkung fühlbar demonstriert, was Wahrheit ist. Wir haben nicht Stimmungen künstlich herzurichten, die doch vor der ersten Katastrophe panisch flüchten, wir haben vielmehr zur geistig kritischen Mitarbeit der gesamten Nation, zur Tapferkeit der freien Meinung und zur Gewissenhaftigkeit des begründeten und geschulten Urteils zu erziehen, die allein imstande sind, Katastrophen zu verhüten, oder wenn sie hereinbrechen, mannhaft-ruhig tätig zu überstehen. Wir müssen ohne Verzug die Freiheit der Meinung zurückgewinnen, um unser aller Schicksal zu sichern und zu bestimmen. Nur durch die öffentliche Aussprache wird echte und beharrliche Gesinnung verbürgt; sonst vergiftet feiger und geschwätziger Klatsch die Luft und raubt den Atem. Wer auch nur einen Augenblick ohne die Freiheit der Meinung leben kann, der verdient kein Leben, der ist wert und reif, zugrunde zu gehen. Das gilt von den einzelnen wie von den Völkern.

Mai 1915.

———

Nachdem diesem Artikel die Veröffentlichung gelang, erging folgende Verfügung des stellvertretenden Generalkommandos in Münster: „Die Nr. 140 der ,*Essener Arbeiterzeitung*' enthält einen Aufsatz ,Die Presse im Kriege', der die entschiedene Mißbilligung des stellvertretenden Generalkommandos gefunden und zu Maßnahmen der Presseaufsicht Veranlassung gegeben hat. Er greift mit groben Schmähungen den überwiegenden Teil der deutschen Presse an, der sich unter freiwilliger Zurückstellung des eigenen Parteistandpunktes während des Krieges verständnisvoll in den Dienst der vaterländischen Sache gestellt und den vom militärischen Interesse gebotenen Rücksichten angepaßt hat. Dadurch verletzt er gröblich den Burgfrieden. Der letzte Absatz enthält scharfe Angriffe gegen die auf gesetzlicher Grundlage arbeitende *Militärzensur* und deren dem Gebote der Staatsnotwendigkeit entspringendes Walten. Dadurch werden militärische Interessen gefährdet.

Der Aufsatz sucht bei Gelegenheit des Angriffs auf die bürgerliche Presse ferner die Maßnahmen unserer Kriegsführung, insbesondere die Torpedierung der ,Lusitania' verächtlich zu machen und trägt offensichtlich eine vaterlandsfeindliche Gesinnung zur Schau. Dadurch wird das vaterländische Gefühl empfindlich verletzt.

Die vaterländisch gesinnte Presse wird gebeten, dem hier gekennzeichneten Aufsatz keine weitere Erwiderung zuteil werden zu lassen, da sie einer besonderen Rechtfertigung ihres unbestrittenen Ehr- und Pflichtgefühls einer derartigen sich selbst richtenden Kundgebung gegenüber nicht bedarf.

Stellv. Generalkommando 7. Armeekorps."

In einem längeren Schreiben habe ich mich darauf mit dem General *v. Gayl* in Münster persönlich auseinandergesetzt. Der Empfang meines Briefes wurde mir bestätigt.

Die Wiener Kongreß-Akte
(Juni 1915)[14]

Vor hundert Jahren, am 9. Juni 1815, wurde in Wien jene Vertragsurkunde der europäischen Großmächte unterzeichnet, durch die der Weltkrieg von 1914, wenn nicht notwendig, so doch erst möglich geworden ist. Der durch die französischen Revolutionskriege und durch deren Vollstrecker Napoleon unternommene revolutionäre Versuch, das europäische Festland in eine einheitliche Organisation zusammenzufassen, war einmal an der Gegnerschaft Englands gescheitert, das zwei Jahrzehnte hindurch einen ungeheuren Wirt-

---

[14] Textquelle I Kurt EISNER: *Gesammelte Schriften. Erster Band.* Berlin: Paul Cassirer 1919, S. 116-122.

schaftskrieg gegen diese Entwicklung führte. Dann aber zerbrach die europäische Revolution an dem inneren Widerspruch, daß sie sich in den Formen der Weltmilitärdiktatur eines einzigen Staates, Frankreichs, durchzusetzen versuchte. Mit dem Sturz Napoleons, dem Träger der Idee des einheitlichen Europa, zerfiel die junge Organisation wieder, und das alte Europa wurde nach dem Stande vor 1789 wieder hergestellt: ein Europa rein dynastischer Interessen und des „Gleichgewichts", des einzigen Gedankens, den die Köpfe der Diplomaten des 18. Jahrhunderts enthielten.

Freilich, es war nicht die völlige Herstellung des alten Zustandes, den die in Wien versammelten Fürsten und ihre Bevollmächtigten vertragsmäßig ordneten. So wurden die unzähligen geistlichen Souveränitäten, die in den vulkanischen Zeiten untergegangen waren, nicht wieder hergestellt, mit der einzigen Ausnahme des römischen Kirchenstaates. Die weltlichen Dynasten waren darin einig, die geistliche Beute nicht wieder herauszugeben; und so wurde denn das Werk des Wiener Kongresses nicht nur durch den Protest der Völker, die nicht mehr befragt wurden, nachdem sie ihr Blut für ihre Fürsten geopfert, sondern auch durch den Protest des Papstes begleitet.

Durch Vertrag vom 30. Mai 1814 hatten sich die vier Alliierten gegen Napoleon, England, Rußland, Österreich und Preußen, verpflichtet, die Vertreter aller europäischen Staaten nach Wien einzuberufen, um die Neuordnung der Dinge herbeizuführen. Es schickten in der Tat alle europäischen Staaten ihre Bevollmächtigten nach Wien. Nicht weniger als 90 souveräne und 53 mediatisierte Fürsten versammelten sich dort. Aber in Wirklichkeit ist der Wiener Kongreß, der schon im Sommer 1814 beginnen sollte, und dessen Termin dann erst auf den 1. Oktober, weiter auf den 1. November verschoben wurde, niemals eröffnet worden. Was sich in Wien seit den Herbstmonaten 1814 begab, war in Wahrheit ein einziger, großer Mummenschanz der wiederauferstandenen Gewaltigen des alten Europas, die, befreit von der Angst vor dem korsischen Giganten, in rauschenden Vergnügungen und feilschenden Intrigen Länder und Völker unter sich verhandelten und verteilten. Potentaten, Staatsmänner, Abenteurer feierten in Wien die Wiederkehr der alten Zeit ihrer Herrschaft. Frauen, wenn nicht immer schön, so doch immer liebenswürdig und liebewillig, verschönten das Leben und halfen durch ihre Künste auch bei der Herstellung des europäischen Dynasten-Syndikats. Ein Heer von Spitzeln und Agenten war aufgeboten, um die Verhandelnden zu überwachen. Kein Brief blieb uneröffnet, kein Papierkorb undurchstöbert. Niemand traute dem andern, einig waren sie nur gegen ihre getreuen Untertanen. Es kennzeichnete den Geist des Wiener Kongresses, daß man eines Tages, als man gar nicht mehr wußte, welche neuen Überraschungen man den am ewigen Karneval Übersättigten gewähren könnte, auf den Gedanken verfiel, nachträglich die bisher vergessene Totenfeier für den unfreiwillig hochseligen Ludwig XVI. mit allem düsteren Pomp zu veranstalten: eine schwarze Messe der wiedererstandenen Legitimität.

Die Verteilung der europäischen Beute selbst geschah in den Verhandlungen von Spezialkommissionen und Sonderverträgen zwischen den einzelnen Staaten. Anfang 1815 waren die Gegensätze zwischen den Mächtegruppen so sehr zugespitzt, daß Großbritannien, Österreich und Frankreich sich in einem Geheimvertrag gegen Preußen und Rußland zusammenschlossen und ein Krieg der Verbündeten gegeneinander drohte. Die Ansprüche Rußlands auf Landerwerb waren so groß, daß England die Störung des europäischen Gleichgewichts befürchtete. Der Ausbruch Napoleons aus Elba verhinderte das Äußerste. Gegen ihn fand man sich wieder zusammen. Kurz vor der letzten Katastrophe Napoleons wurden die bereits am Anfang des Jahres im wesentlichen fertigen Einzelverträge in der Wiener Kongreß-Akte zusammengefaßt und deren 121 Artikel von Österreich, Spanien, Frankreich, Großbritannien, Portugal, Preußen, Rußland und Schweden unterzeichnet. Der Vertrag ist nichts weiter wie eine Aufteilung der Neuerwerbungen des französischen Kaiserreiches und eine Neuordnung der unter Napoleons Einfluß geratenen Gebiete. Die Gegner Napoleons wurden entschädigt und belohnt, seine Freunde bestraft und beraubt. In Deutschland zahlte vor allem Sachsen die Zeche.

Auf der Höhe Napoleons umfaßte Frankreich außer seinem alten Gebiet Belgien und die Rheinprovinz, Teile der Schweiz, die Niederlande, ein Drittel Italiens, die deutschen Nordseegebiete und Illyrien. Mittelbar herrschte Napoleon über Spanien, Neapel, Italien, das Königreich Westfalen, die deutschen Rheinbundstaaten, Dänemark und die Schweiz. Frankreich wurde durch die Wiener Kongreß-Akte in seine vorrevolutionären Grenzen zurückgedrängt. Ihre großen Eroberungen behielten die beiden eigentlichen Sieger der „Freiheitskriege": England und Rußland. Der Zar durfte sich Bessarabien, Finnland und Polen aneignen. Mitteleuropa wurde durch Österreich beherrscht, das freilich ebensowenig wie Preußen alles Verlorene wiedererhielt, dafür aber reichlich entschädigt wurde auf Kosten Italiens und Bayerns. Holland und Belgien wurden vereinigt und neutralisiert, desgleichen die Schweiz. Die Karte Europas wurde so geordnet, wie sie bis zu den Nationalkriegen der zweiten Hälfte des Jahrhunderts geblieben ist.

Das Werk des Wiener Kongresses wurde dadurch bezeichnet, daß der ganz schmähliche Länderhandel ohne jede Mitwirkung der Völker durch die Fürsten ausgeführt wurde. Eine rücksichtslos gebietende und unterdrückende Zensur ließ auch nicht die bescheidenste Kritik, die geringste Störung des Burgfriedens zwischen Fürsten und Untertanen zu. Die Zerrissenheit Europas aber wurde noch dadurch verhängnisvoll gesteigert, daß bei der Verteilung keinerlei Rücksichten auf nationale Zusammengehörigkeit genommen wurde. Das Opfer dieser brutalen Zerreißung der volksmäßig zusammengehörenden Gebiete war vor allem Italien, dessen nördliche Gebiete Österreich einverleibt wurden. Polen wurde wieder unter Rußland, Österreich und Preußen aufgeteilt, dazu noch eine neutrale Republik Krakau geschaffen, die unter dem Schutz von Österreich, Rußland und Preußen gestellt wurde – mit dem Erfolg, daß die drei Schutzmächte den für ewige Zeiten neutralisierten Staat 1846 gewaltsam Österreich übergaben, „in Erwägung, daß Krakau der Sitz einer Zentralbehörde war, die sich Revolutionsregierung nannte."

Die Schöpfung des Wiener Kongresses hielt zwar ein halbes Jahrhundert zusammen, es war aber ein so künstliches und naturwidriges Gebilde, das, einmal gelockert, es Europa in immer größere Katastrophen stürzen mußte. Es wurden in Wien nicht nur über den Kopf der Völker hinweg die äußeren Grenzen der Länder bestimmt, es wurde auch über ihre inneren Zustände entschieden. Die Revolution wurde ausgerottet. Die absolute Monarchie wurde, wenigstens in Mittel- und Osteuropa, wieder hergestellt. Alles Freiheitsstreben der Völker wurde mit eiserner Faust niedergeschlagen. Das deutsche Volk war von der Einheit weiter entfernt denn je; zwei Großmächte, Österreich und Preußen, kämpften unablässig um die Vormacht über das dynastisch zersplitterte Volk. Diese beiden deutschen Großmächte wurden zugleich die brutalsten Vorkämpfer der Reaktion. Auf dem Schaffott, im Zuchthaus, endigte jeder Deutsche, der in den nächsten Jahrzehnten für deutsche Einheit, deutsche Freiheit zu wirken wagte. Die Revolution 1848/49, das Sozialistengesetz hat bei weitem nicht so viele Märtyrer erfordert wie die Zeit nach dem Wiener Kongreß.

Die liberal-demokratische Legende spricht davon, daß die Völker um den Ertrag der Freiheitskriege betrogen worden seien; daß man die ihnen gegebenen Versprechungen nicht gehalten habe. Der Vorwurf ist nicht durchaus berechtigt. Im Grunde hatte man den Völkern nicht einmal etwas versprochen. Und schon von Anbeginn des Krieges ließ die rücksichtslose innere Gewaltherrschaft die Denkenden nicht im Zweifel, daß mit der Niederwerfung des napoleonischen Frankreich vor allem die Ausrottung des revolutionären Geistes bis zur Wurzel beabsichtigt sei.

Die Wiener Kongreß-Akte regelt nur die äußeren Beziehungen der Staaten zueinander. Ursprünglich aber war geplant, die Veröffentlichung des Vertrages mit einer Kundgebung an das europäische Publikum zu begleiten, die über die letzten Absichten der vereinigten Fürsten Aufschluß geben sollte. Der Entwurf aus dem Februar des Jahres 1815 ist erhalten; er enthüllt klar und bestimmt das System, das fortan für die Regierungen bestimmend wurde. Da hieß es: „Wenn der Kongreß nicht alle Erwartungen der Zeitgenossen erfüllt hat, wenn er nicht allen Wünschen entsprechen konnte …, wenn er endlich nicht jene ideale Vollkommenheit der sozialen Ordnung zu verwirklichen vermochte, nach der die erleuchteten Geister und die menschenfreundlichen Herzen aller Jahrhunderte vergeblich geschmachtet haben, – so hat er wenigstens die ihm unmittelbar zugefallene Aufgabe gelöst … Er hat Interessen geordnet, deren Gegensatz Europa in neue Zerrüttungen hätte schleudern können …; und nur der Stimme der ermüdeten und leidenden Menschheit folgend, hat er dem Wunsche, den Frieden zu sichern, den vergänglichen Glanz geopfert, den weniger versöhnliche Menschen auf seinen Weg hätten werfen können. Indem die Fürsten den Kongreß verlassen, durchdrungen von der Wichtigkeit eines Augenblicks, mit dem eine neue Epoche in der Weltgeschichte beginnen wird, erkennen sie an, daß die erste ihrer Pflichten ist, den Frieden zu bewahren und zu festigen, der durch so viel edle Anstrengungen, durch so viel schmerzliche Opfer, durch die heldenhafte Hingebung ihrer Untertanen und durch die für immer denkwürdigen Taten ihrer tapferen Heere erkauft ist ... Das Glück ihrer Völker sichern, alle Arten nützlicher Gewerbe wieder herstellen, alle Künste schützen, die das Land bereichern und verschönern, die Verwaltung zu vervollkommnen, ebenso wie die Gesetzgebung, die Landeskultur in allen ihren Zweigen: das muß hinfort der große Gegenstand all ihrer Arbeiten, ihres Strebens und ihres Ehrgeizes bilden. Sie sind mehr wie je überzeugt, daß die wahre Grundlage der Sicherheit und der Kraft der Staaten in der Weisheit der Regierungen liegt, in der Güte der Gesetze, in der Liebe und Treue der Völker ... Mögen die religiösen Gefühle, die Achtung für die eingesetzten Obrigkeiten, die Unterwerfung unter die Gesetze und der Abscheu gegen alles, was die öffentliche Ordnung stören könnte, die unlöslichen Bande der bürgerlichen und politischen Gesellschaft werden! Mögen brüderliche Beziehungen, gegenseitiges Helfen und Wohlwollen zwischen den Ländern herrschen!" usw.

Man sieht, daß die Souveräne, die in Wien Europa aufteilten und den Weltfrieden stifteten, ihren Untertanen keine andere Aufgabe zuwiesen, als die Pflege religiöser Gesinnung, dynastische Treue und die Unterwerfung unter die weisen Befehle der Obrigkeit. Der so geordnete innere Frieden trug in seinem Schoße die Revolution, wie der Weltfrieden der Potentaten und Diplomaten den Weltkrieg. Die Erläuterung der Wiener Kongreß-Akte, die zu Beginn des Jahres 1815 zwar entworfen, dann jedoch unterdrückt wurde, trat erst im Herbst ans Licht. Der Geist jenes Entwurfes herrschte in dem am 25. September 1815 zwischen dem römisch-katholischen Kaiser von Österreich, dem griechisch-katholischen Zaren und dem protestantischen König von Preußen abgeschlossenen Vertrag, in dem sich die drei Fürsten in schwülstigen Phrasen verpflichteten, die Ordnung der Welt, alle Politik nach den Gesetzen des Christentums zu leiten. „Die heilige Allianz" war die andere Seite, die innere Ergänzung der Wiener Kongreß-Akte. Die Flüche der Völker lasten auf ihr.

Der Wiener Kongreß hat die Entwicklung Europas gehemmt, das innere Zusammenwachsen der Völker und Staaten Europas verhindert. Er hat den ewigen Frieden, den er schaffen wollte, nicht erreicht, sondern nur einen Kirchhofsfrieden der Freiheit für eine Galgenfrist erzwungen. Ein Jahrhundert danach sehnt sich die Welt nach einem neuen Kongreß, der nun endlich den Frieden zwischen den Völkern schaffen soll, einen Kongreß, in dem die Völker selbst mündig und frei, über ihr Schicksal entscheiden.

Die Angst der Toten
(Weihnachten 1915)[15]

Ihr wißt alle, wenn ihr es auch nicht glaubt, daß alljährlich das Christkind einmal auf die Erde kommt, um den artigen Kindern zu bescheren. Das ist nun gar nicht so leicht. Denn wer ist artig? Woher soll das Christkind das so sicher wissen?

Heuer gelangte das Christkind, als es herabflog, wie es der Zufall und die Windrichtung wollte, zuerst nach Deutschland.

„Seid ihr auch artig dieses Jahr gewesen?" erkundigte sich das Christkind.

„O, wir waren mehr wie artig, wir waren groß", rief man durcheinander.

„Was ist das groß?" – fragte das Christkind; denn es verstand die meisten menschlichen Worte nur schlecht, und es war ihm schon früher bisweilen so vorgekommen, als ob die Menschen die guten oder dunklen Worte immer dann gebrauchten, wenn sie etwas Böses verstecken wollten.

„Wir haben alle Feinde, die uns überfielen, mit gewaltiger Faust zurückgeworfen," rühmten sie sich.

„Ich kenne nur gute und schlechte Menschen, keine Feinde", sagte das Christkind, das altmodisch von den Feinheiten und Mischfarben der modernen Psychologie keine Ahnung hatte. „Ich gehe zu allen Menschen, die gut sind."

Aber die Leute hörten in ihrem Eifer gar nicht auf den Einwand, sondern fuhren begeistert fort: „Die Leichen türmen sich berghoch

---

[15] Textquelle I Kurt EISNER: *Gesammelte Schriften. Erster Band*. Berlin: Paul Cassirer 1919, S. 131-138. [Zuerst in: Arbeiter-Feuilleton, Nr. 36, Dezember 1915.]

vor unseren Drahthindernissen. (Das verstand nun das Christkind wieder nicht, niemals hatte es von Drahthindernissen gehört, aber es schwieg, weil man doch nicht zuhörte!) Mit unsern Handgranaten zerschellten wir die Köpfe unserer Feinde. Dabei waren wir gerecht und menschlich, tapfer und barmherzig. Wir haben aber auch die bravsten Soldaten, die gediegenste Organisation, die tüchtigsten Offiziere, die genialsten Feldherrn, die wundervollste Industrie und die opferfähigste Landwirtschaft – von unseren Staatsmännern, Ministern, Fürsten ganz zu schweigen. Wir sind das Salz der Erde. An deutschem Wesen soll die Welt genesen. Und wir werden einen Frieden machen, einen Frieden, der uns und die Menschheit vor der Wiederkehr solcher Greuel schützen soll."

Abermals begriff das Christkind nicht, warum sich die Leute so begeisterten über etwas, was sie selber doch Greuel nannten und nicht wünschten, daß es wiederkäme. Aber es faßte sich ein Herz und sagte, wenn auch seufzend und ziemlich beklommen:

„Ich sehe, ihr seid in der Weise artig gewesen, daß ihr gar nicht gewartet habt, bis ich komme und den Gerechten beschenke und an den Ungerechten vorübergehe. Ihr habt den Ungerechten selber bestraft und euch genommen, was euch gut schien –"

„Erlaube", unterbrachen die Menschen, etwas unwillig, „du willst doch nicht etwa sagen, daß Okkupation und Kontribution gegen das Völkerrecht sei. Das ist alles genau so geschehen, wie es im Haag vereinbart. Haben wir nun noch die Freiheit der Meere, dann ist die ganze Welt frei …"

Das Christkind aber war juristisch zu ungebildet, um darüber eine begründete Meinung zu haben und fuhr in seinem kleinen, einfachen Gedankengang fort:

„Das mag alles sein. Aber es ist doch Eigenlob, was ihr über euch sagt. Und Eigenlob, habt ihr mich früher gelehrt, soll man nicht glauben. Ich will also erst die andern fragen, ob das auch wahr ist, wessen ihr euch berühmt. Laßt mich, ehe ich meine Geschenke ausbreite, erst einmal geschwind zur Nachprüfung nach England fliegen."

Das gab einen Heidenlärm unter den artigen deutschen Kindern. Gott strafe England, schrien sie durcheinander, das Christkind würde doch nicht fragen, diese rohen Geschöpfe des perfiden Albion, diese Weltbrandstifter, diese Lügner, Heuchler, diese geldgierigen Krämer mit den steinernen Herzen, diese …

„Genug," rief das Christkind, „ihr meint also, daß die drüben ganz gewiß nicht artig gewesen, daß sie auch keinen Glauben verdienen – aber an wen soll ich mich da wenden?"

„Vielleicht fragst du den Türken, das sind unsere guten ehrlichen Freunde, brave Menschen, und sagen die Wahrheit. Bei denen erkundige dich, ob wir recht gesprochen."

„Das wird nicht gut gehen," sagte das Christkind ein wenig verlegen, „denn die Türken sind doch gewissermaßen keine Christen. Die wollen von mir nichts wissen. Die glauben nicht einmal an mich. Doch halt, – es gibt ja auch in der Türkei Christen, ich will die Armenier fragen –"

„Nein, das geht auch nicht" – meinten die Leute.

„Sind denn die auch schändlich," fragte das Christkind.

„Das nicht," antworteten die andern stockend, „es sind wohl gute Christen, richtiger gesagt, es *waren* gute Christen. Jetzt sind sie nicht mehr vorhanden."

„Schrecklich" – ächzte das Christkind – „wo sind sie geblieben?"

„Die Türken haben sie nicht mehr brauchen können."

„Und da behauptet ihr, die Türken seien gute Menschen!" rief das Christkind fast zornig. „Jetzt glaube ich kein Wort mehr und nun fliege ich gerade zu den Engländern."

Im Fluge hörte es noch aus der Ferne, wie man ihm – wohl zur Entschuldigung – zwei geheimnisvolle Worte nachrief: „Politische Notwendigkeit."

Die Engländer waren sehr erfreut, als das Christkind kam, und es wurde mit vielen Ehren aufgenommen. Dann erzählte es, was die Deutschen von sich Löbliches gesagt und fragte, ob sie das bestätigen könnten.

Da brach eine wirkliche Wut aus: „Wie konnten Sie, Miß Christkind, überhaupt nur zu diesen Deutschen kommen. Die schonen weder Weib und Kind, sie brechen jedes Gesetz und zerreißen jeden Vertrag. Sie sind grausam, gefräßig, die reinen Barbaren. Sie wollen sich mit ihrem Militarismus die ganze Welt unterjochen. Deshalb haben sie diesen entsetzlichen Krieg angefangen."

„Aber ihr seid dann mit in den Krieg gegangen," meinte das Christkind, „warum tatet ihr das?"

„Weil wir die Freiheit der Welt verteidigen, für das Recht kämpfen, weil wir die mächtigen Schützer der Kleinen und Schwachen sind –"

„Das ist ein großer Ruhm, das ist edel," sagte das Christkind. „Aber leider seid ihr nur ihr selbst es, die sich so loben. Und man hat mir gesagt, daß ihr lügt. Ich will erst einen Unparteiischen befragen."

Damit wollte es fortfliegen. Aber es wurde plötzlich mit harten Fäusten festgehalten und bis auf die Seele untersucht; selbst unter den Flügeln schauten sie nach. Und man nahm ihm alle Geschenke fort, da sie alle auf der Liste der verbotenen Waren standen. Es konnte noch froh sein, daß man ihm die Flügel nicht abschnitt; denn einer hatte gemeint, die werde man in Deutschland für den Luftkrieg beschlagnahmen. Schließlich ließ man ihm die Flügel und das Christentum, weil das doch dem Feinde nichts nützen würde.

„Nun hat es eigentlich keinen Zweck mehr, daß ich weiterfliege", dachte das Christkind traurig, da sie mir die schönen Geschenke abgenommen haben. Aber ich möchte doch wenigstens erfahren, wo die guten Menschen, die artigen Kinder sind."

Und es flog nach Frankreich, Belgien, Österreich, Serbien, Italien, Rußland, und überall hörte es dasselbe, daß die andern Mörder, Verräter, Rechtsbrecher, Bestien seien und schuld am Krieg, sie selbst aber wunderbare Helden der Freiheit, Gerechtigkeit, Menschlichkeit. Die Fahrt war dabei auch sonst noch unbehaglich. Immer wenn es über eine Kirche flog, schossen die auf den Türmen aufgestellten Kanonen auf das arme Christkind. Als es über die österreichische Grenze wollte, verlangte man von ihm das Manuskript der Ansprache, die es zu halten gedächte. Und in Frankreich wurde es von tausend Zeitungsschreibern umstellt, die Stimmungsbilder von den Feinden zu haben wünschten.

Todmüde, ganz verzagt, wollte es schließlich den letzten Versuch machen, Zeugen der Wahrheit zu finden. Und es schiffte sich auf einem großen Ozeandampfer ein, um über das Meer zu fahren – denn Christkinds Flügel waren arg zerschossen – zu Menschen, bei denen kein Krieg war. Das Schiff aber wurde unterwegs von einem Torpedo getroffen und sank. So kam das Christkind schwimmend zu den Menschen in Amerika, die sich Neutrale nannten. Aber es war auch hier unmöglich, die Wahrheit zu erfahren. Denn hier befehdeten sich die Menschen wild untereinander, und warfen sich gegenseitig vor, daß sie die Neutralität verletzten und den grauenhaften Krieg verlängerten.

„Ihr liefert den Engländern, Franzosen, Russen um schnöden Gewinns Waffen und tragt so Schuld, wenn das Morden nicht endet" – sagten die einen.

„Wie? Wollt ihr etwa, daß die eine Partei wehrlos werde und so auf Gnade und Ungnade dem Feinde ausgeliefert wird. Ist das neutral? Heißt das nicht vielmehr Mörder privilegieren, indem man die Opfer entwaffnet!" – antworteten die andern.

So ging der Streit hin und her, und das Christkind vermochte mit seinem kleinen Verstand nichts anderes zu erkennen als diese traurige Einsicht: Entweder lügen sie alle und verleumden – dann sind sie allesamt abscheulich. Oder sie sagen die Wahrheit, dann sind sie erst recht, nach ihren Beschuldigungen, des Teufels. Und es war ganz zwecklos, daß es im ersten Eifer in Amerika neue Geschenke eingekauft – für das Geld, für das es einem Milliardär und Groß-Schaubudenunternehmer auf seine inständigen Bitten hin die Rarität seiner zerschossenen Flügel überlassen hatte.

Was sollte es nun mit all den schönen Christkindsgaben anfangen, wenn niemand auf Erden der Spenden würdig war? Wenn alle sich gegenseitig bezichtigten, Abschaum und Unflat zu sein? Zum Himmel mochte es nicht mehr zurückkehren, so schämte es sich; denn es hatte früher immer gutgläubig liebliche Geschichten von den holden Menschenkindern oben erzählt. O wie dumm war es gewesen! Zudem konnte es ja auch gar nicht mehr in den Himmel, weil es seine Flügel verkauft hatte. Da beschloß das Christkind, ins Reich der Toten zu wandern.

Und es ging in die Nacht der Nächte, weitfern in die unendlichen Tiefen unter der Welt, wo die Schatten ihre ewige Heimat finden.

Dorthin kam es. Aber es war gar nicht finster und kalt. Zwischen Blumen in matt und mild schimmerndem Glänze wallten die Schatten. Es waren aber Schatten, die sonderbar anzusehen waren. Es waren wie Entkörperungen zerrissener Menschen. Dem einen fehlten die Beine, dem andern wuchs statt des Kopfes ein brüchig Gebinde von Splittern. Manche schleppten ihre Eingeweide hinter sich, wie Ketten, und viele umkrallten durchbohrte Herzen mit verstümmelten Fingern. Und diese Schatten, diese Trümmer von Schatten, in allen Menschenfarben – weiß, braun, schwarz, gelb, rot – wanderten friedlich und liebreich miteinander. Und jeder versuchte dem andern die Glieder wieder zu heilen, die er ihm einst verstümmelt hatte. Feind fand sich zu Feind und jeder gab dem andern zurück, was er ihm auf Erden genommen. Sie umarmten sich in hegender Liebe und trösteten sich mit linden Worten. Und es war ein Glück und eine Heiterkeit unter ihnen, wie es das Christkind niemals noch bei den lebenden Menschen gefunden.

Da wußte das Christkind endlich, wen es mit Recht beschenken dürfte. Hier war das Reich der guten Wesen. Aber die in Amerika gekauften Gaben taugten ihnen nicht. Es besaß insgeheim eine köstlichere Spende, die auch die Späher der Bannware nicht hatten entdecken können: Die Kraft der Erfüllung! Und es trat mitten unter die Schatten und sprach zu ihnen: „Ihr lieben, lieben Kinder! Seid getrost, ich bin gekommen, um euch für alle eure Leiden zu entschädigen. Ich schenke euch das Beste, was ich zu geben habe: Das Leben – das Leben freudiger, gesunder, friedlicher gütiger und schaffender Menschen. Werdet, wie ihr hättet sein sollen! … Lebet! …

Wie das die Schatten vernahmen, drang Entsetzen in sie. Sie umklammerten sich untereinander, als ob sie ein wildes Geschick trennen wollte. Dann aber flehten sie zu dem Christkind: „Nimm uns lieber alles, aber eines nur, Barmherzige, schenke uns nicht: das Leben!"

„Toren," sagte das Christkind, ihr wolltet dem einzigen Glück widerstreben? Was verwirrte euch also?" Einer von den Schatten aber trat hervor und sagte in zitternder Furcht: „Weil wir wieder einander dann Feind sein würden –"

„Aber ihr sollt ja nicht Feind mehr euch werden. Jetzt wißt ihr doch, daß ihr miteinander hausen könnt – in Frieden. Bleibt oben so, wie ihr hier unten geworden!"

„Das gerade ist unmöglich" – sagte der Schatten düster, voll Qual.

„Und warum wollt ihr wieder Feinde sein?" fragte das Christkind.

„O, niemand will es, aber man wird es uns befehlen …"

Da breitete das Christkind seine Arme weit aus und sprach:

„So schenke ich euch denn eine andere Gabe. *Ich erlöse euch von der Angst der Toten, wieder leben zu müssen.* Ihr dürft in eurem Frieden wallen – in alle Ewigkeit *furchtlos tot* …

Zusammenbruch!
Ein Jahrwendgespräch
(Neujahr 1916)[16]

Der Realist. Endlich, mein Lieber, wenn du das Ergebnis auch dieses zweiten Kriegsjahres auf dem letzten Blatt deines Abreißkalenders vermerkst, wirst du wohl gestehen müssen, wie sehr du dich geirrt, als du den nahen Zusammenbruch der kapitalistischen Gesellschaftsordnung prophezeitest.

Der Phantast. Du irrst! Vor dem Kriege habe ich allerdings in ungezählten Reden die Zusammenbruchs-Jeremiasse verspottet und gerade umgekehrt dargelegt, daß ich nirgends auch nur den Beginn einer Zersetzung, geschweige eines Zusammenbruchs zu erkennen vermöchte. Jetzt aber hat der Krieg meinen Wahn geheilt. Das kapitalistische System *ist* zusammengebrochen, fürchterlicher, jäher, als irgend jemand vermuten konnte.

Der Realist. Heiteres in ernster Zeit – wie die Kriegsberichterstatter ihre Fabeln zu benennen pflegen. Du scherzest aber ein wenig grotesk! Der Kapitalismus zusammengebrochen? Gerade jetzt, in dem Augenblick, da er das größte Wunder seiner organisatorischen Kraft, seiner unerschöpflichen Lebensfähigkeit geleistet hat –

Der Phantast – das *recht alte* Wunder, meinst du, daß der Krieg den Krieg ernährt und die Friedensbezirke im Kriege obendrein –

Der Realist. Alt oder neu, jedenfalls ist nichts von dem eingetroffen, was ihr zuvor zu verkündigen liebtet –

Der Phantast – ich habe niemals zuvor von dem verkündigt, was du jetzt aufzählen willst: Daß mit dem Ausbruch des Krieges die ganze Industrie zum Stocken kommt, daß hungernde Arbeitermassen brotschreiend die Straßen der Hauptstädte erfüllen. Ich liebte es im Gegenteil, auf die industriefördernden Erfahrungen des amerikanischen Bürgerkrieges und des russisch-japanischen Krieges hinzuweisen.

Der Realist. Mag sein! Wenn du es nicht tatest, sprachen und schrieben doch alle andern so. Und die Wirklichkeit zeigt das Gegenteil. Die Industrie blüht nach 17 Kriegsmonaten. Es fehlt an Ar-

---

[16] Textquelle I Kurt EISNER: *Gesammelte Schriften. Erster Band.* Berlin: Paul Cassirer 1919, S. 145-154. [Zuerst in: Arbeiter-Feuilleton, Nr. 39 vom 27. Dezember 1915.]

beitern. Es gibt keine Arbeitslosen, keinen Hunger. Ist das Zusammenbruch?

Der Phantast. Ich gesteh dir noch mehr zu. Es sind neue märchenhafte Reichtümer in dieser Zeit aufgewuchert. In Berlin sieht man förmlich auf der Straße den jungen Kriegsreichtum wachsen – freilich nur im Westen.

Der Realist. – Und das nennst du Zusammenbruch!

Der Phantast. In vollster Klarheit heiße ich das Zusammenbruch. Was uns als existierend, blühend, erstarkend erscheint, ist nur ein böser Traum, ein geistiger Dämmerzustand.

Der Realist – der reine selige Calderon – das Leben ein Traum …

Der Phantast. Das Leben ist kein Traum, aber wir verwirren es mit den Traumgespenstern schlimmer Nächte … Doch antworte mir, Mann der Tatsachen, ist es nicht wahr, daß wir vor dem Kriege in allen Parlamenten um jeden Pfennig feilschen mußten, der für Zwecke höherer Kultur, besserer Menschenwohlfahrt gefordert wurde? Schallte uns nicht immer das Wehewort der „Finanzlage" entgegen, die es den Regierungen leider unmöglich machte, diesen oder jenen an sich wünschenswerten Forderungen mehr wie Sympathien zu schenken! Aus der verzweifelten „Finanzlage" ist plötzlich über Nacht die unendliche „Finanzkraft" geworden. Man hat erst neulich Wahlen gegen uns zu machen versucht, indem man den schaudernden Wählern vorrechnete, daß allein unsere Anträge zur Reichsversicherungsordnung jährlich eine Mehrbelastung von 100, 200, 300 Millionen – die Höhe der errechneten Summe ist gleichgültig – erfordert hätten, wenn wir die Macht gehabt hätten, sie durchzusetzen. Jetzt spielen 10, 20, 40, 100 Milliarden keine Rolle mehr –

Der Realist. Das ist es eben, erst der Krieg hat uns endlich offenbart, wie reich wir in Wirklichkeit sind, welche Möglichkeiten der Kapitalismus zu entfalten vermag.

Der Phantast. Aber in dem Augenblick des Friedens schrumpfen diese Möglichkeiten wieder völlig zusammen, noch mehr wie zuvor. Dann haben wir statt der Finanzkraft wieder Finanzlage.

Der Realist. Unvermeidliche Kriegsfolgen! Das liegt in der Natur der Dinge …

Der Phantast. Allerdings, das liegt in der Natur der kapitalistischen Dinge. Aber wagen wir diese Natur zu erkennen. Das kapitalistische System verhindert also, für den Aufbau neuer Kulturwerte, für produktive Zwecke, für Mehrung und Erhöhung des Lebens die notwendigen Mittel zu finden, es gibt aber unendliche, in der Tat unerschöpfliche Mittel her, um Kulturwerte zu zerstören, Leben zu verderben und zu vernichten. Das ist der Wahnsinn schlechthin, eine grauenhafte Teufelsposse. Das Wort „Zusammenbruch" ist noch viel zu milde, um die ganze Ungeheuerlichkeit dieser Selbstvernichtung, Selbstverbrennung zu kennzeichnen.

Der Realist. Wenn es sich um äußerste Daseinsnotwendigkeiten der Nation handelt, zeigt der Kapitalismus die gewaltige Kraft, seine Sicherheit und seine Zukunft zu beleihen. Wenn dieser Krieg so glänzend auf Kredit geführt werden kann, so beruht die Grenzenlosigkeit dieses Kredits nicht nur auf dem Vertrauen zum Krieg, sondern hauptsächlich auf dem Vertrauen zur Lebensfähigkeit der kapitalistischen Ordnung. Wir führen den Krieg gleichsam mit der in Geld umgesetzten Zuversicht, daß der Kapitalismus nicht zusammenbrechen wird, noch lange nicht, vielleicht niemals.

Der Phantast. Du erinnerst zur rechten Zeit an einen weiteren Wahnsinn: Zerstörung, die dadurch möglich wird, daß die Produktionsmittelbesitzer ihre Waren im Ausverkauf auf Kredit hergeben, denen [sic] man durch neue Anleihen die Zinsen zahlt, in der Hoffnung, daß künftig die Massen von der keuchenden Arbeit ganzer Geschlechter die Ansprüche der Zinsgläubiger befriedigen werden. Ein Weltkrieg auf kapitalistischen Kredit, das heißt: Arbeit, Güter, Leben zerstören, für Einzelne Gebirge von Reichtümern auftürmen, für die Völker aber Siechtum, Verkrüppelung, Tod und zinsende Steuerknechtschaft in alle Zukunft. Läßt sich überhaupt ein System menschlicher Ordnung denken, das derart wider alle Vernunft, wider alle Zweckmäßigkeit ist?

Der Realist. Die Geschichte der Menschheit ist kein Rechenexempel der Vernunft.

Der Phantast. Danach scheint das Unwirkliche, das Phantastische die Vernunft zu sein, und der kluge, scharfe Sinn für das Tatsächliche gleichbedeutend mit dem Vernunftlosen.

Der Realist. Es steckt schon Vernunft in den Dingen, nur tiefer verborgen, schwerer herauszuholen. Hast nicht auch du schließlich ein Gefühl für die große Vernunft des Kapitalismus, der diese geradezu erhabene Umorganisation der Industrie, fast binnen 24 Stunden, zustande gebracht hat, diese prachtvolle Mobilmachung der Friedensarbeit für den Krieg.

Der Phantast. Ein weiteres Kapitel des Zusammenbruchs, nichts weiter. Ist diese stolze Umorganisation nicht nur dadurch möglich geworden, daß die Arbeitsteilung bis zur völligen Anatomisierung vorgeschritten ist? Aus der menschlichen Arbeit ist die entseelte ewige Wiederholung derselben paar Handgriffe geworden. Die Arbeitstätigkeit steht in keiner Beziehung mehr zum Arbeitsprodukt. Es ist ganz gleichgültig, was gearbeitet wird; gestern fertigten sie Mikroskope, heute Granatenzünder.

Der Realist. Sollten etwa die Arbeiter darüber bestimmen dürfen, welche Erzeugnisse herzustellen seien?

Der Phantast. Warum nicht? Fordern wir nicht schon jetzt die Arbeiter auf, die Herstellung von Kriegsmunition zu verweigern – in Amerika nämlich!

Der Realist. Das ist etwas anderes.

Der Phantast. Jedes ist immer etwas anderes! Darum werden wir uns nie verständigen. Die Sprache hat keinen einheitlichen Sinn mehr, die Gesetze der Logik sind aufgelöst, die Grundsätze der Moral zersplittert. Darin findet der Zusammenbruch des Kapitalismus seine ideelle Parallelerscheinung: im Zusammenbruch aller geistigen und sittlichen Werte. Jede Wahrheit hört an der Landesgrenze auf oder verwandelt sich unter den Tritten der Eroberer. Was man eben noch Patriotismus, Opfermut, nannte, wird in dem Augenblick todeswürdiger Kriegsverrat, wenn das Land vom Feinde besetzt ist; alsdann nennt man Klugheit, vernünftige Vorsicht, was tags zuvor als feige Unterwerfung gebrandmarkt worden wäre.

Der Realist. Zunächst vergißt du die erhabene Solidarität der Volksgenossen, die als höchstes sittliches ja ich möchte sagen, als logisches Gesetz sich endlich durchgesetzt hat –

Der Phantast. Ich vermag keine Solidarität zwischen den Volksgenossen zu erblicken, die dem Krieg sich opfern und die mit ihm Geschäfte machen –

Der Realist. ... Laß mich ausreden – Ich wollte sagen: Wie die sittlichen Werte nicht zusammengebrochen sind, sondern nur sich erhöhend gewandelt haben, so ist auch das, was du als Zusammenbruch der Logik empfindest, in Wahrheit nur die Spiegelung jenes beispiellosen Ringens der verschiedenen Volksindividualitäten, Nationalkulturen, Staatsformen und Wirtschaftskräfte um Geltung und Herrschaft. Ein höheres Vorbild für die Entwickelung der menschlichen Gesellschaft und Geschichte will das blutige Chaos hervorbringen. Wir kämpfen im Grunde um das neue Gesetz der Menschheit, das künftig gelten, Richtung weisen soll ...

Der Phantast. Volksindividualitäten! Nationale Gegensätze! Ich finde, niemals war die Menschheit in allen Erdteilen so furchtbar uniform. Müssen sie darum sich zerfleischen, um das halbe Dutzend gleicher Ideen sich abzujagen, das die ganze Menschenherde gegenwärtig überall in ihren Köpfen hat? Niemals haben sich die Menschen so gut verstanden, wo sie in allen Ländern auf genau die gleiche Weise – lügen.

Der Realist. Du schimpfst Lüge, was doch nur die allgemeine Bedingtheit jeder Wahrheit ist und in unseren Zeiten zudem gefordert wird, durch die Notwendigkeit, die geistige Freiheit von dem nationalen Interesse überwachen zu lassen.

Der Phantast. Also ist es noch schlimmer. Es sind Lügen auf Befehl, Lügen im Auftrag, und daß gerade solche Lügen diesen unermeßlichen Einfluß haben, von denen man doch weiß, wer sie angeordnet hat, und zu welchem Zwecke, das macht den moralischen Zusammenbruch noch schlimmer; diese Lügner sind nicht nur verächtlich, sondern auch lächerlich! Und hast du wirklich kein Gefühl dafür, was es bedeutet, daß wir nun schon siebzehn Monate ohne geistige Freiheit leben können, daß uns die Luft zum Atmen genommen ist, daß wir schweigen müssen, wo Pflicht und Überzeugung zu reden gebietet, und daß wir, wenn wir reden, täuschen ... Und die Menschen ertragen es, sie schreiben, schwatzen trotzdem und fühlen sich anscheinend ganz wohl dabei. Es geht offenbar auch ohne geistige Freiheit.

Der Realist. Wenn höhere Interessen auf dem Spiele stehen!
Der Phantast. Gibt es ein höheres Interesse als geistige Freiheit?
Der Realist. Das Leben!
Der Phantast. Nein, denn das Leben erhält seinen Wert erst durch die Freiheit, die es erfüllt und leitet. Weil es diese Freiheit nicht gibt, ist das Leben selbst zusammengebrochen in allen seinen Äußerungen. So gibt es auch keine Politik mehr.
Der Realist. Du meinst die Selbstbeschränkungen des Burgfrie-

dens, zu dem wir genötigt. Aber den haben wir selbst gewollt – aus eigener klarer Erkenntnis des Notwendigen.

Der Phantast. Nein, ich will wirklich sagen, daß jede Politik aufgehört hat, jedes politische Gefühl, alles politische Denken. Die Politik der Herrschenden hat zu diesem Kriege geführt, dessen Jammer zu beklagen alle einig sind. Wenige verantwortliche Personen haben die Entscheidung über den Krieg herbeigeführt. Kein Volk wollte den Krieg. Wäre es da nicht das Natürliche gewesen, daß alle Völker sofort die Verantwortlichkeiten feststellten und die einzig mögliche Schlußfolgerung zogen: Ihr, die ihr bisher allein herrschtet, habt durch eure Politik die Welt in diese Katastrophe geführt. Damit habt ihr zum mindesten eure Unfähigkeit bewiesen, zu regieren. Fort mit euch, macht anderen Platz! Jetzt wollen wir andern zeigen, wie die Geschichte der Menschheit zu verwalten seien! ... So hätten die Menschen sprechen und handeln müssen, wenn sie politisch dächten. Aber es war eben auch die politische Logik erloschen, und so scharten sich die Völker begeistert um die – Verantwortlichen!

Der Realist. Sehr natürlich, denn im Augenblick, da ein Feuer ausbricht, suchen nur Narren nach den Kindern, die möglicherweise mit Streichhölzern gespielt haben, um sie zu prügeln. Die Vernünftigen löschen.

Der Phantast. Jetzt währt der Augenblick 17 Monate, und wir löschen weder, noch ziehen wir zur Verantwortung.

Der Realist. Die Stunde der Verantwortung kommt nach dem Krieg, im Frieden –

Der Phantast. – für den wir nicht einmal wirken sollen dürfen, der daher niemals werden wird, wenn anders es auf unsere Mitwirkung ankommt.

Der Realist. Wer heute vom Frieden redet, reizt die Feinde zum Durchhalten auf und trägt so zur Verlängerung des Krieges bei. Wie war doch das Echo drüben, das unsern Friedenswünschen antwortete?

Der Phantast. Du wirst doch nicht etwa von den Feinden verlangen, daß sie vom Frieden sprechen. Die notwendige Folge würde doch sein, daß deren Friedenssehnsucht uns aufreizt, nun erst recht den Krieg weiterzuführen.

Der Realist. Niemand will das – bei uns.

Der Phantast. Ich habe aus deiner eigenen Logik gesprochen.

Aber ich vergaß: jedes Argument hört an der Grenze auf, jede Wahrheit verkehrt sich an einem gewissen Meilenstein in ihr Gegenteil. Man kann die Logik nicht mehr exportieren, das ist die einzige Blockade, die effektiv ist, und das umorganisierte Kausalgesetz lautet: die gleiche Ursache hat immer verschiedene Wirkungen.

Der Realist. Wer die Dinge sieht, wie sie wirklich sind, erkennt eben immer verschiedene Ursachen und rechnet folglich mit verschiedenen Wirkungen.

Der Phantast. Als ob es sich verlohnte, die Dinge zu erkennen, nur um sie zu bejahen. Ihr seid wie Ärzte, die die Pest erforschen, nicht um sie zu überwinden, sondern um, sie weiterverbreitend, den Sinn der Pest für den Haushalt der Menschheit schwärmend zu entdecken.

Der Realist. In der Tat, solchen Sinn des Krieges haben wir zu erkennen, um zu sehen, wie töricht es ist, von Zusammenbruch zu reden. Wessen Augen nicht doktrinär geblendet sind, wessen Hirn nicht in Formen erstarrt und verengt ist, der muß doch begreifen, wie Großes, wie Gewaltiges sich jetzt in blutiger Gärung vorbereitet. Die Erde bekommt ein neues Antlitz. Neue Grenzen der Kultur und der Herrschaft werden abgesteckt. Die höchsten Ziele werden sichtbar, verfallene Mächte versinken, und an ihre Stelle tritt der erlösende Einfluß jugendstarker Völker, und damit auch die Macht des Stärksten und gesundesten Proletariats ...

Der Phantast. Holla – wie du phantasierst, o Mann des Wirklichen; ob deine Ziele nun innerlich groß sein mögen oder nicht; du träumst von Grenzrevolutionen, Umwälzungen von Grund aus und, im Nu, vom Sturz vielhundertjähriger Weltherrschaft und der Neubildung junger Weltvormacht binnen siebzehn oder meinetwegen 24 Monaten. Das geht rasch und radikal! Übermorgen aber, wenn Frieden sein wird, und das *innere* Schicksal der Menschheit zur Entscheidung stehen wird, wenn es sich nicht nur um verheerende Abwechslungen, Ablösungen des Gleichen, nicht bloß um nationalkapitalistische Besitzübergänge handeln wird, dann versteinerst du wieder zum Propheten der langsamen, sehr langsamen Entwicklung, der gegebenen Notwendigkeiten. Dann wirst du uns wieder bändigen, zähmen, hemmen wollen. Dann ist wieder gar nichts nötig, und Bedächtigkeit und Besonnenheit ist alles. Ich aber habe inzwischen aus den Tatsachen der ungeheuren *Zerstörung* gelernt, welche Möglichkeiten *fruchtbarer* Arbeit gegeben sind, wenn wir nur wollen. Das Maß des jetzigen Zusammenbruchs ist für mich das Maß des künftigen Aufbaus. Ich nehme deine glühende Kriegshitze für weltpolitische Zerstörung, der kein Ding unmöglich scheint, hinüber in den Frieden, in den Frieden *unserer* Werke. Ich lasse mich niemals mehr beruhigen, beschwichtigen, aufhalten. Kein Opfer kann mehr groß sein. Nichts darf mehr vertagt werden. Wenn dieser Krieg möglich war, dann ist alles möglich – auch das Gute, auch die Vernunft. Der Begriff der Gefahr ist wesenlos geworden, es gibt keine Furcht mehr. Die Zeit des Wagens beginnt! Das ist die einzige Lehre, die ich aus dem Kriege ziehe: die Möglichkeit, die Notwendigkeit, daß auch das Vernünftige *sofort* gestaltet werden könnte, daß nach dem Zusammenbruch die neue Welt, die wahrhaft neue Welt der freien Menschen in stürmender Ungeduld erstehen müsse. Es gibt hinfort nur *einen* Weg, *unsern* Weg, und den müssen wir *allein* gehen, hinter uns alle Brücken sprengend, die zu den Verantwortlichen des Alten, des ewig Verurteilten führen!

Der Realist. Phantast! Du fliegst über alle Wirklichkeiten hin.

Der Phantast. Über die Wirklichkeiten des – Absurden, Realist! O die wunderreiche Phantastik – logischen Denkens, heller Erkenntnis und menschlich handelnder, sinnvoll schaffender, tapferer Vernunft!

Mensch-Ersatz-Würfel
Ein Triumph deutscher Wissenschaft
(April 1916)[17]

Alles läßt sich ersetzen – wir wissen das heute bestimmter, als je zuvor in der Weltgeschichte. Es gibt Salatöl-Ersatz, in dem sich noch eher Salat als Öl findet. Wir ernähren uns mit Ei-Ersatz, das heißt einem Pulver, das gänzlich unverdächtig ist, irgend etwas mit Eigelb oder Eiweiß zu tun zu haben; nicht einmal Eierschalen haben an diesem vortrefflichen Ersatznahrungsmittel Anteil. Wer hätte noch nicht auch dem unflätigsten Regenstrom siegreich trocken widerstanden, sofern er nur den unübertrefflichen echten Ersatz für den kongenialen Ersatz von prima Lederersatzersatz, Marke Antischund, unter den Füßen getragen. Und längst füttern wir uns billig und bekömmlich mit Gänsebraten und Kraftbrühe in Würfelform – jeder Würfel für zwei reichliche Portionen langend. Von der geistigen Nahrung nicht zu reden, wo schlechterdings alles Gedruckte, Gesprochene, Gedachte, Gefühlte Ersatz für irgend etwas ist, was ehedem einmal Wahrheit und Vernunft war.

Aber so hervorragend auch die Technik dieser Ersatzstoffe und die Organisation ihres Vertriebs ist, es wurde bisher immer noch als ein peinlicher Übelstand, geradezu als ein Verstoß gegen die Grundgesetze der Energetik – größter Wirkungsertrag bei geringstem Kräfteaufwand – empfunden, daß diese Ersatzstoffe doch ein sehr weitläufiger Umweg seien, um die Existenz der Menschen zu sichern. Wie es für den gesunden, technisch gereiften und sittlich gestählten Menschenverstand nicht leicht begreiflich ist, warum man die Kinder erst heranwachsen läßt, sie umständlich und kostspielig aufzieht, um sie hernach den Wirkungen von Granaten, brennenden Flüssigkeiten, Giftgasen, Luftbomben und Torpedos auszusetzen, anstatt die kleinen Wesen gleich auf chemischem Wege in Sprengstoffe zu verwandeln und sie so unmittelbar und ohne Kräfteverlust der Landesverteidigung dienstbar zu machen, – so hat deutscher Forschergeist rastlos mit der Sinnlosigkeit gerungen, daß die Menschen künstlich mit Ersatzmitteln erhalten werden müssen, anstatt

---

[17] Textquelle | Kurt EISNER: *Gesammelte Schriften. Erster Band.* Berlin: Paul Cassirer 1919, S. 159-163.

daß man die Menschen selbst ersetzt. Mit gewohnter Energie ist der Problemstellung die Problemlösung gefolgt.

Soeben ist es dem Professor Kraftmüller, dem berühmten Mitglied des Kaiser-Wilhelm-Instituts in Berlin, gelungen, die Frage des Menschenersatzes durch die geniale Tat zu beantworten. Und wir sind in der Lage, soweit es die militärischen Interessen gestatten, einige Andeutungen über diese Erfindung zu geben, die man epochemachend nennen könnte, wenn mit dieser letzten und endgültigen Universalerfindung nicht auch die Epochen selbst gänzlich als überflüssig und veraltet aufhören würden. Schon als die ersten Gerüchte dieser Erfindung ins feindliche Ausland drangen und man nun mit Schrecken ahnte, daß jetzt das deutsche Menschenmaterial unbegrenzt, unerschöpflich, unzerstörbar, nicht mehr auszuhungern sei, sank die anfängliche Siegesstimmung genau so auf den Nullpunkt, wie sie übrigens, nach den amtlichen Berichten des W.T.B. und den wahrhaft neutralen Feststellungen des Seldwyler Extrablattes seit zwanzig Monaten mindestens sechsmal täglich gesunken ist. (Von diesem Seldwyler Blatt erscheint in Wirklichkeit nur der als Quelle benötigte Titel; der jeweilig zweckmäßige Inhalt entsteht erst während der telegraphischen Übermittelung durch Urzeugung.) Das ficht uns natürlich nicht an. Wir werden uns diese Erfindung und ihren rücksichtslosen Gebrauch nicht beschränken lassen und wir würden auch einer etwaigen Note des Präsidenten Wilson mit kühler Ruhe und unbeirrbarer Entschlossenheit entgegensehen.

Es ist eine bekannte Tatsache, daß der Mensch aus einer gewissen, dem Gewicht nach nicht großen Menge fester chemischer Bestandteile besteht; es sind nur ein paar Kilo. Was man so einen gewöhnlichen lebenden Menschen nennt, ist in Wirklichkeit eine durch Flüssigkeiten und Gase unmäßig aufgeblähte Masse, und gerade dieses verwickelte und gedunsen üppige Beiwerk macht die menschliche Kreatur so verwundbar, jammervoll, widerstandsunfähig und kostspielig. Erst im Krematorium tritt, nach Verdampfung alles Flüssigen und Gasartigen, der echte Kern zutage. Allerdings ist dieser, den hohen Hitzegraden ausgesetzte Kern nicht mehr als lebendig, als menschenähnlich zu betrachten. Die Aufgabe war nun, die chemischen Stoffe, aus denen der Mensch besteht, in den genauen Mischung-Proportionen so zusammenzusetzen, daß sie –

ohne Raumverschwendung – einen völligen Mensch-Ersatz – nicht nur die Aschenrückstände der Verbrennung – erzielen. Dies aber ist Professor Kraftmüller gelungen. Er hat ein Verfahren entdeckt, mit dessen Hilfe automatisch aus den notwendigen Rohstoffen sich in unbegrenzter Haltbarkeit und Zahl kleine Mengen kristallisieren, die mit peinlichster Präzision alle Elemente enthalten, in dem der Natur abgelauschten Verhältnis der Zusammensetzung, die einen Menschen ausmachen. Die verwandten Rohstoffe sind dabei durchaus reell, kein Ersatz; nur der verschwindende Gehalt an Gold, der im menschlichen Blut vorhanden ist, mußte, da der Gelehrte selbstverständlich sein Gold zur Reichsbank gebracht hat, durch kleine Partikel von Kriegsanleihe-Abschnitten (die ja so gut wie Gold sind!) ersetzt werden. Professor Kraftmüller hat lange geschwankt, in welcher Form er diese Mensch-Ersatz-Masse pressen solle. Er kam schließlich zu der Überlegung, daß die Nachahmung der menschlichen Figur nicht empfehlenswert sei; sie ist zu unübersichtlich, gebrechlich, die herausstehenden Glieder, die dünnen Verbindungszylinder reizen geradezu an, sie abzubrechen und sonst zu verstümmeln. So kam er zu der soliden, hinlänglich erprobten Würfelform.

Damit ist nun die menschliche Ernährungsfrage für immer gelöst, und alle übrigen sozialen, politischen, religiösen, geistigen, imperialistischen, ästhetischen, organisatorischen und disziplinellen Fragen ebenfalls. Die ungeheuren Vorteile der Mensch-Ersatz-Würfel sind in die Augen fallend. Es ist erstens ihr geringes Gewicht, nur wenige Kilo, die doch alle festen chemischen Bestandteile des Menschen vollwertig enthalten. Die handliche und geschmackvolle Würfelform ermöglicht ihre Unterbringung auf geringstem Raum; die gefährlichen Expansionsbedürfnisse sind hinfort undenkbar. Die Wohnungsfrage ist gelöst. Die Würfel verwittern fast gar nicht, so daß ihre Lebensdauer einige Jahrbillionen garantiert dauert, und sie sicher noch die Vereisung und den Zerfall der Erde unversehrt überstehen werden. Sie bedürfen keiner Nahrung, es tritt also niemals Übervölkerung ein. Sie können in beliebiger Zahl hergestellt werden, so daß auch das Problem des Geburtenrückgangs ein Gespenst der Vergangenheit ist. Dabei sind die Mensch-Ersatz-Würfel von so widrigem Geschmack, daß selbst die unflätigsten Tiere nicht wagen würden, sie zu verschlingen; sie haben folglich absolute Sicherheit gegen jede Gefährdung ihrer Existenz, zumal sie auch zugleich so fest und so elastisch sind, daß keine Gewalt sie auseinander zu sprengen vermöchte.

Der nachdenkende Leser – und wir wissen, daß wir nur solche haben – wird einen Einwand erheben, wie es denn um die Seele, insbesondere um die deutsche Seele der Mensch-Ersatz-Würfel stünde. Auch diesen Umstand hat Professor Kraftmüller gebührend berücksichtigt und es gelang ihm, nach unendlich mühsamen Versuchen, eine verblüffend einfache Lösung zu finden. Als er nämlich daran ging, den Seelenextrakt aus den menschlichen Wesen, wie sie bisher in Deutschland üblich waren, zu ziehen, gewahrte er, daß – in einer kultivierten, d. h. organisierten und disziplinierten Gesellschaft – das, was man Seele nennt , nichts ist, als die Nummer, die ihr die Gesellschaft gibt, und es zeigte sich denn auch in der Tat, daß nach der Gerinnung der aus deutschem Rohmaterial gewonnenen chemischen Menschenstoffe ganz von selbst, bei der Pressung der Würfel, sich an der Oberfläche leichte Vertiefungen bildeten, die bei näherer Prüfung sich als – immer verschiedene –deutlich lesbare Ziffern herausstellten. Damit war klar, daß die Mensch-Ersatz-Würfel nicht nur eine deutsche Seele hatten, sondern sogar jeder einzelne eine individuelle Seele. Und es war weiter bewiesen, daß diese Mensch-Ersatz-Würfel eine wohlgeordnete, höchst zivilisierte Gesellschaft besaßen, wobei es dem ästhetischen Sinn der zur Ausbeutung der Erfindung bereits gegründeten Aktiengesellschaft überlassen bleibt, die Form der Schichtung der einzelnen Würfel möglichst geschmackvoll und zweckentsprechend zu wählen.

Somit steht die einzige, noch zu erledigende Aufgabe der deutschen Menschheit fest. Es gilt, so rasch wie möglich eine unendliche Zahl dieser deutschen Mensch-Ersatz-Würfel zu produzieren und über das – größere! – Deutschland planmäßig zu verbreiten. (Was die anderen Völker tun oder lassen, interessiert uns nicht.) Dann ist die Unsterblichkeit und die Unzerstörbarkeit des deutschen Menschen verbürgt, und wir in der bisherigen mangelhaften Form lebenden deutschen Menschen können dann ruhig eingehen oder uns auf eine der sinnreichen und mannigfaltigen Weisen ausrotten, in denen die menschliche Zivilisation es in letzter Zeit zu solcher Meisterschaft gebracht hat.

Die Lebenswinde

(April 1916)[18]

Der Gaul, der ein hochbepacktes Wägelchen müde und langsam
schleppte, sah aus, als ob man ihn einst beim Übergang zum Auto-
betrieb in einen Winkel gestellt und dort vergessen hätte, bis man,
im Kriegsmangel an Autos, ihn nebst dem alten Wagen wieder entdeckt und hervorgeholt. Sein Fell war struppig und glanzlos, seine
Augen suchten traurig umher. Nur das Gerippe war noch ausgezeichnet erhalten, das konnte man allzu deutlich sehen. Aber die
Beine schienen sich bei jedem Schritt tastend zu überlegen, ob die
Pflastersteine nicht eigentlich ein gefährlich tiefes Wasser seien, vor
dem man sich hüten müsse!

Es traf sich gut, daß die gepflasterte Straße aufhörte und in eine
asphaltierte einmündete, deren glatte Fläche durch den kalt rieseln-
den Regen schlüpfrig geworden war. Das ist eine schöne Gelegenheit, dachte der Gaul, Ruhe zu bekommen; niemand wird unter so
glaublichen und offenkundigen Umständen eine Arglist dahinter
vermuten. Und der alte Gaul legte sich blitzschnell, nachdem er ein
wenig mit den Hufen vorwärts geglitten, um den Anstand zu wahren, auf den Boden nieder, fest entschlossen, durch keine Macht der
Erde sich zum Aufstehen zwingen zu lassen. Er lag wie tot, nur das
schwere, ängstliche Atmen und die traurigen schwarzen Augen ver-
rieten, daß noch Leben in ihm war. Ein paar Peitschenhiebe sausten
herab, das Tier zuckte zusammen, wieherte leise, daß es fast wie ein
Seufzen klang, regte sich aber sonst nicht. Es hatte bald ein großes
Publikum um sich versammelt. Die meisten tauschten ihre Meinungen über die Ursachen des Falles aus und über den Schaden, den der
Gaul sich getan haben mochte. Einige versuchten aber zu helfen, sie
rissen eifrig und werktätig das Pferd an den Zügeln, brachten auch
den Kopf ein wenig empor, der jedoch sofort wieder auf die Straße
zurückfiel, wenn sie losließen.

Nun stieg der Fuhrmann, ein ruhiger, erfahrener, grauhaariger
Mann, herunter, schirrte das Tier aus und legte ihm eine Decke unter
die Füße, daß es nicht hinglitte beim Aufrichten. Er sprach dem

---

[18] Textquelle | Kurt EISNER: *Gesammelte Schriften. Erster Band.* Berlin: Paul Cassirer
1919, S. 155-158. [Zuerst in: Arbeiter-Feuilleton, 16. April 1916.]

Pferde freundlich aufmunternd zu, streichelte es, und zog mit Macht. Nach einigen vergeblichen Versuchen, den schweren Körper auf die Beine zu bringen, gab er die Arbeit auf, bei der das Pferd selbst seinerseits jede Mitwirkung verweigerte.

Das Publikum war sich jetzt einig, daß der Gaul am Krepieren sei. – In diesem Augenblick schritt ein Schutzmann gebietend durch die Reihen. Seine Unabkömmlichkeit hatte augenscheinlich seine brachliegenden Energien ungeheuer aufgespeichert. Die Welt begehrt und braucht Taten, worunter man zumeist Fäuste versteht, und auch ein gestürztes Pferd ist ein Teil dieser Welt und muß danach behandelt werden. Also packte er das Tier mit gewaltigen Fäusten an, hob es auch richtig ein Stück empor. Der Gaul aber war nicht gesonnen, sich durch die bewaffnete Macht von seinem zwar feuchten und harten, aber immerhin wagerechten Lager drängen zu lassen, und mit dem Aufwand letzter Kraft stieß er die Hufe so heftig in den Bauch des Schutzmannes, daß er taumelte, bewußtlos niederbrach und in dem letzten Auto, das einsam auf dem nahen Rathausplatz harrte, in die Klinik verbracht werden mußte. Darauf wich das Publikum ein wenig in respektvoller Entfernung zurück. Der Kutscher aber bat einen Kollegen, nach der Feuerwehr zu telephonieren. Denn nun war das Tier zweifellos ein gemeingefährliches Verkehrshindernis.

Nach einer Weile kam ein blitzblankes Lastauto der Feuerwehr. Sechs beherzte, behelmte Männer stiegen herunter und schleppten an den Ort der Tat ein merkwürdiges Gerüst, das aus drei in spitzem Winkel zulaufenden Stahlröhren bestand. Sie stellten es über dem reglos liegenden Pferde auf. Im Winkel oben befand sich eine Winde. Die Männer nahmen einen breiten und festen Gurt, schoben ihn unter den Leib des Tieres, hüllten es ringsum ein und schnürten den Panzer fest zu. In ihm aber befand sich eine Öse, in die ein Haken griff. Es war die Straßenimprovisation eines Hebewerks. Hierauf zogen drei Männer an dem über die Rolle laufenden Seil – ächzend, sich gegenseitig ermunternd, nicht ohne Atempausen und Gedankenaustausch, langsam, sicher, unwiderstehlich.

Die Augen des überraschten Pferdes gingen von ängstlicher Trauer in starres Entsetzen über. Das war gänzlich unerwartet. Was für Teufel diese Menschen sind, was sie sich für Maschinen ausdenken, die über alle Pferdekräfte und Pferdelisten gehen, und selbst die passive Resistenz eines verdientermaßen ruhebedürftigen und entschlossen ruhebedürftigen Rosses brechen!

Es half nichts mehr. Das arme Tier wurde höher und höher gehoben, als sollte es in den Himmel schweben, Leib und Seele gemeinsam. Schon baumelte es senkrecht zum Boden, so hoch, daß seine Hufe die Straße hätten berühren können, es brauchte nur die Beine zu strammen. Aber da erwies sich die Intelligenz eines abgerackerten Tieres stärker als der höllische Maschinenwitz der Menschen. Die Hufe standen nicht auf dem Asphalt, sie hingen nur schlaff pendelnd, und sobald das Seil versuchshalber gelockert wurde, sanken die Beine alsbald wieder in sich zusammen. Niemand soll den Gaul zwingen, so dachte er, zu stehen und weiter die schwere Last über die schlüpfrige Straße zu ziehen!

Die sechs Feuerwehrleute kamen endlich nach gründlicher Beratung zu dem übereinstimmenden Beschluß, daß dem Tiere nicht mehr zu helfen sei und dem Fuhrmann auch nicht. Mit vieler Mühe wurde hiernach der Pferdekörper in das Auto neben dem stählernen Gerüst verladen. In den Augen des Gaules leuchtete es wie geheimer Triumph; er hatte seinen Willen durchgesetzt, dafür wurde er jetzt selber bequem gefahren. Er verstand offenbar die Sprache des Menschen nicht, der unter dem Gelächter der Menge rief: Morgen gibt es billiges prima Ochsenfleisch! Ein anderer aber bemerkte, halb mitleidig, halb gehässig, jedenfalls den ganzen Vorgang endgültig und bestimmt abschließend: Die Sache ist, daß das Tier kein Fressen in den Därmen hat!

Das Feuerwehrauto klingelte davon. Das Publikum verlief sich. Mir aber folgten die Augen des Pferdes den ganzen Tag, die starren Augen, die sich über die tückischen Maschinen der Menschen entsetzten, über die Maschinen, die jeden Willen zur Ruhe brechen. Und es war mir, als ob ich selber wie alle andern insgeheim in solche Gurte eingeschnürt sei, an denen man uns emporwindet, wenn wir uns friedlich ausruhen möchten, diese Lebenswinde der gesellschaftlichen Organisation und der über uns gewachsenen Technik, die stärker sind und zwingender als unsere jämmerlichste Müdigkeit und unser sehnsüchtigstes Ruhebedürfnis. Wir müssen uns emporwinden lassen und widerstehen, oder – –

Unterdrücktes aus dem Weltkriege
(Nachträgliche Veröffentlichung 1919)[19]

DIE MOBILMACHUNG ALS KRIEGSURSACHE
UND ANDERES
[1916]

I. |

Die Rede Greys, die er vor den Pressevertretern gehalten und die
Antwort, die ihm Herr von *Bethmann* im Hauptausschuss des deutschen Reichstags gegeben hat, stimmen in zwei grundsätzlichen Anschauungen völlig überein. Beide erkennen, in der Feststellung der
unmittelbaren Verantwortlichkeiten des Weltkrieges eine entscheidende Vorbedingung für die Herbeiführung des Friedens und beide
sind mit einer Klärung der Verantwortlichkeiten durch ein Weltge-
richtsverfahren einverstanden. Der englische Staatsmann fordert ein
Tribunal, das über die Schuld am Kriege urteilt, und der deutsche
Kanzler erwidert, dass er kein Tribunal zu scheuen habe. Die Feststellung der Kriegsverantwortlichkeiten wird, wenn nicht die opfernden Verantwortlichkeiten, so doch die geopferten Völker zum
Verständnis und damit zur Verständigung bringen. Das jetzt von allen Seiten *ideell* anerkannte Schiedsverfahren kann sofort seine erste
weltgeschichtliche Probe bestehen: Die Parteien stellen alles Material dem neutralen Gericht zur Verfügung, und es wird das Urteil
fallen. Dann wird es Sache der Völker sein, die Folgerungen aus dem
Urteil zu ziehen.

Aus dem allgemeinen Verlangen nach dem Tribunal aber geht
ein wichtiger Anspruch mit logischer Notwendigkeit hervor. Als
Vorbereitung der geforderten Urteilsfällung ist die freieste und
rücksichtloseste Kritik der Kriegsursachen nicht nur zuzulassen,
sondern auch zu wünschen und zu fordern. Es wäre absurd, die völlige Klarstellung vor einem Tribunal anzustreben, und die minder
weit gesteckte Aufgabe, die öffentliche Kritik, zu verhindern. Wer
jetzt solche Kritik beschränken würde, für den wäre der Beweis

---

[19] Textquelle | Kurt EISNER: *Unterdrücktes aus dem Weltkriege*. München/Wien/Zü-
rich: Georg Müller Verlag 1919. [85 Seiten]

erbracht, dass er nur heuchelt, wenn er das Tribunal anruft. Für Grey setzt Hans Delbrück neuerlich – im Gegensatz zu den Deklamationen über englische Heuchelei, wie sie auch in sozialdemokratischen Blättern grassieren – den guten Glauben voraus: „Heuchelt Lord Grey, wenn er eine unparteiische Untersuchung über die Vorgänge, die zum Kriege geführt haben, fordert? Oder fühlt er sich wirklich unschuldig? Oder ist er sich bereits klar über den Ursprung und die Bedeutung der russischen Mobilmachung und will, dass auch die öffentliche Meinung in England das erkenne, indem er gleichzeitig schwört, dass die Entente unauflöslich sei? Die öffentliche Meinung in Deutschland sieht nach wie vor England und seinen auswärtigen Minister als den eigentlichen Anstifter des Krieges an. *Die unbefangene Forschung neigt sich immer mehr der Ansicht zu, dass Herr Grey ehrlich ist*, wenn er sagt, dass er den Krieg nicht gewollt habe, dass er aber dennoch schuldig ist, insofern er nicht alles, was in seiner Macht stand, ihn zu verhindern, getan hat." Also ein Urteil auf *fahrlässiges* Verschulden!

Inzwischen dürfen wohl nicht nur konservative Professoren, sondern auch sozialistische Schriftsteller, die seit Jahrzehnten leidenschaftlich für die allgemeine *politische* Zivildienstpflicht werben, der unbefangenen Forschung sich hingeben, und dem allgemeinen Verlangen nach dem Tribunal vorarbeiten. Deshalb will ich die „ruhige Antwort", die *Ernst Heilmann* [E. H.] in der *Volksstimme* vom 21. November meiner Zuschrift über Greys Rede angehängt hat, nicht minder ruhig auf ihren Wert prüfen.

Auf die Chronologie der Mobilmachung einzugehen, scheint mir kaum noch vonnöten. Die tatsächlichen Mobilmachungen stimmen mit den formell-öffentlichen Verkündigungen nicht überein. Der russische Botschafter in Wien berichtet schon am 28. Juli, dass der Befehl für die allgemeine (österreichische) Mobilmachung unterzeichnet sei. Die russische allgemeine Mobilmachung ist in der Nacht vom 30. zum 31. Juli beschlossen worden. Nach einer Äusserung des deutschen Botschafters in Petersburg, die Professor Hans Delbrück mitteilt, wären die Plakate in Petersburg am 31. Juli um 8 Uhr morgens angeschlagen worden. Dem *Temps* wurde damals telegraphiert, dass den Petersburger Morgenblättern vom 31. Juli durch die Zensur die Veröffentlichung der Mobilmachungsorder verboten worden sei, und dass die öffentlichen Aushänge erst am

Nachmittag des 31. Juli angeheftet worden seien. (Es ist, wie ich mich überzeugt habe, falsch, wenn E. H. in der ‚Neuen Zeit' behauptet, von der russischen formellen Gesamtmobilmachung stehe in der französischen Presse überhaupt kein Wort. E. H. lese den *Temps* vom 2. August, den *Matin* vom 1. August 1914!) Wann ist die deutsche Mobilmachung erfolgt. Ich habe triftige Gründe zu der Annahme, dass die formelle Order schon am 31. Juli ergangen ist, zugleich mit der Weisung, sie noch nicht zu veröffentlichen. Der *Temps* liess sich kürzlich berichten, dass in Elsass-Lothringen bereits am 31. Juli nachmittags 4 Uhr Telegramme amtlich ausgehängt wurden, die den Beginn der Mobilisierung für den August ankündigten; die Wahrheit dieser Behauptung, die meine seit Beginn des Krieges gehegte Überzeugung bekräftigen würde, wird sich leicht feststellen lassen.

Auch das Extrablatt des Berliner Lokalanzeigers bedarf keiner neuerlichen Untersuchung. Wer nicht zugeben will, dass dieses Extrablatt vom 30. Juli 1914 kein Versehen, sondern eine Absicht war, der muss eben auf das Tribunal warten. Wenn neuerlich – zur Widerlegung der Bethmannschen Darstellung – von englischen Blättern behauptet wird, der russische Botschafter in Berlin habe zwar in einem *offenen* Telegramm das Dementi des Herrn von Jagow seiner Regierung übermittelt, darauf aber *chiffriert* die Richtigkeit der Lokalanzeiger-Meldung bekräftigt, so mag das auf sich beruhen. Dagegen verlohnt aber die Verwirrung beseitigt zu werden, die E. H. aus dem Zwischenfall des Lokalanzeiger-Extrablattes anrichtet. Es „wäre wohl das Ungeheuerlichste, was je in der Weltgeschichte vorgekommen ist, wenn Russland auf eine Zeitungsmeldung hin den Weltkrieg entfesselt hätte, so frivol ist nicht einmal der Zar". Eine Zeitungsmeldung! – wie harmlos. Leider ist nun aber der Lokalanzeiger nicht *eine* Zeitung, sondern ein mit der Regierung eng verbundenes Organ, das von dem *Reichsanzeiger* und der *Norddeutschen Allgemeinen Zeitung* sich dadurch unterscheidet, dass es das Privileg hat, die offiziellen Verkündigungen gemeinhin früher als die eigentlichen Regierungsblätter bringen zu dürfen. Wer aber hat behauptet, dass Russland durch das Extrablatt des Lokalanzeigers veranlasst worden sei, den *Weltkrieg* zu entfesseln. E. H. begeht immer wieder den gröbsten aller logischen Fehler, vorauszusetzen, was erst bewiesen werden soll. Die Behauptung geht lediglich dahin, dass Russland wesentlich durch das Berliner Extrablatt veranlasst worden sei, die *Gesamtmobilmachung* zu verfügen; und Mobilmachung durch Mobilmachung zu beantworten, ist ja selbstverständlich. Wohl aber richtet sich der bestimmteste Widerspruch gerade gegen die These, dass die russische Mobilmachung den *Weltkrieg habe entfesseln müssen*. So frivol ist auch der Zar nicht, möchte ich mit Heilmann sagen, dass er die unvermeidliche Vorbeugungsmassnahme von Mobilmachungen in weltpolitischen Krisen zum Anlass nimmt, den Krieg zu erklären.

Und damit erledigt sich *sachlich* die ganze Verantwortlichkeit der russischen Mobilmachung für den Ausbruch des Krieges. Mobilmachungen sind Sicherheitsmassnahmen bei drohendem Krieg, aber selbst an sich weder Kriegsdrohungen, noch Kriegsursachen. Oesterreich hat seit der bosnischen. Annexion fast dauernd mobilisiert, ohne dass es zum Kriege gekommen wäre. 1905 hat Frankreich in der Marokkokrisis mobilisiert, und es wurde trotzdem nicht marschiert.

Und hat nicht Oesterreich eben vor diesem Weltkriege, *nach* und trotz der russischen Mobilmachung (wie in der eigenen) erst mit Russland zu verhandeln begonnen –, statt Verhandlungen für unmöglich zu halten – Tag für Tag mit dem Gegner Zwiesprache gepflogen und, obwohl doch in erster Linie beteiligt, an Russland fünf Tage *nach* Deutschland den Krieg erklärt? In seiner Hauptausschussrede aber hat letzthin Herr von Bethmann selbst die ganze Argumentation, dass durch die russische Mobilmachung der Krieg unvermeidlich geworden sei, schlagend widerlegt, durch die Bekanntgabe jener russischen Mobilmachungsorder vom 30. September 1912, welche Enthüllung in Absicht und Zweck zu den vielen Unergründlichkeiten dieser Rede gehört. In jener Mobilmachungsorder stand der Satz, der auf die Mitglieder des Hauptausschusses unverständlicher, weil unverstandenerweise so aufregend und überwältigend gewirkt haben soll: „Allerhöchst ist befohlen, dass die Verkündung der Mobilisation zugleich die Verkündung des Krieges gegen Deutschland ist." Dieses Aktenstück war nun nicht etwa bloss eine theoretische Anweisung für künftige Fälle, sondern an dem Tage – dem Tage der Mobilmachung der Balkanstaaten gegen die Türkei – mobilisierte Russland *wirklich* an der ganzen deutschen und österreichischen Grenze und, obwohl die russische Order sogar Mobilmachung und Kriegserklärung gleichgesetzt haben soll, ist es, wie auch E. H. bekannt sein durfte, *nicht zum Kriege mit Oestereich und Deutschland* gekommen. Herr von Bethmann hat damit selbst seine Auffassung endgültig widerlegt, dass die russische Mobilmachung den Krieg unvermeidlich gemacht habe, 1914 so wenig wie 1912. Bliebe nur das Rätsel zu lösen, warum der Kanzler die alte Order von 1912 erwähnt hat? Etwa nur, um das ebenso ehrfürchtige wie urteilslose Vergnügen der deutschen Zeitungsleser an enthüllten Aktenstücken zu befriedigen, welchen Rat ihm – nach Greys Rede – ein pfiffiger Berliner Journalist tatsächlich gegeben hat?

Ist die russische Mobilmachung also für die Frage der Kriegsverantwortlichen *sachlich* bedeutungslos, so ist sie es aber auch *formell*, da sie auf keinen Fall der deutschen *Entscheidung* vorausgegangen ist, die, wie ich in meiner früheren Zuschrift gezeigt habe, schon zu Beginn der Woche erfolgt ist, an deren Ende die russische Order veröffentlicht wurde. E. H. bemüht sich umsonst, die *historische Bedeutung des Extrablattes der Chemnitzer Volksstimme vom 28. Juli 1914* abzuschwächen. Das Wort sie sollen lassen stahn! Ich setze den Text des Extrablattes noch einmal hierher, das durch meine telephonische Information veranlasst worden war:

„Wie wir aus absolut sicherer Quelle erfahren, steht das Eingreifen Russlands in den österreichisch-serbischen Konflikt unmittelbar bevor. Deutschlands Antwort wird die sofortige Kriegserklärung sein. Die Mobilmachung in Deutschland erfolgt wahrscheinlich schon morgen, *ohne allen Zweifel noch im Laufe dieser Woche.*"

Die historische Bedeutung dieses Extrablattes liegt im letzten Satz: „Die Mobilmachung in Deutschland erfolgt ... *ohne allen Zweifel noch im Laufe dieser Woche.*" Ich unterstrich am folgenden Tage – am Mittwoch – auf die Zweifel E. H. hin die Nachricht durch die bestimmte Erklärung: Es ist so beschlossen, vor Schluss der Woche erfolgt die deutsche Mobilmachung. Aber auch die ersten Sätze gewinnen heute eine höchst interessante Wichtigkeit: Ich war, wie man sieht, schon am 28. Juli 1914 in der Lage, die Begründung der deutschen Kriegserklärung zu geben, wie sie dann am 3. August im Weissbuch und am 4. August im Reichstag gegeben wurde: Die deutsche Kriegserklärung als Antwort auf das „Eingreifen" Russlands. Der

nicht ganz unbedeutsame Unterschied zwischen der späteren offiziellen Begründung und meiner Meldung vom 2. Juli besteht lediglich
darin, dass ich nicht von der russischen Mobilmachung sprach, sondern – allgemein und bestimmt – vom russischen „Eingreifen". Ich
gab diese Begründung so, wie ich sie von meinem Gewährsmann
erhalten hatte, und ich glaubte – *damals, vor* Ausbruch des Krieges!
– an sie. Diese Anschauung von den Zusammenhängen des europäischen Konflikts entsprang nicht etwa einer Überrumpelung des Augenblicks. Sie beruhte auf einer seit Herbst 1912 unablässig genähr-
ten Meinung. Der Hinweis auf einen bevorstehenden russischen
Überfall wurde in den eingeweihten militärischen und politischen
Kreisen Münchens seit dem Herbst 1912 unablässig wiederholt.
Schon beim Beginn des ersten Balkankrieges standen wir am Rande
der europäischen Katastrophe, und ich habe damals in einem schrill
alarmierenden Artikel die Parteipresse und die Partei auf das heraufziehende Unheil aufmerksam zu machen mich bemüht, ohne
freilich den gebührenden Ernst für die furchtbare Entwicklung der
europäischen Dinge in der Partei erwecken zu können. Ich vertraute
mithin 1914 einer Darstellung der Krisis, in die ich mich schon seit
1912 hineingelebt hatte.

Für E. H. war meine Meldung vom 28. Juli 1914 eine völlige
Überraschung und musste es sein. Im Parteivorstand, dem meine
Information von der unmittelbar bevorstehenden Mobilmachung
gleichzeitig zuging, war die Verblüffung so gross, dass die Äusserung fiel, ich sei verrückt geworden. E. H. nimmt heute ein durch
die veränderte strategische Lage bedingte Umgruppierung seiner
Vergangenheit vor. Er erinnert sich „nur insofern durch meine Meldung überrascht worden zu sein, als sie mit aller Bestimmtheit das
Eingreifen Russlands in den österreichisch-serbischen Konflikt ankündigte; dass *danach* Deutschland Oesterreich-Ungarn nicht im
Stich lassen würde, war selbstverständlich". Wirklich, war E. H.
„nur insofern" überrascht? Er hat in der Tat seine ganze Vergangenheit bis auf den letzten Rest vergessen, auch was er in seiner Chemnitzer Friedensrede am Sonntag vor der Kriegserklärung gesagt;
vergessen auch, was *vor* dem Kriege die Meinung der gesamten Partei war (im Gegensatz zu mir): Oesterreich überfällt aus imperialisti-
schem Drange Serbien. Es ist unabwendbar, dass Russland Serbien
nicht im Stiche lässt und damit der Weltkrieg automatisch sich aus-

löst, sofern Deutschland nicht Oesterreich in die Zügel fällt, dem in einem Angriffs- und Eroberungskrieg zu helfen nicht die mindeste Bündnispflicht besteht. Deshalb hat die deutsche Regierung den Bund mit Oesterreich zu zerreissen, das so frevelhaft mit dem Dasein der Völker spielt. So in *allen* Zeitungsartikeln, Reden, Proklamationen bis zum August 1914. Die fürchterliche Überraschung bestand für E. H. wie für die übrige Partei darin, nicht sowohl, dass Russland eingriff, sondern dass Deutschland Oesterreich gewähren liess und damit den Weltkrieg entfesselte. Die paar Parteigenossen, die damals eine andere Meinung hatten, waren an den Fingern einer Hand herzuzählen; ich war einer von ihnen. Oder hat jemals irgend jemand daran gezweifelt, dass – bei einem Angriff Oesterreichs auf Serbien – Russland sich hinter Serbien stellen würde?

II. |

Beim Ausbruch des ersten Balkankrieges schrieb – am 4. Oktober 1912 – der extremste Nationalist unter den deutschen Sozialisten, Karl Leuthner, in der deutschen Parteipresse: „Ein Vorwärtsdringen Oesterreich-Ungarns auf dem westlichen Balkan bedeutet die Gegnerschaft Italiens, Russlands und des Balkanbundes zugleich, einen Krieg an der Weichsel, Etsch und Drina – eine militärisch und politisch unmögliche Lage. Wenn nun aber Saloniki und der Westbalkan endgültig aufgegeben sind, dann hat Oesterreich-Ungarn auf dem Balkan politisch überhaupt nichts zu suchen, kann mit Gleichmut jeder Art die staatliche Ausforderung der dort lebenden Nationen hinnehmen, indem es sich auf den Schutz seiner Grenzen beschränkt. *Auf der anderen Seite würde das Eingreifen Oesterreich-Ungarns*, etwa um Serbien gewaltsam an der Besitzergreifung des Sandschaks zu hindern, den europäischen Krieg zur Folge haben, *denn mit den österreichischen gehen von selbst die russischen Flinten los.*"

Dass aber Oesterreich damals in der Tat beabsichtigte, in Serbien einzurücken, das bezeugt der bekannte Wiener Mitarbeiter der inzwischen unterdrückten Münchener Zeitschrift *Forum*, in einem nach dem Ereignis von Serajewo geschriebenen Artikel über den getöteten Thronfolger Franz Ferdinand: „Er ist ein Mann der Gewalt, er träumt wohl den Traum eines österreichischen Imperialismus [sic]. Man behauptet, er sei bei Beginn der Balkanwirren für das kriegerische Eingreifen Oesterreichs gewesen. Von anderer Seite wurde das freilich bestritten. Aber es ist in Oesterreich allgemeine Meinung, dass nur der Wille des Kaisers den Krieg verhindert habe."

Und Karl *Leuthner* hat wiederum bei Beginn dieses Krieges die Selbstverständlichkeit dargelegt, dass ein Angriff Oesterreichs auf Serbien sofort Russland auf den Plan rufen würde. In einer Wiener Korrespondenz vom 20. Juli 1914 – zu gleicher Zeit wurde übrigens in der Schlussrede auf dem Neustädter Parteitag der bayerischen Sozialdemokraten der drohende Weltkrieg vernehmlich angekündigt! – schrieb er (gegen einen Kriegshetzartikel des nunmehr seligen kronprinzlichen Leibjournalisten Liman): „Wenn er (Berchtold) an einem Tage der Tollwut denen folgen wollte, die ihm raten, mit dem unversöhnlichen Feinde (Serbien) ein rasches Ende zu machen, so würde er merken, *dass auch die Russen und Rumänen in der Nachbarschaft wohnen.* Damit ist es also nichts – und wäre damit etwas: desto schlimmer. Dann gäbe es in der lappenbunten Monarchie mit eins zehn Millionen Serben, so viel als Deutsche oder Ungarn, und die würden von innen her das Loch noch schneller reissen als von aussen."

Dass mit den österreichischen zugleich die russischen Flinten losgehen würden, war somit für niemanden eine Überraschung. Die Frage war nur, ob in Wahrheit die österreichischen oder die serbischen Flinten losgingen. Davon hing die Verpflichtung Deutschlands und die Haltung der deutschen Sozialdemokratie ab.

Gegen die allgemeine Ansicht der Partei war ich zu der Meinung gelangt, dass nicht Oesterreich, sondern Serbien der Angreifer sei, und zwar als Werkzeug Russlands, das seine Zeit gekommen sah, Europa in Brand zu setzen. Aus dieser Überzeugung heraus erklären sich meine Bemühungen vor Beginn des Krieges, die E. H. ganz richtig darstellt und auf die ich ja selbst zuvor in meiner Zuschrift hingewiesen habe. Ist es Mangel an Urteil, sich im ersten Augenblick über die Ursachen eines Krieges zu täuschen. Mir begegnete dasselbe, aus gleichen Gründen, 1914, wie Marx und Engels 1870. Wie ich aus einer bestimmten, festgewurzelten Ansicht über die russische Politik irrte, so irrten sich Marx und Engels, wie ihr Briefwechsel beweist, aus ihrem alten Gegensatz gegen Napoleon III. über den deutsch-französischen Krieg und erst *nach Sedan* vollzogen sie die Schwenkung.

Wenn ich an jenem 28. Juli 1914, da ich E. H. von der bevorstehenden deutschen Mobilmachung unterrichtete, *entgegen seiner* Anschauung, des Glaubens war, ein russischer Überfall sei *unmittelbar* geplant, und ihm suche Deutschland in legitimer Abwehr zuvorzukommen, so war doch, ganz unabhängig von dieser *Begründung,* die Tatsache, *dass am 28 Juli die deutsche Mobilmachung schon fest stand und bis zum Schluss der Woche auch formeller folgen würde über jeden Zweifel. Und darin allein liegt die geschichtliche Bedeutung des Chemnitzer Extrablattes. Es widerlegt unter allen Umständen die Behauptung, die deutsche Mobilmachung sei erst durch die russische vom 31 Juli veranlasst worden.* Damit war aber zunächst keineswegs das gute Recht Deutschlands widerlegt, auch vor der russischen Mobilmachung dem beabsichtigten Angriff rechtzeitig die Spitze zu bieten.

Ich war *vor* dem Kriegsausbruch, aus den erwähnten Gründen, geneigt, dieses Recht Deutschlands zu einem notwendigen Entschluss, bei dem es keine Wahl hatte, im Gegensatz zu der früheren Haltung E. H.s anzuerkennen. Ich musste sehr bald von Grund aus meine Meinung revidieren: Schon das deutsche Weissbuch erregte meinen Verdacht. Es ward mir sofort klar, dass zum mindesten zwei Konflikte sich kreuzten. Westeuropäisch betrachtet war es ein *deutscher* Krieg, als Fortsetzung der beiden missglückten Marokko-Attacken. Über den Charakter des osteuropäischen Zusammenstosses, über die unmittelbare Verantwortlichkeit Russlands, wurde ein *sicheres* Urteil erst später möglich. Es liegt bis heute kein Beweis vor, dass Russland im Jahre 1914 einen Angriff auf Oesterreich oder Deutschland beabsichtigt, vorbereitet, ausgeführt hat. Aber es gibt genug Zeugnisse, die das Gegenteil beweisen. Am klarsten beurteilen all diese Verhältnisse die unmittelbar vor der Katastrophe geschriebenen Geheimberichte des belgischen Gesandten in Berlin, Baron *Beyens.* Da die deutsche Regierung selbst die „objektive diplomatische Darstellung", die „kühl beobachtende Diplomatie" der früheren Berichte der belgischen Vertreter anerkannt hat – in jenen Zeiten, da sie als Vertreter einer klerikalen Regierung naturgemäss mehr zu Deutschland als zu Frankreich und England hinneigten –, so muss dieser Kredit auch für die letzten Berichte gelten. Sie sind im zweiten belgischen Graubuch enthalten, und da sie bisher in Deutschland unbekannt geblieben sind, wird es interessieren, wenn ich ein paar Stücke übersetze:

Aus einem Bericht vom 26. Juli 1914 (durch einen geheimen

Spezial-Kurier nach Brüssel befördert): „Wiederholte Besprechungen, die ich gestern mit dem Botschafter von Frankreich, dem Gesandten von Holland und Griechenland, dem Geschäftsträger Englands gehabt habe, haben mich zu der Annahme geführt, dass das Ultimatum an Serbien ein zwischen Wien und Berlin vereinbarter Streich ist, oder vielmehr, dass er hier ausgedacht und in Wien ausgeführt ist. Rache wegen der Ermordung des Thronfolgers und wegen der panserbischen Propaganda zu nehmen, das ist nur Vorwand. Der Zweck, der verfolgt wird, ist ausser der Vernichtung Serbiens und der panslawischen Bestrebungen, einen tödlichen Stoss gegen Russland und Frankreich zu richten, in der Hoffnung, dass England im Kampf beiseite stehen würde. Um diese Vermutungen zu rechtfertigen, muss ich Sie an die Meinung erinnern, die im deutschen Generalstab herrscht, dass ein Krieg mit Frankreich und Russland unvermeidlich und nahe sei, eine Meinung, für die es gelungen ist, den Kaiser zu gewinnen. Dieser Krieg, glühend ersehnt durch die Militärpartei und die Alldeutschen, könnte heute unternommen werden, so urteilt diese Partei, unter besonders günstigen Umständen für Deutschland, die sich so bald nicht wiederholen würden: Deutschland hat seine militärischen Verstärkungen, die durch das Gesetz von 1912 vorgesehen waren, beendigt und andererseits fühlt es, dass es nicht unbegrenzt einen Rüstungswettlauf mit Frankreich und Russland fortsetzen könnte, die [der] zum Ruin führen muss ... *Russland hat, bevor es seine militärische Reorganisation vollendet hat törichterweise mit seiner Macht geprahlt. Diese Macht wird erst in einigen Jahren fruchtbar sein; es fehlt Russland gegenwärtig, um sich zu entfalten, an den notwendigen Eisenbahnlinien.* Was Frankreich anbetrifft, so hat Charles Humbert die Unzulänglichkeit seiner schwerkalibrigen Kanonen enthüllt; aber gerade diese Waffe wird, wie es scheint, das Schicksal der Schlachten entscheiden. England endlich, das, seit zwei Jahren, die deutsche Regierung nicht ohne einigen Erfolg von Frankreich und Russland zu lösen sucht, ist durch seine inneren Kämpfe und den irländischen Streit ausgeschaltet." (Beyens skizziert im Vorstehenden die Erwägungen der deutschen Kriegspartei.)

Aus den Berichten vom 28. Juli: „*Der Eindruck, dass Russland unfähig wäre einem europäischen Kriege die Spitze zu bieten, herrscht nicht allein im Schoss der kaiserlichen Regierung, sondern auch bei den deutschen Industriellen, die militärische Lieferungen herstellen. Der Berufenste unter ihnen, Herr Krupp von Bohlen, hat einem meiner Kollegen versichert, dass die russische Artillerie weit entfernt davon sei, gut und ausreichend zu sein, während die Artillerie der deutschen Armee niemals von einer so hervorragenden Qualität gewesen sei. Es wäre eine Torheit von Russland, fügte er hinzu, unter solchen Bedingungen Deutschland den Krieg zu erklären.* "

Der aufmerksame Leser wird sofort wahrnehmen, wie sehr diese Berichte des Baron Beyens von 1914 der Äusserung entsprechen, die im Hauptausschuss des Reichstages am 9. November der Reichsparteiler tat; also der Vertreter der Partei, die die innigsten Beziehungen sowohl zur Rüstungsindustrie wie zu den leitenden Militärs hat, ein Satz, mit dem er in aller Naivität die ganze Sachdarstellung des Kanzlers entwurzelte: „Wenn wir uns 1914 auf Schiedsgerichtsverhandlungen eingelassen hätten, hätten wir den Gegnern, *die erst 1916* losschlagen wollten, Zeit gelassen, ihre Rüstungen zu vollenden."

Damit ist alles gesagt. Wer aber immer noch nicht zugeben will, dass der Reichsparteiler recht hat, dass im August 1914 niemand daran gedacht hat, uns zu überfallen, dass im Gegenteil Deutschland jenen Zeitpunkt wählte, um einen mit mehr oder minder Ernst und Grund behaupteten Angriff im Jahre 1916 zu verhindern; wer völlige Klarheit darüber zu gewinnen wünscht, wer in den kritischen Sommertagen 1914 den Krieg herbeiführen, wer ihn verhindern wollte, der braucht nur auf ein Blatt Papier die Anregungen, Vorschläge, Anträge der leitenden Staatsmänner und der diplomatischen Vertreter der Mächte zu verzeichnen und daneben die Aufnahme, die sie bei der Gegenpartei gefunden. Das Ergebnis ist zwingend. Um die letzte etwa noch übrig bleibende Unsicherheit zu beseitigen, bedarf es dann nur noch der kritischen Einsicht, dass die Staatsmänner, die von einer mächtigen Kriegspartei getrieben wurden, ohne persönlich den Krieg zu wollen, alles unterlassen und ablehnen werden, was geeignet wäre, den Krieg zu verhindern, dass sie jedoch ebenso alle Massnahmen fördern werden, die den Schein der Friedensliebe verbreiten und die Entscheidung hinausschieben.

Andere Wege der Kritik geht freilich E. H. In seinen *Neue-Zeit*-Enthüllungen stellt er auch die Schuld Frankreichs fest. Sie besteht darin, dass Frankreich auf die deutsche Frage, ob es neutral bleiben wolle, geantwortet habe, es werde nach seinen Interessen handeln.

Das ist ein ausgezeichnetes Rezept, um auf die einfachste und billigste Weise jeden Angegriffenen zum Angreifer zu machen und jede Kriegserklärung zu begründen. Setzen wir den Fall, Russland habe in Wahrheit Oesterreich zu überfallen beabsichtigt. Was hätte – nach E. H. – Russland tun müssen, um trotzdem die Verantwortung auf Deutschland zu wälzen? Es hätte in dem Augenblick, als es sich anschickte, sich auf Oesterreich zu stürzen, nur bei Deutschland anfragen brauchen, ob es bereit wäre, sich neutral zu verhalten. Würde Deutschland dann geantwortet haben, es gedenke nach seinen Interessen zu handeln – vermutlich hätte die Antwort auf die sonderbare Frage erheblich schärfer gelautet! – dann wäre Deutschland der Schuld am Weltkrieg überführt. Nicht wahr, E. H.?

Doch um gerecht zu sein, Russland hätte in diesem Falle, um nach E. H.s kritischer Methode Deutschland mit der *vollen* Schuld zu belasten, ausser jener Anfrage noch etwas anderes zu bewerkstelligen gehabt: es hätte es so einrichten müssen, dass Deutschland mindestens einen halben Tag vor Russland die formelle Gesamtmobilmachung anordnete!

III. |

Dass Oesterreich in der serbischen Frage nicht vor ein europäisches Gericht gezogen werden dürfte, diese Formel war der Kehrreim aller deutschen Auslassungen in der Inkubationszeit des Weltkrieges. Deutschland liess Oesterreich grundsätzlich freie Hand. Bis zur Stunde gibt es – mit einer Ausnahme – keine einzige deutsche Urkunde, die darauf hindeutet, Deutschland habe bei seinem Bundesgenossen irgend etwas unternommen, was geeignet gewesen wäre, das Vorgehen gegen Serbien – das nach allgemeiner sozialdemokratischer Auffassung unmittelbar unabwendbar zum Weltkrieg führen musste ! – zu verhindern. Die sozialdemokratische Mehrheitsfraktion hat auch bisher nichts getan, um die Veröffentlichung der Berliner diplomatischen Korrespondenz zu bewirken. Rücksichten auf Neutrale können heute für die Geheimhaltung nicht mehr geltend gemacht werden, da sie ihre intellektuelle Meinung sowohl wie ihre praktische Haltung zum Krieg längst vollzogen haben. Nur die Aufklärung des *deutschen* Volkes steht noch in Frage. Allerdings bleibt Deutschland seinem bisher gewohnten absolutistischen System auch im Weltkrieg treu, wenn es im Gegensatz zu den Westmächten über den Verkehr der Berliner Zentrale mit den diplomatischen Vertretern der Öffentlichkeit alles vorenthält, die Lebensfragen der Nation als Staatsgeheimnisse behandelt.

Die *eine* Ausnahme aber steigert und verdunkelt noch das Geheimnis, anstatt es zu entwirren. Diese eine Ausnahme ist die Instruktion Bethmanns an Tschirschky, vom 30. Juli 1914, die der Reichskanzler am 19. August 1915 dem Reichstag mitteilte, und die den Satz enthielt: „Wir sind zwar bereit, unsere Bundespflicht zu erfüllen, müssen es aber ablehnen, uns von Oesterreich-Ungarn durch Nichtbeachtung unserer Ratschläge in einen Weltbrand hineinziehen zu lassen." An dieser Instruktion ist alles auffällig, dunkel, seltsam. Warum ist sie das einzige Dokument des inneren deutschen diplomatischen Verkehrs geblieben, das bekannt gegeben wurde? Warum führte man diese schroffe Sprache gegen den Bundesgenossen erst in letzter Stunde, als es zu spät war? Warum wählte man so energische Ausdrücke, als es sich nur um ein – inzwischen schon erledigtes – Missverständnis zwischen Petersburg und Wien handelte, die Rüge also nachträglich kam? Warum wendete man plötzlich so viel Kraft des Wortes und so entschlossene Drohungen gegen den Freund auf, lediglich zu dem bloss *formalen* Zweck, ihn zu Gesprächen mit Petersburg zu veranlassen, nicht etwa um ihn zur Annahme eines *sachlich* bestimmten Vorschlags zu drängen, der geeigneter gewesen wäre, den Frieden zu sichern? Fragen über Fragen? Die Freude des Reichstages, dass man ihn endlich mit einer internen Urkunde begnadete, war bei der Verlesung so gross, dass man die hinzugefügten Bemerkungen Bethmanns in ihrer Bedeutung nicht erkannte, und durchdachte: „Ich habe, als in England kurz vor Ausbruch des Krieges die Erregung sich steigerte und ernste Zweifel an unseren Bemühungen um Erhaltung des Friedens laut wurden, diesen Vorgang in der englischen Presse bekannt gegeben. Jetzt *nachträglich* tritt dort die Insinuation hervor, dieser Vorgang habe überhaupt nicht stattgefunden und die Instruktion an Herrn von Tschirschky sei fingiert worden, um die öffentliche Meinung in England irrezuführen. Sie werden mit mir übereinstimmen, dass diese Verdächtigung keiner Erwiderung wert ist." Die deutschen Volksvertreter sind sich offenbar in jener Sitzung nicht bewusst geworden, was es für sie bedeutete, zu erfahren, dass die Urkunde, die sie eben als sensationelle Enthüllung enthusiastisch aufgenommen hatten, dem – *englischen* Publikum schon ein Jahr früher bekannt gegeben, mithin eine reichlich alte Geschichte war. Die deutschen Volksvertreter waren auch augenscheinlich nicht verwundert, dass dieselbe Regierung, die grundsätzlich und systematisch dem eigenen Volk jede Kenntnis von dem inneren diplomatischen Betrieb vorenthält, im Ausland eine Note veröffentlicht, die in ihrem barschen Kommandoton höchst kränkend für den eigenen Bundes- und Kampfgenossen sein musste. Die deutschen Volksvertreter grübelten auch darüber nicht, ob es denkbar sei, dass solche geheime Instruktion, die eine schroffe Zurechtweisung des Bundesgenossen enthielt, unmöglich von Berlin aus in die ausländische Presse lanziert werden konnte, ohne dass Oesterreich die Erlaubnis dazu gab; hatte es aber in die Veröffentlichung – in *England* – gewilligt, dann verlor die Instruktion jeden Wert, dann war sie eine Vereinbarung zwischen Berlin und Wien !

Vielleicht war sich der Reichstag damals über die Bedeutung jener „Bekanntgabe des Vorgangs“ überhaupt nicht klar. Der Sachverhalt ist, dass die Instruktion an Tschirschky gleichzeitig nach London übermittelt wurde und am 1. August 1914 in dem englischen Regierungsblatt, der *Westminster Gazette*, veröffentlicht wurde. Dieser Vorgang musste allerdings so überraschend wirken, dass J. W. Headlam in seinem weit verbreiteten Buch *The Twelve Days* (Die zwölf Tage) begreiflicherweise die Instruktion für eine Fälschung hielt. Aber sie war etwas ganz anderes.

Es genügt, sich noch einmal die Fragen, die ich an die Instruktion geknüpft habe, zu vergegenwärtigen und sich an das Datum der Absendung der Instruktion nach Wien und London zu erinnern, um klar zu sehen. 30. Juli 1914! Die Berliner Staatsmänner waren bis zu diesem Tage – und auch die anderen deutschen Diplomaten, so namentlich der ehemalige Zentrumsspezialist für auswärtige Politik und jetzige Vorsitzende im diplomatischen Ausschuss! – des unausrottbaren Glaubens, dass England, in der ersten Zeit wenigstens, nicht in den Krieg eingreifen würde. Alle gegenseitigen Äusserungen der englischen Staatsmänner wurden nicht ernst, sondern für diplomatische Kniffe genommen. Die unzweideutigen englischen Presseäusserungen, die die Teilnahme Englands am Kriege ankündigten, wurden in der deutschen Presse gefälscht – im friedlichen Sinne – veröffentlicht. So wurden z. B. die folgenden Schlusssätze eines Leitartikels der *Times* vom 29. Juli 1914 in der deutschen Presse nicht wiedergegeben: „Die englische Regierung und die Nation behält sich selbstredend vollständige Aktionsfreiheit vor. Wird Frankreich bedroht, oder wird die Sicherheit der belgischen Grenze bedroht, so werden wir wissen, was wir zu tun haben. Wir können ebensowenig Deutschland gestatten, Frankreich zu vernichten, wie Deutschland es den Russen gestatten kann, Oesterreich-Ungarn zu vernichten. Kommt diese Frage zur Entscheidung, so werden unsere Freunde und unsere Feinde erfahren, dass wir wie ein Mann handeln."

Am 30. Juli aber war man doch in Berlin zum Bewusstsein gekommen, dass man sich über die Politik Englands geirrt hätte. Zu gleicher Zeit hatte man aus Rom die bündige Versicherung erhalten, dass Italien den Bündnisfall*) nicht als gegeben erachte. So entschloss man sich, jene Instruktion abzusenden, die nicht sowohl für Wien, sondern für London bestimmt war. Sie sollte in England die Friedensstimmung erhalten – ein Beweis übrigens, wie sehr man in Berlin von der inneren Friedensliebe des englischen Volkes überzeugt war, wenn man sich solche Wirkungen von der Veröffentlichung der Instruktion an Tschirschky versprach! So löst sich die einzige Urkunde mässigender Einwirkung Deutschlands auf Oesterreich in Selbstzersetzung auf. Und nun erhält das Extrablatt der Chemnitzer Volksstimme vom 28. Juli 1914 erst seine volle Beweiskraft. Im Lichte der von mir angedeuteten Tatsachen und Zusammenhänge gesehen, beweist es: *Der militärische Beschluss, unter allen Umständen bis zum August zu mobilisieren, stand in Berlin schon am Beginn der kritischen Woche fest. Was im Laufe dieser Woche dann noch von den Berliner Zivilstaatsmännern getan wurde, war lediglich die politische Inszenierung des militärisch beschlossenen Krieges, die durch die Überraschung des sofortigen Eingreifens Englands und die italienische Haltung besonders schwierig geworden war.*

*) [ANMERKUNG | in der Vorlage als Fußnote gesetzt]. Um mich nicht dem Vorwurf auszusetzen, dass ich irgendein Entlastungszeugnis unterdrücke, füge ich hinzu, dass letzthin Herr v. Bethmann eine zweite Urkunde dieser Art produziert hat. Aber gerade dieses Dokument, das der Kanzler – übrigens nicht vollständig und in seinem Hauptteil nur in indirekter Wiedergabe – am 9. November 1916 dem Hauptausschuss des Reichstags mitgeteilt hat, *bekräftigt* lediglich in bedeutsamer Weise die obigen Ausführungen. Das

neue Zeugnis, von dem ich im Augenblick nicht feststellen kann, ob es nicht auch schon in den kritischen Tagen von 1914 in der englischen Presse veröffentlicht worden ist, ist insofern wichtiger als die Instruktion an Tschirschky, weil es sich hier um einen *inhaltlich* bestimmten Vermittlungsversuch handelt. Am 29. Juli 1914 regte Grey – in einer Unterhaltung mit dem deutschen Botschafter – an, Herr v. Bethmann möge auf der Grundlage eine Vermittelung zwischen Wien und Petersburg unternehmen: „Oesterreich solle – das von ihm bereits besetzte Gebiet behaltend, bis es von Serbien vollständig befriedigt – erklären, *dass es nicht weiter vorrücken würde, bis die Mächte einen Versuch gemacht hätten, zwischen ihm und Russland zu vermitteln.*" Herr v. Bethmann hat nun am 9. November 1916 mitgeteilt, er habe den englischen Vorschlag nicht nur nach Wien weitergegeben, sondern ihn auch dringend befürwortet. Er habe damals nach Wien über die Gefahr der Lage telegraphiert (diese Sätze hat der Kanzler wörtlich wiedergegeben) und dann erklärt:

> Das politische Prestige Oesterreich-Ungarns, die Waffenehre seiner Armee, sowie seine berechtigten Ansprüche gegen Serbien könnten durch die Besetzung Belgrads oder anderer Plätze hinreichend gewahrt werden. Wir müssen daher dem Wiener Kabinett dringend und nachdrücklich zur Erwägung geben, die Vermittelung zu den angebotenen Bedingungen anzunehmen. Die Verantwortung für die sonst eintretenden Folgen wäre für Oesterreich-Ungarn und uns ungemein schwer.

Herr Bethmann hat in dieser telegraphischen Instruktion plötzlich sich damit einverstanden erklärt, dass in der serbischen Frage zwischen Oesterreich und Russland vermittelt würde. Zuvor hatte er den englischen Konferenzvorschlag hartnäckig mit dem Einwand abgelehnt, dass er nicht dulden könne, Oesterreich vor ein europäisches Gericht zu stellen. Hatte er sich von diesem den Weltkrieg provozierenden Grundsatz am 29. oder 30. Juli, unter dem Eindruck der Gewissheit englischen Eingreifens, jäh bekehrt? Auch solche Bekehrung kann nicht erfolgt sein; denn Herr v. Bethmann hat ja noch *später* – im Weissbuch vom 3. August wie im Reichstag – abermals als Leitmotiv der deutschen Verhandlungen den Satz aufgestellt, dass Oesterreich nicht vor ein europäisches Gericht gezogen werden dürfe. Er war sich mithin treu geblieben und die Empfehlung des entgegengesetzten Greyschen Vorschlags kann wieder nur als nicht ernst gemeinte Propagandamittel für die öffentliche Meinung in England gewertet werden. Tatsächlich ging Oesterreich dann auf diesen Greyschen Vorschlag – wenn auch erst am 31. Juli, *nach* seiner Gesamtmobilmachung – nicht ganz unzweideutig und nicht ohne Vorbehalt ein. Inzwischen hatte der russische Minister Sasonow dem deutschen Botschafter in Petersburg folgende Formel als Grundlage der Verhandlungen mit Oesterreich angeboten, die am 30. Juli vom englischen Botschafter aus Petersburg nach London telegraphiert wurde:

„Wenn Oesterreich-Ungarn einwilligt, in Betracht dessen, dass sein Konflikt mit Serbien eine Frage europäischer Interessen geworden ist, sich bereit zu erklären, in seinem Ultimatum jene Forderungen zu streichen, welche dem Prinzip der Souveränität Serbiens zuwiderlaufen, verpflichtet sich Russland mit seinen militärischen Vorbereitungen innezuhalten."

Die Übermittelung dieses Sasonowschen Vorschlags, der selbständig, ohne Kenntnis der Greyschen Anregung, entstanden war, veranlasste Grey, nicht seine ursprüngliche Formel, wie er sie dem deutschen Botschafter mitgegeben hatte, der russischen Regierung zu unterbreiten, sondern eine in der endgültigen Fassung noch nicht festgelegte neue Formel, die sich als eine Abänderung der Formel Sasonow darbietet. Dieser englische Vermittelungsvorschlag für die russische Regierung ist in folgender Instruktion Greys an den englischen Botschafter in Petersburg skizziert und noch am 30. Juli telegraphisch übermittelt:

„Sollte das Vorrücken der österreichisch-ungarischen Truppen, nachdem diese Belgrad besetzt, eingestellt werden, so glaube ich, dass der Vorschlag des russischen Ministers des Äusseren dahin abzuändern wäre, dass die Mächte prüfen sollten, inwiefern Oesterreich-Ungarn durch Serbien befriedigt werden könne, ohne dass dabei das Letztere seine Souveränitätsrechte und seine Unabhängigkeit preisgäbe. Sollte sich Oesterreich-Ungarn nach seiner Besetzung Belgrads und des benachbarten serbischen Gebietes bereit erklären, im Interesse des europäischen Friedens sein Vorrücken einzustellen, und über die Mittel, wie ein vollständiges Übereinkommen zu erreichen wäre, verhandeln wollen, dann fände sich Russland, meiner Hoffnung entsprechend, sich ebenfalls bereit, zu verhandeln und mit seinen militärischen Massnahmen innezuhalten, wenn die anderen Mächte dasselbe Verfahren beobachteten."

Indem Grey in dieser Instruktion an den englischen Botschafter in Petersburg auch seine ursprüngliche, dem deutschen Botschafter in London Tags zuvor unterbreitete Vermittelungsformel zur Kenntnis gibt, arbeitete er sie in den russischen Vorschlag ein und empfiehlt diese Kombination Grey–Sasonow in Petersburg zur Annahme. Der russische Minister des Äussern telegraphierte am 31. Juli an die Botschafter in Berlin, Wien, Paris, London und Rom, dass er mit dem englischen Vorschlag einverstanden sei und entsprechend den Anregungen Greys seine frühere dem deutschen Botschafter in Petersburg überreichte Formel so abändere:

„Wenn Oesterreich einverstanden ist, den Vormarsch seiner Truppen auf serbischem Territorium einzustellen, und wenn es unter Anerkennung, dass der österreichisch-serbische Konflikt den Charakter einer europäischen Frage angenommen hat, gestattet, dass die Grossmächte die Frage der Genugtuung prüfen, die Serbien ohne Beeinträchtigung seiner Rechte als souveräner Staat und seiner Unabhängigkeit Oesterreich-Ungarn geben könnte, übernimmt Russland die Verpflichtung, seine abwartende Stellung beizubehalten."

Auf Grund dieses englisch-russischen Vorschlags verhandelte dann Wien mit Petersburg. Der Unterschied zwischen dem Kompromiss und der ersten Fassung Greys besteht in der ausdrücklichen Betonung der Erhaltung der Unversehrtheit und Unabhängigkeit Serbiens; ich wüsste nicht, dass an dieser Bedingung ein Sozialist Anstoss nehmen könnte! In gleicher Richtung schlug zur serbischen Angelegenheit Grey – noch am 31. Juli – in Berlin eine Vermittelungsaktion der vier unbeteiligten Mächte (Deutschland, England, Frankreich, Italien) bei Oesterreich vor. Ja, dem deutschen Botschafter in London hatte schon am Morgen des 31. Juli Grey versichert, dass, wenn Deutschland eine derartige Verständigung bei Oesterreich durchsetze, Russland und Frankreich aber sich ablehnend verhalten würden, England mit den aus solcher Abweisung entstehenden Folgen sich nicht länger befassen, d. h. nicht mit dem Zweibund gehen würde. So ist am 31. Juli eine allgemeine Verständigungsformel gefunden: Dem *Grey–Sasonowschen* Vermittelungsvorschlag ist Oesterreich entgegengekommen, indem es Serbien Integrität und Souveränität versprach. Fehlte nur noch – *Berlin*, das die Verhandlung durch die vier Mächte auf dieser Grundlage in Wien befürworten und durchsetzen sollte. In dieser entscheidenden Stunde aber *weigerte* sich Deutschland dem englischen Botschafter gegenüber, den englischen Vorschlag auch nur in Erwägung zu ziehen, ehe Russland auf das – deutsche Ultimatum geantwortet habe. Es durchkreuzt mit dem Ultimatum die ganze Vermittelungsaktion, die trotz aller Mobilisierungen (*aller* Mächte) hätte durchgeführt werden können. Damit erweist sich auch das zweite Zeugnis Bethmanns lediglich als ein Mittel der politischen Inszenierung der fest beschlossenen Entscheidung durch die Waffen.

Jüngst hat Eduard *David* (Glocke Nr. 36) in einem Artikel, in dem er Eduard *Bernstein* Fälschung und Verstümmelung der englischen Bekanntmachung gewissenlos vorwarf, den Sachverhalt in der leichtfertigsten Weise, völlig konfus durcheinandergebracht. Er verwechselt geflissentlich die *erste* (gegenüber Russland von England niemals vorgeschlagene) Formel Greys mit der *zweiten* Kombination (die Russland annahm), um einen Gegensatz zwischen Grey und Sasonow zu erfinden („Dabei hatte Sasonow die Stirn, zu behaupten, dass er den englischen Vorschlag annehme") und schliessen zu können, Oesterreich und Deutschland seien mit dem Greyschen Vorschlag einverstanden gewesen, aber Russland nicht. Tatsächlich hat den einzigen Vorschlag, den Grey nach Petersburg gesandt, Russland angenommen, und auch Oesterreich hat sich ihm anbequemt. Deutschland aber zog ihn nicht einmal in Erwägung, sondern wartete – auf die russische Beantwortung seines Ultimatums!

All das wurde mir natürlich erst im Laufe der Ereignisse zur zweifelsfreien Überzeugung. Sie erschütterte aber niemals meine Ansicht, dass die deutsche Sozialdemokratie am 4. August 1914 unter den damaligen Umständen nicht anders handeln konnte. Wenn ich gleichwohl *sofort*, unabhängig von der erst hernach sich vollziehenden Entwicklung meiner Auffassung über die Kriegsverantwortlichkeiten zur Opposition gegen die Partei gedrängt wurde, so geschah das aus anderen Gründen. Die Aktion vom 4. August halte ich heute nicht für richtig. Aber die Folgen, die sich aus dieser, der ganzen (von mir nicht geteilten) Tradition der Partei widersprechenden Tat ergaben, waren zermalmend. Ein halbes Jahrhundert sozialistischer Erziehungsarbeit war in einem Augenblick vertan. Weil die Abstimmung ein Bruch mit unserer bisherigen Politik war, darum passte man die neue Politik der Abstimmung an. Die Kreditbewilligung war nicht die Folge unserer früheren Politik, aber die jetzige Politik war die Folge der Kreditbewilligung. Als die raschen militärischen Siege Deutschlands im August und der ersten Hälfte 1914 (von der darauf einsetzenden entscheidenden Wendung erfuhr man bei uns nichts!) die Köpfe betäubten, ergriff fast die gesamte deutsche Sozialdemokratie ein schrecklicher Taumel. Alles wurde nicht nur national, sondern chauvinistisch. Man begeisterte sich für deutsche Weltherrschaft, protzte mit den Herrlichkeiten des Systems, von dem man bis dahin verachtet und misshandelt worden war. Und dieser deutsche Weltbeherrschungswahn war nicht nur eine Preisgabe aller sozialistischen und demokratischen Vorgänge, sondern – fast noch schlimmer –: eine völlige Erblindung der Einsicht in die politischen und wirtschaftlichen Machtverhältnisse der Welt und die nationale Berufung Deutschlands.

In diesem Wirbelwind ward die deutsche Sozialdemokratie eine deutsche Offiziosenpartei, also noch weit weniger als eine Regierungspartei; sie ward bis ins Innerste unselbständig, sie fand kein Wort der Kritik, des Protestes, der Menschlichkeit, der internationalen Gesinnung, der – Wahrheit! Man berufe sich nicht auf Belagerungszustand und Zensur: Wenn es nicht möglich war, frei zu reden, so durfte man doch schweigen. Die Anklage richtet sich nicht dagegen, was man – aus Zwang – verschwieg, sondern was man – ohne Zwang – sagte und schrieb! Der Zusammenbruch der sozialdemokratischen Gesinnungen war unendlich schlimmer, als der Wettersturz der Liberalen nach 1866.

Die einzige Entschuldigung war die gegen den Zarismus gerichtete Parteiüberlieferung. Aber abgesehen davon, dass man die antizaristische Ideologie alsbald verliess, und der imperalistischen Parole gegen England nicht nur bereitwillig, sondern fast fanatisch folgte, trat für den mit wissenschaftlichem Ernst die Erscheinungen durchdringenden Beobachter immer mehr eine andere Tatsache hervor: Die europäischen Westmächte waren mit

dem neuen, dem *demokratischen* Russland verbündet, das seit einem Jahrzehnt daran ist, die Hülle des Zarismus zu sprengen, wie Preussen-Deutsch-
lands hundertjährige Freundschaft mit dem *zaristischen* Russland verknüpft
war. Gegen diese deutsch-russische Politik richtete sich unser Hass und unser (erfolgloser) Kampf, seitdem es eine deutsche Sozialdemokratie gibt;
E. H. und ich haben gemeinsam mit Karl Liebknecht und Hugo Haase das
grosse deutsche Vorspiel der russischen Revolution, den Königsberger
Hochverratsprozess, als Augen- und Ohrenzeugen erlebt. Der Krieg, der
zehn Jahre später ausbrach, fand ein innerlich gewandeltes Russland. Der
Bund zwischen der französischen Republik und – dem slawischen Weltreich
im Osten war nicht mehr so widernatürlich, wie er es früher war. Unser Feh-
deruf: gegen den Zarismus verlor seinen Sinn. Auch darüber konnte man zu
Beginn des Krieges im Zweifel sein. Aber der Krieg selbst offenbarte die Gewalt der demokratischen Strömungen in Russland. Und wenn alle deutschen Hoffnungen auf einen Separatfrieden mit Russland sich ausschliess-
lich auf die russischen „schwarzen Hundert" stützen, gibt es ein stärkeres
Argument gegen die Kriegspolitik der leitenden deutschen Sozialdemokratie? K. E.

IV. |

Der Anlass meiner Oktober-Zuschrift und der Ausgang dieser Betrachtungen war der Hohn, mit dem die Volksstimme die Schieds-
gerichtsproklamation Lord Greys überschüttet hatte. Ich hätte diese
Verleugnung einer sozialistischen Programmforderung und eines
demokratischen Grundsatzes erklärt: „Nicht weil England eine sozialistische Forderung aufnimmt, sucht man sie zu entkräften und
zu verdächtigen, sondern weil man weiss, dass man – diese Forderung ernst und unter Einsatz jedes Mittels aufgenommen – zum un-
heilbaren Bruch mit dem offiziellen Deutschland als dem Todfeind,
dem Erbfeind solcher gefährlichen Phantastereien sich entschliessen
müsste.

Inzwischen hat – am 9. November im Hauptausschuss des
Reichstages – Herr von Bethmann die Ideen Greys in schwungvoll
pathetischen Wendungen sich nicht nur plötzlich angeeignet, sondern in dem Ungestüm der neuen Erkenntnis natürlich auch sofort
Deutschland die bekannte Mission vorgeschrieben, auch in dieser
pazifistischen Organisation an der Spitze zu marschieren. Indem
E. H. Grey und Bethmann in gleichem Masse ablehnt, erkennt er
dem deutschen Kanzler immerhin den Erfolg zu, dass er durch sein
Einverständnis „mit dem Gedanken eines Ausbaues des Völker-

rechts zum internationalen Friedensbund" mir „diese Waffe aus der Hand geschlagen habe".

Ich will an *dieser* Stelle die Sezierung der Bethmannschen Rede nicht vornehmen. Ich hatte behauptet, dass hier die Wege sich scheiden, dass dies pazifistische Kriegsziel völlig unvereinbar mit dem deutschen System sei. Wenn E. H. diese Behauptung durch die Erklärungen Bethmanns für widerlegt hält, ist das nun E. H.sche Naivität oder etwas anderes? Hätte sich Herr von Bethmann im Sinne Greys ausgesprochen, so wäre das in der Tat der radikale Bruch mit dem deutschen System, eine revolutionäre Umkehr, und der Friede könnte auf dieser Grundlage sofort geschlossen werden; er wäre die erste Anwendung und der erste Erfolg der neuen Völkertafel. Aber ist Herr von Bethmann über Nacht zum Revolutionär an seiner und der herrschenden Auffassung in Deutschland geworden?

Ich ahnte, nach gewissen publizistischen Vorbereitungen, dass dergleichen Worte einmal fallen würden. Darum hatte ich dargelegt, dass die Völkerbundsforderung im Munde des englischen Staatsmannes die Verkündigung eines *englischen Lebensinteresses* sei und ich hatte die vorsichtige Klausel hinzugefügt, dass das deutsche System mit dem Gedanken unvereinbar sei, sofern diese Forderung *ernst und unter Einsatz jedes Mittels* (von den deutschen Sozialisten) aufgenommen würde.

Ernst genommen, bedeutet die Forderung: *Jeder* Konflikt ist vor einer kriegerischen Entscheidung einem Schiedsgericht zu unterbreiten, und zwar gerade dann, wenn es sich um sogenannte nationale Lebensfragen handelt. Der Friedensbund legt weiter allen Mitgliedern die Verpflichtung auf, gegen jeden Verletzer dieser neuen internationalen Rechtsordnung mit alten militärischen und wirtschaftlichen Machtmitteln einzuschreiten.

Hat sich Herr von Bethmann dazu bekehrt? Das wäre eine persönliche Katastrophe und das Wunder der Wunder. Aber noch wunderbarer ist die *allgemeine* Bekehrung zu Bethmanns Umsturz. Selbst die Konservativen haben sich nicht gescheut, ihre Sympathien für die Erklärungen des Kanzlers auszusprechen. Die ganze deutsche Welt steht offenbar auf dem Kopf, und es ist nicht abzusehen, welch revolutionäres Prinzip noch bei unseren herrschenden Klassen auf Widerspruch stossen möchte; es scheint, als ob sich ein geistiger Besitzwechsel vollzogen hat: in demselben Augenblick, in dem die *völkerbefreienden Revolutionäre* von ehemals der Verführung der bürgerlich-feudalen Ideen erliegen, richten sich die Herrschenden im kommunistischen Manifest und im Erfurter Programm häuslich ein!

Hat der *epidemische* Charakter der pazifistischen Bekehrung nicht einmal den Verdacht E. H.s erregt. Auch die hitzigsten Gegner des derzeitigen Kanzlers haben sich durch diese Wandlung Bethmanns nicht beunruhigen lassen. Anders spricht auch Graf Westarp oder Herr von Reventlow nicht. Sie kennen die Vorliebe Bethmanns für wichtige Vokabeln. Aber sie wissen auch, dass das innere Verhältnis des Gedankens immer gleich leblos bleibt: ob er nun früher von Kant sprach oder jetzt von der Neuorientierung – das Wort ein ebenso scheusslicher Bastard wie der Begriff! – oder plötzlich auch von internationalem Schiedsgericht, man spürt niemals etwas von realen Garantien, ob er den Denker, dessen Namen er im Munde geführt, auch nur gelesen, geschweige verstanden hat; ob er der zukünftigen Verheissung irgendeinen bestimmten Inhalt oder gar einen entschlossenen Willen der Verwirklichung hinzudenkt; ob nicht vielmehr die Aufnahme solcher seiner geistigen Richtung entgegengesetzten Ideen blosse Schutzanpassungen sind, hinter denen er ungestörter und ungehemmter seine angeborene Politik fortzusetzen wünscht, wie es ja seit jeher eine Liebhaberei der preussischen Staatstechnik ist, mit liberalen Männern konservative Politik zu treiben.

Die ebenso späte wie plötzliche Bekehrung Bethmanns zum Pazifismus – warum war er, zum Heil der Völker, nicht schon im Juli 1914 so weit, damals, als er sich weigerte, selbst einen so geringfügigen Konflikt wie den zwischen dem grossen Oesterreich und dem kleinen Serbien, vor ein europäisches Gericht zu ziehen? – müsste gleichwohl von uns als radikaler Bruch mit dem deutschen militaristischen System der Gewalt lebhaft anerkannt werden, wenn nicht auch diese Äusserungen die Art aller seiner von den Mehrheitssozialisten bewunderten Zugeständnisse hätten. Alles was in Bethmanns Kundgebungen nach demokratischen und sozialistischen Forderungen klang, war völlig unbestimmt und inhaltlos. Sobald er aber das Bedürfnis hatte, die Anhänger des herrschenden Systems zu beruhigen, ward er sehr bestimmt. Wenn er z. B. einmal im Reichstag gedroht hatte, dass je länger die Feinde den Frieden verweigern, desto grösser die Forderungen Deutschlands werden würden (das war damals als Herr Helfferich mit dem finanziellen Prospekt debutierte, man brauche sich um die deutschen Kriegsschulden nicht zu sorgen, da sie die Feinde zu bezahlen hätten!), so klang das nicht so flötenhaft, wie er in den Zwiegesprächen mit Scheidemann seinem roten Gönner vorkommt.

Aber es steht in diesem Fall des scheinbaren Zugeständnisses an Greys Forderungen noch schlimmer. Der Kanzler hat sich leider durch die verhängnisvollen Ratschläge der Harden, Zorn, Hans Delbrück, Dernburg verleiten lassen. Kurz vorher hatte namentlich Delbrück mit gar zu aufdringlichem Spott empfohlen, da nun einmal die Welt jetzt Pazifistisches gern höre, solle man auch in Deutschland einige unverbindliche Phrasen aus dieser Sphäre ertönen lassen. Der Kanzler erwies sich als gelehriger Leser der *Preussischen Jahrbücher* und verstand die taktischen Gründe, aus denen es zur Zeit zweckmässig sei, Pazifismen in den Wortschatz der deutschen Auslandspropaganda aufzunehmen. Das ist die Bedeutung seiner Bekehrung. Nichts weiter. Jeder Satz zeigt, dass er in diese fremde Gedankenwelt sich überhaupt noch gar nicht hineingefunden hat und dass er ungefähr das Gegenteil von dem plant – d. h. aus taktischen Erwägungen davon redet – was die demokratische-sozialistische Forderung einer europäischen Rechtsorganisation bedeutet. Übrigens hat der hervorragendste Kenner und Vorkämpfer des Schiedsgerichtsverfahrens, Professor D. *Nippold*, jüngst das Nötige über den neuen regierenden Berliner Adepten des Pazifismus gesagt.

Indessen, ich bin objektiv genug, um einzusehen, dass die herrschenden Klassen Deutschlands die schiedsgerichtliche Zwangsorganisation gar nicht ernstlich wünschen können, nicht nur wegen der Unvereinbarkeit mit dem ganzen System, auf dem ihre *innere* Machtstellung beruht, sondern auch, weil in der Tat die Rechtsorganisation, jetzt geschaffen, zu Gunsten der Staaten wirkt, die, durch die günstigen Umstände ihrer geschichtlichen Vergangenheit, die Weltherrschaft besitzen; hemmend dagegen für die, welche sie erst erwerben wollen. Gerade deshalb ist ja die pazifistische Kriegszielforderung Englands durchaus nicht Heuchelei, sondern ein unerlässliches Mittel der Machterhaltung. Gerade deshalb hält auch E. H. seine geheimsten Gedanken, seine Zukunftshoffnung eines deutschen Imperiums bewusstlos unvorsichtig preisgebend, die Grundforderung aller sozialistischen Programme, plötzlich für unsozialistisch (wie Radek!). Gebe ich also zu, dass das Schiedsgerichtsverfahren die bestehende englische Weltherrschaft schützt und die erstrebte deutsche Weltherrschaft hemmt, so leugne ich dagegen durchaus jedes proletarische, sozialistische und demokratische Interesse, die Entwicklung der Dinge so zu beeinflussen und zu leiten, dass die geschichtlich gewordene Weltherrschaft der herrschenden Klasse *eines* Landes eingeschränkt, verdrängt, in militärisch-marinistischem Gewaltringen abgelöst werde durch die künftige Weltherrschaft der herrschenden Klasse eines *anderen* Landes. Man kann den englischen Imperialismus schlechthin verurteilen und bekämpfen, aber nicht dadurch, dass man ihn durch den noch gefährlicheren – weil gänzlich undemokratischen – deutschen Imperialismus ersetzen will.

E. H. bestreitet freilich, nachdem er eben durch die Zurückweisung des Schiedsgerichtsverfahrens mittelbar sogar ein sozialdemokratisches Bekenntnis zum deutschen Imperialismus [sic] abgelegt hat, dass die Weltherrschaft wie deutsche Kriegsursache, so deutsches Kriegsziel sei. Er hat mir zugestimmt, dass Kriegsursachen und Kriegsziele identisch seien, wenn auch mit der für die zur Diskussion stehenden Frage unerheblichen und unklaren Einschränkung, dass sich Kriegsziele im Laufe des Krieges ändern können. Dass in einem Weltkrieg, nachdem er einmal losgelassen ist, *alle* Appetite wach werden und wachsen, ist eine automatische Notwendigkeit. Aber E. H. kennt nur für die Entente solche Kriegsziele als Kriegsursachen: „Sie heissen Konstantinopel für Russland, Elsass-Lothringen für Frankreich, siegreicher Handels- und Kolonialkrieg für England."

Gewiss, *Russland* träumt seit tausend Jahren von Konstantinopel. Aber es fehlt jeder Beweis, dass es am 1. August 1914 entschlossen gewesen sei, diesen Traum zu verwirklichen. Ja, indem es bei Ausbruch des Krieges sich bemüht hatte, die Türkei auf seine Seite zu ziehen, war es sogar im Gegenteil bereit, für diesen Krieg auf die Verwirklichung seines Traumes zu verzichten. Dass *dann*, als ganz Europa in glühenden Fluss geriet, Russland bei der kommenden Kristallisation Konstantinopel sich anzugliedern begehrt, war selbstverständlich.

Frankreich hat niemals auf Elsass-Lothringen verzichtet, auch die französischen Sozialisten nicht, am allerwenigsten Jaurès. Aber man hatte sich allmählich darein gefunden, dass man wegen dieses Rechtsanspruchs keinen Krieg anfangen dürfe. In keinem Lande hatte die pazifistische Stimmung so alle Schichten der Bevölkerung durchdrungen, wie in der französischen Republik. Selbst die zur ohnmächtigen Opposition zurückgescheuchten Chauvins der Revanche schreckten vor einem Kriege zurück. Am 14. Mai 1914 – zehn Wochen vor Ausbruch des Weltkrieges – schloss der sozialdemokratische Abgeordnete *Wendel* im Reichstage seine Rede mit dem Rufe: *Vive la France* – es lebe Frankreich! Tags darauf setzte die Chemnitzer *Volksstimme* diesen „prächtigen Schlachtruf" als Überschrift des Artikels, in dem zu lesen war: „Es ist im Grunde genommen immer ein und derselbe Konflikt: handele es sich nun um die Enteignung der Duala oder um die neuen Liebknechtschen Enthüllungen über die Rüstungskorruption oder heute um die Gesamtheit der deutschen (!) Auslandspolitik: Auf der einen Seite stehen die Imperialisten und Rüstungstreiber, die aus der Völkerverhetzung und Völkerbelastung ihre Profite ziehen, auf der anderen Seite die Vorkämpfer für Kultur und Gerechtigkeit … Alle bürgerlichen Parteien lehnen es ab, nach Kultur, Vernunft und Recht zu entscheiden, sondern preisen als ihr höchstes Ideal die Nation, was Genosse Liebknecht treffend dahin übersetzte: ihr Geld." Weiter: „Das bisschen Friedenswillen bei den bürgerlichen Parteien ist ja immerhin ganz nett, und wir wollen es durchaus für die Friedenssache ausnützen. Aber wir wollen uns nicht darüber täuschen, dass die Friedensliebe kapitalistischer Politiker eben nicht zur Berghöhe der Gerechtigkeit, sondern nur zum Maulwurfshügel der Profitberechnung emporführt." Immer noch weiter: „Darum konnten die bürgerlichen Parteien nicht einmal verstehen, was Genosse Wendel mit seinem Hochruf auf Frankreich gemeint hat. Sie antworteten, mit dem Hinweise auf Frankreichs Milliardendarlehen an Russland zu Rüstungszwecken oder beriefen sich auf kriegerische und deutschfeindliche Äusserungen der Barthou oder Clemenceau oder gar auf die Wahlsiege der Anhänger der dreijährigen Dienstzeit in Frankreich. Aber Wendel hatte mit aller wünschenswerten Klarheit gesagt, dass sein Gruss dem Frankreich der Arbeit und der Demokratie gilt, dem Frankreich des Sozialismus, das durch den Mund von Jean Jaurès, als der König von England Paris besuchte, der Welt kundtat: ‚Wir rufen mit dem Bürgertum: Es lebe England! Aber wir rufen in gleichem Atem: Es lebe Deutschland!' Dieses neue Frankreich, dieses proletarische Frankreich der Arbeiter und Bauern, das keine Milliarden verleiht und keine Zinsen schluckt, ist von genau demselben Geiste beseelt wie das deutsche Proletariat, und mit ihm tauschen wir Gruss und Handschlag. *Gerade der Geist der französischen Revolution hat in diesen letzten Kammerwahlen einen glänzenden Sieg davongetragen,* und so ist es denn heute mehr denn je an der Zeit gewesen, das Vive la France! auch im deutschen Reichstag erschallen zu lassen!" Ich gebe noch kein Pardon und lasse die *Volksstimme* fortfahren: „Die wechselnden Konstellationen der Bourgeoispolitik haben nichts mit der prinzipiellen Klarheit sozialistischer und demokratischer Friedenspolitik gemein. Erringt morgen die russische Arbeiterklasse einen Sieg über den Nikolaus, den der Vizepräsident Dr. Paasche *in komischer Unwissenheit* heute als einen verbündeten Monarchen nur mit höchster Ehrfurcht zu behandeln befahl, so rufen wir morgen im Reichstage: Es lebe Russland!, weil jeder derartige Ruf im Grunde genommen dasselbe bedeutet: Es lebe die sozialistische Internationale des Friedens, der Freiheitskampf der Völker … Weil wir dieses grosse Ziel vor Augen haben, darum sind wir auch die einzige Partei im Reichstage, die zur auswärtigen Politik etwas Wesentliches zu sagen hat … Ebenso charakteristisch ist das völlige Versagen der bürgerlichen Redner, von deren Reden man den Inhalt kurzerhand in das Wort ‚nichts' zusammenfassen kann … Und auch die Rede des Staatssekretärs von Jagow verlor sich in Allgemeinheiten und Plattheiten … Höchstens, dass er sich (bitte recht aufmerksam lesen! E. H.) *einer ausgesuchten Liebenswürdigkeit gegenüber England befleissigte und vor dem russischen Zaren lange nicht soviel Respekt an den Tag legte wie ein liberaler Reichstagspräsident.* Es ist der Unterschied zwischen kleinlicher Eintagspolitik und Geschäftspolitik auf der einen und grosszügiger Prinzipienpolitik auf der anderen Seite, der in diesem Gegensatz der Reden an. den Tag tritt." Und endlich der schreckliche Schluss: „Wir streben der Zeit zu, da die Völker wirklich eine grosse Kultiviertheit bilden werden, *und haben in dem jüngsten grossen Wahlsieg unserer französischen Genossen eine neue Gewähr,* dass wir dieses Ziel erreichen werden. Aus Freude darüber und zum Zeichen der Entschlossenheit zur weiteren Friedensarbeit unterstreichen wir

Wendels Ruf und pflanzen ihn durch ganz Deutschland fort: Vive la France!"

Aber das war zu lange, lange vor dem Weltkrieg – zehn ganze Wochen! Über die Politik Englands jedoch, das E. H. heute wie irgendein Reventlow anklagt, es habe den Weltkrieg organisiert, zu dem Kriegsziele, die deutsche Wirtschaft und die deutschen Kolonien zu vernichten, schrieb der Londoner Korrespondent, M. *Beer*, in der ,Volksstimme' vom 30. *Juli* 1914: „Ohne England würde der Dreibund entschieden das Übergewicht gegenüber dem Zweibund haben. Und ein Dreibund würde Deutschland massgebend sein: es wäre imstande, dem europäischen Festlande seinen Willen aufzuerlegen. Dass gerade Deutschland diese Hegemonie haben soll, ist doppelter Grund für England, sich auf die Seite des Zweibundes zu stellen. *Nicht wegen der deutschen Handelskonkurrenz, sondern wegen der deutschen Flottenrüstungen, die selbstredend sich in der Nordsee und der unmittelbaren Nähe Englands vollziehen müssen. Seit mindestens zehn Jahren versuchte ich in der deutschen sozialdemokratischen Presse die Ansicht zu vertreten, dass nicht der ökonomische Kampf, sondern die Seerivalität die Ursache der deutsch-englischen Spannung sei."* Das stand in der Volksstimme bloss einen Tag vor der deutschen Kriegserklärung an Russland und zwei Tage nach ihrem Extrablatt!

Heute weiss E. H. überhaupt nichts mehr von deutscher Auslandspolitik, von deutschen Kriegszielen. Fünfundzwanzig Jahre deutscher Auslandspolitik, die nur äusserlich das Bild eines Zickzackkurses darbieten, in Wahrheit aber sehr einheitlich und zielbewusst gefördert wurde, sind aus E. H.s Gedächtnis ebenso geschwunden, wie die zehnjährige Aufklärung M. Beers über das Wesen des englisch-deutschen Gegensatzes. Die weltpolitisch gerichtete Aera der deutschen Politik beginnt – ungehemmt – mit Bismarcks Sturz. Die charakteristische Form dieses deutschen Imperalismus [sic] ist, dass, wie immer Ziele wirtschaftlicher Expansion – Entwicklung und Sicherung des Exports, eigene Rohstoffgebiete – gesteckt sind, die treibende Kraft der deutschen Weltpolitik die *militärisch-nationalistische Machtromantik* ist, die letzten Endes (ihrer Betätigung durch rein strategische) in Erwägungen entschieden wird: wie es ja auch deutsche Spezialität war, den Krieg um des Krieges willen, wegen der Kraft seiner sittlichen „Ertüchtigung" zu preisen und zu fordern. Das Ziel des deutschen Imperialismus war von

Anfang an der Sturz der englischen Weltherrschaft. Das liess sich aber militärisch nicht erreichen, da Deutschland für seine Flotte keine Stützpunkte im Weltmeer besass. Darum brauchte man eine Hilfskonstruktion. England war zunächst unerreichbar, aber um so leichter war Frankreich niederzuwerfen, und das musste dann aus seinem Besitz die Häfen und Stationen für die deutschen Flotten abtreten. So erst waren die Voraussetzungen gegeben für eine künftige Auseinandersetzung mit England. Das war deutsches Kriegsziel, das durch Englands unerwartetes Eingreifen und die Marneschlacht untersank. Auf der anderen Seite suchte man England zu treffen, indem man sich durch den Balkan den Weg nach Asien bahnte; da stiess man notwendig auf Russland.

Es ist ein Widerspruch und ein Widersinn, wenn man bei uns die Frage aufwirft, ob denn England allein ein ewiges Recht auf die Weltherrschaft habe, diese Frage verneint, und doch zugleich leugnet, dass Deutschland sich entschlossen habe, das einzige Mittel anzuwenden, das den englischen Anspruch aufzuheben geeignet wäre: den Krieg. Es ist derselbe Widerspruch und Widersinn, von der deutschen Einkreisung und Einschnürung zu reden, und gleichwohl zu behaupten, dass Deutschland gar nicht daran gedacht habe, sich durch den Krieg Hals und Atem frei zu machen. Ebenso wie diejenigen, die vorher den Krieg als Stahlbad und Jungbrunnen verherrlicht hatten, jetzt nicht von dem Verbrechen, der Blutschuld des Krieges, reden dürfen. War Deutschland wirklich, wie unsere Imperialisten behaupten, durch die Politik der Entente unerträglich eingeschnürt und an dem Lebensrecht seiner notwendigen Entwicklung gehindert, dann war es – nach bürgerlicher Anschauung – nicht nur das geschichtliche Recht, sondern auch die absolute Pflicht Deutschlands, durch die Waffen sich zu befreien und den Ausweg in die Welt zu bahnen. Das ist die einzige und mögliche Voraussetzung jeder Diskussion des Weltkrieges. Die deutschen Imperialisten sollten endlich den Mut beweisen, sich jetzt zu dem Kriege zu bekennen, den sie fünfundzwanzig Jahre lang vorbereitet und gefordert haben.

Auch die deutschen Sozialisten können nur von dieser Grundannahme ausgehen. Sie haben sich zu entscheiden, ob auch sie jenes historische Recht zum deutschen Kriege anerkennen und aus diesen deutschen Kriegsgründen und Kriegszielen die Pflicht des deutschen Proletariats folgern, „weiterhin nicht nur die selbstverständliche Pflicht der Landesverteidigung zu erfüllen, sondern auch *positiv das Recht Deutschlands gegen die Entente zu vertreten"*, wie es der Schlusssatz E. H.'s fordert. Das Recht Deutschlands! Welches Recht? Das Recht zum – Kriege! E. H. soll denn die Verantwortung für dieses deutsche Recht – um des imperialistischen Zieles willen – endlich wagen zu bekennen und zu übernehmen!

München, Anfang Dezember 1916.

Dieser Artikel, dessen Erscheinen unmöglich gemacht wurde, hatte ein Zensurnachspiel, das sich in dem folgenden Aktenstück skizziert:

München, 14. Februar 1917.

AN DAS GENERALKOMMANDO I. BAYR. ARMEEKORPS,
MÜNCHEN.

Durch die Bürgermeisterei Gr.-Hadern wird mir eine Anordnung zugestellt, dass mir jederlei Veröffentlichung eines von mir verfassten, bisher aber weder gedruckten noch sonst vervielfältigten oder verbreiteten Aufsatzes „Die Mobilmachung als Kriegsursache und anderes" untersagt wird, weil ich darin nachzuweisen versucht hätte,

„dass die von deutsch- oder vaterlandsfeindlicher Seite vorgebrachten Behauptungen über die Entstehung des Krieges berechtigt seien. Die Ausführungen des Aufsatzes sind geeignet, die Interessen der Landesverteidigung zu gefährden."

Ich bestätige die Mitteilung dieses Verbots, lehne es aber sachlich in seinem ganzen Umfang ab.

Ich lehne es ab, weil eine solche Anordnung im Widerspruch zu den verfassungsrechtlich gewährleisteten Freiheiten steht, weil sie unvereinbar mit der Ehre eines Schriftstellers ist, und weil endlich die weitere Durchführung dieser administrativen und präventiven

Justiz geeignet ist, das Ansehen, die Sicherheit, ja die Existenz des deutschen Volkes zu bedrohen und zu vernichten.

Mir steht verfassungsrechtlich die Freiheit der Meinung und des Wortes zu. Niemand kann mir im voraus verbieten, politische und geschichtskritische Betrachtungen zu verfassen und zu veröffentlichen. Widersprechen meine Veröffentlichungen dem allgemeinen Strafgesetz, so habe ich die Verantwortung vor den ordentlichen Gerichten zu tragen.

Die Berufung auf das bayerische Kriegszustandsgesetz ist hinfällig. Es mag dahingestellt sein, ob auf Grund dieses Gesetzes etwa die administrative Erledigung von Malzverschiebungen und dergleichen ermöglicht wird, über die staatsbürgerliche Freiheit des politischen Urteils und der öffentlichen Aussprache darf nicht – kraft dieses Gesetzes – administrativ verfügt werden. Das Kriegszustandsgesetz ist im Oktober 1912 ausdrücklich zu dem Zweck geschaffen worden, um Rechts*sicherheit* auch in Kriegszeiten zu gewährleisten, die es im Bereich des *preussischen* Belagerungszustandsgesetzes nicht gibt. Es ist seinerzeit im bayerischen Landtag die feierliche Erklärung wiederholt abgegeben worden, dass durch das Gesetz die politische Meinungsfreiheit nicht beschränkt werden solle. Das Gesetz soll auf diesem Gebiete höchstens eine Handhabe gegen die unbefugte Veröffentlichung von militärischen *Nachrichten* geben – was ich durchaus billige – nicht aber darüber hinaus die unbedingt notwendige kritische und aufklärende Mitarbeit der öffentlichen Meinung irgendwie hindern. Die mir zugegangene Verfügung ist demnach – in Bayern – rechtswidrig.

Die Anordnung aber ist auch unvereinbar mit der Berufsehre eines Schriftstellers. Der Schriftsteller hat die Aufgabe, die Wahrheit gewissenhaft zu suchen und, wenn er sie gefunden hat, zum Nutzen der Allgemeinheit zu bekennen und zu verbreiten. Das ist die Zivildienstpflicht des Schriftstellers, die zu den allerwichtigsten Pflichten und unveräusserlichen Rechten der heutigen Gesellschaft gehört. Es wäre verächtliche Feigheit, zumal in Zeiten dieser Weltkatastrophe, die mühsam und mit peinlicher Vorsicht erarbeitete Überzeugung zu verschweigen. Die Wahrheit ist das höchste aller nationalen Güter. Ein Staat, ein Volk, ein System, in dem die Wahrheit unterdrückt wird, oder sich nicht hervorwagt, ist wert, so rasch und so endgültig wie möglich zugrunde zu gehen.

Ich nehme ausserdem, unter den gegenwärtigen Umständen, selbstverständlich jede durch Gewissen und Pflicht gebotene Rücksicht. Ich schreibe nie eine Zeile in ausländische Organe, auch nicht in befreundete neutrale, und ich vermeide auch geflissentlich jede direkte oder indirekte Verbindung mit dem neutralen, geschweige dem feindlichen Ausland. Ich betrachte es gegenwärtig nicht als meine Aufgabe, auf die öffentliche Meinung des Auslandes zu wirken, die ich auch gar nicht bedarf, sondern meine ganze Arbeit vollzieht sich innerhalb Deutschlands (von gelegentlichen Veröffentlichungen in Oesterreich abgesehen), in voller Öffentlichkeit, und ich decke alles, was ich schreibe, mit meinem Namen. Meine Arbeiten sind auch durchaus nicht derart, das Ausland ungünstig gegen das deutsche Volk zu beeinflussen, sie sind vielmehr im Gegenteil – wie jede ernste Tätigkeit im Dienste der Wahrheit – geeignet, den nicht zum wenigsten durch das heutige Treiben der „gutgesinnten" und behördlich geschützten und beeinflussten Presse gesteigerten Welthass gegen Deutschland zu mildern, also eine im tiefsten Sinne nationale Wirkung zugunsten der Landes- und Volksverteidigung zu üben.

Indem ich jeden willkürlichen Angriff auf die Wahrheitspflicht des Schriftstellers ablehne, erkläre ich damit zugleich meine Bereitwilligkeit, jeder Aufklärung über Irrtümer und Unrichtigkeiten in meinen Arbeiten Gehör zu schenken. Wenn das Generalkommando demnach in der Lage sein sollte, mich auf derartige Irrtümer und Unrichtigkeiten in dem angefochtenen Aufsatz aufmerksam zu machen, so würde ich, wenn ihm der Nachweis gelingt, nicht nur selbstverständlich die notwendigen Änderungen vornehmen, sondern ich wäre auch dem Generalkommando für solche Aufklärung zu lebhaftem Dank verpflichtet.

Endlich wird zur Begründung der Massnahme des Generalkommandos angeführt, dass ich die „von deutsch- oder vaterlandsfeindlicher Seite vorgebrachten Behauptungen über die Entstehung des Krieges" als berechtigt übernommen hätte. Es dürfte dem Generalkommando so gut wie mir bekannt sein, dass es über die Entstehung dieses Krieges in der ganzen Welt, unter den Wissenden. und Unterrichteten, keine zwei Meinungen mehr gibt, und dass es also schon deshalb gegenstandslos ist, zwischen deutschfeindlichen und deutschfreundlichen Anschauungen in diesem Falle zu scheiden.

Das ist lediglich eine Angelegenheit wissenschaftlicher Erkenntnis und kritischen Urteils über offenkundige und unzweifelhafte Tatsachen. Unter vier Augen gestehen auch in Deutschland die hervorragendsten Staatsmänner und Diplomaten – ich wäre in der Lage, Namen und Zeugen zu nennen – den unleugbaren, klaren Sachverhalt. Mir scheint nun dieses doppelte Spiel: eines für die Vertrauten, eines für die Öffentlichkeit, im höchsten Grade unwürdig und verderblich. Kann es wirklich zum Heile des deutschen Volkes und Vaterlandes sein, dass nur innerhalb seiner Grenzen Verwirrung und Blindheit über seine Lebensfragen und Daseinsaufgaben herrscht, während jenseits der deutschen Grenzen Wahrheit und Klarheit Allgemeingut ist? Wo ein solches System doppelter Buchführung, ein solches Vertuschen, Verhehlen und Verdunkeln um sich greift, ist – das habe ich als Historiker immer wieder bestätigt gefunden – die nationale Katastrophe nahe. Wenn Deutschland für seine freie Entwicklung, um die Politik der „Einkreisung'" zu durchbrechen (und das ist doch die deutschamtliche These!), kein anderes Mittel mehr fand, so braucht es eben den Krieg, es musste ihn herbeiführen und es durfte dann auch nicht den Mut fehlen lassen, sich dazu zu bekennen. Ich glaube mich nicht zu irren, wenn das gerade auch die Anschauung jeden deutschen Militärs ist, zumal ja, nach der in Deutschland ausnahmslos herrschenden militärischen Überzeugung, Kriege Stahlbad und Gesundbrunnen für die Völker sind. Ich vermag nicht einzusehen, warum, im Sinne dieser Überzeugung, die Behauptung, dass Deutschland den Krieg herbeigeführt hätte, weil es – nach der Meinung der Verantwortlichen – keinen anderen Ausweg mehr gab, irgend etwas für Deutschland Herabsetzendes haben könnte, sofern die Anschauungen der herrschenden Kreise über die Notwendigkeiten deutscher Politik und über das nationale Mittel des Krieges als richtig anerkannt und zugrunde gelegt werden. Es dünkt mich auch absurd, dass die Verantwortlichkeit für die Herbeiführung eines Krieges die Landesverteidigung beeinträchtigen soll, damit würde sich ja der Krieg und die Landesverteidigung selbst aufheben. Für diese Anschauung habe ich durchaus Verständnis, dass die für die deutsche Politik Verantwortlichen ihre als notwendig anerkannte Politik mit dem „anderen Mittel" der Politik, eben dem Krieg (um mit Clausewitz zu reden) fortzusetzen sich genötigt sehen. Aber es scheint mir unmoralisch und feig, sich zu dem

Kriege nicht offen zu bekennen, wenn man ihn aus Gründen poli-
tisch-nationaler Sicherheit und Entwicklung herbeiführen und führen zu müssen glaubt. Von der Aussichtslosigkeit der Irreführung
zu schweigen.

Ich denke freilich über den Krieg im allgemeinen und die Notwendigkeit dieses Krieges im besonderen anders wie die zivilen und
militärischen Vertreter der herrschenden Klassen in Deutschland.
Ich lehne jede Belehrung über die Art, wie ich meinen Patriotismus
zu betätigen suche, ab. Das habe ich allein zu verantworten und zu
entscheiden. Die wenigen Verantwortlichen dieses Krieges sind
nicht Deutschland, die paar Schuldigen des Weltverderbens nicht
das Vaterland. Wenn ich also gegen die für den Krieg verantwortliche Regierung und deren Kriegspolitik, die nach meiner Überzeugung das deutsche Volk in den Abgrund führt, kämpfe, wenn ich
darum die geschichtliche Wahrheit über den Krieg feststelle; wenn
ich dahin strebe, dass andere Männer die Führung übernehmen, die
fähig sind, einen für Deutschland, Europa und die Menschheit förderlichen Frieden zu schliessen, weil sie für die Entfesselung des
Krieges nicht verantwortlich sind; wenn ich schliesslich meiner sozialdemokratischen Überzeugung treu geblieben bin, dass es die
Aufgabe und die Fähigkeit des *Proletariats* sei (nach den Umständen
dieses Krieges also in erster Linie des *deutschen* Proletariats), als der
internationalen Klasse, *jedem* Vaterland und *jedem* Volk zum Heil
des Weltfriedens zu wirken, – so tue ich damit nicht nur, was mein
gutes Recht ist, sondern ich diene auf die allerernsteste Weise meinem Vaterlande, indem ich an der Hebung seiner moralischen
Wehrtüchtigkeit mithelfe, für seine Geltung in der Gesellschaft der
Völker arbeite und durch Aufklärung über seine Existenzbedingun-
gen um seine Sicherung und Rettung ringe.

Das Generalkommando hat durch seine Verfügung seine Amtspflicht ausgeübt. Ich ehre das Amt und die Pflicht, verlange aber
auch die gleiche Achtung, nicht um meiner gleichgültigen Person,
sondern um meines Berufes willen, für das frei gewählte Amt des
Schriftstellers, mit dessen Amtspflicht es unvereinbar ist, ein Verbot
als rechtmässig und erträglich anzuerkennen, von der Art des mir
zugegangenen Schriftstücks.

Ich bitte, mir den Empfang dieser Rechtsverwahrung, der im gegebenen Falle die Beschreitung des Rechtsweges folgen wird, zu

bestätigen; zur öffentlichen Bekanntgabe und Erörterung dieser Rechtsverwahrung sei das Generalkommando ausdrücklich ermächtigt.

Kurt Eisner.

DIE HISTORIEN DES REICHSTAGSABGEORDNETEN DAVID

Dieser Antwort auf einen Weihnachten 1916 in der *Frankfurter Zeitung* erschienenen Artikel wurde von dem Frankfurter Blatt die Aufnahme verweigert.

Am 11. Oktober 1916 überraschte der Abgeordnete Eduard David den Reichstag durch eine unvermutete Darstellung der „Schuldfrage" des Weltkrieges, die er im Stile eines Regierungskommissars vortrug. Unmittelbar nach seiner Rede wurde die Debatte geschlossen, es blieb dem Sozialdemokraten nichts anderes übrig, als durch eine Bemerkung zur Geschäftsordnung mitzuteilen, dass es ihm durch den Schluss der Debatte unmöglich gemacht werde, „eine Reihe von Unrichtigkeiten in den Ausführungen meines Kollegen Dr. David, die sich auf die Vorgeschichte des Krieges, auf die politische Haltung Jaurès in den letzten Tagen vor seinem Tode und auf Äusserungen englischer Minister beziehen, richtig zu stellen".

Im Ausland hat sich an die Darstellung Davids eine Polemik angesponnen, die jetzt dem deutschen Publikum dadurch bekannt wird, dass sich der Angegriffene in der *Frankfurter Zeitung* vom 31. Dezember (erstes Morgenblatt) in aller Ausführlichkeit mit seinen Widersachern auseinandersetzt. Dadurch wird auch für Deutschland die Angelegenheit zu einer Frage geschichtlicher Wahrheit und deutscher Gründlichkeit, um nicht von deutscher Ehrlichkeit zu reden. Die Geschichtserzählung Davids ist nichts als eine grosse Verwirrung offenkundiger und unzweifelhafter Tatsachen. Ich glaube es dem Ansehen der deutschen Sozialdemokratie zu schulden, wenn ich öffentlich gegen diese Davidsche Irreführung Widerspruch erhebe.

Ich begnüge mich, um der Zensur keinerlei Vorwand zu Bedenken zu geben, mit der blossen Feststellung von Tatsachen, und versage mir deshalb jede Erläuterung und Wertung der Aktion der deutschen Diplomatie vor dem Ausbruch des Weltkrieges. An sich wäre solche Kritik um so notwendiger, als die deutsche Geschichtswissenschaft, die sich die feine Ausbildung der Methode historischer Aktenkritik zum besonderen Ruhm anrechnet, in der Beurteilung zeitgenössischer Urkunden völlig versagt hat. Aber der Verzicht kann ertragen werden, da ohnehin über jene diplomatischen Vorgänge in der unterrichteten und denkenden Welt keine zwei Meinungen mehr bestehen. Ebenso mische ich mich nicht, um die Übersichtlichkeit der Darstellung nicht zu stören, in die Unterhaltung zwischen dem *J'accuse*-Verfasser und David. Wer in der Unterhaltung obsiegen wird, ist nicht zweifelhaft. Eine kleine Stichprobe. David fertigt seinen Gegner einmal ab: „Der Verfasser von *J'accuse* behauptet, die deutsche Regierung habe den Greyschen Verständigungsvorschlag abgelehnt. Und damit verwandelt sich die Szene für den Ankläger vollends zum Tribunal." In Wahrheit bezeichnet der *J'accuse*-Autor ganz genau die Formel, die die deutsche Regierung tatsächlich ab *gelehnt* hat; und er nennt sie mit Recht eine Sasonowsche und nicht eine Greysche Formel.

Vermeide ich auf den J'accuse-Streit einzugehen, so muss ich dagegen die erste Darstellung Davids im Reichstag vom 11. Oktober 1916 und seine zweite in der Frankfurter Zeitung vom 31. Dezember 1916 mit einander konfrontieren. Denn es sind zwei *wesentlich* verschiedene und widersprechende Schilderungen der gleichen Vorgänge. Damit erledigt sich auch der indirekte Wahrhaftigkeitsbeweis, den David gegen die Anklage der Urkundenfälschung zu führen sucht: „Herr J'accuse glaubt oder will andere Leute glauben machen, man könne es im deutschen Reichstage und in einem Lande, wo sich jeder die offiziellen Dokumentensammlungen aller beteiligten Staaten für wenig Geld in der nächsten Buchhandlung kaufen kann, wagen, ein so grobes Falschspiel vorzuführen. Auch die Reichstagsstenogramme kann sich jeder leicht beschaffen und dennoch nimmt David fröhlich und zuversichtlich an, dass die Leser der Frankfurter Zeitung am 31. Dezember sich nicht die Mühe geben würden, nachzusehen, was ihr Informator zehn Wochen früher über die gleiche Sache im Reichstag gesagt. Meine Entgegnung steigt danach in drei Stufen aufwärts: Erstens die Darstellung Davids vom

11. Oktober, zweitens seine Polemik vom 31. Dezember, drittens die Wahrheit!

I. *David erzählt im Reichstag*
(11. Oktober 1916)

„England, das uns die Schuld an diesem Kriege zuschreiben will, hat selbst einen grossen Teil dieser Schuld auf sich zu nehmen. Während der verschiedenen Stadien der diplomatischen Entwicklung in den kritischen Tagen vor dem Kriegsausbruch war niemals eine Situation, in der der Krieg unabwendbar gewesen wäre, in der nicht durch diplomatische Einwirkungen der Ausbruch des Krieges hätte verhindert werden können. Die letzte dieser Situationen war am 30. Juli 1914. Damals ging bei einer Nachricht, die aus London kam, noch einmal ein grosses Aufatmen durch die Welt. Man hatte in London in gemeinsamer Arbeit des englischen Ministers des Auswärtigen, Sir Edward Grey, und des deutschen Botschafters, Fürsten Lichnowsky, eine Formel gefunden, die auch die Zustimmung des russischen Botschafters in London erhalten hatte, eine Formel, die noch einmal die Aussicht auf eine Überwindung des Krieges eröffnete. Sie lautete:

,Wenn der österreichische Vormarsch in Belgrad aufgehalten wird, werden die Mächte prüfen, wie Serbien Oesterreich zufrieden stellen kann, ohne seine souveränen Rechte und seine Unabhängigkeit zu beeinträchtigen'.“

Das ist also die Formel, die David den Greyschen Vermittlungsversuch nennt; ich bezeichne sie künftig, um der Klarheit der Darstellung willen und in Würdigung des wirklichen Tatbestandes: *Die Davidsche Formel.*

Bevor das Schicksal dieser Davidschen Formel nach der Darstellung des Reichstagsabgeordneten berichtet wird, vernehmen wir mit seinen Worten die Bedeutung dieses Vermittlungsvorschlags: „Diese Formel trug allem Rechnung, was von den nächstbeteiligten Staaten verlangt wurde. Oesterreich, das ja schon den Krieg erklärt hatte und marschierte, wurde gestattet, seinen Sühnezug bis nach

Belgrad zu tragen, Russland und Serbien wurde eingeräumt, dass darüber hinaus Serbien unter dem Schutz der Mächte stehe, die seine Souveränität und Integrität als europäische Angelegenheit ansähen. Das, was Grey immer gewollt hatte, dass nämlich die Entscheidung einer Viermächtekonferenz unterbreitet würde, war in dieser Formel auch enthalten. Diese Formel war also eine deutsch-englische Verständigungsformel, die auch die russische Zustimmung zu haben schien."

In der Tat eine herrliche Universalformel! Wie erging es ihr? In Berlin wurde – nach David – diese „Verständigungsformel Grey-Lichnowsky" nach Wien weitergegeben und dort akzeptiert. Und Petersburg? Wir erfahren zwar, dass die Formel auch die Zustimmung des russischen Botschafters in London gefunden hatte, aber über seine Aufnahme in Petersburg weiss David am 11. Oktober noch nichts zu sagen. Das bleibt im Dunkeln. Man muss vermuten, dass David damals der Meinung war, die russische Regierung habe sich dazu überhaupt nicht geäussert, sondern gleich mit der Mobilmachung geantwortet. Diese russische Mobilmachung „durchschlug alle Verhandlungen"; sie verwandelte „die ganze Frage aus einer diplomatischen in eine militärische". Und die englische Schuld? Sie besteht darin, dass die englische Regierung nicht mit derselben Energie, wie Deutschland in Wien (bei einer *anderen* Gelegenheit!), die Unterstützung Russlands von der Annahme der (Davidschen) Formel abhängig gemacht hatte: „Das ist das Entscheidende in der ganzen Sache. In Petersburg ist solches entschiedene Wort nicht gesprochen worden. Man war sich fort der Gefolgschaft Englands gewiss, und das allein gab den Petersburger Kriegstreibern die Entschlossenheit, am 30. Juli, als jene Verständigungsformel gefunden war, als der Friede ‚drohte', ihn durch die allgemeine Mobilmachung zu durchkreuzen."

Fassen wir das Ergebnis vom: 11. Oktober zusammen: Grey und Lichnowsky finden eine Formel, die die Wünsche aller Mächte vereinigt. Sie wird in Berlin begrüsst und in Wien angenommen. London tut nichts, um ihre Annahme in Petersburg durchzusetzen (ohne dass die russische *Ablehnung* in Petersburg von David behauptet wird), und Russland durchkreuzt alle weiteren Verhandlungen durch die Mobilmachung.

II. *David erzählt in der Frankfurter Zeitung*
(31. Dezember 1916)

Die neue Darstellung in der Frankfurter Zeitung ist in einer Hinsicht ein Fortschritt gegen die frühere im Reichstag. Vermag aus dem von David im Reichstage vorgetragenen Material kein Mensch die Wahrheit zu ahnen, so greift er für die Leser der Frankfurter Zeitung immerhin so tief in das Urkundenmaterial, dass ein *aufmerksames* Studium der mitgeteilten Zeugnisse wenigstens einen Teil der Wahrheit vermitteln würde. David bedient sich in dieser zweiten Auflage des Schuldbeweises der Technik gewisser Historiker, die nicht so töricht sind, Aktenstücke zu fälschen oder zu unterschlagen, die sie vielmehr ganz richtig wiedergeben, ihre Bedeutung aber dann, im Vertrauen auf die Urteilslosigkeit des Publikums, durch einen anmassenden Kommentar von Grund aus verwirren. Solche geistige Freiheitsberaubung der Leser lässt sich sogar, ohne jeden Witz, rein mechanisch, durch typographische Mittel erzielen. Auch David zieht aus der bekannten Erscheinung Nutzen, dass der Leser gemeinhin nur apperzipiert, was im Druck ausgezeichnet ist; man hat nur notwendig, das Entscheidende kompress zu setzen und das Nebensächliche zu sperren, und das Publikum ertrinkt hilflos in dem verschwenderischen weissen Raum zwischen den Buchstaben!

Die Grey-Lichnowskysche Formel (die Davidsche Formel vom 11. Oktober) hat sich inzwischen geändert. Für die *Frankfurter Zeitung* wird sie aus dem englischen Blaubuch Nr. 88 wie folgt abgeschrieben:

„Es sei nun freilich zu spät, jedes militärische Vorgehen gegen Serbien einzustellen, da ich vermute, dass binnen kurzer Zeit die österreichisch-ungarischen Truppen in Belgrad einziehen und einen Teil serbischen Gebietes besetzen würden. Aber sogar dann wäre es noch möglich, irgendeine Vermittelung ausfindig zu machen, wenn Oesterreich-Ungarn – das von ihm besetzte Gebiet behaltend, bis es von Serbien vollständig befriedigt – erklärte, dass es nicht weiter vorrücken würde, bis die Mächte einen Versuch gemacht hätten, zwischen ihm und Russland zu vermitteln."

So steht es in der Tat in der englisch-amtlichen deutschen Übersetzung des Blaubuchs. Fehlt nur ein nicht ganz unwichtiges Wörtlein: *bereits*. „Das von ihm *bereits* besetzte Gebiet". Dann wäre es für das Verständnis zweckmässig gewesen, auch den unmittelbar vorhergehenden Satz aus jenem Telegramm Sir Edward Greys an den englischen Botschafter in Berlin mitzuteilen: „Ich wies aber darauf hin, dass die russische Regierung, obschon bereit, eine Vermittlung anzunehmen, die Einstellung militärischer Massnahmen gegen Serbien zur Bedingung machte, da sonst eine Vermittlung nur die Angelegenheit in die Länge ziehen und Oesterreich-Ungarn Zeit gewähren würde, Serbien zu bezwingen."

Schon der Stil beweist, dass es sich in diesem Verständigungsversuch nicht sowohl um eine bestimmte Formel handelt, sondern vielmehr bloss um Anregungen für eine Formel, während David am 11. Oktober eine wirkliche Formel angegeben hatte. Aber nennen wir sie immerhin eine Formel, und zwar zum Unterschied von der im Reichstag niedergelegten, die *Greysche Formel*.

David erläutert diese Greysche Formel wie folgt:

„Das Wesentliche und Neue dieses Vorschlags ist, dass er der Tatsache des begonnenen Krieges zwischen Oesterreich und Serbien Rechnung trägt. Oesterreich mag seine Strafexpedition gegen Serbien bis zur Einnahme von Belgrad fortsetzen; dann aber soll Oesterreich verpflichtet sein, halt zu machen und die weitere Regelung einer Konferenz der Mächte unterbreiten."

Das ist wohl keine sehr genaue Deutung dieses Greyschen Vorschlags, und die Weglassung des vorhergehenden Satzes und des entsprechenden „bereits" rächt sich an der Urteilsschärfe Davids. Grey hat nicht sowohl eine *Fortsetzung* der Strafexpedition bis Belgrad angeregt, sondern vielmehr diese Besetzung als bereits – vor dem Beginn der Verhandlungen – vollzogene Tatsache vorausgesetzt, und das Wesentliche und Neue seines Vorschlags war füglich nicht die Fortsetzung, sondern das *Haltmachen* der „Strafexpedition" (wie sich *David* sinnig ausdrückt!), ferner die Anregung von Verhandlungen *trotz* der Besetzung Belgrads und Einwilligung Oesterreichs in die Mächtekonferenz. Zutreffend erwähnt David weiterhin, dass dieser (Greysche) Vorschlag von Lichnowsky nach Berlin und von dort am 30. Juli befürwortend nach Wien weitergegeben wurde.

Vergleicht man die Davidsche Reichstags-Formel vom 11. Oktober mit der Greyschen Frankfurter Formel vom 31. Dezember, so ergibt sich, dass sie im Wortlaut völlig verschieden sind und inhaltlich die zweite gegen die frühere betrübsam zusammengeschrumpft ist. Es fehlt nämlich vor allem in dieser zweiten Fassung, deren Herkunft bestimmt ist, die Hauptsache des früheren geheimnisvollen, Textes, dessen Quelle wir einstweilen nicht kennen: die *Voraussetzung* aller Vermittelungsverhandlungen, die sofortige Anerkennung durch Oesterreich, dass die Souveränität und Integrität Serbiens eine *europäische* Angelegenheit sei. (Dass Oesterreich nicht vor ein europäisches Gericht gestellt werden dürfe, war bis dahin die ständige deutsche Formel wider alle Vermittlungsvorschläge !)

Während David im Reichstag eine Verständigungsformel zum Besten gab, die in der Tat allen Ansprüchen und Wünschen Russlands genügen musste und von der es ebenso unbegreiflich war, wie sie Russland nicht sofort mit Freuden anzunehmen bereit war, als es merkwürdig war, dass Deutschland sie empfahl (im Gegensatz zu all seinen früheren Bekundungen), und Oesterreich sie gar annahm, ist es von der Greyschen Formel, die David in der Frankfurter Zeitung abdruckt, ohne weiteres klar, dass Oesterreich sich mit ihr eher abfinden konnte als Russland; noch dazu in der Davidschen Interpretation. Während David im Reichstag seiner Formel jene universale entgegenkommende Deutung gegeben hatte, die man noch einmal eben recht genau nachlesen mag, gibt er jetzt dem Greyschen Vermittlungsversuch einen noch mehr einengenden Sinn; nun soll das Wesentliche sein, was in Wahrheit gar nicht wesentlich ist, sondern nur die Anerkennung einer bereits als vollzogen angenommenen Tatsache, dass sich Oesterreich zunächst einmal ein „Faustpfand" in Belgrad sichern solle. (David hat die Reden Bethmanns, wie man sieht, besser im Kopf als seine eigenen!)

Ich hoffe, dass der Leser inzwischen schon ungeduldig und ungemütlich geworden ist und mich fragt, ob ich ihn foppen wolle. Ich nicht! Es ist in der Tat so, David kannte am 11. Oktober einen anderen Greyschen Vermittlungsversuch als am 31. Dezember. Und von beiden behauptet er, sie seien in Berlin und Wien akzeptiert worden, während des früheren russisches Schicksal im Unklaren blieb, und des späteren Ablehnung durch Russland behauptet wird.

Aber der Leser wird auf noch grössere Verwirrung seines Denkens gefasst sein müssen. Denn im Laufe des langen Artikels der Frankfurter Zeitung vollzieht sich mit der Greyschen Verständigungsformel eine Metamorphose. In der Darstellung der Frankfurter Zeitung marschiert nämlich jetzt das einhundert und dritte Stück des englischen Blaubuchs auf, eine telegraphische Instruktion Greys an den englischen Botschafter in Petersburg vom 30. Juli 1914. Der Abdruck ist korrekt, abgesehen von der Willkür der Druckauszeichnungen. Hier erfahren wir nun auch von einem Sasonowschen Vermittlungsversuch, von dem David im Reichstage noch nichts wusste. Wir hören ferner, dass der russische Minister durch einen Gegenvorschlag die Greysche Formel (unter der lügenhaften Behauptung der Zustimmung) abgelehnt habe, während David am 11. Oktober nur die russische Antwort der Mobilmachung kannte. Und nachdem David sorgsam den Sinn der Greyschen Formel dahin vorbereitet hatte, dass er in der Ermunterung Oesterreichs zur Eroberung von Faustpfändern bestehe, erläutert er das Wesentliche der Sasonowschen Formel dahin: „Der wesentliche Unterschied ist, dass Sasonow einfach verlangt, dass Oesterreich seinen Vormarsch auf serbischem Gebiet einstellt. Von dem Recht Oesterreichs, den Vormarsch bis zur Einnahme von Belgrad und des benachbarten Gebietes fortzusetzen, ist keine Rede mehr."

Welch weiter Weg von der Davidschen Formel des 11. Oktober, die allen Forderungen der beteiligten Mächte gleich gerecht wurde, und die von Russland trotzdem angeblich einfach mit der Mobilmachung erwidert wurde, bis zu der scholastischen Diskussion zwischen Grey und Sasonow, über den wahren Begriff der „Einstellung des Vormarsches" der österreichischen Truppen (d. h. wie David behauptet)! Aber wo ist nun, um alles in der Welt, die Greysche Formel, die Sasonow ablehnt? Wie ist der Wortlaut? Warum teilt ihn David nicht mit? Ist es noch die Formel vom 11. Oktober? Ist es die aus dem Blaubuch Nr. 88 (die mit Lichnowsky vereinbarte)? Ist es eine andere, abgeänderte? Ist diese andere dann auch von Berlin und Wien angenommen worden? Welcher Leser vermag aus den sechshunderteinunddreissig Zeilen des Davidschen Silvesterartikels eine Antwort zu destillieren?

Die Davidsche Formel – die Greysche Formel – die Sasonowsche

Formel! Es ist nicht möglich, die konfuse Darstellung Davids mit den Mitteln menschlicher Vernunft auch nur im einzelnen wiederzugeben. Das Chaos ist nicht schilderungsfähig. Man kann sich nicht *zurechtfinden* in ihm, man muss es von Grund aus *beseitigen*. Alles wird sofort klar, wenn der wirkliche Sachverhalt ans Licht tritt. Die Wahrheit hat die wunderbare Kraft der Selbstreinigung und damit der Selbstdurchsetzung. Hingegen verstrickt sich die Unwahrheit unentwirrbar bei jedem weiteren Schritt mehr in sich selber.

Bevor die Wahrheit dargestellt wird, noch der kurze Hinweis auf einen weiteren interessanten Widerspruch zwischen dem reichstäglichen und dem Frankfurter David. Am 11. Oktober behauptete er, dass die russische Mobilmachung *alle* Verhandlungen durchschlagen habe und durchschlagen musste. Silvester beruft er sich gemütlich auf Blaubuch Nr. 135, auf das nach Petersburg gerichtete Telegramm Greys vom 1. *August* (!), wonach Oesterreich – *trotz* der Mobilmachung – Greys Vorschlag, zwischen Oesterreich und Serbien zu vermitteln, angenommen habe und zu Verhandlungen bereit sei, und dass es das auch der deutschen Regierung mitgeteilt habe!

III. *Die Wahrheit*

David zitiert in seinem Artikel der Frankfurter Zeitung ein Telegramm Sasonows vom 31. Juli in folgender Druckauszeichnung:

> „Im Auftrag seiner Regierung übermittelt mir der englische Botschafter den Wunsch des Londoner Kabinetts, einige Abänderungen in der Formel, die ich gestern dem deutschen Botschafter vorschlug, anzubringen. Ich antwortete, *dass ich den englischen Vorschlag annehme.* Hiermit übermittele ich Ihnen die entsprechend abgeänderte Formel."

Der Leser denkt, soll denken, David trichtert es ihm überdies ein: Sasonow sagt, er nehme den *englischen Vorschlag* an. Der englische Vorschlag, das ist die Vereinbarung Greys mit Lichnowsky, sei es nun in der Davidschen Fassung vom 11. Oktober, sei es in der Frankfurter Lesart. In Wirklichkeit aber lautet die Formel Sasonows ganz anders. Nun lese man den Satz so:

„Im Auftrag seiner Regierung übermittelt mir der englische Botschafter den *Wunsch des Londoner Kabinetts einige Abänderungen in der Formel, die ich gestern dem deutschen Botschafter vorschlug, anzubringen.* Ich antwortete, dass ich den englischen Vorschlag annehme. *Hiermit übermittele ich Ihnen die entsprechend abgeänderte Formel.*"

Sofort beginnen sich die Davidschen Nebel zu zerteilen. Der „englische Vorschlag", den Sasonow in der Form der Annahme abgelehnt hat, ist gar nicht die Grey-Lichnowskysche Formel, in welcher Gestalt immer. Es gibt überhaupt keine Greysche Formel, die in Petersburg vorgeschlagen wäre, sondern nur den englischen Wunsch, eine Sasonowsche Formel abzuändern. Und diesem Wunsch entsprach Sasonow. Grey hatte doch, da er einen *Sasonowschen* Vorschlag amendierend unterstützte, auch nicht den mindesten Anlass, den russischen Minister unter Drohungen zu beschwören, eine Formel anzunehmen, die ja von ihm selber ausging!

Es ist somit zu allererst notwendig, die Sasonowsche Formel kennen zu lernen. Sie lautet ursprünglich, in der Fassung vom. 30. Juli als Angebot an Deutschland:

„Wenn Oesterreich, nachdem es anerkannt, dass die österreichisch-serbische Frage den Charakter einer allgemeinen europäischen Frage angenommen hat, sich bereit erklärt, in seinem Ultimatum die Punkte zu streichen, die die souveränen Rechte Serbiens verletzen, verpflichtet sich Russland, seine kriegerischen Vorbereitungen einzustellen."

Hier erkennt man, worauf es Russland ankam: 1. Der österreichisch-serbische Konflikt ist eine *europäische* Angelegenheit. 2. Die souveränen Rechte Serbiens dürfen nicht angetastet werden. Stimmt Oesterreich diesen beiden Bedingungen zu, so verpflichtet sich Russland, seine kriegerischen Vorbereitungen einzustellen. Was ist der Erfolg dieser Formel gewesen? Aus Berlin telegraphiert der russische Botschafter noch am 30. Juli: Der Staatssekretär (von Jagow) habe ihm erklärt, „er halte unseren Vorschlag für Oesterreich unannehmbar". Das heisst: Die deutsche Regierung lehnte es ab, diese Formel auch nur nach Wien zu übermitteln.

Anders in London. Grey nimmt den russischen Vorschlag grundsätzlich an. Aber ehe er den russischen Vorschlag erhielt, hatte er jene Unterhaltung mit Lichnowsky gehabt, deren Ergebnis die Anregung war, Oesterreich solle sich mit der Besetzung Belgrads begnügen und dann in eine Mächtekonferenz zur Schlichtung des Streits mit Serbien willigen. Durch den inzwischen eingegangenen russischen Vorschlag erübrigte es sich, die Lichnowsky unterbreitete Formel auch nach Petersburg zu senden. Grey begnügte sich vielmehr, seinem Vertreter in Petersburg zur persönlichen Instruktion seine Unterhaltung mit Lichnowsky mitzuteilen und dann der russischen Regierung eine Abänderung ihrer Formel vom 30. Juli vorzuschlagen. Er entnahm seiner früheren nach Berlin gerichteten Formel die Anerkennung der Besetzung Belgrads als Tatsache und schlug vor, statt auf das serbische Ultimatum zurückzugreifen, dass die russische Forderung eine Erledigung des serbisch-österreichischen Konflikts als einer europäischen Angelegenheit und der vollen Aufrechterhaltung der serbischen Souveränität als Voraussetzungen der Verhandlungen vor der Mächtekonferenz dienen sollten. Diesen Abänderungswunsch formulierte Grey in der Instruktion vom 30. Juli an seinen Petersburger Botschafter wie folgt:

„Sollte das Vorrücken der österreichisch-ungarischen Truppen, nachdem diese Belgrad besetzt, eingestellt werden, so glaube ich, dass der Vorschlag des russischen Ministers des Äussern dahin abzuändern wäre, dass die Mächte prüfen sollten, inwiefern Oesterreich-Ungarn durch Serbien befriedigt werden könnte, ohne dass dabei das letztere seine Souveränitätsrechte und seine Unabhängigkeit preisgäbe."

Die Sätze werden dem Leser merkwürdig bekannt vorkommen. Er blicke zum Anfang dieses Artikels zurück und er entdeckt, dass die englische *Greysche* Formel – die in Zusammenarbeit mit Lichnowsky und mit Unterstützung des russischen Botschafters in London – (nach David) zustande gekommen sein soll, in Wahrheit *ein Amendement Greys zur Formel Sasonow vom 30. Juli gewesen ist, jener Formel, die Berlin für schlechthin unannehmbar erklärte!* Die „Greysche Formel", die David am 11. Oktober dem Reichstag mit solcher Begeisterung vortrug, die aber im Ursprung *russisches* Erzeugnis ist, wurde niemals von Berlin nach Wien übermittelt, geschweige befürwortet oder von Wien angenommen. Was Berlin und Wien akzeptierten, war vielmehr jene erste unbestimmte Anregung Greys (Blaubuch 88), die der englische Minister in Russland gar nicht erst vorschlug, weil er im Prinzip die inzwischen erhaltene Sasonowsche Formel aufnahm. Dass dieser *Sasonowsche* Vorschlag eine ausgezeichnete Lösung war, hat David selber am 11. Oktober im Reichstag anerkannt, als er ihn für Grey-Lichnowskysches Erzeugnis hielt und in diesem Wahn seine Vorzüge pries.

Sasonow hat dann seine Formel vom 30. Juli, entsprechend dem Wunsche Greys, geändert und in folgender Fassung den Mächten am 31. Juli unterbreitet:

> „Wenn Oesterreich einverstanden ist, den Vormarsch seiner Truppen auf serbischem Territorium einzustellen und wenn es unter Anerkennung, dass der österreichisch-serbische Konflikt den Charakter einer europäischen Frage angenommen hat, gestattet, dass die Grossmächte die Frage der Genugtuung prüfen, die Serbien ohne Beeinträchtigung seiner Rechte als souveräner Staat und seiner Unabhängigkeit Oesterreich-Ungarn geben könnte, übernimmt Russland die Verpflichtung, seine abwartende Stellung beizubehalten."

Das ist die *endgültige* und die *einzige* Vermittelungsformel, die im Augenblick der tödlichen Gefahr gefunden worden war. Russland und England hatten sich auf sie verständigt. Wie wertvoll sie war, hat David am 11. Oktober in einer Erläuterung selbst klar ausgeführt. Wenn er sie jetzt, wo er als *russische* Formel erkennen musste, was er früher in seiner erstaunlichen Unwissenheit und Oberflächlichkeit für eine *englisch-deutsche* Vereinbarung hielt oder wenigstens erklärte, in der Frankfurter Zeitung in Widerspruch mit Greys Vorschlag zu setzen und auch sonst zu missachten sucht, so durchschaut jedermann die Gründe dieser Urteilswandlung. Nicht nötig zu sagen, dass natürlich auch der Anfang der endgültigen Formel Sasonows (Einstellung des österreichischen Vormarsches) ganz im Sinne Greys die Besetzung Belgrads einschliesst, sofern sie schon erfolgt sein sollte.

Und England bot in diesen Tagen alles auf, um den Vorschlag zur allgemeinen Annahme zu bringen. Noch bevor Grey die endgültige Sasonowsche Formel kannte, am 31. Juli morgens, versicherte er dem deutschen Botschafter, wenn Deutschland zusammen mit Oesterreich es sich angelegen sein lasse, den Frieden Europas zu wahren, Russland und Frankreich aber solchen Vorschlag ablehnen würden, so würde England ihn in Paris und Petersburg unterstützen, sogar mit dem Beifügen, dass sich die englische Regierung „mit den aus einer solchen Abweisung entstehenden Folgen nicht länger befassen" würde. (Blaubuch 111.)

In Berlin stellte Grey eindringlich vor, die von der russischen Regierung angenommene letzte Formel biete diejenige Grundlage für die Unterhandlungen, die die meisten Aussichten für eine friedliche Schlichtung des Konflikts hielt. (Orangebuch 71.) Während man in Wien anscheinend sich diesem Vorschlag zugänglich zeigte (Blaubuch 111), lehnte Berlin jede Diskussion ab. Es antwortete auf den Vorschlag mit dem Ultimatum an Russland. Man verweigerte jede weitere Diskussion, bevor die russische Antwort auf das deutsche Ultimatum eingetroffen sei. In dem Bericht Goschens vom 31. Juli (Blaubuch Nr. 121) mag man die Einzelheiten nachlesen.

So verwechselt David alles mit allem. Der englisch-deutsche Vermittlungsversuch, den David am 11. Oktober zitiert hat, war in Wirklichkeit eine russische Formel mit englischem Einschlag. England hatte daher nicht nötig, in dem bereitwillig folgenden Russland drohend aufzutreten, dagegen versuchte es im entscheidenden Augenblick vergebens in Berlin Gehör zu finden.

Eine andere Frage ist, ob Deutschlands Verhalten nicht durch die russische Mobilmachung *gerechtfertigt* war. Das zu untersuchen, würde in die Kritik der gesamten diplomatischen Aktion führen, die ich aus dem eingangs erwähnten Grunde unterlassen will.

Die Historien Eduard Davids aber sind nichts weiter als eine ärgerliche Belastung deutscher Publizistik, deutschen Parlamentarismus und deutscher Wissenschaft, sie beweisen – richtiggestellt – das genaue Gegenteil von dem, was dieser Reichstagsabgeordnete in seinen wechselnden Darstellungen zu beweisen beabsichtigt hat! Dass sein Auftreten nicht auch den deutschen *Sozialismus* blosstelle, bezweckt meine Entgegnung.

Die vier Könige
Die Urform einer evangelischen Erzählung
(Weihnachten 1916)[20]

Nach einem neuen Papyrusfund

Zur Un-Zeit, da die Ewigkeit geschaffen ward, herrschte in Judäa der König Herodes. Dessen Sinn aber war verstört, also daß er alles lebendig sah, was von den Geschlechtern der Menschen auf Erden in der Vergangenheit gewandelt. Und die Geister der toten Menschen bedrängten ihn und zeigten ihm die Wunden, an denen sie gestorben, die Verstümmelungen, die sie erlitten, den Hunger, den sie erduldet, und die Schmerzen, von denen sie gegeißelt waren. Und sie waren alle blutig und schrien, und König Herodes roch das Blut und hörte die Schreie. Und er konnte nicht wachen bei Tag und nicht schlafen bei Nacht, sondern er kämpfte mit den Geistern und duldete all ihre Qual, und es war um ihn immer ein schlimmer Traum.

Herodes aber sagte niemandem, was er erschaute und erduldete. Die Großen von Judäa aber, die ihres Herrn Verstörung sahen, gingen zum Volke und sagten: Sehet, König Herodes ist vom bösen Gewissen geschlagen, er hat geheime Sünde auf sich geladen und der Herr verfolgt ihn. Und sie wußten nicht, daß der König der unglücklichste aller Menschen war, weil er der beste war, und fühlte, was alles auf Erden jemals an Leid geschehen und an Missetat verübt.

Und es begab sich, daß der König Nächtens durch die Stadt wanderte, um vor den Dämonen zu entweichen. Aber sie scharten sich um ihn und folgten ihm wie eine Leibwache, und ließen ihn nicht los und schirmten seine Qual. Da hörte er aus einem Stall, der hart an der Stadtmauer stand, wo die Ärmsten hausten, das leise Wimmern eines Kindes, eines Neugeborenen. Und siehe da, es versanken die Dämonen und es ward zum erstenmal ruhig in dem kranken Herzen des Königs.

Der König aber trat in den Stall und sah ein frierend und weinend Knäblein in der Krippe liegen. Die Mutter des Kindes, die auf

[20] Textquelle I Kurt EISNER: *Gesammelte Schriften. Erster Band.* Berlin: Paul Cassirer 1919, S. 164-168.

der Streu kauerte, erschrak, wie der König eintrat, und breitete beide Hände über die Krippe. Da sprach der König: Fürchte dich nicht, denn ich bin gekommen, um zu dienen deinem Kinde, das mir den Frieden gebracht. Die Erlösung trugst du, o Frau, in deinem Schoße, die jegliche Vergangenheit menschlicher Frevel vergessen macht und wirkt, daß die Tage der Menschen leicht werden und frei und voller Lust.

Und es ging ein Leuchten von dem Kinde aus und es hub an zu reden: Du sprachst wahr, o König, ich bin dir Bringer des Friedens, und alle Völker werden mir untertan sein. Du aber schütze mich in meiner Schwäche, bis ich Kraft habe, die Botschaft zu erfüllen.

Hierauf ging der König zurück in seinen Palast, legte sich auf sein Lager und es befiel ihn ein tiefer Schlaf. Die Geister aber waren entwichen. Wie es aber gegen Aufgang der Sonne ward, erschienen ihm im Traum die Geister wieder und klagten: O König, bald wirst du uns vergessen und dein Herz wird hart werden und die Stimme der Qual verstummen. Und die Menschen werden töten wie zuvor, und Schrecken verbreiten und Wahnsinn dulden. Denn wie soll das eine schwache Kindlein Gewalt des Friedens haben, wenn die andern, die mit ihm und nach ihm geboren, Männer werden und die Waffen ergreifen und die Feinde herausfordern!

Der König fuhr aus dem Schlaf, und erschrak, und der Schweiß troff ihm von dem zitternden Leib, und berührte nicht Speise und Trank, und sann, wie er das Unheil zu wenden vermöchte. Denn kündeten die Geister des Zorns nicht Wahrheit? Jeglichen Tag gebären Weiber Söhne und jeglicher Sohn wird Jüngling und Krieger, säet Tod und erntet Tod, und das Blut fließt über die Äcker und färbt die Ströme, und Wehegeschrei raset unter den Völkern. Viele Krieger werden erstehen und nur ein Erlöser des Friedens, und die vielen werden den einen bewältigen.

Sieben Tage und Nächte sann König Herodes und berührte nicht Speise noch Trank. Am achten Tag aber war sein Wissen vollendet, er sammelte seine Knechte um sich und befahl ihnen, alle Knaben, die in Judäa geboren, hinfort zu töten und niemand zu schonen außer dem Kinde in der Krippe, auf daß niemand wäre, der Waffen führen könnte wider den Erlöser.

Und so geschah es. Da fluchten die Mütter dem König Herodes, weil er die Frucht ihres Leibes ausgerottet. Herodes aber ließ Botschaft ergehen und den Müttern verkünden: Ist es nicht besser, eure Söhne sterben als Kindlein, unschuldig und unbewußt, als daß sie wachsen und den bittren Tod der Waffen erleiden und verbreiten, und die Blutschuld auf Erden mehren, und also das Werk des Befreiers verderben! So aber der Befreier stark geworden, sollen die Mütter wieder Söhne gebären und großziehen, weil dann Frieden über die Völker gekommen.

Da verhüllten sich die Mütter schweigend und warteten, daß der Befreier wachse.

Die Kunde aber verbreitete sich, daß König Herodes alle Knäblein in Judäa töten ließ und nur Einem das Leben gewährte, dem armen Kindlein in dem Stalle. Auch die drei Könige im Morgenlande, die gewaltig über die Völker herrschten, vernahmen die Kunde und entsetzten sich. Und sie kamen zueinander und berieten sich.

Der erste aber sprach: Lasset uns Herodes mit Krieg überziehen: denn er ist ein Unhold, der alle Söhne seines Volkes umbringt. Befreien wir das Volk des Jammers.

Der zweite sprach: Lasset uns Herodes mit Krieg überziehen; denn er sinnt uns böse Tat. Dieses ist sein Plan, daß er die Männer unserer Länder verlocke, in sein Reich der Weiber auszuwandern, und dann unsere Männer auf Geheiß der fremden Weiber wider uns sende und unsere Reiche verderbe.

Der dritte sprach: Lasset uns Herodes mit Krieg überziehen. Denn großes Unheil spinnt er über unseren Häuptern Er birgt den Herrscher des Friedens in seinem Lande und hat alle Widersacher ausgerottet, damit der Friede Macht und Kraft gewinne. Was aber soll aus uns werden, wenn kein Krieg mehr auf Erden ist? Was bedürfen die Menschen dann Herrscher und Eroberer und Feldherren, wenn sie im Frieden sich freuen und keine Grenzen sind zwischen ihnen, und der Name Feind stirbt? Wehe uns, käme über uns die Pest des Friedens.

Da sagte der erste und der zweite König aus dem Morgenlande zum dritten: Du hast, Weisester, Licht in uns gegossen. Fürwahr, so ist es, wie du gesagt. Lasset uns Krieg führen gegen den Tyrannen des Friedens.

Sie verabredeten aber eine List.

Sie gingen zu dreien ins Land Judäa und begehrten das Kindlein der Wunder in frommer Demut zu schauen, zu verehren und zu beschenken von ihrem Reichtum. Und sie kamen zum Stall, und fielen auf die Knie, vor der Krippe und öffneten ihre Schätze und häuften Gold, Weihrauch und Myrrhen über dem Kindlein. Da dankte die Mutter den reichen Fremdlingen, freute sich ihrer Gaben und segnete sie und geleitete sie mit frohen Worten zur Türe des Stalles. Dann ging die Mutter zurück, um ihr Kindlein zu tränken. Siehe, da fand sie es erdrückt unter der schweren Bürde der Gaben, und es weinte nicht mehr und lachte nicht und öffnete nimmer die Augen.

In dieser Nacht aber drangen die Geister wieder in den Palast des Königs Herodes und sie schrien und rasten und trugen in ihren Händen all die umsonst erschlagenen Söhne Judäas, die Neugeborenen.

Die drei Könige aus dem Morgenlande aber kehrten heim und verkündeten, daß sie mit sich brächten das große Heil, den Befreier der Welt, und in seinem Namen wollten sie in alle Zukunft den Frieden der Völker verwalten.

Darauf brachen sie in Judäa ein und verbrannten das Land und töteten Herodes. Dieweil er das Kindlein des Friedens vertrieben.

Das Abreiß-Gehirn
Eine Neujahrsbetrachtung über die
Umorganisation des menschlichen Denkens
(Sylvester 1916)[21]

Vor einiger Zeit verlebte ich ein paar Tage mit einem Menschen, den ich ehedem für einen im Kampf um gleiche Ziele mir ernst verbundenen Kameraden gehalten hatte. Das glaubte ich zwar längst nicht mehr, aber in Erinnerung an frühere Freundschaft nahm ich die Gelegenheit wahr, um ihm ins Gewissen zu reden.

„Ihr Fehler ist," bemerkte ich, „daß an der Stelle, wo bei andern die Gesinnung als Zentrale des Denkens und Wollens wirkt, bei

---

[21] Textquelle | Kurt EISNER: *Gesammelte Schriften. Erster Band.* Berlin: Paul Cassirer 1919, S. 169-175.

Ihnen ein durch mangelnde Benutzung rudimentär gewordenes totes Organ sich befindet. Darum treibt Ihre Intelligenz nicht von innen heraus, sondern sie muß sich irgendwo anlehnen. Sie sucht Schutz hinter und neben Mächten, die Sie mit Recht oder Unrecht für stark und zukunftsreich halten. Sie sind deshalb der geborene Offiziosus, Sie kämpfen immer im Schatten eines andern, wobei der Mann im Schatten bisweilen erst den Körper im Licht macht. Weil Sie selbst keine Überzeugung haben, betrachten Sie es als Aufgabe Ihres Witzes, fremden Überzeugungen oder richtiger fremden Interessen vernunftähnliche Argumente zu liefern, wobei es nicht sowohl darauf ankommt, daß Sie beharrlich richtig, einheitlich sind, als vielmehr, daß sie grell genug klingen, um von der allgemeinen geistigen Taubheit gehört zu werden. Sie werden gewiß jeden Tag ein Dutzend klingender Gescheitheiten erfinden, sagen und schreiben, nur vergessen Sie, daß alle diese kleinen Gescheitheiten – summiert – eine große und klägliche Dummheit werden. Denn mit Pfiffen und Pfiffigkeiten macht man schließlich nicht Geschichte, sondern mit dem – dummen Herzen."

Der Kamerad von ehedem lächelte bei dieser Ansprache. Sein bescheiden verlegenes Lächeln, das eine gewisse Genugtuung zu verraten schien, über den psychologischen Kraftaufwand, den ich an seine Person geopfert, und sich über das niederdrückende Gefühl, ungünstig beurteilt zu werden, weltmännisch mit der Eitelkeit hinwegsetzte, daß ihm immerhin das Zeugnis geistiger Überlegenheit zuteil geworden. Aber hinter dem gleichmütigen Lächeln lauerte irgendein böser Plan zukünftiger Vergeltung für die moralische Entlarvung und Züchtigung. Inzwischen gab er die Antwort:

„Was Sie mangelnde Gesinnung nennen, ist in Wahrheit, daß ich alle Überzeugungen für gleichberechtigt halte; man kann alles beweisen und alles widerlegen."

„Das ist eine zu wohlwollende Deutung," versetzte ich, allmählich mich erhitzend. „Sie verteidigen oder bekämpfen nämlich in einem und demselben Zeitraum durchaus nicht alle Überzeugungen; Sie nehmen vielmehr jeweils sehr entschieden Stellung nach der einen oder anderen Richtung. Nur sind Sie bereit, den Dienstag nicht wissen zu lassen, wovon Sie am Montag überzeugt waren, und Ihre Politik vom Mittwoch nicht zu verpflichten, daß sie bis zum Donnerstag vorhalten müsse. Sie spielen jeden Tag, wenn es sein muß, jede Stunde, eine andere Rolle, aber immer mit Brustton, immer mit hämischer Perfidie gegen die Ihnen gerade im Wege stehende Überzeugung, obwohl Sie gar nichts glauben. Es ist also nicht ein Skeptizismus, der Sie alles verstehen und alles verzeihen lehrt, sondern Ihre verkümmerte Gesinnung wird ersetzt durch sehr brutale Lebensinstinkte, die nach dem vermeinten oder wirklichen Vorteil irgendwelcher Art gerichtet ist. Und erst wenn Sie um dieser äußeren Interessen willen – zu denen ich auch kleinen Ehrgeiz und niedrige Eitelkeit rechne – es für geboren halten, die Ansichten zu wechseln, belieben Sie sich auf die Natur Ihrer Intellektualität, auf Ihre allbegreifende Skepsis zu besinnen."

Unser Gespräch wurde heftig und wir schieden in einem gewissen Haßgefühl. Kurze Zeit darauf gelangte der Kamerad von ehedem zu einer bedeutenden Stellung, und seine neuen Freunde rühmten ihm nicht ohne geheime Eifersucht nach, er übe eine unvergleichliche Macht aus.

Die Laufbahn meines alten Freundes mag denen zum Nachdenken dienen, die immer vom Glück ausgesperrt bleiben, bloß weil sie von der dummen Gewohnheit nicht loskommen können, Gesinnung zu haben und zu betätigen (die ihnen doch niemand glaubt), sich ihr Denken mühsam zu erarbeiten, dann aber starr und pedantisch so zu reden und so zu handeln, wie sie denken, anstatt sich fröhlich dem Winde zu überlassen, der gerade weht und treibt und alle Segel schwellt. Ich gebe zu, daß diese Menschengattung im Aussterben begriffen ist und vollblütige Exemplare nur noch vereinzelt anzutreffen sind. Dagegen ist als trauriger Rückstand vergangener Gesinnungsideologie dem Menschen gemeinhin das böse Gewissen geblieben, das sie überflüssigerweise jedesmal befällt, wenn sie ihre Meinungen dem Bedarf gemäß abtönen. Man muß nachgerade lernen, ohne Beschwerde in heiterer Ruhe die unvermeidlichen Änderungen zu vollziehen. Das verächtliche Wort, daß man die Überzeugungen wechsele wie die Hemden, ist genau betrachtet ein Ruhm, denn es deutet auf Sinn für Sauberkeit: es sind doch *reine, frische* Hemden, die man eintauscht!

Man befreie sich also endlich von solchen unzeitgemäßen, hemmenden Gewissensbissen und wage ganz zu sein, was jeweils von Vorteil ist. Aber freilich, es fehlt auf diesem Gebiete noch die durchgearbeitete geistige *Organisation*. Der Aberglaube, daß eine Kontinuität des Denkens erforderlich sei, herrscht insgeheim noch immer. Es ist auch nicht ganz einfach, in jedem Augenblick die erforderlichen neuen Überzeugungen ausfindig zu machen und sie als letzte ewige Wahrheiten anständig zu begründen. Und doch läßt sich auf die bequemste Weise die tägliche Zufuhr von Meinungen sicherstellen: Durch den *Abreißkalender*. In seinem jetzigen Zustand ist diese wandschmuckgewordene Zeit- und Raumanschauung sinnlos. Was nützt es uns zu wissen, wann die Sonne auf- und der Mond untergeht, oder welchem Heiligen der Tag gewidmet sei! Haben wir einen Nutzen davon, zu erfahren, welcher große Sozialist vor hundert Jahren geboren oder, schlimmer noch, welcher die Absicht habe, lebendig fünfzig Jahre alt zu werden? Küchenrezepte vollends sind heute blutige Verhöhnungen, und Weisheitssprüche verschollener Denker und Dichter erinnern nur immer wieder peinlich daran, daß das Schwert zu sühnen habe, was die Feder gesündigt. *Nein, der Abreißkalender muß unser Abreißgehirn werden!* Wir müssen täglich sicher wissen, was wir zu denken haben und warum wir es zu denken haben; und wir müssen täglich uns unserer laufenden Überzeugung mit dem Blatte, das wir wegwerfen, endgültig entledigen können.

Wer die nachfolgenden Blätter einer Durchsicht unterzieht, wird erkennen, wie wichtig ein solches Unternehmen ist. Ein besonderer Wert der angefügten Proben besteht noch darin, daß jede Überzeugung mit der Wucht schlechthin niedergeschlagener Allgemeingültigkeit auftritt. In anderen Zeiten wählt man vielleicht zur Bekräftigung der eigenen und zur Einschüchterung der entgegenstehenden Überzeugung ethische Formeln: Nur ein Schuft wird bestreiten! ...

Heute ist die Angst, als Dummkopf zu gelten, größer als die Besorgnis, ein Lump gescholten zu werden. Es empfehlen sich also Anrufe an die Intelligenz ...

1. Januar. Nur ein Narr kann sich einbilden, die Entwicklung der Menschheit hänge ab von dem Zug der staatlichen Grenzen. Für das Glück der Menschheit ist es ganz gleichgültig, wie die Grenzen über den Erdball laufen. Das mögen sich unsere Annexionisten und Überannexionisten gesagt sein lassen, die Ströme von edelstem Blut vergießen wollen, nur um eines territorialen Zuwachses willen für das eigene Land. Weltherrschaft ist Verödung und Grenzverrückung ist grenzenlose Verrücktheit.

2. *Januar.* Wer nicht ein Kindskopf ist, muß sich klar darüber sein, daß nationale Erweiterung das höchste Gesetz der Geschichte ist. Nur der Kretin wächst nicht. Völker, die nicht der Zahl und dem Gebiet nach sich ausdehnen, sind zum Untergang verurteilt. Nur ohnmächtige Pygmäen begeifern den edelsten Trieb der Nation, ins Weite sich auszudehnen. Das heißt nicht Annexion, das heißt nicht Eroberung – das wollen wir auch nicht! – das heißt das Naturrecht auf freie Entfaltung völkischer Kraft.

3. *Januar.* Man muß einen Mittelweg gehen zwischen Annexions-politik und dem *Status quo ante* nationaler Verkalkung, wie es auch einen natürlichen Ausgleich zwischen rohem Eroberungswillen und utopischer Selbstbestimmung gibt. Sollten wirklich noch irgendwo Leute von so schwacher Begabung existieren, die nicht zu der Ein-sicht fähig sind, daß es die Aufgabe des Staatsmannes ist, Zug um Zug so lange zu verhandeln, bis die realen Garantien für das eigene Land gewonnen sind, ohne daß der Gegner seinerseits an realen Ga-rantien einbüßt; und bis notwendige Änderungen der Grenzen und der Verfassungen in der Weise vollzogen werden, daß der fremde mit dem eigenen, richtig verstandenen Willen zusammenfließt? (N. B. Bei dem zur Gewinnung der Kalenderblätter unternommenen Preisausschreiben wurde dieses Blatt gekrönt!)

4. *Januar.* Im Wettkampf der Völker entscheidet nicht die physi-sche Gewalt, sondern der Geist. Der Krieg, das Maschinengewehr, die Kanone, die Blausäurebombe ist ein untaugliches Mittel, um kul-turelle Überlegenheit zu erhärten. Die militärische Niederlage ist kein Beweis minderen Rechts, wie der militärische Sieg nicht die Kraft einer höheren Rasse oder Volksgemeinschaft offenbart. Im Ge-genteil. Schon die natürliche Volksüberlieferung begabt die Riesen mit – Riesendummheit. Es gibt auch heute noch solche Riesen!

5. *Januar.* Der Kampf mit sogenannten geistigen Waffen führt (nur Idioten, die aus der Geschichte nichts gelernt haben, leugnen es) naturnotwendig zur allgemeinen Entartung. Nur in dem körper-lichen Ringen wehrhafter Männer und riesiger Völker offenbart sich die sittliche Überlegenheit und der Wille der Gottheit.

6. *Januar.* Solange es eine Geschichte der Menschheit gibt, erweist sich der Krieg immer wieder als der Jungbrunnen aller idealen Kräfte, als Stahlbad gegen Verweichlichung, Selbstsucht, Laster. Ebenso sicher aber ist für jeden, der auch nur das ABC menschlicher Bildung notdürftig beherrscht, daß der Krieg das scheußlichste aller Verbrechen ist, dessen Blutschuld für alle Ewigkeit auf den Verantwortlichen lastet, wie denn seit jeher der Krieger mit dem goldenen Lorbeer bekränzt wird und der Tod im Kampfe als das preisenswerteste Glück gilt. Der frische, fröhliche Wagemut, der erobert und zerstört, was für den Untergang reif, ist die Tugend von Männern. Nur Feiglingen mag es genügen, den eigenen Herd zu schirmen, den anzugreifen die Rache aller Patrioten wider die Frechheit zügelloser Soldateska herausfordert.

7. *Januar.* Heute ist mehr denn je die Überzeugung lebendig – und nur in völlig verfinsterten Köpfen ist die Erkenntnis noch nicht eingedrungen –, daß die öffentliche Tribüne eines freien, vom ganzen Volke kontrollierten Parlaments die einzige Schutzwehr gegen die Gefahren der Geheimdiplomatie, gegen die Intrigen kapitalistischer, militaristischer, höfischer Cliquen darbietet. Das Volk siegt, das in voller Öffentlichkeit sein Denken und Wollen mit unbestechlicher Kritik und rücksichtsloser Konsequenz zu bekunden wagt.

8. *Januar.* Einige schwatzbedürftige eitle Worthelden fordern Aussprache im Parlament. Haben denn diese Leute immer noch nicht begriffen, daß jetzt die Tat das Wort hat und nicht das Wort die Tat; daß sie durch ihre Forderung auf parlamentarische Diskussion die Geschäfte des Auslandes betreiben und außerdem sich von den Parteigegnern im Lande düpieren lassen, wenn sie auch denen Gelegenheit geben wollen, ihre Forderungen zu proklamieren? Jetzt gilt es, für das Vaterland zu schweigen und zu – handeln.

9. *Januar.* Nur ein Kindskopf, ein Narr, ein Idiot kann behaupten oder bestreiten ...

Auf der gemeinsamen Konferenz der „Arbeitsgemeinschaft und der Gruppe Internationale"

am 7. Januar 1917[22]

In der gegenwärtigen Lage der [sozialdemokratischen] Partei haben wir, glaube ich, alle das Bedürfnis, Kritik von links, von der äußersten Linken, ja selbst über die Grenzen unserer Partei hinaus von links im weitesten Umfang anzuhören und der Kritik mit der Absicht des Verständnisses und der Würdigung zu folgen. Ich stimme mit der Kritik, die der dritte Referent [d. i. Ernst Meyer, Vertreter der Spartakusgruppe] an der Parteiorganisation [der SPD] geübt hat, in weitem Maße überein. Es ist in der Tat so, daß das, was wir jetzt im Krieg erlebt haben, nur sichtbar gemacht hat, was längst in der Partei gewesen ist. Wir werden nach dem Kriege – denn das ist keine Frage, die heute zu entscheiden ist oder entschieden werden kann – sehr ernsthaft über Form und Inhalt unserer Parteiorganisation uns unterhalten müssen. Denn mir scheint, es war schon vor dem Kriege so, daß an die Stelle des Lebens die Routine getreten ist, daß unsere Parteiorganisation entseelt und erstarrt war, daß, was wir in merkwürdiger Form in unserer Organisation unbewußt nachgeahmt haben, die Organisation des preußischen Kasernenstaates gewesen ist. Es ist deshalb gar kein Zufall, daß diese Organisation, als die Weltkatastrophe hereinbrach, als reife Frucht diesem Kasernenstaat in den Schoß fiel. Parteigenossen! Machen wir uns keine Illusionen. Wer heute Gelegenheit hat, zu denkenden Parteigenossen, zu aufrichtigen und denkenden Arbeitern zu reden, der weiß, daß sie das selbst einsehen, und daß man heute vielfach im Gegensatz zu einem Wort, was ich im *Vorwärts* las, wirklich in vieler Hinsicht ganz von vorn anfangen müsse.

---

[22] Textquelle | Emil Eichborn (Hg.): Protokoll über die Verhandlungen des Gründungs-Parteitages der U.S.P.D. vom 6. bis 8.4.1917 in Gotha. Mit einem Anhang: *Bericht über die gemeinsame Konferenz der Arbeitsgemeinschaft und der Spartakusgruppe vom 7.1.1917 in Berlin.* Berlin: A. Seehof & Co 1921, S. 100 f. – Darbietung hier nach Kurt EISNER: *Zwischen Kapitalismus und Kommunismus.* Herausgegeben von Freya Eisner. Frankfurt a. M. 1996, S. 229-231. – Einfügungen in eckigen Klammern sind nachträgliche Erläuterungen.

Es ist namentlich der Begriff der Disziplin, der gar nichts mit Demokratie und Sozialismus zu tun hat, vielmehr ein Begriff des Militarismus ist, der uns geistig und seelisch gelähmt hat. Wir haben es in unserer Organisation allmählich dahin gebracht, daß wir auch insofern die Karikatur des Preußischen Staates geworden sind, daß die Untertanen zwar auf die Regierung schimpfen, daß wir aber alle Geschäfte der Regierung überlassen. Wenn man heute in Genossenkreisen hört, jene seien alles Lumpen, so sage ich Ihnen, die Schuld liegt nicht an den Bonzen, sondern an den Bebonzten.

Wenn die Frage aufgeworfen wird, wie wir in der Partei wirken, dann versteht es sich ganz von selbst, daß wir uns ein eigenes Bett graben müssen. Das ist nicht unsere Sorge. Die anderen werden uns vor die Frage stellen, wenn wir es ernst mit unserer Arbeit nehmen. Und nicht nur die Parteimehrheit wird dafür sorgen, sondern auch der Staat.

Wir sollten die Zeit viel eher als zum Nachdenken über Gründung einer Organisation dazu verwenden, in den Massen den Kampfgeist zu beleben. Nicht nur den Klassenkampf, das ist selbstverständlich, sondern, und darin bin ich viel radikaler als die Spartakusgruppe in ihren beiden Spielarten, den Geist des persönlichen Kampfmutes. Massenaktionen, das hört sich sehr schön an, aber ich vermisse, daß die Masse aus einzelnen besteht und daß jeder einzelne bereit ist, diese Massenaktion mit seiner Person zu führen. Diese Abstumpfung des Persönlichkeitsbewußtseins der einzelnen Parteigenossen, dieses Verkriechen hinter die Masse, das ist es, was diese Heroen der Bürokratie immer beseelt hat.

Meine Redezeit ist abgelaufen, ich will nur noch ein Wort sagen: Was aus der Parteispaltung, aus der Gründung herauskommt, das haben wir an dem Kreis Teltow-Beeskow und an der Auseinandersetzung Meyer-Borchardt [Julian Borchardt, Gruppe Internationale Sozialisten Deutschlands] erlebt, das ist nämlich ein Rest der alten Organisationsspielerei. Ich bin der Meinung, die Belehrung der Organisation kann durch die Tätigkeit von uns etwa in der Weise geschehen, daß die Reichstagstribüne zur Einleitung von Massenaktionen benutzt wird; die Abgeordneten der Arbeitsgemeinschaft [‚Sozialdemokratische Arbeitsgemeinschaft', ab März 1916 Reichstagsfraktion der oppositionellen SPD-Minderheit im Parlament] und die etwas wilden Abgeordneten im Reichstag müssen versuchen, eine so systematische und beharrliche Arbeit zu leisten, daß von dort aus in die Massen der Geist einer neuen Aktion eindringt; denn vorläufig haben sie kein Ziel.

Mit dem bloßen blassen Wort: Frieden oder Nahrung ist gar nichts getan, sondern wir müssen von unseren Abgeordneten verlangen, daß sie uns die Wege weisen, die die Massen beleben.

Ich hätte gern über die Vaterlandsverteidigung etwas gehört; wollt ihr euch zum Waffenstreik entschließen, dann sagt ja und habt den Mut, oder aber wollt ihr, wie wir es bisher gewohnt waren, die Unterschiede zwischen der Zwangspflicht, die die Menschen treibt, und zwischen der Politik, die die Partei treibt, bestehen lassen.

Wir müssen der Regierung sagen[:] das, was ihr heute erlebt, was ihr selbst als das fürchterlichste Verbrechen nennt, das ist eure Schuld. Euer System hat versagt, neue Menschen, neue Männer müssen die Verantwortung übernehmen, weg mit euch, Frieden können nur schließen mit den anderen Völkern, die nicht verantwortlich für den Krieg sind. Das ist eine lebendigere Aktion als eine deplazierte Auseinandersetzung.

Die Austrocknung des heiligen Geistes
Eine Pfingstwundergeschichte aus neuerer Zeit
(Pfingsten 1917)[23]

In einem *feindlichen* Lande begab es sich. Nur in einem feindlichen Lande konnte es sich begeben, wie ich durch eine kürzlich mir zugegangene Verfügung belehrt worden bin. Man hat also so ziemlich den ganzen Erdkreis zur Auswahl vor sich, wenn jemand durchaus wissen will, unter welcher besonderen Flagge sich die Geschichte begeben. Es genügt zu versichern, daß ihr Schauplatz unter keinen Umständen der kleine Erdenfleck ist, innerhalb dessen ich Reichsrecht des Unterstützungswohnsitzes genieße. Begehrt man aber durchaus zu erfahren, in *welchem* Land, so kann ich das Land deutlich kennzeichnen, indem ich verrate, daß es früher einmal so und so viele Seelen gehabt hat, jetzt aber nur noch aus Regierung, Armee, Munitionsarbeitern und Presse besteht. Das ist, denke ich, klar genug.

Die Presse – das war einmal der obligatorisch eingeführte heilige Geist, und außerdem der Kitt, der den Zusammenhalt der übrigen genannten Bestandteile möglich machte. Die Regierung ließ es sich, man muß das bei aller grundsätzlichen Abneigung gegen Regierungen einräumen, viel Mühe kosten, diesen Kitt in immer gleicher Normalgüte und klebriger Zähigkeit zu liefern. Von dem kriegsmäßig erweiterten Zentralpresseamt in der Hauptstadt rann unablässig der schwärzliche Stoff über das ganze Land, bis ins letzte Dorf, und verstopfte alle Poren eigenwilligen Widerstandes und selbständigen Trotzes. Darum war auch durch allgemeines Gesetz der Lesezwang eingeführt; wer nicht fließend lesen konnte, wurde hart bestraft. Welch Segen strömte aber auch aus solcher Bildung! Niemand bedurfte mehr der Mühe, zu denken oder zu fühlen. Man erfuhr jederzeit durch die Presse, was man denken oder zu fühlen vorgeben müsse. Was litt man früher unter der menschlichen Einrichtung, die man Gedächtnis nennt! Das war eine ewige Quälerei. Man erinnerte sich nicht nur an alte böse Erfahrungen, sondern schlimmer noch an frühere Überzeugungen. Immer hatte man das schlechte Gewissen,

---

[23] Textquelle | Kurt EISNER: *Gesammelte Schriften. Erster Band.* Berlin: Paul Cassirer 1919, S. 176-181. [Zuerst in: Arbeiter-Feuilleton, 22. Mai 1917.]

ob man sich nicht in Widerspruch mit sich selbst setzte. Jetzt war der Fluch des Gedächtnisses gänzlich von der Menschheit genommen. Niemand erinnerte sich mehr, was er gestern gesagt, versprochen, gewollt hatte. Nur die Zeugen vor Gericht wußten, unter dem befruchtenden Einfluß des Eides, immer noch genau, was sie vor 10 Jahren am 24. Februar 6.20 Minuten nachmittags vor dem Hause Langestraße 132 bei 15 ½ Grad Kälte beobachtet hatten! Sonst erinnerte sich niemand an nichts. Das war der Erfolg der Presse. In der Zentrale wurden nur Leute zugelassen, denen das Gedächtnis auf operativem Wege entfernt worden war. Ihr geistiger Einfluß teilte sich dann durch alle Vermittler der Presse den Zeitungslesern mit.

Zugleich war mit der Überwindung des Gedächtnisses auch die alte lästige Frage der sogenannten Wahrheit zu aller Befriedigung aufs glücklichste gelöst. Was jeweils in der Presse stand, war die Wahrheit. Da jede Zeitung unmittelbar nach Gebrauch an das Kriegspapieramt zurückgeliefert werden mußte, konnte man auch nicht etwa durch müßiges Aufbewahren und Zurückblättern den Gedächtnisverlust umgehen und an der Wahrheit von heute dadurch irre werden, daß man im gestrigen Blatt eine andere, eine entgegengesetzte Wahrheit las.

So war man, obwohl es schlimme Zeiten waren, im ganzen Lande einig und zufrieden. Man hatte die gleichen Gedanken, Wünsche, Arbeiten, Gefühle und Stimmungen. Besonders die Stimmungen waren prächtig organisiert. Die Presse verkündete: Begeisterung – man war begeistert. Die Presse forderte: Entrüstung – man war entrüstet. Die Presse mahnte zur Geduld – man war geduldig. Die Presse reizte zum Sturm auf – man war stürmisch. Die Presse verlangte, daß man irgend etwas restlos sein müsse – man war restlos.

In jenem Sommer herrschte eine schreckliche Trockenheit. Sie wurde durch die Presse restlos überwunden. Das kam so zustande: Zuerst marschierten sämtliche Professoren auf und berichteten von einer neuen wissenschaftlichen Entdeckung. Es sei ein Irrtum gewesen, lehrten sie, daß die Pflanzen zu ihrem Wachstum Feuchtigkeit bedürften. Im Gegenteil, das viele Wasser hätte die Nährstoffe nur verdünnt und zur Fäulnis empfänglich gemacht. Aber die Dürre – die lasse eine Ernte reifen, wie sie so großartig und bekömmlich seit Menschengedenken nicht erlebt worden wäre. Das lasen sie alle und freuten sich über die Fortschritte des menschlichen Geistes.

Als dann aber kaum noch ein lebender Halm auf den Feldern zu sehen war, traten die Militärs auf und brachten Trost: In vier Wochen, so teilten sie auf Grund ihrer fachmännischen geheimen Einsichten und streng vertraulichen Voraussichten mit, wird es regnen und alles wieder gut werden. Jeden Tag wiederholten sie: in vier Wochen. Darüber gingen drei Monate hin. Aber die Leute merkten es nicht. Und wenn sie am Morgen aufstanden und das Elend der lechzenden Saaten ihnen Furcht einflößen wollte, dann lasen sie im Blatt die autoritative Ankündigung: In vier Wochen regnet es. Die paar Wochen konnte man ja wohl noch warten!

Schließlich regnete es wirklich, nämlich gerade als das spärliche Korn geschnitten war. Und nun hörte es nicht auf. Die Frucht begann auf den Feldern zu faulen. Wiederum kamen die Professoren und unterwiesen das Volk: Wasser sei die Hauptsache. Der alte gefährliche Aberglaube, daß das Getreide trocknen müsse, sei längst in seinem Unsinn erkannt. Das Getreide *müsse und solle* faulen, das sei eine Vorbereitung und Erleichterung für die Verdauung und entlaste den früher grausam gequälten Magen. Wie aber der Regen nicht aufhören wollte und das Getreide schimmelte, da trat der Generalissimus auf den Plan und in einer Unterredung mit den Berichterstattern sämtlicher Blätter forderte er das Vertrauen des Volkes zur höchsten Leitung: Er werde sorgen, daß in acht Tagen der Regen aufhören werde, dafür verbürge er sich. Es regnete zwei Monate lang. Weil aber jeden Tag der Generalissimus seine Prophezeiung: ‚In acht Tagen!' wiederholte, kam man auch über diese Schwierigkeiten voller Hoffnung hinaus.

In ähnlicher Weise wurde man aller Schwierigkeiten Herr. Als es im kalten Winter keine Kohlen gab, feierte man den Nutzen des Frierens, das die Fäulniskeime im menschlichen Körper abtöte und so das Leben verlängere. Als Milchmangel eintrat, bewies man, daß Milch gesundheitsschädlich sei. Wenn trotzdem die kleinen Kinder massenhaft starben, so lag das eben daran, daß sie noch nicht lesen konnten, folglich nicht wußten, daß Milch ungesund und Milchmangel gesund sei …

Ich habe vergessen mitzuteilen, daß es eine höchst liberale und aufgeklärte Regierung war, die auf diese sinnreiche Weise die Menschen erzog. Selbstverständlich konnte nur eine liberale und aufgeklärte Regierung dermaßen mit rein *geistiger* Beeinflussung arbeiten. Aber (ich darf es nicht verschweigen) sie erlitt Schiffbruch mit dieser humanen Methode. Das Unheil kam von der Milch. Man hatte zu lange wiederholt, daß die Milch gesundheitsschädlich sei. Als die Kühe wieder genügend Milch hatten, kaufte sie niemand. Die Milchbauern wurden wild und stürzten die Regierung. Und die andern, die jetzt gezwungen werden sollten, nichts als Milch zu trinken, drohten mit Streik und Aufruhr.

Nun kam die Reaktion ans Ruder. Die erkannte, daß alles Unheil von der Presse gekommen sei. Die Überfütterung des sogenannten Geistes führe nur zu Unzufriedenheit, Nörgelei, Opposition, Revolution. Da außerdem die Männer der neuen Regierung unter dem vorigen Regime des Gedächtnis so sehr eingebüßt hatten, daß sie auch die Buchstaben vergessen und nicht mehr lesen konnten, unterdrückten sie mit einem Schlage die ganze Presse. Nun würde man in alle Ewigkeit Ruhe haben und über ein stilles, bescheidenes, arbeitswilliges und jedem Befehl untertäniges Volk regieren können.

Die Welt war über Nacht – restlos! – gewandelt. Es gab keine Zeitungen mehr. Man erfuhr nichts mehr, außer die regierenden Befehle, die nach alter Weise vom Boten ausgeklingelt wurden. Man wußte nicht mehr, was man denken, glauben, empfinden solle. Der Geist war ausgerottet. Es war eine Lust zu regieren. Die Austrocknung des heiligen Geistes, nannte den Zustand der Kriegsminister, ein witziger und energischer Mann.

Ja – niemand war sich bewußt, wie es kam – allmählich ging eine Änderung in den Seelen vor sich. Es regte sich etwas Neues, rührte sich, wuchs, quoll. Und auf einmal war es da – neu, stark, gewaltig: Das *Gedächtnis*, das längst verlorene Gedächtnis. Und anderes blühte auf: Die Menschen fingen plötzlich an zu *denken*, ganz gerade und einfach zu denken, vernünftig zu denken. Aus dem Innern rauschte etwas Unbekanntes, Herrliches empor: ein tiefes, glühendes, menschliches *Fühlen*. Es war als ob man sich selber wiedergefunden hätte, seitdem man nicht von außen mehr – durch den Preßgeist – dressiert worden war. Man war nicht mehr so einig untereinander, aber wundersam einig mit sich selbst. Aus dieser jungen Klarheit und Kraft wuchs dann eine andere große Einheit hervor, die Einheit der Erkenntnis, wie jämmerlich sie um ihr Leben betrogen waren – durch den geschändeten Geist.

Als die reaktionäre Regierung sah, was sie angerichtet, setzte sie hastig den alten Preßapparat der liberalen und aufgeklärten Regierung in Bewegung. Aber es war zu spät – das Leben ließ sich nicht mehr in Papier begraben ...

Weltliteratur der Gegenwart
(1917)[24]

Weltliteratur ist ein Wort, das noch nicht 100 Jahre alt ist. Es bedeutet nach dem Sinne Goethes nicht etwa die Literatur aller Länder, sondern eine über den Nationen stehende gemeinsame Literatur, und er sagt, daß bei dem Zusammenwachsen der Völker, der Kultur, die Menschheit als solche gemeinsam eine Literatur schaffen würde. Weltliteratur stammt zwar aus den einzelnen Ländern, wurzelt in den einzelnen Völkern, aber es wächst alles mit der steigenden Kultur zusammen. Und wenn wir heute fragen, ob einmal die Menschheit gemeinsam in literarischen Erzeugnissen erziehen wird, so kann man die Frage bejahen.

Wir haben in aller Literatur Sonderlinge, Persönlichkeiten, die nur aus ihren individuellen Schicksalen zu erklären sind, schwer verständlich, die nicht einmal in ihr Volk hineinwachsen, sondern bestenfalls nur eine kleine Gemeinde haben. Aber wenn wir die großen, die Ewigkeitsgestalten von heute betrachten, so sind sie zwar alle verschieden, aber sie haben eine menschliche Allgemeinverständlichkeit. Wir können eines heute lebendig beobachten: die Strömungen von Volk zu Volk. Vielleicht hat in unserer Zeit international Tolstoi die größte Wirkung gehabt. Ich glaube kaum, daß in der ganzen Welt ein Dichter unserer Zeit so weltbildend gewirkt hat, allerdings durch Vermittlung einer Macht, die immer international gewesen ist, durch religiöse Stimmungen.

Wir haben auf der anderen Seite in unserer Zeit einen Dichter, der erst seit kurzer Zeit eine Wirkung hat und auch da nur in engen Kreisen, einen Dichter, von dem man gar nicht sagen kann, daß er aus Überlieferung hervorgegangen ist, Carl Spitteler. Er wäre, wenn

---

[24] Textquelle | Kurt EISNER: *Wachsen und Werden*. Leipzig 1926, S. 55-59.

er nicht eine gewisse Anhängerschaft in der Jugendbewegung gefunden hätte – obwohl er der einzige Weltliteratur-Dichter unserer
Zeit ist –, bei uns vollständig unbekannt. Heute beginnt dieser Dichter durch die merkwürdigen Verstrickungen des Weltkrieges in
Frankreich eine ähnliche Wirkung zu erzielen wie Friedrich Nietzsche in unserer Zeit. Durch einen Zufall emporgehoben, geht Spitteler jetzt seinen Weg durch die Welt.

Auch die Weltanschauungen nähern sich heute immer mehr. Soweit die Kunst Weltanschauung ist, kreisen sie alle um den Sozialismus: Tolstoi, Zola, France, Strindberg, Spitteler, Shaw. Der Kapitalismus findet merkwürdigerweise keinen Dichter. Es ist Anklageli-
teratur gegen den Kapitalismus. Damit bleibt die Kunst Literatur in
jenem großen Zuge menschlicher Entwicklung, die aus Nöten, Tiefen, Qualen zu irgendwelcher Erlösung in der Zukunft drängt. Sie
übernimmt, soweit sie groß ist und ewig, die Aufgabe der Religion,
die ja letzten Endes auch nichts weiter erfüllen will, als den Sinn des
Lebens zu lösen, indem sie ein Jenseits des Lebens macht, das auch
bei der Religion durchaus das Jenseits in der Zeit auf Erden für das
Menschengeschlecht sein kann. Und demgemäß finden wir, daß
heute in der Literatur stofflich, soweit große Literatur in Betracht
kommt, soziale Stoffe bevorzugt sind. Es sind immer menschliche
Ideen, menschliche Stoffe, die die Grundlage der heutigen Literatur
bilden.

Daneben eine andere Richtung, die ganz auf den Stil gestellt ist,
die sich möglichst absondern will vom Leben, die mitten in die
Niedrigkeiten, den Alltag des Daseins, einen Tempel, eine Insel der
Seligen hineinpflanzen möchte. Ich halte diese Bestrebungen, soweit
sie nicht nur Mittel für die stilistische Erhöhung der Kunst sind, für
vergeblich. Eine Literatur, die nicht unmittelbar an den Leiden, Leidenschaften des Volkes und der Menschheit teilnimmt, ist vergeblich. Aber diese auf das Förmliche gestellte Kunst, hat das rein
künstlerische Element der Literatur doch bedeutend gefördert. Wir
haben heute vielfach doch nicht den Reichtum der Sprache, die Üp-
pigkeit des Stils, wie sie in früheren Perioden möglich war (Luther).
Aber wir haben bei beschränkteren Sprachmitteln eine größere
Herrschaft über die Sprache gewonnen, eine Würdigung, eine Auflösung der Sprache in musikalische Schwingungen, wie sie früher
nicht erreicht wurde.

Wenn man nun diese große Dichtung betrachtet, so kommt die Frage, welche Stellung hat der Dichter in unserer heutigen Zeit. Kunst ist kein Spiel, nicht eine Ausfüllung für müßige Stunden, nicht eine Aufmunterung für müde Gehirne, sondern Kunst ist in ihrer Tiefe nichts anderes als die Kraft, sich selbst, den Menschen, die Zeit in ihrem Innersten zu schauen, zu erkennen. Was wissenschaftliche Forschungen durch den Umweg über den Verstand, politische Kämpfe, zu machen suchen, die Zeit sehen, wie sie ist, das will letzten Endes die Kunst unmittelbar durch Einwirkung auf das Gefühl, auf die Phantasie erreichen. Und darin liegt der unermeßliche Kulturwert der Kunst. Sie hebt uns auch dann, wenn sie unmittelbar unser heutiges Leben so kraß und genau schildern muß, sie hebt uns heraus aus dem Gewohnten, aus dem Alltäglichen. Sie führt uns dazu, in uns Größe zu empfinden, neue Möglichkeiten zu sehen. Und es scheint mir geradezu ein Unglück für nationale und menschheitliche Kultur, wenn diejenigen, die zur Leitung der Geschicke in der Regierung [bestellt, *pb*] sind, nicht diese lebendigen Beziehungen zur Kunst haben. Sie haben dann nicht das Wichtigste im Menschen. Die große menschliche Entwicklung liegt in dem lebendigen Werden des Erhabenen, des Großen im Menschen. Sonst würde die Kultur in der alltäglichen Betriebsamkeit fleißiger Verwaltungsbeamter erstarren. Wir sehen auch aus der Stellung der Dichtung, daß heute die Kunst noch ihre Wirkungsmöglichkeiten bei weitem nicht erschöpft hat. In Deutschland ist die Stellung der Dichter vielleicht am niedrigsten. Sie werden zu wenig ernst genommen. Wer ernst ist, wird Minister, Techniker oder Bankier. Aber Dichter sind ein Volk, das eigentlich ganz nett ist, aber eine Kulturbedeutung haben sie nicht, nur wenn sie lange tot sind, hält man ihnen eine Gedächtnisrede. Aber daß in Deutschland ein Dichter einmal Minister werden könnte, ist ausgeschlossen. Es gibt kaum ein Volk, das soviel Verständnis hat für die Kunst, als das uns'rige. Aber auf unser Leben wirkt die Kunst, nicht unmittelbar ein.

Lemonnier, der Belgier, der das furchtbarste Kriegsbuch geschrieben hat (*Aus den Tagen von Sedan*), schildert in seinem Buch eine Szene, die er erlebt, wie zwei Reserveoffiziere, die unmittelbar von der Schlacht kommen, in ihrem Quartier sich ans Klavier setzen und Beethovens Sonate spielen und davon so gerührt sind, daß ihnen die Tränen kommen. Er findet das als einen unvereinbaren

Gegensatz. Wem Kunst ein Lebensinhalt ist, der kann nicht nebeneinander sich bewegen lassen und etwas tun, was vollständig gegeneinander steht. Das beweist, daß bei uns die Kunst noch nicht die wahre Bedeutung gefunden hat; sie ist nicht Spiel, sie kann nicht eingenommen werden zwischen Abendbrot und Schlafengehen. Wenn man Kunst ehren will, so muß sie die große Einheit bilden zwischen dem, was künstlerische Kultur ist und was Lebenskultur ist. Die Stellung der Künstler ist in anderen Ländern eine ganz andere. Es gibt in anderen Ländern keinen Minister, der nicht Schriftsteller wäre. Der deutsche Dichter ist im wesentlichen berufsmäßiger Literat. In Rußland marschieren Künstler, Schriftsteller voran, sie fühlen sich als Poeten ihres Landes.

Bei uns sind wir noch nicht so weit. Wie unsere Politiker keine Dichter sind, so sind unsere Dichter keine Politiker. Dadurch fehlt dem öffentlichen Leben jeder Stil des Großen und Erhabenen. Und der Dichter wird ein, im besseren Sinne, Spaßmacher für das Publikum. Es wird bei ihm geradezu typisch die Gesinnungslosigkeit. Dieselben Dichter, die noch eben Gedichte gegen den Krieg gemacht haben, haben innerhalb drei Tagen kriegsbegeisterte fabriziert. Und doch möchte man glauben, daß die Saat der Kunst nicht verloren ist, wenn wir nur ernst machen, wenn wir ihr den Rang einräumen, der ihr gebührt.

Wenn Sie mit der Absicht den Inhalt eines Buches in sich aufnehmen, sich nicht rühren, sondern umbilden zu lassen, wenn Sie das gute Gewissen haben, daß die Kunst das Recht hat, diese Forderung an Sie zu stellen, so werden Sie nicht nur sich selbst behaupten, sich ein eigenes Leben schaffen, das sicher und fest ist und nicht berührt wird von Drangsal und Sorgen, Sie werden selbst auch ein Teil dieser Kunst, Sie werden Mitschöpfer dieser Kunst. Dadurch gewinnt die Kunst, die Literatur, eine weltumbildende Macht. Sie erhalten den gesteigerten Willen, das zu wollen, was als tiefste Sehnsucht in aller großen Kunst blüht. So glaube ich, daß der Künstler trotz all der Einwendungen, trotz all der klaren Erkenntnis doch ein Kämpfer und ein Poet seines Landes und der Menschheit werden kann. Der Dichter als Kämpfer für die menschliche Entwicklung und als Poet einer großen Entwicklung der Menschheit ist das edelste Mitglied der menschlichen Gesellschaft.

Aus Tagheften
1914 – 1918[25]

HUMOR UND IDYLLE. | Die rüden Ulkkarten, mit denen man die Feinde als jämmerliche Feiglinge verhöhnte, sind endlich, viel zu spät, durch behördliche Eingriffe beseitigt, nachdem man allmählich, im Wandel des Kriegsglücks, erkannt hatte, daß sie in Wahrheit unsere eigenen Truppen beleidigten, die nicht einmal mit Feiglingen sofort fertig werden könnten. Diese Bilder des „neuen Geistes" merkantiler Kultur und zivilen Käufergeschmacks sind so ziemlich verschwunden. Nur die Lyriker und die Professoren sind noch nicht zum Schweigen gebracht; sie kompromittieren sich schließlich nur selbst, nicht die, welche mit ihrem Leben zahlen. Der schlimmste Unfug aber, schlimmer als Ulkkarten, Nervenchoklyrik und professorale Umgelerntheiten [sic] zusammengenommen, wuchert scheußlich weiter: Die gemütvollen Humore und Idyllen, die den grauenhaftesten aller Kriege zu niedlicher Gartenlaubenpoesie fälschen. Es scheint leider eine Spezialität *deutscher* Bilderblätter zu sein, auf diese Weise den Krieg zu sehen, die viel widerwärtiger ist als selbst die haßwilden und hetzerischen Illustrationen gewisser ausländischer Veröffentlichungen.

Wenn die Soldaten draußen sich die Not ihres Daseins humoristisch aufhellen, so hat hier der Humor jene Kraft der Selbsterhaltung, wie er auch in den Gefängnissen blüht, ja unter dem Galgen selbst. Wer den Tod vor Augen hat, für den ist der Humor Tröster, Ernährer und Erbarmer. Und wer in der ewigen Brandung chemischer Explosionen zu leben verurteilt ist, der bringt gern in sein rauhes Dasein Idyllen der Stille und des Behagens. Aber das ist nicht der Krieg, über den die Weltgeschichte vielleicht einmal als Motto die Feststellung setzen wird, die sich in dem deutschen amtlichen Bericht vom 12. September findet: „Noch nie in den gesamten Kämpfen des Ostheeres ... sind unsere Truppen über so viele russische Leichen hinweggeschritten."

Wer aber unsere illustrierten Blätter sieht, der muß zu dem Glauben gelangen, daß es da draußen gar lustig und gemütlich hergehe,

---

[25] Textquelle | Kurt EISNER: *Gesammelte Schriften. Erster Band*. Berlin: Paul Cassirer 1919, S. 182-203.

ein wenig abenteuerlich und absonderlich zwar, aber das erhöhe nur die Vergnüglichkeit. Nur ganz selten werden einige Spuren der Zerstörung abgebildet; um den Triumph der großen Brummer herzhaft zu feiern. Wo ein Leichtverwundeter gezeigt wird, so offenbar nur zu dem Zwecke, um zu veranschaulichen, wie menschlich man sich um ihn bemühe. Bisweilen wird ein Soldatengrab gewagt, bloß zu dem Zweck, den sentimentalen Philister zu beruhigen, daß die Pietät selbst dieses Sterben in Einsamkeit schmücke. Aber sonst ist der Krieg ganz anders. Der auf den Kriegsschauplatz entsandte Spezialzeichner malt sich selbst, wie er lachend im Schützengraben bei vollen Gläsern mit nicht minder lachlustigen Offizieren kneipt. Wir schauen, wie die Soldaten Weiber und Kinder der Feinde gütig mit Nahrung versehen, wie sie sich im Schützengraben rasieren lassen und während der „Gefechtspause" – Leutnants und Mannschaften gemeinsam! – zum Klange einer Ziehharmonika mordsfidel gröhlen. Diese Glücklichen kommen entweder von der Entenjagd, suchen – harmlos wie die Kinder – am Meere Muscheln oder pflanzen sich bequem als verspätete Strandgäste auf einer Bank an der Promenade eines großen Seebades. An der Türe einer belgischen Schenke sehen wir gar, als ob in Belgien sich nichts anderes ereignet hätte als ein bißchen willkommene Einquartierung, einen deutschen Soldaten herzhaft mit der lustigen feindlichen Kellnerin schäkern, oder ein Trupp Marinesoldaten holt feierlich den Sonntagsbraten ein – eine lebendige Sau, das einzige Wesen auf allen diesen Bildern, das Angst hat und zeigt.

So ist der Krieg! Und es hat anscheinend niemand eine Empfindung dafür, daß dieser freche Kriegskitsch wieder nur eine Verhöhnung der Opfer ist, derer, die sich selbst darbringen.

INTERNATIONALES GESPRÄCH. | A. Ich wünsche mit der ganzen Inbrunst meines Herzens dem eine Niederlage, der diesen Krieg herbeigeführt hat.
B. Schurke !
A. Wünschen Sie denn unseren – Feinden den Sieg ?
B. – – – – – – – – – – – – – –

DIPLOMATISCHE ABHÄRTUNG. | Der Weltkrieg hat eine sehr auffällige Abstumpfung der Feinfühligkeit der Diplomatie bewirkt.

Vor zehn Monaten erklärte Deutschland an Rußland den Krieg, weil es soeben von seiner Mobilisierung erfahren hatte.

Inzwischen hat Deutschland zehn Monate lang geduldig zugesehen, wie Italien, offen vor aller Welt, gegen Deutschland und Österreich mobilisierte, und hat seinerseits doch nicht den Krieg erklärt, nicht einmal ein Ultimatum gestellt.

Im Sommer 1914 hat es die deutsche Diplomatie abgelehnt, Österreich die Demütigung zuzumuten, über die unterwürfig nachgiebige Antwort Serbiens auf das Ultimatum Österreichs auch nur einen Tag lang zu unterhandeln. Ein halbes Jahr später hat Deutschland Österreich in monatelang währenden Verhandlungen unbedenklich nahegelegt, österreichisches Gebiet freiwillig an einen feindselig trotzenden Bundesgenossen abzutreten.

Am 23. Juli 1914 hat Österreich von Serbien verlangt, „daß in Serbien Organe der K. und K. Regierung bei der Unterdrückung der gegen die territoriale Integrität der Monarchie gerichteten subversiven Bewegung mitwirken."

Von Italien hat Österreich niemals gefordert, daß die *italienische* Regierung die gegen die Integrität der Monarchie unverhüllt gerichtete Bewegung unterdrücke, geschweige, daß es für sich beansprucht hätte, mit *österreichischen* Organen im fremden Lande Maßnahmen der Polizei und Justiz durchführen zu dürfen. Im Gegenteil: Österreich hat die Berechtigung der gegen die territoriale Integrität der Monarchie gerichtete Bewegung anerkannt; indem es sich bereit erklärte, auf seine territoriale Integrität zu verzichten.

In zehn Monaten sind also die diplomatischen Begriffe von nationaler Reizbarkeit und nationalem Ehrgefühl von Grund aus gewandelt. Sollte diese Abhärtung nicht für die Herbeiführung des Friedens nutzbar gemacht werden können?

ZUCHTHAUS FÜR STIMMUNGSBILDER. | Englands Weltherrschaft kracht in allen Fugen. Der heilige Krieg erfaßt die Gemüter der Indier ... Schon brechen die Eingeborenen Ägyptens los, um die englische Tyrannei abzuschütteln ... Am Suez haben die Engländer eine vernichtende Niederlage erlitten ... In Rußland steht die Revolution vor der Türe ... Die Stimmung in Bulgarien wird täglich ententefeindlicher ... In Bukarest plant man Anschluß an den Zweibund ... Eine hervorragende neutrale Persönlichkeit, die eben aus Italien kommt, entwirft ein trostloses Bild von der verzweifelten Stimmung …

Nichts anderes lesen wir seit einem Jahr in den Blättern. Immer werden wir in diese intimsten Geheimnisse des Auslandes eingeweiht, bis zu den leisesten nervösen Zuckungen der Volksseele und der genauen Summe, die leitende Staatsmänner als Bestechungsgelder empfangen. Und wie bei uns geht es in andern Ländern, nur daß man dort das gleiche über Deutschland, Österreich, die Türkei berichtet – immer in Stimmungen schwelgend, immer genau informiert, und immer nur Dinge berichtend, die im eigenen Lande angenehm wirken. Das ist die edle Kochkunst der Stimmungsbrühe. Man würgt das Zeug gewohnheitsmäßig in ungeheuren Mengen herunter, wundert sich, wie schnell die Zeitungen alles erfahren und was sie alles wissen, glaubt kein Wort von alledem und allmählich ist doch das ganze Bewußtsein von dem Unsinn angefüllt und beherrscht. Und sämtliche Fabrikanten der öffentlichen Meinung auf der ganzen Erde versichern, daß es gar nicht anders ginge, man müsse im nationalen Interesse auf derlei Weise die gute Stimmung erhalten.

Und auf einmal soll das löbliche Tun ein Ende haben? Was eben noch als patriotisches Werk galt, soll von nun an als Verbrechen des schweren Betrugs ausgerottet werden. Das erste Opfer der Wandlung ist der arme Franz Enke geworden. Er kam als Flüchtling aus dem ägyptischen Sudan und brachte die erfreuliche Nachricht mit, daß wegen einer vernichtenden Niederlage durch die aufständischen Eingeborenen die englische Weltherrschaft zu wanken beginne. Die *Vossische Zeitung* bezahlte die angenehme Mitteilung, die zudem so flott geschrieben war, wie es eben nur die eigene Anschauung und die nationale Begeisterung ermöglicht, gewiß nicht zu teuer mit 300 Mark. Andere bedeutende Organe ließen sich auch nicht lumpen. Das *Wolffsche Telegraphenbureau* verbreitete das schöne Stimmungsbild in alle Welt. Der verdienstvolle Urheber aber erhielt wegen dieser förderlichen Leistung vom Dresdner Landgericht zwei Jahre Zuchthaus, 300 Mark Geldstrafe, 5 Jahre Ehrverlust. Warum? Nur wegen des ganz unerheblichen Umstandes, daß er nachweislich nie in Ägypten gewesen, auch kein tropischer Pflanzer und Züchter war, sondern ein deutscher Hausknecht oder etwas ähnliches. Auch war er wegen Betruges bereits vorbestraft.

Wenn der so prächtig dem gegenwärtigen Zustande der Presse

angepaßte Mann zufällig einen Tag lang in Ägypten gewesen wäre und hätte genau dieselben Geschichten sich aus den Fingern gesogen, er wäre der klassische Gewährsmann höchster Wahrheit geblieben. Wie aber – auch unsere andern Journalisten sind nicht täglich allgegenwärtig in Rom, Paris, London, Petersburg, Sophia, Washington und wissen doch alles haarklein zu berichten! Soll das nun künftig auch Betrug sein? Oder ist es nur ein Verbrechen, wenn man *Redaktionen* anschmiert, dagegen ein wohlgefälliges Werk, wenn das *Publikum* daran glauben muß? Sollen die tropischen Entenzüchter nun alle Zwangsarbeit leisten und führt der Weg von der Stimmungszuchtanstalt der Redaktionen direkt ins gänzlich stimmungslose Zuchthaus? Und werden wir niemals wieder lesen: Aus politischen Kreisen Stockholms erfährt man durch ein Budapester Telegramm über die Stimmung in Cetinje … ?

DIE KRIEGSSPRACHE. | Die Blutlyriker umhüllen noch immer den Krieg mit mystischem Glanz; sie schwelgen in ungeheuren Empfindungen und ersinnen große und rauschende Worte. Dagegen ist die technische Kriegssprache von einer harten Sachlichkeit, in der das wirkliche Wesen des Kriegs um so wahrhaftiger zum Ausdruck kommt, als dieser Stil ganz absichtslos entstanden ist, ohne daß man sich seines grauenhaften fletschenden Hohns auch nur bewußt wird.

Wir hören, daß die Stadt X „ausgiebig mit Bomben belegt" sei. Jedes Wort ist hier wie vom Genius der Unmenschlichkeit selbst geformt. Ausgiebig … belegt! Man könnte gar keine anderen Wendungen finden, die so diesen entsetzlichen grinsenden Humor befriedigter Zerstörung bezeichnen.

Oder die Versenkung etlicher Schiffe wird durch den Satz mitgeteilt, daß die Unterseeboote „saubere Arbeit verrichtet hätten". Die ganze Welt schaffender Arbeit versinkt in dieser parodistischen Anwendung des Begriffs ‚Arbeit' zur Kennzeichnung des Gegenteils aller menschlichen Arbeit.

„Franzosennester wurden vom Feinde gesäubert." Welche versteinernde Wahrhaftigkeit! Für den Krieg sind in der Tat Menschen nur eingenistetes Ungeziefer, von denen man die Erde säubert. Die höchste Steigerung der Kriegssprache aber konnte man neulich in der triumphierenden Feststellung erleben: daß Serbien vom Feind gesäubert sei. Wer ist der Feind, von dem Serbien gesäubert worden? Die *eigenen* Bewohner, die eigenen Soldaten des Landes! Die Menschen werden in dem Augenblick, wo sie ihr Vaterland verteidigen, zum Feinde ihrer eigenen Erde. Und das ist die rechte Sprache des Krieges, der in der Tat nichts kennt, wie Gewalt, Haß, Vernichtung; und für den auch der Patriot vor der überlegenen Macht zum Ungeziefer des eigenen Grund und Bodens wird, den man säubert von den Menschen, die gestern noch auf ihm ackerten, ernteten und sich freuten …

LAUTE GEDANKEN. | Man hat in diesem Kriege alle Waffen angewendet, die der Dämon der Zerstörung ersinnen kann. Man hat jede völkerrechtliche Vereinbarung, jeden Vertrag, der die Kriegsführung irgendwie hinderte, verletzt. Nur eine Waffe hat bisher niemand anzuwenden gewagt: die *Wahrheit*. Vielleicht ist das gerade die einzige Waffe, die den *Frieden* erkämpft.

———

In einer zukünftigen Menschheit wird man es nicht mehr verstehen, daß Millionen Menschen sich gegenseitig morden, weil entschieden werden soll, wie die staatlichen Grenzen über die Erde laufen. Dann wird es für ebenso gleichgültig gehalten werden, zu welchem staatlichen Verband dies oder jenes Volk gehöre, um so wichtiger aber wird es sein, daß das Volk sich innerhalb seiner Grenzen eine wahre Heimat schaffe.

———

Nachdem man in den Krieg geraten, sucht man begierig eine Ideologie des Kriegs, die das Furchtbare erträglich machen soll. Also fordert man Sicherung gegen *zukünftige* Kriege und die Freiheit der *Meere*. Sollte man nicht zuvor erst Sicherung gegen den *gegenwärtigen* Krieg und die Freiheit der *Länder* verlangen?

———

Von einem Parteigenossen las ich jüngst einen Artikel, in dem nicht ohne Selbstbewußtsein festgestellt wurde, daß „wir Sozialisten" gelernt haben, nicht politischen Spekulationen, Betrachtungen und Wünschen zu vertrauen, sondern der Macht der wirtschaftlichen

Tatsachen und Entwicklungen. Danach scheinen „wir Sozialisten"
uns von den Kapitalisten zur Zeit nur noch dadurch zu unterscheiden, daß wir materialistischen Sozialisten die Macht der wirtschaftlichen Tatsachen *erkennen*, während die ideologischen Kapitalisten
es vorziehen, die Macht der wirtschaftlichen Tatsachen nicht zu erkennen, aber sie *anzuwenden, auszuüben, auszubeuten*!

———

Jedesmal, wenn die Gefahr bestand, daß ein weiterer Staat sich dem
Krieg gegen Deutschland anschließen würde, las ich in deutschen
sozialdemokratischen Blättern stürmische, fast revolutionäre Betrachtungen, in denen das italienische, rumänische, griechische Volk
belehrt wurde, welches Verbrechen, welchen Selbstmord sie begehen würden, wenn sie sich in den Krieg hetzen würden. Es fiel mir
auf, daß diese Friedens-Beschwörungen im Falle der Türkei und
Bulgarien unterblieben!

———

Wir hören heute oft, daß die Sonderlinge, die dem Kriegswahn trot-
zen, verrückt seien. Abgesehen davon, daß es mir recht barbarisch
erscheint, Menschen, die geisteskrank sind, ihr Leiden ins Gesicht
zu schreien und sie obendrein noch wegen ihrer Erkrankung zu beschimpfen, in welchem fürchterlichen Wahnsinn ist zu dieser Zeit
die gesunde Menschheit befangen, daß man toll sein muß, um zu
wagen, auszusprechen, was man denkt; daß nur der sich einbildet,
durch die Macht der Vernunft wirken zu können, der unheilbar verrückt ist.

DIE SCHWIERIGKEITEN DES KOMPARATIVS. | Der Zeitungsleser will täg-
lich eine *Entwicklung*, eine *Steigerung* der Ereignisse, im günstigen
oder ungünstigen Sinne. Die Erfüllung dieses Verlangens ist schon
deshalb schwierig, wenn nicht unmöglich, weil die Zeitungsleser aller am Kriege beteiligten Völker die gleiche Steigerung ersehnen, zugunsten der eignen, zuungunsten der feindlichen Macht. Zudem ist
es die Art des modernen Krieges, daß er nicht die dramatisch raschen Steigerungen kennt, die von der ungeduldigen Phantasie begehrt werden. Da die Ereignisse selbst solcher Neigung sich sträuben, begibt sich die Presse in die üppig fruchtbaren Gelände der –

„Stimmungen", auf denen man täglich aufs neue mähen und säen kann. Aber auch die Steigerung der Stimmungen erweist sich als äußerst heikel, und nur durchführbar, wenn man voraussetzt, daß das Gedächtnis des Zeitungslesers keinesfalls die Grenze von sechs Stunden überschreitet, daß man bei der Lektüre des Abendblatts bereits alles vergessen hat, was man im Morgenblatt gelesen.

Der Anfang nämlich ist allemal der dröhnende *Superlativ*, das Höchstmaß erreichbarer Kraftentfaltung. Will man da auf den im ersten Sturm genommenen Gipfel immer neue Erhöhungen türmen, den Superlativ des Anfangs durch nachfolgende Komparative steigern?

Als der Krieg ausbrach, konnte man in Petersburg, Berlin, London und Paris gleichermaßen lesen, das – feindliche – Volk zöge so widerwillig und verzweifelt in den Krieg, daß es gegen die Regierung revolutioniere. Vierzehn Tage später erfuhr man, wiederum gleichermaßen in Petersburg, Berlin, London und Paris, daß die anfänglich so begeisterte Stimmung (beim Feinde!) nachzulassen beginne; um nach ferneren zwei Wochen abermals zu erfahren, daß die noch vor vierzehn Tagen überschwengliche Jubelstimmung Anzeichen des Niedergangs verrate. Seitdem läßt nun in demselben Grade die Stimmung immer mehr oder auch immer weniger nach. Um dieser fortgesetzten Minderung der Begeisterung fähig zu sein, muß also die Stimmung zu Beginn nicht hoffnungslos verzweifelt gewesen sein, sondern über alle Maßen berauscht.

Ähnlich wird die Stimmung im Verlaufe einer der mehrwöchigen Riesenschlachten positiv oder negativ gesteigert. Beim Beginn der Schlacht wird die Stimmung des Gegners dahin gekennzeichnet, daß er ohne jede Erwartung, wie ein im Voraus zum Tode Verurteilter, müde und widerwillig hineingetrieben werde. Acht Tage später hören wir von einem Nachlassen der anfänglichen Siegeszuversicht, und nach vierzehn wird gemeldet, daß man nach dem prahlerischen Siegesgeschrei anfange, etwas kleinlaut zu werden.

Diesen Komparativen, die nicht mehr wissen, was ihr Positiv ist und dem vergessenen Superlativ folgen, verdanken gewisse kleinere Völker den Vorteil, daß sie immer wieder geschlagen werden können, obwohl sie längst durch Feind, Seuche und Demoralisation bis auf den letzten Mann ausgerottet sind. Wir lassen etwa folgende Entwicklungsreihe auf uns wirken:

Erstens: Die feindliche Armee ist mit Hinterlassung von vielen Tausenden von Toten, Verwundeten und Gefangenen in wilder Flucht aufgelöst; sie ist nicht mehr kampffähig; sie hat drei Viertel ihres Bestandes verloren, der Rest hat die Waffen weggeworfen. *Zweitens* (drei Wochen später): Die feindliche Armee rückte mit starken Kräften vor; sie wurde mit schweren Verlusten – die fast die Hälfte der ursprünglichen Armee ausmachen – zurückgeworfen. *Drittens* (zwei Monate später): Die feindliche Armee ist über die Grenze vorgedrungen, wir gingen, um eine günstigere Stellung zu gewinnen, unbemerkt und ungestört vom Feinde langsam und in voller Ordnung zurück; im feindlichen Heere wütet die Cholera. – So wird im Laufe des Krieges solch ein merkwürdig zähes Volk allmählich zu gut fünfzehn oder zwanzig Vierteln ausgetilgt und – marschiert trotzdem immer noch vorwärts …

Sollte der Zeitungsleser nicht schließlich doch anfangen, weniger Stimmungen und mehr Tatsachen, weniger Superlative und Komparative und dafür lieber ganz bescheidene schlichte Positivformen des Geschehens zu verlangen? (Antwort 1918 auf die Frage von 1915: Der Komparativ wütet unermüdlich!)

DIE NEUE ERFINDUNG. | Vier Herren sitzen beim Mittagessen im Speisesaal des vornehmen Hotels. Sie sind ältlich, glatzköpfig, die Backen und Stirnen gerötet vom angestrengten Essen und Trinken. Sie reden – ein wenig fiebrig – aufeinander ein und bestärken sich in ihren Meinungen, indem sie sich, sie einander immer wiederholend, mitteilen.

Der eine, der mit der verfettetsten Herrschermiene, führt das Wort. Er ist offenbar der Erfolgreichste der Tafelrunde von Kriegslieferanten, als die ihre Gespräche sie sofort kennzeichnen.

„England, hm England – die Sache ist die, daß ein englischer Kaufmann oder Fabrikant nur 4 – 5 Stunden täglich arbeitet. Daher unsere Überlegenheit und ihr Neid. Sie wollen selbst nicht schuften und gönnen uns unseren Fleiß nicht. Wissen Sie, was ich täglich arbeite? …"

Die andern wußten es zwar, aber sie bezeugten doch ihren lebhaften Drang, es noch einmal zu erfahren.

Der Gebietende fuhr eifrig fort: „Um 8 Uhr bin ich in der Fabrik, und um 6 Uhr bin ich es noch. Ein Hundeleben! Ich weiß oft nicht, wo mir der Kopf steht. Und dann das ewige Reisen. Vor drei Wochen in Königsberg, vorige Woche in Köln und in (er zwinkert bedeutsam geheimnisvoll) Brüssel. Jetzt in München. Wissen Sie, und immer Ärger. Ich brauche für einen meiner Artikel eine Werkzeugmaschine. Ich fahre nach Leipzig, um sie zu kaufen. Früher hat das Ding 1800 M. gekostet. Raten Sie, was die Kerle jetzt von mir verlangt haben! Sie raten es doch nicht: 6400 M.! Sage und schreibe. Keinen Pfennig weniger. Ich sage zu dem Direktor: Das ist aber teuer! Was antwortet er: Wenn Sie kein Geld haben, brauchen Sie ja nicht zu kaufen … Was sollte ich machen. Ich blechte …"

Die andern waren einig in der Entrüstung über solche Übervorteilung. „Man könnte sonst jetzt noch viel mehr verdienen," klagte einer. Der bescheidenste aber der Vier, der fast ein wenig kümmerlich aussah, meinte seufzend, es wäre gleichwohl am besten, wenn der Krieg bald aufhöre. Sein Bedarf am Krieg wäre gedeckt: „Wann glauben Sie, fällt die Entscheidung?"

Der Gebietende zwinkerte, dämpfte seine Stimme zu einem rauhen Flüstern und lockte damit die andern drei Köpfe, sich zu seinem Munde vorzubeugen. Dann sagte er: „Wir haben eine *neue Erfindung*! Aber natürlich ganz im Vertrauen, meine Herren. Es wäre mir sehr peinlich, wenn etwas weitergesagt würde. Also diese Erfindung – die andern haben keine Ahnung davon – ist eine Maschine, die *Stichflammen* erzeugt, die auf 1000 Meter Reichweite alles versengen, alles verbrennen. So werden wir die Schützengräben ausräuchern. Auch von Zeppelinen und Fliegern werden wir die Flammen aussenden. Tausend Meter Reichweite, die bald noch vergrößert werden wird. Hunderttausend Maschinen sind fertig, Tag und Nacht wird gearbeitet. Sache, *w a a a a s s s*?! …"

Einen Augenblick schweigt alles in den Schauern der neuen Offenbarung. Die Köpfe leuchten. Ihre Phantasie schwelgt in den Bildern von Menschenhaufen, die durch die Feuersglut in ihren Gräben wie zusammengelötet werden, von Städten, die plötzlich in Flammen stehen, von Kriegsschiffen, deren Mannschaft aus Angst vor den Flammenpfeilen über Bord springen; vergebens, denn auch ins Wasser dringt siedend das stechende Feuer.

Dann löst sich der Bann. Alle sind einig: „Der Feind wird schwitzen!" – „Und niemand kann uns das nachmachen; niemand, Ehrenwort!" schließt der Gebietende.

„Darauf sollten wir eins trinken", meint sein Gegenüber. – „Machen wir! Ich zahle. Aber was?" – „Natürlich Sekt!" – „Geht nicht!" Der Gebietende schaut sich vorsichtig im Lokal um: „Irroy könnte unangenehm auffallen."

„*Deutscher Sekt* genügt auch," rät der Kümmerliche.

„Nein, nein – das geht noch weniger. Aber warten Sie ... Die Leute haben sich doch höchst anständig benommen. Trinken wir 'ne gediegene Marke – in Luxemburg auf Flaschen gefüllt" ...

FRANZÖSISCHE GEDANKENGÄNGE. | In der englischen Zeitschrift *Harpers Weekly* schreibt 1915 Norman Hapgood über die „revolutionären" Gesichtspunkte, unter denen die Franzosen einen vollkommenen Sieg über Deutschland betrachten. Der Artikel gewinnt dadurch eine gewisse Bedeutung, daß die *Humanité* in ihm eine sehr klare Darstellung französischer Gedankengänge findet.

In den Augen der Franzosen, schreibt Hapgood, würde der Sieg vollständig sein, der den von der oligarchischen Regierung unterdrückten Individualismus in Deutschland wiederherstellen würde; der, wie immer auch um den Preis einer Revolution, in der deutschen Politik die demokratische Kontrolle herbeiführen würde. Niemand ist so naiv zu glauben, daß die zukünftige Regierung Deutschlands von außen eingesetzt werden könnte. Sicher glaubt mehr als ein Franzose, daß Großbritannien die Waffen nicht früher niederlegen würde, als bis es sich der Person Wilhelms II. bemächtigt hätte, wie es sich Napoleons bemächtigte; aber diese Meinung hat nichts zu tun mit den über die notwendigen Änderungen des deutschen Ideals verbreiteten Gedanken. Diese Änderungen müssen vom Volk selbst gewollt sein, und es wird sie wollen, wenn die Niederlage ihm das militaristische und imperialistische Ideal verleidet hat. In seiner Industrie mehr getroffen als seine Verbündeten, grausamer leidend unter dem Verlust seiner Söhne, weil es weniger Kinder erzeugt, sieht Frankreich das Heil nur in der zukünftigen Demokratisierung Deutschlands, die ihm erlauben würde aufzuatmen und seine Zukunft sichern würde. Ein solches Ergebnis kann nicht von einem hinkenden Frieden kommen, der nur den Hochmut des unbesiegten Deutschlands steigern und es bereit machen würde, ein neues Abenteuer vorzubereiten. Ganz Frankreich glaubt, daß eine Niederlage Deutschland [sic] viel nützen würde, während ein Sieg Deutschlands das Ende der französischen Zivilisation wäre. Deshalb ist Frankreich heute so ruhig, so tapfer, so geduldig, so verschieden von dem, was die Ignoranten draußen erwarteten. Es sagt stolz vor aller Welt, daß es den Frieden wollte, aber daß niemand von ihm erwarten könne, es würde noch einmal einer so schrecklichen Drohung die Stirne bieten müssen … Es wünscht einen Sieg der Völker, die den Frieden lieben, über die Nation, die die Beute des Militarismus geworden ist … Ich für meine Person weiß nicht, fügte der englische Verfasser hinzu, ob wirklich eine vollständige Niederlage nötig ist, um den Angriffsgeist Deutschlands zu ändern; ich sage nur, daß das die Meinung in Frankreich ist.

DIE VERDURSTUNG ALS KRIEGSMITTEL. | Bei der Belagerung von Paris 1870/71 galt es, nicht nur durch Aushungerung der Millionenbevölkerung, sondern auch durch Erschwerung der Trinkwasserzufuhr die Pariser zur Verzweiflung und zur Übergabe zu treiben. Man hatte vor Paris in der Villa des Ministers Rouher die Spezialpläne der Wasserleitungen von Paris gefunden. Einige Quellwasserleitungen und Kanäle gelang es in der Tat abzuschneiden. Unmöglich war es natürlich, Paris ganz das Wasser zu entziehen, sonst hätte man Seine und Marne ableiten müssen. Dagegen rechnete man auf die ungünstigen Wirkungen, die eine Störung der Wasserleitungen zur Folge haben mußten. In Betracht kamen besonders das aus der Marne schöpfende Dampfpumpwerk von St. Maur. Gelang es, dieses Werk zu zerstören, so waren die Arbeiterviertel von *Belleville* und *Neuil montant* ohne Wasser. Was man damit erreichen wollte, hat der damalige Leiter der Artillerieoperationen gegen das Werk, der Hauptmann Reinhold *Wagner*, später so dargestellt: „Jene Stadtteile waren nicht nur die am dichtesten bevölkerten von Paris, sondern diese meist aus Arbeitern bestehenden Volksmassen auch von jeher am ehesten zu revolutionären Bewegungen geneigt … Kam zu den sonstigen Entbehrungen dieser unbemittelten Volksmassen noch Wassermangel hinzu, so ließen sich davon füglich Rückwirkungen auf die Verteidigung der Stadt erwarten, welche deren Fall beschleunigen konnten. War hierauf auch nicht mit absoluter Gewißheit zu rechnen, so hatte doch anfänglich auch Moltke Hoffnungen auf unruhige Bewegungen in der Stadt gesetzt."

Übrigens mißlang der Plan. Die Artillerie erreichte das Werk nicht.

UND SIE SCHRIEBEN BRIEFE. | In seinem Buch *„Rußland und der Krieg"* teilt Alexinsky den folgenden Schulaufsatz eines kleinen Chinesen über den Ursprung des Weltkriegs mit: „Gegenwärtig gerade gibt es einen großen Krieg in Europa. Der Krieg hat begonnen, weil der Prinz von Österreich mit seiner Prinzessin nach Serbien gereist ist. Ein Mann in Serbien hat sie getötet. Österreich hat sich geärgert und den Krieg gegen Serbien angefangen. Deutschland schrieb Briefe an Österreich und sagte: Ich werde dir helfen. Rußland schrieb einen Brief an Serbien: Ich helfe dir. Frankreich hatte keine Lust, sich zu schlagen, aber bereitete seine Soldaten vor. Da schrieb Deutschland einen Brief an Frankreich: Du darfst dich nicht vorbereiten, denn wenn du es tust, werde ich dich in neun Stunden schlagen. Und Deutschland begann sich mit Frankreich zu schlagen und marschierte auf Belgien. Belgien sagt: Ich bin ein Land und nicht eine Straße für dich. Und Belgien schrieb einen Brief nach England, um ihm mitzuteilen, was Deutschland begangen hatte. Und so leistete England Belgien Hilfe." – Dieser Aufsatz eines chinesischen Knaben bildet eine furchtbare Bekräftigung der alten Mahnung: man soll keine Briefe schreiben.

DISTANZ. | Im Waldfriedhof zu München haben die Kriegsgefallenen ihr eigenes Gelände. Jede Abteilung hat innerhalb ihres Bereichs das gleiche Marterl auf jedem Grabe als Schmuck und Namensmal; aber von Abteilung zu Abteilung wechseln die Grabzeichen Farbe, Form, Verzierung. Dieser Wechsel von Gleichheit und Mannigfaltigkeit spiegelt im Tode die Kameradschaft im selben kleinen Verband und die Verschiedenheit der Abzeichen der größeren Truppeneinheiten wieder. Der Tod hat hier unter den hohen Tannen fast etwas wie bunte einfache bäuerliche Kirmes-Freudigkeit, die ermüdet eingeschlafen ist und, still geworden, vom lustigen Tage träumt ... Dann aber sieht man *abseits* vom Haufen Einzelgräber von Gefallenen, deren Marterln größer und reicher sind, auch das Personale der Aufschriften ausführlicher und ehrerbietiger mitteilen. Das ist das Totenkasino der Offiziere, das von der stummen Mannschaftskantine räumlich und sozial-ästhetisch streng getrennt ist.

Erhält der Friedhof der Gefallenen einmal ein Gitter und ein besonderes Portal, so wird man auf ihm die Worte aus *Heinrich V.* anbringen müssen:

> Daß wir dies blut'ge Feld durchwandern dürfen,
> Die Toten zu verzeichnen und begraben,
> Die Edlen vom gemeinen Volk zu sondern;
> Daß – o des Wehs ! – viel unsrer Prinzen liegen
> Ersäuft und eingeweicht in Söldnerblut;
> So taucht auch unser Pöbel rote Glieder
> In Prinzenblut ...

Was übrigens *heute* an der *Front* nicht zu befürchten wäre, soweit es Prinzen sind ...

MÄRZSTÜRME 1918. | Die erhabene Begeisterungssprache vom August 1914 ist wieder erstanden. Wie damals Wilhelm II. der Welt verkündete: „Nun wollen wir sie dreschen!" und sein ältester Sohn ermunternd wiederholte: „Immer feste druff," so äußert sich jetzt in der gleichen Sprache Hindenburg: „Die Geschichte da drüben ist ins Rutschen geraten," worauf der Kriegsberichterstatter des Berliner Lokalanzeigers ins Rutschen geriet und stammelte: „Und Hindenburg sagte, als ich mich in der Abendstunde von ihm verabschieden durfte, indem er mir die Hand reichte, *„in seiner wunderbaren, überwältigenden Schlichtheit* der Rede: „Die Geschichte da drüben" usw. In dieser selben wunderbaren, überwältigenden Schlichtheit der Rede erzählte mir im Dezember 1917 (im Eisenbahnwagen) ein Soldat, wie sie die englischen Gefangenen truppweise abführten (besonders die Kanadier, die so unverschämt seien, sich noch zu wehren, wenn man schon bei ihnen wäre) und dann Handgranaten unter sie würfen: „So kriegen wir das Zeug's weg." (Derselbe Soldat hatte auch das weiche deutsche Gemüt; denn vorher hatte er tränenden Auges berichtet, wie er in Gotha die Sachen eines gefallenen Offiziers dessen Mutter übergeben und dabei so erschüttert gewesen sei, daß er sofort wieder weggelaufen sei, weil er den Schmerz der Frau nicht aushalten konnte.)

Auch die Kanonenhymnen leben wieder auf: teils mit Verzückung, teils mit neckischem Humor, wie bei den 42 cm-Geschützen, die die Jungfer Lüttich seiner Zeit entjungferten (wie die Dichter damals kriegserotisch anschaulich sangen). Heute weidet man sich an der witzigen Überraschung, daß aus märchenhafter Ferne plötzlich ungezählte Granaten auf Paris hageln, spottet über die phantastischen Erklärungen der Pariser Zeitungen und jauchzt über den Triumph deutscher Wissenschaft und Technik. Auffällig aber und undankbar ist, daß man das wesentliche Mittel der deutschen Offensiverfolge nicht als die letzte höchste Eingebung germanischen Erfindergeistes und deutscher Kultur feiert: das Giftgas! Das Giftgas entscheidet die Weltgeschichte! Da man gleichzeitig mit gesteigerter Inbrunst und Häufigkeit sich in den offiziellen Kundgebungen auf den besonderen gnädigen Beistand Gottes beruft, ist nunmehr das Wesen dieses Gottes der deutschen Fürsten und Generäle endgültig festgestellt: Sie sagen Gott und vergiften die Luft. Gott ist ein Giftgas! ... Gibt es nicht außerhalb dieser Erde irgendwo ein Zuchthaus, in das man mich von dieser großen Zeit abschließen kann

Die *„Deutsche Tageszeitung"* schrieb am 25. März:

> „Und hätte man vor wenigen Wochen behauptet, wir Deutsche hätten Geschütze, die 120 Kilometer Schußweite besitzen, so daß wir von unserer bisherigen Front bis nach Paris hinein langen können, man wäre zum mindesten als Phantast angesehen worden.
> Wieder ist die ganze Welt durch die nun zur Tatsache gewordenen Beschießung der Festung Paris vor ein Wunderwerk deutschen Erfindergeistes, deutscher Technik und Schaffenskraft gestellt worden; und muß sich staunend fragen: Was kann und muß ein solches Volk, das solche Taten und solche Wunderwerke aus eigener Kraft hervorbringt, im Frieden einst leisten?"

Was mag man dann wohl aus 120 km Entfernung beschießen? Was mag einer, der die kühnsten, technisch glänzendsten Einbrüche verübt (aus eigener Kraft!), erst leisten, wenn er – nicht einbricht! Es ist die gleiche Frage. Übrigens hat der Dreißigjährige Krieg die Antwort gegeben.

EIN OPFER. | Die arme Sonja[26] hat sich in Stadelheim erhängt. Nicht wegen des „Landesverrats", sondern um der tiefsten Demütigung

---

[26] [Die linke Friedensaktivistin *Sonja Lerch*, geboren als *Sarah Sonja Rabinowitz*:

ihrer Frauenliebe zuvorzukommen. Es war ein paar Tage vor dem Termin ihrer Ehescheidung. Dieser prachtvolle deutsche Philologe, für den die Sonja gearbeitet und gerackert hatte, der sich vor mir einen Tolstoianer nannte, widerstrebte gleichwohl dem Übel, und veröffentlichte in dem Augenblick, als seine Frau unter Anklage eines mit Zuchthaus bedrohten Verbrechens verhaftet war, in den Blättern eine Erklärung, daß er schon vor einiger Zeit die Scheidungsklage eingeleitet habe. Die deutsche Öffentlichkeit nahm an dieser Handlung anscheinend keinen Anstoß; man fand sie offenbar selbstverständlich. Not kennt kein Gebot. Die Deutschen sind ja das ritterliche Volk. Außerdem war sie nur eine kleine russische Jüdin und er ein kerndeutscher Mann, wenn auch Romanist. Sie schämte sich für ihn, und als sie sah, daß er es wirklich zum Scheidungstermin kommen ließ, vollzog sie freiwillig und gründlich die Scheidung. Denn sie liebte diesen Mann! Sie hatte sich während der Streikwoche mir anvertraut. Man hatte ihr eingeredet, daß politische Agitation – „Landesverrat" stand ja damals noch nicht in Frage – ein Scheidungsgrund sei. Unter dieser lächerlichen Pression hatte sie eingewilligt, die Ehe friedlich zu trennen. Als ich ihr den Unsinn auseinandersetzte, daß deshalb eine Ehe geschieden werden könnte, wollte sie zum Rechtsanwalt gehen und ihre Einwilligung zurückziehen. Das sagte sie mir am 31. Januar, während des Münchener Demonstrationszuges. Ihre Absicht wurde durch die Verhaftung vereitelt. Ich bemühte mich, sie zu trösten: Ein Mann, der so handle, sei es doch nicht wert, daß man seinetwegen leide. Da wurde sie erregt und ersuchte mich sehr energisch, darüber nicht zu reden: ihr Mann sei ein Charakter. Da wußte ich, daß sie den Mann dennoch liebte. An dieser Liebe ist sie gestorben. Die Gefängnis-Psychose, die langen einsamen, schlaflosen Nächte vollendeten das Werk seelischer Zerrüttung. Ich sah sie seit unserer Verhaftung zweimal. Einmal begegnete sie mir noch im Polizeigewahrsam. Sie wollte auf mich zu und mir die Hand geben. Das wurde verhindert. Das zweite Mal sah ich sie im Hof des Untersuchungsgefängnisses; sie stand naß im Regen, frierend, völlig zusammengefallen, an die Mauer gelehnt, wie eine Versinnbildlichung der Obdachlosigkeit; sie endigte

geboren 1882 in Warschau; Tod am 29. März 1918 in München; schon vor 1900 Mitglied im Jüdischen Arbeiterbund; Mitbegründerin der Münchener USPD.]

ihren „Spaziergang" und ich begann ihn, wir nickten uns bei dieser Ablösung stumm zu. Eine russische Märtyrerin auf deutschem Boden. Sie erlebte das Martyrium doppelt, als russische Sozialistin in der deutschen Partei und als russische Frau bei dem deutschen Universitätsgelehrten ... Später erfuhr ich, daß ihr Mann sie während der Haftzeit niemals besucht hat.

DIE SORGE UM SOISSONS. | Einer der Professoren des kaiserlichen Hauptquartiers, die unseren Weltruf als Hunnen und „gelehrte Barbaren" zu widerlegen beamtet sind, indem ihnen die durch unsere Invasion unmittelbar und mittelbar veranlaßte Zerstörung heiligsten Kunstgutes unablässig das Herz bricht und dann von ihnen wissenschaftlich-katologisch ersetzt wird, ohne zu ahnen, wie gerade diese Mischung von Gemüt, Wissenschaft und Kriegsnotwendigkeit bei den Betroffenen wirkt, – Herr Paul *Clemen* schrieb am 1. August 1918 im Berliner Tageblatt am Schlusse von Betrachtungen über die Zerstörung von Soissons: „Die bange Frage stellt sich ein: in welchem Zustand werden wir die Stadt *einst im Frieden abtreten* können? Die Vollendung der Zerstörung liegt jetzt ganz bei den *Gegnern.*" Als der Professor seine Bangigkeit in die Presse ausströmte, räumten wir gerade Soissons. So entriß der Franzose in grausamer Tücke den deutschen Professor, der über den Kunstschätzen Soissons zärtlich wachte, seinen Seelenqualen, der Gegner möchte, um der Kunst willen, nicht auf die Verdrängung der Deutschen aus seinem Lande verzichten, sondern lieber brutal die eigenen Kunstwerke und ihre fremden Pfleger bombardieren. Das war der feindliche Dank für den deutschen Kunstprofessor, der den Franzosen eben großmütig verheißen hatte, wir würden ihnen Soissons *einst* im *Frieden* wiedergeben! Sie konnten bis dahin nicht warten! Und die Gönner des Professors – vermutlich zu seinem fassungslosen Erstaunen – auch nicht!

REDEOFFENSIVE. | Alle die Maßgebenden, die seit dem deutschen Rückzug im Sommer 1918 plötzlich rednerisch zum Volk herabstiegen, bedienten sich der aufrichtigen Versicherung: Wir haben schon schlimmere Krisen überwunden als die heutige! Das ist eine Sensation. Wie? Wir haben schon schlimme Gefahrzeiten hinter uns? Wann hat man uns ein einziges Mal während der vier Kriegsjahre gesagt, daß die Lage schwierig sei? War sie nicht immer gut, ausgezeichnet; beruhigte man uns nicht immer, daß wir's schaffen würden? Auf einmal enthüllt man uns die ungeahnten Bedrängnisse, die wir – *hinter* uns haben: so schlimm wie damals (als es doch nach den übereinstimmenden Pressebeteuerungen ganz prächtig war!) stünde es jetzt nicht. Man reißt von der Vergangenheit die Maske, um mit ihren Fetzen sich vor den Fragen der Gegenwart zu verbergen. Wir wissen aber jetzt, daß man uns die Wahrheit erst immer hinterher sagt und *fordern* Auskunft. Welch Mittel habt ihr in Zukunft bereit, um die Gefahr von heute zu bewältigen? – Wir fordern? Ach nein; wir werden erst später hören, wie wir uns heute befinden, und darauf warten wir in Geduld. Wir fordern nichts. Wir haben keine Bedürfnisse, die Dinge zu erkennen, so lange sie sind und wirken. Wir leben für die *Archive* ... wir *Achiver*!

Die deutsche Arbeiterschaft
und der Friede von Brest-Litowsk
(1918)[27]

Die Vorgänge in Brest-Litowsk haben auch für den Blinden und Vertrauensseligen die Absichten der herrschenden deutschen Politik entblößt. Man will fremde Völker erobern, um dadurch die Macht der regierenden Klassen Deutschlands und ihrer Führer zu befestigen und zu erweitern. Nachdem im Osten die deutschen Ziele erreicht scheinen und deutsche Heere frei geworden sind, wird man im Westen die Eroberungspolitik fortsetzen. Hunderttausende sollen wiederum auf den Feldern in Frankreich verbluten.

Weltentscheidungen stehen unmittelbar bevor: Ewiger Krieg der Gewalt und Vergewaltigung oder Friede zwischen versöhnten und

---

[27] Textquelle | Institut für Marxismus-Leninismus, Berlin (DDR) – Abteilung Zentrales Parteiarchiv | IML – ZPA NL 60/5 [heute Bundesarchiv Berlin-Lichterfelde: Nachlass Kurt Eisner. SAPMO-BArch NY/4060]; Textfassung hier nach Kurt EISNER: *Die halbe Macht den Räten*. Ausgewählte Aufsätze und Reden. Köln 1969, S. 267-269.

vereinten Völkern – das ist die Frage, deren Beantwortung und Verantwortung vor allem dem deutschen Proletariat gestellt sind. Welchen Weg werden wir gehen? Welchen Weg werden wir erzwingen? Der ewige Krieg der Gewalt und Vergewaltigung bedeutet auch die ewige Niederdrückung des Proletariats. Der demokratische Weltfrieden hingegen gibt allen Unterdrückten die politische Freiheit der Bewegung, die dann allein die Schaffung der vollkommenen Demokratie zur Lösung der großen nationalen und sozialistischen Aufgaben ermöglicht. Niemals werden die Herrschenden Deutschlands in einen Weltfrieden der Demokraten und der Sozialisten einwilligen. Sie kennen und gebrauchen nur die Sprache und die Mittel der Gewalt im Äußeren wie im Inneren. So können die gemarterten Völker niemals zu einem ihrer Opfer würdigen Frieden kommen, ehe denn die heute Verantwortlichen des Krieges durch Vertreter der Klasse ersetzt sind, die allein den demokratischen Weltfrieden schließen will und schließen kann. Wie groß oder klein immer die Unterschiede zwischen den einzelnen Gruppen der Herrschenden und ihren fordernden Meinungen über die Kriegspolitik und die Kriegsziele sein mögen, immer handelt es sich nur um ein Auseinandergehen in Einzel- oder Nebenfragen. In der Forderung der Politik der Gewalt und Niederwerfung sind alle einig und entschlossen. Die Menschheit bricht unter der Militärdiktatur des Wahnsinns zusammen. Will das deutsche Proletariat, die ihm gestellte weltgeschichtliche Aufgabe, die Völker, die Demokratie, den Sozialismus zu retten, feige verblendet und stumpfsinnig verraten? […]

Wir müssen dem Wüten des Wahnsinns uns entgegenwerfen. Wir brauchen erstens Freiheit und Wahrheit. Dazu fordern wir zunächst vollkommene Wiederkehr und Sicherung der bürgerlichen Freiheiten und Beseitigung der Militärdiktatur. Wir brauchen die Freiheit des Worts, der Schrift, der Versammlung, der Koalition. Die deutschen Arbeiter, die an der Heimatfront bei Überarbeit und Unterernährung seelisch und körperlich verderben, wollen wenigstens das eine Grundrecht wieder gewinnen, daß sie frei ihre Gedanken und Meinungen äußern, daß sie die geistige Kost sich wählen, die für sie genießbar ist. Sie wollen durch Wort und Tat beweisen, daß der Hohn unverdient ist, auch sie seien von der Gier der Kriegsgewinner, von der Angst der Verlierer entnervt und erniedrigt.

Wir fordern die sofortige und dauernde Tagung des Reichstags. Wir verlangen die Freilassung der politischen Gefangenen.

Die deutschen Arbeiter wissen, daß die Herrschenden zwar einzelne maßregeln, bestrafen, versetzen können, aber niemals die Masse, ohne deren Arbeit sie selbst keinen Tag zu leben vermögen. Hundert kann man vielleicht opfern, bei tausend wird es schwierig, gefährlich, bei zehntausend unmöglich. Halten die Proletarier zusammen, beantworten sie jeden Versuch, die Masse durch Verfolgung einzuschüchtern, zu zerschlagen, durch verstärkten Widerstand, verschärften Kampf, üben sie endlich jene unüberwindliche Solidarität, welche die große und heilige Sittlichkeit der Arbeiterklasse ist, dann – nur dann erzwingen wir den Frieden, den nicht die heutige Regierung schließen will und schließen kann, sondern nur das freie Volk selber durch seine Vertreter.

Das ist die ungeheure Aufgabe, die das deutsche Proletariat ruft.

Darum fordern wir euch auf, als letztes Warnungszeichen für die Besinnungslosen auf der Höhe des Staates und der Gesetzgebung, zunächst für drei Tage überall die Arbeit ruhen zu lassen. Folgt alle diesem Ruf! Durch Freiheit des deutschen Proletariats zum Frieden aller Völker!

Letzter Marsch

Den Zuchthäuslern gewidmet
(Beim Rundgang im Kerkerhof zu singen.)
Juni und November 1918[28]

Schritt für Schritt,
O Freund, geh mit!
Die Not
Wirbt Mut.
Blick umher
Die Zeit läuft quer!
Der Tod
Säuft Blut.

Ich und du
Verjagen Ruh:
Die Stadt
Wird wach;
Schreitet schwer,
Ein düstres Heer.
Verrat
Schleicht nach.

Schritt für Schritt,
Der Tod geht mit.
Das Haupt
Trag hoch!
Liegt nichts dran:
Du warst ein Mann!
Wer glaubt
Siegt doch!

Am Neudeck, 22.6.1918.

---

[28] Textquelle | Kurt EISNER: *Gesammelte Schriften. Erster Band*. Berlin: Paul Cassirer 1919, S. 7-8. (Unter dem Notenblatt der 1. Strophe dort der Vermerk: „Wort und Weise von Kurt Eisner im Gefängnis Stadelheim ersonnen, im Ministerium des Äußern niedergeschrieben Nov. 1918.") – Die Ziffern der Strophen hier fortgelassen, pb.

Kleine Kriegs-Märchen
(1918)[29]

I. *DAS MERKMAL DER RASSENZÜCHTUNG.* | Ein Marsgeschöpf kam auf
die Erde und ließ Erscheinungen und Vorgänge sich erklären. In einer Stadt sah er [sic] viele, viele Wesen, die blind waren, denen Beine
und Arme fehlten, die fortwährend zitterten, die in Atemnot keuch-
ten und in Schmerzen sich krümmten; auch solche, die ihren Verstand verloren hatten. Arme Menschen, sagte das Marsgeschöpf, die
so mißraten auf die Welt gekommen sind; aber es scheint mir grausam, daß man sie noch besonders kenntlich macht, indem man
ihnen eiserne Kreuze an die Brust heftet. Ein Mißverständnis, sagte
sein Führer: Das sind unsere Helden, die im Krieg verstümmelt wurden, und die Kreuze sind hohe Ehrungen. Warum führt ihr Krieg?
fragte das Marsgeschöpf. Der Krieg ist ein Gesetz der Rassenzüchtung, die den Stärkeren siegen und überleben läßt, erläuterte sein
menschlicher Begleiter; er dient zur Erhaltung einer starken Rasse.

Das Marsgeschöpf kam in eine Anstalt: Wieder sah er verkrüp-
pelte, blinde, sieche, geisteskranke Menschen. Helden! rief das
Marsgeschöpf in schmerzlicher Bewunderung aus. Nicht doch, erwiderte sein Führer verächtlich: Das ist ein armseliger Menschenab-
fall. Unrat schlechter Züchtung; das Zeug ist schon so geboren. Ah,
ich begreife, sagte das Marsgeschöpf, zum Unterschied von den Helden tragen sie keine eisernen Kreuze!

Als der Marsbürger heimkehrte, erklärte er seinen Mitgeschöp-
fen seine Eindrücke:

Die Erdenmenschen treiben Rassenzüchtung: gute und schlech-
te. Die gute geschieht durch den Krieg, die schlechte durch die
Zeugung. Das sichtbare Ergebnis ist in beiden Fällen das gleiche.
Nur nennt man die einen Helden, die anderen Entartete. Damit
man sie nicht verwechselt, hängt man den ersteren eiserne
Kreuze an die Vorderseite.

---

[29] Textquelle | Kurt EISNER: *Gesammelte Schriften. Erster Band.* Berlin: Paul Cassirer
1919, S. 204-220.

II. *ARITHMETISCHER LANDESVERRAT.* | In den Angriff wurden 50.000 Menschen geführt, es kamen 10.000 zurück. Die übrigen lagen auf der zerrissenen Erde und konnten nicht zurückkehren, teils weil sie tot waren, teils weil sie keine Beine hatten.

Der Kriegsberichterstatter berichtete seinem Blatt: Unsere Verluste waren erschreckend gering. Er hatte sich verschrieben. Aber die Zensur merkte den Fehler und schrieb: erfreulich. Dem gedankenlosen Kriegsberichterstatter aber wurde als Strafarbeit aufgegeben, seinem Blatt zu melden: Ich ging auf dem unaufgeräumten Schlachtfeld spazieren und sah nur zwei von den Unseren als Leichen; dagegen ist der Boden buchstäblich mit feindlichen Leichen besät. Da die Toten alle nackt ausgezogen lagen, der Beute und Ausrüstung der Lebenden wegen, hatte der Kriegsberichterstatter nur zwei jüdische Leichen unterscheiden können, als er auf dem Schlachtfeld aufgeräumt spazieren ging.

Ein Soldat aber schrieb nach Hause: 50.000 waren wir, als wir den Sturmangriff machten, jetzt sind wir nur 10.000.

Der Empfänger des Briefes rechnete und erzählte schaudernd: Das Gefecht hat uns 40.000 Menschen gekostet.

Das Reichsgericht verurteilte ihn zu sechs Jahren Zuchthaus, weil er die deutsche Heeresmacht um 39.998 Mann beeinträchtigt hätte; die zwei vom Kriegsberichterstatter mit eigenen Augen gesehenen deutschen Leichen wurden anerkannt und strafmildernd abgezogen.

III. *DIE VÖLKERRECHTSWIDRIGE LEICHTE VERWUNDUNG.* | Der Generalstabsarzt, eine wissenschaftliche Autorität, begutachtete: Alle unsere Verwundungen sind sehr leicht, wir werden 99 % heilen.

Da verbreitete sich das Gerücht, wie human der Feind sei, daß er so unschädliche Geschosse verwende.

Das Gerücht kam dem Hauptquartier zu Ohren. Alsbald begutachtete der Generalstabsarzt, daß der Feind Geschosse benutze, die scheußliche Zerreißungen im Körper hervorrufen, die aller Heilkunst spotteten. Und im Namen des Völkerrechts wurde gegen das niederträchtige Verfahren des vertierten Feindes vor Gott und den Menschen Verwahrung eingelegt.

Als dieser Protest bekannt wurde, stiegen im Volke Dankgebete für den Feind auf und alle segneten ihn.

Im Hauptquartier war man ratlos. Man rief einen Feldwebel, der den besonderen Auftrag hatte, die Stimmung in den Massen zu beobachten. Ob er sich das Rätsel erklären könne. Selbstredend, sagte der Feldwebel; vor nichts haben die Leute so sehr Angst, als vor der leichten Heilung, weil sie dann gleich wieder hinausgeschickt werden.

Bei der nächsten Gelegenheit las man im Tagesbericht: Die Verwundungen, die der barbarische Feind völkerrechtswidrig den Unseren zufügte, waren ausnahmslos so leicht, daß 99 Prozent unter *Verlust der Kriegsverwendungsfähigkeit* rasch geheilt werden.

IV. *GRENZSICHERUNGEN*. | Nachdem wir das Land des Feindes völlig zerstört hatten, zwangen wir ihn zum Frieden. Wer die Verwüstungen im Feindesland gesehen hat, sagte man bei uns, der begreift, wie notwendig es ist, daß wir unsere Grenzen gegen solche Gefahren schützen. Und man nahm dem feindlichen Land ein Drittel des Gebietes zur Grenzsicherung ab.

Das alte Grenzgebiet war nun gesichert, aber das neue! Also begann man, um der Sicherung der neuen Grenze willen, abermals einen Krieg um Sein und Nichtsein, und fügte ein zweites Drittel des feindlichen Landes, nur zur Sicherung, hinzu. Worauf wir gewahrten, daß auch unsere letzte Erwerbung wieder Grenzgebiet geworden sei, das man sichern müsse. Nach einem neuen siegreichen Krieg eigneten wir uns das letzte Drittel an.

Nun standen wir am Meere. Aber das Wasser ist bekanntlich die schlechteste aller Grenzen. Also waren wir genötigt, das Land jenseits des Meeres durch einen Krieg zur Gewährung von Grenzsicherungen zu zwingen.

So ging es fort, immer westwärts, mit neuen Grenzsicherungen, bis wir schließlich ein Gebiet erreichten, das uns auffällig bekannt vorkam: wir hatten unsere eigene stark gesicherte Ostgrenze erreicht und bemerkten nun schaudernd, wie völlig ungesichert gerade deshalb unsere mit ihr jetzt zusammenfallende neue Westgrenze war. Da blieb uns nichts anderes übrig, als uns selbst anzugreifen.

In diesem Augenblick trat ein Mann auf und lehrte: Es gibt nur eine Grenzsicherung: keine Grenzen!

Utopist! – lachte man.

V. *DAS LEICHENGEMÜT.* | Von den Menschen war nach der Schlacht nicht viel übrig geblieben: ein Darmfetzen, ein Stück Herz, ein Unterschenkel, eine halbe Hand, ein mit Kot vermengter Hirnbrei. Man teilte die Haufen menschlicher Bruchstücke in möglichst gleiche Mengen, und nachdem man ungefähr ein menschliches Lebendgewicht beisammen hatte, begrub man es, errichtete ein schön gemaltes Marterl auf dem Hügel und nun konnte man lesen, daß der Kanonier Obermeyer den Heldentod fürs Vaterland gestorben sei. Es mochten auch einige Bruchteile des Infanteristen Niedermeier darunter geraten sein, vielleicht sogar auch ein paar Knochen und Hautstücke feindlichen Ursprungs – aber der Tod löscht allen Haß aus, wenn man ein menschliches Gemüt hat; und das haben wir Deutschen, Gott sei gedankt.

Nach einem Jahr besetzte der Feind das Gebiet, in dem der sinnige Friedhof lag, und voll Haß kratzten sie die Namen von den Marterln ab und nagelten einen ruchlosen Bretterzaun vor die so kunstreich errichtete Gräberstätte.

Nach einem Jahre waren wir wieder im Besitze der Friedhofgegend und sahen die Schändung. Der heilige Zorn übermannte uns. Das deutsche Gemüt ergrimmte. Die Photographen arbeiteten im Schweiß. Gibt es etwas Grausameres als eine Bretterwand und die Abkratzung von Buchstaben eines Holzkreuzes?

Von Stund an pflegten wir, wenn wir die Gefangenen abführten, Handgranaten unter sie zu werfen. Danach aber begruben wir, was übrig blieb, und schmückten ihre Gräber. Wir Deutsche ehren auch den Feind, wenn er erst einmal explodiert ist ...

[I– V: Pfingsten 1918.]

VI. *DIE OPPOSITION.* | Die Partei war programmatisch revolutionär. Das Programm war erlaubt, die Revolution nicht. Also nahm man vom Verbotenen und Erlaubten das Mittel und gestaltete eine höhere Einheit: Man ward Opposition. Man war gegen alles und tat nichts. Die Partei wurde dabei fett, die Führer noch mehr. Und es begab sich, daß ein Krieg drohte. Da stieg die Partei auf die Schanzen und machte Opposition gegen den Krieg. Aber der Krieg brach aus. Nun war auch die Opposition verboten. In diesem Augenblick kam den Führern eine zwar schreckliche, aber doch zugleich rettende Erkenntnis. Man entdeckte, daß es die Natur jeder Opposition sei, so lange nicht handeln, schaffen zu können, bis sie die Macht hätte. Da man nun die Macht nicht hatte, konnte man sterben, ohne etwas getan zu haben. Man war nie dabei, man stand draußen. Es gab nur einen Ausweg: Man mußte die Opposition aufgeben. So geschah es. Endlich hatte man die Möglichkeit, zu schaffen. Man hatte die Freiheit, nach Herzenslust alles zu fördern, wogegen man früher Opposition getrieben hatte. Man war dabei. Man stand drinnen. Man war nicht mehr negativ, sondern positiv. Man hatte politischen Einfluß.

So trieb man es Jahr und Tag, und hielt es endlich an der Zeit, nun auch mit zu regieren, und nicht nur dabei zu sein. Das Gesuch wurde wegen Überfüllung des Berufs höflich abgewiesen. Da kam eine neue Erkenntnis über die Enttäuschten: Man kann auch nicht handeln, schaffen, wenn man dabei ist, und inzwischen geht die Partei zum Teufel.

Am nächsten Tage wurde man wieder programmatisch revolutionär, in der höheren Einheit unnachgiebiger Opposition.

VII. *DER UNHEILBARE.* | Hans war seit seiner Kindheit ein Besessener der Wahrheit. Nie hatte ihn jemand lügen hören. Es kam aber eine Zeit, da alle logen; man nannte das Patriotismus. Doch Hans log nicht und sagte die Wahrheit. Als er entdeckte, daß er der einzige geblieben war, der nicht log, äußerte er in seiner Gewissenhaftigkeit schmerzlich: Alles lügt, nur ich nicht. Damit gab er ein untrügliches Kennzeichen von sich: Er war verrückt geworden. Denn nur der Verrückte hält die ganze Welt für wahnsinnig und sich für vernünftig.

Ein Freund kam zum Irrenarzt: „Unheilbar," sagte der und zuckte die Schultern. „Kann man ihm denn diesen Wahn nicht ausreden, daß er allein die Wahrheit sagt?"

„Wenn mir das gelänge," sagte der Irrenarzt, „dann wäre er wirklich verrückt. Denn er hat ja recht, daß er als einziger die Wahrheit sagt. Ihn heilen, heißt ihn verrückt machen. Er ist folglich unter allen Umständen unheilbar."

VIII. *FÜHRER AN DIE FRONT* ! | Es war die Art deutscher Kraft und deutschen Organisationsgeistes, daß die Genies des Hauptquartiers jede Offensive mit der genauesten Berechnung aller Einzelheiten

vorbereiteten. Die Großkampftage waren nur die materielle Repro-
duktion der vorher zum Abschluß gelangten Gehirntätigkeit. Drei
Monate vorher war Tag, Stunde, Minute, Sekunde des Beginns fest-
gesetzt. Wie in einem Spezialitätenprogramm war bestimmt, wer
und was um 9 Uhr 35 Minuten aufzutreten habe. Alles war vorgesehen, die Überraschung der Feinde, der unvergleichliche Angriffsgeist unserer herrlichen Truppen, die Beschuldigungen der Gefangenen, die sie teils gegeneinander, teils gegen ihre unfähige Leitung
richteten, die Lippen der Franzosen mit den Clemenceau-Flüchen
darauf, die fehlenden Amerikaner, die Schlachtfelder, auf denen
Wälle von Feindesleichen sich türmten, die Ziele, die, wenn sie erreicht wurden, genau die waren, die man vorgesehen hatte, und
wenn sie nicht gewonnen wurden, außerhalb des Planes gestanden
hatten.

So wurde auch die letzte Offensive vorbereitet, die um den End-
sieg. Mit seiner humorhaften Ruhe hatte der gewaltige Generalissimus den aufhorchenden Kriegsberichterstattern erklärt: Meine
Herren: Es kommt zum Klappen und es wird klappen.

In diesem Augenblick aber erschien es dem Hauptquartier als
Pflicht und Lust, bevor der Jungbrunnen des Krieges wieder für län-
gere Zeit verstopft würde, einmal wenigstens persönlich den aufgestellten Plan auszuführen und so alle Ehre für sich zu nehmen. Also
begab man sich, nachdem alles endgültig angeordnet war und jeder
in der Millionenarmee wußte, was er zu tun habe, in den vordersten
Schützengraben des Frontteils, an dem der endgültige Durchbruch
vorzunehmen war. Und den Feldherren und Schlachtendenkern
schlossen sich an: die Fürsten und Prinzen, die Besitzer, Leiter und
Aktionäre der Rüstungsbetriebe, die Professoren der Giftgase, die
Parlamentarier, die Parteiführer, die Preßhomeriden, die Reichsge-
richtsräte, nachdem sie den letzten Landesverräter unschädlich gemacht.

Um 4 Uhr 23 Minuten 5 ½ Sekunden morgens brachen diese
Elite-Stoßtruppen programmäßig vor. Der herrliche Angriffsgeist
überragte alles, was man bisher gewohnt war; weil diese Sturmtrup-
pen ja hoch über denen standen, die bisher für solche Unternehmungen verwendet wurden, und sie außerdem ihren eigenen Plan auszuführen, mithin jedes Vertrauen hatten. Sie wußten vor allem, daß
meilenweit keine deutschen Leichen zu sehen sein würden, daß

auch sonstige Verluste überraschend gering sein und die Wunden leicht heilen würden: Sie hatten es selbst so bestimmt!

Und sie stürmten durch das Gebiet der Meilen, auf denen vorschriftsgemäß keine deutsche Leiche gefunden werden konnte.

Da – plötzlich – klatschte etwas nieder und war nur noch ein blutiger Klumpen. Aber es war kein Zweifel möglich, die 24 Orden, die durch eine Fügung Gottes an der Stelle, die einst eine Menschenbrust war, unverletzt erhalten waren, bewiesen es: die Leiche war *deutsch*!

„Haaalt!" schrie der Generalissimus: „Ein Fehler im Plan! Alles muß umgeorgelt werden!"

Die Fürsten und Prinzen sahen gleichfalls deutsche Leichen und sie beschlossen, angesichts solchen durch die Vorsehung an ihnen verübten Verrats die Führung niederzulegen.

Die Industrieherren, die Parlamentarier, die Aktionäre, die Parteiführer, die Professoren der Giftgase erkannten die Notwendigkeit, sich dem Vaterlande zu erhalten.

Die Preßdichter warfen sich verzweifelt auf die Urschriften der Vorabends hergestellten Siegestelegramme, die sie bereits abgeschickt hatten. Aber meilenweit sah man immer mehr Leichen, die deutsch waren.

Im letzten Augenblick schrie noch einer: er nehme die Kriegserklärung zurück. Aber niemand hörte das Angebot.

Der Generalquartiermeister wütete: Es muß sich ein Schreibfehler in den Plan eingeschlichen haben!

Dann sah man auch ihn meilenweit still und deutsch. So endigte die letzte Offensive und der letzte Krieg.   [Juni 1918].

[IX.] *ICH HABE ES NICHT GEWOLLT!* | Ein Mann schlief mit einem Weibe. Es bekam ein Kind. Der Mann sollte Alimente zahlen. Er weigerte sich. Er leugnete nicht, daß er mit dem Weibe gespielt hätte; aber andere seien in der gleichen Lage mit demselben Weibe betroffen worden. Vor allem aber schwor er: ich habe es nicht gewollt – das Kind nämlich.

Der Richter verurteilte ihn zu den Alimenten und außerdem – wegen versuchter Empfängnisverhinderung im Komplott mit anderen – zu lebenslänglichem Zuchthaus, sowie zur Adoption des Kindes, das eine kretinistische Mißgeburt war.

X. *KULTUR MIT WASSERSPÜLUNG.* | Ein Gewerkschafter schrieb im ersten Kriegsjahr: „Wir haben das Ausland überschätzt. Jetzt, wo ich es mit eigenen Augen gesehen, weiß ich, was Frankreich ist. Der Schmutz ist unbeschreiblich, und weit und breit nicht einmal ein Klosett mit Wasserspülung. Sollen wir uns von solchem Volke besiegen lassen? Weh uns, wenn ein solcher Feind über den Rhein käme! Aber weil wir immer nur unsere eigenen Fehler hervorgehoben und übertrieben, das Ausland dagegen verherrlicht haben, darum bildete man sich in der Welt ein, es sei für uns Deutsche von Vorteil, wenn man uns überfiele. Wir deutschen Arbeiter werden dafür sorgen, daß sie keine Gelegenheit erhalten werden, uns mit ihrer Sorte von Kultur zu beglücken."

Ich erkundigte mich nach dem Schreiber. Und als er später einmal auf Urlaub nach Berlin kam, nahm ich ihn mit zu Kempinski. Ich führte ihn in die unterirdischen Lokalitäten – dorthin, wo selbst in Kriegszeiten noch die Wasserspülung reichlich funktioniert, wenn auch die Handtücher aus umgearbeiteten ‚Vossischen' gewebt sind. Der Gewerkschafter war vor Wonne geneigt, Abführmittel zu gebrauchen, nur um jede der marmornen Kabinen ausprobieren zu können. Er war in der langen Zeit der Fremde kulturverhungert und äußerte: Jetzt fühlt man sich doch wieder als Mensch!

Darauf beschloß er, der Vaterlandspartei beizutreten und ein huldigendes Treuegelöbnis telegraphisch an Hindenburg zu schicken. Er wollte unter allen Umständen verhindern, daß die Franzosen nach Berlin kämen und bei Kempinski die Wasserspülung abschraubten.   [15.6.1918.]

DIE SCHULE DES FLIEGENS. | Ein Mann ging einsam auf dem geschlossenen Hofe, immer rundum. Auf den Betonplatten hallten seine Schritte. Ringsum sah er graue Mauern, die aus vielen kleinen, eisern vergitterten Fenstern böse und drohend auf ihn herabblickten. Da flog ein großer Schatten über den grell besonnten Boden; wie von einem mächtigen Adler. Als er aber emporblickte, gewahrte er, daß es zwei ganz kleine Vögel waren, die hintereinander im Hofe flogen. Der Mann verstand sich nicht sonderlich auf Vogelkunde: so war er entschlossen, die beiden kleinen Vögel für ein Meisenpärchen zu halten, weil es weder Spatzen noch Schwalben, noch Amseln waren, die er kannte. Dankbar sah er ihrem Spiele zu. Es war Frühling, und die beiden Vögel flatterten lustig im Spiel der Liebe. Das Männchen flog von der Gefährtin weg, als ob es ihr entwischen wollte, ließ sich aber bald auf einer der vielen Eisenstangen nieder und pfiff – schon saß das Weibchen eng neben ihm. Dann machte sich das Weibchen auf und davon, doch nicht für lange, an einem benachbarten Gitter fanden sie sich wieder.

Der Mann sprach zu ihnen: „Dumme Vögel, mußtet ihr euer Nest zwischen diesen öden Steinmauern des Schreckens bauen?" – Denn sie hatten ihr Nest unter der Dachrinne in einer Ecke des Hofes angehängt.

Da flog der Gatte an eines der Fenster ganz unten und die Gespielin folgte ihm auf die gleiche Eisenstange. Und beide äugten nach dem Mann, der also gesprochen und seinen Rundgang unterbrechend stehen blieb, um ein Gespräch anzubandeln. Seit vielen Monaten ja mußte er schweigen.

„Pfch! Pfch!" sagte der junge Vogelherr. „Du großes, schweres, häßliches Tier, du bist gewiß das gute Geschöpf, das alle diese Eisenstangen für uns angebracht hat, damit wir überall einen Sitz hätten, wo wir beide miteinander schnäbeln können?" Und er zeigte, zur Beweisführung seiner Meinung, wie man das macht. Die Meisin bestätigte darauf anmutig und glücklich die Ansicht des Ehegatten. Dann flatterten beide zum nächsten Fenster und dort gab das Männchen dem Rundgänger noch eine Schlußbetrachtung auf den Weg: „Pfch! Pfch! Niiiicht? Die Welt ist doch schön und gut und zweckmäßig! Wir nennen aber auch diesen Hof das *Paradies der tausend Liebesgötter!* [sic; *Liebesgitter* ?] Pfiiielen Dank!"

Der Sommer kam. Der Mann ging immer noch auf dem Hofe, rundum. Im Neste unter der Dachrinne piepste es jetzt mehrstimmig. Und siehe! da flog nun ein Meisenbübchen im Hof. Es war noch recht ängstlich, als ob es wüßte, daß es schwerer sei als die Luft und nach dem Naturgesetz fallen müßte, wie ein Stein oder wie das Schwesterchen, das neulich beim Gewittersturmregen aus dem Nest gespült ward und auf dem Boden zerschellte. Doch die Mama paßte auf, flog in großen Bögen um das schwerfällig auf und ab tauchende Junge, und strengte die Kehle gewaltig an, um recht merkbare und erzieherische Schreck-, Warn- und Wegweislaute herauszubringen. Der Kleine flog immer nur eine kurze Strecke und dann flüchtete er sich auf eine Stange und wollte gar nicht mehr recht fort, bis er sich schließlich doch, unter den energischen Ermunterungen der alten Meisin, wieder in die gefährlich freie Luft hinauswagte und zum nächsten Gitter hupfte.

Die Meisin saß besorgt und stolz in der Nähe.

Der Menschenmann sprach zu ihr: „Ist das nicht töricht, daß ihr eure Kinder in diesen Ort der Unfreiheit verbannt?"

Da antwortete die Vogelmutter, die die Menschensprache so verstand, wie sie wollte: „Ja, ja! Mein Mann hatte recht! Pfchch! Er fliegt draußen, um Räupchen fürs Nest zu holen. Sonst würde er persönlich Ihnen seinen Dank aussprechen. Pfch! Ein wahrer Segen, daß Sie die vielen Stangen hier gebaut haben. Sonst würden sich unsere Kleinen ängstigen, sich gar nicht in die Luft hinaustrauen und niemals fliegen lernen. Sie haben gewiß viele Arbeit damit gehabt. Ja, ja! Pfchchch! Die Welt ist schön und gut und zweckmäßig. Wissen Sie, wie wir den Hof nennen? *Die Schule des Fliegens!"* …

Hinter den vergitterten Fenstern aber hockten stumm und dumpf hundertundfünfzig Menschen, dachten hungrig an die nächste „Kost" – die Abendsuppe – und grübelten, wieviel ihres Daseins die Richter ihnen wohl rauben würden, diese gesetzlichen Einbrecher ins Leben: neun Monate, zwei, acht, fünfzehn Jahre? Oder bis zum Tode? Einige hatten auch darüber nachzusinnen, ob ihnen wohl der Kopf abgehackt werden würde. Der Schlimmste aber war der Mann, der allein im Hofe ging. Der hatte versucht, festzustellen, ob die Welt nicht doch schön und gut und zweckmäßig wäre und hatte die Seelen fliegen lehren wollen – über alle eisernen Gitter und engen Höfe hinaus. Da hatte man ihn fern von der Geliebten in dem Paradies der tausend Liebesgitter eingesperrt, und weil er nach Freiheit begehrt, saß er – dringend verdächtig – nun fest in der Schule des Fliegens.   [17. Juni 1918.]

DAS KRIEGSZIEL. | Kellner, Kinder und Könige werden bei den Vornamen gerufen. Heinrich – oder, ich weiß nicht – Emil war zwar kein König, aber der Sohn – oder, ich weiß nicht – der Neffe eines Königs (ich habe keine Begabung für Verwandtschaftsverhältnisse). Jedenfalls gehörte er zur Dynastie, und die Familienangehörigen genießen auch das Recht auf den rufenden Vornamen.

Dieser Heinrich oder Emil, dieser Königssohn oder Königsneffe zog gleich zu Beginn des Krieges hinaus. Vorher aber machte er sein

Testament. Das bestand aus vielen, vielen Artikeln. So viele gehörten dazu, um über seine Habe zu verfügen. Es ist aber auch aus dieser Vorsorge zu ersehen, daß er nicht an eine soziale Revolution glaubte! Nachdem er also über seine materiellen Güter verfügt, empfand er das Bedürfnis, auch seine Ideale zu vermachen. Und er schrieb: Wenn der Krieg zur Wiederherstellung des Königshauses der Orleans führen wird, so soll zur Krönungsfeier ein Strauß weißer Lilien mit blau-weißem Seidenbande in meinem Namen überreicht werden. Heinrich oder Emil war nämlich mit den Orleans verwandt. Er hatte Familiensinn.

Heinrich oder Emil ist wirklich im Kriege verunglückt. Das Vermächtnis seiner irdischen Güter ist in Kraft getreten, aber das seiner Ideale harrt immer noch der Voraussetzung seiner Erfüllung. Er ist umsonst gefallen, wenn der Krieg nicht so lange geführt wird, bis er in seinem tiefsten Sinn und seiner letzten Ursache vollendet ist. Dieser Prinz wußte, daß es ein Ringen um ideale weiße Lilien ist …

Es wird Leute geben, die behaupten, daß dies kein Märchen sei.

VERLUSTLISTE. | Ums Jahr 1000 nach Gründung des Völkerbundes wollte ein Gelehrter, der sich mit Prähistorie befaßte, die Sage des großen Krieges schreiben. Das war eine schwere Arbeit, weniger deshalb, weil das Welt-Museum des Krieges nebst Bibliothek – das in Jerusalem erbaut war – ein ganzes Stadtviertel einnahm, sondern weil die Veröffentlichungen der letzten Kriegsjahre nur unter Anwendung chemischer Reagentien teilweise lesbar gemacht werden konnten. Das Papier war zerfallen und gedunkelt, die Druckfarbe erloschen. So konnte der Forscher auf einem Zeitungsblatt nur noch zwei Zeilen entziffern: „Verkohlte Leiche. Bei Auffindung glaubte man Halsbinde zu sehen. Reste von Papierwäsche gefunden."

Der Gelehrte dachte lange nach. Dann schrieb er: In den letzten Jahren des Krieges war jeder Bürger Soldat. Es gab keine Uniformen mehr. Man ging an die Front, wie ins Geschäft, ins Amt oder ins Theater. Jeder wurde in seiner häuslichen Kleidung, die nur noch aus Papier zusammengeklebt war, in das Gemetzel getrieben. In den Verlustlisten wurde dann angegeben, was man an Resten der Bekleidungsstücke vorgefunden, damit die Angehörigen sich melden konnten, offenbar um diese Überbleibsel für die Familie zu verwenden. Es ergab sich in dieser unbegreiflich schauervollen Schlußzeit der menschlichen Vorgeschichte, daß Papierwäsche sich gegen die militärischen Vernichtungsmittel widerstandsfähiger zeigte als der Menschenleib.

Ein Gegner des Gelehrten meinte zwar, es handle sich in jenen Zeilen wohl um das unbekannte Opfer eines Eisenbahnunglücks. Aber alles, was man sonst über den Krieg ermittelt hatte, deutete darauf hin, daß es in der Tat die Aufzeichnungen einer Kriegsverlustliste war.   [14. August 1918.]

DER LEBENSHAß. | Der große Feldherr war auch ein großer Christ. Darum haßte er dieses sinnliche Leben des Jammertales und pries den Krieg, der die Geschöpfe von der Last und Sünde des Lebens befreite. Darum zürnte er seinem persönlichen Schicksal, daß ihm zur Pflicht machte, sich im Kriege zu schonen, weit hinter der Front, um die Strategie des Todes zu leiten. Er pflegte zu sagen: Ich wünschte, ich wäre ein gewöhnlicher Soldat, in der vordersten Linie. Dann hätte ich Hoffnung, in Ehren zu sterben.

Er hatte aber einen Schüler und Gehilfen, der gleich ihm das Leben haßte und der tüchtigste Tanzmeister des Todes war. Der befaßte sich in seinen Mußestunden mit allerlei Teufelskünsten. Es drängte ihn, ein Giftgas zu erfinden, das nicht nur die Schutzmasken zerstörte, sondern auch jeden Menschen, jedes Tier, Bäume, Pflanzen, selbst Erde und Steine, die es träfe, sofort selbst in ein Giftgas auflöste, also, daß eine einzige Bombe automatisch ihre Kraft ins Unendliche sich zu vervielfältigen vermöchte. Die Vorsehung fügte es jedoch, daß er ganz etwas anderes erfand.

Der große Feldherr hatte gerade bescheiden ausreichend zu Mittag gegessen und lag behaglich-düster, mit einer gewissen schmunzelnden Verzweiflung auf dem Ruhebett, während draußen die Schlacht nach seinem genialen Plane ihren Fortgang nahm. Eben wollte er aus diesem Verdauungsdämmer in einen gediegenen Schlaf übergehen – der pflegte sich anzukündigen, indem seine tiefen Gedanken über Durchbruch, Umfassung und innere Linie in merkwürdiger Verschlingung unbemerkt einen sowohl elastischen wie strategischen Rückzug antraten – da stürzte sein Schüler und Gehilfe mit rotem Kopf erregt in das Zimmer und konnte nichts sagen als: Wehe, o göttlicher Meister !

Der göttliche Meister gab ihm ein Glas Friedensburgunder, das er hastig leerte, und eine Zigarette, die er anzündete. Da wurde er ruhiger und vermochte zu berichten, was ihm geschehen.

O Meister, sprach er, ich habe eine grauenhafte Entdeckung gemacht. Wehe mir Sünder und Antichrist! Ich habe den Saft gefunden, der ewiges Leben verleiht.

Damit holte er ein Fläschchen hervor, in dem es wie flüssiges Gold leuchtete.

Der große Feldherr aber brauste zornig auf und rief: Und du Unglückseliger hast dein Werk nicht vernichtet, hast am Ende selbst von dem verruchten Saft gekostet?

Daß mich die Hölle behüte, sprach der andere, ich habe nicht die Absicht, mein elend-heldenhaftes Dasein zu verlängern. Aber seltsam, als ich den Saft vernichten wollte, wurde ich feig und fragte mich, ob es vielleicht nicht doch Menschen geben möchte, die Freude am Dasein hätten und gern ewig leben wollten.

Der verräterische Wille der verblendeten Sinnlichkeit, warf der Feldherr empört dazwischen, und den willst du unterstützen, du, mein Schüler! Und was sollten wir dann anfangen! Wir würden ebenso überflüssig, wie der Krieg, der unser Beruf, wenn niemand mehr stirbt. Ein Krieg ohne Tote, ein Feldherr ohne Krieg! – gibt es so Sinnloses?

Der Gehilfe erwiderte, eingeschüchtert: Das war nun einmal meine Schwäche. Mir war, als sollte ich einen Mord – einen Mord im Sinne des Strafgesetzbuches – begehen, als ich den Saft ins Feuer gießen wollte. Vollführe du das Werk, o Meister, und zerstöre den Trank, daß Unheil verhütet werde. Ein Tropfen – schauderhaft! – genügt, um ewiges Leben anzuzünden.

Der große Feldherr war schon besänftigt und versprach, rasch und gewissenhaft das Fläschchen unschädlich zu machen. Aber, meinte er, du wirst von neuem den Saft herstellen – in deinem Fürwitz.

Wie sollte ich das vermögen? antwortete der Jünger. Nur alle hundert Jahre ereignet sich die Stellung der Gestirne, die notwendig ist, um den Saft zu erzeugen Und da ich nicht von ihm trank, nehme ich das Geheimnis in den Tod.

Das ist gut, ganz ausgezeichnet, rief der Feldherr, wieder gleichmütig und schlafselig in seiner blühenden Gesundheit geworden, gib das Fläschchen, ich will's ins tiefste Meer versenken.

Der Gehilfe gab es und ging erleichtert von dannen.

Zehn Tage darauf aber geschah es, daß feindliche Flieger das Schloß des großen Feldherrn angriffen. Der lief eilig, pflicht- und instruktionsgemäß, in den Weinkeller, doch auf der obersten Stufe erwischte ihn noch ein Splitter und verwundete ihn schwer. Noch lebend zwar wurde er ins Lazarett getragen.

Sei fröhlich, sprach der Arzt, du wirst bald von der Trübsalbürde des Lebens erlöst sein.

Endlich, jauchzte der Verwundete und wurde gespensterhaft fahl …

Der große Feldherr atmete den letzten Hauch aus. Sein Antlitz aber war nicht friedlich und ganz und gar nicht selig, sondern wie von einer geheimen Wut verstört, die er mit hinübergenommen.

Neben seinem Lager befand sich auf dem Tisch ein leeres Fläschchen nebst einem Zettel. Der trug als Aufschrift, mit sterbender Hand mühsam gekritzelt, den Namen des Schülers und Gehilfen. Darunter aber stand nur ein Wort:

Betrüger !   [24. August 1918.]

Der Fernschreiber

Dramatischer Einakter aus dem Zyklus „Mors Immortalis"
(Manuskript 1918 I Metropol Verlag Berlin 2019)[30]

Personen:
Woldemar Grosse, Chef-Redakteur[31]
Dr. Schlesinger, leitender politischer Redakteur
Hans Bertram, Depeschen-Redakteur
Frl. Glindow
Frl. Klose
Damen des Telefon- und Schreibmaschinendienstes.
Frl. Farinday
Der Fernschreiber
Mehrere Telefone und Schreibmaschinen
Redakteure

Ort: Die Hauptstadt

Zeit: Mai 1919.

[Erste Idee: Februar 1917. Plan und Skizze Ende März 1918, unter dem Eindruck des Taumels, in den die Erfolge der Frühjahrsoffensive die deutsche Öffentlichkeit versetzten. Es hat sich inzwischen herausgestellt, dass die Zeitangabe für die Katastrophe zu *spät* angesetzt ist. Die Erfüllung hat den Propheten noch überholt. Er müsste jetzt schreiben: Herbst 1918. Die ursprüngliche Angabe mag aber stehen bleiben.][32]

---

[30] Textquelle I Kurt EISNER: *Mors Immortalis*. Stimmungen, Szenen und Phantasien aus dem großen Kriege. Herausgeben von Sophia Ebert, Frank Jacob, Cornelia Baddack und Doreen Pöschl. (= Reihe Kurt Eisner-Studien, Band 5). Berlin: Metropol 2019, S. 87-126 (Erstedition nach dem Nachlaß). – Unveränderte Darbietung an dieser Stelle – samt der editorischen Zusätze (auch die *nachfolgenden* Fußnoten wurden alle aus der Edition übernommen) – mit freundlicher Genehmigung des Herausgebers Prof. Dr. Dr. Frank Jacob und des Metropol-Verlags (19.01.2025).
[31] Der Vorname des Chefredakteurs wird in Eisners Originalmanuskript eindeutig als „Woldemar" angegeben. In Else Eisners Abschriften variiert die Schreibweise. Hier steht häufig auch „Waldemar". Sowohl im Manuskript als auch in den Abschriften ist außerdem die Bezeichnung der Figur im Nebentext uneinheitlich. Sie wird bei ihrem ersten Auftritt als „Grosse", bei ihrem zweiten als „Der Chef" bezeichnet. Diese variierende Bezeichnung wurde hier übernommen.
[32] Dieser Text befindet sich ebenfalls im Manuskript mit dem handschriftlichen Zusatz „darüber einfügen".

(Ein größerer, abgenutzter, kahler Raum im Zeitungshaus. Links drei trübe Fenster (nach einem grauen Hof), rechts drei oder vier Telefonzellen. An der Fensterseite mehrere doppelsitzige Schreibtische, mit Schreibmaschinen. An der Hinterwand ein Regal mit Zeitungsbänden und kleiner Hausbibliothek, daneben Tür zum Gange. Vorn links ein Tisch mit dem Fernschreiber, der die Redaktion unmittelbar mit dem Wolffschen Telegraphenbureau verbindet; er ist ähnlich einem Telegraphen und wickelt von einer Rolle knackend hämmernd auf einem schmalen Streifen die übermittelten Meldungen ab. Es ist am späten Nachmittag. Hans Bertram steht wartend neben dem Fernschreiber, Frl. Glindow und Frl. Farinday nehmen in den erleuchteten Fernsprechzellen Meldungen auf.)

FRL. KLOSE: (klein, schwarze, hagere, listige Hexe, temperamentvoll, etwas verkünsteltes Kind aus dem Volk – überträgt ein Stenogramm in die Schreibmaschine, hält inne und versucht angestrengt, ein Wort zu enträtseln.) Ach, bitte, Herr Bertram, einen Augenblick, helfen Sie mir …

(Der Fernschreiber knackt)

HERR BERTRAM: Pst! (Frl. Klose wartet, die Hände im Schoß, bis der Fernschreiber wieder still ist. Bertram lässt den Streifen durch seine Finger gleiten, liest ihn, reißt ihn ab und wirft ihn zerknittert in den Papierkorb): So, ich stehe zu Ihrer Verfügung.

FRL. KLOSE: Ich kriege das Wort nicht heraus.

BERTRAM: Sie schreiben schnell wie der Satan. Die Orthographie aber beherrscht der Satan vermutlich besser, Frl. Klose.

FRL. KLOSE: (schmollend) Alle nennen mich Klöschen, nur Sie bleiben etepetete – Fr[äu]l[ein]. Klose.

BERTRAM: In meinem Wortschatz fehlen die Koseworte.

FRL. KLOSE: Aber gebessert habe ich mich doch. Zuerst macht' ich aus jedem Fremdwort, das mir diktiert wurde, drei Worte.

BERTRAM: Ja, Sie hatten ein merkwürdig feines Gehör. Sie schreiben die Laute getreu nach. Jetzt machen Sie höchstens noch zwei Worte aus einem Fremdwort.

FRL. KLOSE: Gar keins! Fremdwörter sind ja im Haus nicht mehr geduldet.

BERTRAM: Also, was ist los? Wo hapert's?

FRL. KLOSE: (liest) Der neutrale militärische Fachmann, der Berner Bund, schreibt: „Die große Entscheidungsschlacht im Westen ist für Deutschland endgültig verloren." Verloren – das gibt doch keinen Sinn.

BERTRAM: Das gibt in der Tat keinen Sinn. Da werden Sie sich verhört haben.

FRL. KLOSE: Aber wie soll es heißen?

BERTRAM: Fragen Sie das Telefon!

FRL. KLOSE: Dann lass ich eben ein Loch. Da können Sie sich den Kopf zerbrechen. Wissen Sie, dass meine Schwester, die internationale – Pardong [sic!], jetzt nationale Tänzerin, morgen zum ersten Mal im Wintergarten auftritt. Sie kommt direktemang aus dem Tivoli in Kopenhagen. Sie ist noch viel schöner als ich.

BERTRAM: Das begreife ich nicht.

FRL. KLOSE: (vertraulich, kokett, leise) Na ja, Sie sind mehr für das Üppige. Ich bin ihnen zu nuttig. Frl. Farinday ist Ihr Fall. Aber ich warne Sie. Die ist gefährlich, so schläfrig sie tut. Ich weiß das, sie ist meine beste Freundin. Sie hat keine Geheimnisse vor mir.

BERTRAM: (ein wenig interessiert) Ich habe wahrhaftig keinen Hang zu Abgründen, die bloß warten, wen sie verschlingen, ohne sich anzustrengen.

FRL. KLOSE: (lacht ordinär) Abgrund ist gut. Das darf ich ihr doch wiedersagen. Darauf wird sie stolz sein.

BERTRAM: Gewiss! Ein *phlegmatischer* Abgrund, wenn ich Abgrund ...

FRL. KLOSE: Was für einen ?

(Der Fernsprecher knackt)

BERTRAM: (geht zum Apparat) Entschuldigen Sie! (Während der Apparat tätig ist, kommt Frl. Farinday mit einem Stenogramm aus der Telefonzelle und setzt sich gegenüber von Frl. Klose an den Schreibtisch.)

FRL. KLOSE: (flüsternd) Wissen Sie, was Sie sind? Ein Abgrund.

FRL. FARINDAY: (lässig, langsam, etwas geziert, selbstbewusst, blonde, füllige Schönheit) Das ist mir nicht unbekannt. (indem sie auf der Maschine zu schreiben beginnt) Übrigens, eh ich's vergesse: *Er* kommt heute Abend.

FRL. KLOSE: Oscar – das gibt einen fidelen Abend. *Er* kommt doch ins „Vaterland"?

FRL. FARINDAY: Nein, *Oscar* – das geht heut nicht. *Egon* ist auf Urlaub hier. (Sie schreibt).

BERTRAM: (den Streifen lesend) Makulatur! … Aber was für die Abonnenten.

(Klebt den Streifen auf einen Bogen Papier und versieht ihn mit Bemerkungen. Frl. Glindow, zart verwittert, ernst, geistig, kommt aus der Telefonzelle und setzt sich ruhig an den Tisch nächst Bertram und schreibt sofort. Dr. Schlesinger – ältlich, jovial, sehr beweglich – tritt ein.)

DR. SCHLESINGER: Noch nichts?

BERTRAM: Nein.

DR. SCHLESINGER: Mulmig (Läuft im Zimmer umher, fasst Frl. Klose unter dem Kinn.) Immer munter, Klöschen, immer an der Arbeit? (läuft weiter) Höchst mulmig! … (will hinaus, kommt zurück) Frl. Glindow, der Chef lässt bitten, dass Sie sich heute bis spät Abend zur Verfügung halten; es kann heiß hergehen.

FRL. GLINDOW: Mein Dienst ist um 8 Uhr zu Ende, Ich bedaure, nicht später arbeiten zu können. Meine alte Mutter ist krank.

DR. SCHLESINGER: Wie heißt denn Ihre Mutter?

FRL. GLINDOW: Wie?

DR. SCHLESINGER: Ich meine mit dem Vornamen?

FRL. GLINDOW: Interessiert Sie das? Margaret.

DR. SCHLESINGER: So – so. Ich dachte Emil. Oder tönt der Ruf dieser Walküre: Hujo – totoh?

FRL. GLINDOW: Ich bin zu Späßen nicht aufgelegt. Meine Mutter ist ernstlich krank: Kriegswassersucht. Bis vor vier Wochen war sie jugendlich rüstig. Dann brach sie auf einmal ganz zusammen.

DR. SCHLESINGER: (gutmütig) Verzeihen Sie! Ich wollte Sie nicht kränken.

FRL. GLINDOW: Aber, wenn es sein muss, stehe ich natürlich zur Verfügung.

DR. SCHLESINGER: Sie wissen, der Chef kann nur mit Ihnen schreiben. Sie inspirieren ihn. Levy behauptet sogar, dass Sie seine nicht immer fertigen Sätze geschmackvoll vollenden.

(Der Fernschreiber klopft)

DR. SCHLESINGER: (aufgeregt) Endlich!

BERTRAM: (liest, wirft's in den Korb) Makulatur!

(Die Damen werden während der folgenden Szene mit ihren

Abschriften fertig, bringen sie Bertram, der sie während des Gesprächs redigiert und in einem Aufzug zur Druckerei befördert. Frl. Klose liest einen Schmöker, Frl. Farinday poliert sich die Fingernägel, Frl. Glindow, die ein Buch aufblättert, hört aufmerksam der Unterhaltung zu; ihre Blicke verfolgen in bewegter Teilnahme und verschlossener Leidenschaft das Mienenspiel Bertrams, ohne dass er darauf achtet. Hernach verschwinden die Damen wieder in den Telefonzellen, Frl. Farinday, weil sie eine Privatunterhaltung führt, Frl. Klose, weil sie ein Ferngespräch aufnehmen muss.)

DR. SCHLESINGER: (will gehen, kehrt aber vor der Tür abermals zurück zum Tisch des Fernschreibers) Sie müssen doch jeden Augenblick kommen. Ich warte lieber hier, weit vom Schuss. Es ist heute nicht geraten, dem Chef in die Nähe zu kommen. Er tobt. Der ist fertig mit seinen Nerven. Als ich – ein Jüngling mit lockigem Haar – ins Geschäft kam – bei einer Korrespondenz für die Provinz, zweimal wöchentlich entschieden liberal, die übrigen Tage streng parteilos – da herrschte doch noch Ruhe und Behaglichkeit. Man schrieb jede Woche ordentlich seine Wochenschau – genannt Schaute – und die geistvolle humoristische Sonntagsplauderei – gekürzt Plaute. Auch hier, wo ich täglich die Bürstenabzüge abholte, noch das reinste Paradies. Keine telefonischen Ferngespräche, keine Schreibmaschine mit femininem Zubehör, keine Wolkenkratzer von Überschriften, richtige Telegramme – man machte auch selber welche – waren ein Ereignis. Kollege Levy hat sogar noch ein Zeitungsidyll erlebt, wo man kein Gehalt, sondern nur Vorschüsse kriegte, und wenn ein Inserat gegen bar aufgegeben wurde. Man sprach verächtlich von den Emporkömmlingen, dem Lokus-Anzeiger und dem Tochusblatt.[33]

BERTRAM: Man hatte damals also gewissermaßen Gesinnung – zweimal wöchentlich! Schade, dass ich zu spät auf die Welt gekommen bin – oder zu früh.

DR. SCHLESINGER: Zu früh! Zu früh! Ich sage Ihnen, die Zustände müssen wiederkommen. Das da hält kein Mensch auf Dauer aus.

BERTRAM: Dr. Schlesinger unter den Ketzern! Das hat was zu bedeuten. Steht es wirklich so schlimm?

---

[33] Im Manuskript steht zu diesem Begriff die folgende Erläuterung: „Tochusblatt, verächtliche Bezeichnung für Tageblatt. *Tochus* = Hintern."

DR. *SCHLESINGER*: Bitte gütigst selber zu erwägen. Der heutige Tagesbericht: „Die große Schlacht nimmt ihren Fortgang." Sozusagen: Eherne Kürze. Aber drei Tage hintereinander dasselbe, das ist zu viel Erz. Seit acht Tagen keine feindlichen Heeresberichte; na, für heute hat man sie ja versprochen, aber sie lassen auf sich warten. Hat sich's vielleicht wieder anders überlegt. Man ist völlig aufgeschmissen. Seit einem Monat kriegt man kein Blatt aus dem Ausland. Von der Neuen Züricher [sic!] lassen sie nur noch die landwirtschaftliche und die Reise-Beilage hinein; nicht mal die Nummer mit den beruhigenden Betrachtungen ihres offiziellen Berliner Schweizerpillendrehers.

BERTRAM: Wenn sie nur erst auch die inländische Presse fortnähmen!

DR. *SCHLESINGER*: Spielen Sie nicht mit dem Feuer. Kommt noch! Wird noch kommen. Na, und die Stimmung heute auf der Pressekonferenz! Wissen Sie, ganz so – nein, noch 50 Grad niedriger – wie damals bei der ersten Marneschlacht[34], über die man uns natürlich im strengsten Vertrauen gar nichts sagte. Aber ich roch Lunte. Der gute Moselhuber vom Generalstab, damals der Ober-Chefredakteur der gesamten unabhängigen deutschen Presse, sah aus wie 'ne im Felde vergessene Leiche, konnte kaum sprechen; sonst floss ihm die Beredsamkeit nur so heraus. Ich sagte damals zum Kollegen Stein, der immer alles früher weiß: Wissen Sie, der Mann sieht aus! Da muss was Furchtbares passiert sein. Stein meinte: Er wird sich über seine Frau geärgert haben. Ich erwiderte: Aber der Marineonkel sieht genauso aus. Hat der sich auch über seine Frau geärgert? Sonderbare Duplizität der Ereignisse. Übrigens ist der Admiralstäbler ledig. Na, schließlich fasste sich der Moselhuber und hielt 'ne kleine Ansprache (Offizierston kopierend): „Meine Herren, wir befinden uns augenblicklich in einer kleinen Atempause unseres bisher so stürmischen Vormarsches. Es fragt sich, wie wir diese Pause zweckmäßig ausfüllen. Ich denke mir, es ist unsere Pflicht, der Öffentlichkeit klar zu machen (sagte der Moselhuber), dass wir es durchaus

---

[34] Die erste Marneschlacht fand zwischen dem 5. und 12. September 1914 statt. Durch die Schlacht wurde der deutsche Vormarsch auf Paris gestoppt. Ihr Ausgang markiert den Beginn des Stellungskrieges an der Westfront. Dazu ausführlich: Holger H. *HERWIG*, Marne 1914. Eine Schlacht, die die Welt veränderte? (Zeitalter der Weltkriege, 13), Paderborn 2016.

nicht mit verächtlichen Feinden zu tun haben, sondern mit einem tapferen und zähen Widerstand leistenden Gegner. Es wäre ja auch sonst (sagte der Moselhuber in der Atempause) auch keine Ehre für uns, zu siegen." Na, und am nächsten Tage, wir sogar schon am Nachmittag, um die Konkurrenz zu schlagen, bringen 4000 – oder ich weiß nicht wie viel – deutsche Blätter eine gemütvolle Betrachtung über den tapferen Feind; es wäre ja auch sonst keine Ehr … Damals verschwanden plötzlich aus den Schaufenstern die davonlaufenden Engländer mit den schottischen Ballettröckchen und die Franzosen mit den zerrissenen Lackschuhen und den Patronen in Zeitungspapier …

(Der Fernscheiber klappert)

BERTRAM: (liest) Helfferich[35] ist im großen Hauptquartier eingetroffen. Sollen wir das geben?

SCHLESINGER: Selbstverständlich. Denn wer im großen Hauptquartier eintrifft, so ist das immer so gut wie 'ne sensationelle Enthüllung. Man kann sich alles dabei denken. Und nun gar Helfferich plötzlich auferstanden aus dem Moskauer Brand.[36] Das hat was zu bedeuten. Wie lange sind Sie jetzt bei der Presse? Ich glaube, immerhin schon zehn Jahre. Sie haben immer noch kein Verständnis für die Bedürfnisse der Publizität.

BERTRAM: (den Streifen auf ein Blatt aufklebend und redigierend) Gott sei Dank! Aber ich bin nur bei der Presse, nicht in der Presse. Ich bin nur für das Technische des Betriebs da. Ein anständiger Mensch kann bei der Presse überhaupt nur einen Posten bekleiden, bei dem er keine Meinung zu äußern braucht: Stenographie, Buchführung, Schreibmaschine, Telefon (Frl. Klose ruft: Danke schön!), Inseratesammeln –

SCHLESINGER: – Gehälter auszahlen nicht zu vergessen – Was heißt anständiger Mensch? Den Begriff gibt's nicht im Journalismus. Kann's nicht geben. Man hat Geist. Man ist gewandt. Man findet immer das richtige Wort. Man schwindelt mit Anmut. Man lügt mit Begeisterung. Ach was, *lügen*? Unsinn. Wir lügen nie, wir *machen*

---

[35] Seit Februar 1915 war *Karl Theodor Helfferich* (1872-1924) Staatssekretär im Reichsschatzamt. Ab 1917 dann im Reichsamt des Innern, wo er an der Ausarbeitung des Friedensvertrages von Brest-Litowsk beteiligt war.

[36] Helfferich war Mitte 1918 für nur zehn Tage Botschafter des Deutschen Reiches in Moskau.

Wahrheiten. Lüge?! Wahrheit ist eine Qualitätsfrage. Wenn man eine Lüge monatlich einige hundert Mal wiederholt und multipliziert sie mit der viertel Million unserer Abonnenten, so schlägt die Quantität, um mit Hegel zu reden –

BERTRAM: (ernsthaft) Sie lesen Hegel?

SCHLESINGER: Ein tüchtiger Journalist liest seine Philosophen nicht, er hat sie im Kopf. Beim Lesen würde man sie doch nicht verstehen – unnötig, seine kostbare Zeit damit zu vertrödeln – so schlägt eben, sage ich, die Quantität in die Qualität um und die bombensichere Wahrheit ist fertig.

BERTRAM: (noch gelassen, dann aber allmählich sich erhitzend, schließlich mit tragischer Verzweiflung) Sicher. Auf diese Weise wird Tartüffe ein Heiliger und Judas ein Prophet.

(Der Fernschreiber tickt)

SCHLESINGER: (ungeduldig sich über ihn beugend und Bertram bei Seite stupfend) Der Wolff speit! Lassen Sie sehen (liest murmelnd, mit wachsender Enttäuschung) Mini … Ministerpräsident Graf … hielt in einer Versammlung der Barbiergehilfinnen – da sollte uns die Entente noch vorwerfen, wir seien keine Demokratie! Unheimlich demokratisch geradezu sind unsere Regierungen! – Ansprache, in der [er] ausführt … 17 Mal haben Zentralmächte ehrlich und aufrichtig Friedensangebote gegenseitiger Verständigung gemacht, jedes Mal … … Hohn und Spott … zurückgewiesen. Vor Gott und Welt … Verantwortung des weiteren mörderischen Blutvergießens auf unsere Feinde wälzen … An sie! Heute interessiert das keine Hunde mehr. Weg damit! – (ballt die Streifen zusammen und wirft sie in den Papierkorb)

BERTRAM: Sie berauben das Volk!

SCHLESINGER: Mit allem, was der Wolff heult, braucht der Abonnent nicht mitzuheulen. Telefon und Fernscheiber verleiten zur Massenproduktion.

BERTRAM: Der Fernschreiber ist bedeutsam. Er ist ein Symbol, ein Götze. Wie ich an diesen klappernden und plappernden Apparat gebunden bin, so die Millionen Menschen draußen. Ihr Gehirn ist nur eine unendliche Papierrolle, auf dem sich die von der Zentrale des Fernschreibers gestalteten Zeichen einprägen. Die schmutzige Flut dringt unaufhaltsam auf sie ein. Ein wirres Gesudel – ohne Sinn, ohne Ziel, ohne Leben. Sie wissen und denken jeden Augenblick dasselbe, und im nächsten Augenblick, da sich der Inhalt des vorigen abgespult, den Widerspruch und Gegensatz, aber alle das gleiche. Ich erinnere mich aus der Schule, dass Römer Sulla an der Läusekrankheit verreckte, die sich darin äußerte, dass sich das Fleisch in kleine, weiße Splitter gespaltet, bis der ganze Leib ein kribbelndes Gewürm ... So ward das Denken des Menschen.

SCHLESINGER: (amüsiert) Sie singen einen Hymnus auf die Macht der Presse.

BERTRAM: Ich sehe nur den Veitstanz der Buchdruckerkunst! Ach, dass sie erfunden ward! Die Erneuerung der Menschheit wird von Völkern kommen, die nicht lesen können.

SCHLESINGER: Und nicht schreiben! O Hans Cade junior,[37] der Rebell, der die Leute hängen lässt, weil sie verdächtig und geständig sind, schreiben und lesen zu können ! ... Schließlich haben wir doch einiges zur Kultur beigetragen ...

BERTRAM: Ihr seid eine größere Plage für die Menschheit geworden als Krieg und Pestilenz zusammengenommen. Ich wiederhole: Nur in den Ländern können die Menschen noch richtig denken und fühlen und handeln, wo es mindestens 90 Prozent Analphabeten gibt.

SCHLESINGER: Ein Bonmot. Ausgezeichnet. Das will ich mir doch für den Bedarfsfall merken. Im Übrigen, Sie haben sich widersprochen. Sie äußern ja eine *Meinung*, wenn auch eine nicht sehr vorteilhafte für die siebente – na, wie stehen wir eigentlich? Die Zahlen sind im Flusse – die wievielte Großmacht sind wir jetzt eigentlich? Zählt Russland noch? Deutschland? Österreich?

BERTRAM: Das kann uns gleichgültig sein. Wir sind die *erste* Großmacht, kein Zweifel. Wie viele nach uns noch übrigbleiben, ist unerheblich.

SCHLESINGER: Sie entwickeln sich. Lassen Sie das den Chef nicht merken. Sonst nimmt er Sie in's Feuilleton. Kulturplauderei oder so.

(Der Chefredakteur stürzt aufgeregt herein ... Er wechselt zwischen gespielter gravitätischer Würde und hemmungsloser fahriger Hast, sprudelnder Heftigkeit, die es zu verbergen sucht, dass die

---

[37] Eine Anspielung auf den englischen Rebellen *Jack Cade* (alias John Mortimer, gest. 1450), der auch als Figur in Shakespeares (1564-1616) „Heinrich VI." vorkommt.

Worte und Gedanken ihm leicht zu entgleiten drohen.)

WOLDEMAR GROSSE: Verwünschte Bummelei! Dass man sich auf Niemanden verlassen kann. Ich ersuchte doch, dass mir sofort telefoniert wird, wenn die feindlichen Tagesberichte übermittelt sind.

SCHLESINGER: Wird prompt erledigt. Ich warte zu diesem Zwecke selbst – in der Höhle des Löwen. Vielleicht ist dem Oberkommando die Freigabe wieder leid geworden. Ich werde mal bei Wolff anfragen. (in die Telefonzelle)

GROSSE: Unbegreiflich, dass sie solange ausbleiben. Unbegreiflich. (zu Bertram) Sonst was Neues von Belang gemeldet?

BERTRAM: Helfferich ist im Hauptquartier.

GROSSE: Weiß ich. Sonst?

BERTRAM: Nichts. Alles ruhig. Wie in der toten Saison.

GROSSE: Helfferich – Helfferich – was ich sagen wollte – (zu Frl. Glindow, sehr liebenswürdig und höflich) Sie kommen hernach zu mir. Ich brauche heute eine zuverlässige Kraft, ich bedaure, Sie so spät bemühen zu müssen. Aber ich selbst kann mir auch keine Ruhe gönnen. Ich bin gehetzt wie ein wildes Tier. Und auf Niemanden kann man sich verlassen, alles wird falsch gemacht. Und auf mir lastet die Verantwortung, also, bitte Fräulein!

FRL. GLINDOW: (verneigt sich schweigend zustimmend)

SCHLESINGER: (aus der Telefonzelle) Wolff sagt, dass die Meldungen bestimmt kommen; sie sind jeden Augenblick zu erwarten.

GROSSE: Also sofort mir telefonieren! (zu Schlesinger) – Über Helfferich machen Sie wohl 'ne Notiz, Herr Kollege! Die Sache ist bedeutend. Auffällig. Zeigen Sie mir, was Sie geschrieben [haben]. Heute wird sich alles in letzter Stunde zusammendrängen. Der Stand der Lage ist so, dass – Sofort mich anrufen! (hinaus)

SCHLESINGER: Den hat's! Ganz wie am Anfang. Nicht zum Aushalten. Die Aufgeregtheit. Überhaupt sollte man gesetzlich niemanden zum Chefredakteur machen dürfen, an dem man nicht zuvor die Wassermannsche Blutreaktion[38] vorgenommen hat.

FRL. FARINDAY: Was vorgenommen hat?

SCHLESINGER: Sie sind aus guter Familie. Für solche Damen ist

---

[38] Im Falle einer Syphiliserkrankung eine Methode zum Nachweis von Antikörpern im Serum. Erstmals durchgeführt vom namengebenden Bakteriologen August von Wassermann (1866-1925).

das nichts. Fragen Sie Klöschen. Die hat Fühlung mit den Welträtseln des Volkes.

FRL. KLOSE: Keine Ahnung. (Sie tuscheln miteinander. Man hört

FRL. FARINDAY: Wahrscheinlich, immer das Bewusste. Man kann sich gar nicht genug in Acht nehmen.)

SCHLESINGER: Es ist wirklich unbegreiflich, dass man diesen Fortschritt der Wissenschaft nicht als Befähigungsnachweis ausruft. Man kann nie wissen. Eines Tages wird er hier Kollegen anbrüllen, die gar nicht da sind. Am Anfang war er ganz toll. Gleich am zweiten Tage bestellt er sich einen berühmten Dichter ins Allerheiligste. Der Chef ist ja auch fürs Künstlerische. Der Mann kommt. Woldemar begrüßt ihn überschwänglich. Sie wissen, wenn er den Liebenswürdigen, den Enthusiasten mimt: „Mein Lieber! Verehrter! Wir brauchen jetzt Gedicht mit Stunde." Der Mann darauf: „Aber, ich hab' nie in meinem Leben einen Vers gemacht." Der Chef, perplex: „[S]ie sind doch" – Der Mann: „Bislang nicht. Mein Name ist –" Woldemar geknickt: „Ich bitte tausendmal um Entschuldigung. Eine unglückliche Namensverwirrung – in dieser Stunde begreiflich … Nichts für ungut. Ich habe Sie mit dem Lyriker – verwechselt." Es ging ihm, wie dem Herzog von Dingsda, als er August Wilhelm Schlegel[39] zu Gaste hatte und ihm mit dem Ruf zutrank: Es lebe Oranien! Er war in geistigem Kettenhandel von Schlegel auf Tieck[40], von Tieck auf Tie[d]ge und von dessen Uranien[41] auf Oranien[42] geraten. – Was stenographieren Sie da?

BERTRAM: Ich habe mir Ihre Geschichte für mein Tagebuch notiert. Ich führ' seit Kriegsbeginn nämlich ein Tagebuch, in dem ich aufzeichne, wie jede Zeitungsnummer zustande kommt: Was man dabei sagt, denkt, empfindet, welche Motive leiten, welche Zwecke, Rücksichten, körperliche und geistige Zustände – kurz die

---

[39] August Wilhelm Schlegel (1767-1845) war ein bedeutender deutscher Literaturhistoriker und -kritiker sowie der Übersetzer von zahlreichen Stücken Shakespeares.

[40] Ludwig Tieck (1773-1853) war ein deutscher Dichter, Schriftsteller und Übersetzer und gehörte zu den prägenden Persönlichkeiten der deutschen Frühromantik.

[41] Gemeint sind der deutsche Dichter Christoph August Tiedge (1752-1814) und dessen Hauptwerk ‚Urania'.

[42] Eine Anspielung auf das niederländische Königshaus Oranien.

Kulissengeheimnisse. Die Herausgabe dieses Tagebuchs wird meine Rache sein.

SCHLESINGER: Sie sind in der Tat gemeingefährlich talentvoll. Ich werde den Chef aufmerksam machen, Sie müssen avancieren.

BERTRAM: Ich habe andere Pläne. Mit dem Vermögen, das ich mit meinem Tagebuch verdienen werde – die ganze Viertel Million Abonnenten wird es kaufen – werde ich ein Blatt gründen. Den Titel habe ich schon.

SCHLESINGER: Das ist die Hauptsache. Lassen Sie ihn als Gebrauchsmuster eintragen, damit ihn niemand wegschnappt. Darf man wissen?

BERTRAM: *Der Mann mit dem guten Gedächtnis –*

SCHLESINGER: Wie?

BERTRAM: Meine Zeitung wird nur enthalten, was 14 Tage früher die Blätter geschrieben haben.

SCHLESINGER: (lachend) Das beruhigt mich, Sie werden nie ein Journalist. 14 Tage – welche Umstände. Es würde völlig genügen, wenn Ihr Mann mit dem guten Gedächtnis am Abend zitierte, was in den Morgenblättern, und im Morgenblatt, was in den Abendblättern gestanden. Das wäre ein phänomenales Gedächtnis ... Sie haben mich enttäuscht. Ich dachte, Sie würden Ihr Blatt nennen, wie ich seit einer Stunde darauf warte, dass Sie mir den Titel an den Kopf werfen ... Der Schmock![43] Wetten, dass Sie es mir binnen fünf Minuten sagen werden?

BERTRAM: Sie würden Ihre Wette verlieren. Der alte Schmock, welch kindisch harmlose Possenfigur. *Dämon.* Schmock. Der scheußlichste Dämon, den je eine teuflische Phantasie erfinden konnte![44] Die Verkrüppelung der Gehirne und Seelen als Seuche, verbreitet von einem, der selbst ein Krüppel ist und – das ist das Grausigste – nicht einmal weiß, was er arglos tut.

SCHLESINGER: (der merkt, dass Bertram nicht spaßt, etwas ernster): Manches von dem, was Sie da sagen, mit großen Übertreibungen natürlich, ist nicht ganz unrichtig. Ich habe auch einst so gedacht –

---

[43] Aus dem *Jiddischen* stammendes Wort für Tölpel.

[44] Vermutlich spielte Eisner hier auf den Schriftsteller *Gustav Freytag* (1816-1895) an, der in seinem Lustspiel „Die Journalisten" von 1853 einen opportunistischen Schreiberling namens „Schmock" beschreibt.

BERTRAM: Als Jüngling mit lockigem Haar.

SCHLESINGER: (leicht sentimental) Das war nicht die schlechteste Zeit, junger Mann! Ich gebe zu, dass die Stellung der Presse überhaupt bei uns unwürdig ist ... (wieder in seinem witzelnden Ton) Haben Sie mal den Locus der Hofloge im deutschen Reichstag – bewahre, nicht *benutzt*, das wäre Majestätsbeleidigung – gesehen?

BERTRAM: Bedaure, ich verkehre nicht in majestätischen Pissorten (Frl. Klose lacht.) Lachen Sie nicht, das ist der amtliche Ausdruck im strengkatholischen Süden, weiterhin lesbar an gastfreien Verkehrsorten, in denen man ersucht wird, die Kleider innerhalb der Anstalt zu ordnen.

FRL. FARINDAY: (leise zu Frl. Klose) Der brummige Bertram ist heute aufgekratzt. Er gefällt mir eigentlich.

FRL. KLOSE: (kichernd) Er hat's hinter den Ohren!

SCHLESINGER: (der auf die Unterhaltung der beiden Damen gelauscht hat) Und wo bleibe ich? – Also vergleichen Sie besagten Locus, diese herrliche, helle, komfortable weiträumige Anlage mit dem engen Loch, dem Entenpfuhl den hart arbeitenden Journalisten als Wirtschafts-, Empfangs-, Sprech-, Wohnungs- und Schlafraum gegeben und Sie sind im Bilde, wie man uns achtet.

BERTRAM: Um an den Vergleichspunkt anzuknüpfen, die Lues[45] ist deshalb nicht weniger gefährlich und grauenhaft, weil man sie gemeinhin unter die minder anständigen Krankheiten rechnet. Wir sind die kasernierte Lues, wo sich jeder für zwei Mark monatlich auf die bequemste Art eine lebenslängliche Infektion holen kann.

SCHLESINGER: Daran ist nur richtig, dass wir seit dem Krieg reglementiert sind. Unerträglich. Das empfinde ich wie Sie. Es ist ein Skandal. Aber Sie müssen zugeben, dass wir unter den gegenwärtigen Zensurverhältnissen wirklich alles getan haben, um unsere Überzeugung – sagen wir: bescheiden anzudeuten.

BERTRAM: Ich achte nur Leute, die offen und ehrlich gegen ihre Überzeugung schreiben. Aber denen bin ich noch nicht begegnet. Alle sind immer davon überzeugt, was sie jeweils schreiben – müssen. Sie sind also doppelte Lügner. Sie lügen die andern und sich selber an!

SCHLESINGER: Sie sprudeln aperçus.

---

[45] Ein anderer Ausdruck für Syphilis.

BERTRAM: Wollen Sie wirklich behaupten, dass es einem Journalisten mit der Überzeugung, die er drucken lässt, ernst ist: Parteien, Richtungen, Grundsätze, Programme – und wonach sich sonst die Presse scheidet – alle Journalisten in Deutschland sind im Grunde einig, sie wollen alle dasselbe – sie haben alle das nationale Interesse – ihre Stellung zu behaupten und zu verbessern. Alle haben sie nur eine nationale Sorge: ihre Posten zu verlieren. Je älter sie werden, desto größer wird ihre Angst. Das Grauenhafteste, was ich mir vorstellen kann, ein *alter* Journalist zu werden.

SCHLESINGER: (zusammenzuckend, erblassend) Aber, bitte! ...

BERTRAM: (im Eifer) Ich weiß, Sie vielleicht und manche andere haben anfangs so etwas wie Ideen, für die sie kämpfen wollen. Ich selbst – nun, Sie werden lachen, für mich war die Zeitung etwas Heiliges, sie herzustellen schien für mich der erhabenste Beruf. Dann geriet ich – größenwahnsinnig – in dieses Gewerbe. Ich dachte, welches Glück es sein müsse, zu den eigenen Überzeugungen Tausende, Hunderttausende zu erheben. Aufklärer sein! Heute weiß ich, wie kinderleicht es ist, durch den Druck ohne Überzeugungen die Leute mit abergläubischen, idiotischen Überzeugungen zu vergiften! Es gibt ein paar Unfähige, die ihre Ideen nicht rechtzeitig als Fremdkörper ausscheiden, die liegen bald auf dem Dreck. Die meisten aber werden verstockte Lügner und behaupten, sie kämpfen für etwas Anderes als für ihre eigene Existenz. Wenige geben den Sachverhalt zu. Das sind die geschäftsstörenden – Zyniker! Es gibt bei uns überhaupt keine Journalisten, es gibt nur Verleger.

SCHLESINGER: Sie könnten einem wahrhaftig die Freude am Beruf nehmen. Ihre Psychologie ist zu grob. Das mit den Überzeugungen ist komplizierter. Machen Sie selbst das Experiment: Füllen Sie Medizinflaschen mit Wasser, das Sie mittels der Tuschkästen meiner gottseidank sieben Kinder färben, und inserieren Sie bei uns täglich: „Ausgewachsene Zähne wachsen wieder bei dauerndem Gebrauch des Mumpitz-Elixier von Dr. Bertram." Nach vier Wochen schmieren Sie sich selbst das Zeug in den Gaumen, weil Sie der Versicherung Ihres Inserats mehr glauben als Ihrem Wissen über das Wesen des Mittels und die Kosten der Reklame. Vielleicht hilft's doch.

BERTRAM: Das ist der Glaube an das Wunderbare, der in uns allen steckt. So weiß ich, dass dieser Fernschreiber, dem ich Frondienste leiste, die lächerlichste Erfindung ist; als ob es wünschenswert wäre, dass diese neuesten Lügen à tempo überall hin – in alle Redaktionen geschossen werden. Und doch blicke ich jedes Mal neugierig und gespannt, wenn das Ding zu knacken beginnt. Ich bilde mir nämlich ein, er sei ein wirklicher Fernschreiber, er brächte Botschaft aus erlöster Ferne der Zeiten. Dann lese ich, und der dumme Traum zerstiebt. Aber ich verfalle ihm immer wieder, obwohl ich die Zauberer kenne, die bei Wolff in die Ferne schreiben.

SCHLESINGER: Es gibt auch solche Fernschreiber, wie Sie meinen. Nur keine Maschinen. Das nennt man journalistische Witterung. Unser Chef hat sie in lichten Augenblicken. Dann schreibt er, was die Menschen morgen, übermorgen, vielleicht sogar erst in einer Woche lesen wollen.

BERTRAM: Und Sie? Was werden Sie beispielsweise über Helfferich schreiben?

SCHLESINGER: Bin ich allwissend? Kommt Zeit, kommt Rat.

BERTRAM: Jetzt schwindeln S i e: Sie wissen es ganz genau. Denn Sie haben es heut morgen in der Pressekonferenz durch den Vertreter des Auswärtigen Amts gehört, wovon Sie – überzeugt sind, wenn Sie es ins Blatt schreiben.

SCHLESINGER: Auch darin haben Sie Recht. Diese Presszentralküche ist eine Schande. Als ich das erste Mal an ihr teilnahm, erschrak ich, so abgehärtet ich bin, als der Mumm extra dick vom Auswärtigen die zweihundert versammelten Kollegen mit der Ermunterung begrüßte: „Meine Herren, bitte ordentlich mal wieder was über Dum-Dum."[46] Es lag gar nichts vor, bloß um gegen die Engländer zu hetzen.

BERTRAM: Das hat Sie aber nicht abgehalten, gehorsam in der nächsten fälligen Nummer ordentlich was über Dum-Dum zu schreiben.

SCHLESINGER: Nein, ich schrieb nichts.

BERTRAM: Ich erinnere mich doch aber ganz genau, in unserem Blatt gelesen zu haben – Ach, Frl. Klose, bitte, bringen Sie doch mal den Zeitungsband III. Quartal 1914.

SCHLESINGER: Ist nicht nötig, Klöschen. Es stand schon drin, Sie

---

[46] *Dum Dum*, eine Stadt in Westbengalen, ebenfalls Namensgeberin für Dum-Dum-Geschosse, die durch kreuzförmige Schlitze an der Kugelspitze beim Eintreffen auf das Ziel verheerende Wirkungen erreichen sollten.

Mann mit dem guten Gedächtnis. Aber Kollege Levy hat es geschrieben.

BERTRAM: Sie sind ein – Idealist. Übrigens die Leser sind ihre Presse wert. Ein Volk, das auf seine geistige Freiheit nur einen Tag verzichtet, verdient zu Grunde gerichtet zu werden. Und nun erträgt es den Sklavengeist schon fünf Jahre und entbehrt nicht einmal die Freiheit des Wortes.

SCHLESINGER: Wir haben doch wahrhaftig alles aufgeboten, um uns die Zensur vom Hals zu schaffen. Dem Zwange müssen wir uns knirschend fügen.

BERTRAM: Sie knirschen mit einem falschen Gebiss. Ich werfe Ihnen auch nicht vor, was man Sie zwang zu unterdrücken, sondern was Ihr geschrieben habt – diese ganze Kriegsreklame, diesen Generalskultus. Ich würde, wenn ich die Macht dazu hätte, verfügen, dass in der Volksschule Strategie gelehrt wird. Kein Götzendienst [...][47] ist so grotesk als der von Euch täglich verbreitete Glaube, dass ein oder zwei Menschen Hunderte von Kilometern hinter der Front ihr undurchdringlich geheimnisvolles Wesen einer gewaltigen Vorsehung treiben und dass den andern sterblichen Menschen nichts weiter übrig bleibt, wie zu sterben, zu hungern und diesen Göttlichen, diesen Wundertätern mit unbedingtem Vertrauen blind und ahnungslos zu glauben, dass sie alles zum Besten fügen. Niemand sagt den Gläubigen, dass das ganze Wunder darin besteht, dass man ihnen die Macht lässt, über Leben und Leib von Millionen zu verfügen, und dass sie deshalb täglich das „Material" haben, zu probieren, ob ihnen eines oder das andere der paar höchst einfachen strategischen Kunstgriffe glückt. Hat je das grausamste Pfaffentum finsterster Zeiten einen ähnlichen aberwitzigen Kultus der Dummheit und Unterwerfung getrieben als die Presse. Das verlangt nur, dass man langsam [wie] Kadaver gehorche. Die heutigen begnügen sich nicht mit dem Schein des Leichnams. Fünf Jahre verbreitet die Presse unausgesetzt diese künstlichen Nebel – niemals ein Wort der Wahrheit, ein Aufschrei der Vernunft, der Menschenwürde.

SCHLESINGER: (nachdenklich) Sie wollen doch nicht im Ernst fordern, dass man alle Rücksichten auf die Stimmung des Volkes außer Acht lässt, dass man in dieser furchtbaren Gefahr ...

---

[47] Ein unleserlicher Ausdruck wurde hier ausgelassen.

BERTRAM: Wer sich herausnimmt, vor der Öffentlichkeit zu reden, zu schreiben, der hat nur *eine* Pflicht, die höchste unverbrüchliche Pflicht: Die Wahrheit.

SCHLESINGER: Die Wahrheit ist eine Hypothese, das Vaterland eine Realität.

BERTRAM: Umgekehrt wird der Satz richtig. Die Wahrheit ist die einzige Realität, das Vaterland eine der unzähligen Hypothesen. Und wenn's Euch wenigstens ernst wäre mit Eurem Vaterland. Nicht ein einziger, der aus heißem Herzen schreibt.

SCHLESINGER: Der heiße Ernst ist ebenfalls keine Heringsware, die man 25 Jahre einpökelt.

BERTRAM: Statt des Herzens habt Ihr einen Kramladen in der Brust, in dem die Ordnung der Verse waltet – ich komme Ihnen auch klassisch:

> Es geht alles durcheinander
> Mäusedreck und Koriander[48]
> Zumeist aber: Mäusedreck …

(Am Telefon läutet es. Frl. Klose hinein. Nach einem Augenblick wieder hinaus)

FRL. KLOSE: Wolff lässt sagen, dass die besagten Kriegsberichte in fünf Minuten kommen werden.

SCHLESINGER: Bitte, telefonieren Sie das gleich dem Chef hinüber.

(Frl. Klose führt den Auftrag aus, erscheint wieder)

FRL. KLOSE: (das Haar mit einem Kämmchen glättend) Und damit Schluss für heute. Ich empfehle mich.

SCHLESINGER: Warten Sie doch noch fünf Minuten, Klöschen. Dann nehmen Sie gleich das Neueste mit.

FRL. KLOSE: Pe! – Ob ich den Schwindel heute oder später erfahre! Es ist höchste Zeit für mich (eilig hinaus).

SCHLESINGER: (der zappelig von Tisch zu Tisch rennt, sich auf einen Stuhl setzt, dann wieder umherläuft) Das wird eine nette Bescherung werden! (sich neben Bertram stellend) Wissen Sie, wodurch die Entente gesiegt hat?

BERTRAM: Vielleicht, weil diesmal ausnahmsweis' die gute Sache siegte.

---

[48] Eisner bezieht sich hier auf *Johann W. Goethes* „Ein Fastnachtsspiel", allerdings handelt es sich um eine nicht ganz wortgetreue Wiedergabe.

SCHLESINGER: Unsinn! Sie haben ein neues Kriegsmittel erfunden. Sie schießen Granaten in die Luft über die feindlichen Stellungen. Die Granaten platzen in der Höhe und ziehen alle Feuchtigkeit ringsum zu Wolken zusammen. Die Wolken zerreißen und senden einen Platzregen hinunter, einen scheußlichen vergifteten Platzregen. Jeder Tropfen bohrt sich durch alle Widerstände hindurch, durch die Kleider, durch die Haut, frisst sich in die Eingeweide – bis unter fürchterlichen Schmerzen die Unglücklichen zusammenbrechen. Auch die Gräben, die Unterstände bieten vor diesem Giftregen keinen Schutz, sie dringen durch Holz, Sandsäcke, selbst durch Beton – alles ringsum zerstörend. Das sind nun die Sendboten der demokratischen Kultur! Diese Bestien!

BERTRAM: Dass wir nicht, in unserer unerreichten Organisationskraft, mit dieser Erfindung ihnen zuvor gekommen sind!

SCHLESINGER: Das ist eben das Verhängnis. Nicht einmal nachgekommen! In Dahlem arbeitet Haber Tag und Nacht.[49] Er kann das Mittel nicht finden, auch kein Gegenmittel … Das werden Zeiten!

BERTRAM: (mit berechneter Schadenfreude) Die Änderung der Lage dürfte doch auch für uns ihre Konsequenzen haben. Mit der Viertel Million Abonnenten ist es aus. Das Volk steht auf, der Sturm bricht los. Wir retten das Prinzip, aber schließen die Bude. Wir sind die Mitbesiegten. Wir schnüren unser Bündel – der heiligen Überzeugungen.

SCHLESINGER: (Plötzlich, ganz einfach, wahrhaftig, ohne jede Maskerade, innerlich bewegt und sehr erschrocken) Hätte ich darum hier 25 Jahre lang all das geschluckt. (weinerlich und zärtlich) Und mein Erwinchen ist erst sieben Jahre …

BERTRAM: (fast weich, gütig) Das begreife ich … Und einen anständigen Beruf werden Sie in Ihren Jahren nicht mehr finden können. Leider kann ich ihnen nicht helfen … Ich tät's wirklich von Herzen gern!

SCHLESINGER: (sich schüttelnd, wieder der Alte) Unsinn! Wir bleiben auf der Höhe. Wetten, dass … das müsste mit dem Teufel zugehen, wenn der Chef, so verrückt er ist, nicht im entscheidenden Augenblick …

BERTRAM: (wieder hart, in starker Steigerung zu wildem Pathos

---

49 Eine Anspielung auf den Chemiker *Fritz Haber* (1868-1934).

sich erhitzend) Natürlich … Ich vergaß … Der Fernschreiber … Wenn morgen die neue Sonne aus dem Meere aufsteigen wird, auf die wir Ausgeschlossenen, wir Unzüchtigen, all unser Leben geharrt, wenn wir uns feierlich und demütig dem Geburtsfest der gewandelten Menschheit nahen, dann werden wir euch Flinken, euch Immer-auf-dem-Laufenden, euch unentrinnbar Aktuellen begegnen, die ihr schon vor uns den jungen Morgen besitzt und druckfertig beschmiert habt. Und ihr werdet uns auch den neuesten Witz über das Begebnis entgegenbringen.

SCHLESINGER: Ganz also, wie Kollege Müller – mit a-y – zu schreiben pflegt, wenn er einen Mord berichtet: Den Eintretenden bot sich ein entsetzlicher Anblick.

BERTRAM: (entflammt) Ihr seid immer vor uns da und wenn wir uns andächtig über die junge Blüte neigen, habt Ihr die Blätter schon überschleimt – Ihr *Blattläuse*.

SCHLESINGER: (ihm beruhigend auf die Schulter klopfend) Wir – Honigschwitzer! …

(Die ander[e]n Redakteure erscheinen, durcheinanderredend, nach und nach, einzeln, paarweise, zu Dreien in dem Raum.)

DER ERSTE: (dringt mit dem Ruf ein) Waaas is los?

DER ZWEITE: (lebhaft gestikulierend) Mir ist alles schnuppe. Die Hauptsache ist, dass ich meinen Raum kriege. Ich habe einen Kriegsraublustmord und außerdem habe ich heute noch die kriegsverlobten Brauthemden der Prinzessin Adelaide aus deutscher Naturseide. Das befestigt das monarchistische Gefühl. Das wollen die Leute lesen. Kein Mensch interessiert sich mehr für den abgedroschenen Krieg.

DER DRITTE: Sehr richtig. Zudem glaubt man nur noch die Lokalereignisse. Alles andere halten sie für Schwindel.

DER VIERTE: (trübsinnig) Leider mit Recht. Ich habe immer vergebens vor der Stimmungsmache gewarnt.

DER FÜNFTE: (lachend) In Ihrem Sportteil ?

DER SECHSTE: (widrig) Die Kultur und Kunst, was übrigens dasselbe ist, darf trotzdem keine Stunde pausieren.

DER SIEBENTE: (geschäftig) Ihr Musik-Feuilleton kann wirklich heute wegbleiben. Heute pfeift man auf Musik.

Aber vergessen Sie morgen nicht, Klöschens Schwester eine kleine Huldigung von zwei bis drei Zeilen darzubringen.

DER ERSTE: Also – waaas is los? Ich habe keine Zeit.

SCHLESINGER: (halblaut zu Bertram) Ah! Klöschen hat die ganze Rotte Korah[50] mobilisiert. Sie aber enteilt in seligere Gefilde. Oder sollte der Chef Staffage brauchen? Sogar die Herren ständige Mitarbeiter erscheinen.

(Der Raum ist jetzt gedrängt voll – unruhiges Durcheinander. An der Tür erscheint jetzt der Chef und schreitet würdevoll durch die Menge bis zum Tisch des Fernschreibers.)

DER CHEF: Bitte um Ruhe – meine Herren!

(Einer aus der Menge ruft halblaut: *Musik!* (Ein anderer) Nee, Film!)

DER CHEF: (missbilligend) In dieser ernsten Stunde keine Witze … (mühsam seine Gedanken sammelnd) Das Laterfand …

SCHLESINGER: (leise Bertram zuzwinkernd): Ein Symptom!

DER CHEF: (sich beherrschend) Das Vaterland, meine Herren, ist in Gefahr. Nichts bleibt uns erspart. (unwillkürlich in eine Ansprache geratend) Wir haben in allen diesen schweren Jahren zusammengehalten und immer auf der Höhe gestanden. Heute kann ich Ihnen stegehen – gestehen, dass ich oft unter der Last der Verantwortung zu – erlegen – er – erliegen drohte. Wir werden nicht mehr lange beisammenbleiben. Ich sehne mich nach Ruhe. Ein kleines Häuschen im Grünen, fern von jeder Bahnstation, ein paar Hühner, Gänse, eine Kuh, ein Kalb, einige Schweine –

SCHLESINGER: (leise zu Bertram) Das glaube ich, Selbstversorger ist heute angenehmer als Hauptschriftleiter. Er wird gleich Spickaal sagen.

DER CHEF: Nach diesem entsetzlichen Kriege werde ich mich in die wohlverdiente Ruhe zurückziehen. Es ist ein Hundeleben.

STIMME AUS DER MENGE (halblaut) Kollege, müssen wir auf diese Auto-Kadaver-Rede antworten?

EIN ANDERER: Vielleicht in griechischem Chor?

DER CHEF: (wütend) Aber, meine Herren, ich muss nun wirklich um Ruhe bitten. Nehmen Sie doch Rücksicht auf meine Neven [sic] und das – Vaterland.

(Pause. Es wird still. Der Fernschreiber klopft. Höchste Span-

---

[50] Eine „enthemmte Horde"; der Begriff geht zurück auf den biblischen Korah, der gegen die Führung von Moses und Aaron rebellierte.

nung. Der Chef geht an den Apparat, rückt nervös seinen Kneifer zurecht und lässt mit zitternden Händen den Streifen durch die Finger laufen. Er liest, verwirrt, der Schweiß tritt ihm auf die Stirn. Der Apparat setzt aus.)

DER CHEF: Meine Herrn Kollegen ... es ist furchtbar ... Vernichtende Niederlage ... 140 Divisionen umfasst, die Waffen gestreckt ... denken Sie ... die Waffen gestreckt ... (ringt nach Worten)

(Der Apparat tickt wieder.)

SCHLESINGER: Der Wolff heult! Er hat noch nicht genug.

BERTRAM: (liest) Blo? eine Note des W[olffschen] T[elegraphen] B[ureaus]. Allerschärfstes Zensurverbot. Der Bericht ist nur zu streng vertraulicher Information der Redakteure.

DER CHEF: Selbstverständlich! Wer möchte sich so an seinem Volk versündigen und es ganz unvorbereitet – mit solcher Nachricht überfallen ...

(Bertram verfolgt von nun ab das Gebaren mit stürmisch aufwallendem Zorn, den er nur mühsam bändigt; mitunter sieht er aus, also ob er ihm [dem Chef, Anm.] an die Gurgel springen wollte. Einmal fasst er in die hintere Hosentasche, scheint etwas hervorziehen zu wollen, nimmt aber hastig die Hand leer zurück. Frl. Glindow beobachtet ihn teilnehmend und besorgt.)

DER CHEF: ... Ich zähle auf Sie, Kollegen, dass keiner auch nur im Bekanntenkreis oder zu seiner Frau oder ... Freundin ein Wort verlauten lässt. (brutal) *Wer jetzt nicht mittut, das Volk nach allen Regeln zu belügen und betrügen, der ist ein Schuft!*[51]

SCHLESINGER: Die Losung hat uns der Chef schon am 1. August 1914 ans Herz gelegt. Sie werden zugeben, dass sich in unserem Hause kein Schuft befunden hat!

FISTELSTIMME: (schrill und akzentuiert, aus der Menge) Rest – los!

DER CHEF: In dieser Hinsicht gab unser heutiges Abendblatt ein mustergültiges Beispiel. Ach, Herr Bertram, reichen Sie mir bitte das Blatt auf Ihrem Tisch (liest). „Die Börse war in Anbetracht des erwarteten außerordentlichen Erfolges der – (würgend, ohne das Versprechen zu merken) – Jubiläumsanleihe und der sehr günstigen

---

[51] Im Original unterstrichen. Wörtlich verwendete Eisner denselben Satz in Kurt EISNER, Presse, in: Neue Zeitung. Unabhängiges sozialistisches Organ, Nr. 1 vom 20.12.1918, SAPMO-BArch NY/4060/21: Ausarbeitungen von Kurt Eisner, *„Die Presse im Kriege"*, 1911-1918, Bl. 56-58, hier Bl. 56.

Beurteilung der Kriegslage, *fest.*" So gilt es den Geist hochzuhalten! Sieger bleibt, wer die besten Nerven hat. (verliert den Faden) ... Es – es fragt sich nur, wie wir uns zu den Dingen stellen ... (zu Schlesinger) *Sie* müssen heute schreiben. Ich bin an der Sache innerlich zu eng beteiligt ... Ich bin seelisch aufgerieben ... Sie sind ja eigentlich seit Anfang dagegen, aber eigentlich, Gottlob, Sie haben keine fanatische Gesinnung.

SCHLESINGER: Man kann so sagen, und man kann so sagen!

DER CHEF: Sie werden es also den Leuten klarmachen.

SCHLESINGER: Weiß schon. Unvermeidlicher Zwischenfall in jedem Krieg. Erst recht durchhalten – innere Einigkeit – Vertrauen auf die großen Heerführer – Wendung zum Bessern schon sichtbar – Treue zur Majestät, die alles zehnfach so schwer trägt. – Vielleicht auch an diesem Sonn- und Feiertag ausnahmsweise, zu herabgesetzten Friedenspreisen, ein bisschen: Gott war bisher mit uns, er wird auch ferner –

DER CHEF: Das lassen Sie weg! Das ist zu viel. Wir gehören zum *liberalen* Protestantismus.

SCHLESINGER: So zu sagen, neuerdings, da die Firma ja grundsätzlich keine aktiven Zionisten anstellt. Dann, also etwas von Arbeitern, Sozialdemokraten, die bewiesen haben, dass auch sie ihr Blut fürs Vaterland ...

DER CHEF: Das wird wichtig sein.

SCHLESINGER: Dann noch etwas militärische Terminologie. – Die erfolgreiche Zermürbungsstrategie – der Feind muss vor dem Zusammenbruch stehen, wenn er gar nicht mehr warten kann und jetzt schon auf die Entscheidung drängt – Welt wird staunen, wenn sie erfährt, wie genau das Feldherrngenie unserer Heeresleitung jede Einzelheit im Voraus berechnet hat. Noch immer diktieren wir dem Feind das Gesetz des Handelns ... Am festgesetzten Tag ließen wir unsere Armeen aufreiben ... Na, da werde ich ein schonenderes Wort finden müssen ... Was der Feind prahlerisch eine Niederlage nennt, war in unseren genialen Plänen längst als Schachzug, Vorbereitung neuer Erfolge, vorgesehen. Diese sogenannte Niederlage überraschte uns nicht. Dagegen wissen wir aus den übereinstimmenden Aussagen der Gefangenen, die wir dem Feinde überlassen haben, dass der Franzose, der Engländer, der Amerikaner samt seinen farbigen Hilfsvölkern so sehr durch innere Niederlagen überrumpelt worden sind, dass man nicht nur mit dem Wechsel des feindlichen Oberkommandos rechne[t], sondern auch mit dem Sturz der feindlichen Regierungen rechnet, die ihre betörten Völker, die endlich jetzt zur Besinnung kommen, in den Krieg getrieben haben ... Hm, es ist nicht ganz klar, warum unsere deutschen *Gefangenen* wissen sollen, dass der Feind ... Wurscht! Das merkt niemand. Wenn das Publikum nur etwas von Gefangenen hört, ist es schon glücklich ...

(Der Chef hört den Ausführungen Schlesingers nicht zu; er brütet über irgendeinen dämmernden Entschluss, den er nicht fassen kann. Jetzt beginnt er, aufzumerken.)

SCHLESINGER: Schwierig ist nur die Überschrift. Ein Zwischenfall? ... Kampfpause? ... Doch wohl ein wenig zu unauffällig ... Strategische Umfassung? Da lachen die Leute. Sie haben genug von den strategischen Rückzügen. Geniale strategische Umfassung – das ginge, genial – da glauben sie wieder ...

(Der Chef hört mit wachsendem Unmut zu)

SCHLESINGER: Dann noch eins. Wir brauchen noch etwas von der überwältigenden Schlichtheit des Wortes, von der ehernen Ruhe, der unerschütterlichen Energie und dem tiefen Gemüt, womit unser Hindenburg diese größten Ergebnisse der Weltgeschichte den Kriegsberichterstattern mitteilt. Etwa: Jetzt sitzen wir drin im Wurstkessel.

DER CHEF: (losfahrend) Herr! Man sollte Sie auf den Sandhaufen stellen.

SCHLESINGER: Nanu? Auf einmal! So haben wir doch fünf Jahre lang zur allgemeinen Zufriedenheit geschrieben.

DER CHEF: (giftig drohend): Sie werden alt, Herr Doktor! Unser Blatt braucht den Zustrom frischen Blutes, statt antiquierter Spaßmacher.

SCHLESINGER: (halsstarrig, mit dem Versuch, sich aufzubäumen) Kurz und gut! Ich werde nicht schreiben. Es ist mir blutiger Ernst. Das haben wir jetzt davon, dass wir die ganze Zeit über – jetzt liegen wir schief –

DER CHEF: Soll das ein Vorwurf gegen meine Redaktionsführung sein? (Die Bemerkung Schlesingers hat ihn plötzlich auf die Idee gebracht, die er vergebens suchte. Ruhig, überlegen, von oben herab, komödiantisch) Sie sind im Unrecht, sehr verehrter Herr Kollege.

Ich sehe weiter … Ihnen fehlt die Überschrift? Ich will … ich weiß … Bitte, Fräulein, verbinden Sie mich mit dem Verlag … (Frl. Farinday verbindet. Der Chef in die Telefonzelle, deren Tür er offen lässt.) Ich bitte Herrn Direktor persönlich – (Pause) Guten Abend! – Wie steht's? – Wie ich ihnen voraussagte – Kladderadatsch – aber natürlich – ganz meine Meinung – es gilt zu handeln – jetzt oder nie – ich komme gleich zu Ihnen herüber. (hängt das Hörrohr ein und ergreift wieder das Wort) Ich sehe, dass ich alles wieder allein machen muss. Zunächst, wie ich Ihnen schon vorhin sagte, es kann jetzt keine Rede mehr davon sein, dass wir uns dem Zensurverbot fügen. Mögen sie uns verbieten! Wir fürchten uns nicht. Wir veröffentlichen den feindlichen Bericht morgen früh an der Spitze, in externo![52] Das Volk braucht Wahrheit, die ganze lautere Wahrheit … Ich werde selbst schreiben. Mit meiner Chiffre! Die Welt soll morgen erfahren, dass wir endlich der Lüge und der Vormundschaft satt geworden sind, dass auch das Maß deutscher Geduld und Rücksicht eine Grenze hat. Nicht das deutsche Volk ist besiegt, sondern nur – endlich – diejenigen, die es bislang beherrscht haben. Und dann die Überschrift, fett und groß über die ganze Breite des Blattes. (höhnisch zu Schlesinger) Ist Ihnen immer noch keine eingefallen?

SCHLESINGER: Vielleicht. Rule, Britannia !

DER CHEF: Armselige Späße – In dem erhabenen Augenblick, wo ein neues Weltalter anhebt und wir es einläuten! Das Volk wird morgen aufatmen, aufwachen, wenn es unser Blatt in die Hand nimmt – und den hallenden Weckruf vernimmt: Vive la republique ! (Er verlässt mit großen Schritten, zurückgestreckten Kopfes den Raum, indem er unterwegs Frl. Glindow zuruft) Bitte, kommen Sie gleich zu mir hinüber.

(Der Schwarm der Redakteure verläuft sich, auch Schlesinger verlässt zuletzt, ziemlich niedergeschlagen und sorgenvoll, den Raum; nach ihm geht auch Frl. Farinday hinaus. Es dunkelt.)

BERTRAM: (nach der verhaltenen Erregung verstört, völlig erschöpft, bleich, setzt sich vor den Fernschreiber und lehnt seinen Kopf auf den Tisch, schweigt, schwer atmend.)

FRL. GLINDOW: (tritt neben ihn, sehr einfach, aber mit innerer Bewegung, zögernd, mit den Worten ringend) Wenn Ihnen daran liegt,

---

[52] Außen, gemeint ist auf der Titelseite des Blattes

so möchte ich Ihnen sagen, dass ich alles verstehe, was Sie vorhin gesagt haben, und alles billige. Wenn Menschen, wie Sie, die Führung in der Welt hätten, ich glaube, es wäre für alle besser ...

BERTRAM. (bitter) Menschen wie ich haben niemals und nirgends die Führung. Meinesgleichen sind keine – Führernaturen. – Ich [weiß], dass Sie ein kluges, gutes, liebes Mädchen sind. (reicht ihr herzlich, doch rein kameradschaftlich die Hand) Hm, inspirieren Sie den Chef als – Fernschreiber, der morgen die ganze Konkurrenz schlagen wird. *Er ist* eine Führernatur – – –

(Frl. Glindow ab. Frl. Farinday kommt hinein, im Hut, frisch gewaschen, das Haar keck aufgezäumt, die Augenbrauen geschwärzt mit Rätselaugen, sehr angeregt und unternehmend, aber immer etwas in ihrer schläfrigen, gezierten Sprechweise)

FRL. FARINDAY: Ach, Herr Bertram, schauen Sie doch, ob an meiner Taille nicht ein Druckknopf aufgegangen ist. Mir ist so. In dieser Lumpenbude hat man ja nicht mal einen dreiteiligen Spiegel.

BERTRAM (doppelsinnig, schwül) Sie haben immer ein feines Gefühl für das, was Ihnen fehlt. Es sind sogar zwei Druckknöpfe auf.

FRL. FARINDAY: (kokett) Seien Sie einmal galant und bringen Sie mich in Ordnung.

BERTRAM: (die Knöpfe langsam, etwas ungeschickt in einander drückend) Druckknöpfe haben etwas ungemein Erotisches.

FRL. FARINDAY: Finden Sie? (lachend) Weil sie so leicht aufgehen?

BERTRAM: Oder so schwer und fest zu.

FRL. FARINDAY: Ich schließe heute zwanzig Minuten früher den Dienst. Ich habe nämlich eine dringende Verabredung. Wenn angerufen werden sollte, ehe Frl. Lehmann kommt, nicht wahr, Sie sind so liebenswürdig und nehmen das Telefonat auf.

BERTRAM: Gewiss, obwohl es mir eigentlich unlieb ist, bei Ihnen bloß der Stellvertreter eines Fräuleins zu sein !

FRL. FARINDAY: (sich verabschiedend) Viel Vergnügen, Herr Bertram!

BERTRAM: (in jäher Wallung, dicht vor sie hintretend) Wissen Sie, was ich möchte.

FRL. FARINDAY: Keine Ahnung.

BERTRAM: Ich möchte Sie begleiten, in den Grunewald verschleppen und –

FRL. FARINDAY: Jetzt wird's spannend. Und?

BERTRAM: (halb höhnisch, halb ekstatisch) Männer, die an den Galgen geknüpft werden, die schleudern im Tode – nun, sie vollziehen ihre Brautnacht mit der Ewigkeit, gleich als ob sie mit ihr, in ihrem leeren Schoß die Brut fortpflanzen wollten – wildere, hartnäckigere Liebhaber, als sie je im Leben gewesen sind. Hätten sie früher dies Talent an sich entdeckt und geübt, sie wären gefährliche – wie sagt man doch – Herzensbrecher geworden.

FRL. FARINDAY: (wissend, verstehend, sehr gespannt, leicht benommen mit lebhafterer Stimme) Sie sprachen von Männern. Ist das nun wieder ein Vorrecht von eurem Geschlecht?

BERTRAM: Busch hat das Phänomen auch für die Weiblichkeit beobachtet. Jedes legt noch schnell ein Ei, und dann kommt der Tod[53] – – doch – Frauen werden nicht gehängt !

FRL. FARINDAY: (lüstern) Und was hat das mit dem Grunewald zu tun ?

BERTRAM: Ich will Sie –

FRL. FARINDAY: Ach, Sie möchten, dass ich – barmherzige – Ewigkeit spiele – für den Gehängten.

BERTRAM: Nein, ich möchte Sie im Gegenteil – mit *Gewalt,* wie ein *Mörder* – aber –

FRL. FARINDAY: Immer, wenn's interessant wird, haben Sie ein Aber. Sie sind auch zu nichts zu gebrauchen. Nun – aber?

BERTRAM: Ich fürchte, Sie wären damit einverstanden.

FRL. FARINDAY: Pah ! Sie sind wahrhaftig nicht mein gout und außerdem keine – Partie. Doch warum fürchten Sie mein Einverständnis ?

BERTRAM: Ich will etwas für meine *Wut* haben, die ich angesammelt habe.

FRL. FARINDAY: (enttäuscht, kühl, tückisch) Dafür weiß ich besseren Rat. Stellen Sie sich beim Zigarrenladen an oder fahren Sie den ganzen Tag Straßenbahn. (Sie beobachtet ihn, wieder anreizend) Übrigens: es soll nichts verredet sein. Wir kommen ein andermal auf die Sache zurück. Die Welt ist jetzt so verrückt, dass ich wahrhaftig

---

[53] Die berühmt gewordene Bildergeschichte *„Max und Moritz – Eine Bubengeschichte in sieben Streichen"* des humoristischen Dichters und Zeichners *Wilhelm Busch* (1832-1908) wurde im Jahr 1865 erstveröffentlicht. Eisner zitiert hier aus dem Ersten Streich.

beinahe Lust hätte – (Lachend) Nehmen Sie dann aber bitte auch gleich ein Schlächtermesser mit – und geben Sie vorher Müller – mit a-y – die Lokalnotiz. Aber heute geht's wahrhaftig nicht. Ich bin schon versorgt. Bis dahin auf Wiedersehen. (ab)

BERTRAM: (sieht ihr nach; er ist versucht, ihr nachzueilen. Er bezwingt sich. Dann packt ihn eine völlige Erschlaffung. Er geht im Zimmer mühsam hin und her, den Arm im Vorübergehen auf den Schreibtisch stützend, als ob ihm eine Ohnmacht drohte:) Dass die Flieger während all der Jahre niemals hierhergekommen sind und auf dieses Haus zehn Tonnen Zyankali-Bomben geworfen haben. Das verzeihe ich unseren Feinden niemals. Sie sind wie ich, zu nichts Rechtem zu gebrauchen.

(Der Fernschreiber klopft. Er schleicht müde an seinen Tisch, nimmt den Streifen in die Hand, liest ihn eine Zeitlang mechanisch, ohne etwas zu verstehen, zerfetzt ihn stückweise, dann, als der Apparat immer neue Wellen angibt, ballt er in wütendem Hass das Papier zusammen, schleudert es mitten in das Zimmer. Der Apparat arbeitet weiter. Bertram schlägt besinnungslos mit der Faust auf ihn, das Ticken hört nicht auf. Endlich zieht er aus der Tasche einen Revolver, zielt eine Weile auf den Fernschreiber, setzt ihn dann jäh auf seine Stirn und drückt ab. Im Sturz reißt er den Apparat mit zu Boden. In diesem Augenblick erscheint in der Tür Frl. Glindow.)

FRL. GLINDOW: Der Chef lässt fragen, ob inzwischen etwas Neues … (Sie bemerkt den Sterbenden, beugt sich über ihn und küsst seine blutende Stirn. Vorhang.)

E n d e.

[Angegebener Nachweis zum Manuskript dieses Bühnentextes: Bundesarchiv Berlin-Lichterfelde – Stiftung Archiv der Parteien und Massenorganisationen der DDR: Nachlass Kurt Eisner SAPMO-BArch NY/4060.]

Wir Toten auf Urlaub

Vorwort zum Ersten Band der „Gesammelten Werke"
(geschrieben im September 1918)[54]

Ein französischer Offizier hat in einem Kriegsgericht das Wort gesprochen: „Wir sind alle heut nur Tote auf Urlaub." War es im ersten, im zweiten Kriegsjahr? Ich weiß es nicht; wir haben in diesen Jahren das Zeitgedächtnis verloren.

Mich aber ließ das Wort, seitdem ich es gelesen, nicht wieder los und ward mir zum führenden Schicksal.

Der Tod hat uns alle nur beurlaubt. Wir Schatten sind auf eine Weile in das Reich des Bewußtseins zurückgekehrt, das man einst Leben nannte und das heute bloß ein mit den Prothesen des Todes sich schwerfällig grotesk bewegender Automat ist. Wir harren unserer Wiedereinberufung. Ein Granatsplitter setzt unserem Urlaub das Ziel, die Geschoßnaht eines Maschinengewehrs, eine Giftgaswelle, ein Flammenguß, ein Torpedo, eine Fliegerbombe, die Explosion einer Munitionsfabrik, eine Bahnentgleisung, Hunger, Erschöpfung, ein Raubmord, der Anfall eines Wahnsinnigen, der von der Front kam, oder auch das Urteil von Richtern, die uns das Almosen des Urlaubs aberkennen, weil sie selbst vergessen haben, daß auch sie nur Tote auf Urlaub sind.

Viele suchen durch gefälschte Scheine und Pässe die Frist sich zu verlängern, rasen in grinsenden Tobsüchten, balgen sich geil und gierig mit den Verwesungen der Welt und fürchten sich vor dem Tod, obwohl gerade sie längst zwiefach Tote sind, die nur die Zuckungen der letzten Todesqual Leben wähnen.

Manche aber wissen, wie sie den Urlaub menschlich erfüllen sollen: daß sie ihre Seele retten und den Tod nicht fürchten, von dem sie kommen; daß sie der Wahrheit dienen und bis zur letzten Stunde die Erde reinigen helfen für die Lebendigen von morgen, die befreit die Kraft haben werden, den Tod aus dem Leben zu bannen. Ihnen wird noch einmal Arbeit im Menschheitsdienst zu der Seligkeit eines vorgefühlten Lebens, das ihrem Geschlecht zu erringen und zu genießen versagt war.

---

[54] Textquelle | Kurt EISNER: *Gesammelte Schriften. Erster Band.* Berlin: Paul Cassirer 1919, S. 5-6.

Ein Toter – des Spruches harrend, der ihn begräbt – sammelt in letzten Stunden Bruchstücke seines Wollens und Denkens, Kämpfens und Träumens ... *Urlaubserinnerungen* !

München, Untersuchungsgefängnis, 10. Sept. 1918
In der Sonnenaufgangsstunde.   *Kurt Eisner.*

Kurt Eisner (1867-1919) nach seiner Entlassung aus der
Untersuchungshaft (Oktober oder November 1918)
Fotographie: Germaine Krull | commons.wikimedia.org

Presse

(20.12.1918)[1]

„Nicht das macht man ihr zum Vorwurf, daß sie gezwungen wurde
zu schweigen, wo sie hätte reden müssen, sondern daß sie freiwillig
redete, wo sie hätte schweigen sollen. Wäre die Presse nur ein paar
Tage übereingekommen, die Kriegsreklame und die Stimmungsmache zu unterlassen, man hätte sofort die Zensur gesprengt."

Beim Ausbruch des Weltkrieges rief der Chefredakteur des verbreitetsten deutschen Blattes seine Kollegen zusammen und hielt eine
Ansprache, die er mit dem unsterblichen Satz schloß: „Wer jetzt
nicht mittut, das Volk zu belügen und zu betrügen, der ist ein
Schuft." Man muß zur Ehre gewisser geistiger Arbeiter Deutschlands bekennen, daß niemand ein Schuft sein wollte und daß dieses
Bemühen nicht mißlang. Das Mittun wurde auch gleich kraft des genialen deutschen Sinnes für Organisation organisiert. Unter Leitung
von Vertretern des Generalstabes, des Admiralstabes und des Auswärtigen Amtes in Berlin wurden im Reichstag täglich Pressekonfe-
renzen abgehalten.

Es ist Mitte September 1914 nach der ersten Marneschlacht, von der
niemand jahrelang in Deutschland etwas erfuhr, obwohl diese
Schlacht, indem sie den Kriegsplan des deutschen Angriffs zer-
schlug, sechs Wochen nach Beginn des Krieges sein endgültiges
Schicksal entschied. Im Reichstag sind hundert und mehr Journalisten zur Pressekonferenz versammelt. Der Vertreter des Generalstabes und die Seinen sind auffällig niedergedrückt. Sie wissen offenbar etwas von der Katastrophe im Westen. Aber kein Wort kommt
über ihre Lippen, denn die Herren Journalisten werden grundsätzlich nur darüber streng vertraulich aufgeklärt, was man schon 14
Tage zuvor aus der ausländischen Presse erfahren konnte. Die Herren aus dem Zeitungsdienst streiten sich ein wenig im Interesse des

---

[1] Textquelle | Kurt EISNER: *Presse*. In: Neue Zeitung. Unabhängiges sozialistisches
Organ – 1. Jahrgang, Nr. 1 vom 20.12.1918. (Texterfassung hier nach Kurt EISNER:
Sozialismus als Aktion. Ausgewählte Aufsätze und Reden, herausgegeben von
Freya Eisner. Frankfurt a. M. 1975, S. 97-101.)

Geschäfts. Konkurrenten klagen sich gegenseitig an, daß sie gegen Abrede und Verpflichtung gewisse Nachrichten früher gebracht hätten als andere Blätter.

Einer beschwert sich bitter, daß das Wolffsche Telegraphenbureau der neutralen ausländischen Presse ausführlichere und farbigere Kriegsberichte übermittelt hätte, als sie den deutschen Blättern erlaubt waren. Der Vertreter des Generalstabes, Herr Deutelmoser, verheißt entrüstet Untersuchung und Abhilfe des Falles. Es sei unerhört, wenn Wolff das Ausland besser behandle als das Inland. Da erhebt sich lächelnd der dicke Verkörperer des Auswärtigen Amtes, Herr Mumm von Schwarzenstein, und bekennt, er habe die etwas ausgeschmückten Berichte für die neutrale Presse veranlaßt, weil doch der allgemeine Wunsch der Herren dahingegangen sei, die öffentliche Meinung des Auslandes eindringlicher zu bearbeiten als bisher. Es ergab sich, daß das Auswärtige Amt und der Generalstab brüderlich gegeneinander arbeiteten. Dann freilich wird man wieder einig. Herr Mumm von Schwarzenstein improvisiert schmunzend die Parole: „Meine Herren! Mal wieder ordentlich über Dum-Dum." Es war zwar nichts Neues vorgefallen, aber man versprach sich von solchen Aufkitzlungen edlere patriotische Einflüsse. Die Presse folgt der Weisung und arbeitet fieberhaft in Dum-Dum. Die München-*Augsburger Abendzeitung*, das Organ für die Gebildeten, Besitzenden und die hohen Beamten, steigert sich in ihrem Dum-Dum-Eifer allmählich so gewaltig, daß sie schließlich den Vorschlag macht, englische Offiziere in den vordersten Schützengräben anzubinden und sie mit ihren eigenen Dum-Dum-Geschossen zu behandeln. Dieses Organ versteht sich überhaupt auf die Entwicklung des deutschen Gemütes. Ihr Kriegsreisender, Herr Jurinek (der spätere Erfinder und Leiter von Krüppelparaden für den gewesenen König Ludwig II), erzählte gelegentlich, wie sich die Angestellte eines Warenhauses in einer besetzten französischen Stadt geweigert habe, Phonographenmusik zu vermitteln, weil für die Franzosen im Krieg kein Anlaß sei, Musik zu machen; und der Mann der *München-Augsburger Abendzeitung* fügt empört-befriedigt hinzu, derbe Landwehrfäuste hätten die widerspenstige Französin Anstand gelehrt.

Doch kehren wir zurück zu jener Pressekonferenzsitzung. Herr Deutelmoser entschließt sich, die flaue Stimmung der Versammlung geistig aufzumuntern. Er hält etwa folgende Ansprache: „Meine

Herren! Es wird nicht immer möglich sein, in demselben unaufhaltsam stürmischen Maße vorwärts zu gehen wie bisher. Die Heeresleitung wird jetzt eine kleine Atempause einlegen müssen. Es fragt sich nun, wie die Presse diese Pause sachgemäß ausfüllt. Ich denke mir das so. Wir weisen die Öffentlichkeit darauf hin, man solle sich nicht vorstellen, daß wir es mit feigen, verächtlichen, leicht zu überwindenden Gegnern zu tun hätten. Es wäre ja auch keine Ehre für uns, zu siegen, wenn es anders wäre. Mit solchen Betrachtungen werden wir über die Zeit des Stillstands der militärischen Bewegungen hinwegkommen. Übrigens, wenn Sie die letzten Tagesberichte miteinander vergleichen, so erkennen Sie schon, daß es wieder vorwärts geht." Und Herr Deutelmoser gibt eine scharfsinnige philologische Deutung der Tagesberichte, um den Anwesenden, die von Maß und Bedeutung des deutschen Rückzuges keine Ahnung hatten, zu beweisen, daß schon in den nächsten Tagen ein weiterer Vorwärtsmarsch zu erwarten sei. Dieser Termin verzögerte sich zwar um einige Jahre, immerhin las man damals in sämtlichen deutschen Blättern die Betrachtung, die Herr Deutelmoser sich gedacht hatte. Und das deutsche Publikum wußte seitdem, daß die französische Armee vielleicht doch nicht aus Soldaten bestand, die mit zerrissenen Lackschuhen, die Patronen in Zeitungspapier eingewickelt, in den Krieg gegangen waren und schon wegen ihrer roten Hosen bei dem ersten Flintenschuß davon liefen. Damals verschwanden auch jene illustrierten Postkarten, auf denen die englischen Soldaten in schottischer Tracht als kurzröckige Tänzerinnen dargestellt waren, die angstschlotternd mit den Füßen das große Weite suchten.

Ich habe aus meinen Pressekonferenz-Erinnerungen einige kleine Züge gezeichnet. Es wird künftig eine der interessantesten und bedeutsamsten Veröffentlichungen werden, die Verhandlungsberichte jener Pressekonferenz herauszugeben. In ihnen wird man die Erklärung für die Mißleitung der öffentlichen Meinung in Deutschland finden und zugleich die Hauptursache der furchtbaren Katastrophe des deutschen Volkes. Es ist nicht so, daß die Presse ahnungslos und unter dem Zwang einer blinden und gewalttätigen militärischen Diktatur genötigt gewesen wäre, das deutsche Volk zu täuschen. Nicht das macht man ihr zum Vorwurf, daß sie gezwungen wurde zu schweigen, wo sie hätte reden müssen, sondern daß sie freiwillig redete, wo sie hätte schweigen sollen. Wäre die Presse nur ein paar Tage übereingekommen, die Kriegsreklame und die Stimmungsmache zu unterlassen, man hätte sofort die Zensur gesprengt. Aber das wollte man nicht. Man fühlte sich in der Knechtschaft durchaus wohl. In den letzten Zeiten, als die kapitalistische Presse fürchtete, durch die Einbeziehung oder anderweitige Verteilung der Papierzuschüsse aus Reichsmitteln geschädigt zu werden, da war man sofort bereit, durch einen Pressestreik diese Gefahr abzuwenden. Als es galt, um die Wahrheit zu ringen, fügte sich alles der Lüge.

Die Pressefreiheit soll unangetastet sein. Aber Pressefreiheit ist ein bloßes Wort. Es gibt keine freie Presse. Es gibt nur eine Gewerbefreiheit für die Presse. Wie kommt die Presse, wenn man von der sozialdemokratischen absieht, zustande? Irgendein Kapitalist kauft oder mietet sich Druckereien, Maschinen, besoldet journalistisches, kaufmännisches und technisches Personal und läßt die Ware herstellen, die man Zeitung nennt. Immer mehr ist die Presse aus einem Werkzeug für die Verbreitung politischer und sozialer Ideen zu einem Gewerbe der Erzeugung von Profit oder zur Agentur kapitalistischer Interessengruppen geworden. Der Journalist spielt in diesem Getriebe nur die Rolle eines Handlungsgehilfen, der gegen seine eigentlichen Berufsgenossen den Nachteil hat, daß er mit seiner Arbeitskraft auch seine Gesinnung hergibt. Und je mehr diese bedauernswerten geistigen Arbeiter der Öffentlichkeit einreden, daß sie nur immer aus dem tiefsten Born ihrer Überzeugung schöpfen, um so weniger Überzeugung haben sie. Der Schmock Gustav Freytags war ein harmloser Bursche. Er konnte schreiben rechts, er konnte schreiben links. Im heutigen Pressegewerbe gibt es weder rechts noch links. Alles läuft darauf hinaus, im Interesse dieser oder jener Kreise der herrschenden Klassen durch Erzeugung von Worträuschen das Publikum zu betäuben. Lob und Tadel, Vernunft und Unsinn, Idealismus und Gemeinheit: – Alles strömt hemmungslos aus dem öffentlichen Meinungsautomaten. So wurden die viereinhalb Jahre Krieg möglich, so glaubt man heute, die Revolution innerlich zersetzen zu können.

Gegen dieses Verderben gibt es nur zwei Mittel. Die Erziehung des Volkes zum kritischen Selbstdenken und die Schaffung einer wirklich freien Presse, in der der schriftstellerische Charakter, der leidenschaftliche Bekenner, die geistig führende Persönlichkeit wirkt, nicht der anonyme Angestellte eines kapitalistischen Zeitungsgeschäftes oder eines kapitalistischen Interessentenringes. Vielleicht bringt die neue Demokratie auch die Befreiung des geistigen Arbeiters, der heute – so scheint es – verzweifelt sich dagegen wehrt, befreit zu werden. Ein neues Geschlecht von freien Journalisten muß erstehen; dann erst wird Pressefreiheit aus einer Phrase zur Wirklichkeit.

Schuld und Sühne

Rede von Kurt Eisner – mit
einer Einleitung von Heinrich Ströbel[2]
(1919)

EINLEITUNG

Der Fluch, der seit vier Jahren auf dem deutschen Volke lastete, ist noch immer nicht gewichen. Der Fluch der Lüge und des aus der Lüge geborenen Verbrechens. Die Lüge eines machtberauschten Nationalismus und größenwahnsinnigen Militarismus stürzte das deutsche Volk in den ruchlosesten und grauenhaftesten aller Kriege. Sie verblendete vier Jahre lang das deutsche Volk, einst das Volk der Denker und Dichter geheißen, vollständig über die wahren Ursachen des Krieges, über das Empfinden und die Ansichten der zivilisierten Welt, über die eigene Macht und über die Stärke der Gegner. Sie vergeudete vier Jahre lang sinnlos und schmachvoll die deutsche Volkskraft und arbeitete in dämonischer Selbstzerstörungswut an dem unausbleiblichen Zusammenbruch. Aber als endlich dieser Zusammenbruch kam, als Dynastie und Militarismus, durch vierjährige Lüge und Korruption bis ins innerste Mark von Fäulnis angefressen, ohnmächtig zusammenkrachten, da rangen sich nicht neue lebensstarke, sittlich kernhafte Kräfte an die Oberfläche. Nicht die Wahrheit triumphierte, sondern die Lüge schlüpfte listig ins Gewand der Revolution und blieb obenauf! Die alten Verbündeten und Hehler der Lüge und der Korruption übernahmen die Regierung der deutschen Republik. Und verblendet und gewissenlos wie je, glaubten sie im alten Stile Politik machen zu können. Ohne reuiges Schuldbekenntnis, ohne Sühnung der ungeheuren Verbrechen des alten Systems glaubten sie zum guten Frieden zu kommen, wähnten sie als Gleichberechtigte in den Völkerbund aufgenommen zu werden. Ohne ehrliches Bekenntnis zum neuen, sozialistischen Geiste der in den tiefsten Tiefen aufgewühlten Zeit glaubten sie das Chaos meistern zu können. Und als die gärenden Kräfte des Volkes und

[2] Textquelle | Kurt EISNER: *Schuld und Sühne.* Mit einer Einleitung von Heinrich Ströbel. (=Flugschriften des Bundes „Neues Vaterland", Nr. 12). Berlin: E. Berger & Co 1919. [32 Seiten]

alle guten Geister der Nation sich gegen dies System der grenzenlosen Unfähigkeit und Verblendung auflehnten, da griff man wiederum zu dem alten Mittel der Lüge und der Verleumdung, demselben Mittel, das während der vier Jahre das deutsche Volk ins Unglück gebracht hatte. Und die Wirkung war auch diesmal die gleiche: *die Herrschaft der Lüge und der Korruption erlebte ihren zweiten Zusammenbruch!*

Kurt Eisner fiel als das Opfer dieses Systems der alten ruchlosen nationalistischen Lüge – aber dies Opfer riß zugleich das schuldbeladene System an den Rand des Abgrunds. Nicht nur Bayern steht in hellen Flammen, sondern auch ganz Mitteldeutschland. Und jeden Augenblick können sich wieder die Massen im übrigen Deutschland erheben, in Berlin, Hamburg und den andern Brennpunkten des politischen Lebens. Die Wetterwolken hängen schwer über dem ganzen Land, und in Weimar dämmert Weltuntergangsstimmung!

Es ist ein eigenes Verhängnis, daß sich gerade an den Namen des Mannes das heraufziehende Unheil für die Mehrheitssozialisten knüpft, der sie in großherzigster Selbstüberwindung vor dem Verderben zu bewahren suchte. *Und daß jetzt Kurt Eisner das drohende Rachegespenst für die Staatsordnung geworden ist, die er wirksamer zu schützen wußte als die Garde des Herrn Noske!* Denn Kurt Eisner war nicht nur der hochherzigste Patriot, sondern auch ehrlicher Anhänger der Demokratie, abgesagter Gegner jedes gewalttätigen Minderheitsregiments, auch eines proletarischen. Es ist deshalb auch ein Stück geschichtlicher Nemesis, daß das System der Lüge dadurch, daß es in toller Verblendung gegen den lautersten Bekenner der historischen Wahrheit und des sozialen Rechts einen wüsten Verleumdungsfeldzug inszenierte und ihn damit als Attentatsobjekt eines reaktionären Desperados zeichnete, selbst alle Furien der Vergeltung gegen sich entfesselte.

*

Wenn Einer berufen gewesen wäre, den höchsten Posten in der deutschen Republik einzunehmen, auf den jetzt eine ironische Zufallslaune und politische Hilflosigkeit einen weder im Guten noch im Bösen hervorstechenden Dutzendmenschen gesetzt hat, so wäre es Kurt Eisner gewesen. Nicht nur deshalb, weil Eisner seit Jahren das alte Regime mit glühender Leidenschaft bekämpft und es in kühner revolutionärer Tat mit zu Fall gebracht hatte, während Ebert bis zum letzten Augenblick nichts als eine solide Stütze des wider seinen Willen gestürzten Regimes von gestern gewesen war. Auch nicht nur deshalb, weil Eisner die empörte Auflehnung seines sittlichen Ichs mit vielen Monaten Kerkerhaft hatte büßen müssen, während Ebert als alter getreuer Verbündeter Ludendorffs schon unter dem alten Regime behäbig die Staffeln zum Reichskanzleramt empor gestiegen war. Sondern auch darum, weil Eisner als Gesamtpersönlichkeit die schönste Verkörperung des deutschen Genius war, weil er alle Vorzüge des Talentes und des Charakters in sich vereinigte. In einem Zeitalter des stupiden Materialismus und der eitlen Erfolgsjägerei hatte er sich die reine Geistigkeit idealen Strebens bewahrt, die auf äußere Ehrungen und Einfluß lächelnd verzichtete. Mit welcher Verachtung in Stimme und Gebärde erzählte er mir vor Jahresfrist von dem plumpen Mißverständnis eines ehemaligen Freundes, der seinen heißen Drang, den irren Lauf dieser aus den Fugen gegangenen Zeit heilsam zügeln zu helfen, mit der Zusicherung beschwichtigen zu können geglaubt hatte, ihm im offiziösen Pressedienst zu einem einflußreichen Posten zu verhelfen. Als ob Kurt Eisner ein Friedrich Stampfer oder Ulrich Rauscher gewesen wäre! Wie fern ihm jeder kleinliche Ehrgeiz lag, bewies er in jenen ersten Tagen der siegreichen Revolution, wo er Karl Liebknecht zum Präsidenten der Republik vorschlug. Und niemand hat es aufrichtiger bedauert als Eisner, daß Liebknechts Weg sich immer mehr von dem seinen trennte, daß er sich von der klaren Marschroute der Demokratie entfernte. Noch einmal, mehrere Wochen später, als der Spartacismus sich schon in schroffen Gegensatz zu der Taktik der Haase und Kautsky gestellt hatte, die auch Eisner für die im Prinzip richtige hielt, machte Eisner in langer, leidenschaftlicher Verhandlung den Versuch, Liebknecht zum Anschluß an eine scharfumrissene sozialistisch-demokratische Politik, zum Eintritt in eine Regierung der geeinten sozialistischen Linken zu bewegen. Der Versuch scheiterte, aber niemand hat es schmerzlicher empfunden als Eisner, daß Liebknecht nicht die führende Rolle übernehmen wollte und konnte, für die er ihn bestimmt geglaubt hatte.

*

Solange Eisner nichts zu sein schien als ein glänzender Stilist, ein geistreicher Schriftsteller, war er des Beifalls derer sicher, die ihn später verlästerten, ihn einen Phantasten und Narren schalten. Solange das funkelnde Spiel seiner Phantasie und seines Witzes zur Unterhaltung diente, kargte man nicht mit Lob und Anerkennung. Man sprach von seinen „berühmten" Leitartikeln, schwärmte von seinen von Geist und Laune sprühenden Feuilletons. Hätte Eisner keinen edleren Ehrgeiz gekannt, als unter dem Journalisten- und Literatenvölkchen als Stilkünstler und Schöngeist zu glänzen, so hätte er sich die Gunst aller Flauen und Bequemen dauernd erhalten. Aber Eisner war kein spielerisches Talent, kein Formalist, den der schöne Ausdruck den Inhalt vergessen ließ, sondern ein Feuergeist voll schöpferischer Sehnsüchte. In anderen, seelisch und gesellschaftlich minder zerklüfteten und aufgewühlten Zeiten wäre er vielleicht Philosoph oder Dichter geworden. Auch dann freilich kein in die Form verliebter Artist, sondern ein Gestalten- und Systemschöpfer im Stile jener Geister, für die er die höchste Ehrfurcht empfand, eines Kant oder eines Beethoven. Wie Eisner das Wesen der Kunst erfaßte, verrät sein Hymnus auf Beethoven in seiner Schrift „Vor der Revolution": „Erst, wer das gemeine Leben ganz verloren, so scheint es, ist berufen, das höhere, reinere, das wahre Leben zu erschaffen, das in der großen Kunst sich abbildet. Und einem solchen Märtyrer künstlerischen Schaffens wird auch jener geheime Weitblick zu eigen, der ihn befähigt, in den Eingebungen seines Genies die Visionen der Menschheit, des Erdenschicksals zu gestalten. Das ist das eigentliche Wunder der Ewigkeitskunst … In Beethovens Kunst rinnt das Blut der Menschheit. Die Weltgeschichte ringt und brennt in seiner Musik. Alle menschliche Kreatur erscheint als ausgestoßen aus dem verschwenderisch sich darbietenden Erdenglück der Natur, als betrogen um ihre Seligkeit. Aber der Künstler, als barmherzige Gottheit, überwindet für die Menschheit den zerstörenden Gegensatz und führt sie auf die lichten, freien Höhen der Zukunft."

Lag es daran, daß das Zeitalter allzusehr von Menschheitskämpfen zerrissen war, oder daran, daß bei der Mischung der seelischen Kräfte Eisners der reine Künstler und Denker hinter dem Propheten und sozialen Menschheitsvorkämpfer zurückgetreten war – gleichviel, er wurde Publizist, Politiker, Sozialist. Aber wer in den höchsten Leistungen der Kunst die Visionen der Menschheit gestaltet sieht, der verachtet auch in der Politik den Snobismus, die ideenlose Routine, die armselige Anpassungspolitik, die sich in bequemem Selbstbetrug für kluge Realpolitik hält. Wie alle kühnen Bahnbrecher des Menschheitsfortschrittes war er Optimist, weil er die vorwärts peitschende Ungeduld und den leidenschaftlichen Idealismus seines eignen Wesens auch breiten Schichten derer zutraute, an deren Erlösung zu arbeiten ihm höchstes Erdenglück bedeutete. Dieser Optimismus war es, der ihn seinerzeit die Wahlen des Jahres 1903 als „Weltenwende" begrüßen ließ, der ihm 1913 den Vorschlag eingab, bei den Landtagswahlen mit dem Liberalismus schon für die Urwahlen ein Bündnis einzugehen, um endlich den lähmend auf Preußen lastenden Alp der Reaktion abzuschütteln. Und wenn Eisner hier auch in den Mitteln irrte, so müssen wir doch jetzt seinem Wollen Gerechtigkeit widerfahren lassen. Ja, wir müssen gestehen, daß Eisner in seiner leidenschaftlichen Auflehnung gegen die nüchtern klappernde Routine und die grob materielle Erfolgsanbeterei einer kapitalistisch und militaristisch korrumpierten und, mechanisierten Zeit einen tieferen Blick in die verhängnisvollen Gebrechen unseres Zeitalters bewiesen hat als wir selbst, die wir Einzelheiten schärfer zu sehen glaubten und wohl auch schärfer sahen.

*

Wahrhaft prophetischen Scharfblick aber bewies Eisner in seiner *Beurteilung der deutschen Weltpolitik*. Seine Schrift *„Der Sultan des Weltkrieges"* belichtet blendend die Irrgänge und Improvisationen der deutschen Marokkopolitik, die er als die Ausbrüche einer überhitzten nationalistischen Großmannssucht, als ein unbegreiflich frivoles Spiel mit dem Feuer des Weltkriegs geißelt. Leider brachten damals die Parteien, einschließlich der Sozialdemokratie, der auswärtigen Politik noch so wenig Verständnis entgegen, daß der Warnungsruf Eisners fast unbeachtet verhallte. Man schüttelte über die seltsamen Einfälle der Krone und den unberechenbaren Zickzackkurs der deutschen Diplomatie wohl bedenklich den Kopf, raffte sich wohl im Moment unverkennbarer Gefahr auch einmal zu einer Gegenkundgebung auf; aber man traute in gutgläubiger Verblendung unsren Machthabern doch nicht die tollhäuslerische Absicht zu, die

Fünkchen eines unbeträchtlichen Konflikts mit vollem Bedacht zum ungeheuerlichen Weltenbrand anblasen zu wollen. Jeder Laie wußte ja, daß bei der Konstellation der Mächte und den beispiellosen Kriegsrüstungen jeder Krieg zwischen zwei Großmächten sich zum Weltkrieg auswachsen mußte, und jeder halbwegs intelligente Laie konnte sich auch ausmalen, welch namenlose Schrecken ein solcher Krieg über Europa bringen würde. Man hielt es deshalb einfach für unmöglich, daß in dem Gehirn zivilisierter Menschen ein so alles menschliche Maß übersteigendes Verbrechen ausgeheckt werden könnte. Hätten das deutsche Publikum und die deutschen Politiker die systematische Kriegshetze unsrer Alldeutschen aufmerksamer verfolgt und die unverkennbaren Zeichen der Zeit zu deuten verstanden, sie hätten das furchtbare Verhängnis vorausgesehen, wie Kurt Eisner, und hätten es vielleicht damals noch abzuwenden vermocht.

Als deshalb das Ungeheuerliche Ereignis wurde, als wegen der wahnsinnigen Theorie des deutschen Militarismus, daß der tierische Kampf ums Dasein, der Kampf um den Nahrungsspielraum auch für das Völkerleben ehernes und unerbittliches Naturgesetz sei, die Ermordung des serbischen Thronfolgers zum gierig ergriffenen Vorwand genommen wurde, um den Kampf um die Weltherrschaft zum Austrag zu bringen und Europa in einem Ozean von Blut und Greueln zu ersäufen, da war Eisner – nach anfänglichem kurzen Irren – der ersten einer, die die grauenhaften Zusammenhänge dieses abgründigsten aller Verbrechen erkannten und das deutsche Volk dazu aufriefen, durch Lösung von den Schuldigen die Ehre und die Zukunft der Nation zu retten.

Daß Eisner auch nur wochenlang der sofort schamlos und raffiniert einsetzenden Kriegslüge erlag – der Direktor des Ullsteinverlags hatte ja damals für seinen Redaktionsstab die perverse Losung ausgegeben: „Ein Schuft, wer jetzt nicht lügt" – lag an seinem Glauben an die Menschheit. Seine Menschengüte, sein Verstand und seine von Lichtem, Schöpferischem erfüllte Phantasie konnten es einfach nicht fassen, daß Menschenhirne so rettungslos der Dämonie eines brutalen, geistlosen, finstern Zerstörungswahnes verfallen sein könnten. Zu gern klammerte er sich deshalb an die von der bayrischen Regierung schon seit Jahr und Tag verbreitete Legende, daß Rußland längst auf der Lauer gelegen und heimlich alle Kriegsvorbereitungen getroffen habe, daß es zum Zuschlagen unerbittlich entschlossen gewesen, Deutschland also das Schwert in die widerstrebende Faust gezwungen worden sei. So glaubte Eisner in den ersten Tagen an den Verteidigungskrieg, der, nach der Erklärung selbst eines Jean Jaurès, auch den internationalen Sozialisten die Vaterlandsverteidigung zur Pflicht mache, so billigte er damals die Bewilligung der Kriegskredite. Aber sein unbestechlicher Wahrheitsdrang trieb ihn zum kritischen Studium des deutschen Weißbuches und der diplomatischen Aktenstücke der Gegner, zur Nachprüfung und Abwägung des ‚Für und Wider'. Und da konnte ihm nicht verborgen bleiben, daß die Erzählung von dem Verteidigungskrieg eine freche Fälschung war, daß es sich nicht einmal um einen Präventivkrieg handelte, sondern daß die Kriegserklärung aus dem Geiste Bernhardis, Keims, Lieberts, aus dem Geiste der alldeutschen Raubtiermoral heraus geschehen war, *die ja den Krieg seit Jahren als eine germanische Tugend, als eine biologische Notwendigkeit, als ein nationales Verjüngungsbad verherrlicht und herbeigesehnt hatte* !

Auch das gereicht Eisner zur Ehre, daß er seine neue, bessere Erkenntnis nicht „weltklug" verschwieg, sondern sich alsbald aufrichtig zu ihr bekannte. Auch andere haben ja „umgelernt" und sich ihrer Wandlung gar noch als einer Tugend gerühmt. Nun, zwischen dem Umlernen Eisners und dem der deutschen Kriegssozialisten bestand nur ein zarter Unterschied. Die Bekehrung der roten Internationalisten zur Kriegspolitik Falkenhayns und Hindenburgs, Bethmanns und Hertlings brachte das Lob der ganzen deutschen Presse, freundschaftliche Händedrücke im Parlament und in der Öffentlichkeit, brachte die dankbare Anerkennung von Zivil- und Militärbehörden, brachte Ehrungen, Reklamationen und gesicherte Einkünfte. Das Bekenntnis Eisners dagegen zur Wahrheit und Gerechtigkeit brachte nur Verfolgung und Anfeindung, brachte Ächtung und materielle Schädigung, brachte Kerker und zuletzt die Mordkugel eines verhetzten Toren.

*

Sobald Eisner die furchtbare Schuld der deutschen Regierung erkannt hatte, empfing er auch tiefstes Verständnis für die maßlose Erbitterung, die dieser Krieg in allen zivilisierten Ländern des Erdballs gegen Deutschland erregen mußte. Ihm ward die erschreckende Klarheit, daß dies unfaßbare Verbrechen gegen die Menschheit die ganze Menschheit zum Bunde gegen den Bund der Friedensbrecher einen mußte. Unsagbar kindisch erschienen ihm die Siegesillusionen der deutschen Generale, die Welteroberungsträume der irregeleiteten Soldaten und des betrogenen Philistertums, dem sich auch so mancher Sozialdemokrat gesellte. Eisner fühlte es, daß an der Empörung der ganzen Welt alle Überlegenheit der bis ins kleinste durchgebildeten deutschen Kriegsmaschinerie zuschanden werden mußte. *Ungeheuer langwierig, ungeheuer blutig mußte dieser Krieg werden und schließlich mit dem Zusammenbruch Deutschlands enden, vielleicht mit dem Zusammenbruch der ganzen europäischen Kultur.* Und diesen Zusammenbruch verhinderte man nicht dadurch, daß sich die deutsche Sozialdemokratie mit den Schuldigen solidarisierte, sich aus falsch erfaßter, irregeleiteter Vaterlandsliebe für die Verbrechen ihrer Herrscherkaste opferte – im Gegenteil, man machte ihn durch solches Märtyrertum der Massen (nicht der Führer, die ja nur politische Kriegsgewinnler waren) nur unentrinnbarer. Denn das schmähliche Versagen auch der deutschen Sozialdemokratie, die sich zum Mitschuldigen des deutschen Imperialismus erniedrigte, mußte Deutschland vollends um jede Sympathie bringen. Es mußte nun auch die sozialistischen Parteien der Ententeländer in eine feste Koalition mit dem Bürgertum treiben, damit die letzten Bande der proletarischen Internationale zerreißen und den Krieg zur unversöhnlichsten Kraftprobe, zum Kampf bis zum bitteren Ende steigern. Bei dem schließlichen Zusammenbruch Deutschlands, den so die kurzsichtige und verbrecherische Taktik der deutschen Sozialdemokratie mitverschuldete, würde dann das mißleitete deutsche Proletariat die Zeche zu zahlen haben.

Demgegenüber sah Eisner die Pflicht des ehr- und kraftbewußten deutschen Sozialismus klar vorgezeichnet. Die Partei mußte der Wahrheit die Ehre geben, sich dem Wüten des deutschen Militarismus entgegenstemmen und die schuldige Regierung niederringen. Die Niederlage blieb dann auf die Schuldigen beschränkt, und das von der Lüge und der Gewalt befreite Volk durfte hoffen, von den andern Völkern als entsühnt in den Bund der freien und den Krieg verfehmenden Nationen aufgenommen zu werden.

Eisner und seine Gesinnungsgenossen drangen, mit ihrem Appell an die Pflicht, die Ehre und die Vernunft der Partei nicht durch. Die sozialistische Mehrheit verbündete sich auf Gedeih und Verderb dem deutschen Militarismus. Sie entschuldigte und beschönigte alle Taten der Generale, alle Reden und Handlungen der Kanzler. Sie unterschlug dem Volke alle Wahrheiten und fütterte es mit allen amtlichen Lügen, bis aller Lug und Trug die Tatsache des rettungslosen Débâcles nicht länger zu verdecken vermochte. Bis die Front zusammenbrach, die Millionenarmee sich heimwärts wälzte, bis die Revolution auf dem Hohenzollernschlosse die rote Fahne hißte. Da endlich verwandelten sich mit verblüffenster Taschenspielergeschwindigkeit die schwarzweißen Kriegspatrioten wieder in Revolutionäre, Republikaner und kriegsgegnerische Internationalisten. Da plötzlich überraschten sie die Welt mit ihrem Abscheu vor aller Gewaltpolitik, mit ihrer Begeisterung für das Rechtsprinzip, für den Völkerbund und nationales Selbstbestimmungsrecht.

Als nun aber die Ententeregierungen zu erkennen gaben, daß das Bekenntnis zu diesen schönen Grundsätzen *zu spät* komme, da wandte sich unsre mehrheitssozialistische Regierung durch den Mund der Herren Erzberger, Solf und Brockdorff-Rantzau in flammenden Protesten an das „Gewissen der Welt!"

*

Auch vor dem Internationalen Sozialistenkongreß in Bern wiederholten die drei Vertreter der deutschen Mehrheitssozialisten ihre entrüsteten Anklagen gegen die brutale Rücksichtslosigkeit der Gegner, die, nicht zufrieden mit dem Sturz der alten deutschen Regierung, nun auch noch das unschuldige deutsche Volk für die Sünden der gestürzten Regierung büßen lassen wollten. Aber mit dieser naiven Entrüstung begegnete die Mehrheitsdelegation bei den Sozialisten der Entente und des neutralen Auslandes nur finsteren Mienen und verschlossenen Herzen. Zu genau entsann man sich noch aller Missetaten und Unterlassungssünden der Mehrheitssozialisten. Wo waren sie denn *während des Krieges* geblieben, als es gegen ungeheuerste Kriegsbarbareien aufzutreten galt: *gegen die belgischen Greuel*, gegen die *Verschleppung und „Versklavung" der belgischen Zivilbevölkerung*, gegen das *Luftbombardement gegen friedliche Städte*, gegen den *unerlaubten Völkerrechtsbruch des schonungslosen U-Bootkrieges*, gegen die *Ausrottung von Millionen Armeniern*, gegen die *Zurückbehaltung der russischen Kriegsgefangenen*? So wirkte die Entrüstung der deutschen Regierungssozialisten auf die Sozialisten des Auslandes wie *unerträgliche Heuchelei*, und unversöhnlich drohten sie die ausgestreckte Hand der Abgesandten der Scheidemänner zurückzustoßen, als *Eisner* sich in einer Rede voll edlen Wahrheitsmutes und zugleich voll hochherziger Versöhnlichkeit der mehrheitssozialistischen Delegation und des deutschen Volkes annahm, derselben Rede, deren wesentlichsten Inhalt wir auf den folgenden Seiten wiedergeben. Und das hinreißende Ethos dieser Rede machte wieder gut, was die klägliche Rechthaberei der Mehrheitssozialisten verdorben hatte: es entrunzelte die Stirnen der französischen und englischen Sozialisten, *es gab ihnen wieder Zutrauen zum deutschen Proletariate, zum deutschen Volke*, es verknüpfte wieder die Bande des internationalen Zusammengehörigkeitsgefühls, die die Verstocktheit der Sendboten Scheidemanns und Eberts endgültig zu zerreißen gedroht hatte.

Um dies Wunder zu wirken, mußte Eisner freilich das kümmerliche Truggebäude unnachsichtig in Trümmer schlagen, das die Wels und Hermann Müller in Bern zur vermeintlichen Rechtfertigung der deutschen Mehrheitstaktik aufgebaut hatten. Er mußte die Politik der *Führer* schonungslos preisgeben, um für die *irregeleitete Masse des deutschen Volkes* erfolgreich um Nachsicht und Milde zu werben. Denn wahrhaftig: die einzige Entschuldigung für das deutsche Volk selber ist, daß es all die Jahre hindurch nicht zum Bewußtsein dessen gelangte, wozu es sich von seinen Machthabern und leider auch seinen eignen selbstgewählten Führern mißbrauchen ließ. Und Eisner wies so überzeugend die Schuld der Verführer nach, sprach *so warmen Tones, so überzeugt, so unverwüstlich menschheitsgläubig für die innere Lauterkeit und moralische Unversehrtheit des deutschen Volkskerns*, daß die Verbitterung der Entente-Sozialisten in der gleichen freudigen Rührung und gläubigen Begeisterung dahinschmolz, und sie mit der *feierlichen Verpflichtung auf den Rechtsfrieden* das Gelöbnis auf die völkerverbrüdernde sozialistische Internationale erneuerten.

Und was war der Dank der wahnsinnig verblendeten deutschen Afterpatrioten für die erlösende Tat Eisners, der die *ganze neutrale*

Auslandspresse, notorisch deutschfreundliche Schweizer Blätter voran, das Zeugnis gab, daß sie, und sie allein, den Groll der Entente-Sozialisten beschwichtigt und sie besonders auch *zum Eintreten für die deutschen Kriegsgefangenen* bewogen habe? Neue schamlose Verlästerung, rüde Beschimpfungen, die sich bis zu Drohungen steigerten! Und was war der Dank der deutschen Mehrheitssozialisten dafür, daß Eisner ihre Mitschuld mit fast allzu verzeihender Milde gemindert und – fast bis über die Grenze des Zulässigen hinaus – aus ihrer eigenen Irreführung erklärt hatte? Eine Neuauflage der alten üblen Invektiven des ‚Vorwärts' und der Mehrheitspresse, die frivole Verleumdung, Eisner habe das Los der kriegsgefangenen Volksgenossen (*um die er sich gerade ein so hohes Verdienst erworben!*) rücksichtslos preisgegeben, er habe eitler Selbstgefälligkeit gefröhnt und verdiene höchstens als Poet und politischer Dilettant ein nachsichtiges Mitleid!

Und unter dem Eindruck dieser bodenlos frivolen und unbegreiflich *dummen* Hetze unternahmen fanatisierte Wirrköpfe in München die reaktionären Putsche, schrieb man Eisner wilde Drohbriefe, fielen die tödlichen Schüsse auf *den* deutschen Sozialisten, *der Deutschtum und Sozialismus vor dem ausländischen Sozialismus und der internationalen Kulturgemeinde wieder zu Ehren gebracht hatte* !

Sollte es von tragischer Vorbedeutung sein, daß gerade der Mann sinnloser Gewalttat zum Opfer fiel, der als bester Vertreter der neuen kulturellen Menschheit den unversöhnlichsten Krieg *gegen jede Gewalttätigkeit* geführt hat ? Soll Deutschland vollends den *Mächten des Irrsinns und der Brutalität* verfallen sein ? Möge die Stimme des *toten Eisner* sich im Chorus der Lüge und Raserei Gehör verschaffen, bevor es zu spät ist!

28. Februar 1919.   *Heinrich Ströbel*

Der bayerische Ministerpräsident Kurt Eisner, 1867-1919
(Künstler: Wolfram W. Kastner | Kurt Eisner Kulturstiftung)

Schuld und Sühne
[Kongress der Sozialistischen Internationalen in Bern,
4. Februar 1919]

Rede von Kurt Eisner

Die Worte, die unsere französischen Freunde hier gesprochen, mögen vielleicht manchen streng geklungen haben, aber ich glaube, diejenigen, die feinere Ohren haben, haben aus ihren Anklagen mehr Klagen gehört, und vor allen Dingen klang aus ihnen, darin glaube ich mich nicht zu täuschen, das tiefste Bedürfnis, daß aus dieser ersten Zusammenkunft der Internationale der Anfang des neuen Völkerbundes hervorgehen möchte. Ich habe die feste Zuversicht, daß diese erste Aussprache der bisher Getrennten nicht ohne Erfolg sein wird, Niemand von uns, glaube ich, hat einen so festen und sicheren Drang, daß wir uns verständigen, als diejenigen, die zuerst verlangten, daß *Klarheit* und *Wahrheit* sein müssen.

Ich stimme meinem Freunde Thomas zu, daß die Internationale ein wesenloses Werkzeug, ein neuer Trug wäre, wenn sie nicht beruhte auf dem sicheren gegenseitigen *Vertrauen*. Deshalb können und wollen wir Deutschen dieser Aussprache nicht ausweichen. Wir brauchen die neue Internationale, denn der Sozialismus pocht an die Türe, nicht mehr als Programm einer fernen Zukunft, sondern als unmittelbare Aktion. In diesem weltgeschichtlichen Augenblick müssen die Sozialisten einig sein. Sie müssen sich klar sein über das, was wir wollen, wohin wir gehen, mit welchen Mitteln wir zu dem Ziele kommen wollen. Wenn diese Einigkeit nicht möglich ist – ich lege weniger Gewicht auf die formale Einigkeit, als auf die sachliche Einheit der Gedanken und des Willens – dann ist unsere Internationale verloren, dann *diktiert* man uns vielleicht den Völkerbund, aber nicht wir sind es, die ihn *schaffen*.

Die Aussprache, die wir hier als Eingang unserer Verhandlungen pflegen, sie sollte vor allem eines erreichen. Wir müssen uns herausdenken, wir müssen uns *herausheben aus dem Wahnsinn und aus der Lüge dieser Zeit*. Nur wenn wir uns so ganz herausgedacht und herausgehoben haben, ist es für uns möglich, zum neuen Aufbau zu schreiten.

Parteigenossen, es wird mir nicht leicht, heute zu sprechen. Ich gehöre einem besiegten Volke an, und so sehr ich vor einigen Jahren bereit gewesen wäre, die schärfsten und schroffsten Anklagen zu erheben, so sehr widerstrebt es mir, heute nach dem Zusammenbruch die billige Arbeit zu leisten, Steine zu werfen auf das, was bereits tot ist. Aber noch aus einem andern Grunde widerstrebt es mir und wird es mir schwer, heute über diese Dinge zu sprechen. Ich bin im Innersten überzeugt, daß das deutsche Volk eine *einheitliche* Sozialdemokratie braucht. Es war mein erstes Wort, das ich in der Revolutionsnacht vom 7. auf 8. November sprach, daß nun, nachdem das alte System gestürzt, es Aufgabe der Massen in Deutschland sei, einig zu sein. Wie ich vorhin als die Vorbedingung unserer neuen Internationale die Einigkeit der Völker untereinander forderte, so ist eine Voraussetzung für uns in Deutschland – wenn wir nicht in Zuckungen den Entbehrungen dieser Jahre erliegen sollen, wenn wir unsern Beitrag zum Aufbau des Sozialismus geben wollen und sollen –, daß wir einig sind. Wieder lege ich keinen Wert auf die Einigkeit in der *Organisation*, wo vielleicht Hirn und Herz auseinanderstreben, sondern wir brauchen die *innere geistige* Einigkeit. Und wenn ich einen Ehrgeiz hätte, so den, da wir Deutschen unsere schwere Schuld für alle mitzutragen haben, daß wir sie dadurch sühnen, daß wir *auf dem Wege zum Sozialismus vorantreten*, klar, besonnen, sicher unsere Ziele und sicher unsern Weg verfolgen. Darin können wir nur gewinnen, wenn wir diese innere sachliche Einigkeit erringen.

Und nun will ich Anklage erheben gegen diejenigen, mit denen wir vor dem Kriege Schulter an Schulter kämpften. Ich glaube, Parteigenossen, Sie im Auslande haben die große Umwälzung, die in Deutschland stattgefunden, nicht recht erfaßt.

Die Kapitalisten und Imperialisten der Entente haben unsere Revolution gar nur eine neue ekelhafte Form von Camouflage genannt. Das ist nicht wahr. Wer heute in Deutschland lebt, der weiß, daß die Massen im Tiefsten umgewühlt sind, daß nirgends der Drang nach Demokratie so stark und lebendig ist wie bei uns, und nirgends stärker der Wille und die Sehnsucht, die neue Volksherrschaft in sozialistischem Geiste zu realisieren. Dieser Auffassung der Dinge in Deutschland widerspricht auch nicht die vielleicht überraschende Erscheinung, daß den größten Wahlerfolg bei den letzten Wahlen für die einzelnen Nationalversammlungen die Richtung der Sozialdemokratie gehabt hat, die die Kriegspolitik der gestürzten Regierungen wenn nicht gefördert, so doch, um ganz zurückhaltend zu sprechen, mindestens nicht gebrochen hat. Die 10–12 Millionen deutscher Wähler, die für die Mehrheit der Partei gestimmt haben, haben sie die Politik der Mehrheitspartei bestätigt? Wenn dem so wäre, dann würden *die* recht haben, die behaupten, es habe sich in Deutschland *nichts* geändert. Aber wer wie ich in die Wahlagitation gegangen ist und gerade in jenen Gegenden gesprochen hat, in denen bisher von Sozialismus keine Rede war, der weiß, daß die Massen aus ganz anderen Motiven so gewählt haben, wie sie es taten. Sie haben nicht Führer gewählt, sie haben *Sozialdemokraten* gewählt, sie haben die Einigkeit der Partei gewählt, und weil es ihnen schien, als ob die dem *Namen* nach unveränderte Sozialdemokratie die Einheit darstelle, haben sie die *Mehrheit* gewählt. Aber in diesen Mehrheitwählern [sic] verwirklichte sich die *schärfste und schroffste Opposition gegen die Kriegspolitik*, denn der Erfolg der Sozialdemokratie wurde dadurch erzielt, daß die Agitatoren der Sozialdemokratie in den Wahlkampf gingen mit *Anklagen gegen das alte gestürzte System*.

So, Parteigenossen, erklärt sich die nicht ganz leicht zu verstehende Erscheinung. Draußen auf dem Lande, da bekümmerte man sich nicht um den Streit der Richtungen, aber man wollte die Stimme erheben gegen das, was geschehen war, *gegen die Regierungen* und *Fürsten, gegen die Kriegspolitik*, gegen die Kriegsschuldigen, und deshalb wählte man, ohne viel darüber nachzudenken, welche Richtung der Sozialdemokratie, *sozialdemokratisch*.

Für die Richtigkeit meiner Behauptungen kann ich Ihnen einen Beweis geben. Mir selbst ist es begegnet, daß in einem bisher klerikalen Wahlbezirk die Parteigenossen, die auf der äußersten Linken standen und geneigt waren, sich Spartakisten zu nennen, bei den Landtagswahlen in Bayern die Mehrheit wählten und bei den Wahlen für die Nationalversammlung die Minderheit, die Unabhängigen. Sie handelten so, weil sie sich sagten: wir wollen alle die Einheit der Partei, und deswegen kümmern wir uns nicht um die Zerreißung der Organisation und wählen binnen 8 Tagen heute die eine Richtung und nach acht Tagen die andere, um gerecht zu sein.

Aber, Parteigenossen, Sie haben die Rede von *Wels* gehört, und nun werden Sie mich einen Optimisten nennen, denn die Rede des Parteigenossen Wels schien *allerdings völlig alten Geistes*. Ich weiß nicht, ob Wels mit dieser Rede in die Wahlagitation gegangen ist. Bei uns in Bayern hätte er damit sicher keinen Erfolg gehabt. Ich muß bekennen, daß die Ausführungen von Wels ihren Zweck nicht erfüllt haben. Was wollte er uns mitteilen? Welche Absichten verfolgte er? Wollte er uns erklären, warum die deutschen Parteigenossen sich im August 1914 gewehrt haben? Das würde ich verstehen. Es haben sich viele geirrt, vielleicht alle, aber guten Glaubens. Wollte er uns nur das sagen, oder wollte er sagen: daß – die Beweisführung schien beinahe darauf hinzudeuten – im Grunde die Politik der Mehrheit *richtig* war, daß die deutsche Regierung nicht besonders verantwortlich war? Was hatten alle seine Zitate und Beweise für einen Zweck, wenn er das nicht sagen wollte? Aber, Parteigenossen, wenn er diesen Beweis heute führen wollte, *welches moralische Recht hatte dann die revolutionäre Erhebung gegen das alte System?* Dann sähe es ja beinahe so aus, als ob die Revolution nichts anderes gewesen wäre, als eine neue Form des Krieges. Als die Herrschenden in Deutschland die Starken waren und als die kommenden Sieger erschienen, da ging man im Kriege mit ihnen, und als sie die Schwächeren waren, als sie zusammenbrachen, da versetzte man ihnen den Todesstoß, da *verließ* man sie. Dann wäre doch die logische Konsequenz, daß man nicht aus moralischer Empörung das herrschende System in Deutschland gestürzt hätte, sondern nur die gute Gelegenheit wahrgenommen hätte, als die Herrschenden sich als ohnmächtig und schwach erwiesen. Was wollte also Genosse Wels? Er wollte Ihnen hoffentlich nur erklären, warum wir in Deutschland diesem Irrtum unserer Politik verfallen waren. Dieser „Kampf gegen den Zarismus", der uns am Anfang des August 1914 gepredigt wurde, *hat viele von uns verwirrt.* Die deutsche Regierung von damals hatte ihre Netze geschickt genug ausgespannt. Bei uns in Bayern verkündete uns die Regierung in vertraulichen Besprechungen seit dem November 1912 den drohenden Überfall durch Rußland !

Und als im Sommer 1914 die Ereignisse sich zusammenballten, als ich anfangs der Woche, an deren Ende die Mobilmachung erfolgte, in München in einer Protestversammlung sprach, da war auch ich ganz von dem Gedanken erfüllt, daß uns ein Überfall durch den *zaristischen Imperialismus* drohe. Damals rief ich unsere französischen Freunde – acht Tage vor dem Kriege – auf in der Annahme, daß uns unsere Regierung diesmal nicht belogen habe, uns zu helfen gegen den Einbruch der Barbarei von Osten. Wir standen ganz unter der Suggestion des zaristischen Angriffs, und ich teile ganz die Auffassung, die gestern Freund Renaudel ausgesprochen hat, daß es die Aufgabe der Sozialdemokratie jedes Landes sei, sich gegen den *Angriff zu wehren* und die *Regierung zu stürzen*, die den *Angriff vorbereitet*. Darüber waren wir bisher auf allen internationalen Kongressen einig.

Ich erinnere mich an Jaurès Ausführungen in Stuttgart. Jaurès hat damals auch das *Kriterium* angegeben, nach dem man sofort und sogleich *entscheiden* könnte, *wer* der *Angegriffene* sei und *wer* der *Angreifer*. Er sagte, wer in der Vorbereitung eines Krieges während der katastrophalen Zeiten vor der Katastrophe *das Angebot eines Schiedsgerichtes ablehnt*, der steht vor der Geschichte als *schuldig* und als *Angreifer* da.

Parteigenossen, ich sagte Ihnen, um Ihnen zu erklären, und damit Sie auch dem deutschen Volke Gerechtigkeit wider fahren lassen: damals im August, da konnten viele, vielleicht alle, im Irrtum sein, und wenn trotzdem schon damals einige wenige gegen die Bewilligung der Kriegskredite sprachen, so liegt die Beurteilung der Schuld in rein grundsätzlichen Erwägungen. Sie wollten zum Teil unter allen Umständen, gleichgültig, wie der Krieg gelagert war, gegen die Kriegskredite stimmen.

Parteigenossen! Ich war nicht in Berlin beim Ausbruche des Krieges, aber als ich das *erste deutsche Weißbuch* las, da war ich mir schon *beinahe klar*, daß wir *getäuscht* worden waren, und nach wenigen Wochen war ich mir über Ursache, Schuld und Verantwortlichkeit dieses Krieges nicht mehr in Zweifel. Ich glaube, es gibt keinen Krieg der Weltgeschichte wie gerade diesen letzten und furchtbarsten, in dem schon während der Kriegshandlungen die *volle geschichtliche* Klarheit über den Krieg jeder erkennen konnte, der sie erkennen *wollte*. Aber Genosse Wels scheint heute noch anzunehmen: Nun ja, überall herrscht Kapitalismus. Darin berühren sich ja unsere Mehrheitler mit den Erklärungen der Bolschewisten, daß der *Kapitalismus* diesen Krieg gemacht habe, daß hüben wie drüben Schuldige und Verantwortliche und Mitschuldige seien, daß wir eigentlich alle zusammen Sünder seien – also reichen wir uns die blutbefleckten Hände, als wäre gar nichts geschehen! *Mit dieser Auffassung habe ich nichts gemein*! Ich halte es für unmöglich, daß wir ohne klare Erkenntnis dessen, was war, ohne noch einmal festen, unbeirrbaren Auges zurückzublicken, vorwärts kommen.

Parteigenossen! Jene merkwürdigen Ausführungen von Wels, die darauf hindeuten, als ob alle schuldig seien, Franzosen, Engländer, Amerikaner und Italiener, weil überall der Kapitalismus herrscht, und daß *wir* vielleicht, bedroht durch den Zarismus, noch die *unschuldigsten* seien von allen, lehne ich ab! Ich glaube, daß diese Auffassung von Wels noch weit zurücksteht hinter der Auffassung unserer Bürgerlichen in Deutschland. Ich habe während der letzten Wochen oft mit *Bürgerlichen* über die Schuldfrage gestritten, seit ich aus dem Gefängnis in Urlaub war, und was sagten sie mir immer? *Sie* leugneten nicht mehr die deutsche Kriegsschuld, aber sie erklärten, ja, was können wir denn dafür, daß wir 4 ½ Jahre lang *angelogen* worden sind? Das sagten selbst die Bürgerlichen in allen Schichten, und niemand war mehr unklar darüber, wie dieser Krieg über uns kam, und die Bürgerlichen wollten lieber als Einfaltspinsel und Schwachsinnige erscheinen, als vor den Wählern die Verantwortung übernehmen, daß sie sehenden Auges die Kriegspolitik im vollen Bewußtsein ihres Wesens unterstützt hätten.

Ich glaube, unsere Parteigenossen von der Mehrheit waren *nicht gut beraten*, als sie sich entschlossen, jene alten Reden zu wiederholen, die wir im 2. oder 3. Kriegsjahr gehört haben, als sie ihre Kriegspolitik *verteidigten*.

Daß sie 12 Millionen Wähler hinter sich haben, das beweist nichts für ihre Politik. *Die Wahrheit ist kein Multiplikationsexempel.* Ich wünsche nicht, daß unsere Parteigenossen von der Mehrheit unter dem Zwange der Verhältnisse, unter dem Drucke der Niederlage, unter den Forderungen dieser Stunde widerwillig sich zu einem Zugeständnis bewegen lassen sollen. Die Sache ist zu ernst und zu heilig, als daß sich in diesem Augenblicke jemand widerwillig einem *Zwange* fügen sollte.

Sie sollen nicht als Büßer hier erscheinen, das wünschen wir nicht, denn das wäre keine Reinigung unserer Sache; aber sie sollten sich, und darum bitte ich sie, überlegen, ob sie nicht wirklich 4 ½ Jahre in einem Taumel der Irrungen befangen gewesen seien. Denn so, glaube ich, war es, und das erklärt vielleicht ihre Haltung. Nachdem sie die ersten falschen Schritte getan, konnten sie nicht mehr zurück, und sie fürchteten sich, wenn sie doch umkehren würden, wenn sie in der schwierigen Lage Deutschlands in die Opposition gingen, dann würde das deutsche Volk, irre geworden an seiner guten Sache, zusammenbrechen. Vielleicht erklärt diese wohlwollende Deutung ihren Irrtum. Aber nun haben doch auch sie erkannt, *daß man keine Welteroberungspolitik auf einer Lüge,* auf einer *Täuschung* aufbauen kann. Sie haben erkannt, daß sie, wenn sie nicht getäuscht worden wären über das Wesen dieses Krieges, so doch sicher betrogen worden sind über seine Aussichten. Das Opfer ihrer internationalen Gesinnung, das sie gebracht haben, und das sie vielleicht in guter Absicht gebracht haben, war umsonst! Ja noch mehr! Sie haben durch ihre Haltung noch im Zusammenbruch Deutschlands zu Ungunsten des deutschen Volkes gewirkt. *Sie haben den moralischen Kredit des deutschen Volkes untergraben.* Ich sagte schon im Herbst 1914, als ich in Berlin eine allgemeine Kriegsbesessenheit vorfand: wir wollen heute nicht entscheiden über das Wesen dieses Krieges, aber die Aufgabe der deutschen Sozialdemokratie ist, wie immer die Lose des Krieges fallen mögen, im Augenblick der Entscheidung fähig zu sein – wenn Deutschland fällt – moralisch zugunsten Deutschlands zu wirken. Und diese stärkste Rüstung Deutschlands und des deutschen Volkes, die haben Sie uns genommen! Ich mag nicht eingehen auf die Einzelheiten der Vergangenheit. Es steht heute fest, *daß dieser Krieg von einer kleinen Horde preußisch-wahnsinniger Militärs in Deutschland,* die verbündet waren mit Schwerindustriellen und Weltpolitikern, Kapitalisten und Fürsten, *gemacht worden ist,* und zwar ohne jede politische Voraussicht und *ohne jede militärische Einsicht.* Das Rätsel dieses Weltkrieges löst, sich, wenn man die Seele und die Gehirne unserer leitenden deutschen Militärs kennt.

Warum taumelten sie denn in den Krieg wie in ein Abenteuer? Weil sie so fest überzeugt waren von dem raschen Siege Deutschlands, daß sie es gar nicht für nötig hielten, politische und militärische Voraussicht zu bewahren.

Parteigenossen! Woher kam es denn, daß ich als einer der ersten dieses Verbrechen erkannte, das mit dem deutschen Volke, an dem deutschen Volke und an der Welt begangen war? Weil ich die deutsche Militärliteratur studiert hatte. Sie verstehen diesen Krieg nicht, wenn Sie nicht *die ungeheure Gewissenlosigkeit militaristischer Besessenheit* kennen. Lesen Sie heute jene wissenschaftlichen Leistungen unserer deutschen Militärs, die vor dem Kriege erschienen, damals, als der Krieg als Bestes, als Stahlbad, als Jungbrunnen für die versinkende Menschheit gehalten wurde, und als einziges Mittel, um der aufstrebenden Flut der Sozialdemokratie Herr zu werden. *Das haben sie alle offen ausgesprochen!* Wenn eines der geistigen Oberhäupter der deutschen Soldateska, einer der Wortführer der Generale, kurze Zeit vor dem Kriege in einem dicken Buche mit mathematischer Sicherheit nachgewiesen hat; daß ein deutscher Weltkrieg von Österreich und Deutschland auf der einen und England, Frankreich und Italien auf der andern Seite – Italien war schon damals in den Berechnungen unserer Generale auf der andern Seite – in 13 Tagen entschieden sein würde, so daß nach dieser Zeit kein englisches Schiff mehr auf dem Weltmeere und keine französische Armee mehr vorhanden wäre, die nicht gefangen wäre, dann begreifen Sie, warum wir so besinnungslos in dieses Weltabenteuer, das gräßlichste der Weltgeschichte, getaumelt waren.

Wir waren im Irrtum am *Anfang* des Krieges, wir durften es *nach 14 Tagen nicht mehr sein.* Welches wäre unsere Aufgabe gewesen? Wir wußten, daß, wenn der Krieg einmal da ist, der einzelne Soldat ja keine Wahl hat; aber die Aufgabe der Sozialdemokratie lag auf *politischem* Gebiete. *Sie mußte die deutsche Regierung stürzen, die politische Macht erobern und Frieden schließen.* Das wäre die Aufgabe der deutschen Sozialdemokratie gewesen! Dann hätten wir die Hände hinüberreichen können über die Grenze. Es war der sonderbarste Irrtum unserer Freunde von der Mehrheit und verrät einen unbegreiflichen Mangel an Psychologie, daß man erst Krieg führen, erst durch Blut waten, erst alle Schrecken der deutschen terroristischen Kriegführung mitmachen muß, um sich dann die Hände freundschaftlich zu reichen mit den Worten: Nun ist es genug, nun wollen wir Frieden machen. Nein, die *Voraussetzung* aller Friedensarbeit während des Krieges in Deutschland war der *Sturz des schuldigen Systems.* Unsere Revolution ist nicht, wie man gesagt hat, zu früh gekommen, sondern sie kam um 4 ½ Jahre zu spät. Wäre sie damals, im Herbst 1914, gekommen, dann wäre es heute um Deutschland besser bestellt und die Welt würde die deutsche Sozialdemokratie *segnen*, während sie heute in der deutschen Revolution nur den *Ausbruch der Verzweiflung* erkennt, nicht aber das kühne Aufbäumen eines tapferen Volkes, das sich die Freiheit erkämpft. Wir Deutschen sind in einer traurigen Lage. Wir waren das Volk ohne Revolution, und jetzt, wo wir das revolutionärste Volk geworden sind, da glaubt man uns diese Revolution nicht. Man glaubt sie uns nicht durch unsere eigene Schuld.

Man hat mir vorgeworfen, daß wir, die wir darauf beharren, die Schuld Deutschlands festzustellen und zu beweisen. Unser Volk verraten, daß wir die Gelüste der Imperialisten drüben verschärfen.

Als ich am Anfang meiner Regierung, wahrhaftig nicht auf eine Anregung Clemenceaus hin, sondern um das auswärtige Amt in Berlin zu sprengen, aus meiner Aktenmappe jenes Dokument veröffentlichte, das nun für jeden, der nicht ganz verhärtet ist in Lüge und Verblendung, die direkte Schuld der deutschen Regierung nachwies, da war es der ehemalige Staatssekretär Solf, der sagte: Diese Veröffentlichung Eisners kostet Deutschland hundert Milliarden mehr! Genossen, Wahrheit muß sein und wenn wir zugrunde gehen. Aber ich glaube mich nicht zu irren: Die *Imperialisten drüben* verwenden heute die angebliche *Unbelehrbarkeit* des deutschen Volkes genauso als *Vorwand für ihre kapitalistischen Begierden*, wie das Schreckgespenst des Bolschewismus. Sie *fürchten* die *Wahrheit* ebensosehr wie Herr Solf. Wir wollen aber nicht zu den Imperialisten von drüben reden, sondern zu unseren *dortigen Freunden,* und wir wollen vor allem *zu unserem eigenen Volke* sprechen; es soll die Wahrheit kennen lernen! 4 ½ Jahre hat man sich Tag für Tag, Nacht für Nacht anlügen lassen. So brach über das arme deutsche Volk das Unheil herein, noch ehe das Volk zur Besinnung kam. Niemals ist ein so frevelhaftes Spiel mit einem Volke getrieben worden, wie mit dem deutschen, diesem eminent politischen Volke, von dem ich nur hoffen möchte, daß jetzt – leider erst unter dem Druck seines eigenen Schicksals – *seine freiere und reinere Geschichte beginnt.*

Wenn nun aber die Dinge so liegen, warum denn heute noch die Legende aufrecht halten? Parteigenossen von der Mehrheit! *Sind Sie revolutionär oder sind Sie es nicht?* Wenn Sie es sind, dann gibt es für Sie keine heiligere Pflicht, als die Verbrechen des alten Systems zu züchtigen. Warum stemmen Sie sich dagegen? (Wels: Wir stemmen uns nicht dagegen!) Sie verweisen darauf, daß die Fürsten und Regierungen ja davongejagt seien. Gewiß, aber begründet haben Sie dieses Davonjagen merkwürdigerweise damit, Sie hätten eine *richtige Politik getrieben, indem Sie 4 ½ Jahre lang dieses verwerfliche System unterstützen.* Darin liegt ein *unlösbarer Widerspruch.* (Wels: Keineswegs.) Es ist ja gar nicht wahr, und das wissen Sie selbst so gut wie ich, daß Sie während der ganzen Zeit des Krieges diese Kriegspolitik der Regierung bekämpft hätten. Sie sind mitgegangen bis zuletzt! Je nach der Kriegslage schwankte Ihre Gesinnung. Es gab Zeiten, wo Sie hart an die Annexionisten gerieten. Herr Wels sieht mich erstaunt an. Der Parteigenosse Wels wird von mir hiermit gebeten, jenes *Protokoll* zu lesen, das Mitte August 1915 angefertigt ist und das die *Verhandlungen des Parteivorstandes und des Parteiausschusses* wiedergibt. Ich ersuche den Genossen Wels, dieses Material vorzulegen, Sie haben es vielleicht mitgebracht. Es wäre wirklich sehr wünschenswert, wenn sie nach dem vielen Unnützen, das die Mehrheitspartei verbreitet hat, einmal das Reinigungswerk vollbrächte, indem sie dieses verstaubte Geheimprotokoll in die Öffentlichkeit bringen würde. Sie waren durch und durch verblendet, und ich glaube, die französischen Parteigenossen erweisen Ihnen und uns einen Dienst, wenn sie von Ihnen verlangen, eine solche Erklärung abzugeben. Niemand will Sie etwa demütigen, aber wir wollen *freie Hand und reine Gewissen,* um unsere Revolution weiter vorwärts zu treiben. So wenig man einen Krieg mit Lügen beenden kann, *so wenig läßt sich auch eine Revolution durch Lügen aufbauen.*

Es ist eine Eigentümlichkeit der ganzen 4 ½ Jahre, daß wir unser Gedächtnis verloren haben. Das Abendblatt wußte ja nie, was im Morgenblatt gestanden hatte. (Wels: „Neue Münchener Zeitung"!) Herr Wels, der gestern emphatisch dazwischen sprach, daß Scheidemann seinen Neujahrsgruß 1915 „Durchhalten bis zum Siege" nicht an seine Wähler geschickt hätte, sollte heute inzwischen sein Gedächtnis aufgefrischt haben. Aber es ist nicht nötig. Er steht auf jedem Blatte der 4 ½ Jahre geschrieben. Und ich erinnere mich gut, wie ich noch im Frühjahr des vorigen Jahres, als die Kriegslage für Deutschland wieder günstiger schien, jene *brüske Ablehnung des Londoner Manifestes* las, und die deutliche Anspielung darauf, wie stark wir seien, und wie man damals die Friedensbedingungen, die man in London aussprach und die *für jeden Sozialdemokraten selbstverständlich* waren, als *phantastische Utopie* verhöhnte. So stand es im ‚Vorwärts'. Ich saß damals in der Gefängniszelle und schäumte vor

Wut, nicht etwa über die Unmoral, sondern über die *Dummheit* dieser Politik. Denn damals *mußte* man schon sich klar sein darüber, wohin wir steuerten. *Sie, Genossen der Mehrheitssozialisten, haben mitgeholfen, Deutschland in den Abgrund zu hetzen.* (Sehr richtig!) Sie sind keine Patrioten, wenigstens keine hellsehenden Patrioten. Und wenn wir heute gänzlich allein ständen, wenn selbst das ganze deutsche Volk gegen uns wäre, so bekennen wir das offen. Soll ich Sie erinnern an jene *Resolution Scheidemanns über den U-Bootkrieg,* Sie daran erinnern, wie schwächlich Sie gegen Brest-Litowsk sich verhielten, als man rundherum die Welt erobern wollte? Das alles scheint man vergessen zu haben. Sogar ein einfaches Nein für Brest-Litowsk fanden Sie nicht, aber bei Bukarest waren Sie dann stark genug, ein kräftiges Ja mit zusprechen. (Wels: So?) Gewiß, Genosse Wels! Und nun protestieren Sie. Sie entrollen *sentimentale Bilder vom deutschen Elend.* Wir leiden *ungeheuer schwer,* das ist *wahr.* Aber haben *Sie* heute eine moralische Berechtigung zu irgendeinem Protest? Sie waren es ja immer, die England der Hungerblockade anklagten. Ganz gewiß: wir litten schwer und leiden noch heute unsäglich. Aber haben wir ein Recht zu protestieren? Daß im Kriege ein Land abgesperrt wird, ist ein in der Weltgeschichte anerkanntes Recht, ich möchte sagen geheiligtes Kriegsrecht. Und schließlich waren es doch wir *Deutsche,* die im Jahre 1870 die *Stadt Paris aushungerten!* Wer war es denn, der diese Hungerblockade völkerrechtlich forderte? Im Jahre 1907, Parteigenosse Wels, im Haag! Damals überraschten die englischen Delegierten die Welt mit dem Antrag, *die ganze Kontrebandepolitik sei aufzuheben,* und sie forderten Freiheit der Meere, auch im Kriege. Und wer war es, der *gegen* diesen Antrag stimmte? *Deutschland!* (Sehr richtig!) Und warum? Das haben die deutschen Delegierten damals nicht gesagt. Aber lesen Sie nur die *Militärfachblätter,* dann wissen Sie's: *weil bei einem Krieg zwischen England und Deutschland zwar England ausgehungert werden konnte, aber nicht Deutschland!* Deswegen haben wir schon 1907 im Haag, verblendet, gegen den englischen Antrag gestimmt.

Dürfen wir also heute wirklich protestieren? Nein. Belgien und Nordfrankreich zeugen wider uns! *Diese* durften protestieren gegen uns, ja, sie durften es im Jahre 1914, 1915, 1916, 1917 und 1918 bis Mitte September. Aber wir durften nach dem Zusammenbruch nicht anfangen zu protestieren. So haben wir es in der Sozialdemokratie bisher gehalten: daß wir abrechnen mit unseren eigenen schuldigen Persönlichkeiten, unsern Kriegspolitikern. Auf diese haben wir einen Einfluß, auf die andern aber nicht.

Aber haben wir nicht doch ein moralisches Recht, heute, nachdem wir unsere Könige und Kaiser davongejagt und ihre Regierungen gestürzt, die Demokratie aufgerichtet haben, um den Begriff des Sozialismus aufzurichten, hat da das *Volk* – nicht die Führer! – das Recht, an die gesamte Welt zu appellieren, daß der Völkermord beendigt werden soll, auf daß wir, alle Völker, gemeinsam am Aufbau der neuen Welt helfen? Haben wir nicht das Recht, zu fordern, daß man uns heute zu leben gewährt, uns das *Recht auf Freiheit* gewährt, und daß man uns *nicht zum Schuldsklaven fremder Kapitalisten erniedrigt*? Ich sprach davon, wie man uns angelogen hat. Man hat aber auch Sie, Genossen der anderen Länder, angelogen! *Von dem, was im deutschen Volke gährte* seit dem Augenblick, wo in immer weitern Kreisen klar wurde, welches Spiel man mit uns getrieben hat, *erfuhren auch Sie nichts*. Das deutsche Volk, die Masse der Namenlosen, hat in den Jahren des Krieges *mehr geopfert im Aufstand gegen den Krieg, als vielleicht irgend ein anderes Volk*. Die Gefängnisse und Zuchthäuser waren voll von tapferen jungen Leuten, die sich gegen diese Kriegspolitik der deutschen Regierung auflehnten. Nichts aber vom alledem drang ins Ausland! Sie verbluteten alle stumm. Ein Fetzen Papier, beschrieben mit einem Protest gegen den Krieg, kostete Jahre Zuchthaus. So wurde alles schließlich hingemäht, was sich auflehnte gegen den Krieg. Und doch war *diese Auflehnung* unser *bestes moralisches Recht*! Sie begann schon im Herbst 1914, also verhältnismäßig sehr früh, trotz Zensur und Diktatur. Und schon damals war die Zahl derer groß, die bereit waren, sich für diese Auflehnung zu opfern. Im Verlauf der folgenden Kriegsjahre herrschte bei uns sogar eine gewisse Unruhe, die sich nicht eher legte, als bis diese Menschen sich wirklich geopfert hatten. Es gab für uns alle in den letzten Jahren überhaupt keinen ruhigen Augenblick mehr. Wir waren verstreut hier und dort und konnten nicht mehr zusammenkommen, aber es gab doch *Tausende und Abertausende, die entschlossen waren, lieber zu sterben als mitschuldig zu werden an der Fortsetzung des Krieges*, an der verhängnisvollen Politik des deutschen Systems. *Diese* Leute hätten das Recht, zu protestieren. Ich wünsche nur, daß auch meine Freunde von der Mehrheit dieses Recht auch hätten! Sie haben nun hier, heute und morgen und in dieser ganzen Woche, noch die Möglichkeit, dieses Recht sich zu erringen!

Lassen Sie mich nur ein einziges Beispiel noch anführen. Sie kannten vor einem Jahre nicht den Sinn und die Tragweite unserer Streikbewegung in Deutschland. Wir wenigstens in München wollten *schon im Januar vor einem Jahre* die Revolution entfesseln, das alte System stürzen. Damals war die Revolution eine höhere Ehre als nachher. Denn damals stand Deutschland scheinbar auf der Höhe der Macht. Damals erhoben sich bei uns die Arbeitermassen (in Berlin auch!) zum Streik, nicht aus Hunger, nicht um des Brotes willen, nicht weil die Niederlage drohte, *sondern weil sie jene Märzoffensive und Brest-Litowsk verhindern wollten!* Die Arbeiter, die an diesem Streik teilnahmen, wurden an die Front geschickt, ihre Führer eingesperrt in die Zuchthäuser. Leider taten diejenigen – es muß gesagt werden –, die uns *scheinbar* bei diesem Streik unterstützten, im Gegenteil alles, *um diese Bewegung zum Scheitern zu bringen.* (Sehr richtig!) Ich habe es erlebt an meinem eigenen Leibe.

Parteigenossen! Ich wollte Ihnen das erzählen, um Ihnen zu sagen: *Die revolutionäre Gesinnung in Deutschland ist nicht das feige Werk des Zusammenbruchs,* sondern das Ergebnis einer im Stillen und Dunkeln unermüdlich vorwärtsdrängenden Arbeit, die gerade dann einsetzte, als Deutschland militärisch scheinbar das Übergewicht hatte. Für *unsere* Revolution in Bayern verbürge ich mich dafür, daß es eine *wirkliche* Revolution war, eine die Massen im tiefsten erschütternde Revolution, *geistig vorbereitet seit Jahr und Tag,* und dann zur Tat gebracht im richtigen Augenblick.

Wenn unsere Revolution trotz ihres großen Erfolges so menschlich verlief, so geschah das aus der Erwägung heraus, daß wir die fluchwürdige Methode der alten Zeit nicht hinein schleppen wollen in unsere neue befreiende Zeit. Das Verbrechen, das die alten Machthaber begangen haben, war so über alles menschliche Maß groß, daß nicht einmal der Schrei der Vergewaltigung, der Rache sie erreicht. Das möchte ich auch Ihnen raten. Denken Sie, französische und englische Genossen, *nicht an Rache, an Vergewaltigung,* sondern lassen wir unsere eigenen Schuldigen *irgendwo im Verborgenen* weiterleben! Das ist eine viel schwerere Strafe für sie als irgend eine andere. Wir wollen uns gar nicht beflecken dadurch, daß wir diese Sünder richten. Wir sind selbst zu stolz, um ihre Richter zu sein. Selbst das muten wir uns nicht zu! Vielleicht ist das die neue Denkart. *Und nun helfen sie uns!* Wir sind heute das radikalste Reich der Welt. Wir sind eine Demokratie, die nicht nur formal besteht, sondern darnach trachtet, das ganze Volk mittätig heranzuziehen, denn wir stehen an der Schwelle des sozialistischen Regimes.

Parteigenossen! Darin sind wir uns alle einig: Wir wollen unsere Schuld sühnen, indem wir auf dem Wege zum Sozialismus vorwärtsschreiten. Und nun reichen Sie uns die Hand!

Parteigenossen! Nun noch ein Wort von Jaurès, der ja als Unsterblicher tief in meinem Bewußtsein weiterlebt, bin ich doch lange Jahre in Deutschland der Einzige gewesen, der sich Jaurèsist nannte. Ich erinnere Sie an die Aussprache Jaurès im herrlichen Rathaussaal zu Kopenhagen, wo plötzlich sein Antlitz aufglühte von dem Blutmeer, durch das die Menschheit noch werde hindurchschreiten müssen und das die Erlösung der Menschheit bedeuten werde. Er war wie alle wahren Politiker ein Prophet. Das Blutmeer, das er vorausschaute, ist gekommen, aber es liegt glücklicherweise hinter uns. *Und nun helfen Sie uns, helfen wir einander die Erlösung zu schaffen und die neue Welt aufzubauen.* Gehen wir nicht auseinander, ehe wir uns gelobt haben: Bis zum Tode getreu der Sache der Freiheit, Menschlichkeit, des Sozialismus.

Wir haben keine Geduld mehr, unsere Träume von Sozialismus in ferne Zeiten zu stellen; heute leben wir und heute wollen wir handeln. *Handeln wir!* (Anhaltender brausender Beifall.)

———

Es setzt sich „mit wachsender Kraft ... in den Völkern die Überzeugung durch, daß nicht die brutale Macht und der gemeine Erfolg die Nationen leitet und bindet, sondern daß die sittliche Gemeinschaft humaner Kultur, die Gleichheit der politisch-ethischen Überzeugungen die Staaten in natürlicher Freundschaft ordnet und gesellt"

(Kurt Eisner: Hessische Landeszeitung, 13. März 1896)

„Wir gehen entweder zu Grunde, oder wir gewöhnen uns an den Gedanken einer neuen Weltordnung."

(Kurt Eisner: Der Sozialismus und die Jugend, Rede am 10. Februar 1919)

„Der erste wahrhaft geistige Mensch an der Spitze eines deutschen Staates erschien Jenen, die über die zusammengebrochene Macht nicht hinwegkamen, als Fremdling und als schlecht."

(Gedenkrede für den ermordeten Kurt Eisner, Heinrich Mann am 16. März 1919)

BIBLIOGRAPHISCHER ANHANG

Selbständige Veröffentlichungen von Schriften Kurt Eisners

EISNER 1892 = Kurt Eisner: *Psychopathia spiritualis*. Friedrich Nietzsche und die Apostel der Zukunft. [Erstveröffentlichung in: „Die Gesellschaft" 1891]. Leipzig: Verlag von Wilhelm Friedrich 1892. [99 Seiten] [Online-Ausgabe: www.kurt-eisner-werke.org/VI.html]

EISNER 1899 = Kurt Eisner: *Eine Junkerrevolte*. Drei Wochen preußischer Politik. Berlin: Buchhandlung „Vorwärts" 1899. [32 Seiten] [www.digi-hub.de]

EISNER 1900 = [Kurt Eisner:] *Wilhelm Liebknecht*. Sein Leben und Wirken. Unter Benutzung ungedruckter Briefe und Aufzeichnungen herausgegeben von Kurt Eisner. Berlin: Buchhandlung „Vorwärts" 1900. [64 Seiten] [Die erweiterte Zweite Auflage erschien 1906, s. u.]

EISNER 1901 = Kurt Eisner: *Taggeist. Culturglossen*. Berlin: Dr. John Edelheim Verlag 1901. [392 Seiten; Online-Ausgabe: archive.org]

EISNER 1903a = Kurt Eisner: *Eugen Richters Sozialistenspiegel*. Die Wahlfälschungen der Aktiengesellschaft Fortschritt. Berlin: Buchhandlung „Vorwärts" 1903. [64 Seiten]

EISNER 1903b = Kurt Eisner: *Christliche Arbeiterpflichten*. Jesuitische Fragen und sozialdemokratische Antworten. Zur Wahlagitation. Berlin: Buchhandlung „Vorwärts" 1903. [24 Seiten]

EISNER 1904a = Kurt Eisner: *Der Zukunftsstaat der Junker*. Manteuffeleien gegen die Sozialdemokratie im preußischen Herrenhaus am 11. und 13. Mai 1904. (= Sozialdemokratische Agitationsbibliothek, Zeitbilder aus dem Klassenstaat, 2). Berlin: Buchhandlung „Vorwärts" 1904. [48 Seiten] [Online-Auszug daraus für Seite 3-10: www.mlwerke.de/ke/ke_003.htm]

EISNER 1904b = Kurt Eisner: *Der Geheimbund des Zaren*. Der Königsberger Prozeß wegen Geheimbündelei, Hochverrat gegen Rußland und Zarenbeleidigung vom 12. bis 25. Juli 1904. Berlin: Verlag der Expedition der Buchhandlung Vorwärts 1904. [48 Seiten; Online-Ausgabe: archive.org]

EISNER 1906a = [Kurt Eisner:] *Wilhelm Liebknecht*. Sein Leben und Wirken. Unter Benutzung ungedruckter Briefe und Aufzeichnungen herausgegeben von Kurt Eisner. Zweite, erweiterte Auflage. Berlin: Buchhandlung „Vorwärts" 1906. [104 Seiten] [Online-Ausgabe: archive.org]

EISNER 1906b = Kurt Eisner: *Der Sultan des Weltkrieges*. Ein marokkanisches Sittenbild deutscher Diplomaten-Politik. Dresden: Kaden 1906. [72 Seiten]

EISNER 1906c = Kurt Eisner u. a.: *Der Vorwärts-Konflikt*. Gesammelte Aktenstücke. München: Birk [1906]. [142 Seiten; Online-Ausgabe: SLUB Dresden]

EISNER 1906d = Kurt Eisner: *Feste der Festlosen*. Hausbuch weltlicher Predigtschwänke. Dresden: Kaden & Comp. 1906. [296 Seiten; Online-Ausgabe unter: archive.org]

EISNER 1907 = Kurt Eisner: *Das Ende des Reiches*. Deutschland und Preußen im Zeitalter der großen Revolution. Zweite Auflage. Berlin: Buchhandlung „Vorwärts" 1907. [384 Seiten, Online-Ausgabe: archive.org]

EISNER 1909a = Kurt Eisner: *Goethe*. Faust I. (Reihe: Die Volksbühne – Eine Sammlung von Einführungen in Dramen und Opern). Herausgegeben vom Bildungsausschuß der Sozialdemokratischen Partei Deutschlands. Berlin: Buchhandlung „Vorwärts" 1909. [7 Seiten (?)]

EISNER 1909b = [Kurt Eisner:] *Der dumme Teufel*. Die Katastrophe der Zentrumspolitik. Dritte Auflage. Nürnberg: Fränkische Verlagsanstalt 1909. [32 Seiten]

EISNER 1914 = Kurt Eisner: *Fichte*. Zum Gedächtnis des 100. Todestages. Berlin: Verlag „Vorwärts" 1914. [8 Seiten]

EISNER 1915 = Kurt Eisner: *Treibende Kräfte*. (=Flugschriften des Bundes „Neues Vaterland", Nr. 4). Zweite, unveränderte Auflage. Berlin: Verlag „Neues Vaterland" 1915. [16 Seiten; Online-Ausgabe: archive.org]

EISNER 1918 = Kurt Eisner: *Kleine Schriften aus der Kriegszeit*. München 1918. [Nicht eingesehen; bibliographisch unklare, vermutlich irreführende Buchnennung | urn:nbn:de:bvb:12-bsb00013248-9] [Kontext ist die digitale Darbietung ‚Kurt Eisner: *Zur Kenntnisnahme*. München, 29.11.1918': MDZ München | digitale-sammlungen.de].

EISNER 1919a = Kurt Eisner: *Unterdrücktes aus dem Weltkriege*. München/Wien/Zürich: Georg Müller Verlag 1919. [85 Seiten; Online-Ausgabe: archive.org]

EISNER 1919b = Kurt Eisner: *Schuld und Sühne*. Mit einer Einleitung von Heinrich Ströbel. (= Flugschriften des Bundes „Neues Vaterland", Nr. 12). Berlin: E. Berger & Co 1919. [32 Seiten; Online-Ausgabe: MDZ München | digitale-sammlungen.de]

EISNER 1919c = Kurt Eisner: *Die neue Zeit* [*Erste Folge*]. Herausgegeben von Benno Merkle. München: Georg Müller Verlag 1919. [125 Seiten; mit Vorwort des Herausgebers vom November 1918 (Reden und Aufrufe aus der Regierungszeit); Online-Ausgabe: archive.org]

EISNER 1919d = Kurt Eisner: *Die neue Zeit*. Zweite Folge. München/Wien/Zürich: Georg Müller Verlag 1919. [55 Seiten]

EISNER 1919e = Kurt Eisner: *I nuovi tempi*. Con prefazione di Mario Mariani. Milano 1919.

EISNER 1919f = Kurt Eisner: *La Révolution en Bavière* (Novembre 1918). Préface de Jean Longuet. Paris 1919.

EISNER 1919g = Kurt Eisner: *Der Sozialismus und die Jugend*. Vortrag, gehalten zu Basel auf Einladung der Baseler Studentenschaft im Grossen Musiksaal am 10. Februar 1919. Basel: Verlag National-Zeitung 1919. [21 Seiten] [Online-Ausgabe: MDZ München | digitale-sammlungen.de]

EISNER 1919h = Kurt Eisner: *Gesammelte Schriften. Erster Band*. Berlin: Paul Cassirer 1919. [527 Seiten; Online-Ausgabe: archive.org]

EISNER 1919i = Kurt Eisner: *Gesammelte Schriften. Zweiter Band*. Berlin: Paul Cassirer 1919. [366 Seiten; Online-Ausgabe: archive.org]

EISNER 1920 = Kurt Eisner: *Die Götterprüfung*. Eine weltpolitische Posse in fünf Akten und einer Zwischenaktspantomine. Berlin: Paul Cassirer 1920. [123 Seiten; Online-Ausgabe: ds.ub.uni-bielefeld.de]

EISNER 1926 = Kurt Eisner: *Wachsen und Werden*. Aphorismen / Gedichte / Tagebuchblätter / Dramatische Bruchstücke / Prosa / usw. Leipzig: Roter Türmer Verlag 1926. [79 Seiten]

EISNER 1929 = Kurt Eisner: *Welt werde froh!* Ein Kurt-Eisner-Buch. Zum 10. Jahrestag der Ermordung, herausgegeben von Erich Knauf. Berlin: Büchergilde Gutenberg 1929. [215 Seiten]

EISNER 1969 = Kurt Eisner: *Die halbe Macht den Räten*. Ausgewählte Aufsätze und Reden, herausgegeben von Renate und Gerhard Schmolze. Köln: Verlag Jakob Hegner 1969. [292 Seiten]

EISNER 1975 = Kurt Eisner: *Sozialismus als Aktion*. Ausgewählte Aufsätze und Reden, hg. von Freya Eisner. Frankfurt a. M.: suhrkamp 1975. [152 Seiten]

EISNER 1988 = Kurt Eisner: *Der Geheimbund des Zaren*. Der Königsberger Prozeß wegen Geheimbündelei, Hochverrat gegen Rußland und Zarenbeleidigung vom 12. bis 25. Juli 1914. [Neuausgabe]. Berlin: Dietz 1988. [469 Seiten]

EISNER 1996 = Kurt Eisner: *Zwischen Kapitalismus und Kommunismus*. Herausgegeben und mit einer biographischen Einführung [Seiten 9-123] versehen von Freya Eisner. Frankfurt a. M.: suhrkamp 1996. [311 Seiten]

EISNER 2016 = Kurt Eisner: *Gefängnistagebuch*. Ediert, eingeleitet und herausgegeben von Frank Jacob, Cornelia Baddack, Sophia Ebert und Doreen Pöschl. (= Kurt Eisner-Studien, 1). Berlin: Metropol-Verlag 2016. [224 Seiten]

EISNER 2018a = Kurt Eisner: *Arbeiter-Feuilleton. Band 1: 1909–1911*. Ediert, eingeleitet und herausgegeben von Swen Steinberg, Frank Jacob, Cornelia Baddack, Sophia Ebert und Doreen Pöschl. (= Kurt Eisner-Studien, 2). Berlin: Metropol-Verlag 2018. [188 Seiten]

EISNER 2018b = Kurt Eisner: *Arbeiter-Feuilleton. Band 2: 1912–1913*. Ediert, eingeleitet und herausgegeben von Cornelia Baddack, Swen Steinberg, Frank Jacob, Sophia Ebert und Doreen Pöschl. (= Kurt Eisner-Studien, 3). Berlin: Metropol-Verlag 2018. [162 Seiten]

EISNER 2018c = Kurt Eisner: *Arbeiter-Feuilleton. Band 3: 1914–1917*. Ediert, eingeleitet und herausgegeben von Doreen Pöschl, Swen Steinberg, Frank Jacob, Cornelia Baddack und Sophia Ebert. (= Kurt Eisner-Studien, 4). Berlin: Metropol-Verlag 2018. [172 Seiten]

EISNER 2019a = Kurt Eisner: *Mors Immortalis*. Stimmungen, Szenen und Phantasien aus dem großen Kriege. Herausgeben von Sophia Ebert, Frank Jacob, Cornelia Baddack und Doreen Pöschl. (= Kurt Eisner-Studien, 5). Berlin: Metropol-Verlag 2019. [172 Seiten]

EISNER 2019b = Kurt Eisner: *Reden und Schriften*. Ediert, eingeleitet und herausgeben von Riccardo Altieri, Sophia Ebert, Swen Steinberg, Cornelia Baddack und Frank Jacob. (= Kurt Eisner-Studien, 7). Berlin: Metropol-Verlag 2019. [242 Seiten]

EISNER 2025a = Kurt Eisner: *Texte wider die deutsche Kriegstüchtigkeit*. Zusammengestellt von Peter Bürger – mit einem einleitenden Essay von Volker Ullrich. (= edition pace I Regal: Pazifisten & Antimilitaristen aus jüdischen Familien, Bd. 6). Norderstedt 2025. [448 Seiten]

EISNER 2025b = *Kurt Eisner als Revolutionär und Ankläger des deutschen Militarismus*. Ein Lesebuch – eingeleitet durch die Darstellung des Weggefährten Felix Fechenbach. Herausgegeben von Peter Bürger. (= edition pace I Regal: Pazifisten & Antimilitaristen aus jüdischen Familien, Bd. 7). Norderstedt: BoD 2025. [464 Seiten]

Literatur über Kurt Eisner
(Auswahl)

ALTIERI 2015a = Riccardo Altieri: *Der Pazifist Kurt Eisner*. (= Studien zur Zeitgeschichte, Bd. 95). Hamburg: Dr. Kovač 2015. [194 Seiten]

ALTIERI 2015b = Riccardo Altieri: *„Die deutsche ‚Linke' und die Russische Revolution"*. In: Riccardo Altieri / Frank Jacob (Hg.): Die Geschichte der Russischen Revolutionen – Erhoffte Veränderung, erfahrene Enttäuschung, gewaltsame Anpassung. Bonn 2015, S. 314-345.

ARETIN 1994 = Karl Otmar von Aretin: *„Kurt Eisner – Gründer des Freistaates und sein erster Ministerpräsident"*. In: Friedrich Weckerlein (Hg.): Freistaat! Die Anfänge des demokratischen Bayern 1918/19. München 1994, S. 82-98.

ATTENHOFER 1919 = Adolf Attenhofer [1879-1950; Schweizer Schriftsteller, Pädagoge, Philosoph]: *„Kurt Eisner"* [Nachruf]. In: Süddeutsche Freiheit. Zeitschrift für das neue Deutschland, Nr. 15/16 vom 3. März 1919 [Titelblatt]. [Als Online-Ressource auf: www.historisches-lexikon-bayerns.de].

AY 1968 = Karl-Ludwig Ay: *Appelle einer Revolution. Dokumente aus Bayern zum Jahr 1918/1919*. Das Ende der Monarchie, das revolutionäre Interregnum, die Rätezeit. München 1968, S. 15-23.

BARON/BAYER 1983 = Bernhard M. Baron / Karl Bayer: *Eisner in Weiden*. In. Oberpfälzer Heimat, Band 27 (1983), S. 96-101.

BAUER u. a. 1987 = *Die Regierung Eisner 1918/19* [neunzehnhundertachtzehn neunzehn]. Ministerratsprotokolle und Dokumente. Eingeleitet und bearbeitet von Franz J. Bauer, unter Verwendung der Vorarbeiten von Dieter Albrecht. Düsseldorf: Droste 1987. [486 Seiten] [Online-Ausgabe: kgparl.de/publikati onen/die-regierung-eisner-1918-19-ministerratsprotokolle-und-dokumente/]

BEYER 1988 = Hans Beyer: *Die Revolution in Bayern 1918/19*. Berlin (Ost) ²1988.

BLESSING 1992 = Werner Blessing: *„Kirchenglocken für Eisner? Zum Weltanschauungskampf in der Revolution von 1918/19 in Bayern"*. In: Jahrbuch für fränkische Landesforschung (JfL) 53 (1992), S. 403-420.

BOSL 1983 = Erika Bosl: *,Eisner, Kurt.'* In: Karl Bosl (Hg.): Bosls bayerische Biographie. Regensburg: Pustet 1983, S. 172.

BOSL 2002 = Karl Bosl: *„Kurt Eisner: die Münchner Revolution von 1918 und die bayerische Geschichte seit 1890"*. In: K. Bosl (Hg.): Vorträge zur Geschichte Europas, Deutschlands und Bayerns. Stuttgart 2002, S. 277-288.

BRAUNS 2005 = Nikolaus Brauns: *„Kurt Eisners Ermordung. Am 21. Februar 1919 beendete ein Attentat die ‚hundert Tage der Regierung Eisner'"*. In: Nikolaus Brauns (Hg.): Revolution und Konterrevolution – Ausgewählte Beiträge zur Geschichte der Arbeiterbewegung. Bonn 2005, S. 38-40.

BRONNER 2002 = Stephen Eric Bronner: *„Persistent memories: Jewish activists and the German revolution of 1919"*. In: Stephen Eric Bronner (Hg.): Imagining the possible. New York 2002, S. 25-38.

DIRR 1922 = Pius Dirr: *Auswärtige Politik Kurt Eisners und der Bayerischen Revolution, nach unveröffentlichten Geheimakten.* Leipzig/München: Süddeutsche Monatshefte G.m.b.H 1922.

DOMBROWSKI 1919 = Johannes Fischart [= Erich Franz O. Dombrowski]: *Kurt Eisner* (Politiker und Publizisten, T. 45). In: Die Weltbühne Jg. 15/I, Nr. 2 vom 09.01.1919, S. 29-34.

EFFENBERGER 2013 = Wolfgang Effenberger: *Deutsche und Juden vor 1939. Stationen und Zeugnisse einer schwierigen Beziehung.* Ingelheim a. Rhein 2013, S. 261-268.

EISNER 1919 = Else Eisner: *Brief über Kurt Eisner.* In: Die Weltbühne Jg. 15/I, Nr. 16 vom 10.04.1919, S. 403.

EISNER 1979 = Freya Eisner: *Kurt Eisner. Die Politik des libertären Sozialismus.* Frankfurt a. M.: Suhrkamp 1979.

EISNER 1991 = Freya Eisner: *Kurt Eisner, der Publizist und Politiker.* Seine Einschätzung durch Zeitgenossen und in jüngerer Literatur. Bremen 1991.

EISNER 1994 = Freya Eisner: *„Eisners dritter Weg zwischen Kapitalismus und Kommunismus".* In: Friedrich Weckerlein (Hg.): Freistaat! Die Anfänge des demokratischen Bayern 1918/19. München u. a. 1994, S. 99-108.

EISNER 1995 = Freya Eisner: *„Kurt Eisners Ort in der sozialistischen Bewegung".* In: Vierteljahrshefte für Zeitgeschichte (VfZ) 43 (1995), S. 407-435.

EISNER 1998 = Freya Eisner: *„Kurt Eisner und der Begriff ‚Freistaat'".* In: Vierteljahrshefte für Zeitgeschichte (VfZ) 46 (1998), S. 487-496.

FECHENBACH 1919 = Felix Fechenbach: *Von Eisner.* In: Die Weltbühne Jg. 15/II, Nr. 49 vom 27.11.1919, S. 677.

FECHENBACH 1929 = Felix Fechenbach: *Der Revolutionär Kurt Eisner. Aus persönlichen Erlebnissen.* Berlin: J. H. W. Dietz Nachf. G.m.b.H. 1929.

GERSTENBERG/NAUMANN 2017 = Günther Gerstenberg/Cornelia Naumann: *Steckbriefe gegen Eisner, Kurt und Genossen wegen Landesverrates.* Ein Lesebuch über Münchner Revolutionärinnen und Revolutionäre im Januar 1918. Lich: Edition AV 2017.

GÖRL 2008 = Wolfgang Görl: *„„Die Revolution hat gesiegt – doch Kurt Eisner wird ermordet …".* In: Joachim Käppner: München. Die Geschichte der Stadt. München 2008, S. 268-271.

GRAF 1919 = Otto Graf: *‚Kurt Eisner'.* In: Die Weltbühne, Jg. 15/II, Nr. 45 vom 30. Oktober 1919, S. 550-551.

GRAF 1927 = Oskar Maria Graf: *Wir sind Gefangene. Ein Bekenntnis aus diesem Jahrzehnt.* München. Drei Masken Verlag 1927. [Zeitzeugnis Grafs zur Beteiligung am Kampf für die Münchener Räterepublik.]

GRASBERGER 2014 = Thomas Grasberger: *„Die Revolution in München".* In: Oliver Braun (Hg.): Revolution in München: 1800 – 1848 – 1918 – 1933 – 1968. Regensburg 2014, S. 67-95.

GRAU 1989 = Bernhard Grau: *Studien zur Entstehung der Linken. Die Münchner USPD zwischen 1917 und 1920.* München 1989. [Nach: bayern.rosalux.de]

GRAU 1992 = Bernhard Grau: *„Parteiopposition: Kurt Eisner und die Unabhängige Sozialdemokratische Partei".* In: Hartmut Mehringer (Hg.): Von der Klassenbewegung zur Volkspartei. München u. a. 1992, S. 126-137.

GRAU 1999 = Bernhard Grau: *„Kurt Eisner und die Weimarer Republik"*. In: Stefan Neuhaus (Hg.): Ernst Toller und die Weimarer Republik. Würzburg 1999, S. 47-58.

GRAU 2001/2017 = Bernhard Grau: *Kurt Eisner: 1867-1919. Eine Biografie.* München: C. H. Beck 2001. [Gebundene Ausgabe] [Neuauflage als Paperback | München: C. H. Beck 2017; 651 Seiten] [Mit sehr umfangreicher Bibliographie zu zeitgenössischen Quellen und zur Sekundärliteratur, Eisner betreffend.]

GRAU 2006 = Bernhard Grau: *„Und plötzlich war Revolution. – Nach einer Friedensdemonstration auf der Münchner Theresienwiese rief Kurt Eisner die Republik aus".* In: Ernst Fischer/Hans Kratzer (Hg.): Unter der Krone. 1806 bis 1918 – Das Königreich Bayern und sein Erbe. München 2006, S. 144-149.

GRAU 2014 = Bernhard Grau: *„Revolution in Bayern. Kurt Eisner und das Ende der bayerischen Monarchie".* In: Ulrike Leutheusser/Hermann Rumschöttel (Hg.): König Ludwig III. und das Ende der Monarchie in Bayern. München 2014, S. 189-206.

GURGANUS 2018 = Albert E. Gurganus: *Kurt Eisner. A Modern Life.* Rochester, New York: Camden House 2018. [Englisch]

HANKO 1988 = Helmut Hanko: *„Kurt Eisner: (1867-1919). Bayerischer Ministerpräsident".* In: Manfred Treml/Wolf Weigand (Hg.): Geschichte und Kultur der Juden in Bayern. Lebensläufe. München 1988, S. 251-255.

HARTMANN 2012 = Peter-Claus Hartmann: *Bayerns Weg in die Gegenwart: Vom Stammesherzogtum zum Freistaat heute.* Regensburg 2012, S. 466-474.

HITZER 1988 = Friedrich Hitzer: *Anton Graf Arco. Das Attentat auf Kurt Eisner und die Schüsse im Landtag.* München: Knesebeck & Schulter 1988.

HÖLLER 1999 = Ralf Höller: *Der Anfang, der ein Ende war.* Die Revolution in Bayern 1918/19. Berlin: Aufbau-Taschenbuch-Verlag 1999. [298 Seiten]

JACOB 2019 = Frank Jacob: *Der Kultursozialismus Kurt Eisners (1867-1919). Das „Arbeiter-Feuilleton" und die Aufklärung der deutschen Arbeiterschaft.* In: Arbeit – Bewegung – Geschichte, Heft I/2019, S. 9-26.

JACOB 2021 = Frank Jacob: *Kurt Eisner. Ein unvollendetes Leben.* (= Jüdische Miniaturen, Bd. 274). Leipzig: Hentrich & Hentrich 2021.

JACOB 2022 = Frank Jacob: *Der Kampf um das Erbe der Revolution.* Berlin: Technische Universität Berlin 2022.

JACOB/BADDACK 2019 = *100 Schmäh- und Drohbriefe an Kurt Eisner, 1918/19.* Ediert, eingeleitet und herausgegeben von Frank Jacob und Cornelia Baddack. (= Kurt Eisner-Studien, 6). Berlin: Metropol-Verlag 2019.

JUNG 1986 = Otmar Jung: *„Felix Fechenbach als ‚politischer Testamentsvollstrecker' Kurt Eisners? Um die Bekanntmachung der bayerischen Kriegsschuld-Dokumente im Jahre 1919".* In: Internationale wissenschaftliche Korrespondenz zur Geschichte der deutschen Arbeiterbewegung (IWK) 22 (1986), S. 451-470.

KARL 2008 = Michaela Karl: *Die Münchener Räterepublik.* Porträts einer Revolution. Düsseldorf: Patmos 2008. [276 Seiten]

KENT 1919 = Hans Natonek [= O. Kent]: *‚Kurt Eisner'.* In: Die Weltbühne Jg. 15/I, Nr. 11 vom 06.03.1919, S. 243.

KROCHMALNIK 2002 = Daniel Krochmalnik: *„Jüdische Tradition und bayerische Revolution"*. In: Jüdisches Leben in Bayern 17. Jg. (2002) Nr. 89, S. 42-44.

KÜHNL 1964 = Reinhard Kühnl: *„Die Regierung Eisner in Bayern 1918/1919"*. In: Geschichte in Wissenschaft und Unterricht, 15. Jg. (1964) Nr. 7, S. 681-693.

LANDAUER 1919/2011 = Gustav Landauer: *Gedächtnisrede auf Kurt Eisner. Gehalten am 26.2.1919 bei der Totenfeier im Münchner Ostfriedhof.* In: Gustav Landauer: Nation, Krieg und Revolution – Ausgewählte Schriften. Band 4. Herausgegeben von Siegbert Wolf. Lich: Verlag Edition AV 2011, S. 302-308.

LANGER 2009 = Bernd Langer: *„Die bayerische Räterepublik"*. In: B. Langer (Hg.): *Revolution und bewaffnete Aufstände in Deutschland.* Göttingen 2009, S. 252-263.

LASCHITZA 1967 = Anneliese Laschitza: *„Kurt Eisner – Kriegsgegner und Feind der deutschen Reaktion. Zu seinem 100. Geburtstag"*. In: Beiträge zur Geschichte der deutschen Arbeiterbewegung 9 (1967), S. 454-489.

LESSING 1919 = Theodor Lessing: *Kurt Eisner* [Fragment]. In: Die Aktion (Wochenschrift für Politik, Literatur und Kunst) Nr. 19 vom 17. Mai 1919, Sp. 291 f.

LÖW 2008 = Konrad Löw: *Die Münchner und ihre jüdischen Mitbürger 1900-1950 im Urteil der NS-Opfer und -Gegner.* München 2008, S. 37-40.

MANN 1919 = Heinrich Mann: *Kurt Eisner. Gedenkrede gehalten am 16. März 1919.* In: Heinrich Mann: Macht und Mensch. München: Kurt Wolf 1919, S. 107 f.

MANN 1921 = Heinrich Mann: *,Kurt Eisner'.* In: Die Weltbühne Jg. 17/I, Nr. 7 vom 17.02.1921, S. 191-194.

MICHELS 1929 = Robert Michels: *Kurt Eisner. (Unter Benützung von persönlichen Erinnerungen).* In: Archiv für die Geschichte des Sozialismus und der Arbeiterbewegung 14. Band (1929), S. 364-391.

MITCHELL 1967 = Allan Mitchell: *Revolution in Bayern 1918/1919. Die Eisner-Regierung und die Räterepublik.* [Zuerst: Princeton 1965]. München: Beck 1967.

MÜHSAM 1929 = Erich Mühsam: *Mein Gegner Kurt Eisner*. In: Die Weltbühne Jg. 25/I, Nr. 8 vom 19.02.1929, S. 290.

MÜHSAM 1929 = Erich Mühsam: *Von Eisner bis Leviné. Die Entstehung der bayerische Raeterepublik.* Persönlicher Rechenschaftsbericht über die Revolutionsereignisse in München vom 7. November 1918 bis zum 13. April 1919. Berlin-Britz 1929. [MDZ-Online-Ausgabe: urn:nbn:de:bvb:12-bsb00013261-2]

POHL 1994 = Karl Heinrich Pohl: *„Eisner, Fechenbach und die Revolution in Bayern. Zur Rolle der Persönlichkeit und zu den strukturellen Voraussetzungen von 1918/19"*. In: Sabine Klocke-Daffa (Hg.): Felix Fechenbach. Detmold 1994, S. 42-59.

POHL 2015 = Karl Heinrich Pohl: *„Kurt Eisner (1867-1919): Vom Reformer zum Revolutionär"*. In: Detlef Lehnert (Hg.): Vom Linksliberalismus zur Sozialdemokratie. Politische Lebenswege in historischen Richtungskonflikten 1890-1945. Köln u. a. 2015, S. 67-92.

RITTHALER 1959 = Anton Ritthaler: *,Eisner, Kurt'.* In: Neue Deutsche Biographie, Band 4. Berlin: Duncker & Humblot 1959, S. 422 f. [Mit offensiv antipazifistischer Tendenz.]

ROTHENFELDER 1922 = Franz Rothenfelder: Eisners Ermordung. In: Die Weltbühne Jg. 18/II, Nr. 39 vom 28.09.1922, S. 330.

SCHADE 1961 = Franz Schade: *Kurt Eisner und die bayerische Sozialdemokratie*. Hannover 1961.

SCHEPPER 2004/2010 = Gerhard Schepper: *Hundert Tage Eisner*. Ein Stück über die Revolution von 1918/19. [Erste Auflage 2004.]. Münster: G. Schepper 2010.

SCHWEND 1954 = Karl Schwend: *Bayern zwischen Monarchie und Diktatur*. Beiträge zur bayerischen Frage in der Zeit von 1918 bis 1933. München 1954.

SEITZ 2000 = Norbert Seitz: *„Eisner – Auer: haarscharfe politische Distinktionen"*. In: Die neue Gesellschaft 47 (2000) 1/2, S. 40-41.

SPERR 2013 = Franziska Sperr: *„Kurt Eisner: 1867-1919"*. In: Norbert Lewandowski (Hg.): München. Eine Stadt in Biographien. München 2013, S. 66-73.

SPROLL 1982 = Heinz Sproll: *„Messianisches Denken und pazifistische Utopie im Werk Kurt Eisners"*. In: Walter Grab (Hg.): Gegenseitige Einflüsse deutscher und jüdischer Kultur. Von der Epoche der Aufklärung bis zur Weimarer Republik. Tel-Aviv 1982, S. 281-332.

TOLLER 1920 = Ernst Toller: *Unser Weg*. Dem Andenken Kurt Eisners. In: Die Weltbühne Jg. 16/II, Nr. 51 vom 16.12.1920, S. 709.

TUCHER 2022 = Nanette von Tucher: *Der Mord an Kurt Eisner durch Anton Graf von Arco auf Valley*. (= Rechtswissenschaftliche Forschung und Entwicklung, Bd. 842). Dissertation. München: utz Verlag 2021.

TUCHOLSKY 1919a = Kaspar Hauser [= Kurt Tucholsky]: *„Eisner"*. In: Die Weltbühne Jg. 15/I, Nr. 10 vom 27.02.1919, S. 224.

TUCHOLSKY 1919b = Kurt Tucholsky: *„Eisner"*. In: Fromme Gesänge von Theobald Tiger. Mit einer Vorrede von Ignaz Wrobel. Charlottenburg: Felix Lehmann Verlag 1919, S. 51-53.

ULLRICH 2009 = Volker Ullrich: *Mord in München. Im Februar 1919 starb der bayerische Ministerpräsident Kurt Eisner durch die Kugeln eines Attentäters. Die Folgen waren dramatisch*. In: Die Zeit, Nr. 9/2009, S. 92.

WEIDERMANN 2017 = Volker Weidermann: *Träumer. Als die Dichter die Macht übernahmen*. Köln: Kiepenheuer & Witsch 2017.

WIELAND 1983 = Lothar Wieland: *„Kurt Eisner"*. In: Helmut Donat / Karl Holl (Bearb.): Die Friedensbewegung: Organisierter Pazifismus in Deutschland, Österreich und der Schweiz. Hermes Handlexikon. Düsseldorf: Econ Taschenbuch Verlag 1983, S. 110-111.

WIESEMANN 1969 = Falk Wiesemann: *„Kurt Eisner. Studie zu seiner politischen Biographie"*. In: K. Bosl (Hg.): Bayern im Umbruch. Die Revolution von 1918, ihre Voraussetzungen, ihr Verlauf und ihre Folgen. München 1969, S. 387-426.

WINTER 1928 = Albert Winter: *Der Rentenprozeß Eisner*. In: Die Weltbühne Jg. 24/I, Nr. 11 vom 13.03.1928, S. 397.

Online-Portale I www.kurt-eisner-werke.org I www.kurt-eisner-kulturstiftung.de
www.bayern.rosalux.de/kurt-eisner/material-zu-eisner
www.bavarikon.de/object/bav:BSB-CMS-0000000000003602
www.muenchner-stadtmuseum.de/revolutionaer-und-ministerpraesident-kurt-eisner-1867-1919

Ernst Toller
Nie wieder Friede

Eine bittere Komödie über Militarismus
und Antipazifismus aus dem Jahr 1936.

Norderstedt: BoD 2014. – ISBN: 978-3-7583-8246-8
(Paperback; 140 Seiten; 7,80 Euro)

Über Nacht haben Militarismus und Kriegsertüchtigung wieder die Kontrolle über das öffentliche Leben übernommen. Noch gestern hatte man den Ewigen Frieden in der Verfassung beurkundet und sich stolz gebrüstet, bei den ‚Lehren aus der Geschichte' alle anderen zu überflügeln. Doch jetzt bläst dieselbe Fraktion zur Hetze gegen die ‚Lumpenpazifisten', bringt Militainment zur besten Sendezeit und setzt eine gigantische Aufrüstung der Waffenarsenale ins Werk. Die angestrebte Weltmeisterschaft gilt nunmehr dem Sektor der Totmach-Industrien.
Ernst Tollers bittere Komödie „*Nie wieder Friede*" (1934/36) klärt uns auf, wie so etwas möglich ist. Das falsche Friedensplakat trug auf seiner Rückseite immer schon die Parole für neue Kriegsabenteuer: „Man muß es nur umdrehen." Ob Kosmopolitismus oder nationale Weltgeltung, ob Freiheitspredigt oder autoritäre Staatspolitik, ob Krieg oder Frieden – das entscheidet sich stets an der jeweiligen Lageeinschätzung der Besitzenden und Herrschenden. Zu folgen ist den Einflüsterungen der Kriegsprofiteure.
Wer wird beim Experiment zur Kriegstauglichkeit der Erdenbewohner gewinnen: Soldatenkaiser Napoleon oder Franziskus aus Assisi? Der Verfasser des hochaktuellen Bühnenstücks war linker Pazifist mit jüdischer Herkunft. Damit passte er gleich dreimal ins Feindbildvisier der Nazis. 1933 setzte NS-Deutschland Toller auf die allererste ‚Ausbürgerungsliste' und warf seine Werke ins Feuer. Nach neun Jahrzehnten sollten wir die „verbrannten Bücher" wieder unter die Leute bringen, denn der Militarismus scheint unausrottbar zu sein.

Zu den Beigaben dieser friedensbewegten Edition gehören acht Kapitel aus Tollers Autobiographie „Eine Jugend in Deutschland" (1933), die Schluß-Szene des Dramas „Hinkemann" (1923) und eine Warnung des Schriftstellers vor dem deutschen Faschismus aus der ‚Weltbühne' vom Oktober 1930.

Ein Band der *edition pace,*
herausgegeben von Peter Bürger

Johann von Bloch
Die wahrscheinlichen politischen und wirtschaftlichen Folgen eines Krieges zwischen Großmächten

Neuedition der Übersetzung von 1901 mit Begleittexten von
B. Friedberg, Manfred Sapper und Jürgen Scheffran.

(*Regal: Pazifisten & Antimilitaristen aus jüdischen Familien* 1)
Norderstedt: Bod 2024. – ISBN: 978-3-7597-2313-0
(edition pace – Paperback; 176 Seiten; 9,90 Euro)

Der russische Staatsangehörige und Eisenbahnmagnat Johann von Bloch (1836-1902), aufgewachsen in Polen als Sohn einer ärmlichen jüdischen Handwerkerfamilie, veröffentlichte 1898 in sechs Bänden sein in mehrere Sprachen übersetztes monumentales Werk über den modernen Krieg im Industriezeitalter – ein „Klassiker der Friedensforschung" (M. Sapper). Der vorliegende Band enthält eine erst nach der Jahrhundertwende erschienene kleine Arbeit *„Die … Folgen eines Krieges zwischen Großmächten"* (Übersetzung: Berlin 1901) sowie drei ausführliche Begleittexte zu Blochs pazifistischem Wirken.

Im Juli 1919 schrieb Dr. B. Friedberg in der jüdischen Monatsschrift Ost und West rückblickend: Die Anstifter des Weltkrieges „werden sie sich nicht damit entschuldigen können, sie wären nicht gewarnt worden; denn Gott wird zu ihnen sprechen: Habe ich nicht Propheten zu euch geschickt, die euch zur Umkehr und zum Frieden mahnten … Es war etwas ganz Neues, bis dahin Unerhörtes, als im Jahr 1899 aus den Reihen der *Wirklichkeitsmenschen*, der Führer und Organisatoren des europäischen Wirtschaftslebens dem Völkerfrieden ein mächtiger Fürsprecher, dem Kriege ein heftiger und unerbittlicher Gegner erstand, nämlich *Johann von Bloch*, der wirkliche Urheber der *Haager Friedenskonferenzen."*

In seinen Studien zum Krieg der Zukunft „wollte Bloch nicht nur beschreiben, er wollte den Gang der Geschichte auch beeinflussen. … Die Analysen Blochs wurden mit geradezu unerbittlicher Präzision im Ersten Weltkrieg bestätigt. Viele Überlegungen zum Krieg wie zum Frieden bleiben bis heute aktuell. Die Vernichtungswirkung der Waffentechnik wurde gegenüber dem Ersten Weltkrieg ins Unermessliche gesteigert und führte zum Totalen Krieg, der ganze Gesellschaften erfasste … Damit Krieg unmöglich wird, gilt es …, die zum Kriege drängenden Sachzwänge zu vermeiden und alternative Entscheidungsspielräume zu schaffen. Hierzu gehört, den Bedingungen für einen neuen großen Krieg entgegen zu wirken …" (*Jürgen Scheffran*).

Rudolf Goldscheid

Menschenökonomie, Weltkrieg und Weltfrieden

Ausgewählte Schriften 1912 – 1926.
Herausgegeben von Peter Bürger, in Kooperation
mit dem Lebenshaus Schwäbische Alb.

(*Regal: Pazifisten & Antimilitaristen aus jüdischen Familien* 2)
Norderstedt: Bod 2024. – ISBN: 978-3-7597-7885-7
(edition pace – Paperback; 268 Seiten; 11,90 Euro)

Der Österreicher Rudolf Goldscheid (1870-1931) zählte zu den Pionieren der Soziologie im deutschsprachigen Raum und votierte für einen demokratischen Sozialismus. Der vorliegende Band erschließt zentrale pazifistische Texte aus seiner Forschungswerkstatt. Für Goldscheid waren Vernunft und Menschlichkeit keine Gegensätze, sondern notwendige Entsprechungen. Nur unter dem Vorzeichen des Friedens und eines neuartigen Internationalismus lässt sich eine Zukunft des homo sapiens überhaupt denken:

„Nichts kurzsichtiger, als zu glauben, in dem Ringen um Vermeidung von Kriegen handle es sich nur um eine politische oder gar lediglich um eine parteipolitische Angelegenheit. Hier stehen wir vielmehr vor der alles Politische weitaus überragenden Grundfrage unserer Gattung überhaupt. Zu so gewaltiger Größe hat die Entwicklung des wissenschaftlichen und organisatorischen Genius die Kriegstechnik entfaltet, dass die Kulturmenschheit sich nur vor Selbstmord zu bewahren vermag, wenn sie dafür sorgt, die selbstgeschaffene Höllenmaschine nicht in Funktion geraten zu lassen. Das sicherste Mittel hierzu ist natürlich ihr systematischer Abbau. Zu diesem schreiten heißt aber, die Friedenstechnik in noch viel vollkommenerer Weise ausbauen wie bisher die Kriegstechnik, heißt also mit glühendstem Eifer die allgemeine pazifistische Wehrpflicht verfechten, sich mit Leib und Seele in den Dienst des allumfassenden Vaterlandes friedlicher Kultur stellen. – Nie wieder Krieg, nie wieder Völkermord, nie wieder planmäßige, bestialisch organisierte Massenschlächterei!" (R. Goldscheid: Friedenswarte, 1924)

Moritz Adler

Wenn du den Frieden willst, bereite Frieden vor

Texte wider den Krieg 1868 – 1899.
Herausgegeben von Peter Bürger, in Kooperation
mit dem Lebenshaus Schwäbische Alb.

(Regal: Pazifisten & Antimilitaristen aus jüdischen Familien 3)
Norderstedt: Bod 2024. – ISBN: 978-3-7597-9450-5
(edition pace – Paperback; 272 Seiten; 11,99 Euro)

Der vorliegende Quellenband zum „Regal: Pazifisten & Antimilitaristen aus
jüdischen Familien" erschließt Schriften des Österreichers Moritz Adler
(1831-1907). Schon im Alter von 20 Jahren verschrieb dieser Kritiker des
preußischen Bellizismus sich der Friedensidee und veröffentlichte dann
1868 eine der Zeit weit vorauseilende Europa-Vision unter dem Titel „Der
Krieg, die Kongressidee und die allgemeine Wehrpflicht". In einem Send-
schreiben an den Chirurgen Professor Theodor Billroth verglich er 1892 systematische Maßnahmen für eine verbesserte Medizinversorgung des Kriegs-
apparates mit der Bereitstellung neuer Kanonen für den institutionalisierten
Massenmord.

Im Rahmen seiner zahlreichen Beiträge für Bertha von Suttners Zeitschrift
„Die Waffen nieder!" schrieb Adler im November 1898: „Ist es nicht beschä-
mend unlogisch, dass jede Großmacht zwei mit hunderten Millionen ausge-
stattete Ministerien für den Krieg zu Lande und zur See besitzt, für den
Krieg, den man in den Thronreden und Botschaften zu hassen behauptet;
und nicht eine einzige Million für den Frieden aufwendet, den man doch
liebt und um die Wette preist, und den man offenbar auf dem direkten
Wege, durch ein verschwindendes Opfer für ihn, weit sicherer, dauerhafter
und edler haben könnte, als auf dem indirekten Wege über Krieg, perma-
nente Rüstung, Spionage und Diplomatie. Denn dass die Ministerien des
Äußeren nichts anderes als Affiliierte der Kriegsministerien sind, die den
letzteren hauptsächlich ihren Bedarf an Rüstungspressionen ... beizustellen
haben, das lehrt gerade die neueste Geschichte und Tagesgeschichte auf jedem ihrer Blätter. Ein Ministerium für Frieden und Fortschritt würde uns
mit der Zeit vom Ministerium des Krieges erlösen ..."

Eduard Loewenthal

Der Krieg ist abzuschaffen

Friedensbewegte Schriften für das Europa der Völker
und einen Weltstaatenbund, 1870 – 1912.
Herausgegeben von Peter Bürger, in Kooperation
mit dem Lebenshaus Schwäbische Alb.

(*Regal: Pazifisten & Antimilitaristen aus jüdischen Familien* 4)
Norderstedt: Bod 2024. – ISBN: 978-3-7583-5069-6
(edition pace – Paperback; 252 Seiten; 11,99 Euro)

Eduard Loewenthal (1836-1917) stammte aus einer jüdischen Familie in
Württemberg und musste aufgrund seiner publizistischen Arbeit wiederholt staatliche Repressionen erleiden. Er ist im 19. Jahrhundert als scharfer
Kritiker des Militarismus, Verfechter einer obligaten internationalen Frie-
densjustiz und Pionier der damals im deutschen Sprachraum noch kaum
entwickelten Friedensbewegung hervorgetreten. Der vorliegende Band enthält seine Friedensschriften aus den Jahren 1870 – 1903 sowie die autobio-
graphische Darstellung *„Mein Lebenswerk"* (1912).

„Krieg gegen den Krieg …, dann werden wir Tausende von Millionen, die
jetzt zur Beschaffung von Werkzeugen des Todes verwendet werden, für die
Wohlfahrt des Volkes, für Zwecke des Lebens und echter Humanität verwenden können, dann wird Vereinigung der Völker und eine Friedenssi-
cherheit eintreten" (E. Loewenthal, Dezember 1868).

„Das Ministerium des *Kriegs-* oder *Mord-Kultus* hat dem Untertanen den
Glauben beizubringen, dass das *Kasernenleben* mit dem *Zuchthausleben* nicht
zu vergleichen sei, dass der Untertan, sobald er des Königs Rock trägt, nicht
mehr sich selbst, sondern mit Leib und Leben dem König gehöre, dass er
nicht mehr selbst denken und wollen, sondern *nur gehorchen* darf bzw. *muß.*
‚Stramm wie ein Corporal und stumm wie ein Leichnam' ist das erste Gebot
für den preußischen Gladiator. Dafür bekommt er auch seine schöne Uniform und ‚ein Gewehr, das er kann mit Pulver laden und mit einer Kugel
schwer'. Überlebt er seine Soldatenzeit, so ist in ihm auch ein gehorsamer
königstreu dressierter Pudel, wollte sagen Bürger erzogen, der … im Sinne
der Regierung spricht und stimmt" (E. Loewenthal, 1871).

Eduard Bernstein

Der Friede ist das kostbarste Gut

Schriften zum Ersten Weltkrieg –
Mit einem Essay von Helmut Donat.

Herausgegeben von Peter Bürger, in Kooperation
mit dem Lebenshaus Schwäbische Alb.

(*Regal: Pazifisten & Antimilitaristen aus jüdischen Familien* 5)
Norderstedt: Bod 2024. – ISBN: 978-3-7693-1268-3)
(edition pace – Paperback; 353 Seiten; 14,99 Euro)

Im einleitenden Essay zu dieser Sammlung von Schriften zum Ersten Weltkrieg schreibt Helmut Donat: „Eduard Bernstein scheute sich nie, unpopu-
läre Ansichten klar und deutlich zu vertreten oder Irrtümer öffentlich ein-
zugestehen. Zunächst der allgemeinen Kriegsbegeisterung erlegen, bezeichnete er später den 4. August 1914 als den ‚schwärzesten Tag seines Lebens‘.
Obwohl er sich mit dieser Haltung selbst in sozialdemokratischen Kreisen
keine Freunde machte, war die Erkenntnis, dass die deutsche Regierung in
hohem Maße für den Ersten Weltkrieg verantwortlich war, für sein weiteres
Handeln von überragender Bedeutung. Er fühlte sich von dem Regierungs-
personal hintergangen und betrogen, auch von der eigenen Partei, die sich
auf die Seite der herrschenden Kreise geschlagen und mit dem ‚System‘,
dem sie eigentlich keinen Groschen bewilligen wollte, einen ‚Burgfrieden‘
geschlossen hatte. ‚Fast seherisch‘, so der spätere Reichspräsident Paul Löbe,
‚muten die Reden Bernsteins an, in denen er auf die verhängnisvollen Wirkungen der deutschen Flottenpolitik hinwies – zuletzt noch im Mai 1914 –,
in denen er die deutsche Regierung warnte, sich von der Habsburgischen
Politik Österreichs ins Schlepptau nehmen zu lassen.‘ Die Zustimmung der
Partei am 4. August 1914 im Reichstag zu den Kriegskrediten sei ‚ein Unheil
für unser Volk, ein Unheil für die Kulturwelt‘ gewesen. Und bereits Anfang
September 1914 erklärte er: ‚Die deutsche Regierung ist die Hauptschuldige
am Kriege, wir sind eingeseift worden, die Bewilligung der [Kriegs-]Kredite
war ein Fehler‘.“

Kurt Eisner als Revolutionär und Ankläger des deutschen Militarismus

Ein Lesebuch – eingeleitet durch die Darstellung
des Weggefährten Felix Fechenbach

Herausgegeben von Peter Bürger, in Kooperation
mit dem Lebenshaus Schwäbische Alb.

(*Regal: Pazifisten & Antimilitaristen aus jüdischen Familien* 7)
Norderstedt: Bod 2025. – ISBN: 978-3-7693-6836-9
(edition pace – Paperback; 464 Seiten; 17,99 Euro)

Der vorliegende Band zur Schalom-Bibliothek ist dem *Revolutionär* Kurt Eisner (1867-1919) gewidmet, der Anfang 1918 die Münchener Munitionsarbeiter erfolgreich zum Streik ermutigt und nach monatelanger Haftzeit als politischer Gefangener unverdrossen danach trachtet, das System der deutschen Kriegerkaste zu überwinden. Im Zuge eines ganz und gar unglaublichen, weithin gewaltfreien Umsturzgeschehens wird dieser scharfe Kritiker des militärgläubigen Establishments der SPD erster Ministerpräsident des „Freistaates Bayern".

In vier Abteilungen versammelt das Lesebuch Texte von Kurt Eisner und mehreren Zeitgenossen. Ein Auswahl von Essays vermittelt, dass Eisner mitnichten ein „reformistischer Schöngeist" oder Träumer gewesen ist. Die einleitende Gesamtdarstellung stammt aus der Feder des Weggefährten Felix Fechenbach (1933 von den Nazis ermordet), der zu Beginn des Jahres 1918 auf Seiten der Jugend am linkspazifistischen Protest in München beteiligt war und nach der Revolution als Sekretär des Ministerpräsidenten gewirkt hat. Als Quellen treten Eisners Aufrufe und Reden bis zum Tag der Ermordung hinzu.

In der letzten Abteilung „Zeitgenossen über Kurt Eisner" sind mit Gustav Landauer, Kurt Tucholsky, Theodor Lessing und Ernst Toller vier weitere Autoren vertreten, die selbst den Attacken antipazifistischer Judenfeinde ausgesetzt waren. – Besondere Aufmerksamkeit verdient zudem eine Gedenkrede Heinrich Manns vom 16. März 1919: „Der erste wahrhaft geistige Mensch an der Spitze eines deutschen Staates erschien Jenen, die über die zusammengebrochene Macht nicht hinwegkamen, als Fremdling und als schlecht." Deshalb also musste Kurt Eisner – so oder so – beseitigt werden.